Gesamtausgabe

Seydlitz
WELTATLAS
PROJEKT ERDE

Schroedel
westermann

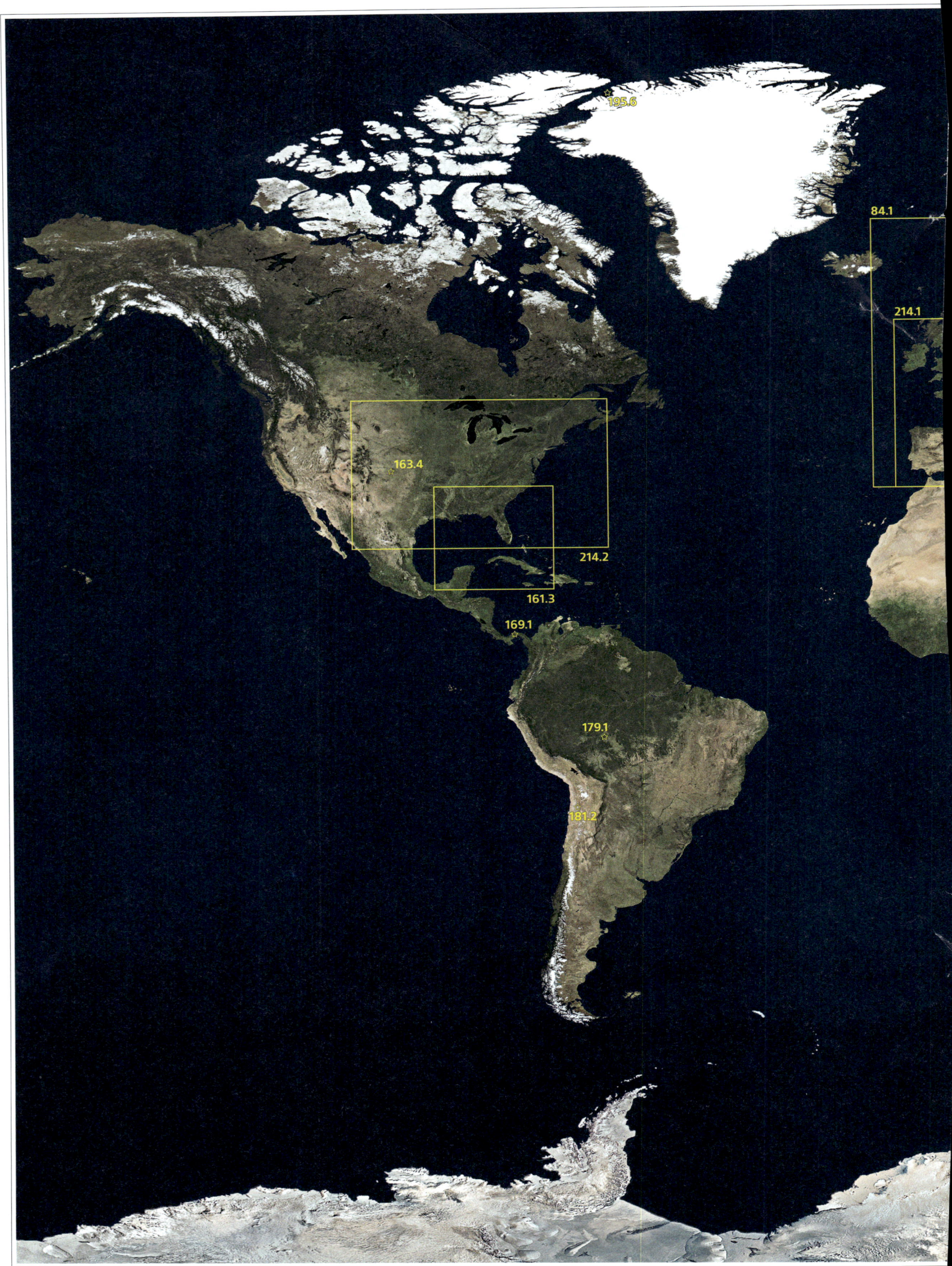

Seydlitz

WELTATLAS

Arbeitsheft
Topographie

Schroedel
westermann

Deutschland

Abb. 1: Hochhäuser prägen das Stadtbild

Abb. 2: Ein Wahrzeichen von Berlin

1. Ostfriesische Insel
2. Braunkohletagebaurevier in den neuen Bundesländern
3. Hopfenanbaugebiet
4. Altes Bergbau- und Industriegebiet
5. Kanal, der die Schifffahrt auf Flüssen zwischen der Nordsee und dem Schwarzen Meer ermöglicht (Abb. 3)
6. Bundesland (Abb. 4)
7. Bundesland (Abb. 5)
8. Höchster Berg des Schwarzwalds
9. Größtes Land Deutschlands im Jahr 1933
10. Regierungsbezirk zu dem München gehört
11. Nationalpark
12. Ehemalige Hansestadt an der Ostsee
13. Ostseeinsel
14. Norddeutsche Landeshauptstadt
15. Finanzzentrum Deutschlands (Abb. 1)
16. Ein Wahrzeichen Berlins (Abb. 2)
17. Obstanbaugebiet bei Hamburg

(ä=ae, ü=ue, ö=oe, ß=ss)

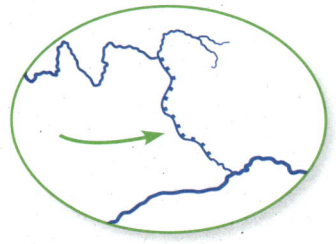

Abb. 3: gesuchter Name des Kanals

Landeshauptstadt

Abb. 4: Gebiet des gesuchten Bundeslandes (Aufgabe 6)

Abb. 5: Wappen des gesuchten Bundeslandes (Aufgabe 7)

(Lösungswort)

2

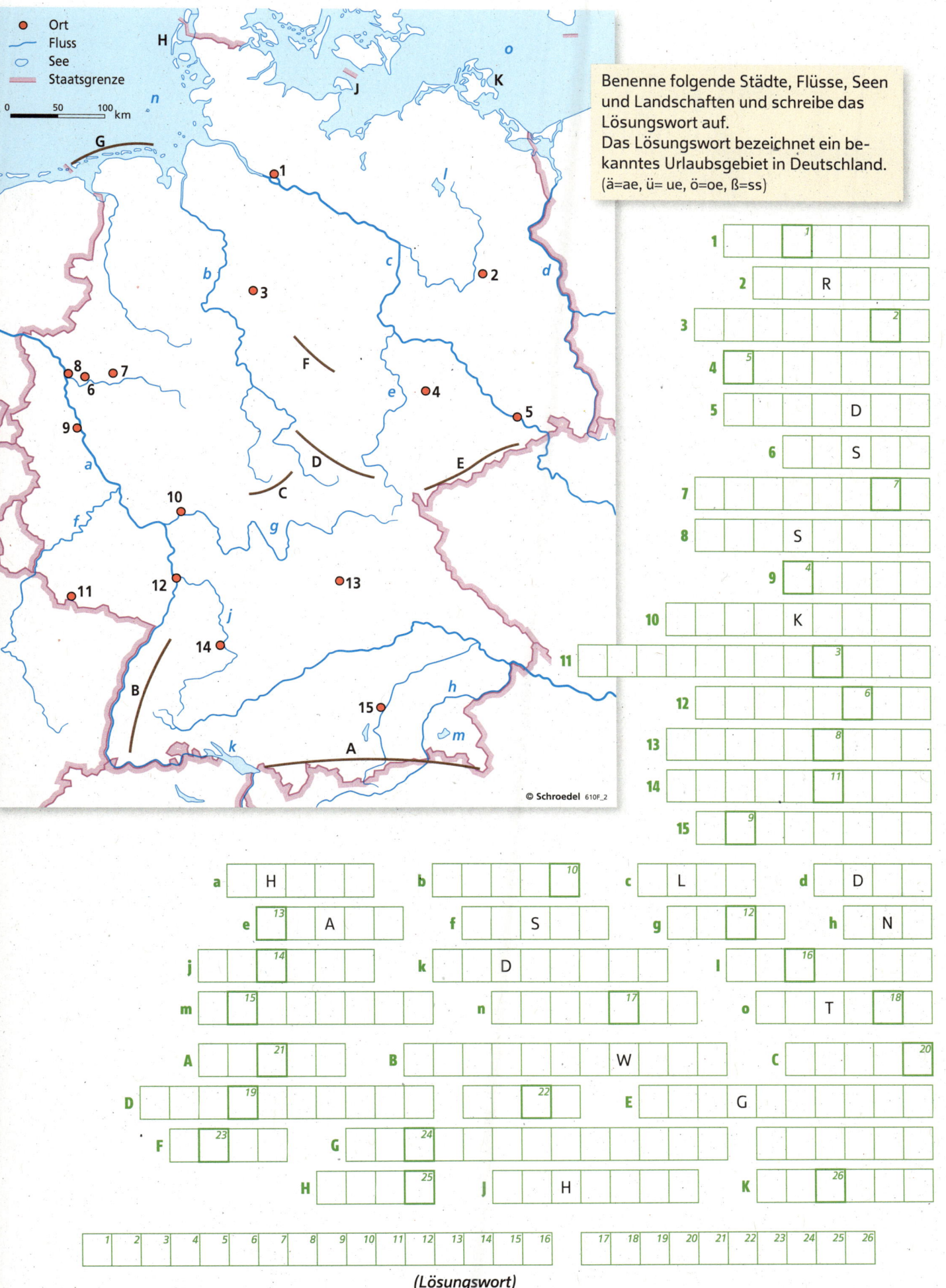

Benenne folgende Städte, Flüsse, Seen und Landschaften und schreibe das Lösungswort auf.
Das Lösungswort bezeichnet ein bekanntes Urlaubsgebiet in Deutschland.
(ä=ae, ü= ue, ö=oe, ß=ss)

Legend:
- Ort
- Fluss
- See
- Staatsgrenze

0   50   100 km

© Schroedel 610F_2

(Lösungswort)

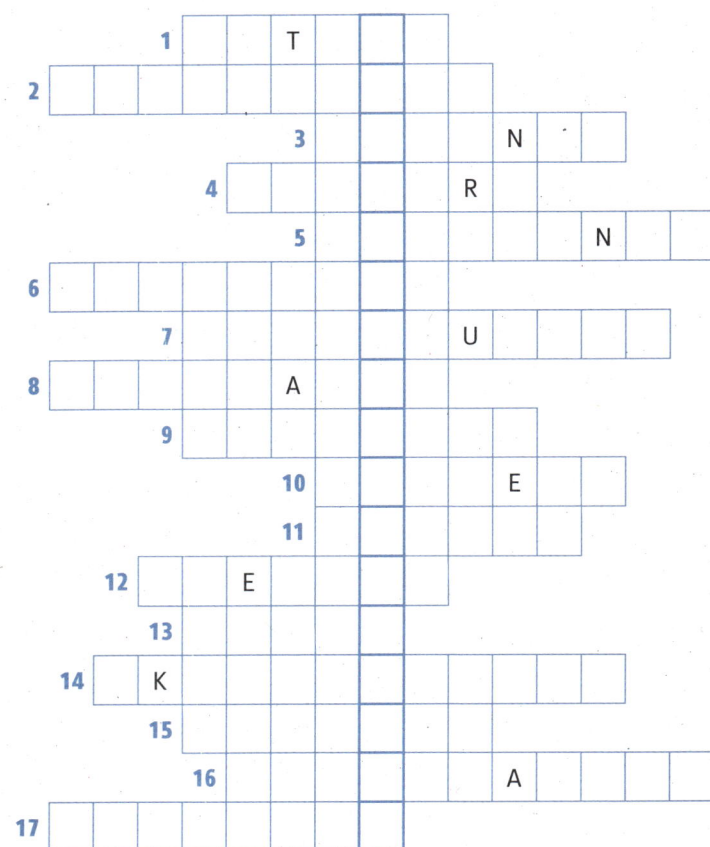

Abb. 1: Wahrzeichen von ...

1. Europäisches Binnenmeer
2. Bekanntes Bauwerk einer europäischen Metropole (Abb. 1)
3. Alpenpass zwischen Österreich und Italien
4. Einer der kleinsten europäischen Staaten
5. Italienisches Gebirge
6. Größter europäischer Seehafen
7. Ehemals kommunistische Weltmacht, die 1991 in zahlreiche Einzelstaaten zerfiel
8. Nördlichste Hauptstadt Europas
9. Sitz der EU-Kommission
10. Staat mit der Flagge in Abbildung 4
11. Fluss, der durch diese Stadt (Abb. 3) fließt
12. Bekannter Skiort in Tirol
13. Nach der Wolga der längste Fluss Europas
14. Begriff für die nördlichen europäischen Länder
15. Hauptstadt des nördlichsten baltischen Staates
16. Untergegangener Staat auf dem Balkan
17. Inselgruppe im Mittelmeer (Abb. 2)

(ä=ae, ü=ue, ö=oe, ß=ss)

Abb. 3: Die „Tower Bridge", die über den gesuchten Fluss führt, ist ein Wahrzeichen dieser Stadt

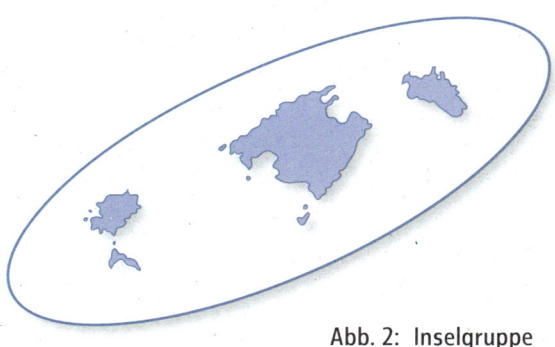

Abb. 2: Inselgruppe

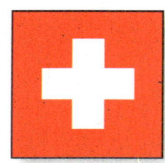

Abb. 4: Name des Staates mit dieser Flagge

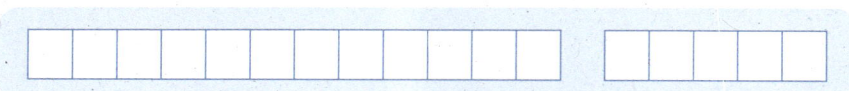

(Lösungswort)

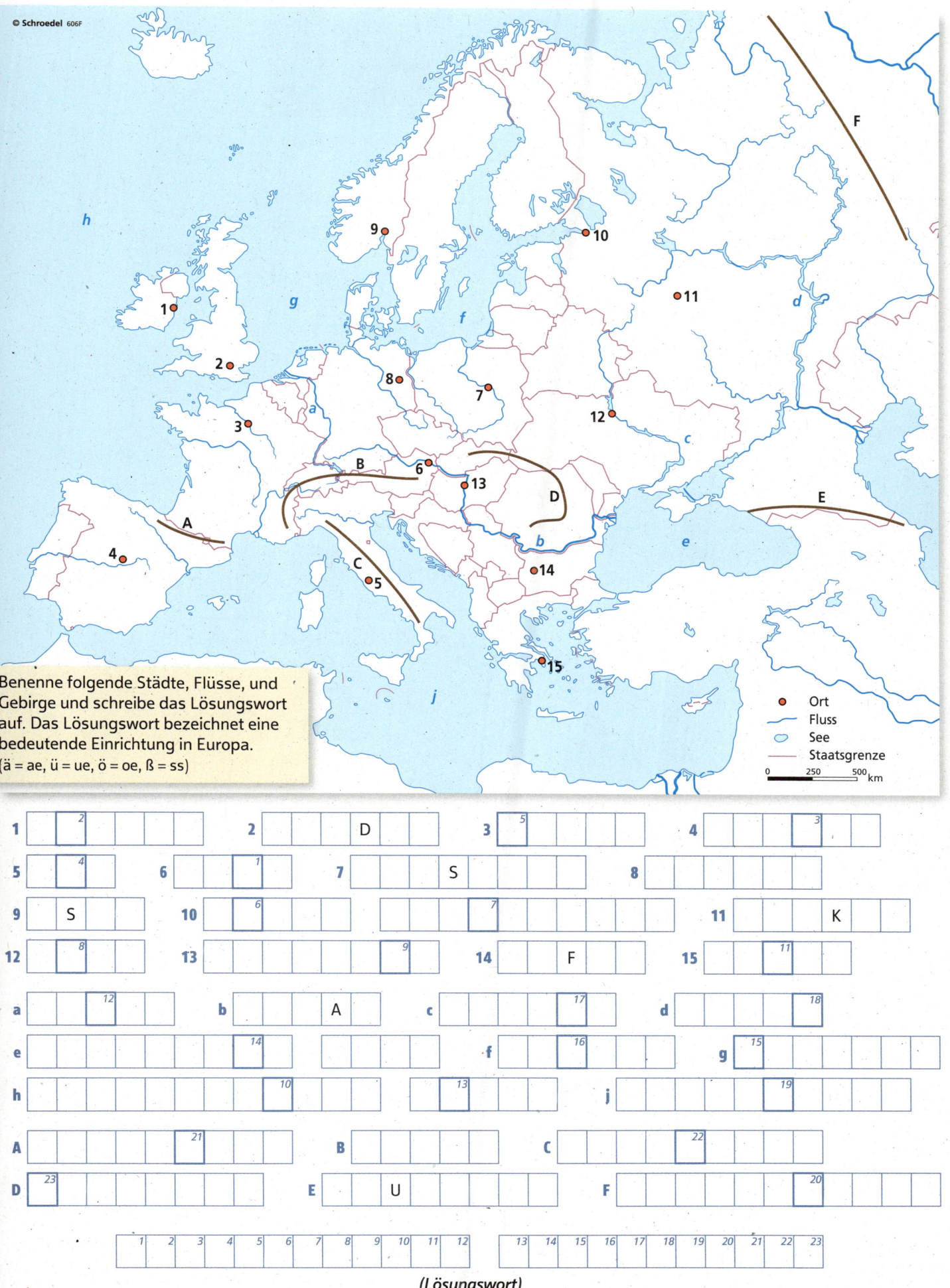

© Schroedel 606F

h

g

f

d

c

a

b

e

j

1
2
3
4
5
6
7
8
9 • 10
11
12
8 • 6 • 7 • 13
A
C • 5
14
15
D
B
E
F

Legende:
● Ort
— Fluss
▱ See
— Staatsgrenze

0   250   500 km

Benenne folgende Städte, Flüsse, und Gebirge und schreibe das Lösungswort auf. Das Lösungswort bezeichnet eine bedeutende Einrichtung in Europa.
(ä = ae, ü = ue, ö = oe, ß = ss)

1 [ ][2][ ][ ][ ]   2 [ ][ ][ ][ ][D][ ]   3 [ ][5][ ][ ][ ]   4 [ ][ ][ ][3][ ]

5 [ ][4][ ][ ]   6 [ ][ ][1][ ]   7 [ ][ ][ ][S][ ]   8 [ ][ ][ ][ ]

9 [S][ ][ ]   10 [ ][6][ ][ ][ ]   [ ][ ][7][ ][ ]   11 [ ][ ][ ][K][ ]

12 [ ][8][ ][ ]   13 [ ][ ][ ][ ][9][ ]   14 [ ][ ][ ][F][ ]   15 [ ][ ][11][ ]

a [ ][ ][12][ ]   b [ ][ ][A][ ][ ]   c [ ][ ][17][ ][ ]   d [ ][ ][ ][18][ ]

e [ ][ ][ ][14][ ][ ][ ]   f [ ][ ][16][ ][ ]   g [ ][15][ ][ ]

h [ ][ ][ ][ ][10][ ][ ]   [ ][13][ ][ ]   j [ ][ ][ ][19][ ]

A [ ][ ][21][ ]   B [ ][ ][ ]   C [ ][ ][22][ ]

D [23][ ][ ][ ][ ][ ]   E [ ][U][ ][ ]   F [ ][ ][ ][ ][20][ ]

Lösungswort:
[1][2][3][4][5][6][7][8][9][10][11][12]   [13][14][15][16][17][18][19][20][21][22][23]

(Lösungswort)

Abb. 1: Hochhäuser prägen das Bild der größten Stadt Chinas

Abb. 2: Der Wasser speiende Merlion (Wesen aus Fisch und Löwe) ist das Wahrzeichen der Stadt

Abb. 3: Klagemauer (im Vordergrund) und Felsendom sind religiöse Bauwerke dieser Stadt

Abb. 4: Name der Hauptstadt

Abb. 5: Name des Staates mit dieser Flagge

1. Größte Stadt Chinas (Abb.1)
2. Größter Ballungsraum der Erde
3. Tiefster See der Welt (liegt in Sibirien)
4. Höchster Berg Japans
5. Bevölkerungsreichste Insel Indonesiens
6. Bezeichnung der Landschaft zwischen Euphrat und Tigris
7. Die am weit verbreitetste Religion in Indien
8. Früherer Name von Mumbai
9. Wichtige Getreidesorte in Asien
10. Jahreszeitlich wechselnde Luftströmungen mit starken Niederschlägen
11. Name der Hauptstadt in Abbildung 4
12. Stadtstaat (Abb. 2)
13. Stadt im Nahen Osten, die für Christen, Juden und Muslime heilig ist (Abb. 3)
14. Fluss, der im Hochland von Tibet entspringt und im Südchinesischen Meer mündet
15. Staat mit der Flagge in Abbildung 5

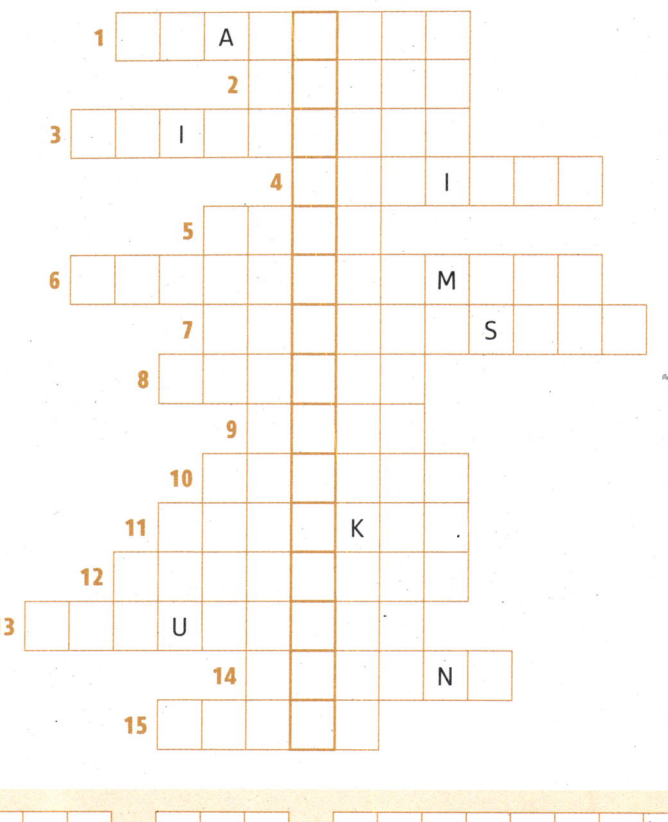

(Lösungswort)

6

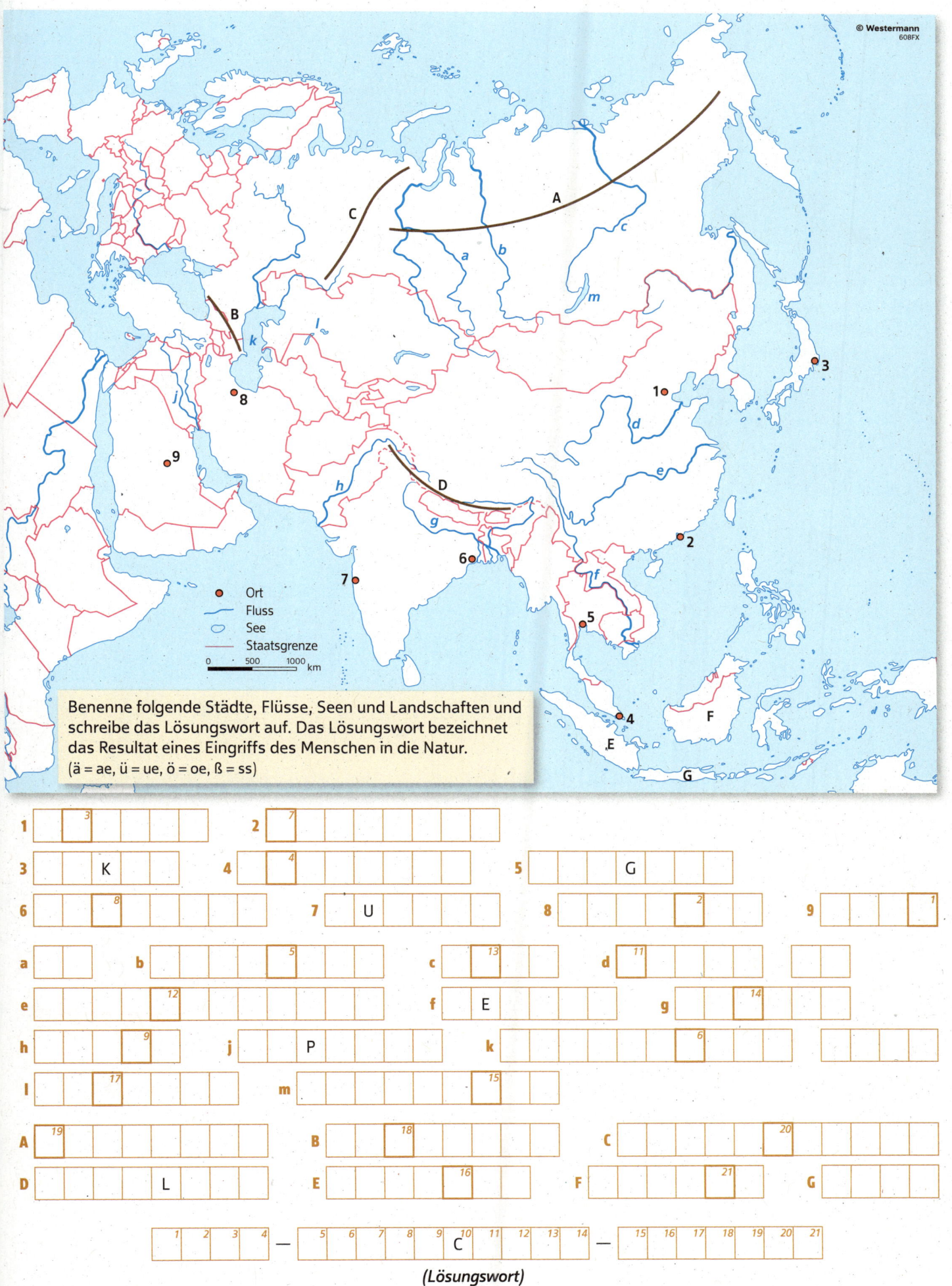

© Westermann
608FX

Ort
Fluss
See
Staatsgrenze

0   500   1000 km

Benenne folgende Städte, Flüsse, Seen und Landschaften und
schreibe das Lösungswort auf. Das Lösungswort bezeichnet
das Resultat eines Eingriffs des Menschen in die Natur.
(ä = ae, ü = ue, ö = oe, ß = ss)

1 [ ][3][ ]   2 [7][ ][ ][ ]

3 [ ][ ]K[ ][ ]   4 [4][ ][ ][ ]   5 [ ][ ][ ][ ]G[ ][ ][ ]

6 [ ][8][ ][ ]   7 [ ]U[ ][ ][ ][ ]   8 [ ][ ][ ][ ][2][ ]   9 [ ][ ][ ][1]

a [ ][ ]   b [ ][ ][ ][5][ ]   c [ ][13][ ]   d [11][ ][ ]

e [ ][ ][12][ ][ ]   f [ ]E[ ][ ]   g [ ][ ][ ][14][ ][ ]

h [ ][ ][9][ ][ ]   j [ ]P[ ][ ][ ]   k [ ][ ][ ][6][ ]

l [ ][ ][17][ ][ ]   m [ ][ ][ ][15][ ]

A [19][ ][ ][ ][ ][ ]   B [ ][ ][18][ ][ ]   C [ ][ ][ ][ ][20][ ][ ][ ]

D [ ][ ][ ]L[ ][ ]   E [ ][ ][ ][16][ ][ ]   F [ ][ ][ ][21][ ][ ]   G [ ][ ]

[1][2][3][4] — [5][6][7][8][9][10]C[11][12][13][14] — [15][16][17][18][19][20][21]

(Lösungswort)

Kennst du dich aus in Afrika?

Abb. 1: Ein Wahrzeichen der Stadt ist der Tafelberg im Hintergrund

1. Austragungsort bei der Fußballweltmeisterschaft 2010 (Abb. 1)
2. Erdölreicher Staat
3. Größte Wüste der Erde
4. Name des gesuchten Ortes (Abb. 2)
5. Höchster Berg Afrikas
6. Wüste im südlichen Afrika
7. Name des gesuchten Staates (Abb. 3)
8. Insel, auf die Napoleon I. verbannt wurde
9. Name des gesuchten Staates (Abb. 4)
10. Bekannter afrikanischer See
11. Größte Metropole Afrikas
12. Zweit längster Fluss Afrikas
13. Insel im Indischen Ozean
14. Herausragendes Großwild
15. Hauptstadt des Kongo
16. Spezieller Breitenkreis südlich der Hauptstadt Kampala
17. Dürre gefährdetes Gebiet südlich der Sahara

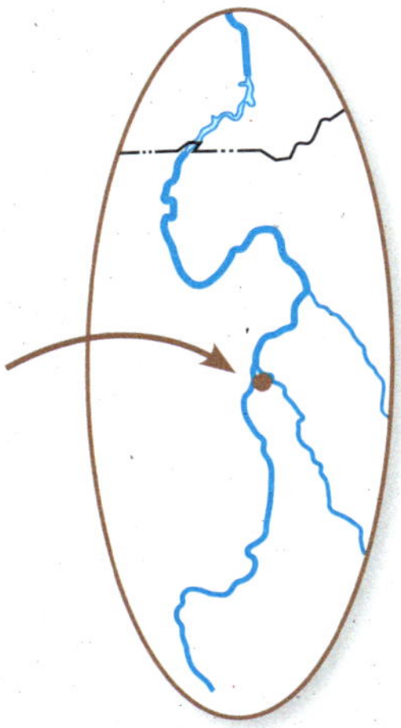

Abb. 2: Lage des gesuchten Ortes

(ä=ae, ü=ue, ö=oe, ß=ss)

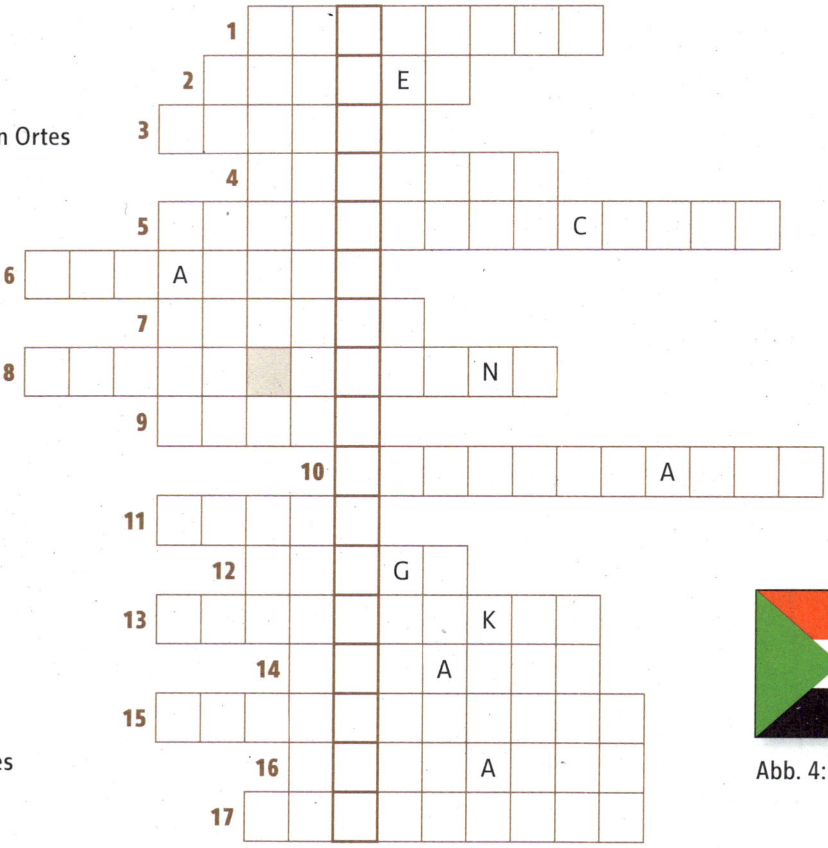

1.
2. E
3.
4.
5. C
6. A
7.
8. N
9.
10. A
11.
12. G
13. K
14. A
15.
16. A
17.

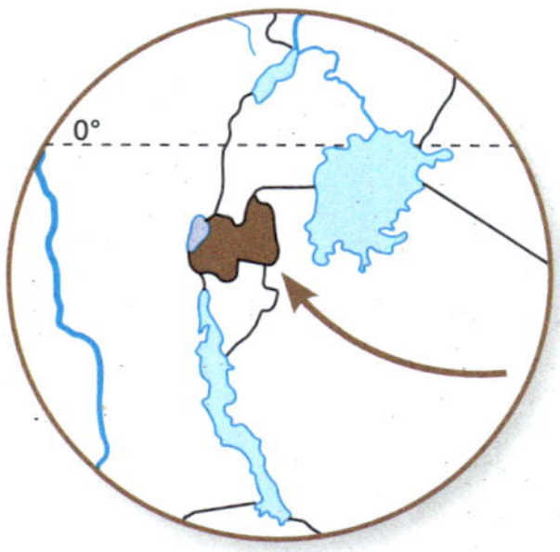

Abb. 3: Lage des gesuchten Staates

Abb. 4: Flagge des gesuchten Staates

(Lösungswort)

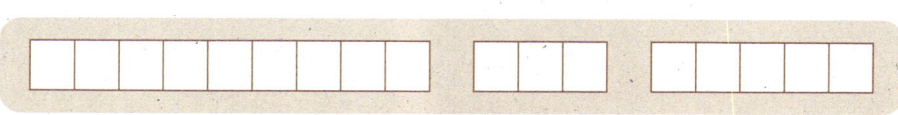

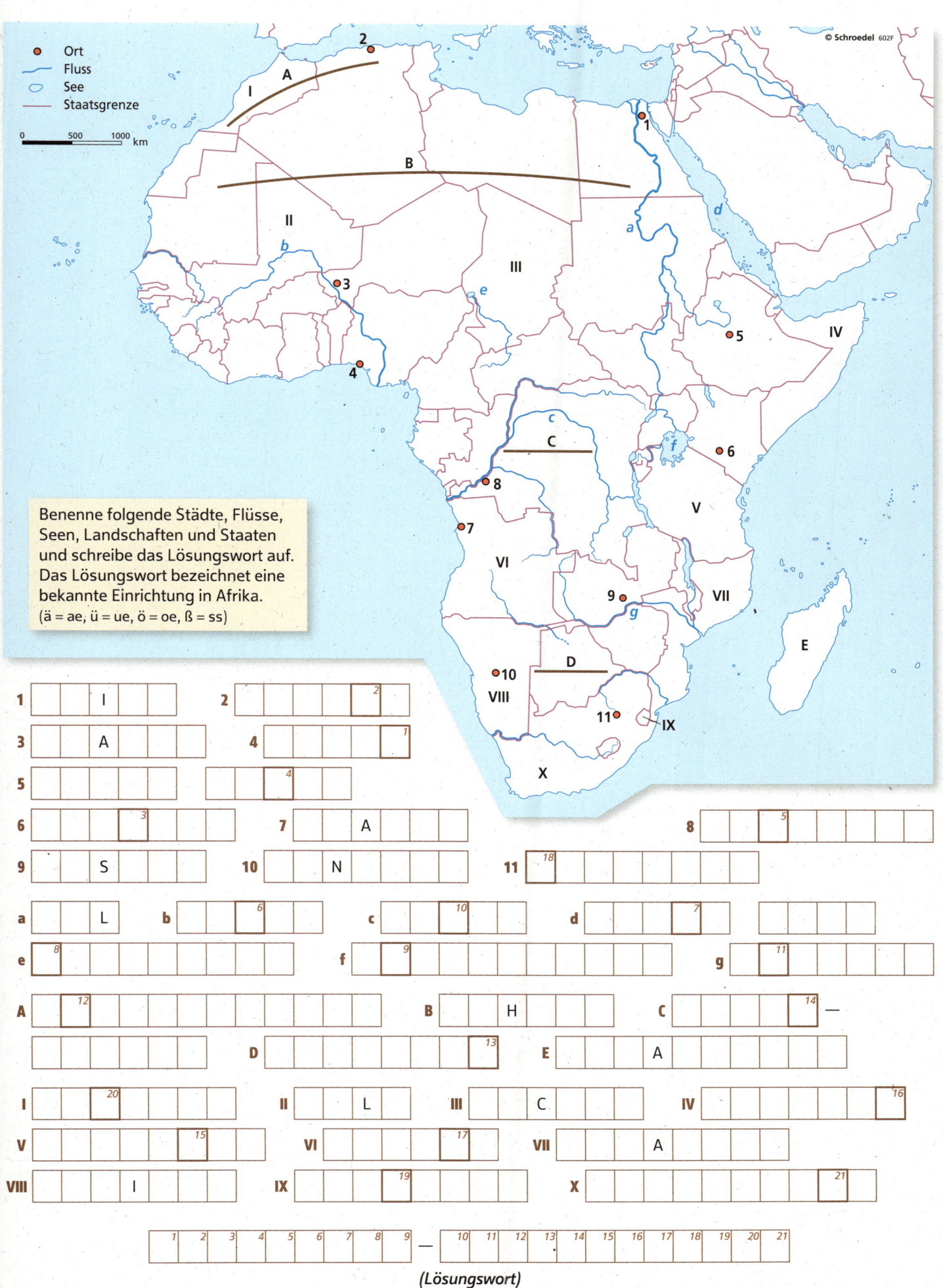

© Schroedel 602F

Legende:
- Ort
- Fluss
- See
- Staatsgrenze

0   500   1000   km

Benenne folgende Städte, Flüsse, Seen, Landschaften und Staaten und schreibe das Lösungswort auf. Das Lösungswort bezeichnet eine bekannte Einrichtung in Afrika.
(ä = ae, ü = ue, ö = oe, ß = ss)

1 [ ][ ][I][ ]   **2** [ ][ ][ ][ ][2]
3 [ ][A][ ][ ][ ]   **4** [ ][ ][ ][1]
5 [ ][ ][ ][4][ ]
6 [ ][ ][3][ ]   **7** [ ][A][ ][ ]   **8** [ ][ ][5][ ][ ][ ][ ][ ]
9 [ ][S][ ][ ]   **10** [ ][ ][N][ ][ ]   **11** [18][ ][ ][ ][ ][ ]

a [ ][L][ ]   **b** [ ][ ][6][ ][ ]   **c** [ ][ ][10][ ][ ][ ]   **d** [ ][ ][ ][7][ ][ ][ ]
e [8][ ][ ][ ][ ][ ]   **f** [ ][ ][9][ ][ ]   **g** [ ][ ][11][ ][ ]

A [ ][12][ ][ ][ ][ ][ ]   **B** [ ][H][ ][ ][ ][ ]   **C** [ ][ ][ ][14][ ] —
[ ][ ][ ][ ][ ][ ][ ]   **D** [ ][ ][ ][13][ ][ ][ ]   **E** [ ][ ][A][ ][ ][ ][ ][ ]

I [ ][20][ ][ ][ ][ ]   **II** [ ][L][ ][ ]   **III** [ ][C][ ][ ][ ]   **IV** [ ][ ][ ][ ][ ][ ][16]
V [ ][ ][ ][15][ ][ ]   **VI** [ ][ ][ ][17][ ][ ]   **VII** [ ][ ][A][ ][ ][ ][ ]
VIII [ ][ ][I][ ][ ]   **IX** [ ][ ][ ][19][ ][ ][ ]   **X** [ ][ ][ ][ ][ ][ ][21][ ]

[1][2][3][4][5][6][7][8][9] — [10][11][12][13][14][15][16][17][18][19][20][21]

(Lösungswort)

9

Kennst du dich aus in Nordamerika?

Abb.1: ... das Weiße Haus (Bildmitte)

Abb. 2: Hollywood-Boulevard

1. Politisches Zentrum der USA (Abb. 1)
2. Halbinsel im Osten Kanadas
3. Felsengebirge im Westen Nordamerikas
4. See, an dem Chicago liegt
5. Binnenmeer im nordöstlichen Teil Kanadas
6. Steppe im mittleren Teil Nordamerikas
7. Fluss, der die Großen Seen mit dem Atlantischen Ozean verbindet
8. Bundesstaat der USA (Abb. 3)
9. Größte Stadt Nordamerikas
10. Mittelgebirge im Osten Nordamerikas
11. Ort, der während des Goldrausches Ende des 19. Jahrhunderts gegründet wurde (Abb. 4)
12. Stadt an der Pazifikküste Kanadas
13. Zentrum der US-Autoindustrie
14. Gewässer, das Nordamerika von Asien trennt
15. Längster Nebenfluss des Mississippi
16. Ureinwohner Nordamerikas
17. Stadt, zu der Hollywood gehört (Abb. 2)

(ä=ae, ü=ue, ö=oe, ß=ss)

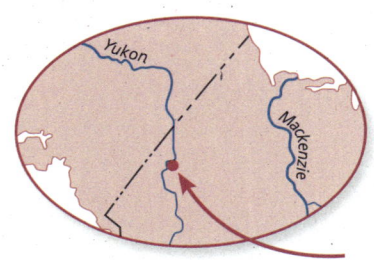

Abb. 3: gesuchter Bundesstaat der USA

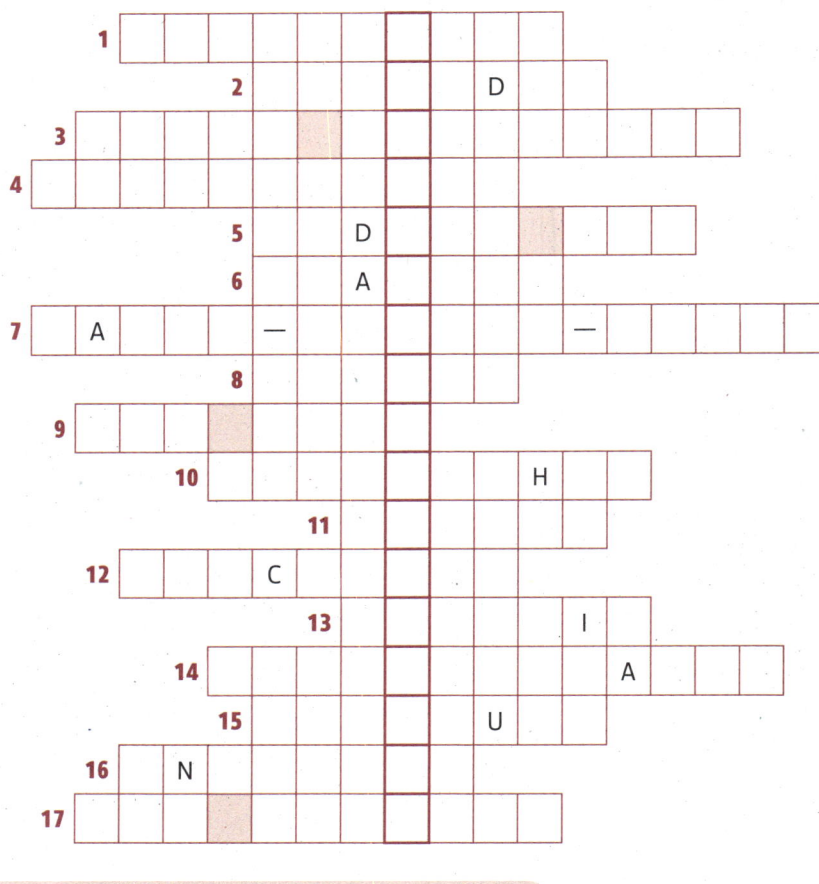

Abb. 4: gesuchter Ort

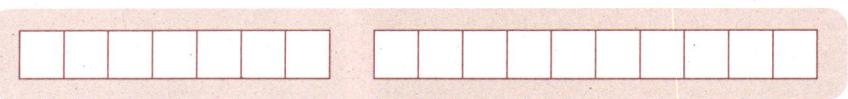

(Lösungswort)

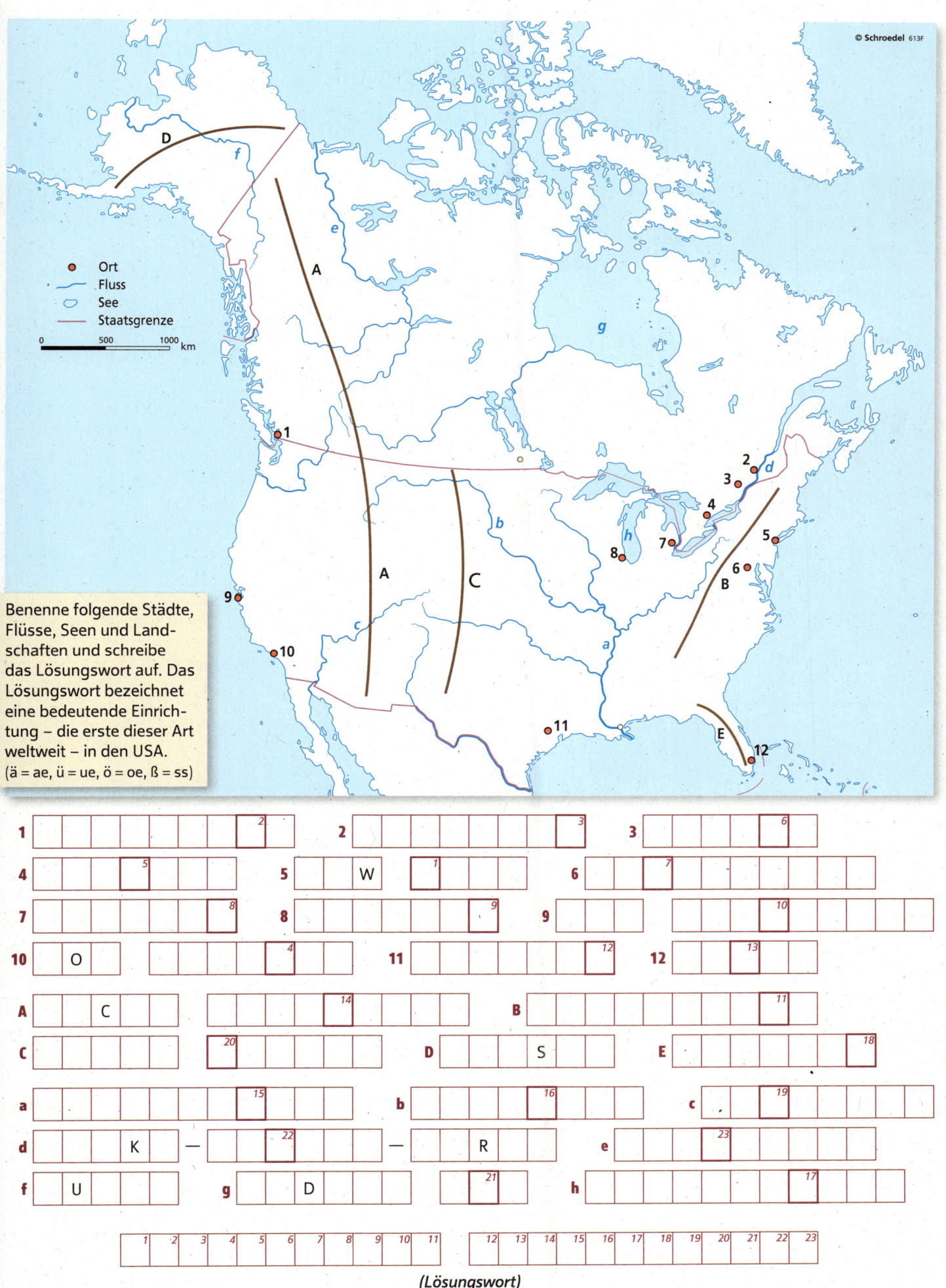

© Schroedel 613F

Ort (Ort)
Fluss (Fluss)
See (See)
Staatsgrenze (Staatsgrenze)

0   500   1000 km

Benenne folgende Städte, Flüsse, Seen und Landschaften und schreibe das Lösungswort auf. Das Lösungswort bezeichnet eine bedeutende Einrichtung – die erste dieser Art weltweit – in den USA. (ä = ae, ü = ue, ö = oe, ß = ss)

1 [ ][ ][ ][ ][2][ ]   2 [ ][ ][ ][ ][ ][3][ ]   3 [ ][ ][ ][ ][6][ ]

4 [ ][ ][5][ ][ ]   5 [ ][W][ ][1][ ]   6 [ ][ ][ ][7][ ][ ]

7 [ ][ ][ ][8][ ]   8 [ ][ ][ ][9][ ]   9 [ ][ ][ ][ ][10][ ]

10 [ ][O][ ]   [ ][ ][4][ ]   11 [ ][ ][ ][12][ ]   12 [ ][ ][13][ ][ ]

A [ ][C][ ][ ][14][ ]   B [ ][ ][ ][ ][11][ ]

C [ ][ ][ ][20][ ]   D [ ][ ][S][ ][ ]   E [ ][ ][ ][ ][18][ ]

a [ ][.][ ][ ][15][ ]   b [ ][ ][ ][16][ ]   c [ ][,][ ][19][ ]

d [ ][K][ ]–[ ][22][ ]–[ ][R][ ]   e [ ][ ][23][ ][ ]

f [ ][U][ ][ ]   g [ ][D][ ][ ][21][ ]   h [ ][ ][ ][17][ ]

[1][2][3][4][5][6][7][8][9][10][11] [12][13][14][15][16][17][18][19][20][21][22][23]

(Lösungswort)

Kennst du dich aus in den USA?

Abb. 1: Wasserfälle an der Grenze zu Kanada

Abb. 2: gesuchter Bundesstaat der USA

Abb. 3: Berühmte Brücke in San Francisco

1. Name des Bundesstaates (Abb. 2)
2. Stadt in Florida
3. Stadt am Mississippi
4. Größter See der USA
5. Bekannte Sehenswürdigkeit (Abb. 1)
6. Indianerstamm im Nordosten der USA
7. Längster Fluss der USA
8. Stadtteil von New York
9. Fluss, der den Grand Canyon durchfließt
10. Erster Nationalpark weltweit
11. Andere Bezeichnung für Indianerschutzgebiet
12. Englischer Name für Viehhirte
13. Grenzfluss zwischen den Bundesstaaten Washington und Oregon
14. Bundeshauptstadt
15. Millionenstadt in Texas
16. Gefürchtete Wirbelstürme
17. Hightech-Region in Kalifornien
18. Nachbarstaat der USA
19. Wahrzeichen von San Francisco (Abb. 3)

Das ... *(Lösungswort)* ... in New York wurde im Jahre 1932 erbaut. Das 102 Stockwerk zählende Gebäude hatte ursprünglich eine Höhe von 380 m. Durch das Aufsetzen eines 68 m hohen Fernsehmastes erhielt das Gebäude seine heutige Höhe von fast 450 m. Es war bis 1973 das höchste Gebäude der Welt.

(Lösungswort)

Benenne folgende Städte, Flüsse, Seen, Landschaften und Bundesstaaten und schreibe das Lösungswort auf. Das Lösungswort bezeichnet das Wahrzeichen einer bekannten Stadt an der Westküste der USA.

(ä = ae, ü = ue, ö = oe, ß = ss)

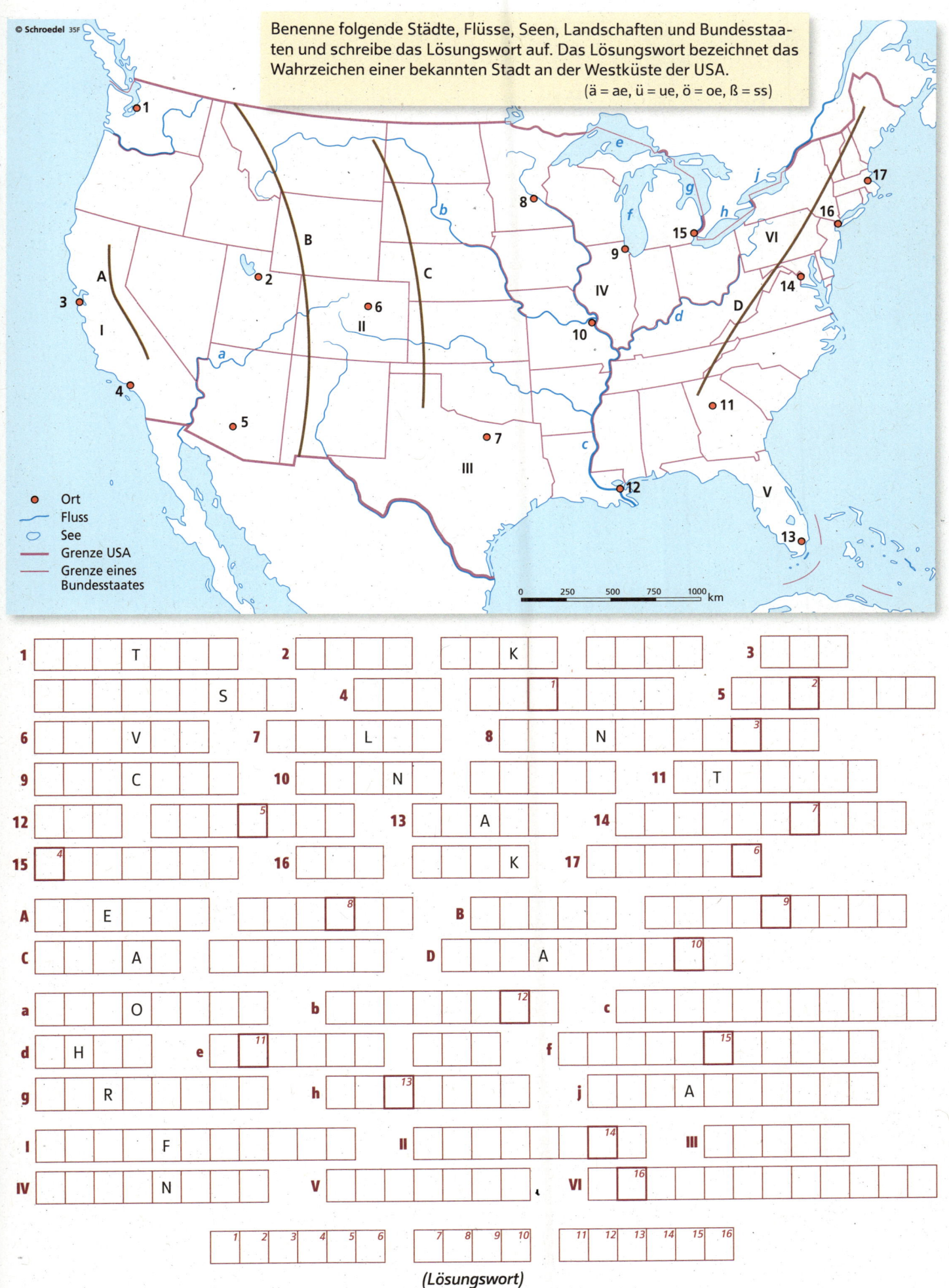

© Schroedel 35F

Legende:
- Ort
- Fluss
- See
- Grenze USA
- Grenze eines Bundesstaates

1 [_][_][_]T[_][_]   2 [_][_][_][_]K[_][_]   3 [_][_][_]

[_][_][_]S[_][_]   4 [_][_][_][1][_][_][_]   5 [_][_][2][_]

6 [_][_]V[_][_]   7 [_][_][_]L[_][_]   8 [_][_][_]N[3][_]

9 [_][_]C[_][_]   10 [_][_][_]N[_][_]   11 [_][_]T[_][_]

12 [_][_][_][_][5][_][_]   13 [_][_]A[_][_]   14 [_][_][_][7][_]

15 [4][_][_][_][_]   16 [_][_][_]K[_]   17 [_][_][_][6][_]

A [_][_]E[_][_]   [_][_][_][8][_][_]   B [_][_][_][_][9][_]

C [_][_]A[_][_]   D [_][_]A[_][10][_]

a [_][_]O[_][_]   b [_][_][_][12][_]   c [_][_][_][_][_][_]

d [_]H[_][_]   e [_][11][_][_]   f [_][_][_][15][_][_]

g [_][_]R[_][_]   h [_][13][_][_]   j [_][_]A[_][_]

I [_][_]F[_][_]   II [_][_][14][_]   III [_][_][_][_]

IV [_][_][_]N[_][_]   V [_][_][_][_]   VI [_][16][_][_]

[1][2][3][4][5][6] [7][8][9][10] [11][12][13][14][15][16]

(Lösungswort)

Kennst du dich aus in Mittel- und Südamerika?

Abb. 1: Bei dem Erdbeben 2010 kamen über 220 000 Menschen ums Leben

Abb. 2: Die Christusfigur (links im Bild) ist ein Wahrzeichen der Stadt

Abb. 3: Flagge des gesuchten Staates

Hauptstadt

Abb. 4: Gebiet des gesuchten Staates

1. Staat, der 2010 von einem sehr starken Erdbeben getroffen wurde (Abb. 1)
2. Inselgruppe an der Südspitze Südamerikas
3. Fluss in Venezuela
4. Höchster Berg Südamerikas
5. Name des Staates der Abbildung 3
6. Stadt in der Nähe des südlichen Wendekreises (Abb. 2)
7. Eine der trockensten Wüsten der Erde
8. Gewässer zwischen Buenos Aires und Montevideo
9. Höchst gelegene Hauptstadt der Welt
10. Wasserstraße zwischen dem Atlanischen und Pazifischen Ozean
11. Gebirge im Westen Südamerikas
12. Stausee im Länderdreieck Brasilien, Paraguay und Argentinien
13. Französische Insel in der Karibik
14. Name des Staates der Abbildung 4
15. Größte Stadt im brasilianischen Regenwald
16. Seefahrer, nach dem eine Schiffspassage im südlichen Südamerika benannt wurde
17. Der südlichste Punkt Südamerikas

(ä=ae, ü=ue, ö=oe, ß=ss)

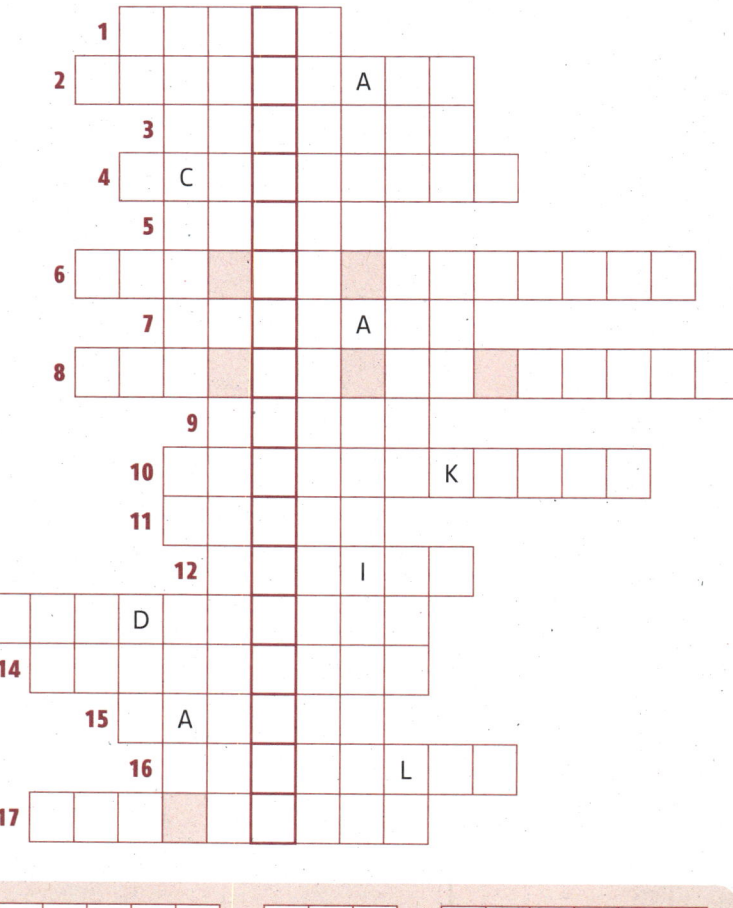

(Lösungswort)

© Schroedel 614F

Mittel-/Südamerika

Benenne folgende Staaten, Städte, Flüsse, und
Gebirge und schreibe das Lösungswort auf.
Das Lösungswort bezeichnet eine bekannte Person.
(ä = ae, ü = ue, ö = oe, ß = ss)

● Ort
— Fluss
⬭ See
— Staatsgrenze

0   500   1000 km

(Lösungswort)

15

Australien

Kennst du dich aus in Australien?

1. Australisches Beuteltier (Abb.1)
2. Bundesstaat
3. Bekannter Felsen im Landesinnern (Abb. 2)
4. Nationalpark im Nordterritorium / Northern Territory
5. Größte Stadt Westaustraliens
6. Nördlicher Endpunkt der Eisenbahnlinie durch das Landesinnere
7. Wüste im Nordterritorium / Northern Territory
8. Größere Stadt in Queensland
9. Großfisch in den Gewässern vor Australien
10. Größte Stadt Australiens (Abb. 3)
11. Höchster Berg
12. Bundesstaat (englische Bezeichnung)
13. Stadt in Westaustralien / Western Australia (Abb. 4)
14. Tiefste Stelle (liegt in Südaustralien / South Australia)
15. Bedeutender Fluss
16. Hauptstadt von Australien
17. Wichtigste Stadt im Landesinnern
18. Ebene vor der Großen Australischen Bucht

Abb. 1: ... und Wahrzeichen von Australien

Abb. 2: ... liegt im Nordterritorium

(ä=ae, ü=ue, ö=oe, ß=ss)

Abb. 3: Die wohl berühmteste Oper der Welt steht in der gesuchten Stadt

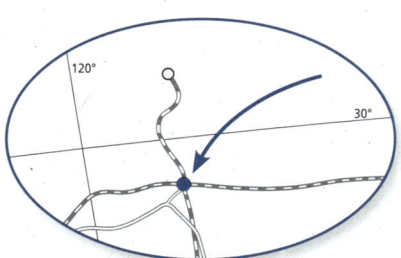

Abb. 4: Lage der gesuchten Stadt

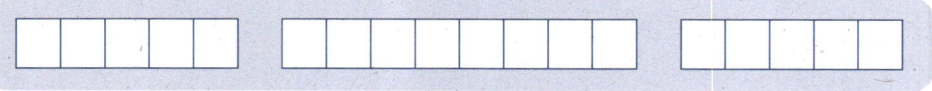

(Lösungswort)

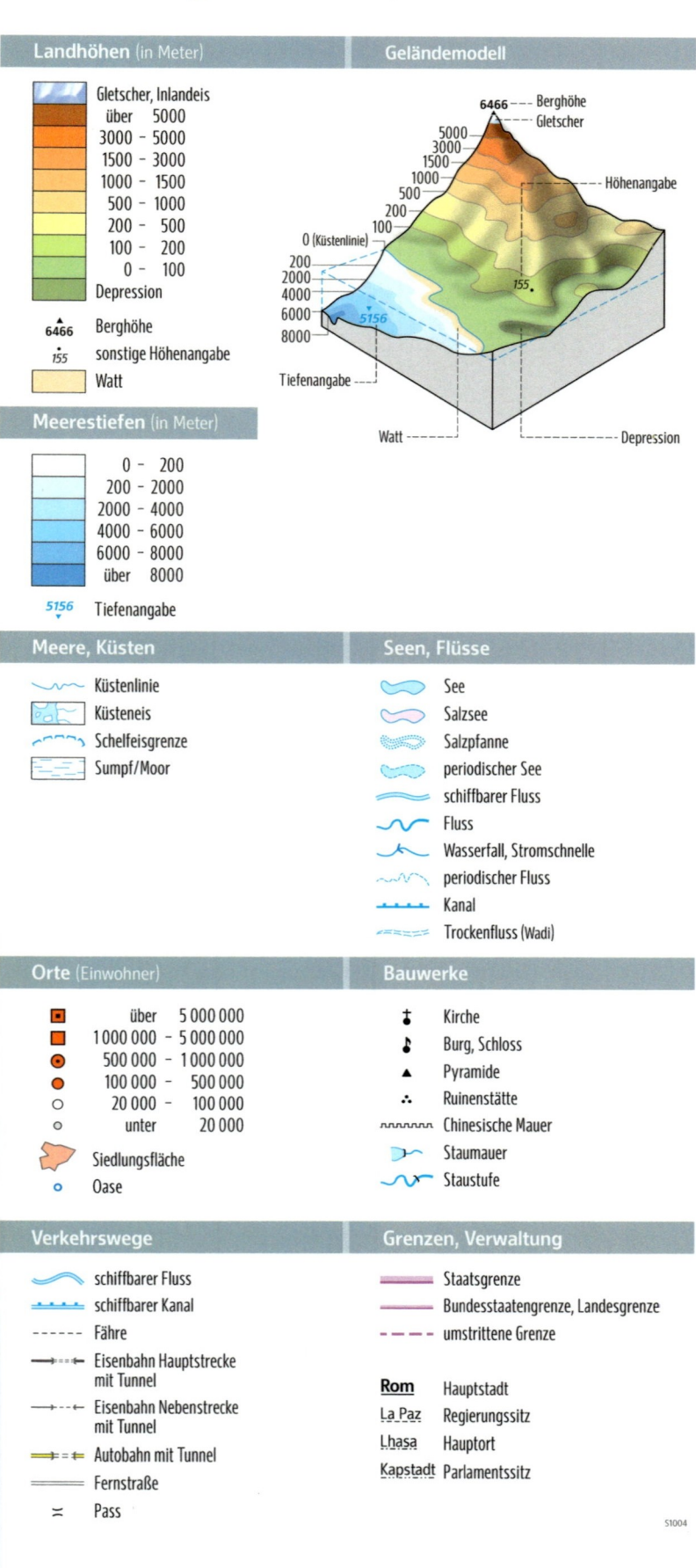

Generallegende   Physische Karten

Landhöhen (in Meter)

- Gletscher, Inlandeis
- über 5000
- 3000 – 5000
- 1500 – 3000
- 1000 – 1500
- 500 – 1000
- 200 – 500
- 100 – 200
- 0 – 100
- Depression

6466 ▲ Berghöhe
·155 sonstige Höhenangabe
Watt

Meerestiefen (in Meter)

- 0 – 200
- 200 – 2000
- 2000 – 4000
- 4000 – 6000
- 6000 – 8000
- über 8000

5156 Tiefenangabe

Geländemodell

Berghöhe
Gletscher
Höhenangabe
0 (Küstenlinie)
155
Watt
Tiefenangabe
Depression

Meere, Küsten

- Küstenlinie
- Küsteneis
- Schelfeisgrenze
- Sumpf/Moor

Seen, Flüsse

- See
- Salzsee
- Salzpfanne
- periodischer See
- schiffbarer Fluss
- Fluss
- Wasserfall, Stromschnelle
- periodischer Fluss
- Kanal
- Trockenfluss (Wadi)

Orte (Einwohner)

- über 5 000 000
- 1 000 000 – 5 000 000
- 500 000 – 1 000 000
- 100 000 – 500 000
- 20 000 – 100 000
- unter 20 000
- Siedlungsfläche
- Oase

Bauwerke

- Kirche
- Burg, Schloss
- Pyramide
- Ruinenstätte
- Chinesische Mauer
- Staumauer
- Staustufe

Verkehrswege

- schiffbarer Fluss
- schiffbarer Kanal
- Fähre
- Eisenbahn Hauptstrecke mit Tunnel
- Eisenbahn Nebenstrecke mit Tunnel
- Autobahn mit Tunnel
- Fernstraße
- Pass

Grenzen, Verwaltung

- Staatsgrenze
- Bundesstaatengrenze, Landesgrenze
- umstrittene Grenze

Rom Hauptstadt
La Paz Regierungssitz
Lhasa Hauptort
Kapstadt Parlamentssitz

S1004

Das Internetangebot zum Seydlitz Weltatlas Projekt Erde.
Schneller und einfacher Zugriff auf die Zusatzmaterialien des Seydlitz Weltatlas Projekt Erde unter
www.schroedel.de/seydlitz/01420
Die Karten des Seydlitz Weltatlas Projekt Erde sind auf dem Globus von Google Earth™ verortbar
und werden dort in 3-D-Ansicht dargestellt.

Beratung bei der Konzeption

Bernd Amos, Großbettlingen
Thomas Braun, Offenbach/Queich
Markus Fiedler, Hilzingen
Stefanie Fürstenberg, Speyer
Cornelia Heindl, Ebersberg
Martin Kuhli, Oerlinghausen
Andreas Schatz, Taufkirchen/Vils
Hans-Jürgen Schutzbach, Waldstetten
Heiner Schlußnus, Gilserberg

westermann GRUPPE

© 2016 Bildungshaus Schulbuchverlage
Westermann Schroedel Diesterweg Schöningh Winklers GmbH,
Georg-Westermann-Allee 66, 38104 Braunschweig
www.westermann.de

Druck A^6 / Jahr 2025
Alle Drucke der Serie A sind im Unterricht parallel verwendbar.

Redaktion: Dieter Jung, Björn Richter, Jeremy Wölbling
Illustrationen: Ingrid Schobel, Hannover
Umschlaggestaltung: Janssen Kahlert Design & Kommunikation, Hannover
Druck und Bindung: Westermann Druck Zwickau GmbH,
Crimmitschauer Straße 43, 08058 Zwickau

ISBN 978-3-507-**01420**-6

○ Physische Karte   □ Thematische Übersichtskarte   ☆ Fallbeispiel   ⬚ Atlasseite enthält Grafik/Diagramm

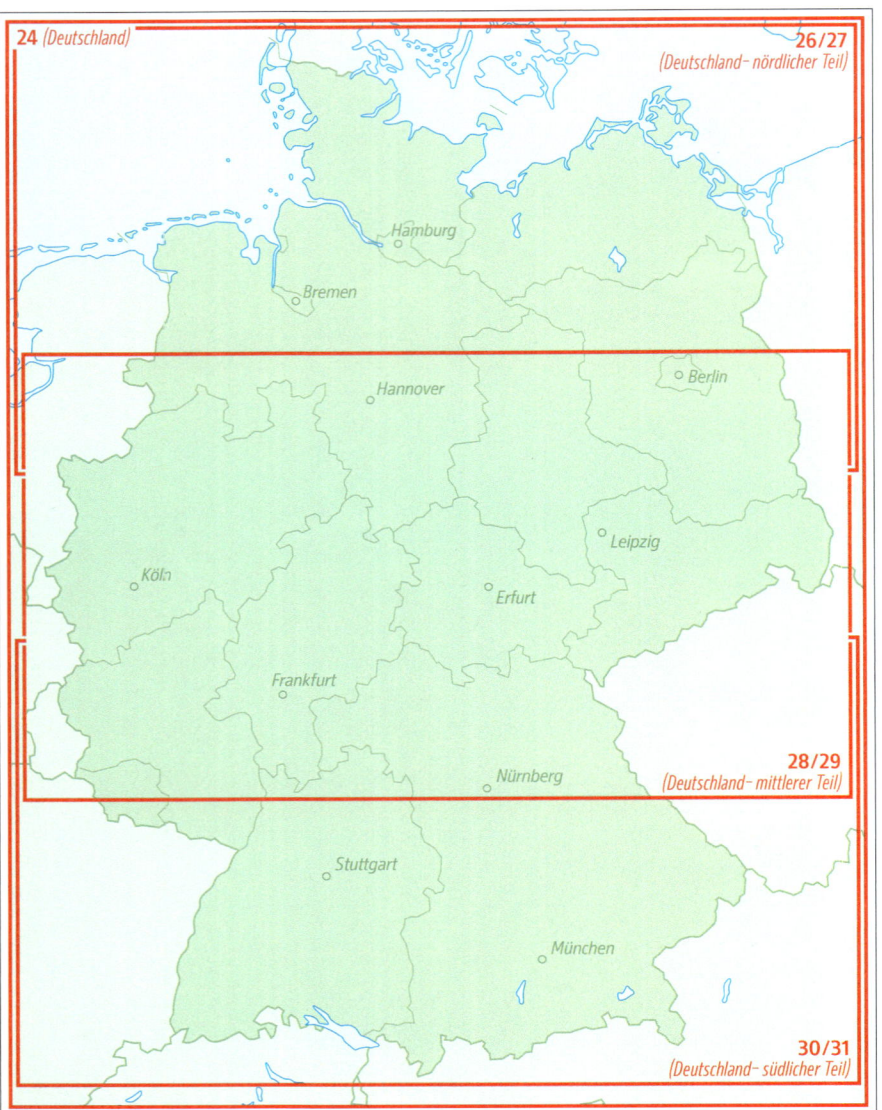

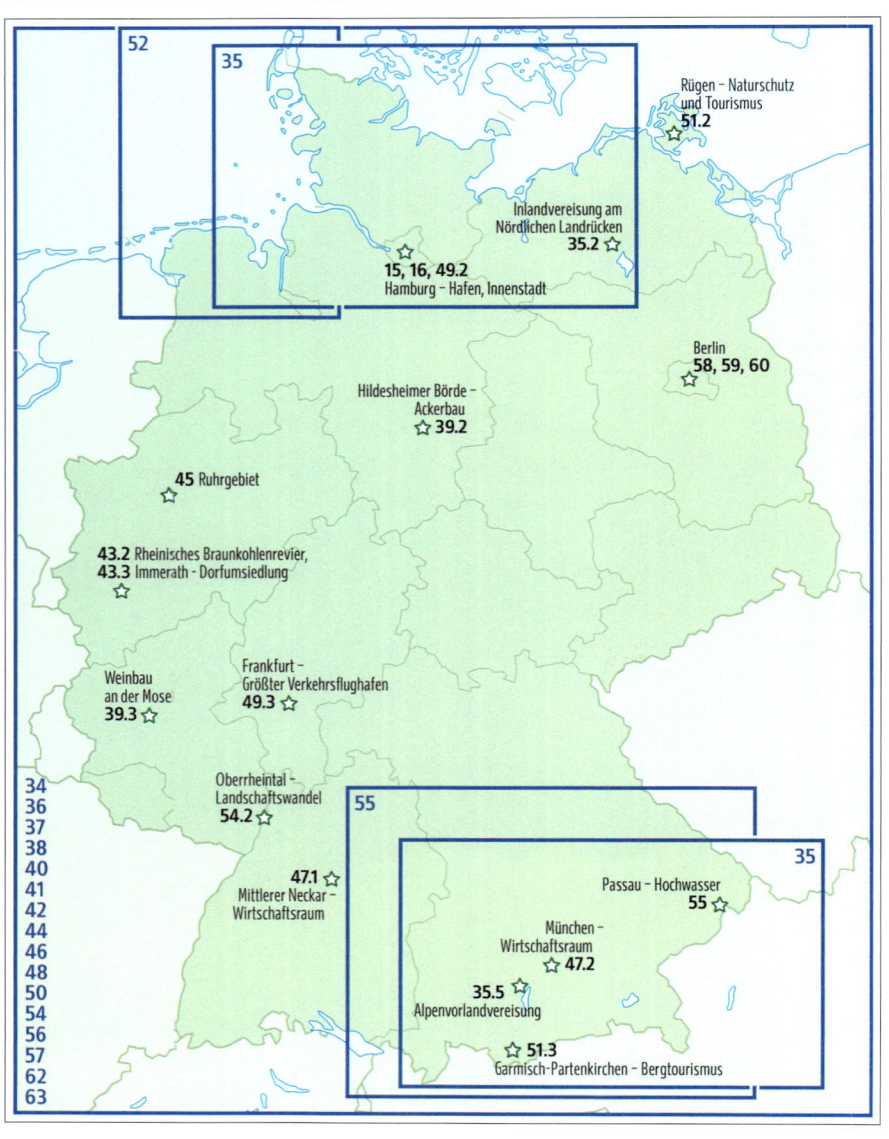

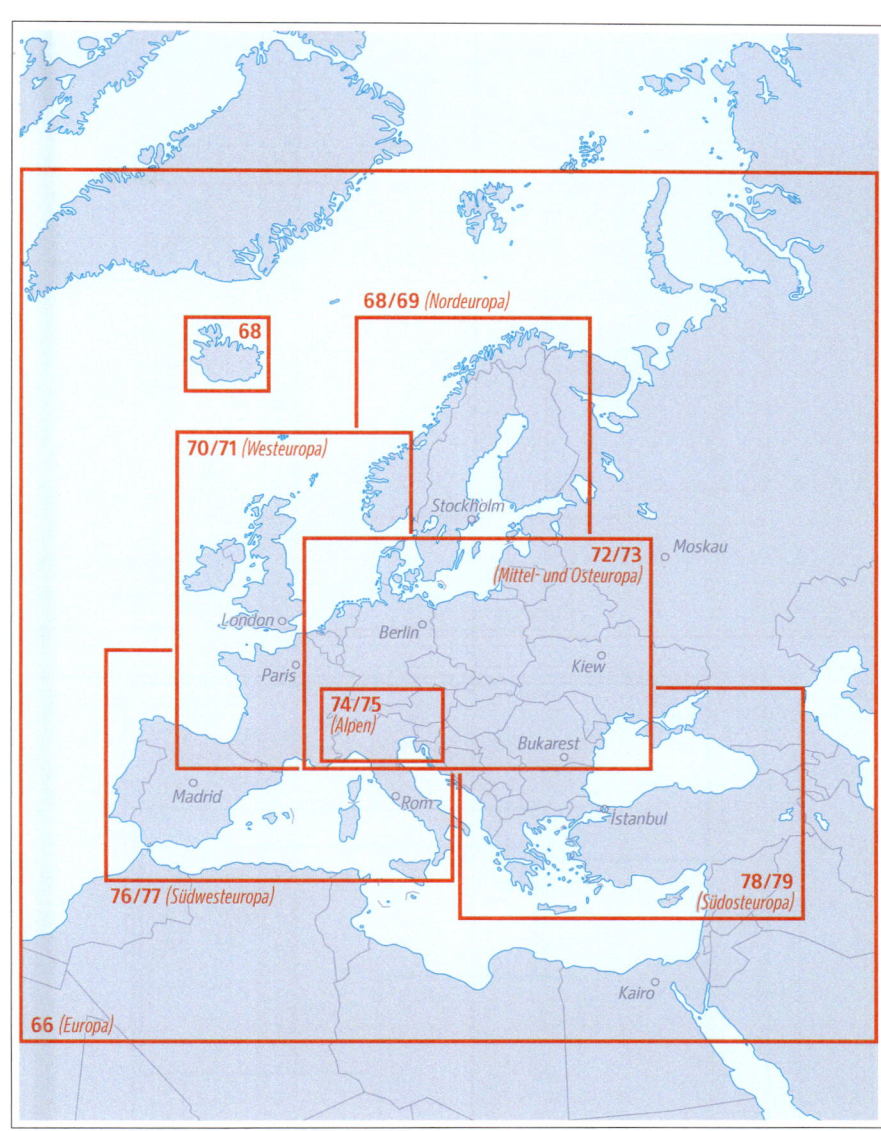

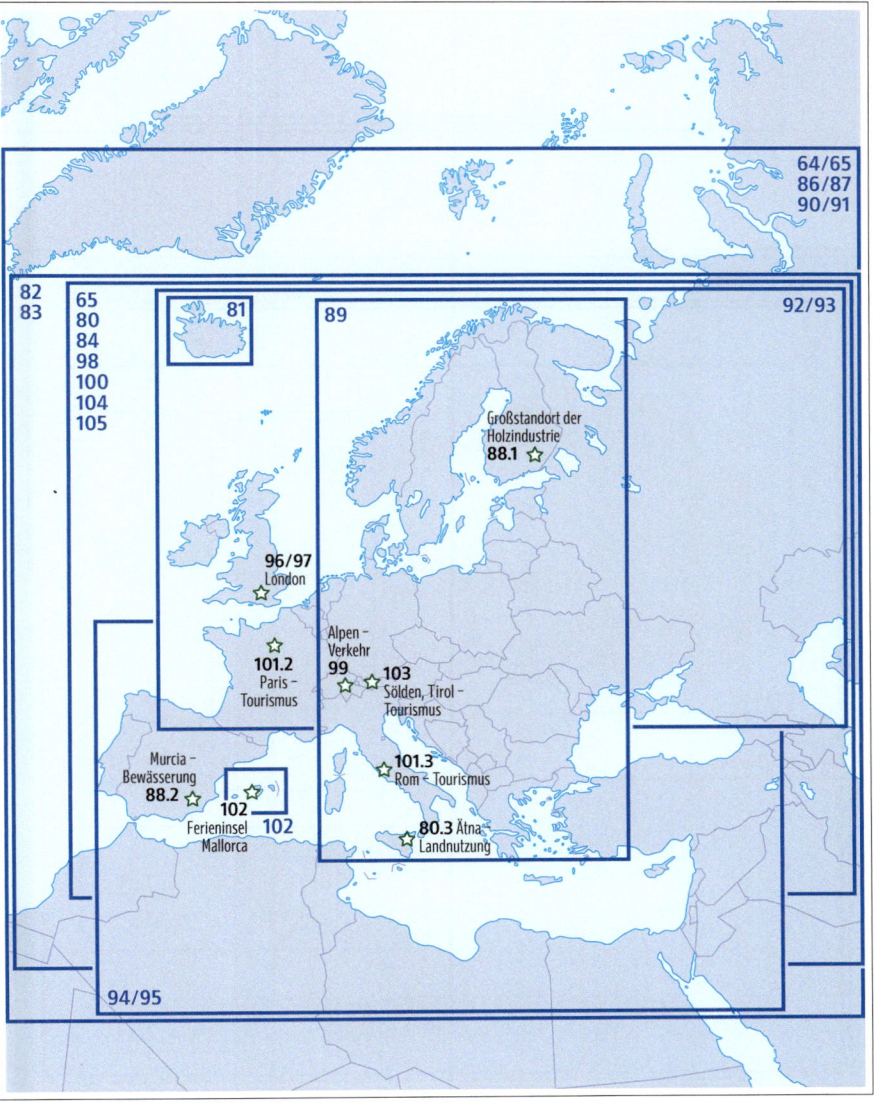

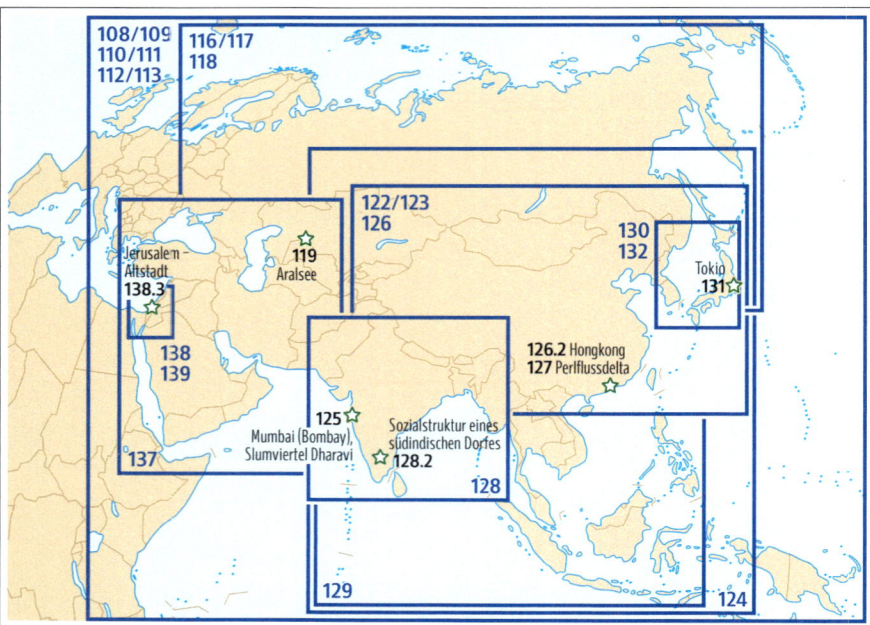

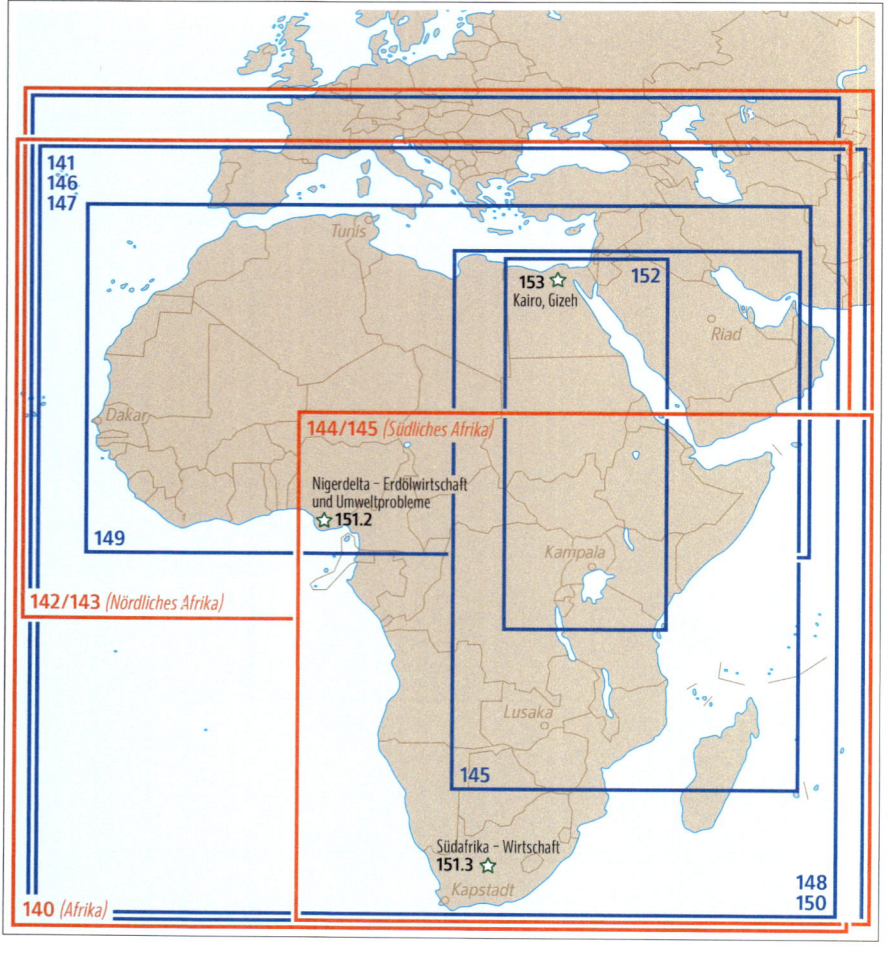

Afrika

Amerika

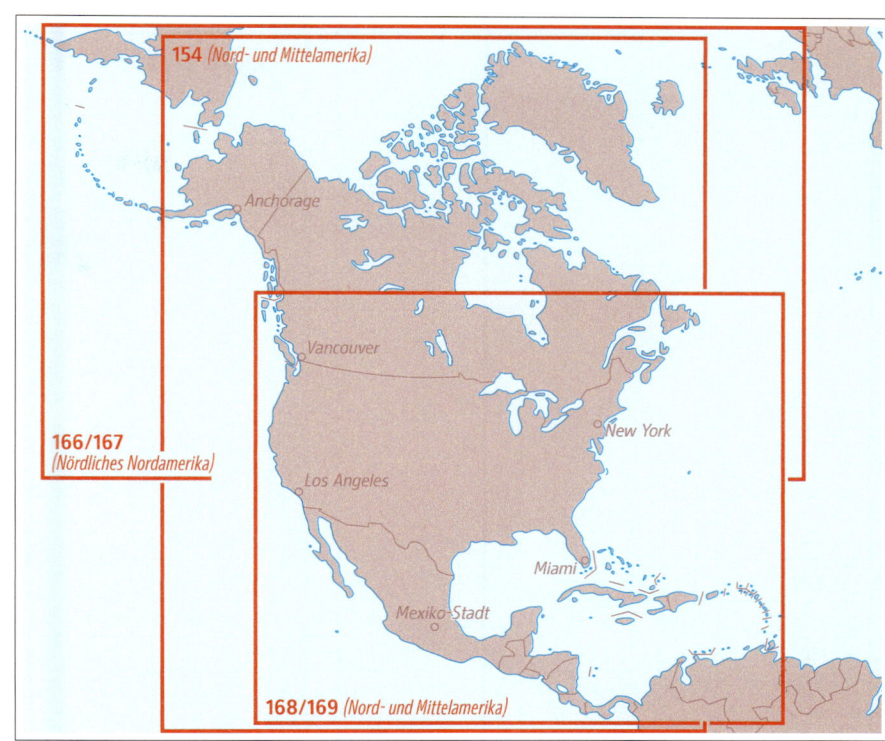

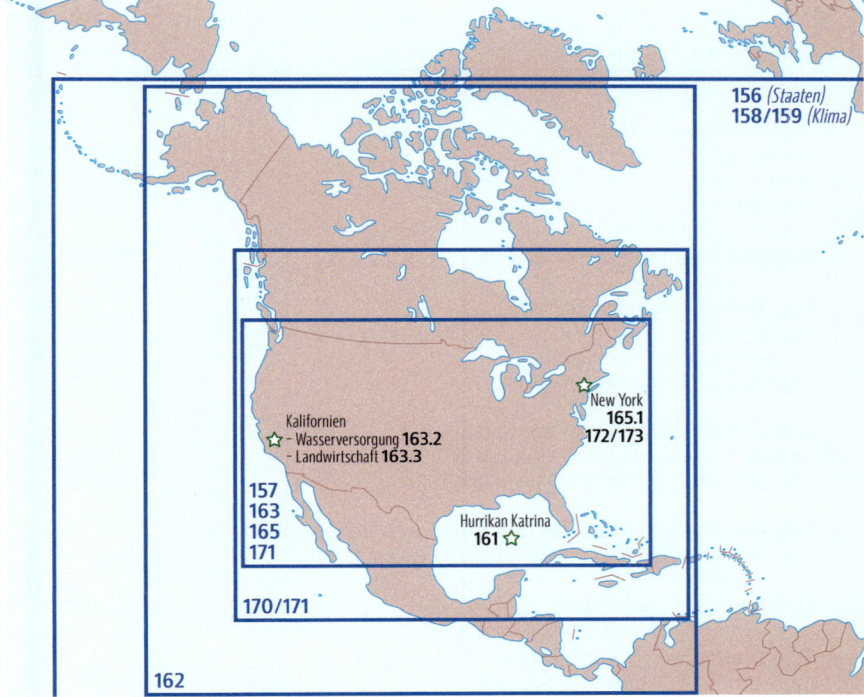

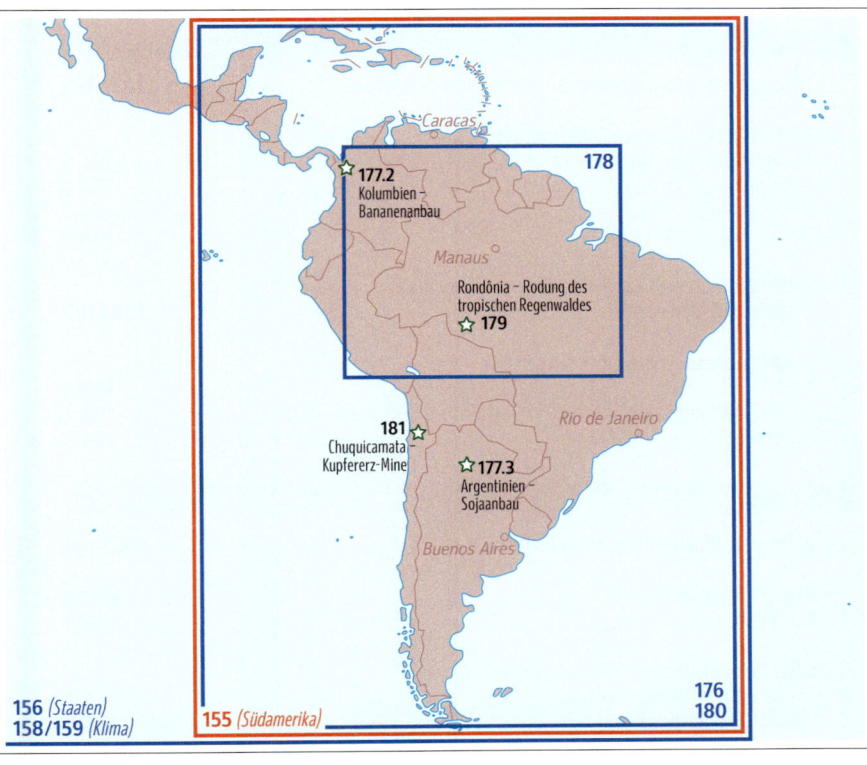

Inhaltsverzeichnis

8

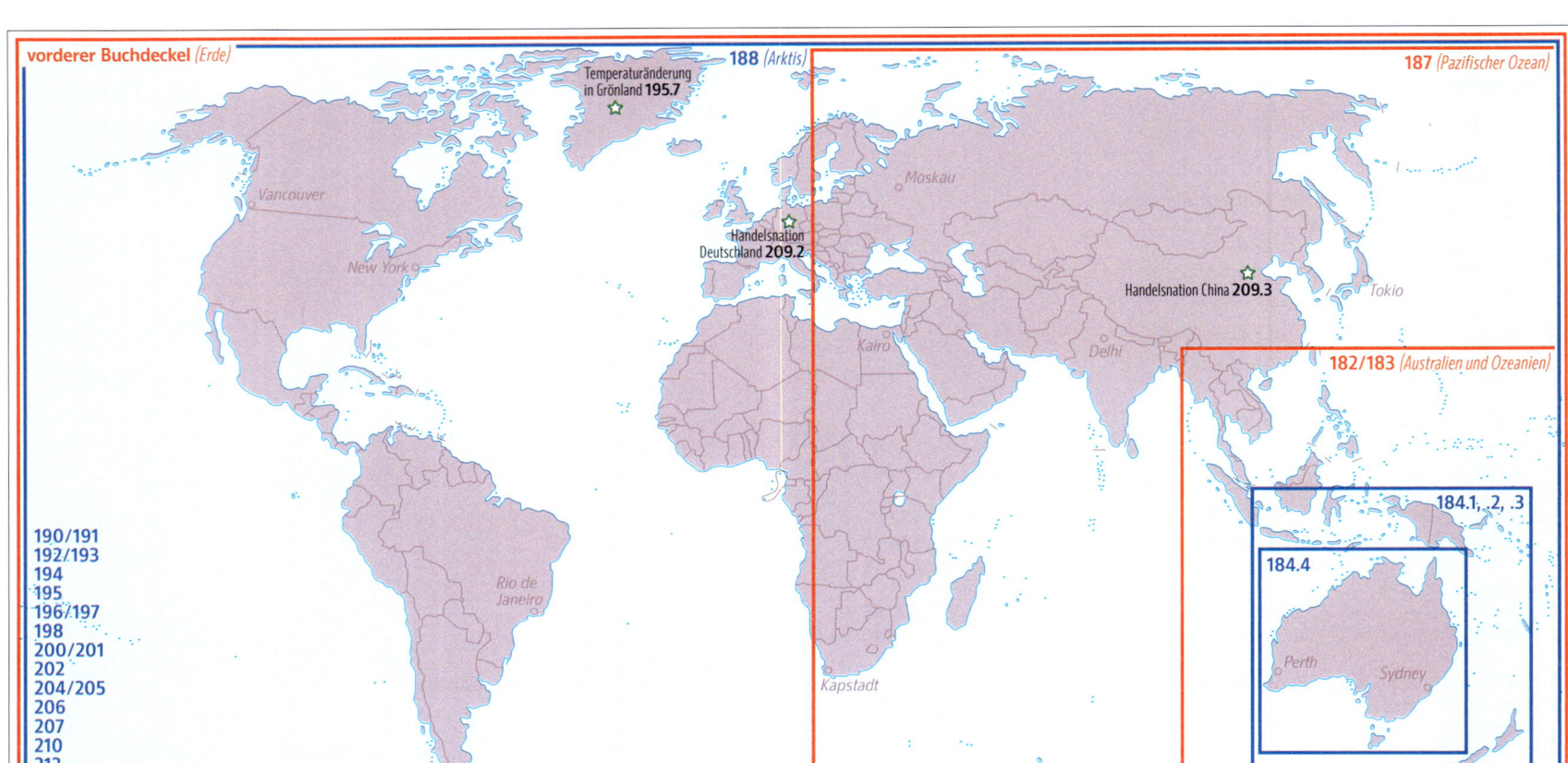

Physische Karte ○ Thematische Übersichtskarte □ Fallbeispiel ☆ Atlasseite enthält Grafik/Diagramm ⊞

GEO Werkstatt

Auf den GEO Werkstatt-Seiten kannst du erfahren und wiederholen, wie man mit geographischen Arbeitstechniken umgeht. Dort kannst du nachlesen, wie zum Beispiel Diagramme oder Profile ausgewertet werden. Auch Grundlagen zum Kartenverständnis wie Zeichenerklärungen oder der Maßstab werden vorgestellt.

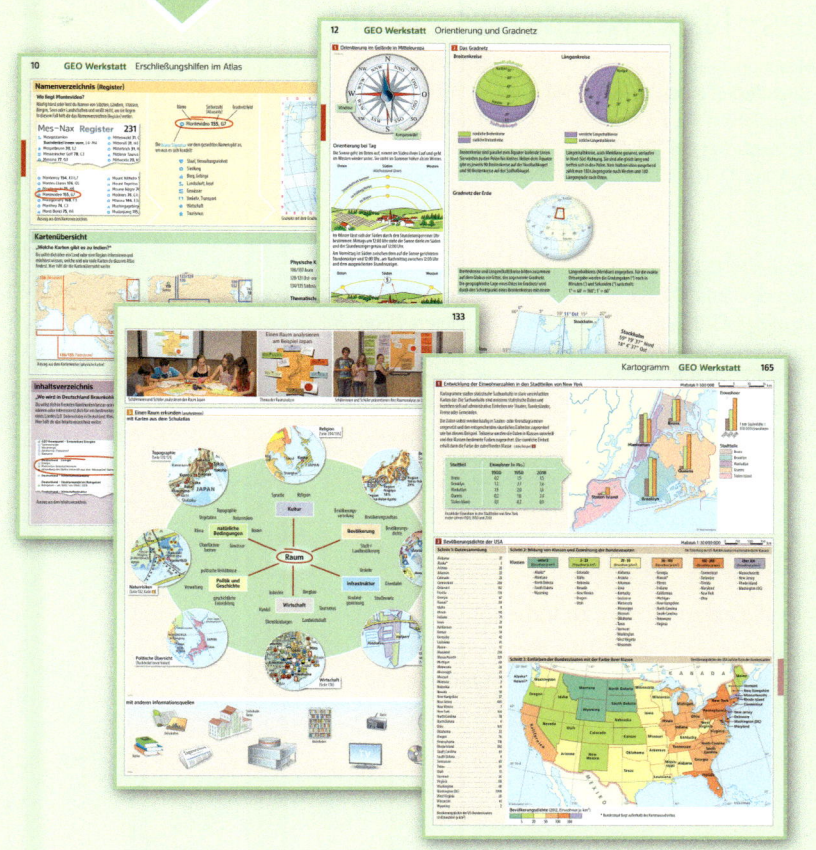

GEO Brennpunkt

Die GEO Brennpunkt-Seiten bieten dir zusätzliches Wissen zu bestimmten Themen. Du erfährst auf diesen Seiten zum Beispiel mehr über den Tourismus in den Alpen oder über den Klimawandel. Bilder und Diagramme unterstützen die Informationen und verdeutlichen geographische Zusammenhänge.

Namenverzeichnis (Register)

Wo liegt Montevideo?

Häufig hörst oder liest du Namen von Städten, Ländern, Flüssen, Bergen, Seen oder Landschaften und weißt nicht, wo sie liegen. In diesem Fall hilft dir das Namenverzeichnis (Register) weiter.

Mes–Nax **Register** **231**

- Mesopotamien
  Buchdeckel innen vorn, L4–M4
- Mespelbrunn **30**, E2
- Messenischer Golf **78**, C3
- Messina **77**, G3

- Monterrey **154**, K7/L7
- Montes Claros **174**, G5
- Monteverchi **75**, H6
- Montevideo **155**, G7
- Montgomery **168**, F3
- Monthey **74**, C3
- Monti Berici **75**, H4

- Mittenwald **31**, G
- Mittersill **31**, H4
- Mitterteich **31**, H
- Mittlerer Taurus
- Mittweida **29**, H

- Mount Wilhelm 1
- Mount Yapeitso 1
- Mourre Nègre **74**
- Moûtiers **74**, C4
- Mtwara **144**, E3/
- Muchingagebirge
- Mudanjiang **115**,

Auszug aus dem Namenverzeichnis

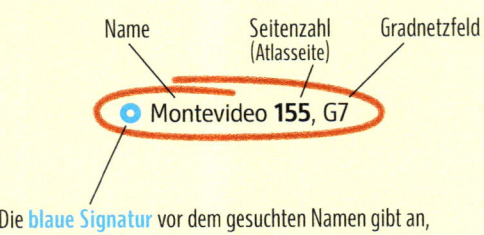

Name   Seitenzahl (Atlasseite)   Gradnetzfeld

◉ Montevideo **155**, G7

Die blaue Signatur vor dem gesuchten Namen gibt an, um was es sich handelt:

- ▼ Staat, Verwaltungseinheit
- ◉ Siedlung
- ▲ Berg, Gebirge
- ⚲ Landschaft, Insel
- ∿ Gewässer
- ⚞ Verkehr, Transport
- ◆ Wirtschaft
- ⌂ Tourismus

Gradnetz mit dem Gradnetzfeld G7

Kartenübersicht

„Welche Karten gibt es zu Indien?"

Du willst dich über ein Land oder eine Region informieren und möchtest wissen, welche und wie viele Karten du dazu im Atlas findest. Hier hilft dir die Kartenübersicht weiter.

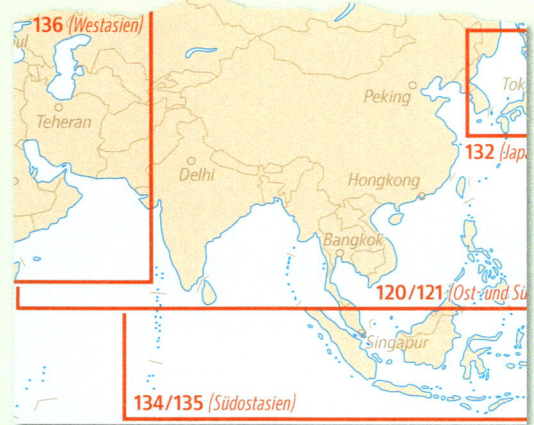

Auszug aus dem Kartenweiser (physische Karten)

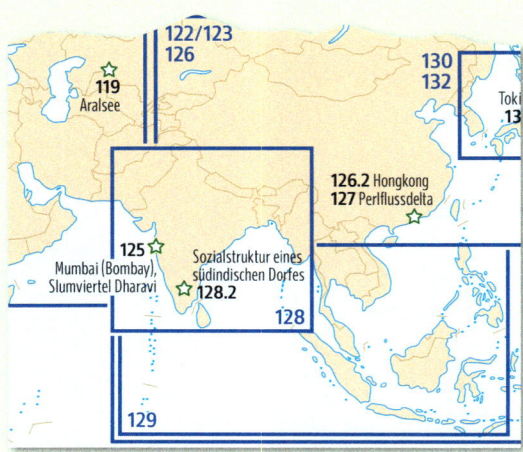

Auszug aus dem Kartenweiser (thematische Karten)

Physische Karten

106/107 Asien

120/121 Ost- und Südasien

134/135 Südostasien

Thematische Karten

108/109 Asien – Staaten

110/111 Asien – Landwirtschaft

112/113 Asien – Wirtschaft

122/123 Ost- und Südasien – Wirtschaft

124 Asien – Bevölkerung

125 Slumviertel Dharavi in Mumbai (Bombay)

128 Indien – Ländlicher Raum • Klima

129 Süd- und Ostasien – Monsun

Inhaltsverzeichnis

„Wo wird in Deutschland Braunkohle abgebaut?"

Du willst dich in fremden Kontinenten besser orientieren können oder interessierst dich für ein bestimmtes Sachthema eines Landes (z.B. Bodenschätze in Deutschland, Klimazonen in Europa). Hier hilft dir das Inhaltsverzeichnis weiter.

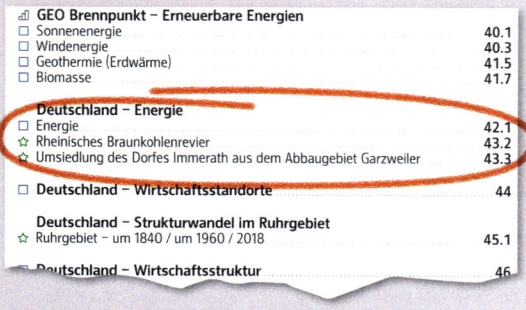

Auszug aus dem Inhaltsverzeichnis

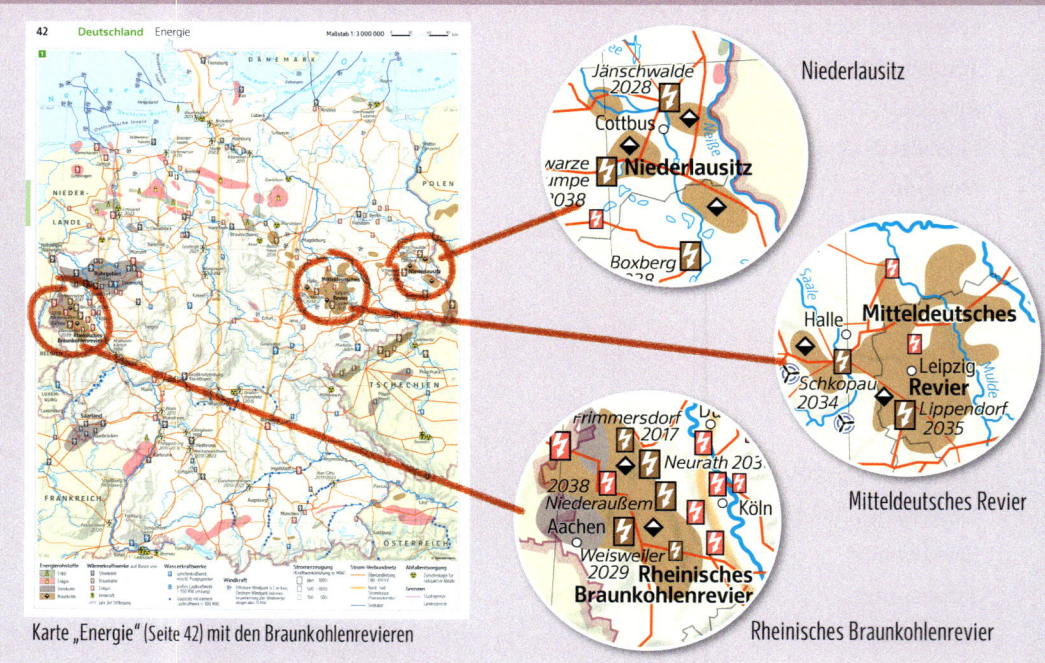

Karte „Energie" (Seite 42) mit den Braunkohlerevieren

Namenverzeichnis (Register)

Verkleinerte Atlasseite 155 mit herausgezoomtem Gradnetzfeld G7

Montevideo (Stadtzentrum)

Im Namenverzeichnis (Register) auf den Seiten 218 bis 240 sind Orte, Städte, Flüsse, Berge usw. alphabetisch aufgeführt. Die fett gedruckte Zahl hinter einem Namen benennt die Atlasseite, auf der dieser Name zu finden ist. Es folgt eine Kombination aus einem Großbuchstaben und einer Zahl, die ein Gradnetzfeld eines Gradnetzes wiedergibt. Dort befindet sich der gesuchte Begriff.

Kartenübersicht

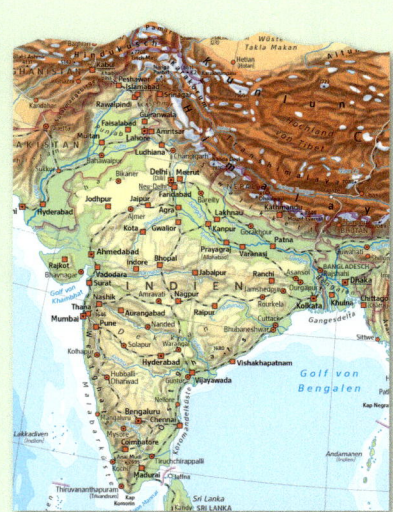

Ausschnitt der Karte „Ost- und Südasien – physisch" (Seite 120/121)

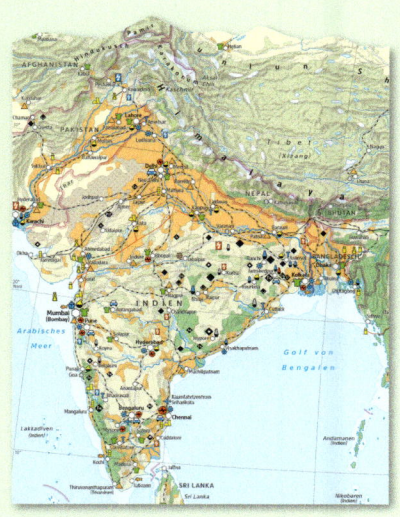

Ausschnitt der Karte „Ost- und Südasien – Wirtschaft" (Seite 122/123)

Junge Menschen in Indien

Auf den Seiten 4 bis 8 des Atlas findest du mehrere Kartenübersichten, in denen rote und blaue Rechtecke mit Zahlen eingezeichnet sind. Die Rechtecke entsprechen den Kartenausschnitten im Atlas, die dazugehörige Zahl gibt an, auf welcher Seite du diese Karte wieder findest. Rote Rechtecke weisen auf physische Karten, blaue Rechtecke auf thematische Karten hin.

Inhaltsverzeichnis

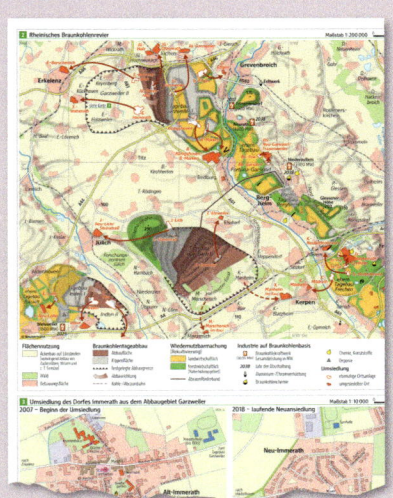

Ausschnitt der Seite 43 mit der Karte „Rheinisches Braunkohlenrevier"

Die Leitfarben der Regionen

- Deutschland
- Europa
- Asien
- Afrika
- Amerika
- Ozeanien und Polargebiete
- Erde

Braunkohlentageabbau in Garzweiler

Das Inhaltsverzeichnis findest du am Anfang des Atlas auf den Seiten 4 bis 8. Die Karten sind nach Regionen gegliedert und nach dem Prinzip „vom Nahen zum Fernen" zusammengefasst. Neben jeder Karte ist die Seitenangabe vermerkt. Jede Region ist außerdem durch eine Farbe gekennzeichnet.

1 Orientierung im Gelände in Mitteleuropa

S1340_1a

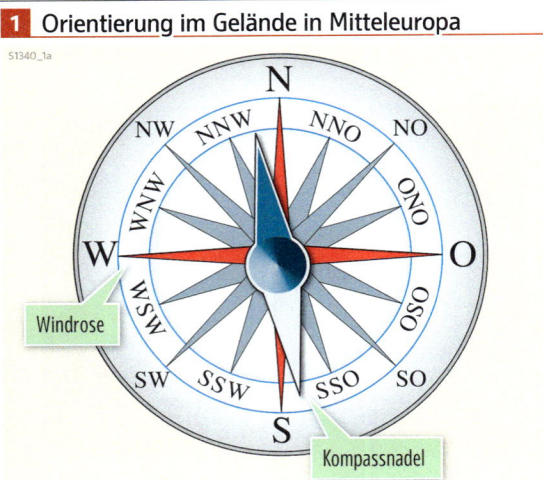

Windrose

Kompassnadel

Orientierung bei Tag

Die Sonne geht im Osten auf, nimmt im Süden ihren Lauf und geht im Westen wieder unter. Sie steht im Sommer höher als im Winter.

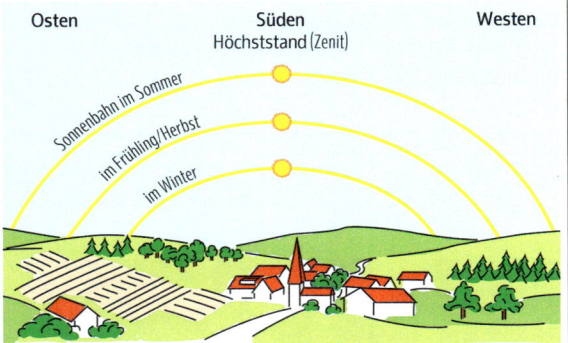

Im Winter lässt sich der Süden durch den Stundenzeiger einer Uhr bestimmen: Mittags um 12:00 Uhr steht die Sonne direkt im Süden und der Stundenzeiger genau auf 12:00 Uhr.

Am Vormittag ist Süden zwischen dem auf die Sonne gerichteten Stundenzeiger und 12:00 Uhr, am Nachmittag zwischen 12:00 Uhr und dem ausgerichteten Stundenzeiger.

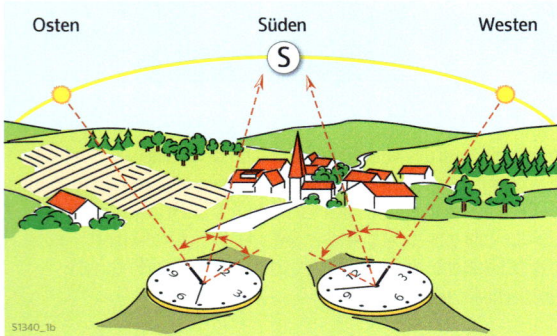

S1340_1b

Orientierung bei Nacht

Bei klarem Sternenhimmel kann man in Mitteleuropa leicht die Nordrichtung feststellen. Sie wird durch den Polarstern (auch „Nordstern") angezeigt. Anders als alle anderen Sterne bleibt er zu jeder Nachtzeit am selben Fleck und ist ganzjährig zu sehen.

Man findet den Polarstern, indem man die gedachte Verbindungslinie zwischen den beiden hellsten Sternen des Großen Wagens etwa fünfmal über das Sternbild hinaus verlängert.

2 Das Gradnetz

Breitenkreise

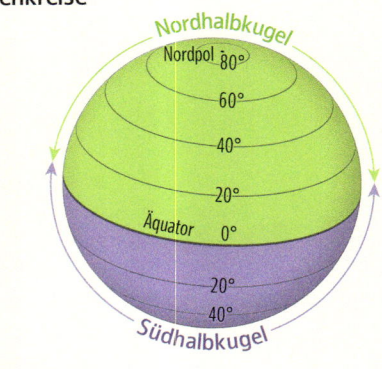

Längenkreise

- 🟩 nördliche Breitenkreise
- 🟪 südliche Breitenkreise

- 🟪 westliche Längenhalbkreise
- 🟩 östliche Längenhalbkreise

Breitenkreise sind parallel zum Äquator laufende Linien. Sie werden zu den Polen hin kleiner. Neben dem Äquator gibt es jeweils 90 Breitenkreise auf der Nordhalbkugel und 90 Breitenkreise auf der Südhalbkugel.

Längenhalbkreise, auch Meridiane genannt, verlaufen in Nord-Süd-Richtung. Sie sind alle gleich lang und treffen sich in den Polen. Vom Nullmeridian ausgehend zählt man 180 Längengrade nach Westen und 180 Längengrade nach Osten.

Gradnetz der Erde

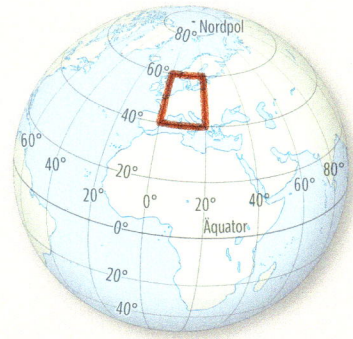

Breitenkreise und Längen(halb)kreise bilden zusammen auf dem Globus ein Gitter, das sogenannte Gradnetz. Die geographische Lage eines Ortes im Gradnetz wird durch den Schnittpunkt eines Breitenkreises mit einem

Längenhalbkreis (Meridian) angegeben. Für die exakte Ortsangabe werden die Gradangaben (°) noch in Minuten (') und Sekunden (") unterteilt: 1° = 60' = 360"; 1' = 60"

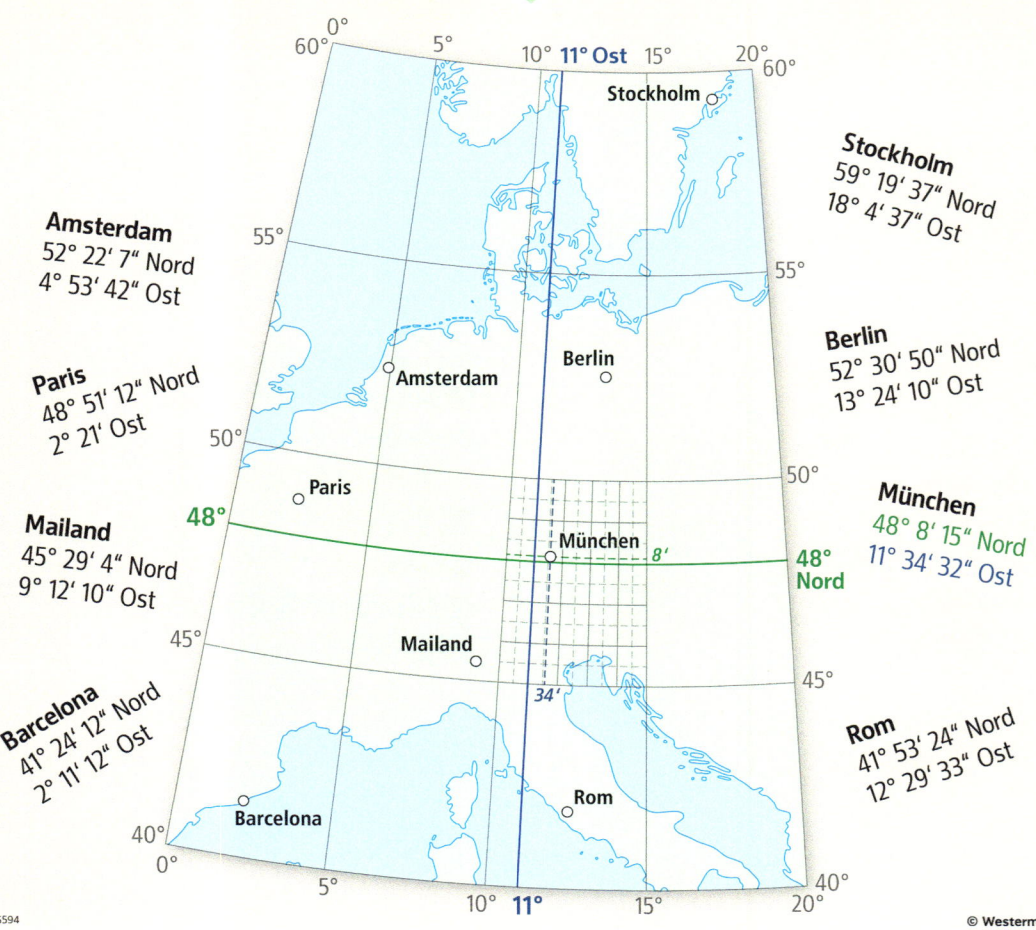

Amsterdam
52° 22' 7" Nord
4° 53' 42" Ost

Paris
48° 51' 12" Nord
2° 21' Ost

Mailand
45° 29' 4" Nord
9° 12' 10" Ost

Barcelona
41° 24' 12" Nord
2° 11' 12" Ost

Stockholm
59° 19' 37" Nord
18° 4' 37" Ost

Berlin
52° 30' 50" Nord
13° 24' 10" Ost

München
48° 8' 15" Nord
11° 34' 32" Ost

Rom
41° 53' 24" Nord
12° 29' 33" Ost

S594

3 Vom Globus zur Karte – Kartenprojektionen

Weltkarte in Zylinderprojektion

© Schroedel 351019

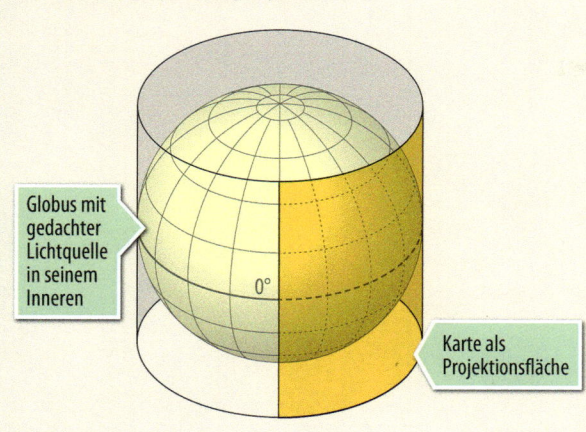

Globus mit gedachter Lichtquelle in seinem Inneren

0°

Karte als Projektionsfläche

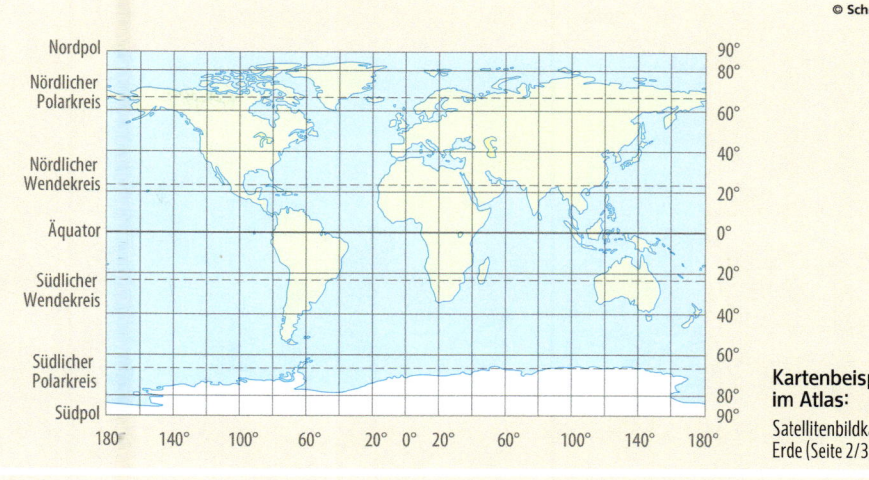

Nordpol — 90°
Nördlicher Polarkreis — 80° / 60°
Nördlicher Wendekreis — 40° / 20°
Äquator — 0°
Südlicher Wendekreis — 20° / 40°
Südlicher Polarkreis — 60° / 80°
Südpol — 90°

180° 140° 100° 60° 20° 0° 20° 60° 100° 140° 180°

Kartenbeispiele im Atlas:
Satellitenbildkarte der Erde (Seite 2/3)

Asienkarte in Kegelprojektion

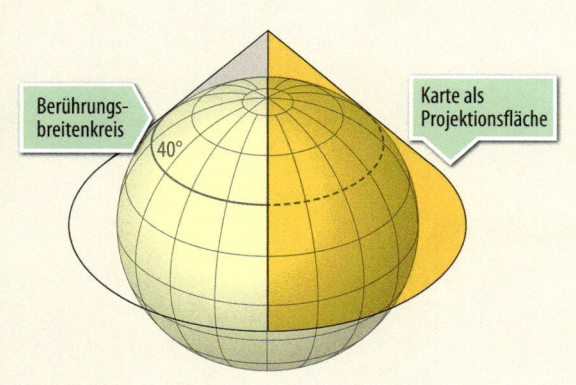

Berührungs-breitenkreis

40°

Karte als Projektionsfläche

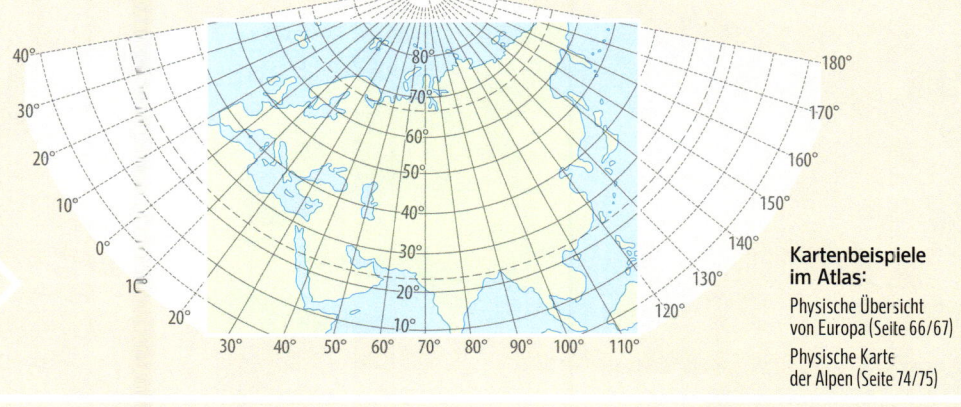

Kartenbeispiele im Atlas:
Physische Übersicht von Europa (Seite 66/67)
Physische Karte der Alpen (Seite 74/75)

Karte der Nordhalbkugel in Azimutalprojektion

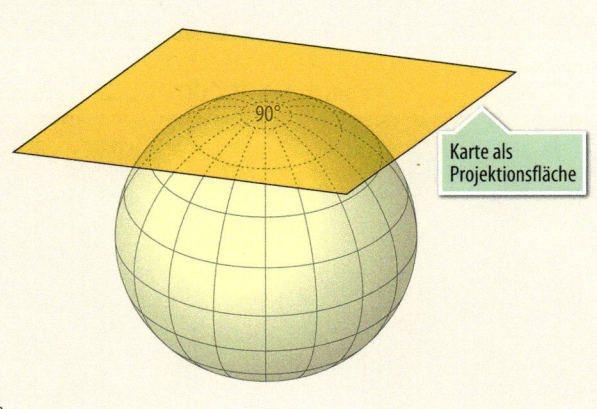

90°

Karte als Projektionsfläche

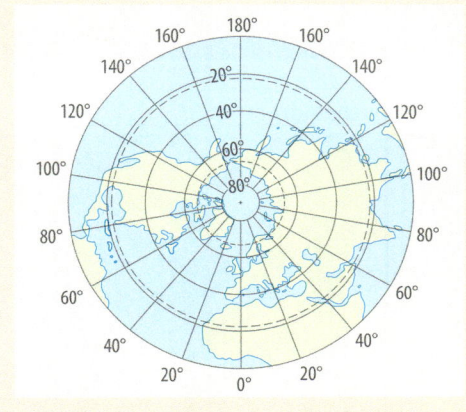

Kartenbeispiele im Atlas:
Arktis (Seite 188)
Antarktis (Seite 189)

S1343

---

4 Vom Globus zur Weltkarte – Kartennetzentwürfe

Verebnung der Kugeloberfläche

Es ist nicht möglich, die allseits gekrümmte Globusoberfläche ohne Verzerrung auf die Ebene abzubilden. Trotzdem können die Landflächen ähnlich ihrer Erscheinung auf dem Globus wiedergegeben werden.

Winkels Kartennetzentwurf: Verzerrungen minimieren

S1344

Die Weltkarten in diesem Atlas sind nach Winkels Entwurf (1915) konstruiert. Die unvermeidlichen Verzerrungen sind so über die Karte verteilt, dass die Form der Kontinente ähnlich zu ihrer Form auf dem Globus bleibt.

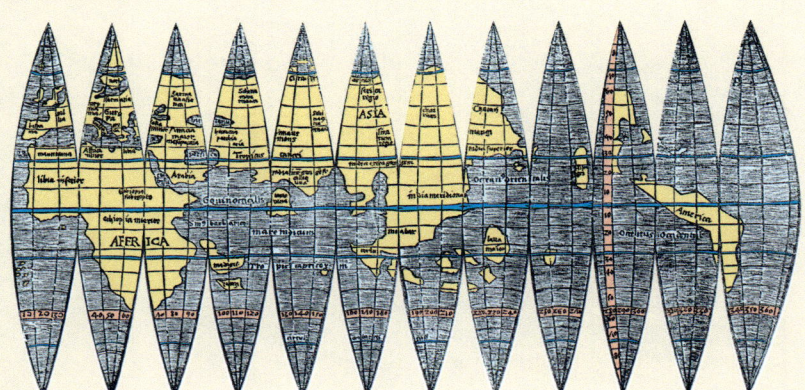

Globuskarten („Bastelglobus")

Seit Jahrhunderten entwerfen Kartographen Weltkarten in diesem stark zerlappten Netzentwurf, um sie dann faltenfrei auf Globen kleben zu können. Abgebildet ist die Waldseemüller-Globuskarte von 1507 mit der erstmaligen Erwähnung des Kontinents Amerika.

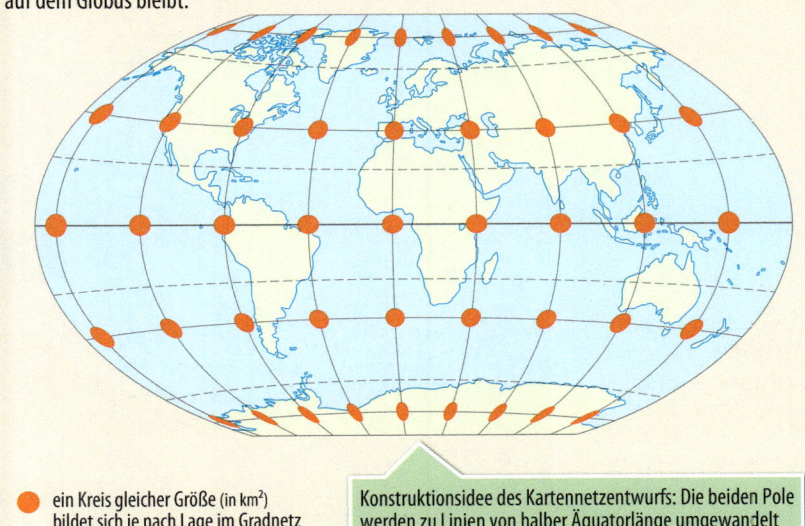

● ein Kreis gleicher Größe (in km²) bildet sich je nach Lage im Gradnetz unterschiedlich groß und verzerrt ab

Konstruktionsidee des Kartennetzentwurfs: Die beiden Pole werden zu Linien von halber Äquatorlänge umgewandelt

© Schroedel 351209

1 Schrägluftbild der Hamburger Innenstadt

2 Senkrechtluftbild der Hamburger Innenstadt

Maßstab 1:15 000

0 100 200 300 m

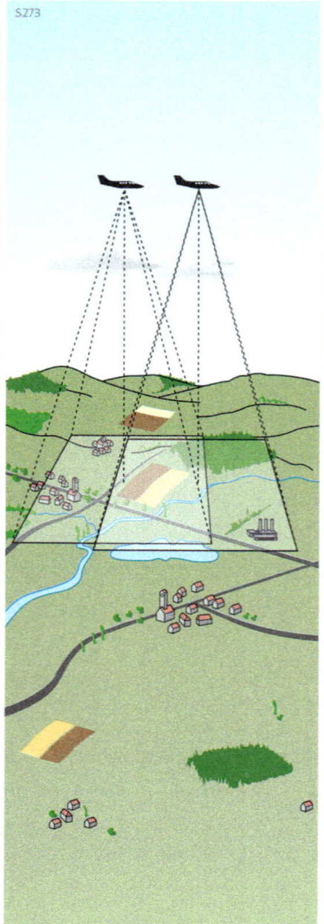

Senkrechtluftbilder werden aus Flugzeugen fotografiert. Sie zeigen einen Teil der Erdoberfläche und bilden das Gelände in der Draufsicht maßstabsgetreu ab. Bei der Erstellung von Karten können Senkrechtluftbilder eine große Hilfe sein.

1 Sankt Michaelis „Michel"

2 Binnenalster

3 Rathaus

4 Elbphilharmonie

5 Speicherstadt

6 Hauptbahnhof

5595

3 Karte der Hamburger Innenstadt

Maßstab 1 : 15 000

0   100   200   300 m

Flächennutzung

- Geschäftszentrum, überwiegend Büros
- überwiegend Wohngebiet
- Industrie, Gewerbe, Hafen
- Eisenbahngelände
- Park, Grünanlage

Gebäude

- öffentliches Gebäude
- kulturelle Einrichtung
- Universität
- Kirche

Verkehr

- Eisenbahn
- Bahnhof
- wichtige Straße
- sonstige Straße
- Fußgängerzone
- S-Bahn oberirdisch mit Station
- S-Bahn unterirdisch
- U-Bahn oberirdisch mit Station
- U-Bahn unterirdisch
- Fähre
- Seeschifftiefe

Map labels:
Außenalster, St. Georg, Binnenalster, Hamburg-Messe, Botanischer Garten, Wallgraben, Kleine Wallanlagen, Untersuchungs- gefängnis, Gorch-Fock-Wall, Zollamt, Esplanade, Kennedybrücke, An der Alster, Lombardsbrücke, Justiz- gebäude, Staatsoper, Kunst- halle, Feldstraße, Laeiszhalle (Musikhalle), Johannes- Brahms- Platz, Gänse- markt, Heiligen- geist- feld, Große Wallanlagen, Glacischaussee, Holstenwall, Kaiser-Wilhelm-Straße, Große Bleichen, Theater, Jungfernstieg, Hauptbahnhof, Steintorwall, St. Pauli, Museum für Hamburgische Geschichte, Neustadt, Axel-Springer-Platz, Michaelisstraße, Alsterfleet, Theater, Rathaus- markt, Rathaus, Börse, St. Petri, Mönckebergstraße, Ida-Ehre-Platz, St. Jacobi, Steinstraße, 53° Nord, Amsinckstr., Reeperbahn, Groß- neumarkt, Ludwig-Erhard-Straße, Großer Burstah, Alster, Alter Elbpark, Sankt Michaelis, Willy-Brandt-Straße, Altstadt, Jugend- herberge, St. Nikolai (Ruine), Dovenfleet, Oberhafen, Zollkanal, Deichtor- hallen, Skandinavische Kirchen, Nikolai- fleet, St. Katharinen, Brooktorkai, St. Pauli - Landungsbrücken, Bei den Mühren, Binnenhafen, Speicherstadt, Maritimes Museum, Lohse- park, Am Sandtorkai, HafenCity, Elbe, Sandtorhafen, Elbphilharmonie

10° Ost

© Schroedel 351116

1 Hamburger Hafen – Containerterminal (Karte)

Maßstab 1:25 000

0 200 400 600 m

Flächennutzung
- Wohnbebauung
- Industrie, Gewerbe
- Wald, Park
- Grünland
- sonstige Flächen
- Kirche
- Windkraftanlage

Hafen
Umschlag, Lagerung, Verteilung
- Container
- Stückgut (z.B. Kfz, Früchte)
- Massengut (z.B. Getreide, Kohle, Erdöl)
- Logistik (z.B. Spedition)
- Tanklager
- Containerbrücke (Schiff)
- Containerbrücke (Eisenbahn)
- Kran auf Kaianlage
- RoRo Roll-on-roll-off-Anlage

Verkehr
- A7 Autobahn mit Nummer
- mehrspurige Schnellstraße
- Hauptverkehrsstraße
- Straßen

Hafenverkehr
- Seeschifftiefe
- Leuchtturm, Leuchtfeuer
- Radarstation
- Industriebahn

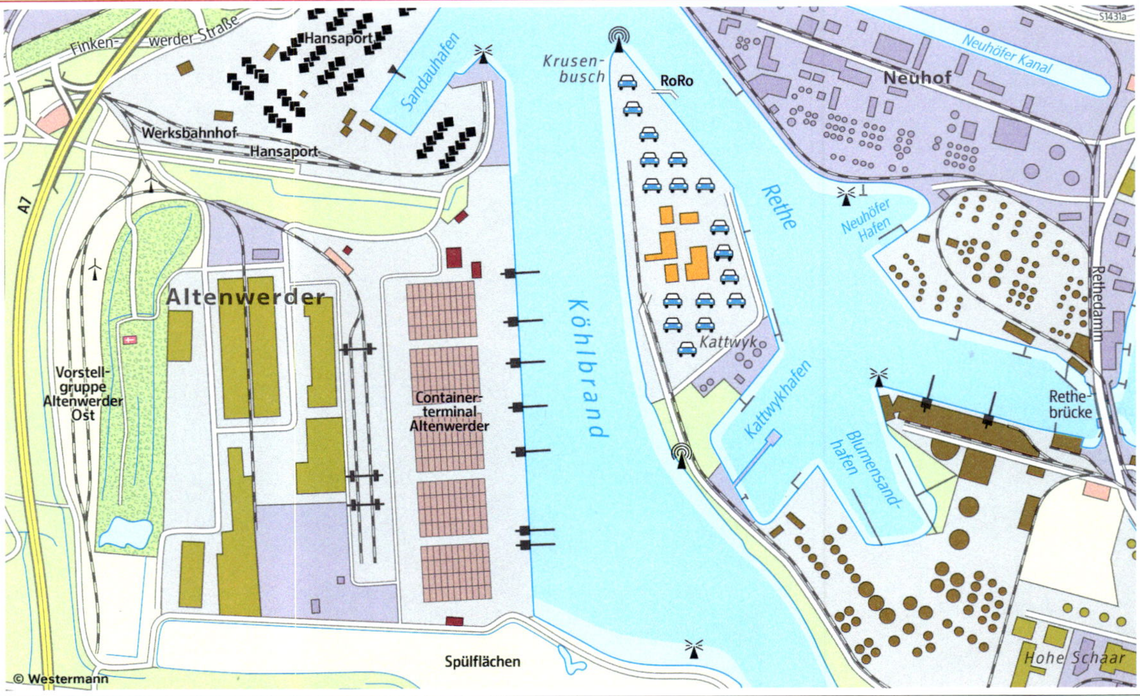

Map labels: Finkenwerder Straße, Hansaport, Sandauhafen, Krusenbusch, RoRo, Neuhöfer Kanal, Neuhof, Werksbahnhof, Hansaport, Rethe, Neuhöfer Hafen, Rethedamm, Altenwerder, Köhlbrand, Kattwyk, Vorstellgruppe Altenwerder Ost, Container terminal Altenwerder, Kattwykhafen, Rethebrücke, Blumensandhafen, Spülflächen, Hohe Schaar

© Westermann

2 Hamburger Hafen (Karte)

Maßstab 1:100 000

0 1 2 3 km

Flächennutzung
- Innenstadt, City
- Wohngebiet
- Industrie, Gewerbe, Hafen
- Wald
- Park, Grünanlage
- sonstige Fläche

Verkehr
- Eisenbahn mit Bahnhof
- Industriebahn
- S-Bahn mit Station
- Autobahn
- Autobahn im Bau
- mehrspurige Schnellstraße
- Hauptstraße
- sonstige Straße

Verladung von Bananen (Stückgut)

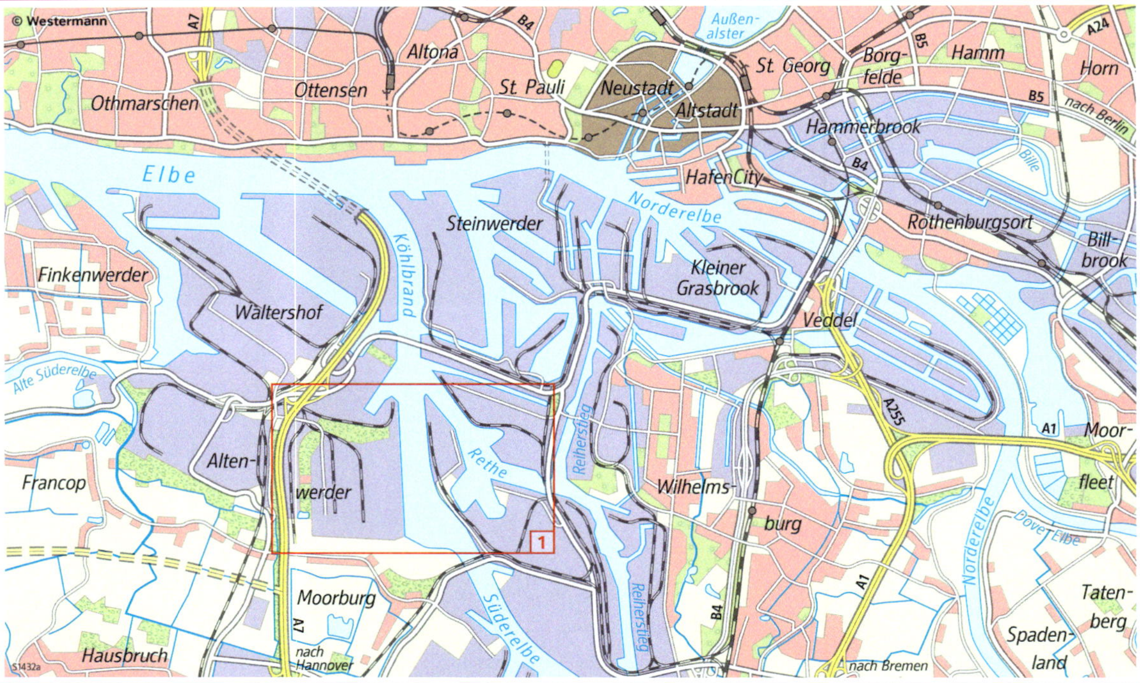

Map labels: Othmarschen, Altona, Ottensen, St. Pauli, Neustadt, St. Georg, Borgfelde, Hamm, Horn, Außenalster, nach Berlin, Altstadt, Hammerbrook, HafenCity, Rothenburgsort, Elbe, Steinwerder, Norderelbe, Kleiner Grasbrook, Billbrook, Finkenwerder, Waltershof, Köhlbrand, Veddel, Alte Süderelbe, Rethe, Altenwerder, Wilhelmsburg, Moorfleet, Dove Elbe, Francop, Norderelbe, Moorburg, nach Hannover, Süderelbe, Hausbruch, nach Bremen, Tatenberg, Spadenland

© Westermann

3 Hamburg (Karte)

Maßstab 1:200 000

0 2 4 6 km

Flächennutzung
- Innenstadt, City
- Wohngebiet
- Industrie, Gewerbe
- Wald
- Park, Grünanlage
- Wiese, Weide, Obstplantagen

Grenzen
- Landesgrenze

Verkehr
- Eisenbahn mit Bahnhof
- Industriebahn
- S-Bahn
- Autobahn
- Autobahn im Bau
- Schnellstraße
- Bundesstraße
- sonstige Straße

Umschlag von Containern

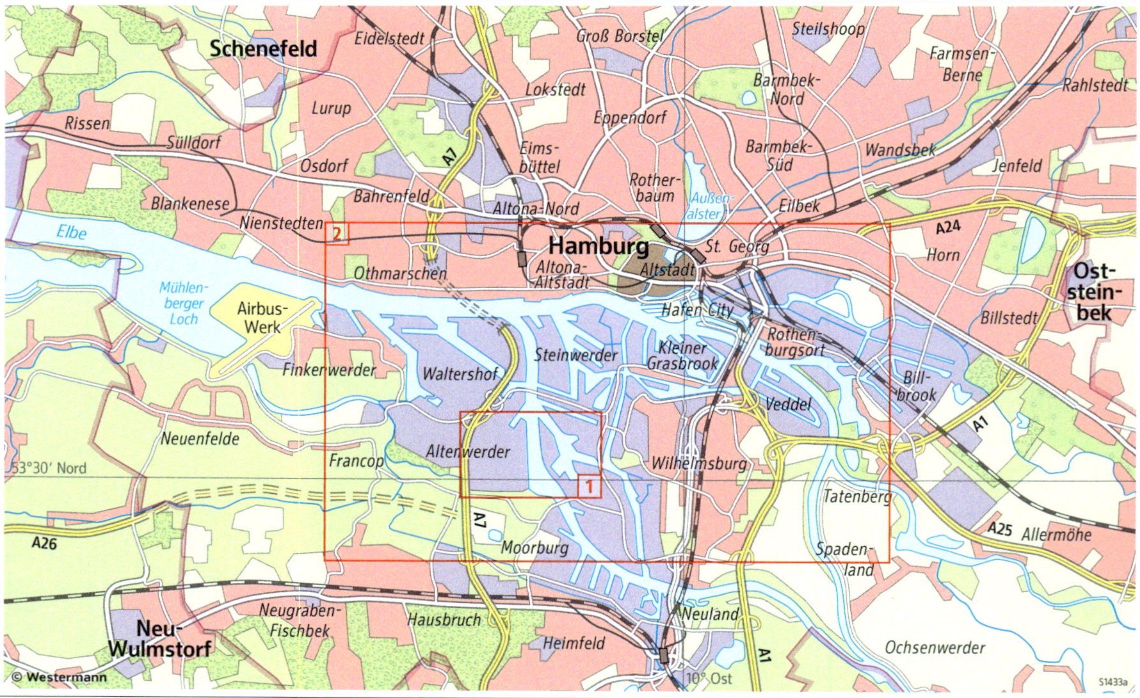

Map labels: Schenefeld, Eidelstedt, Groß Borstel, Steilshoop, Farmsen-Berne, Rissen, Sülldorf, Lurup, Lokstedt, Eppendorf, Barmbek-Nord, Rahlstedt, Osdorf, Eimsbüttel, Rotherbaum, Barmbek-Süd, Wandsbek, Jenfeld, Blankenese, Bahrenfeld, Altona-Nord, Außenalster, Eilbek, Nienstedten, Othmarschen, Hamburg, Altona-Altstadt, Altstadt, St. Georg, Horn, Ost-steinbek, Elbe, Hafen City, Rothenburgsort, Billstedt, Mühlenberger Loch, Airbus-Werk, Finkenwerder, Waltershof, Steinwerder, Kleiner Grasbrook, Veddel, Billbrook, Neuenfelde, Francop, Altenwerder, Wilhelmsburg, Tatenberg, 53°30′ Nord, Moorburg, Spadenland, Allermöhe, Neu-Wulmstorf, Neugraben-Fischbek, Hausbruch, Heimfeld, Weuland, Ochsenwerder, 10° Ost

© Westermann

4 Hamburger Hafen – Containerterminal (Satellitenbild)   Maßstab 1:25 000   0 200 400 600 m

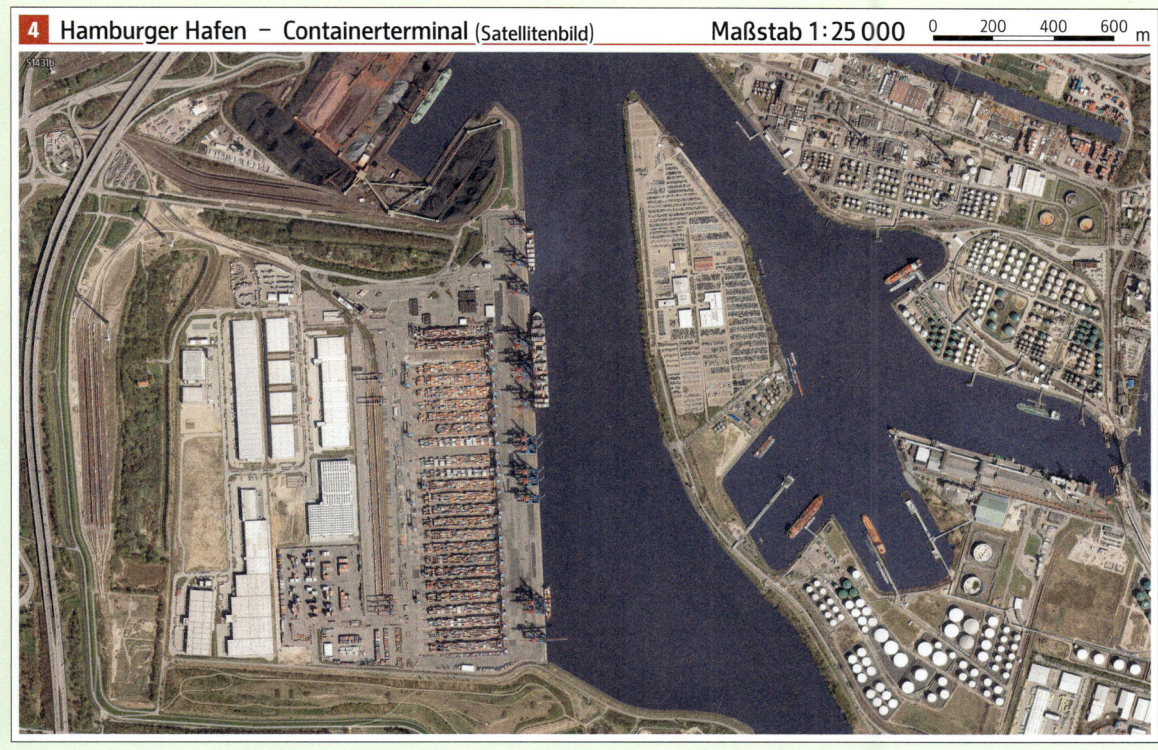

5 Hamburger Hafen (Satellitenbild)   Maßstab 1:100 000   0 1 2 3 km

6 Hamburg (Satellitenbild)   Maßstab 1:200 000   0 2 4 6 km

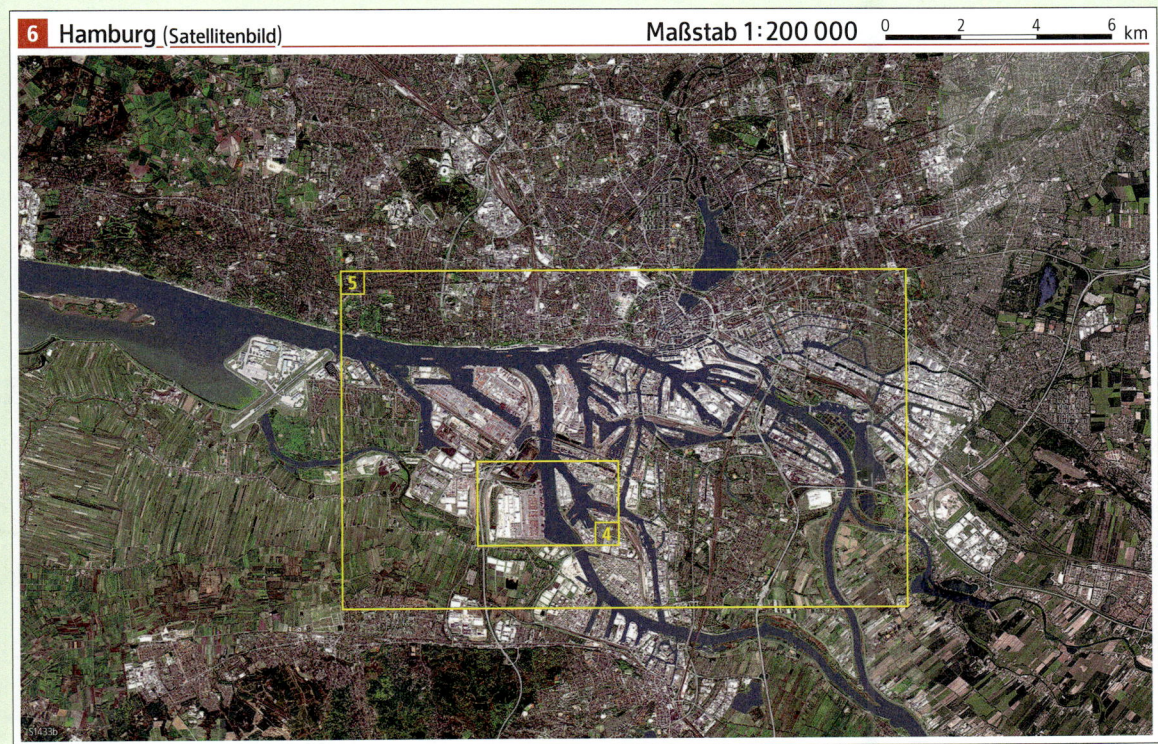

7 Maßstab und Entfernungen

Maßstab	Entfernung in der Karte	Entfernung in der Wirklichkeit	Maßstabsleiste
1:15 000	1 cm	15 000 cm	0 150 300 m
1:25 000	1 cm	25 000 cm	0 250 500 m
1:100 000	1 cm	100 000 cm	0 1 2 km
1:200 000	1 cm	200 000 cm	0 2 4 km

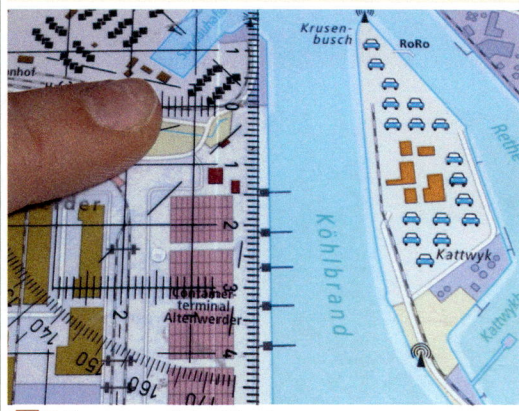

a Entfernungen mit dem Lineal messen:
Gemessene Kartenstrecke (in cm) mal große Maßstabszahl = Strecke in der Wirklichkeit (in cm)

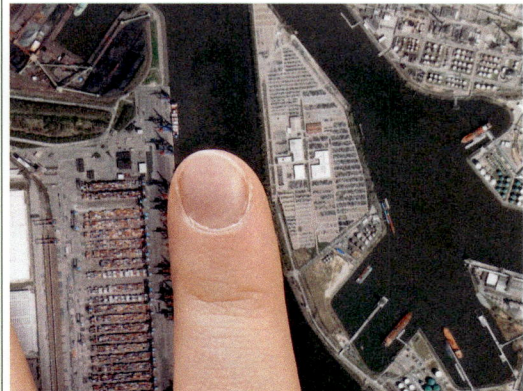

b Abstände mit Fingerbreiten abschätzen:
Der Fluss ist auf der Karte einen Finger breit. Die Maßstabsleiste zeigt die Breite in Meter.

c Umfänge und Kurven mit Fäden ausmessen:
Nach dem Auflegen den Faden zum Messen auf eine verlängerte Maßstabsleiste anlegen.

d Abschnittsweises Messen mit Papierstreifen:
Strecken- und Routenlängen können auch in Einzelstrecken erfasst und dann errechnet werden.

Watt

Autobahn

Siedlungsfläche

Berg (Höhe in Meter)   1142

Eisenbahnstrecke mit Tunnel

Staudamm

© Westermann

Mittelstadt
Städtische Siedlung mit einer Einwohnerzahl
zwischen 20 000 und 100 000

Lüneburger Heide
Landschaft

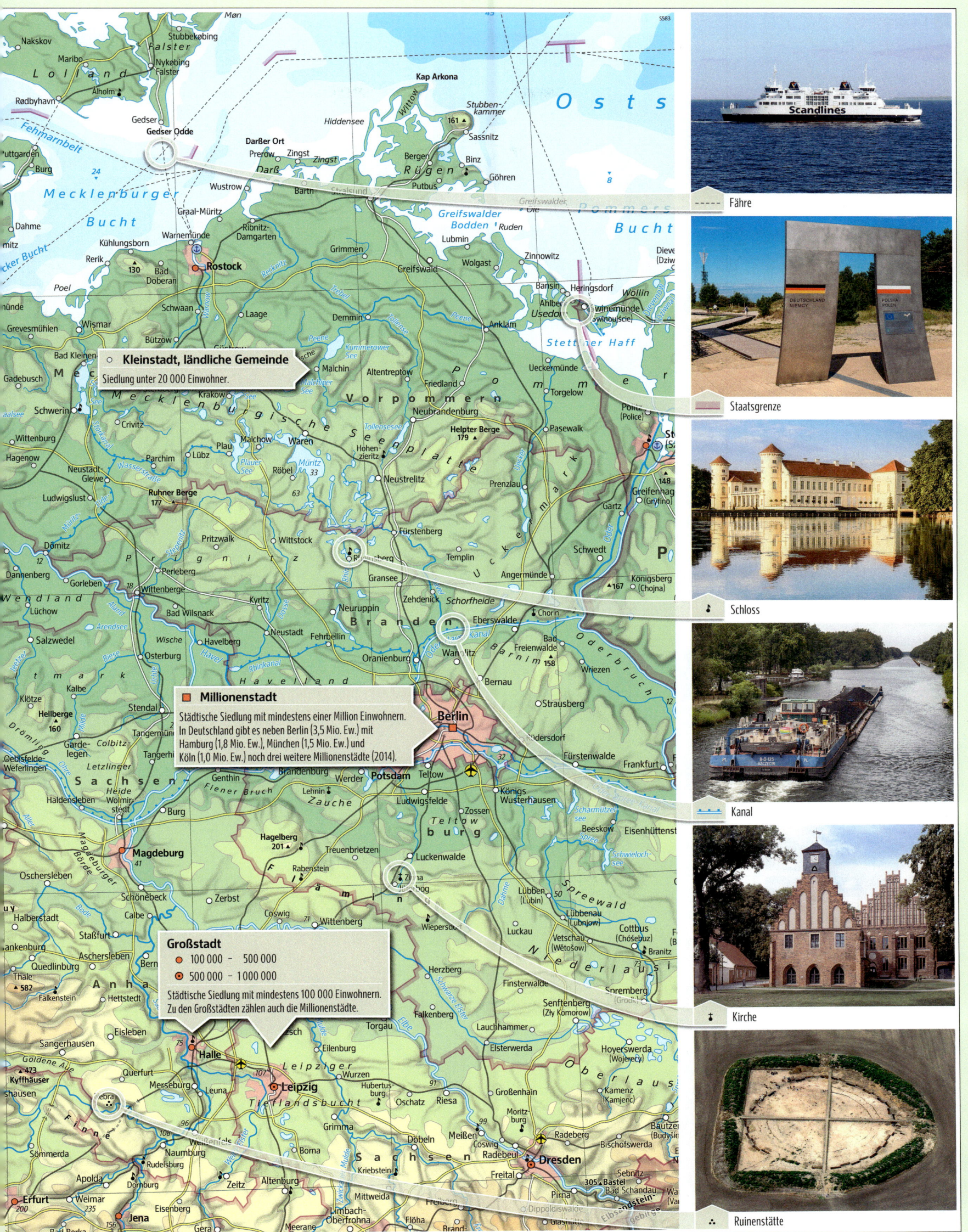

Fähre

Staatsgrenze

♪ Schloss

Kanal

✠ Kirche

∴ Ruinenstätte

Map labels (selection):

O s t s [Ostsee]

Kap Arkona

Nakskov, Maribo, Rødbyhavn, Ålholm, Stubbekøbing, Nykøbing Falster, Falster, Møn, Lolland

Gedser, Gedser Odde, Fehmarnbelt, Burg, Dahme

Stubben-kammer 161, Hiddensee, Wittow, Sassnitz, Bergen, Binz, Göhren, Rügen, Putbus, Darßer Ort, Prerow, Zingst, Darß, Barth, Stralsund

Mecklenburger Bucht, Poel, Rerik, Kühlungsborn, Warnemünde, Graal-Müritz, Ribnitz-Damgarten, Bad Doberan 130, Rostock

Greifswalder Bodden, Ruden, Lubmin, Greifswald, Grimmen, Wolgast, Zinnowitz, Bansin, Heringsdorf, Ahlbeck, Świnoujście, Usedom, Wollin

Wustrow, Schwaan, Laage, Demmin, Anklam, Ueckermünde, Stettiner Haff, Torgelow

Wismar, Bützow, Güstrow, Malchin, Altentreptow, Friedland, Pasewalk, Schwerin, Crivitz, Krakow, Waren, Neubrandenburg, Helpter Berge 179

Kleinstadt, ländliche Gemeinde — Siedlung unter 20 000 Einwohner.

Mecklenburgische Seenplatte, Vorpommern, Pommern

Hagenow, Parchim, Malchow, Plau, Lübz, Müritz 33, Röbel, Neustrelitz, Prenzlau, Gartz, Greifenhagen (Gryfino) 148

Ruhner Berge 177, Wittstock, Rheinsberg, Fürstenberg, Templin, Angermünde, Königsberg (Chojna) 167, Schwedt

Dömitz, Perleberg, Wittenberge, Kyritz, Neuruppin, Gransee, Zehdenick, Schorfheide, Eberswalde, Chorin, Oder

Lüchow, Salzwedel, Osterburg, Wische, Havelberg, Neustadt, Fehrbellin, Oranienburg, Wandlitz, Bad Freienwalde 158, Wriezen

Millionenstadt — Städtische Siedlung mit mindestens einer Million Einwohnern. In Deutschland gibt es neben Berlin (3,5 Mio. Ew.) mit Hamburg (1,8 Mio. Ew.), München (1,5 Mio. Ew.) und Köln (1,0 Mio. Ew.) noch drei weitere Millionenstädte (2014).

Berlin, Bernau, Strausberg, Fürstenwalde, Frankfurt

Klötze, Kalbe, Stendal, Tangermünde, Tangerhütte, Genthin, Brandenburg, Werder, Potsdam, Teltow, Ludwigsfelde, Zossen, Königs Wusterhausen

Sachsen, Magdeburg 41, Burg, Lehnin, Zauche, Beeskow, Eisenhüttenstadt

Oschersleben, Schönebeck, Zerbst, Coswig, Wittenberg, Luckenwalde, Lübben (Lubin), Lübbenau (Lubnjow), Luckau, Cottbus (Chóśebuz), Spreewald

Halberstadt, Staßfurt, Calbe, Aschersleben, Bernburg, Herzberg, Finsterwalde, Senftenberg (Zły Komorow), Vetschau (Wětošow)

Großstadt
○ 100 000 – 500 000
● 500 000 – 1 000 000
Städtische Siedlung mit mindestens 100 000 Einwohnern. Zu den Großstädten zählen auch die Millionenstädte.

Quedlinburg, Thale 582, Falkenstein, Hettstedt, Torgau, Falkenberg, Lauchhammer, Hoyerswerda (Wojerecy)

Sangerhausen, Eisleben, Halle 75, Eilenburg, Wurzen, Elsterwerda, Kamenz (Kamjenc)

Goldene Aue, Kyffhäuser 473, Querfurt, Merseburg, Leuna, Leipzig, Hubertusburg, Oschatz, Riesa, Großenhain, Bautzen (Budyšin)

Sömmerda, Naumburg, Grimma, Döbeln, Meißen, Moritzburg, Radeberg, Bischofswerda

Erfurt 200, Weimar 235, Apolda, Rudelsburg, Dornburg, Zeitz, Altenburg, Borna, Coswig, Radebeul, Dresden, Bastei 305, Bad Schandau, Sebnitz

Bad Berka, Jena 150, Eisenberg, Gera, Mittweida, Limbach-Oberfrohna, Flöha, Freiberg, Pirna, Dippoldiswalde, Elbsandsteingebirge

1 Landwirtschaft

Rapsanbau

Gemüseanbau

Forstwirtschaft

Rinderhaltung

Schweinehaltung

weitere Landwirtschaftssignaturen: siehe Seite 87

2 Bergbau und Energie

Steinkohlenförderung

Braunkohlenförderung

Erdölförderung

Stromleitung

Kernkraftwerk

Wasserkraftwerk (Laufkraftwerk)

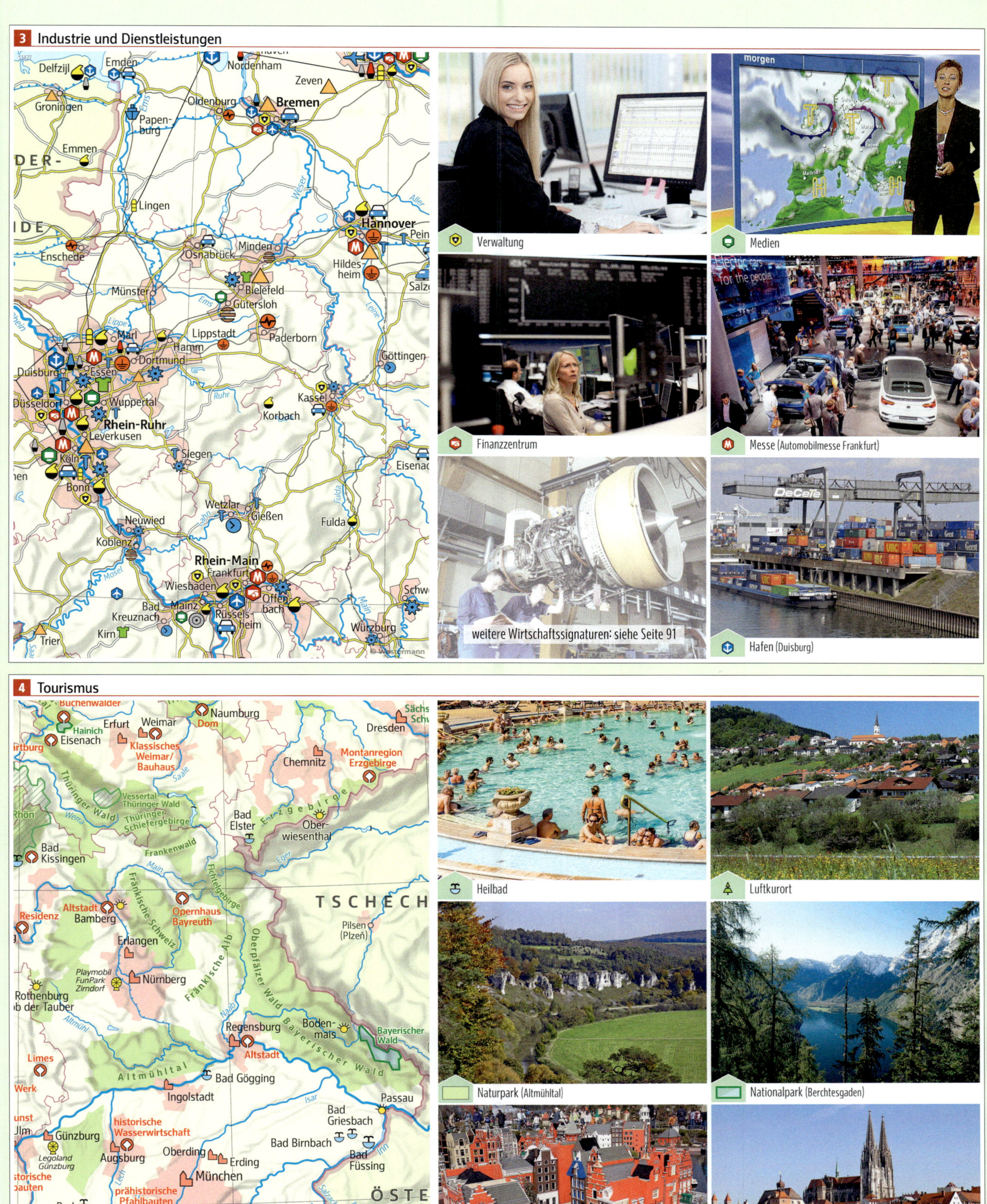

3 Industrie und Dienstleistungen

Verwaltung

Medien

Finanzzentrum

Messe (Automobilmesse Frankfurt)

weitere Wirtschaftssignaturen: siehe Seite 91

Hafen (Duisburg)

4 Tourismus

Heilbad

Luftkurort

Naturpark (Altmühltal)

Nationalpark (Berchtesgaden)

Vergnügungspark (Legoland Günzburg)

UNESCO Welterbe (Altstadt von Regensburg)

1 Zeichnen einer topographischen Faustskizze – Europa

Mit einer Faustskizze kann man sich einen Überblick über ein Land oder einen Kontinent verschaffen.

Mit einfachen Linien und Punkten werden der Umriss sowie Einzelheiten des jeweiligen Raumes hervorgehoben. Den Umriss sollte man so vereinfachen, dass sich eine Form ergibt, die sich leicht merken lässt. Flüsse bekommen die Form von Kurven. Es kann aus der Hand gezeichnet werden.

1. Zeichenvorlage suchen
Zuerst die richtige Karte als Zeichenvorlage suchen. Hier: Europa – Physische Übersicht (Seite 66/67)

2. Vorbereitung
Die Zeichenseite vorbereiten. Kartenfläche und Legende voneinander abgrenzen. Die Karte braucht auch einen Titel.

Europa–topographischer Überblick

Island

9. Ausmalen
Erst zum Schluss die Wasserflächen ausmalen.

6. fehlende Umrisse
Die fehlenden Umrisse zwischen den markanten Einzelstücken ergänzen.

Ural

Atlantischer Ozean

Britische Inseln

Skanden

Stockholm

Nord-see

Ostsee

Wolga

Moskau

Ural

London

Weichsel

Don

Dnipro

Rhein

Elbe

Berlin

Karpaten

Kiew

Paris

Loire

Alpen

Kaukasus

Kaspisches Meer

Madrid

Pyrenäen

Donau

Schwarzes Meer

Tejo

Rom

Balkan

Istanbul

7. Reihenfolge
Gebirge, Flüsse und Städte nicht durcheinander eintragen.

5. markante Umrisse
Zuerst markante Umrisse in der Vorlage erkennen. Diese Umrisse einzeln in die Karte eintragen.
Beachte deren Lage im Hilfskreuz!

Atlas

Sizilien

Mittelmeer

Kreta

Zypern

8. Beschriftung
Entweder direkt in der Karte beschriften oder eine Legendenliste mit den Namen anlegen und die Zahlen und Buchstaben in die Karte schreiben.
Entscheide dich für eine Variante!

3. Hilfsgitter
Dünn eintragen, dient der besseren Orientierung.

A Meere, Seen, Ozeane
a Flüsse
I Inseln, Halbinseln
Gebirge
s. Städte

4. Legende der Karte festlegen
Was will ich in welcher Form und Farbe einzeichnen?

© Westermann

2 Zeichnen einer Kartenskizze auf Transparentpapier – Deutschland

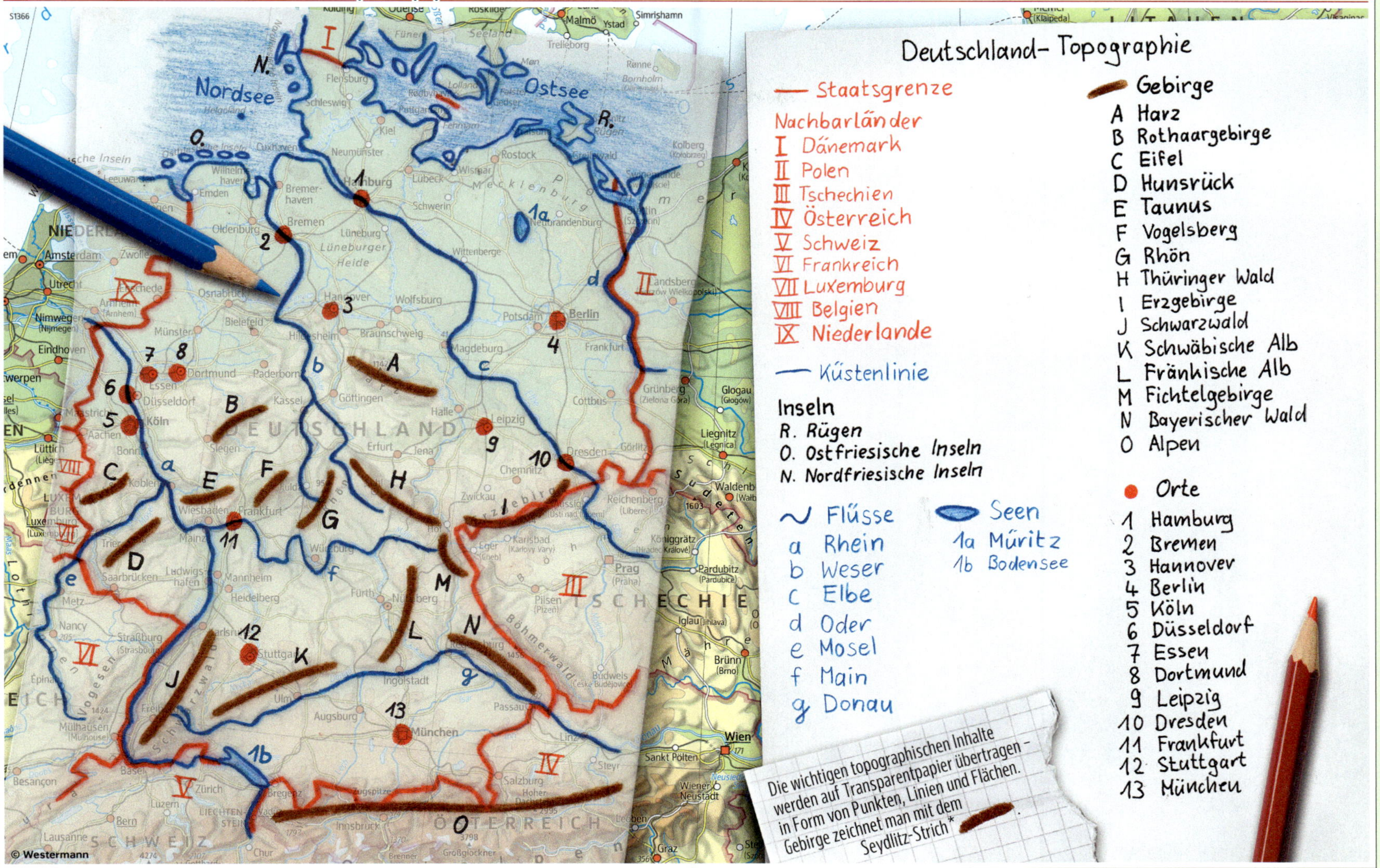

Deutschland- Topographie

— Staatsgrenze
Nachbarländer
I Dänemark
II Polen
III Tschechien
IV Österreich
V Schweiz
VI Frankreich
VII Luxemburg
VIII Belgien
IX Niederlande

— Küstenlinie

Inseln
R. Rügen
O. Ostfriesische Inseln
N. Nordfriesische Inseln

~ Flüsse
a Rhein
b Weser
c Elbe
d Oder
e Mosel
f Main
g Donau

Seen
1a Müritz
1b Bodensee

— Gebirge
A Harz
B Rothaargebirge
C Eifel
D Hunsrück
E Taunus
F Vogelsberg
G Rhön
H Thüringer Wald
I Erzgebirge
J Schwarzwald
K Schwäbische Alb
L Fränkische Alb
M Fichtelgebirge
N Bayerischer Wald
O Alpen

● Orte
1 Hamburg
2 Bremen
3 Hannover
4 Berlin
5 Köln
6 Düsseldorf
7 Essen
8 Dortmund
9 Leipzig
10 Dresden
11 Frankfurt
12 Stuttgart
13 München

Die wichtigen topographischen Inhalte werden auf Transparentpapier übertragen – in Form von Punkten, Linien und Flächen. Gebirge zeichnet man mit dem Seydlitz-Strich*

3 Topographisches Grundgerüst – Erde

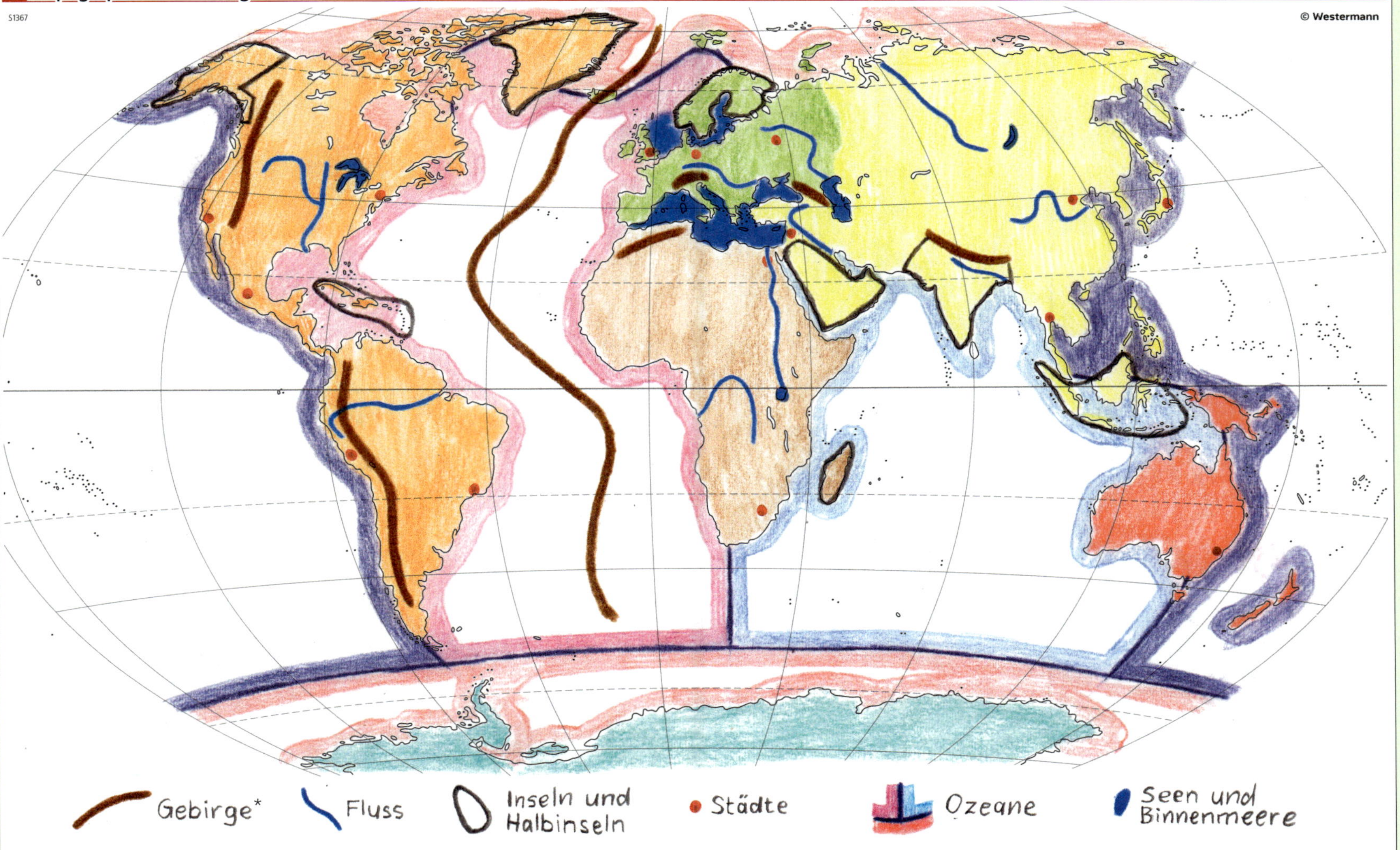

Gebirge* Fluss Inseln und Halbinseln Städte Ozeane Seen und Binnenmeere

* Die Gebirgsdarstellung durch dicke Striche ist bereits im 19. Jahrhundert ein Kennzeichen der Lernkarten in frühen Seydlitz-Geographieschulbüchern.

0 30 60 90 km

51014

Landhöhen (in m)
- Gletscher, Eis
- über 1500
- 1000 – 1500
- 500 – 1000
- 200 – 500
- 100 – 200
- 50 – 100
- 0 – 50
- Depression

Meerestiefen (in m)
- 0 – 10
- 10 – 20
- 20 – 40
- über 40
- Watt

© Westermann

Abstandstreuer Schnittkegel

DÄNEMARK
Jütland
Fünen
Seeland
Rønne
Bornholm (DÄNEMARK)
Tondern (Tønder)
Alsen
Møn
Ærø
Langeland
Lolland
Falster
Gedser
Ostsee
Nordsee
Westerland
Sylt
Nordfriesische Inseln
Hallig
Helgoland
Flensburg
Schleswig
Husum
Eckernförde
Neumünster
Kieler Bucht
Rødbyhavn
Puttgarden
Fehmarn
Mecklenburger Bucht
Kap Arkona
Rügen
Sassnitz
Stralsund
Pommersche Bucht
Usedom
Wollin
Swinemünde (Świnoujście)
Kiel
Rostock
Greifswald
Deutsche Bucht
37
79
Ostfriesische Inseln
Westfriesische Inseln
Leeuwarden
Groningen
NIEDER-
LANDE
Emmen
Zwolle
Enschede
Arnheim (Arnhem)
Nimwegen (Nijmegen)
Maastricht
Aachen
BELGIEN
Norden
Emden
Ostfriesland
Wilhelms-haven
Oldenburg
Bremerhaven
Bremen
Cuxhaven
Hamburg
Lüneburg
Lüneburger Heide
Norddeutsches Tiefland
Mecklenburgische Seenplatte
Schwerin
Schweriner See
Müritz
Wismar
Lübeck
Neubrandenburg
Stettin (Szczecin)
POLEN
Wittenberge
Oderbruch
Warthebruch
Warthe
Netze
DEUTSCHLAND
Berlin
Potsdam
Frankfurt
Hannover
Wolfsburg
Braunschweig
Magdeburg
Fläming
Hildesheim
Salzgitter
Osnabrück
Bielefeld
Gütersloh
Paderborn
Münster
Hamm
Teutoburger Wald
Wiehengebirge
Wesergebirge
Weserbergland
Deister
Süntel
Ith
Hils
Solling
Egge
Harz
Brocken 1142
Elm
Dessau-Roßlau
Cottbus
Görlitz
Reichenberg (Liberec)
793
Elbsandstein-gebirge
Dresden
Chemnitz
Zwickau
Leipzig
Halle
Erfurt
Jena
Gera
Göttingen
Kassel
Haar
Kahler Asten 841
Rothaargebirge
Ebbe
Siegen
Fuchskaute 656
Westerwald
Gießen
Kyffhäuser 477
Hainleite
Finne
Thüringer Becken
Unstrut
Saale
Mulde
Fichtelberg 1215
Keilberg 1244
Erzgebirge
Schneeberg 1051
Eger (Cheb)
Prag (Praha)
TSCHECHIEN
Aussig (Ústí nad Labem)
Oberhausen
Gelsen-kirchen
Dortmund
Bochum
Duisburg
Essen
Krefeld
Neuss
Mönchen-gladbach
Solingen
Leverkusen
Düsseldorf
Köln
Bonn
Hagen
Rheinisches Schiefergebirge
Meißner 754
Knüll
Hainich
Thüringer Wald
Großer Beerberg 982
Fulda
Suhl
Franken-wald 795
Fichtel-gebirge
Oberpfälzer Wald
Böhmerwald
Schwarzkopf 1039
Großer Arber 1456
Einödriegel 1121
Bayerischer Wald
Budweis (České Budějovice)
Linz
Rhön
Wasserkuppe 950
Haßberge
Steigerwald
Coburg
Eifel
Hohe Acht 747
Koblenz
Mosel
Hunsrück
Erbeskopf 816
Taunus
Großer Feldberg 879
Frankfurt
Wiesbaden
Mainz
Darmstadt
Odenwald
Melibocus 517
Geiersberg 585
Spessart
Vogels-berg
Taufstein 773
Würzburg
Erlangen
Fürth
Nürnberg
Ansbach
Franken-höhe
Fränkische Alb
Regensburg
Ingolstadt
Landshut
Passau
Trier
LUXEM-BURG
Luxemburg
Saarbrücken
Kaisers-lautern
Ludwigs-hafen
Mannheim
Heidelberg
Pfälzer-wald
Metz
Nancy
Lothringische Hochfläche
FRANKREICH
Saar
Oberrheinisches Tiefland
Neckar
Heilbronn
Karlsruhe
Pforzheim
Stuttgart
Esslingen
Reutlingen
Tübingen
Schwäbische Alb
Ries
Ulm
Augsburg
Donau
Lech
Isar
Inn
München
Rosenheim
Landshut
Hornisgrinde 1163
Straßburg (Strasbourg)
Kaiserstuhl 557
Freiburg
Großer Belchen (Grand Ballon) 1424
Feldberg 1493
Schwarzwald
Vogesen
Mülhausen (Mulhouse)
Basel
Schweizer Jura
Zürich
Winterthur
Konstanz
Bodensee
Friedrichs-hafen
Bregenzer Wald
Appenzeller Alpen
Säntis 2502
SCHWEIZ
LIECHTEN-STEIN
Vaduz
Allgäuer Alpen
Lechtaler Alpen
Stubaier Alpen
Zugspitze 2962
Innsbruck
Zillertaler Alpen
Kitzbüheler Alpen
Hohe Tauern
Großglockner 3798
Bayerische Alpen
Alpenvorland
Ammersee
Starnberger See
Chiemsee
Salzburg
Salzburger Kalkalpen 2713
Watzmann
Hoher Dachstein 2995
Niedere Tauern
Hochgolling 2863
ÖSTERREICH
Donau
Main-Donau-Kanal
Altmühl
Regen
Naab
Eger
Moldau
Main
Rhein
Weser
Ems
Aller
Leine
Weser
Elbe
Havel
Spree
Oder
Mittellandkanal
Küstenkanal
Dortmund-Ems-Kanal
Elbe-Havel-Kanal
Oder-Havel-Kanal
Elbe-Seitenkanal
IJsselmeer
54° Nord
52°
50°
48°
6° Ost
8°
10°
12°
14°
8° Ost
10°
12°

1 Ein Höhenprofil zeichnen

Physische Karten geben mit ihren farbigen Höhenschichten Auskunft über die Höhenverhältnisse. Auch ein Profil gibt die Höhenverhältnisse wieder, aber nur entlang der in der Karte eingezeichneten Strecke von A nach B, also der **Profillinie**.

1. Schritt:
Karte auswählen, Profillinie festlegen

- Physische Karten verschiedener Maßstäbe prüfen: Die Strecke AB sollte möglichst lang sein, aber noch aufs Papier passen.
- A und B mit Kreuzen markieren und durch eine gerade Linie (mit Bleistift!) verbinden.

2. Schritt:
Höhenlinien aus der Karte entnehmen

- Papierstreifen an die Profillinie anlegen.
- Alle Schnittpunkte mit Höhenlinien an der Papierkante markieren. (Höhenlinien bilden die Begrenzung der farbigen Höhenschichten.) Höhenwerte aufschreiben.

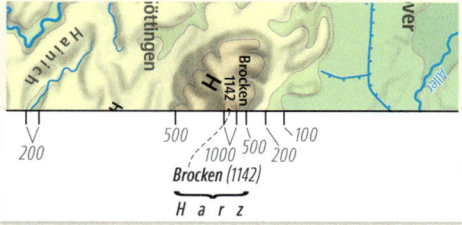

3. Schritt:
Achsen zeichnen und Maßstab festlegen

- Waagerechte Entfernungsachse auf Millimeterpapier einzeichnen; die Maßstabsleiste der Karte zeigt die passende Einteilung dieser Achse.
- Die Höhenachse kann nach einem anderen Maßstab eingeteilt werden.

4. Schritt:
Punkte der Profillinie eintragen

- Den markierten Papierstreifen unter die waagerechte Entfernungsachse legen.
- Alle Angaben vom Papierstreifen senkrecht nach oben in das Achsenkreuz übertragen. Die richtige Höhe der Punkte zeigt die senkrechte Höhenachse an.

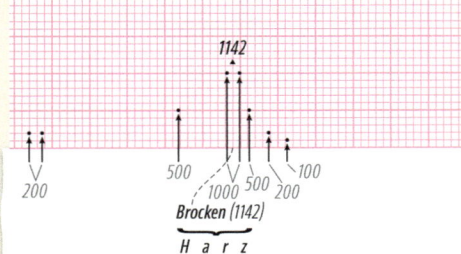

5. Schritt:
Punkte durch eine Profillinie verbinden

- Alle Punkte durch eine Linie verbinden.
- Die Höhenschichten unter der Profillinie in den Farben der physischen Karte ausmalen.

5958

2 Anlage eines Nord-Süd-Höhenprofils durch Deutschland

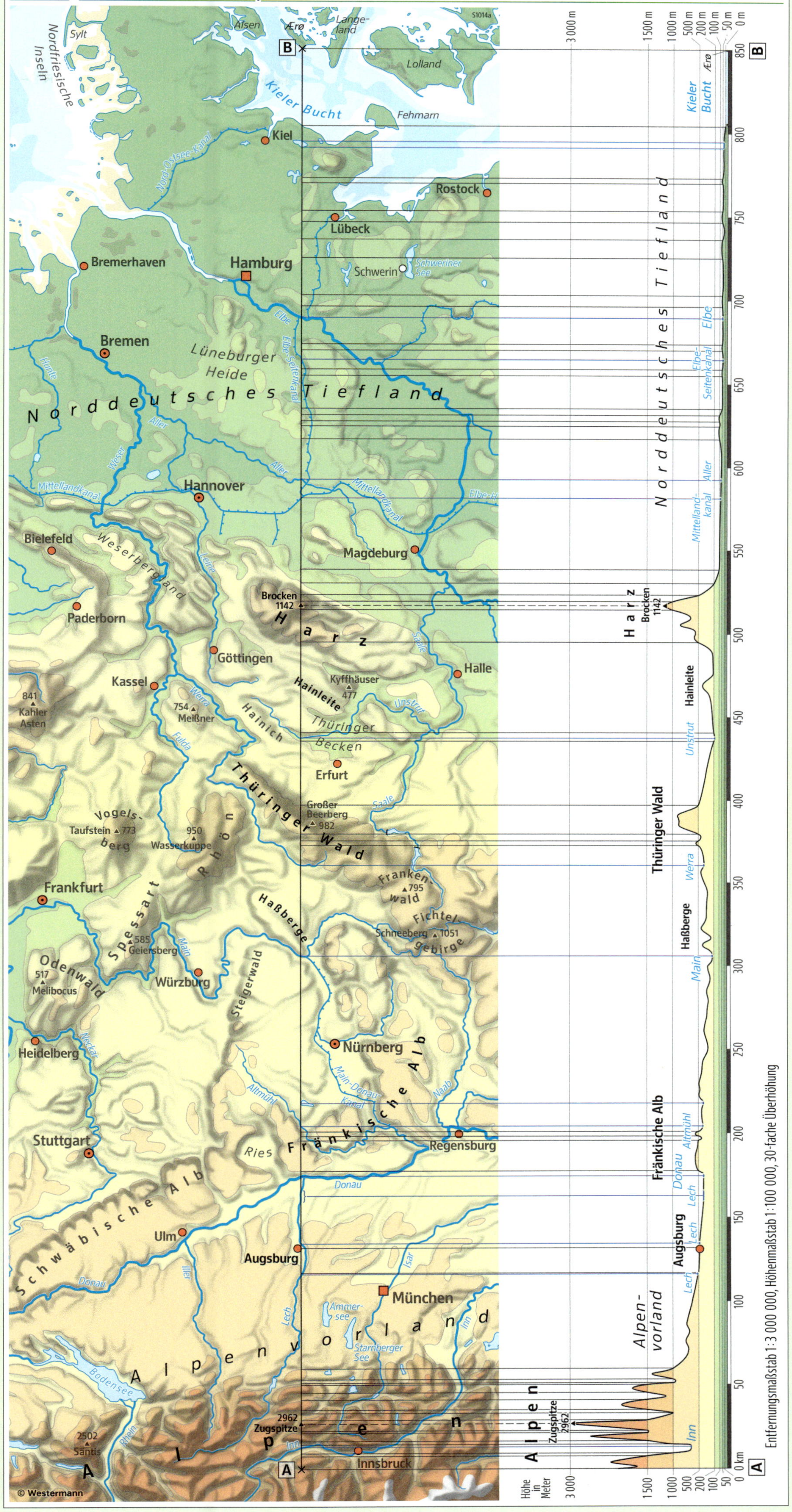

Entfernungsmaßstab 1:3 000 000, Höhenmaßstab 1:100 000, 30-fache Überhöhung

© Westermann

1 Amrum

2 Lüneburger Heide

Landhöhen (in Meter)
über 1000
750 – 1000
500 – 750
350 – 500
200 – 350
100 – 200
50 – 100
0 – 50
Depression

Meerestiefen (in Meter)
0 – 10
10 – 20
20 – 40
über 40
Watt

wichtiger Flughafen
Flughafen
wichtiger Hafen
Hafen

1 Bildmotiv
Kartenausschnitt

Köln
Frankfurt
Stuttgart
München
Dresden
Hannover
Hamburg
Berlin

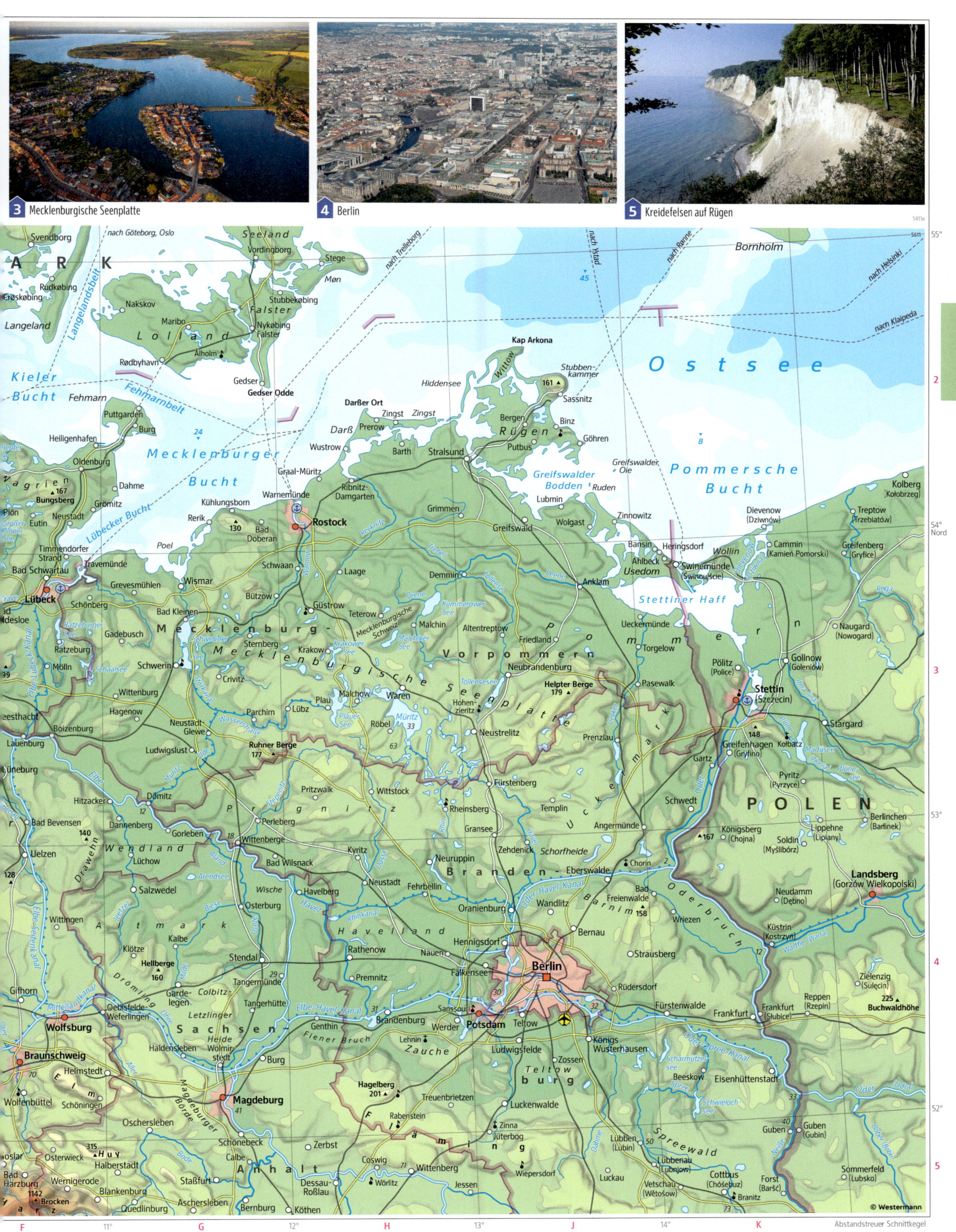

3 Mecklenburgische Seenplatte

4 Berlin

5 Kreidefelsen auf Rügen

© Westermann

1 Essen

2 Rhein mit Loreley

3 Wasserkuppe (Rhön)

4 Thüringer Wald mit Talsperre Schmalwasser

5 Elbe mit Elbsandsteingebirge

Landhöhen (in Meter)

über 1000
750 – 1000
500 – 750
350 – 500
200 – 350
100 – 200
50 – 100
0 – 50
Depression

✈ wichtiger Flughafen
✈ Flughafen
⚓ wichtiger Hafen
⚓ Hafen

Abstandstreue· Schnittkegel

1 Bildmotiv
Kartenausschnitt

1 Schwarzwald

2 Bodensee (Kloster Birnau)

Landhöhen (in Meter)
- über 1500
- 1000 – 1500
- 750 – 1000
- 500 – 750
- 350 – 500
- 200 – 350
- 100 – 200
- 50 – 100
- 0 – 50

wichtiger Flughafen
Flughafen

© Westermann

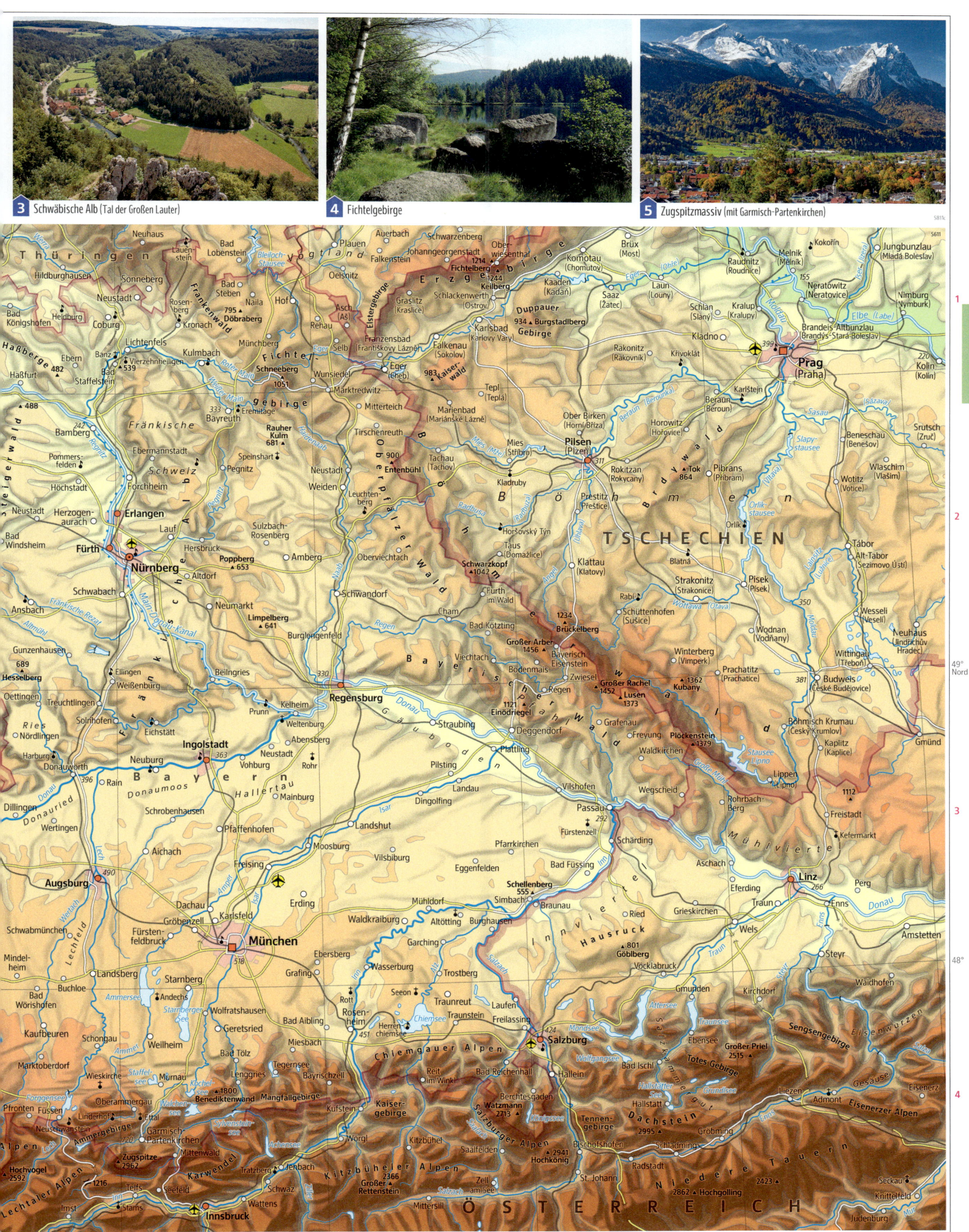

3 Schwäbische Alb (Tal der Großen Lauter)

4 Fichtelgebirge

5 Zugspitzmassiv (mit Garmisch-Partenkirchen)

Maßstab 1:3 000 000

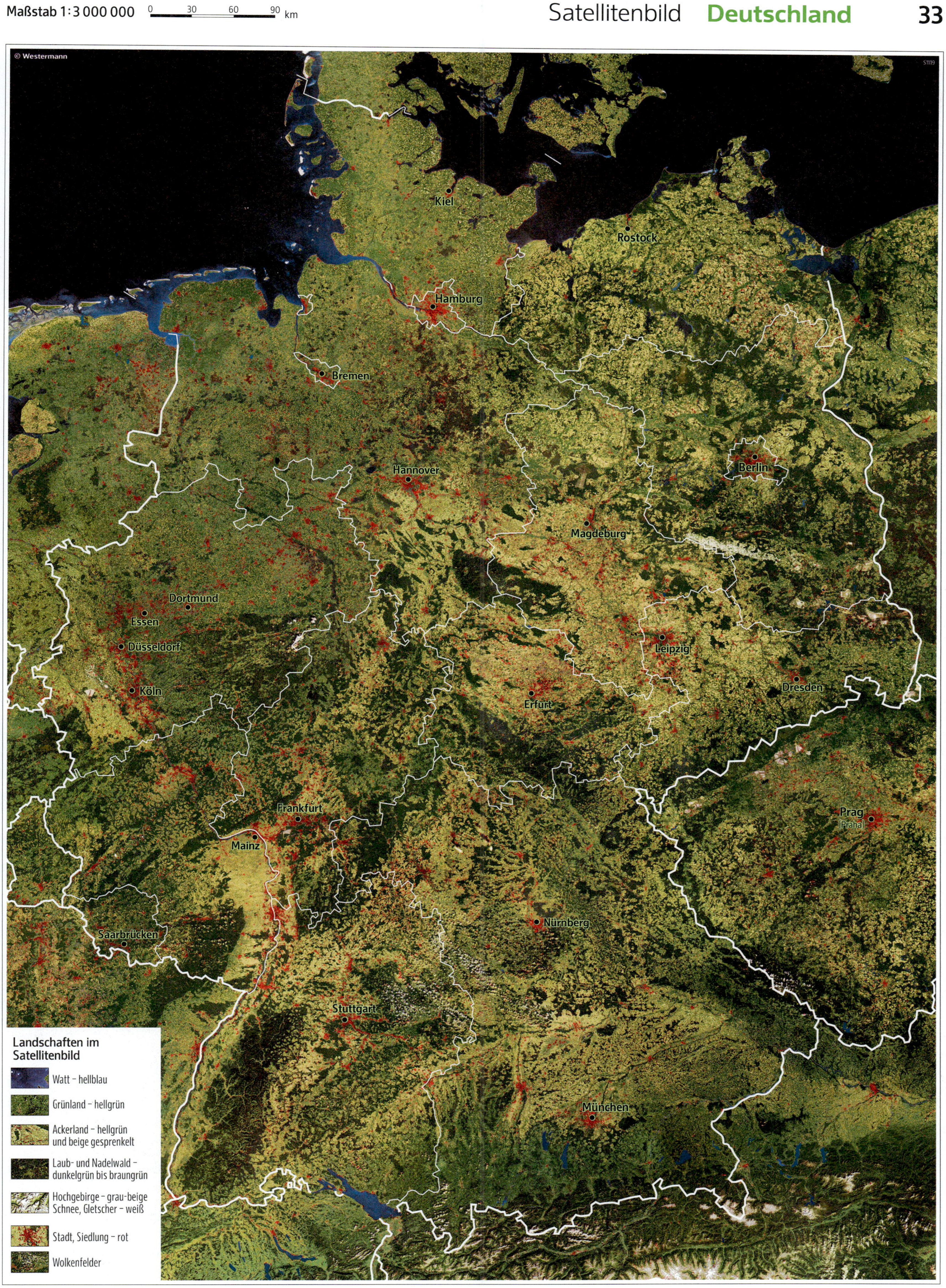

0 30 60 90 km

© Westermann

Kiel

Rostock

Hamburg

Bremen

Hannover

Magdeburg

Berlin

Dortmund

Essen

Düsseldorf

Köln

Leipzig

Dresden

Erfurt

Frankfurt

Prag
Praha

Mainz

Saarbrücken

Nürnberg

Stuttgart

München

Landschaften im Satellitenbild

- Watt – hellblau
- Grünland – hellgrün
- Ackerland – hellgrün und beige gesprenkelt
- Laub- und Nadelwald – dunkelgrün bis braungrün
- Hochgebirge – grau-beige Schnee, Gletscher – weiß
- Stadt, Siedlung – rot
- Wolkenfelder

S1066_1

6° Ost · 8° · 10° · 12° · 14°

N o r d s e e

O s t s e e

Kap Arkona
Rügen
Lolland · Falster
Pommersche Bucht
Stettin (Szczecin)
Fehmarn
Kiel
Rostock
Nordfriesische Inseln
Helgoland
54° Nord
Deutsche Bucht
Lübeck
Mecklenburgische Seenplatte
Müritz
Ostfriesische Inseln
Westfr. Inseln
Schleswig-Holsteinische Geest
Nord-Ostsee-Kanal
Nördliche
Ostfriesisch-Oldenburgische Geest
Stader Geest
Süd liche · Geest
Hamburg
Elbe
Thorn · Eberswalder · Urstromtal
Landrücken
Groningen
Oldenburg
Bremen
Lüneburger Heide
Wilseder Berg 169
Aller-Weser Geest
Elbe-Seitenkanal
Elbe-Urstromtal
Warschau-Berliner Urstromtal
Berlin
Havel
Oder (Odra)
Frankfurt
Warthe
Emsland
Niedersächsisches
Meppen · Nienburger · Tiefland
Mittelland kanal
Weser
Aller
Süd licher Land rücken
Fläming
Glogau-Baruther Urstromtal
Spree
52°
Münster
Westfälische Bucht
Hannover
Hildesheimer Börde
Braunschweig
Magdeburger Börde
Magdeburg
Breslau-Magdeburger Urstromtal
Teutoburger Wald
Weser bergland
Brocken 1142
Rübeland
Bad Grund
Harz
Einhornhöhle
Heimkehle
Barbarossahöhle
Leipziger Bucht
Leipzig
Lausitzer Neiße
Niederrheinisches Tiefland
Rhein
Ruhr
Soester Börde
Sauerland
Bilsteinhöhle
Atta-Höhle
Rothaargebirge 841
Kassel
Fulda
Hessisches Bergland
Werra
Thüringer Becken
Erfurt
Dienstedt
Dresden
Elbsandstein-gebirge
Elbe
Kölner Bucht
Köln
Aachen
Düsseldorf
Wiehl
Westerwald
Kubach
Vogels-berg
Steinau
Wasser-kuppe 950
Rhön
Thüringer Wald
982 Großer Beerberg
Drachenhöhle
Erzgebirge
1244 Keilberg
Eifel
Koblenz
Rheinisches Schiefergebirge
Taunus
Frankfurt
Main
Spessart
Franken-wald
Fichtel-gebirge
1051 · Schneeberg
Prag (Praha)
50°
Trier
Hunsrück
Mosel
Mainz
Odenwald
Eberstadt
Würzburg
Teufelshöhle
Neukirchen
Oberpfälzer Wald
Pilsen (Plzeň)
Mittelböhmisches Hügelland
Saar-Nahe-Bergland
Mannheim
Neckar
Main-Donau-Kanal
Nürnberg
Velburg
Böhmerwald
Moldau
Saarbrücken
Pfälzer-wald
Fränkische Alb
Großer Arber 1456
Metz
Lothringisches Stufenland
Oberrheinisches Tiefland
Schwäbisch-Fränkisches Stufenland
Klausenhöhle
Bayerischer Wald
Passau
Nancy
Vogesen
Rhein
Altmühl
Donau
Niederbayerisches Hügelland
Linz
Ries
Stuttgart
Charlotten-höhle
Ulm
Schwäbische Alb
Bärenhöhle
Hohler Fels
Riedlingen
Donau
Alpen vorland
München
Isar
Lech
Inn
Salzburg
Enns
Kaiserstuhl 557
Freiburg
Feldberg 1493
Schwarzwald
Kolbingen
Schaffhausen
Bodensee
Starnberger See
Chiemsee
Zugspitze 2962
2995 Dachstein
48°
Basel
14°
© Westermann

Küste
- Grenze zwischen Großlandschaften
- Watt
- Küstendünen
- Förden- und Buchtenküste
- Boddenküste
- Ausgleichsküste
- Kliff (Steilküste)

Norddeutsches Tiefland
- Marsch
- hügeliges Jungmoränenland
- Sander
- Talsandebene
- Urstromtal
- flachwelliges Alt-moränenland (Geest)
- sanftes Hügelland (Kalk- und Sandstein)

Mittelgebirge
- Becken und Senken
- Berg- und Hügelland
- Höhenzüge des Mittelgebirgslandes

Alpenvorland
- hügeliges Jungmoränenland

- Maar
- Meteoritenkrater

- sanftes Hügelland
- flache Schotterplatten

Alpen
- Alpentäler
- Hochgebirge

Landformen mehrerer Großlandschaften
- Endmoränen der letzten Eiszeit
- Lössgebiete
- junge vulkanische Gebiete
- Schichtstufen-kante
- Schauhöhle

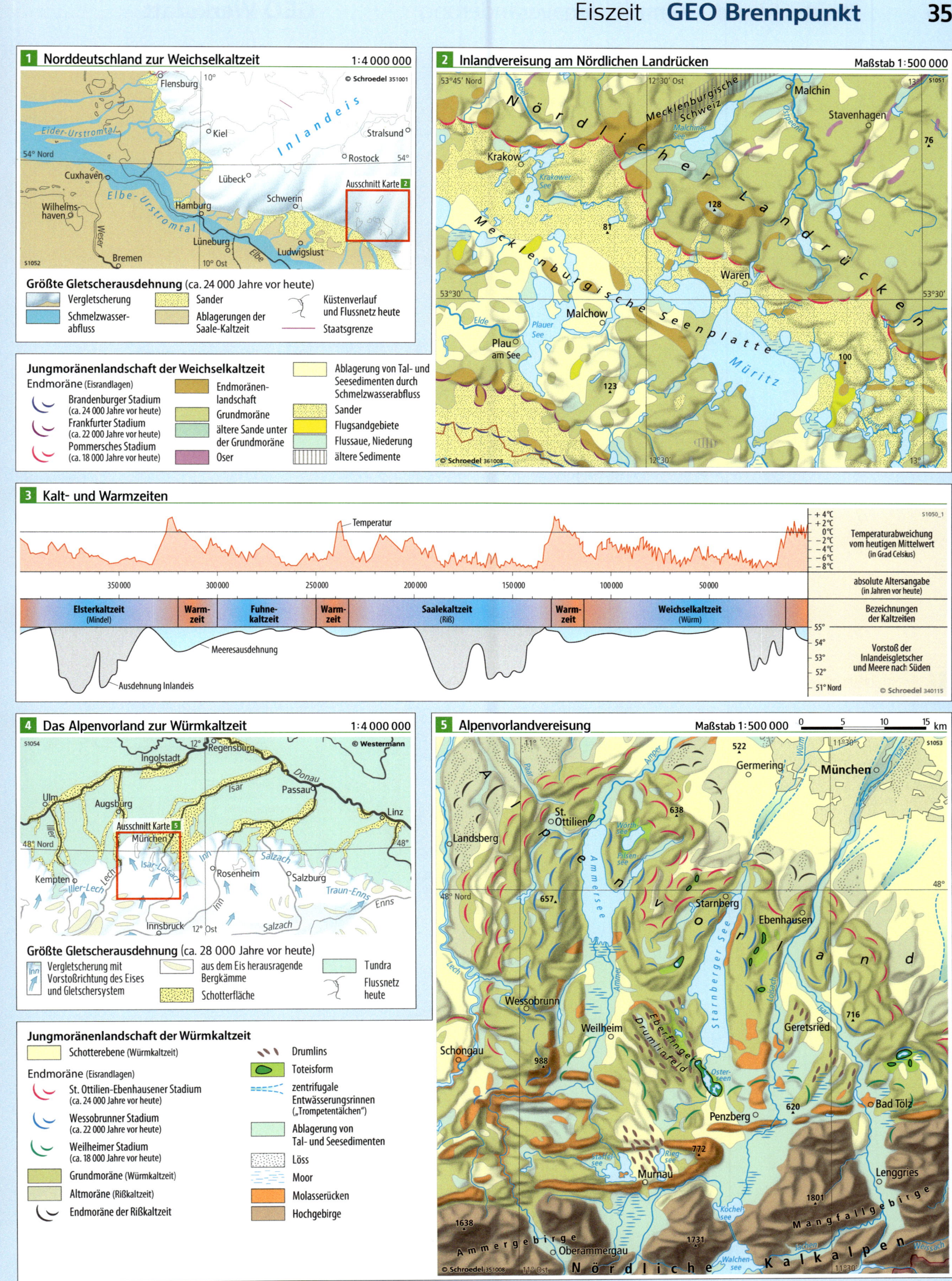

1 Norddeutschland zur Weichselkaltzeit 1:4 000 000

© Schroedel 351001

Größte Gletscherausdehnung (ca. 24 000 Jahre vor heute)
- Vergletscherung
- Schmelzwasserabfluss
- Sander
- Ablagerungen der Saale-Kaltzeit
- Küstenverlauf und Flussnetz heute
- Staatsgrenze

Ausschnitt Karte 2

Jungmoränenlandschaft der Weichselkaltzeit
- Endmoräne (Eisrandlagen)
  - Brandenburger Stadium (ca. 24 000 Jahre vor heute)
  - Frankfurter Stadium (ca. 22 000 Jahre vor heute)
  - Pommersches Stadium (ca. 18 000 Jahre vor heute)
- Endmoränenlandschaft
- Grundmoräne
- ältere Sande unter der Grundmoräne
- Oser
- Ablagerung von Tal- und Seesedimenten durch Schmelzwasserabfluss
- Sander
- Flugsandgebiete
- Flussaue, Niederung
- ältere Sedimente

2 Inlandvereisung am Nördlichen Landrücken Maßstab 1:500 000

© Schroedel 361008

3 Kalt- und Warmzeiten

Temperatur

+ 4°C / + 2°C / 0°C / - 2°C / - 4°C / - 6°C / - 8°C — Temperaturabweichung vom heutigen Mittelwert (in Grad Celsius)

350 000 / 300 000 / 250 000 / 200 000 / 150 000 / 100 000 / 50 000 — absolute Altersangabe (in Jahren vor heute)

| Elsterkaltzeit (Mindel) | Warmzeit | Fuhnekaltzeit | Warmzeit | Saalekaltzeit (Riß) | Warmzeit | Weichselkaltzeit (Würm) |

Bezeichnungen der Kaltzeiten

Meeresausdehnung

Ausdehnung Inlandeis

55° / 54° / 53° / 52° / 51° Nord — Vorstoß der Inlandeisgletscher und Meere nach Süden

© Schroedel 340115

4 Das Alpenvorland zur Würmkaltzeit 1:4 000 000

© Westermann

Ausschnitt Karte 5

Größte Gletscherausdehnung (ca. 28 000 Jahre vor heute)
- Vergletscherung mit Vorstoßrichtung des Eises und Gletschersystem
- aus dem Eis herausragende Bergkämme
- Schotterfläche
- Tundra
- Flussnetz heute

Jungmoränenlandschaft der Würmkaltzeit
- Schotterebene (Würmkaltzeit)
- Endmoräne (Eisrandlagen)
  - St. Ottilien-Ebenhausener Stadium (ca. 24 000 Jahre vor heute)
  - Wessobrunner Stadium (ca. 22 000 Jahre vor heute)
  - Weilheimer Stadium (ca. 18 000 Jahre vor heute)
- Grundmoräne (Würmkaltzeit)
- Altmoräne (Rißkaltzeit)
- Endmoräne der Rißkaltzeit
- Drumlins
- Toteisform
- zentrifugale Entwässerungsrinnen („Trompetentälchen")
- Ablagerung von Tal- und Seesedimenten
- Löss
- Moor
- Molasserücken
- Hochgebirge

5 Alpenvorlandvereisung Maßstab 1:500 000

0 5 10 15 km

© Schroedel 351008

1 Jahrestemperaturen

Maßstab 1 : 6 000 000

0 50 100 150 km

Temperaturen
(langjähriges Mittel in Grad Celsius)

- 10 °C
- 9 °C
- 8 °C
- 7 °C
- 6 °C
- 4 °C

● Klimastation
○ sonstiger Ort
1 Nummer einer Klimastation mit Klimadiagramm

Regionale Windsysteme

Land-Seewind-Zirkulation

periodische Wetterlage

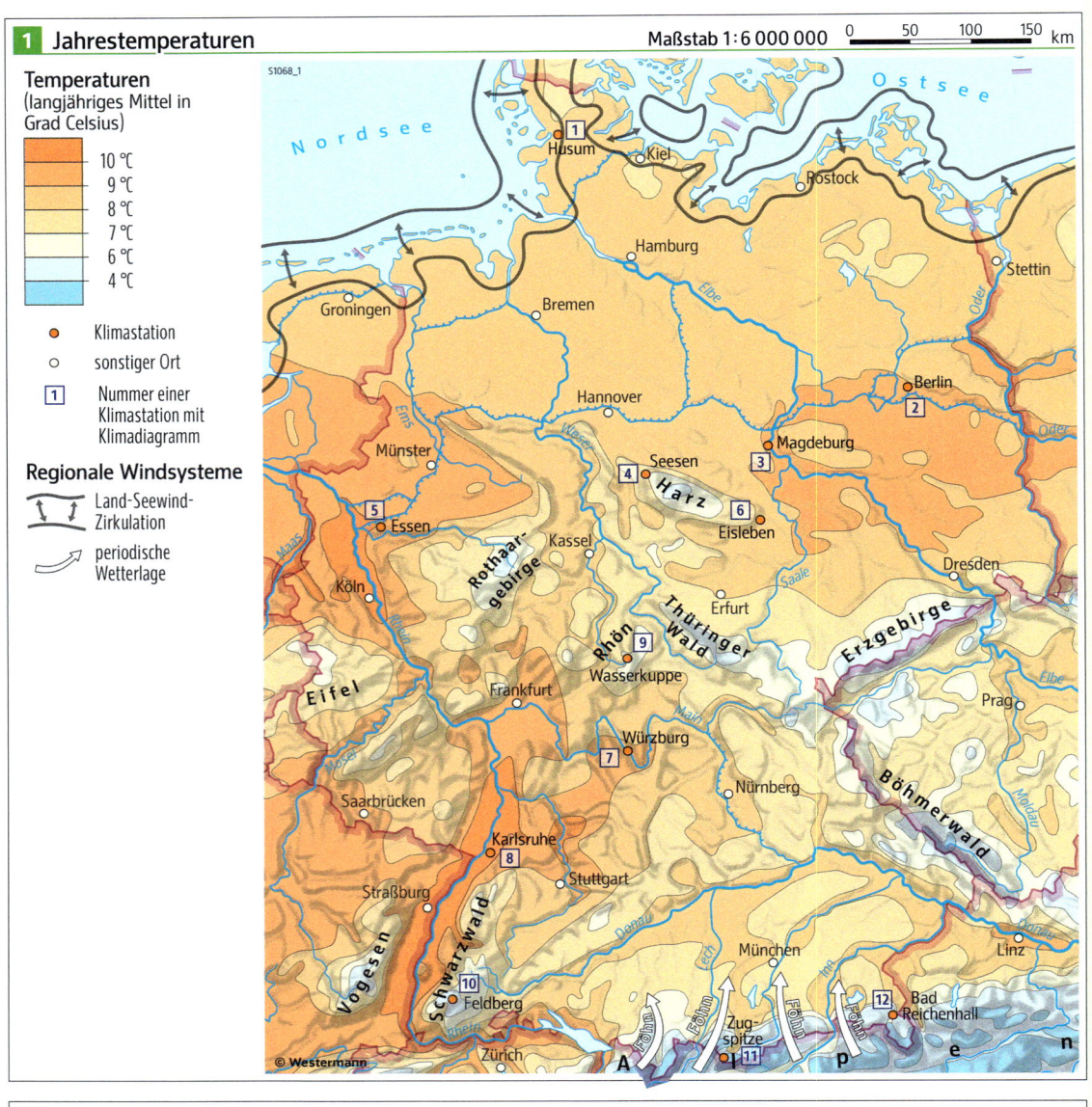

© Westermann

Tabelle

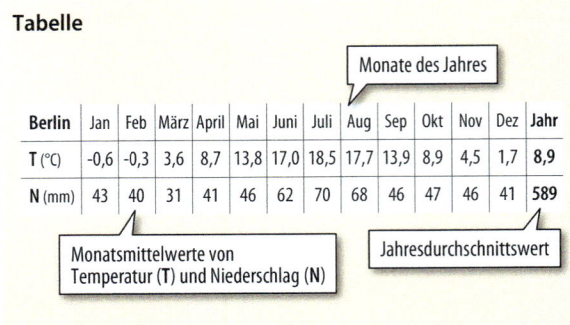

Monate des Jahres

Berlin	Jan	Feb	März	April	Mai	Juni	Juli	Aug	Sep	Okt	Nov	Dez	**Jahr**
T (°C)	-0,6	-0,3	3,6	8,7	13,8	17,0	18,5	17,7	13,9	8,9	4,5	1,7	**8,9**
N (mm)	43	40	31	41	46	62	70	68	46	47	46	41	**589**

Monatsmittelwerte von Temperatur (T) und Niederschlag (N)

Jahresdurchschnittswert

Einfaches Temperaturdiagramm

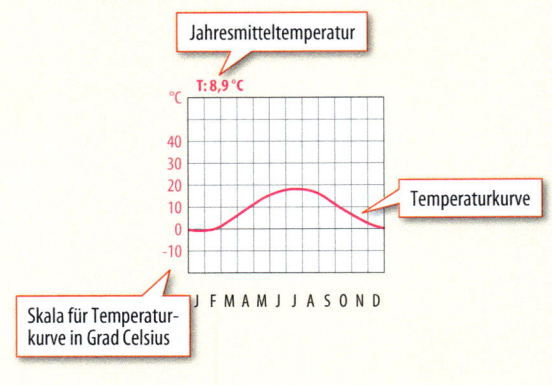

Jahresmitteltemperatur

T: 8,9 °C

Temperaturkurve

Skala für Temperaturkurve in Grad Celsius

2 Niederschläge im Jahr

Maßstab 1 : 6 000 000

0 50 100 150 km

Niederschläge
(langjähriges Mittel in Millimetern)

- 1400 mm
- 1000 mm
- 800 mm
- 600 mm
- 500 mm

● Klimastation
○ sonstiger Ort
1 Nummer einer Klimastation mit Klimadiagramm

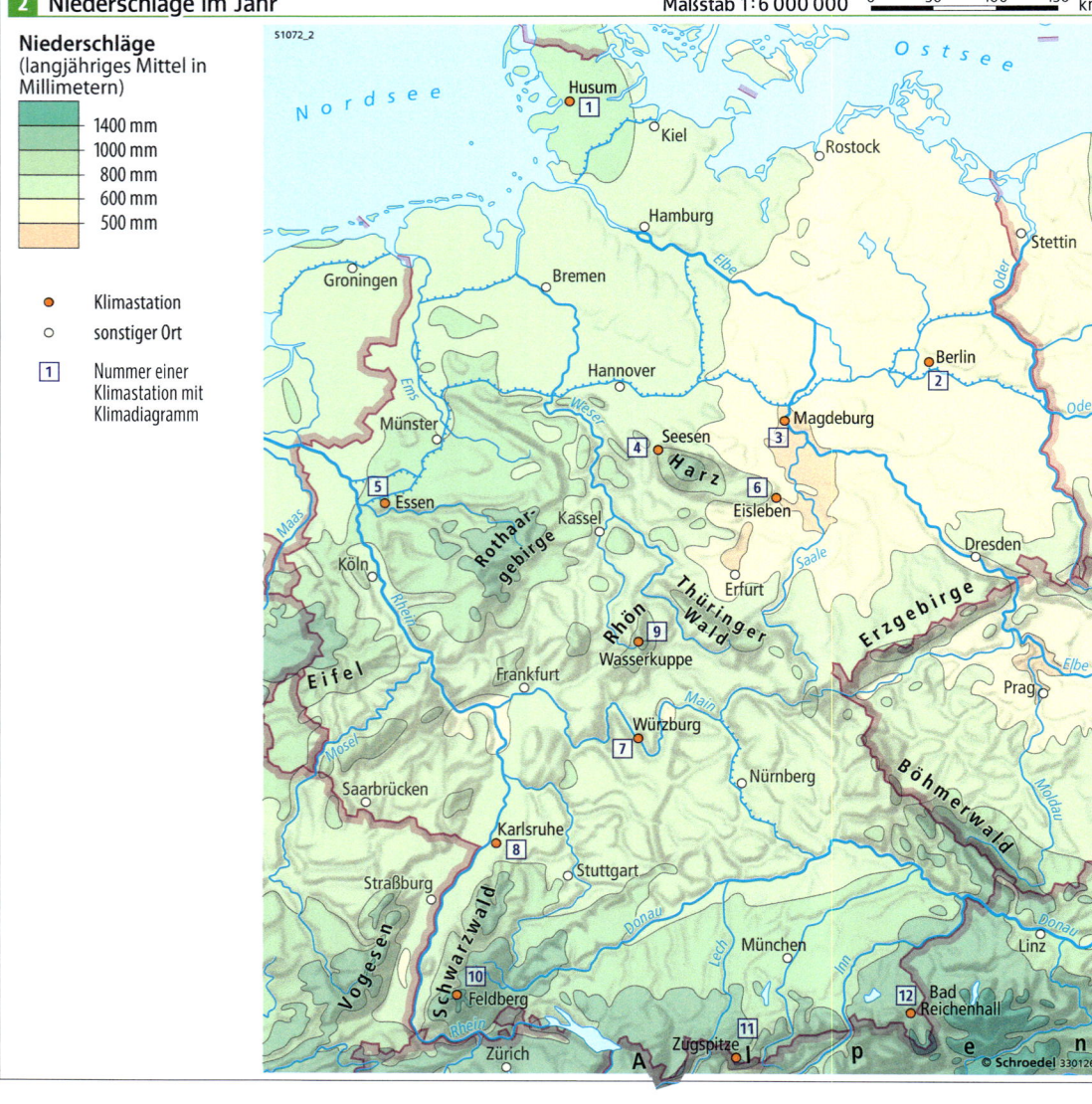

© Schroedel 330126

Einfaches Niederschlagsdiagramm

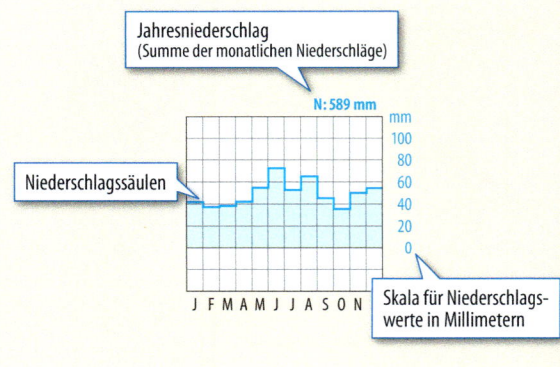

Jahresniederschlag
(Summe der monatlichen Niederschläge)

N: 589 mm

Niederschlagssäulen

Skala für Niederschlagswerte in Millimetern

Klimadiagramm

Name der Station

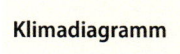

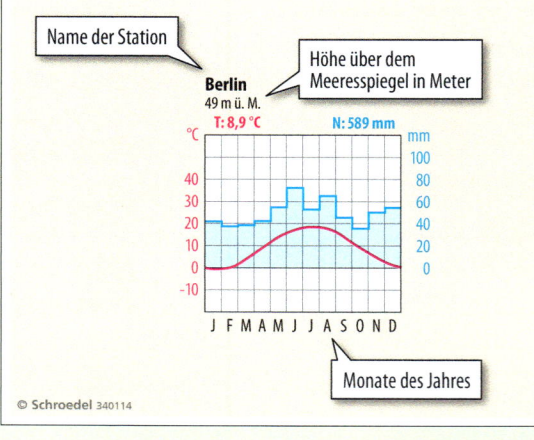

Berlin
49 m ü. M.

Höhe über dem Meeresspiegel in Meter

T: 8,9 °C   N: 589 mm

Monate des Jahres

© Schroedel 340114

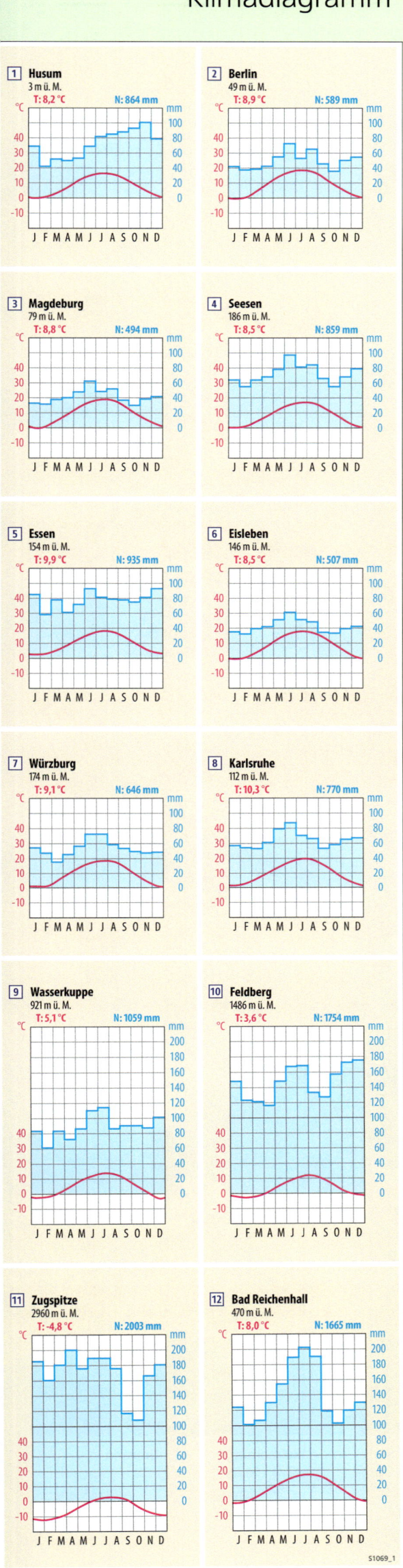

1 Husum 3 m ü. M. T: 8,2 °C N: 864 mm

2 Berlin 49 m ü. M. T: 8,9 °C N: 589 mm

3 Magdeburg 79 m ü. M. T: 8,8 °C N: 494 mm

4 Seesen 186 m ü. M. T: 8,5 °C N: 859 mm

5 Essen 154 m ü. M. T: 9,9 °C N: 935 mm

6 Eisleben 146 m ü. M. T: 8,5 °C N: 507 mm

7 Würzburg 174 m ü. M. T: 9,1 °C N: 646 mm

8 Karlsruhe 112 m ü. M. T: 10,3 °C N: 770 mm

9 Wasserkuppe 921 m ü. M. T: 5,1 °C N: 1059 mm

10 Feldberg 1486 m ü. M. T: 3,6 °C N: 1754 mm

11 Zugspitze 2960 m ü. M. T: -4,8 °C N: 2003 mm

12 Bad Reichenhall 470 m ü. M. T: 8,0 °C N: 1665 mm

S1069_1

3 Veränderung der Jahresmitteltemperatur (1901–2000)

Maßstab 1:6 000 000

0 50 100 150 km

S1073a_1

Veränderung der Jahresmitteltemperatur 1901 – 2000 (in Grad Celsius)

Zunahme

+ 1,4 °C
+ 1,2 °C
+ 1,0 °C
+ 0,8 °C
+ 0,6 °C
+ 0,4 °C
+ 0,2 °C

● Klimastation
○ sonstiger Ort
1 Nummer einer Klimastation mit Klimadiagramm

Nordsee · Ostsee · Husum · Kiel · Rostock · Hamburg · Stettin · Groningen · Bremen · Hannover · Berlin · Münster · Seesen · Magdeburg · Essen · Harz · Eisleben · Dresden · Köln · Kassel · Erfurt · Rothaargebirge · Rhön · Wasserkuppe · Thüringer Wald · Erzgebirge · Prag · Eifel · Frankfurt · Böhmerwald · Würzburg · Nürnberg · Saarbrücken · Karlsruhe · Straßburg · Schwarzwald · Stuttgart · München · Vogesen · Feldberg · Bad Reichenhall · Zürich · Zugspitze · Donau · Linz · Main · Elbe · Oder · Weser · Ems · Maas · Rhein · Mosel · Saale · Moldau · Alpen

+0,2 °C +0,4 °C +0,6 °C +0,8 °C +1,0 °C +1,2 °C +1,4 °C

© Schroedel 330126

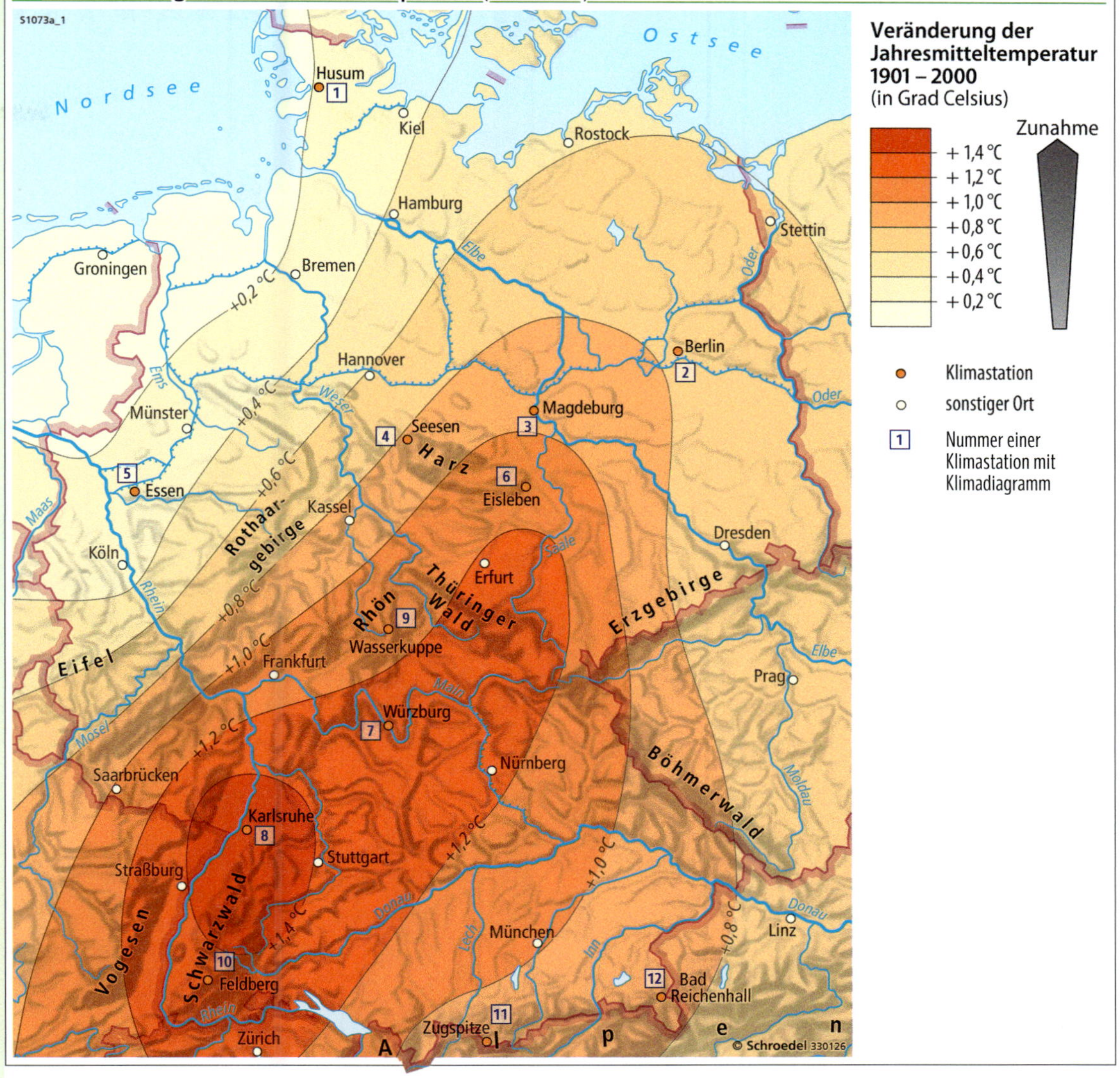

4 Veränderung des Jahresniederschlags (1901–2000)

Maßstab 1:6 000 000

0 50 100 150 km

S1073b_1

Veränderung des Jahresniederschlags 1901 – 2000 (in Millimetern)

Zunahme

+ 200 mm
+ 150 mm
+ 100 mm
+ 50 mm
± 0 mm
– 50 mm
– 100 mm

Abnahme

● Klimastation
○ sonstiger Ort
1 Nummer einer Klimastation mit Klimadiagramm

Nordsee · Ostsee · Husum · Kiel · Rostock · Hamburg · Stettin · Groningen · Bremen · Hannover · Berlin · Münster · Seesen · Magdeburg · Essen · Harz · Eisleben · Dresden · Köln · Kassel · Erfurt · Rothaargebirge · Rhön · Wasserkuppe · Thüringer Wald · Erzgebirge · Prag · Eifel · Frankfurt · Böhmerwald · Würzburg · Nürnberg · Saarbrücken · Karlsruhe · Straßburg · Schwarzwald · Stuttgart · München · Vogesen · Feldberg · Bad Reichenhall · Zürich · Zugspitze · Donau · Linz · Main · Elbe · Oder · Weser · Ems · Maas · Rhein · Mosel · Saale · Moldau · Alpen

© Schroedel 330126

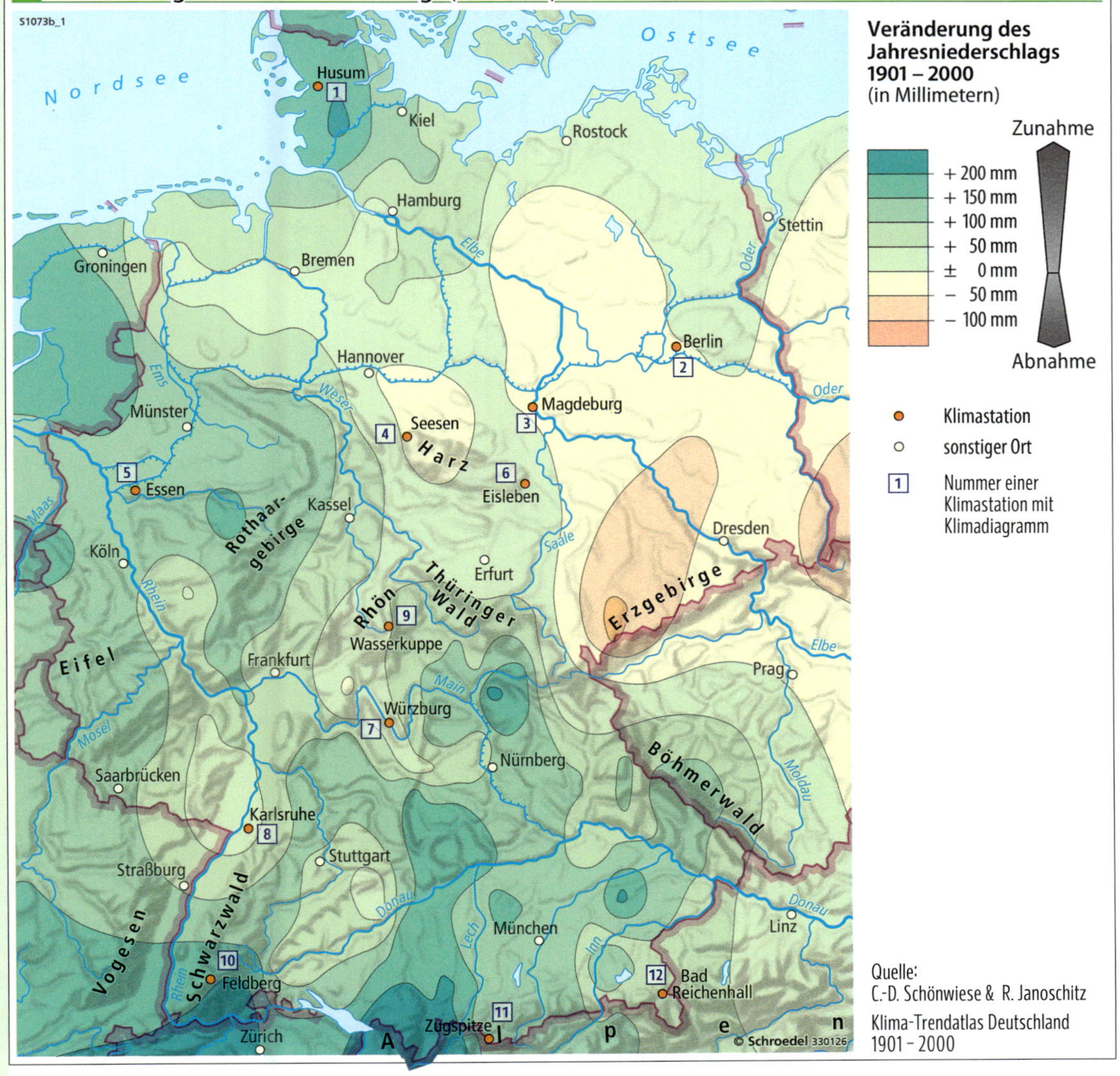

Quelle: C.-D. Schönwiese & R. Janoschitz Klima-Trendatlas Deutschland 1901 – 2000

Maßstab 1:3 000 000

0   30   60   90 km

Bodennutzung

- Ackerbau auf Lössböden
- Ackerbau auf sonstigen Böden
- Weide, Dauergrünland
- Wald, Forstwirtschaft
- geschlossene Besiedlung
- Heide, Moor, Dünen, Felsregion

Ackerbau (Hauptanbaufrüchte)
- Getreide
- Zuckerrüben
- Kartoffeln
- Raps

Sonderkulturen
- Obst, Gemüse
- Wein
- Hopfen
- Spargel

Viehhaltung
- Rinder
- Schweine
- Geflügel

Grenzen
- Staatsgrenze
- Landesgrenze

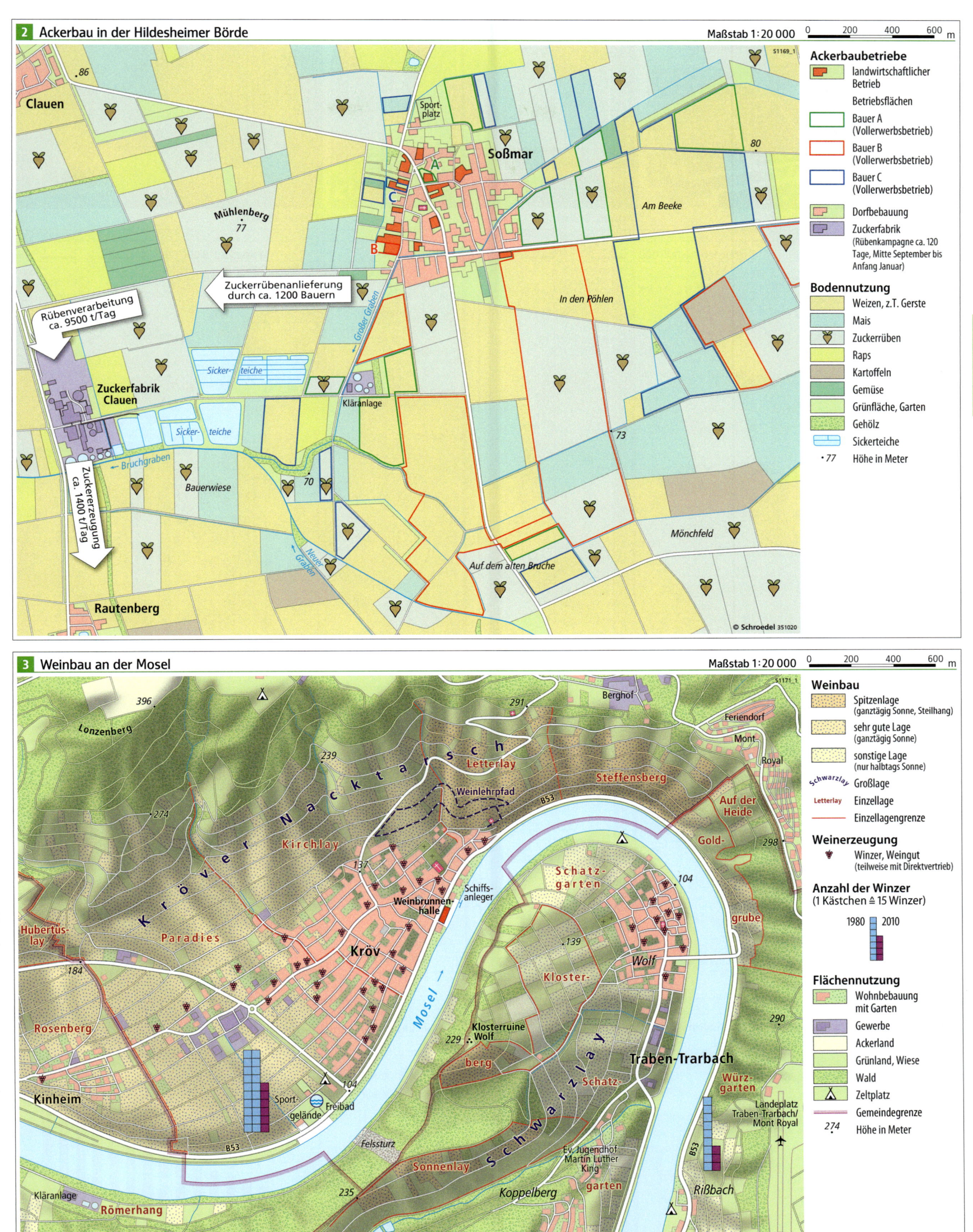

2 Ackerbau in der Hildesheimer Börde — Maßstab 1:20 000

3 Weinbau an der Mosel — Maßstab 1:20 000

Sonnenkollektoren

Windpark (Onshore)

Offshore-Windpark

1 Sonnenenergie
Maßstab 1 : 6 000 000

0   50   100   150 km

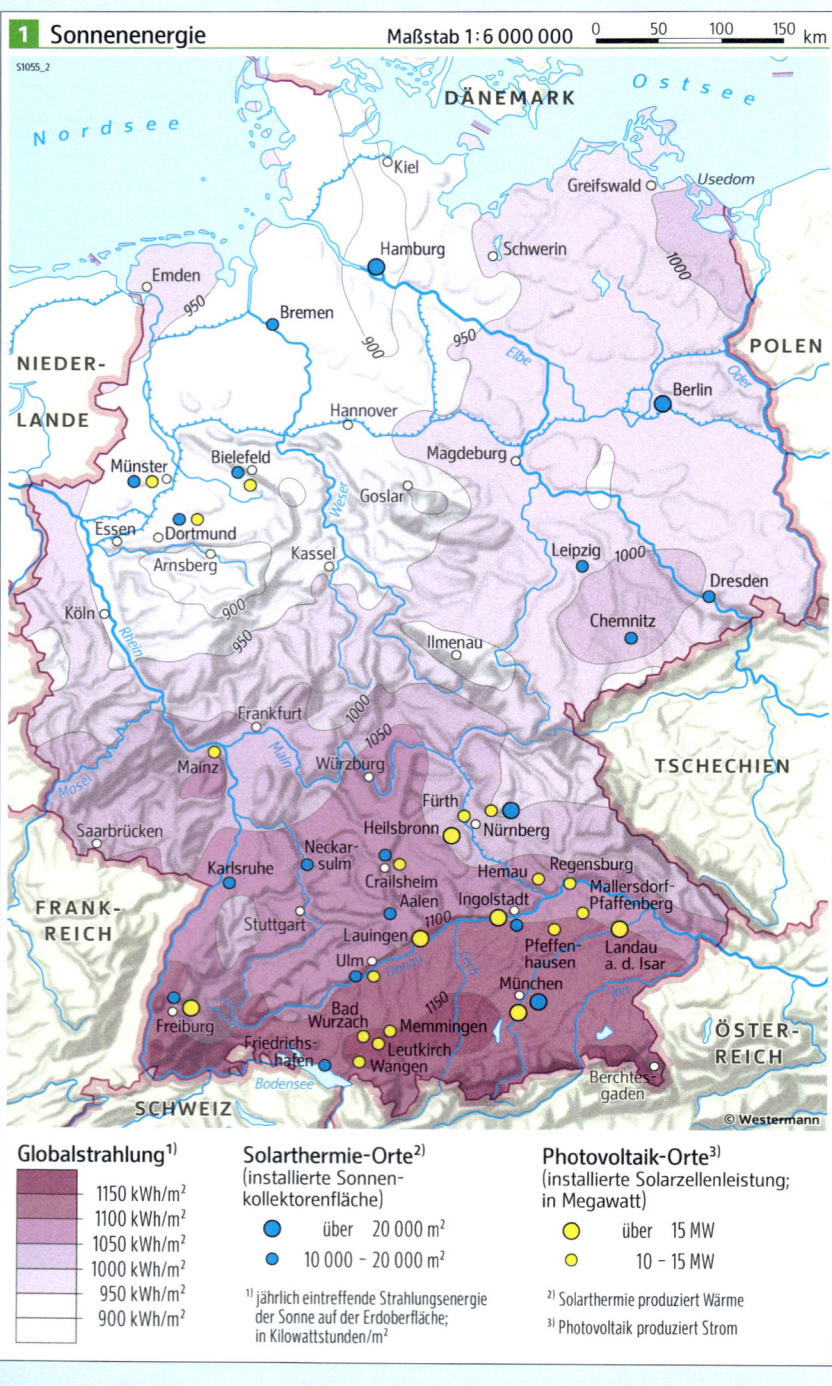

Globalstrahlung[1]

	1150 kWh/m²
	1100 kWh/m²
	1050 kWh/m²
	1000 kWh/m²
	950 kWh/m²
	900 kWh/m²

Solarthermie-Orte[2]
(installierte Sonnen-
kollektorenfläche)
- ● über 20 000 m²
- ● 10 000 – 20 000 m²

Photovoltaik-Orte[3]
(installierte Solarzellenleistung;
in Megawatt)
- ● über 15 MW
- ● 10 – 15 MW

[1] jährlich eintreffende Strahlungsenergie
der Sonne auf der Erdoberfläche;
in Kilowattstunden/m²

[2] Solarthermie produziert Wärme

[3] Photovoltaik produziert Strom

3 Windenergie
Maßstab 1 : 6 000 000

0   50   100   150 km

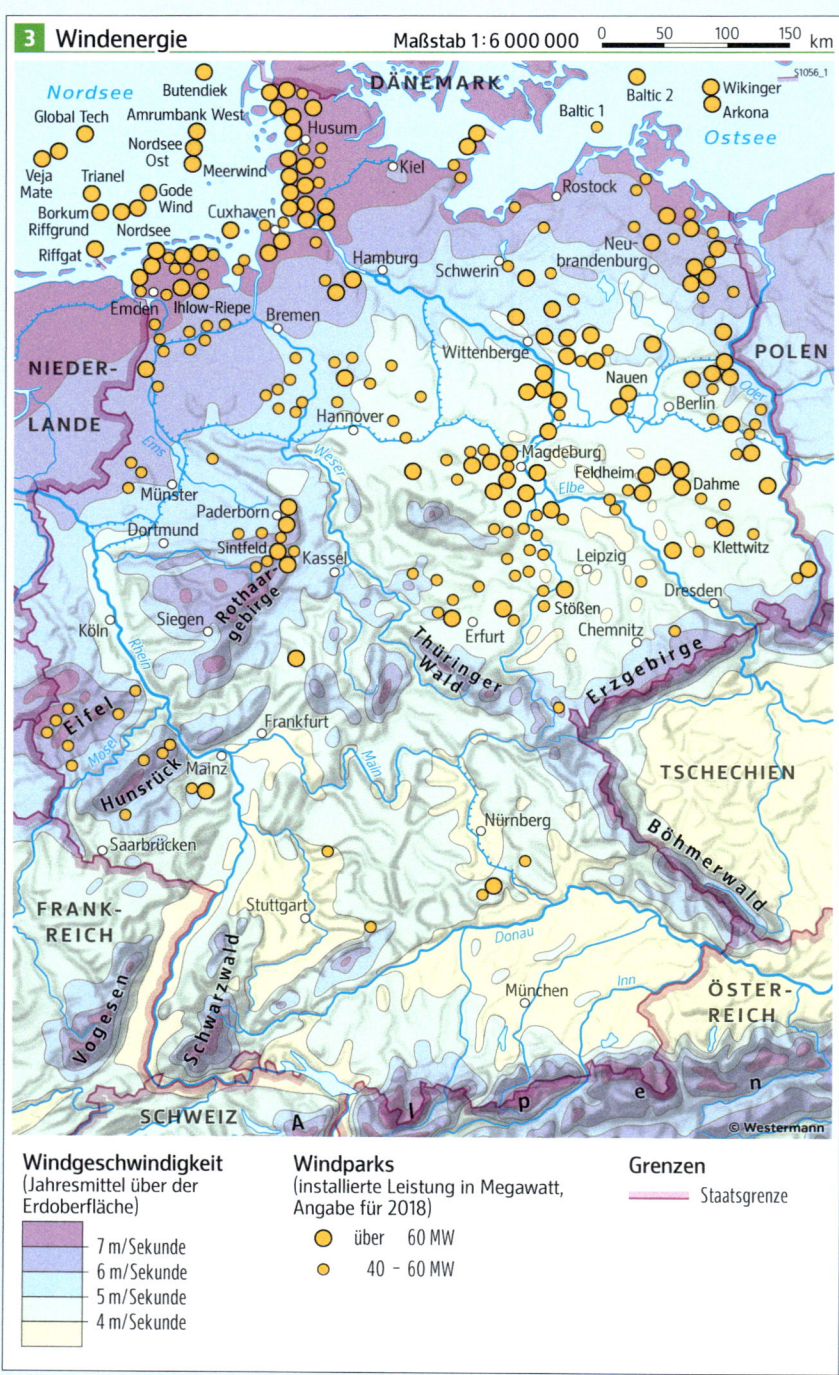

Windgeschwindigkeit
(Jahresmittel über der
Erdoberfläche)

	7 m/Sekunde
	6 m/Sekunde
	5 m/Sekunde
	4 m/Sekunde

Windparks
(installierte Leistung in Megawatt,
Angabe für 2018)
- ● über 60 MW
- ● 40 – 60 MW

Grenzen
— Staatsgrenze

2 Schema einer solarunterstützten Nahwärmeversorgung

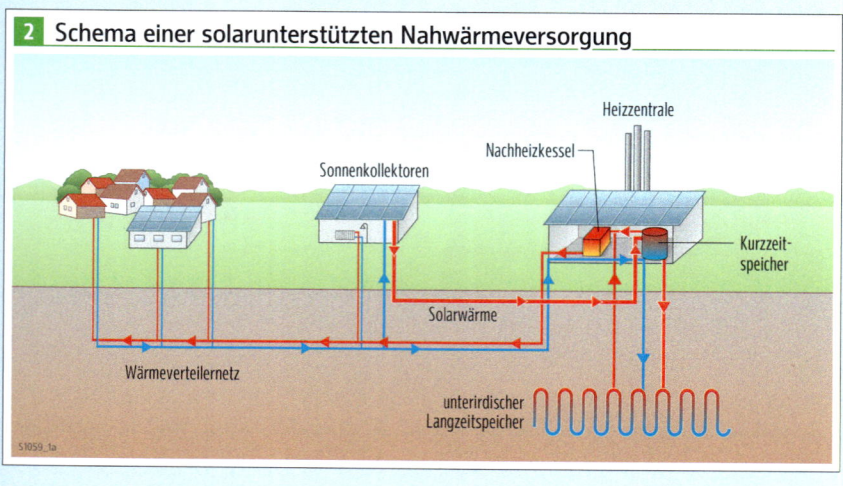

4 Entwicklung der Windenergie in Deutschland

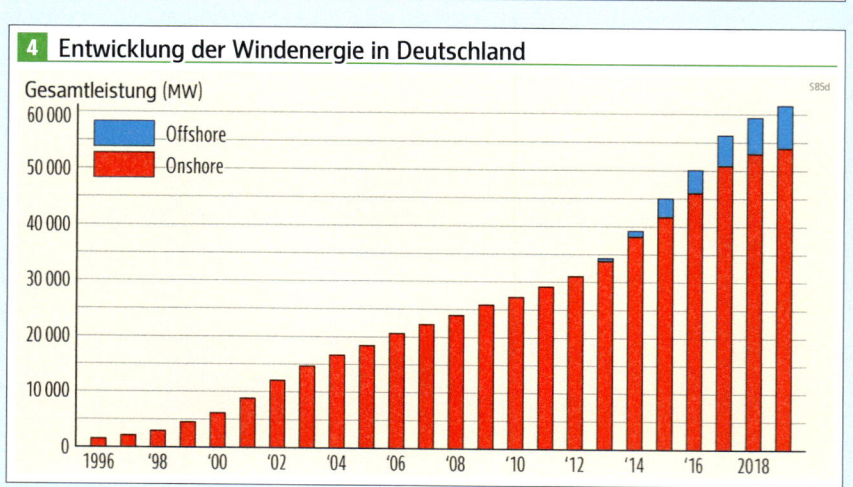

Gesamtleistung (MW)
- ■ Offshore
- ■ Onshore

60 000
50 000
40 000
30 000
20 000
10 000
0

1996 '98 '00 '02 '04 '06 '08 '10 '12 '14 '16 2018

Geothermie

Biogasanlage

Wasserkraftwerk (Walchensee)

5 Geothermie (Erdwärme) Maßstab 1:6 000 000 0 50 100 150 km

Tiefentemperatur
(Temperatur in 2000m Tiefe)
- 120℃
- 100℃
- 80℃
- 60℃
- 40℃

Anlagen zur Erdwärmenutzung
- Stromerzeugung
- Fernwärme
- Thermalbad (Auswahl)

Geothermieanlagen
(installierte thermische Leistung, 2018)
- über 20 MW
- 5 – 20 MW

Grenzen
- Staatsgrenze

7 Biomasse Maßstab 1:6 000 000 0 50 100 150 km

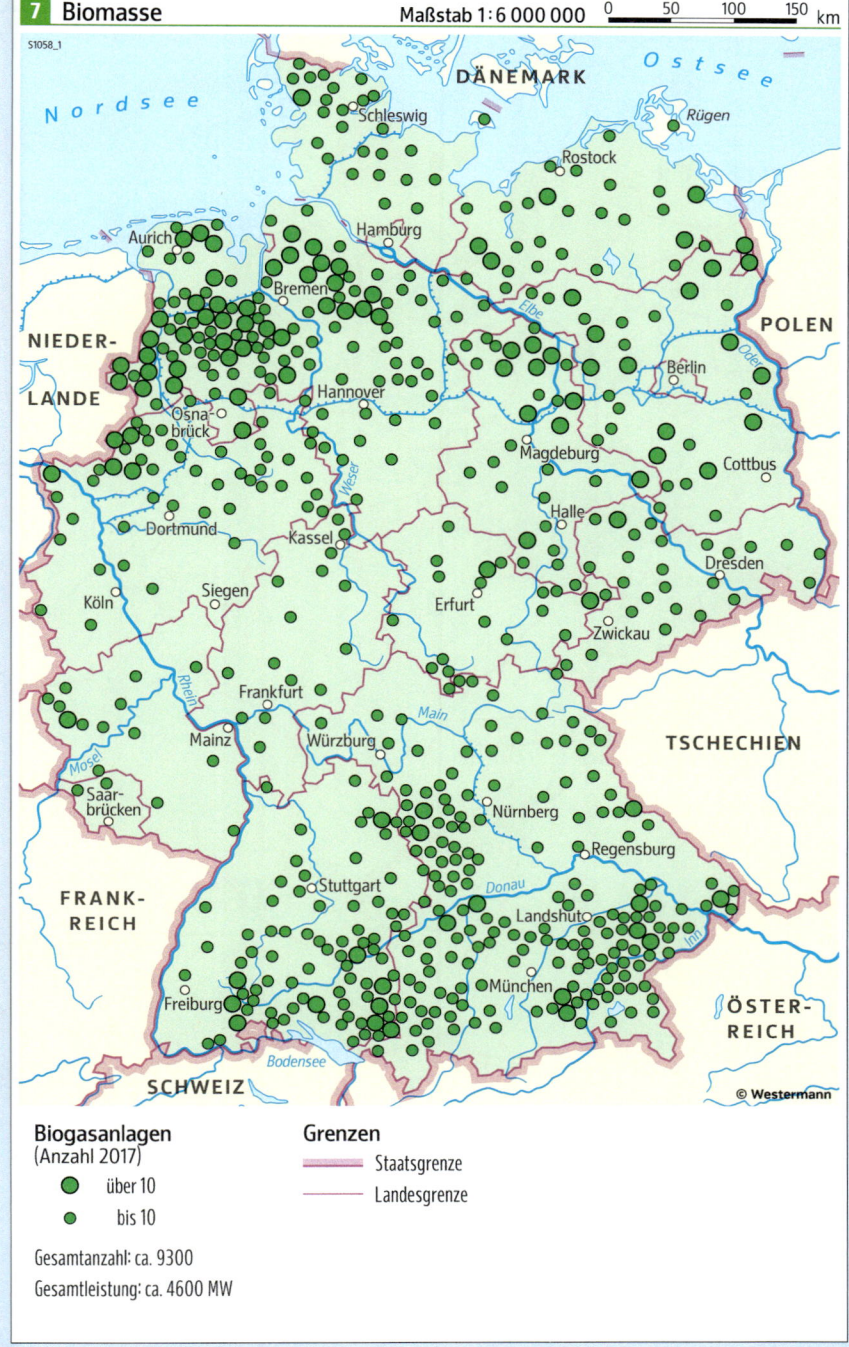

Biogasanlagen
(Anzahl 2017)
- über 10
- bis 10

Gesamtanzahl: ca. 9300
Gesamtleistung: ca. 4600 MW

Grenzen
- Staatsgrenze
- Landesgrenze

6 Schema der Erdwärmenutzung

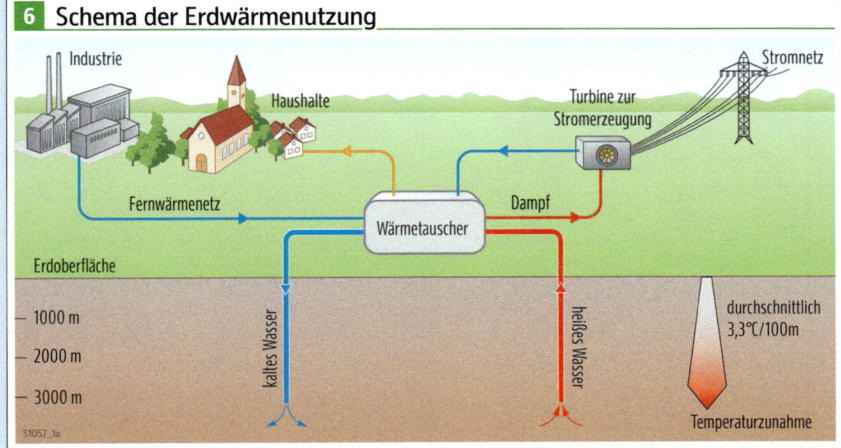

8 Energieverbrauch in Deutschland 1960, 1990 und 2019

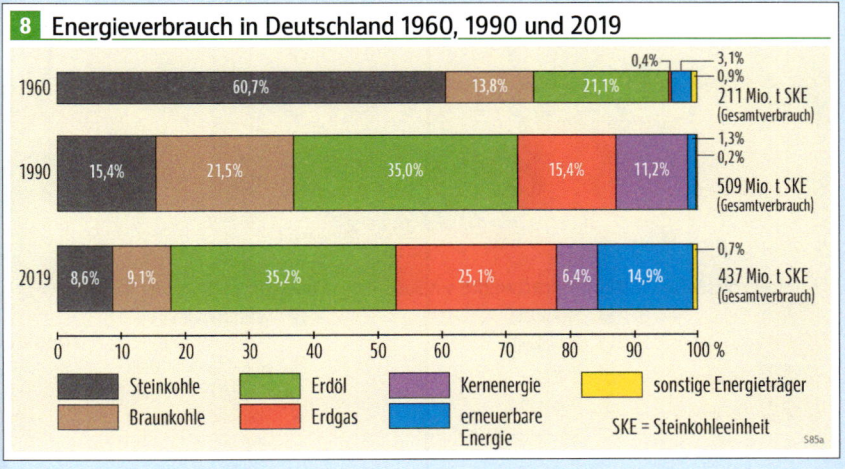

	Steinkohle	Braunkohle	Erdöl	Erdgas	Kernenergie	erneuerbare Energie	sonstige Energieträger

SKE = Steinkohleeinheit

0 30 60 90 km

1

DÄNEMARK

Nordsee
Ostsee

Nordfriesische Inseln
Helgoland
Deutsche Bucht
Ostfriesische Inseln

Kieler Bucht
Fehmarn
Mecklenburger Bucht
Rügen
Pommersche Bucht

54° Nord

Flensburg
Kiel
Brunsbüttel 2011
Brokdorf 2021
Lübeck
Rostock
Greifswald-Lubmin 1990
Stettin (Szczecin)

Wilhelms-haven
Bremer-haven
Stade 2003
Hamburg
Krümmel 2011
Schwerin

Eemshaven
Delfzijl
Unterweser 2011
Bremen

Groningen

NIEDER-LANDE

Emsland 2023
Osnabrück
Hannover
Braunschweig
Gorleben
Morsleben
Magdeburg
Berlin
Potsdam

POLEN

Warthe
Oder

Ahaus
Nimwegen (Nijmegen)
Münster
Bielefeld
Grohnde 2021
Würgassen 1994
Asse
Busch-haus 2016
Halle
Mitteldeutsches Revier
Schkopau 2034
Leipzig
Lippendorf 2035
Jänschwalde 2028
Cottbus
Schwarze Pumpe 2038
Niederlausitz
Boxberg 2038
Dresden

52°

Ruhrgebiet
Essen
Dortmund
Düsseldorf
Frimmersdorf 2017
Neurath 2030
2038 Niederaußem
Aachen
Weisweiler 2029
Rheinisches Braunkohlenrevier
Mülheim-Kärlich 1988
Köln
Siegen
Kassel
Erfurt
Jena
Chemnitz
Goldisthal
Markers-bach
Leitmeritz

BELGIEN

Koblenz
Großkrotzenburg/ Staudinger
Frankfurt
Mainz
Würzburg
Grafen-rheinfeld 2015
Mitterteich
Prag (Praha)
Pilsen (Plzeň)

TSCHECHIEN

50°

LUXEM-BURG
Trier
Luxemburg
Saarland
Saarbrücken

Biblis 2011
Mannheim
Obrigheim 1988
Heilbronn Neckarwestheim 2011/2023
Philippsburg 2011/2019
Karlsruhe
Stuttgart
Nürnberg
Isar/Ohu 2011/2023
Regensburg
Ingolstadt
Temelin

FRANKREICH

Straßburg (Strasbourg)
Gundremmingen 2017/2021
Augsburg
München
Passau
Donau
Linz

Freiburg
Fessenheim 2020
Schluchsee-werk
Konstanz
Bodensee
Chiemsee
Salzburg

ÖSTERREICH

Basel
Leibstadt
Beznau

48°

© Westermann

Legende

Energierohstoffe
- Erdöl
- Erdgas
- Steinkohle
- Braunkohle

Wärmekraftwerke auf Basis von
- Steinkohle
- Braunkohle
- Erdgas
- Kernkraft
- 2011 Jahr der Stilllegung

Wasserkraftwerke
- Speicherkraftwerk, einschl. Pumpspeicher
- großes Laufkraftwerk (>100 MW Leistung)
- Staustufe mit kleinem Laufkraftwerk (<100 MW)

Windkraft
- Offshore-Windpark (z.T. im Bau), Onshore-Windpark (mit einer Gesamtleistung aller Windenergie-anlagen über 70 MW)

Stromerzeugung (Kraftwerksleistung in MW)
- über 1000
- 500 – 1000
- 100 – 500

Strom-Verbundnetz
- Überlandleitung (380–400 kV)
- Nord- Süd-Stromtrasse (Planungskorridor)
- Seekabel

Abfallentsorgung
- Zwischenlager für radioaktive Abfälle

Grenzen
- Staatsgrenze
- Landesgrenze

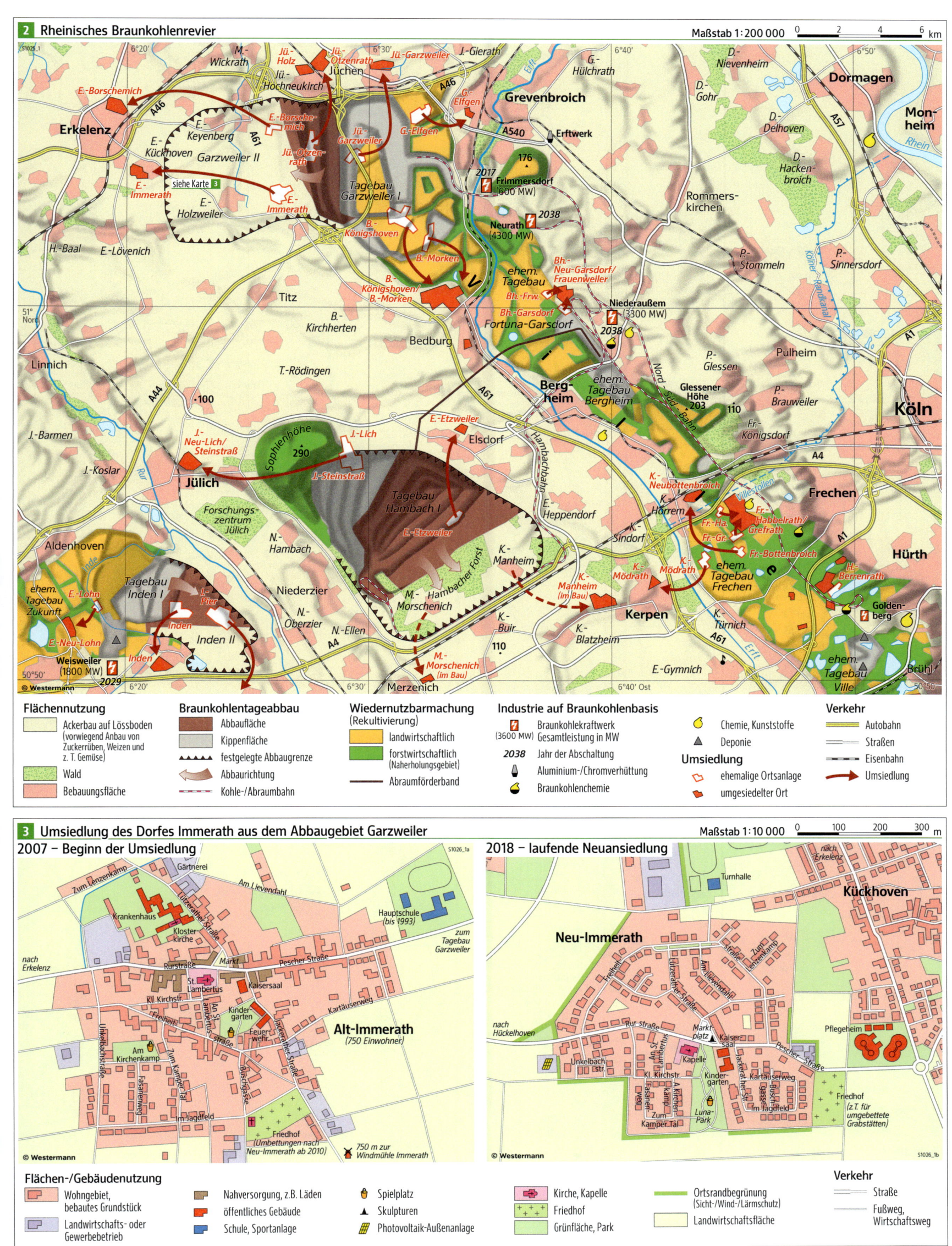

S1032

DÄNEMARK

Nordsee

Ostsee

POLEN

NIEDER-LANDE

BELGIEN

LUXEMBURG

FRANKREICH

SCHWEIZ

ÖSTERREICH

TSCHECHIEN

Flensburg · Heide · Neumünster · Kiel · Lübeck · Wismar · Schwerin · Rostock · Stralsund · Sassnitz · Rügen · Neubrandenburg · Stettin (Szczecin) · Schwedt

Cuxhaven · Bremerhaven · Nordenham · Stade · **Hamburg** · Zeven

Wilhelmshaven · Emden · Delfzijl · Groningen · Papenburg · Oldenburg · **Bremen**

Arnheim · Enschede · Emmen · Lingen · Münster · Osnabrück · Minden · Bielefeld · Gütersloh · Lippstadt · Paderborn · Hamm · **Hannover** · Peine · Wolfsburg · Braunschweig · Hildesheim · Salzgitter · Magdeburg · Bernburg · Hettstedt · Wittenberg · Brandenburg · Potsdam · **Berlin** · Hennigsdorf · Premnitz · Ludwigsfelde · Fürstenwalde · Frankfurt · Eisenhüttenstadt · Cottbus

Marl · Dortmund · Essen · Duisburg · Düsseldorf · Wuppertal · **Rhein-Ruhr** · Leverkusen · Köln · Bonn · Aachen · Siegen · Korbach · Kassel · Göttingen · Sömmerda · Erfurt · Eisenach · Jena · Gera · Halle · Leuna · Riesa · Leipzig · Meißen · Bitterfeld-Wolfen · Schwarze Pumpe · Lauchhammer · Görlitz · Dresden · Freiberg · Tetschen (Děčín) · Chemnitz · Zwickau · Aussig (Ústí nad Labem) · Leutensdorf (Litvínov)

Neuwied · Koblenz · Wetzlar · Gießen · Fulda · Suhl · Ilmenau · Plauen · Hof · Selb · Karlsbad (Karlovy Vary) · Prag (Praha)

Trier · Bad Kreuznach · Kirn · Mainz · Wiesbaden · **Rhein-Main** · Frankfurt · Offenbach · Rüsselsheim · Schweinfurt · Würzburg · Bamberg · Erlangen · Fürth · **Nürnberg** · Weiden · Amberg · Pilsen (Plzeň)

Luxemburg · **Saar** · Saarbrücken · Kaiserslautern · Pirmasens · Ludwigshafen · Mannheim · Heidelberg · **Rhein-Neckar** · Neckarsulm · Heilbronn · Regensburg · Budweis (České Budějovice)

Thionville · Carling · Metz · Hambach · Lothringen · Nancy · Wörth · Karlsruhe · Rastatt · Sindelfingen · Böblingen · Stuttgart · **Mittlerer Neckar** · Reutlingen · Aalen · Oberkochen · Heidenheim · Donauwörth · Ingolstadt · Vöhburg · Dingolfing · Straßburg · Kehl · Schramberg · Villingen-Schwenningen · Tuttlingen · Ulm · Augsburg · **München** · Weßling · Oberpfaffenhofen · Burghausen · Ranshofen · Linz · Steyr

Épinal · Colmar · Freiburg · Singen · Friedrichshafen · Kempten · Rosenheim · Trostberg · Salzburg

Belfort · Mülhausen · Lörrach · **Basel** · Winterthur · Bregenz · Kundl (von Triest)

© Westermann

Legend

Industrie

- Eisen- und Stahlerzeugung
- Buntmetallverhüttung
- Aluminiumverhüttung
- Metallindustrie
- Maschinenbau
- Kraftfahrzeugbau
- Schiffbau
- Schienenfahrzeugbau
- Luft- und Raumfahrttechnik
- Feinmechanik, Optik, Uhren
- Erdölraffinerie
- Elektrotechnik (z. B. Haushaltsgeräte)
- Elektronik (Hightech, z. B. Computer)
- Textilien, Bekleidung, Leder
- Keramik, Porzellan, Glas
- Holz, Zellulose, Papier
- Nahrungs- und Genussmittel
- Chemie, Kunststoffe

Dienstleistungen

- Verwaltung
- Medien
- Finanzzentrum
- Messe

Transport/Verkehr

- Erdölleitung
- Autobahn; Fernstraße
- Eisenbahn
- Hafen
- Flughafen

Regionen

- Saar Wirtschaftsraum
- Verdichtungsraum

Grenzen

- Staatsgrenze
- Landesgrenze

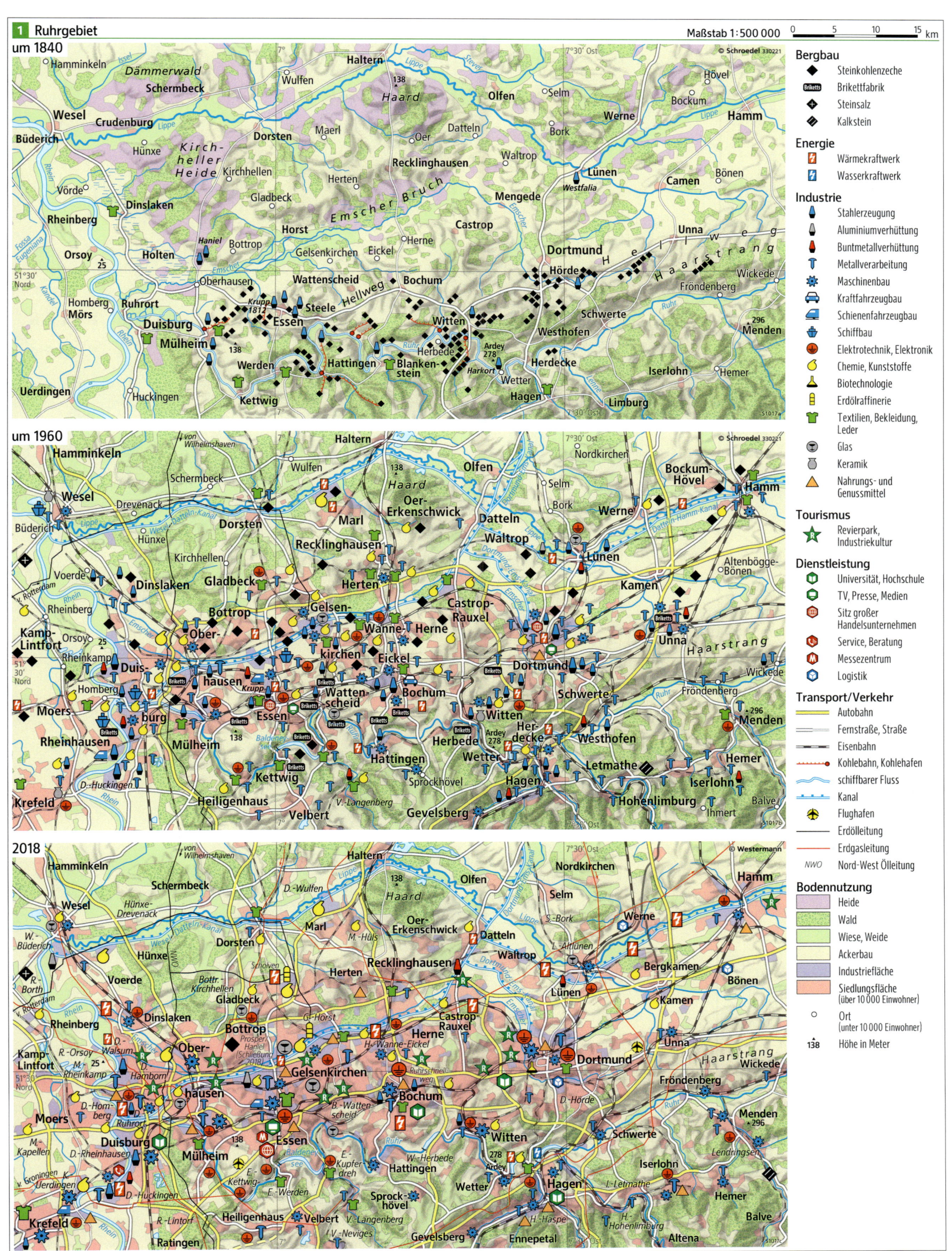

Maßstab 1:3 000 000

0   30   60   90 km

S1033_1

D Ä N E M A R K

O s t s e e

N o r d s e e

54° Nord

6° Ost   8°   10°   12°   14°   15°

Schleswig-Holstein

Schleswig-Holstein

Hamburg
Hamburg

Mecklenburg-Vorpommern

M e c k l e n b u r g -
V o r p o m m e r n

Schweriner See

Müritz

POLEN

N I E D E R -
L A N D E

Ijsselmeer

Bremen
Bremen

Lüneburg

N i e d e r s a c h s e n

Weser-Ems

52°

Münster

Detmold

N o r d r h e i n -

Hannover

Wolfsburg

S a c h s e n -

Braunschweig

Berlin
Berlin

B r a n d e n b u r g

Brandenburg

52°

Düsseldorf

Arnsberg

W e s t f a l e n

Köln

Koblenz

BELGIEN

Kassel

A n h a l t

Sachsen-Anhalt

Leipzig

S a c h s e n

Dresden

Gießen

T h ü r i n g e n

Thüringen

Chemnitz

Trier

LUXEM-BURG

R h e i n l a n d -

50°

Darmstadt

H e s s e n

Unterfranken

Oberfranken

T S C H E C H I E N

P f a l z

Saarland

Saar-land

Rheinhessen-Pfalz

Mittelfranken

Oberpfalz

Karlsruhe

Stuttgart

B a y e r n

Ingolstadt

50°

FRANKREICH

B a d e n -

Niederbayern

W ü r t t e m b e r g

Schwaben

Oberbayern

48°

Freiburg

Tübingen

Landkreis München

Ammer-see

Starnberger See

Chiemsee

ÖSTERREICH

48°

SCHWEIZ

Bodensee

6°   8°   10°   12°   14°

© Westermann

Bruttoinlandsprodukt (BIP) pro Erwerbstätigem (2017)

70% 80% 90% 100% 110% 120% 130%

Bundesdurchschnitt: 74 032 €

unterdurchschnittlich ←   → überdurchschnittlich

● Ort mit einem BIP pro Erwerbstätigen von über 180%

Erwerbstätige

2,5 Mio.

1,0 Mio.

0,5 Mio.

0

Erwerbstätige nach Wirtschaftssektoren (2017)

Primärer Sektor
▶ Land- und Forstwirtschaft, Fischerei, Bergbau

Sekundärer Sektor
▶ produzierendes Gewerbe

Tertiärer Sektor
▶ Handel, Gastgewerbe, Verkehr
▶ Banken, Versicherungen, Vermietung
▶ öffentliche und private Dienstleister, Erziehung, Gesundheit

Verwaltung

——— Staatsgrenze
——— Landesgrenze
——— Regierungsbezirksgrenze/ Regionsgrenze (Niedersachsen)/ Statistische Regionsgrenze (Rheinland-Pfalz, Sachsen)

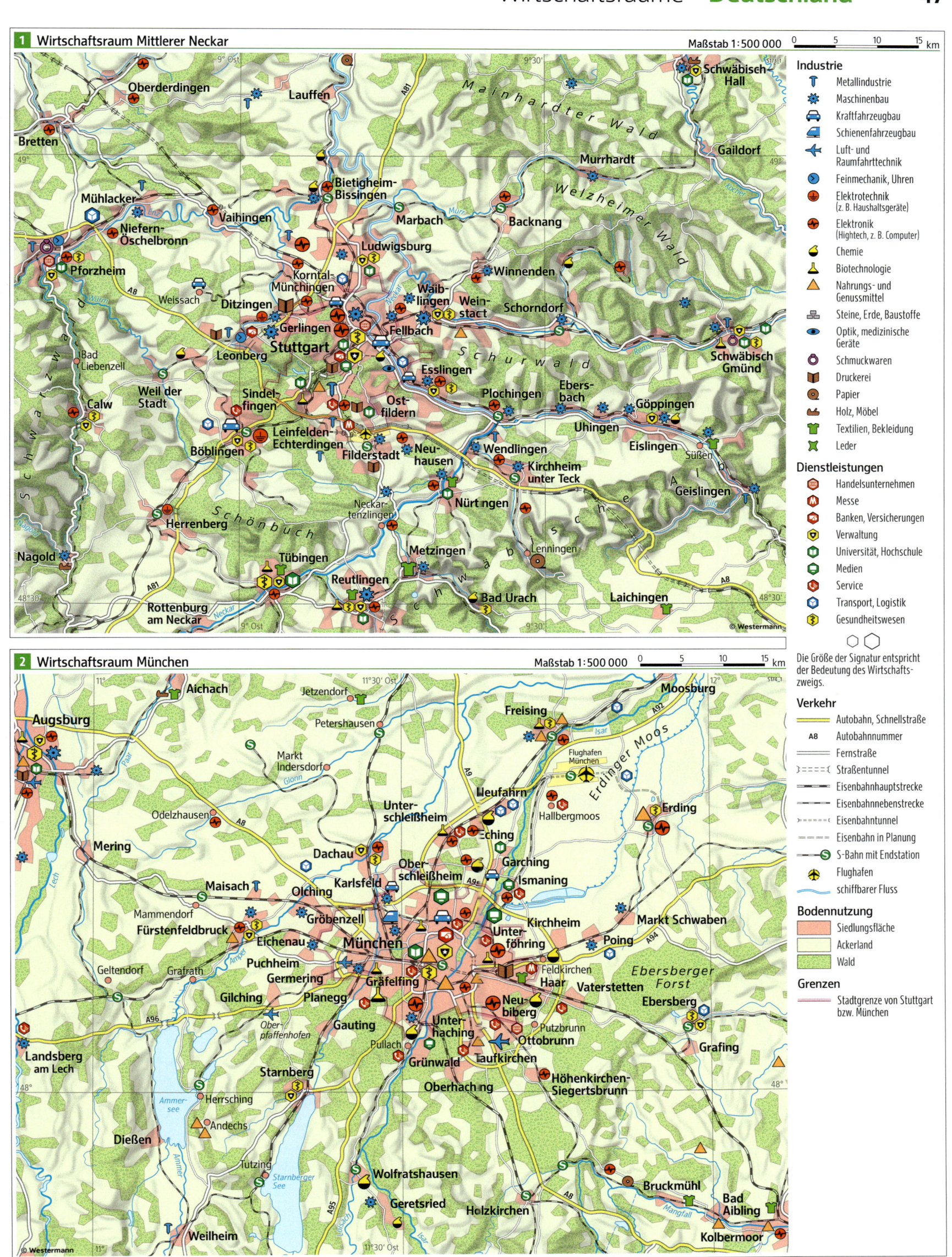

1 Wirtschaftsraum Mittlerer Neckar — Maßstab 1:500 000 — 0 5 10 15 km

2 Wirtschaftsraum München — Maßstab 1:500 000 — 0 5 10 15 km

Industrie
- Metallindustrie
- Maschinenbau
- Kraftfahrzeugbau
- Schienenfahrzeugbau
- Luft- und Raumfahrttechnik
- Feinmechanik, Uhren
- Elektrotechnik (z. B. Haushaltsgeräte)
- Elektronik (Hightech, z. B. Computer)
- Chemie
- Biotechnologie
- Nahrungs- und Genussmittel
- Steine, Erde, Baustoffe
- Optik, medizinische Geräte
- Schmuckwaren
- Druckerei
- Papier
- Holz, Möbel
- Textilien, Bekleidung
- Leder

Dienstleistungen
- Handelsunternehmen
- Messe
- Banken, Versicherungen
- Verwaltung
- Universität, Hochschule
- Medien
- Service
- Transport, Logistik
- Gesundheitswesen

Die Größe der Signatur entspricht der Bedeutung des Wirtschaftszweigs.

Verkehr
- Autobahn, Schnellstraße
- A8 Autobahnnummer
- Fernstraße
- Straßentunnel
- Eisenbahnhauptstrecke
- Eisenbahnnebenstrecke
- Eisenbahntunnel
- Eisenbahn in Planung
- S-Bahn mit Endstation
- Flughafen
- schiffbarer Fluss

Bodennutzung
- Siedlungsfläche
- Ackerland
- Wald

Grenzen
- Stadtgrenze von Stuttgart bzw. München

© Westermann

1

0   30   60   90 km

S46_1

DÄNEMARK

N o r d s e e

O s t s e e

POLEN

NIEDER-LANDE

BELGIEN

LUXEMBURG

FRANKREICH

SCHWEIZ

TSCHECHIEN

ÖSTERREICH

nach Aarhus · nach Kopenhagen

Sylt · Westerland · Heide · Cuxhaven · Rødbyhavn · Gedser · Fehmarn · Puttgarden · Rügen · Sassnitz · Binz · Usedom

Nord-Ostsee-Kanal · Kiel · Oldenburg · Lübeck · Neumünster · Brunsbüttel · Rostock · Stralsund · Schwerin · Waren (Müritz) · Stettin (Szczecin)

Nord-deich · JadeWeserPort · Wilhelms-haven · Bremer-haven · Stade · Hamburg · Brake · Emden · Bremen · Lüneburg · Elbe · Hannover · Berlin · Frankfurt

Groningen · Ems-Jade-Kanal · Küstenkanal · Oldenburg · Weser · Müritz · Havel · Oder · Warthe

Arnheim · Mittellandkanal · Osnabrück · Minden · Bielefeld · Hildesheim · Wolfsburg · Braun-schweig · Magdeburg · Potsdam · Berlin Brandenburg · Eisenhütten-stadt · Oder-Spree-Kanal

Münster · Mittelland-kanal · Paderborn · Weser · Göttingen · Halle · Bitterfeld-Wolfen · Spree · Cottbus

Rhein · Maas · Weeze · Duisburg · Bochum · Dortmund · Hamm · Kassel · Leipzig · Bautzen · Neiße

Essen · Hagen · Wuppertal · Bebra · Erfurt · Elbe · Dresden

Neuss · Düsseldorf · Siegen · Jena · Gera · Chemnitz · Zwickau

Köln · Aachen · Bonn · Gießen · Fulda · Saale · Werra · Eger · Hof · Prag (Praha)

Limburg · Lahn · Koblenz · Mosel · Wiesbaden · Frankfurt · Hanau · Schweinfurt · Bayreuth · Moldau

Trier · Luxem-burg · Mainz · Darm-stadt · Main · Würzburg · Bamberg · Pilsen (Plzeň)

Saar · Hahn · Ludwigs-hafen · Mannheim · Heidelberg · Nürnberg · Neckar

Metz · Saarbrücken · Karlsruhe/Baden-Baden · Rhein · Regensburg · Plattling · Passau

Nancy · Karlsruhe · Baden-Baden · Straßburg · Offenburg · Stuttgart · Ulm · Ingolstadt · Donau · Linz

nach Paris · Mosel · Freiburg · Ulm · Augsburg · Lech · München · Isar · Inn

Mülhausen · Singen · Memmingen · Chiemsee · Salzburg

Basel · Kempten · Garmisch-Partenkirchen · Kufstein · nach Wien

Bodensee · Bregenz

© Westermann

Legend

Straßen
- Autobahn
- Autobahn im Bau/in Planung
- Fähre

Eisenbahn
- ICE-Hauptstrecke
- ICE-Nebenstrecke
- ICE-Haltestelle (Auswahl)
- Hauptstrecke

Flugverkehr (2018)
- über 30 Mio. Fluggäste
- 10 – 30 Mio. Fluggäste
- 1 – 10 Mio. Fluggäste

Wasserstraßen
- hoher Güterverkehr (über 50 Mio. t/Jahr)
- Güterverkehr (1–50 Mio. t/Jahr)

Häfen
- Seehafen
- Binnenhafen

Umschlag (2018)
- über 50 Mio. t/Jahr
- 10 – 50 Mio. t/Jahr
- 4 – 10 Mio. t/Jahr

Besiedlung
- Verdichtungsraum

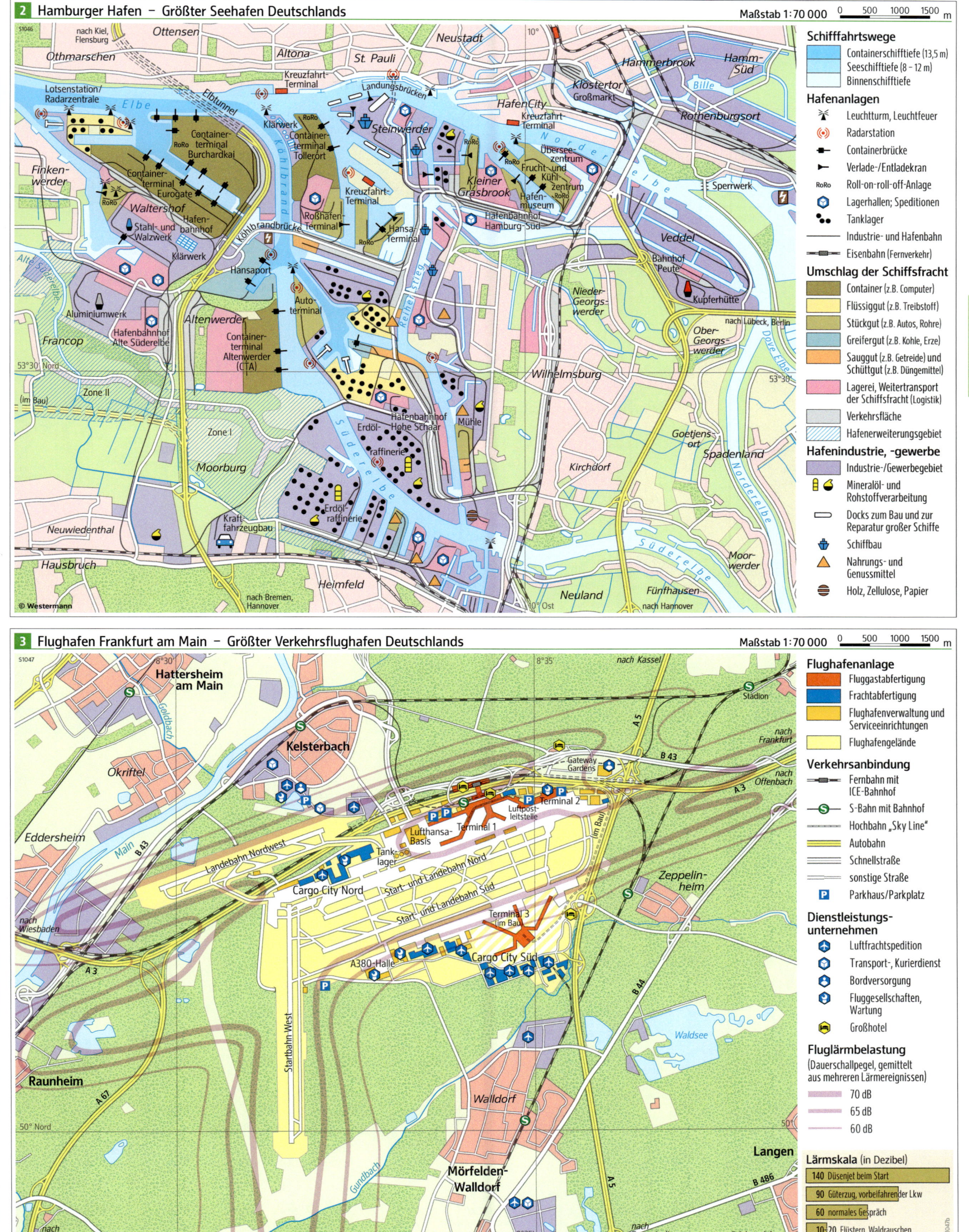

2 Hamburger Hafen – Größter Seehafen Deutschlands Maßstab 1:70 000 0 500 1000 1500 m

Schifffahrtswege
- Containerschifftiefe (13,5 m)
- Seeschifftiefe (8 – 12 m)
- Binnenschifftiefe

Hafenanlagen
- Leuchtturm, Leuchtfeuer
- Radarstation
- Containerbrücke
- Verlade-/Entladekran
- RoRo Roll-on-roll-off-Anlage
- Lagerhallen; Speditionen
- Tanklager
- Industrie- und Hafenbahn
- Eisenbahn (Fernverkehr)

Umschlag der Schiffsfracht
- Container (z.B. Computer)
- Flüssiggut (z.B. Treibstoff)
- Stückgut (z.B. Autos, Rohre)
- Greifergut (z.B. Kohle, Erze)
- Sauggut (z.B. Getreide) und Schüttgut (z.B. Düngemittel)
- Lagerei, Weitertransport der Schiffsfracht (Logistik)
- Verkehrsfläche
- Hafenerweiterungsgebiet

Hafenindustrie, -gewerbe
- Industrie-/Gewerbegebiet
- Mineralöl- und Rohstoffverarbeitung
- Docks zum Bau und zur Reparatur großer Schiffe
- Schiffbau
- Nahrungs- und Genussmittel
- Holz, Zellulose, Papier

Map labels: nach Kiel, Flensburg · Ottensen · Neustadt · Hamm-Süd · Othmarschen · Altona · St. Pauli · Hammerbrook · Kreuzfahrt-Terminal · Landungsbrücken · Klostertor Großmarkt · Bille · Lotsenstation/Radarzentrale · Elbe · Elbtunnel · HafenCity · Rothenburgsort · Klärwerk · Steinwerder · Kreuzfahrt-Terminal · Noeder Elbe · Container-terminal Burchardkai · Container-terminal Tollerort · Übersee-zentrum · Finken-werder · Frucht- und Kühl-zentrum · Sperrwerk · Container-terminal Eurogate · Kreuzfahrt-Terminal · Kleiner Grasbrook · Hafen-museum · Waltershof · Roßhafen-Terminal · Hansa-Terminal · Hafenbahnhof Hamburg-Süd · Stahl- und Walzwerk · Köhlbrandbrücke · Veddel · Hansaport · Klärwerk · Auto-terminal · Bahnhof "Peute" · Aluminiumwerk · Altenwerder · Nieder-Georgs-werder · Kupferhütte · nach Lübeck, Berlin · Francop · Hafenbahnhof Alte Süderelbe · Container-terminal Altenwerder (CTA) · Wilhelmsburg · Ober-Georgs-werder · Goetjens-ort · Spadenland · Moorburg · Erdöl-raffinerie · Mühle · 53°30′ Nord · Hafenbahnhof Hohe Schaar · Kirchdorf · Moor-werder · Neuwiedenthal · Kraft-fahrzeugbau · Erdöl-raffinerie · Süderelbe · nach Bremen, Hannover · Hausbruch · Heimfeld · Neuland · Fünfhausen · nach Hannover · 10° Ost · © Westermann

3 Flughafen Frankfurt am Main – Größter Verkehrsflughafen Deutschlands Maßstab 1:70 000 0 500 1000 1500 m

Flughafenanlage
- Fluggastabfertigung
- Frachtabfertigung
- Flughafenverwaltung und Serviceeinrichtungen
- Flughafengelände

Verkehrsanbindung
- Fernbahn mit ICE-Bahnhof
- S-Bahn mit Bahnhof
- Hochbahn "Sky Line"
- Autobahn
- Schnellstraße
- sonstige Straße
- P Parkhaus/Parkplatz

Dienstleistungs-unternehmen
- Luftfrachtspedition
- Transport-, Kurierdienst
- Bordversorgung
- Fluggesellschaften, Wartung
- Großhotel

Fluglärmbelastung
(Dauerschallpegel, gemittelt aus mehreren Lärmereignissen)
- 70 dB
- 65 dB
- 60 dB

Lärmskala (in Dezibel)
- 140 Düsenjet beim Start
- 90 Güterzug, vorbeifahrender Lkw
- 60 normales Gespräch
- 10–20 Flüstern, Waldrauschen

Map labels: nach Kassel · Hattersheim am Main · Stadion · A5 · Goldbach · Kelsterbach · nach Frankfurt · Okriftel · Gateway Gardens · B 43 · nach Offenbach · A 3 · Eddersheim · Main · Luftpost-leitstelle · Terminal 2 · Landebahn Nordwest · Terminal 1 · Lufthansa-Basis · Tank-lager · Cargo City Nord · Start- und Landebahn Nord · Zeppelin-heim · nach Wiesbaden · B 43 · Start- und Landebahn Süd · Terminal 3 (im Bau) · Cargo City Süd · A 3 · A 380-Halle · Waldsee · Raunheim · A 67 · Startbahn West · B 44 · Walldorf · 50° Nord · Langen · Gundbach · Mörfelden-Walldorf · A 5 · B 486 · nach Darmstadt · 8°30′ Ost · 8°35′ · © Schroedel

S1034_1

1

DÄNEMARK

Nordsee

Ostsee

NIEDER-LANDE

POLEN

BELGIEN

LUXEMBURG

FRANKREICH

SCHWEIZ

ÖSTERREICH

TSCHECHIEN

Sylt · Wyk · Damp · Schleswig-Holsteinisches Wattenmeer · Haithabu und Danewerk · Wattenmeer · St. Peter-Ording · Helgoland · Büsum · Hamburgisches Wattenmeer · Norderney · Langeoog · Juist · Borkum · Wangerooge · Cuxhaven · Wangerland · Niedersächsisches Wattenmeer · Norden · Butjadingen · Wattenmeer · Groningen · Bad Zwischenahn · Bremen · Rathaus/Roland · Haren · Bad Bentheim

Kieler Bucht · Schönberg · Fehmarn · Kiel · Holsteinische Schweiz · Hansa-Park · Scharbeutz · Timmendorfer Strand · Lübeck · Hansestadt · Schaalsee · Schwerin · Residenzensemble · Mecklenburger Bucht · Kühlungsborn · Rostock · Warnemünde · Boltenhagen · Wismar · Altstadt · Graal-Müritz · Zingst · Stralsund · Altstadt · Binz · Sellin · Vorpommersche Boddenlandschaft · Naturnahe Buchenwälder Jasmund · Süost-Rügen · Zinnowitz · Heringsdorf · Usedom · Stettin (Szczecin)

Lüneburger Heide · Heidepark · Bispingen · Flusslandschaft Elbe · Elbtalaue · Mecklenburgische Seenplatte · Waren · Müritz · Naturnahe Buchenwälder · Rheinsberg · Schorfheide-Chorin · Unteres Odertal · Naturnahe Buchenwälder

Hannover · Wolfsburg · Autostadt · Braunschweig · Magdeburg · Havelland · Märkische Schweiz · Museumsinsel/Siedlungen der Berliner Moderne · Berlin · Potsdam · Schlösser- und Parks · Dahme-Heideseen

Hildesheim · Dom · Bad Oeynhausen · Bielefeld · Bad Salzuflen · Bad Pyrmont · Alfeld · Fagus-Werk · Goslar · Bergwerk Rammelsberg/Altstadt von Goslar/Oberharzer Wasserregal · Wernigerode · Altstadt · Quedlinburg · Gartenreich Dessau-Wörlitz/Bauhaus · Dessau-Roßlau · Wittenberg · Luthergedenkstätte · Spreewald · Burg · Fürst-Pückler-Park

Münster · Bad Rothenfelde · Bad Driburg · Kloster Corvey · Solling · Bad Sassendorf · Göttingen · Braunlage · Eisleben · Lutergedenkstätte · Leipzig · Belantis · Oberlausitzer Heide- und Teichlandschaft

Hohe Mark · Movie-Park Germany · Essen · Dortmund · Zeche Zollverein · Bochum · Duisburg · Düsseldorf · Wuppertal · Willingen · Winterberg · Schmallenberg · Medebach · Kassel · Bergpark Wilhelmshöhe · Kellerwald · Bad Wildungen · Naturnahe Buchenwälder · Hainich · Naturnahe Buchenwälder · Wartburg · Eisenach · Erfurt · Weimar · Klassisches Weimar/Bauhaus · Naumburg · Dom · Chemnitz · Sächsische Schweiz · Dresden · Herrnhut · Montanregion Erzgebirge

Köln · Dom · Aachen · Dom · Brühl · Brühler Schlösser · Bonn · Bergisches Land · Eifel · Phantasialand · Gießen · Römischer Grenz-Limes · Fulda · Rhön · Lutergedenkstätte · jüdisches Erbe · Kyffhäuser · Saale-Unstrut-Triasland · Eichsfeld · Thüringer Wald · Vessertal-Thüringer Wald · Thüringer Schiefergebirge · Bad Elster · Oberwiesenthal · Prag (Praha) · Pilsen (Plzeň)

Bad Neuenahr-Ahrweiler · Koblenz · Kureinrichtungen · Bad Ems · Oberes Mittelrheintal · Wiesbaden · Bad Homburg · Bad Nauheim · Frankfurt · Offenbach · Bad Kissingen · Frankenwald · Oberpfälzer Wald

Bernkastel-Kues · Trier · Römisches Trier/Dom · Mainz · jüdische Kulturstätten · Grube Messel/Mathildenhöhe · Darmstadt · Würzburg · Residenz · Bamberg · Altstadt · Opernhaus Bayreuth · Erlangen · Fränkische Schweiz · Regensburg · Altstadt · Bodenmais · Bayerischer Wald · Budweis (České Budějovice)

Völklinger Hütte · Völklingen · Saarbrücken · Nohfelden · Hunsrück-Hochwald · Worms · jüdische Kulturstätten · Kloster Lorsch · Mannheim · Heidelberg · jüdische Kulturstätten/Dom · Speyer · Pfälzerwald · Bad Mergentheim · Rothenburg ob der Tauber · Playmobil FunPark Zirndorf · Nürnberg · Altmühltal · Bad Gögging · Ingolstadt · Passau · Bad Griesbach · Bad Birnbach · Bad Füssing · Linz

Nordvogesen · Karlsruhe · Kloster Maulbronn · Stuttgart · Le Corbusiers Werk · Baden-Baden · Kureinrichtungen · Schwarzwald · Leinfelden-Echterdingen · Baiersbronn · Limes · Eiszeitkunst · Ulm · Günzburg · Legoland Günzburg · Schwäbische Alb · historische Wasserwirtschaft · Augsburg · Oberding · Erding · München · prähistorische Pfahlbauten · Bad Wörishofen · Wies-Wallfahrtskirche · Oberbayern · Bad Wiessee · Bad Reichenhall · Salzburg

Europa-Park Rust · Rust · Freiburg · Bad Dürrheim · Feldberg · Überlingen · prähistorische Pfahlbauten · Friedrichshafen · Oberstaufen · Allgäu · Füssen · Schwangau · Garmisch-Partenkirchen · Grainau · Inzell · Berchtesgaden · Berchtesgaden · Schönau · Klosterinsel Reichenau · Konstanz · Bodensee · Lindau · Oberstdorf · Bad Hindelang · Mülhausen (Mulhouse) · Basel · Chiemsee

Legend

Erholungseignung
- Naturpark (Erholung und Landschaftsschutz)
- Küste
- Bergland, Gebirge
- Verdichtungsraum

Naturschutz
- Nationalpark
- Biosphärenreservat
- Harz Nationalpark bzw. Biosphärenreservat

Tourismusorte
- Seebad
- Heilbad (einschließlich Thermal-, Moor- und Kneippheilbad)
- Luftkurort
- Erholungsort
- Ort mit hohen Übernachtungszahlen (Touristen, Geschäftsreisende)

Übernachtungen im Jahr in den Tourismusorten (2018)
- über 5 000 000
- 1 000 000 – 5 000 000
- 500 000 – 1 000 000

Sehenswürdigkeit/Ausflugsziel
- UNESCO-Welterbe
- Freizeitpark mit über 1 Million Besuchern im Jahr

© Westermann

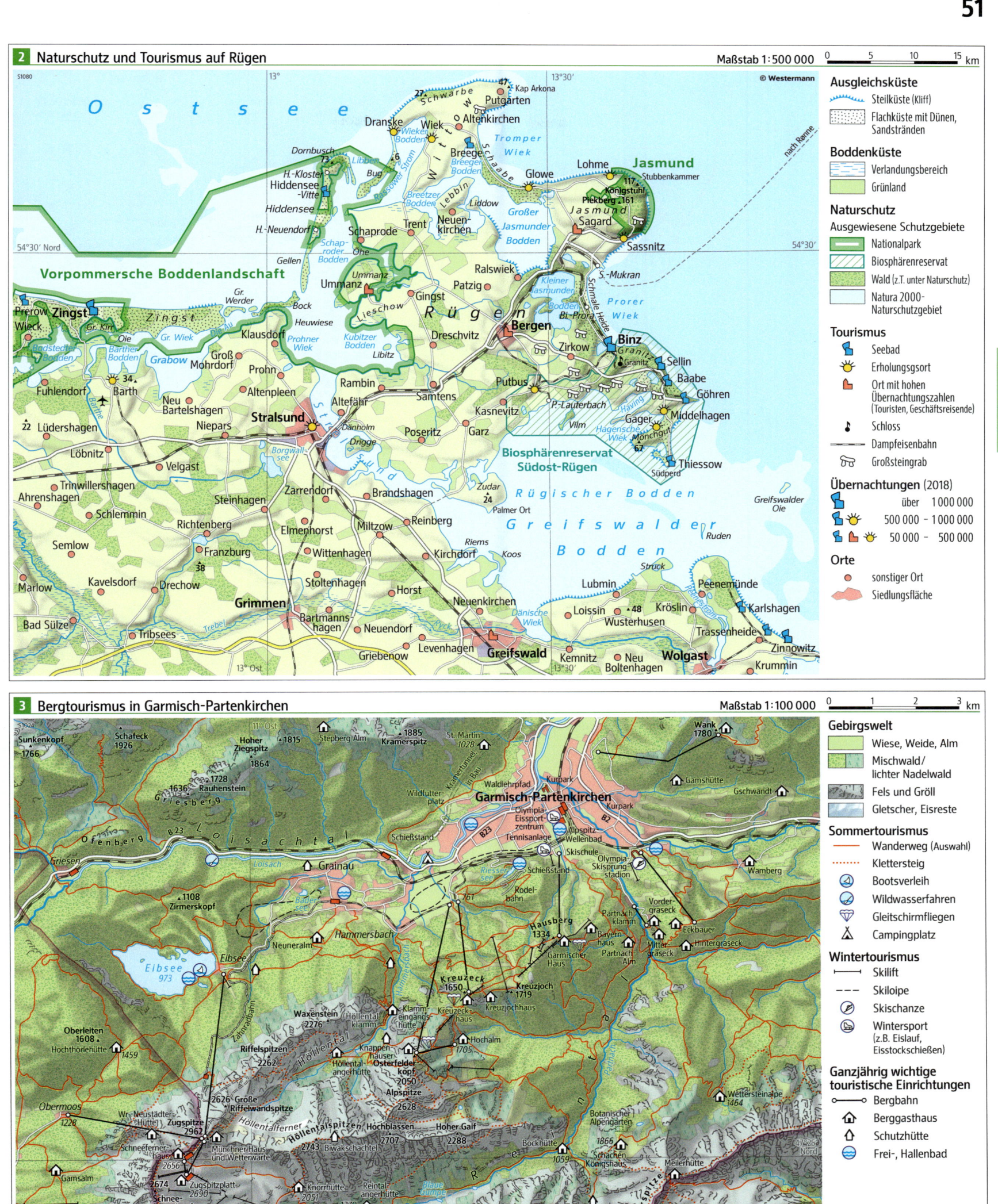

2 Naturschutz und Tourismus auf Rügen Maßstab 1:500 000 0 5 10 15 km

© Westermann

Ausgleichsküste
- Steilküste (Kliff)
- Flachküste mit Dünen, Sandstränden

Boddenküste
- Verlandungsbereich
- Grünland

Naturschutz
Ausgewiesene Schutzgebiete
- Nationalpark
- Biosphärenreservat
- Wald (z.T. unter Naturschutz)
- Natura 2000-Naturschutzgebiet

Tourismus
- Seebad
- Erholungsort
- Ort mit hohen Übernachtungszahlen (Touristen, Geschäftsreisende)
- Schloss
- Dampfeisenbahn
- Großsteingrab

Übernachtungen (2018)
- über 1 000 000
- 500 000 – 1 000 000
- 50 000 – 500 000

Orte
- sonstiger Ort
- Siedlungsfläche

3 Bergtourismus in Garmisch-Partenkirchen Maßstab 1:100 000 0 1 2 3 km

© Westermann

Gebirgswelt
- Wiese, Weide, Alm
- Mischwald/ lichter Nadelwald
- Fels und Gröll
- Gletscher, Eisreste

Sommertourismus
- Wanderweg (Auswahl)
- Klettersteig
- Bootsverleih
- Wildwasserfahren
- Gleitschirmfliegen
- Campingplatz

Wintertourismus
- Skilift
- Skiloipe
- Skischanze
- Wintersport (z.B. Eislauf, Eisstockschießen)

Ganzjährig wichtige touristische Einrichtungen
- Bergbahn
- Berggasthaus
- Schutzhütte
- Frei-, Hallenbad

1 Naturschutz, Erholung und Energiegewinnung

Maßstab 1:750 000

Küstenlandschaften

- Watt
- Sandstrand, -bank
- Salzwiese
- Sanderfläche
- Moränenland
- Marsch
- Moor

Tourismus

- Seebad
- Erholungsort

Übernachtungen (2018)

- über 1 000 000
- 500 000 – 1 000 000
- 50 000 – 500 000

Naturschutz

- Nationalpark Wattenmeer
- Seehundbank
- Miesmuschelbank

Verkehr

- Eisenbahn-Hauptstrecke
- Eisenbahn-Nebenstrecke
- Autobahn
- Straße
- Fährverbindung

Offshore-Windpark

- Offshore-Windpark (in Betrieb)
- Offshore-Windpark (genehmigt, im Bau)
- 288 Nennleistung (MW)
- Unterwasserkabel

Rohstoffgewinnung

- Sand- und Kiesabbau

Meerestiefen

- 10 m
- 20 m

- Leuchtturm, Leuchtschiff

Orte

- über 20 000 Einwohner
- unter 20 000 Einwohner
- Ortsteil

Grenzen

- Staatsgrenze

© Westermann

Orte an der deutschen Nordseeküste mit den meisten Übernachtungen (2018, ab 10 Betten)

Ort	Übernachtungen
Sylt (Insel)	3 195 000
St. Peter-Ording	1 734 000
Norderney (Insel)	1 562 000
Cuxhaven	1 552 000
Borkum (Insel)	1 481 000
Wangerland	1 263 000
Norden	924 000
Langeoog (Insel)	822 000
Butjadingen	643 000
Juist (Insel)	593 000

Herkunft der Touristen auf der Insel Norderney

Herkunftsgebiet	Anteil (in Prozent)
Nordrhein-Westfalen	53,4 %
Niedersachsen	19,4 %
Hessen	6,6 %
Baden-Württemberg	4,7 %
Bayern	4,6 %
Rheinland-Pfalz	4,4 %
übrige Bundesländer (einschl. ausländische Touristen)	6,9 %

Entwicklung aller Gästeübernachtungen auf Norderney

Jahr	Übernachtungen (in Mio.)
1960	1,9
1965	2,0
1970	2,2
1975	2,4
1980	2,1
1985	2,4
1990	2,7
1995	2,8
2000	2,9
2005	2,9
2010	3,2
2018	3,7

Säulendiagramm

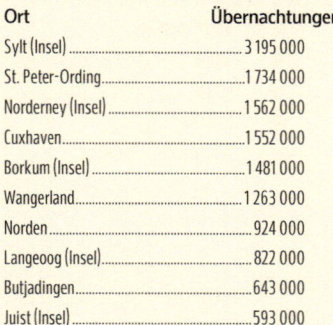

Übernachtungen (in Mio.)

S261_1

Kreisdiagramm

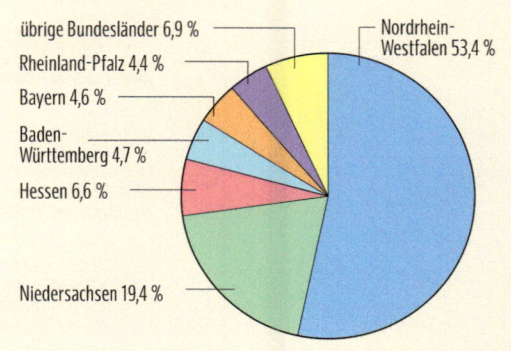

übrige Bundesländer 6,9 %
Rheinland-Pfalz 4,4 %
Bayern 4,6 %
Baden-Württemberg 4,7 %
Hessen 6,6 %
Nordrhein-Westfalen 53,4 %
Niedersachsen 19,4 %

Kurven-/Liniendiagramm

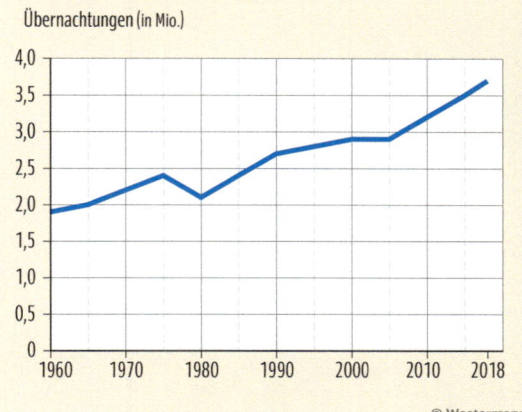

Übernachtungen (in Mio.)

© Westermann

2 Nordfriesische Küste bei Ebbe und Flut

Maßstab 1:500 000   0   5   10   15 km

Ebbe

51063_1a

Flut

Sylt
Föhr
Amrum
Langeneß
Pellworm
Nordstrand

51063_1b

Sandstrand, Dünen   Watt mit Prielen   eingedeichte Hallig   Schlickwatt hinter Vordeich   Acker und Weide   Ortschaft

Gezeiten

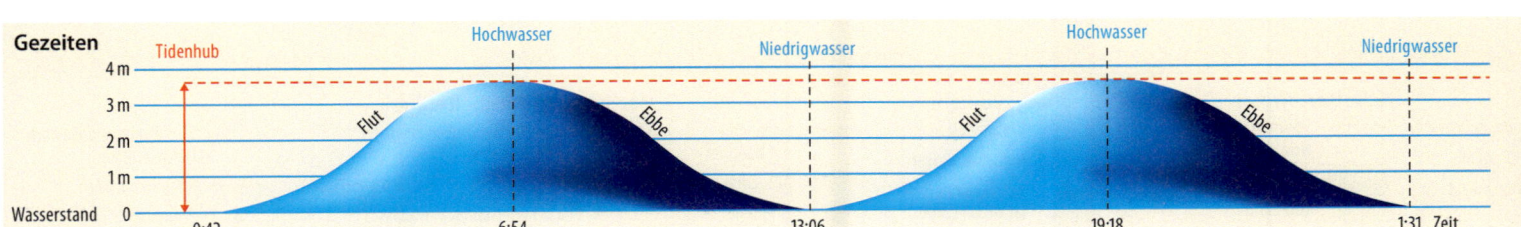

Tidenhub
Hochwasser
Niedrigwasser
Hochwasser
Niedrigwasser
Flut   Ebbe   Flut   Ebbe
Wasserstand
4 m
3 m
2 m
1 m
0
0:42   6:54   13:06   19:18   1:31   Zeit

S915_1

Die Höhe des Tidenhubs variiert weltweit zwischen 0 und 15 Meter. Sie ist abhängig vom Küstenverlauf, dem Meeresboden, den Strömungs- und Windverhältnissen.

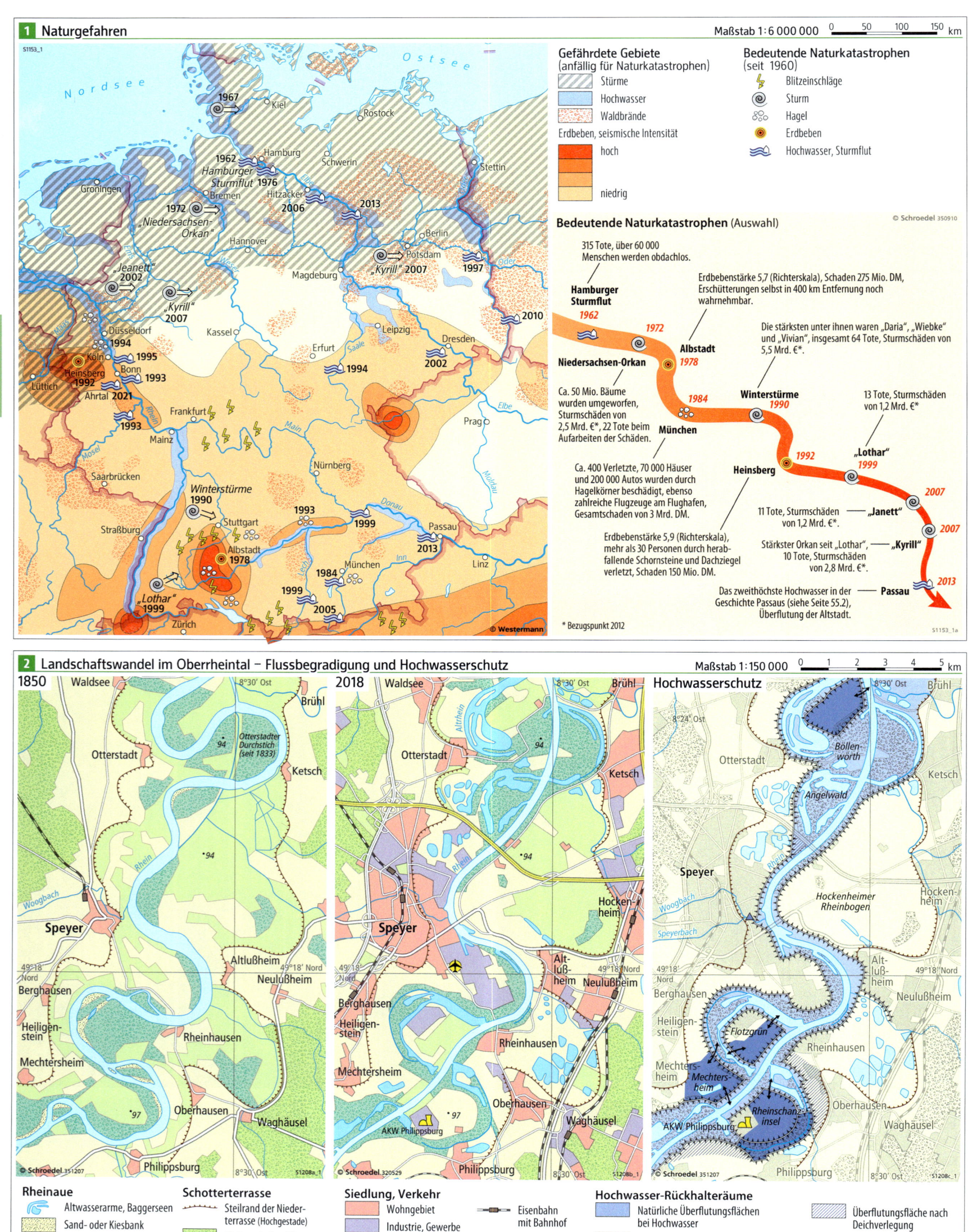

1 Naturgefahren   Maßstab 1 : 6 000 000   0   50   100   150 km

S1153_1

Gefährdete Gebiete
(anfällig für Naturkatastrophen)

- Stürme
- Hochwasser
- Waldbrände

Erdbeben, seismische Intensität
- hoch
- niedrig

Bedeutende Naturkatastrophen
(seit 1960)

- Blitzeinschläge
- Sturm
- Hagel
- Erdbeben
- Hochwasser, Sturmflut

Ostsee

Nordsee

1967 – Kiel
Rostock
1962 – Hamburg – Schwerin – Stettin
Hamburger Sturmflut – 1976
Groningen – Bremen – Hitzacker – 2013
2006
1972 „Niedersachsen-Orkan" – Hannover – Berlin – 1997
„Jeanett" 2002 – Magdeburg – „Kyrill" 2007 – Potsdam
„Kyrill" 2007 – Kassel – Leipzig – Dresden – 2010
Düsseldorf – 1994
1995 – Köln – Erfurt – 2002
Heinsberg 1992 – Bonn – 1993 – 1994
Lüttich – Ahrtal 2021 – Frankfurt – Prag
1993 – Rhein – Main – Elbe
Mainz – Nürnberg
Saarbrücken – Mosel
Winterstürme 1990 – Stuttgart – Donau – 1993 – 1999 – Passau – Linz
Straßburg – Albstadt 1978 – 1999 – München – 2013 – 1984
„Lothar" 1999 – Zürich – 2005

© Westermann

© Schroedel 350910

Bedeutende Naturkatastrophen (Auswahl)

315 Tote, über 60 000 Menschen werden obdachlos.
Hamburger Sturmflut *1962*

Erdbebenstärke 5,7 (Richterskala), Schaden 275 Mio. DM, Erschütterungen selbst in 400 km Entfernung noch wahrnehmbar.
1972 **Albstadt** *1978*

Die stärksten unter ihnen waren „Daria", „Wiebke" und „Vivian", insgesamt 64 Tote, Sturmschäden von 5,5 Mrd. €*.
Niedersachsen-Orkan *1984* **Winterstürme** *1990*

Ca. 50 Mio. Bäume wurden umgeworfen, Sturmschäden von 2,5 Mrd. €*, 22 Tote beim Aufarbeiten der Schäden.
München

13 Tote, Sturmschäden von 1,2 Mrd. €*
1992 „Lothar" *1999*

Ca. 400 Verletzte, 70 000 Häuser und 200 000 Autos wurden durch Hagelkörner beschädigt, ebenso zahlreiche Flugzeuge am Flughafen, Gesamtschaden von 3 Mrd. DM.
Heinsberg

11 Tote, Sturmschäden von 1,2 Mrd. €*.
„Janett" *2007*

Erdbebenstärke 5,9 (Richterskala), mehr als 30 Personen durch herabfallende Schornsteine und Dachziegel verletzt, Schaden 150 Mio. DM.
Stärkster Orkan seit „Lothar", 10 Tote, Sturmschäden von 2,8 Mrd. €*.
„Kyrill" *2007*

Das zweithöchste Hochwasser in der Geschichte Passaus (siehe Seite 55.2), Überflutung der Altstadt.
Passau *2013*

* Bezugspunkt 2012

S1153_1a

2 Landschaftswandel im Oberrheintal – Flussbegradigung und Hochwasserschutz   Maßstab 1 : 150 000   0   1   2   3   4   5 km

1850   Waldsee   8°30' Ost   Brühl
Otterstadt – Otterstädter Durchstich (seit 1833) – Ketsch
•94   •94
Rhein
Woogbach
Speyer
49°18' Nord   Altlußheim
Berghausen   Neulußheim
Heiligenstein – Rheinhausen
Mechtersheim
•97 – Oberhausen – Waghäusel
Philippsburg
© Schroedel 351207   8°30' Ost   S1208a_1

2018   Waldsee   8°30' Ost   Brühl
Otterstadt – Altrhein – Ketsch
•94   •94
Rhein
Hockenheim
Speyer
49°18' Nord – Altlußheim
Berghausen   Neulußheim
Heiligenstein – Rheinhausen
Mechtersheim – Oberhausen – Waghäusel
AKW Philippsburg
Philippsburg
© Schroedel 320529   8°30' Ost   S1208b_1

Hochwasserschutz   8°30' Ost   Brühl
8°24' Ost – Böllenwörth
Angelwald
Otterstadt – Ketsch
Speyer
Hockenheimer Rheinbogen – Hockenheim
Speyerbach
49°18' Nord – Altlußheim
Berghausen – Neulußheim
Heiligenstein – Flotzgrün – Rheinhausen
Mechtersheim – Rheinschanzinsel
AKW Philippsburg – Oberhausen – Waghäusel
Philippsburg
© Schroedel 351207   8°30' Ost   S1208c_1

Rheinaue
- Altwasserarme, Baggerseen
- Sand- oder Kiesbank
- Auen- und Bruchwald
- Wiese, Weide

Schotterterrasse
- Steilrand der Niederterrasse (Hochgestade)
- Kiefernmischwald
- Ackerland

Siedlung, Verkehr
- Wohngebiet
- Industrie, Gewerbe
- Atomkraftwerk (Stilllegung 2019)
- Eisenbahn mit Bahnhof
- Autobahn
- Flugplatz

Hochwasser-Rückhalteräume
- Natürliche Überflutungsflächen bei Hochwasser
- Rückhalteräume bei Hochwasser (Polder)
- Hochwasser-Einlass-/-Auslass
- Überflutungsfläche nach Deichverlegung
- Rheinhauptdeich
- Pumpwerk

Überflutete Altstadt in Passau (im Vordergrund die Donau, im Hintergrund der Inn, **1** Altes Zollamt, **2** Altes Rathaus, **3** Dom)

5838a

1 Passau – Hochwassersituation am 3. Juni 2013   Maßstab 1:15 000   0 100 200 300 m

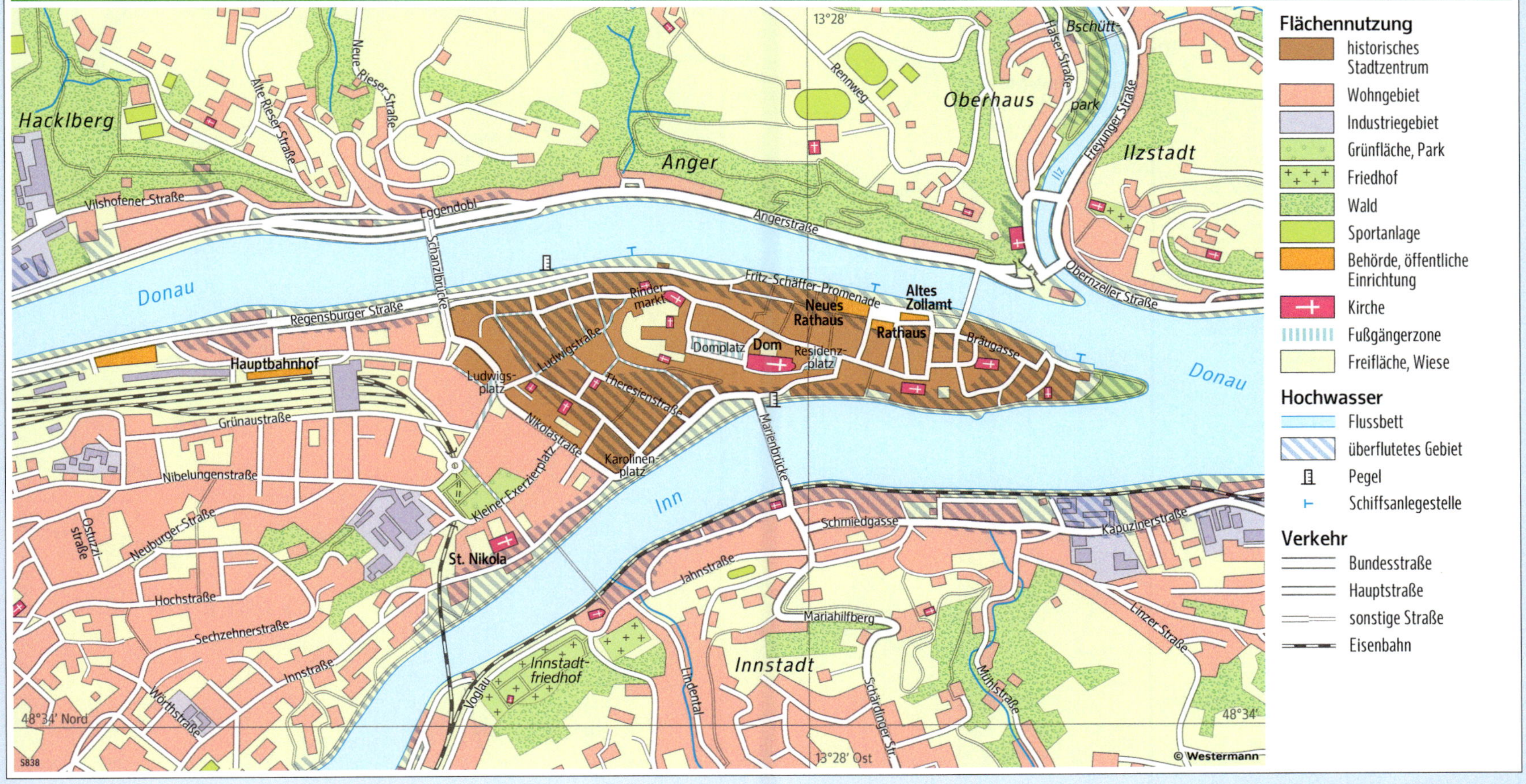

Flächennutzung
- historisches Stadtzentrum
- Wohngebiet
- Industriegebiet
- Grünfläche, Park
- Friedhof
- Wald
- Sportanlage
- Behörde, öffentliche Einrichtung
- Kirche
- Fußgängerzone
- Freifläche, Wiese

Hochwasser
- Flussbett
- überflutetes Gebiet
- Pegel
- Schiffsanlegestelle

Verkehr
- Bundesstraße
- Hauptstraße
- sonstige Straße
- Eisenbahn

© Westermann

5838

2 Wasserstände an Donau und Inn 2013

© Schroedel 350225

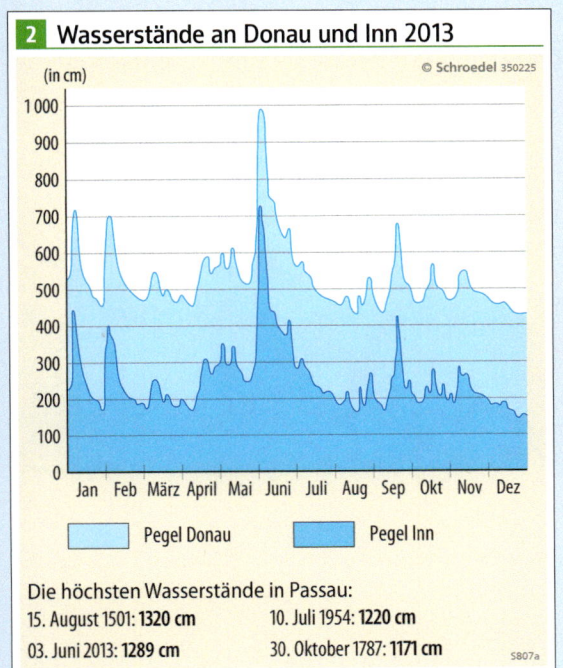

(in cm)

Pegel Donau   Pegel Inn

Die höchsten Wasserstände in Passau:
15. August 1501: **1320 cm**   10. Juli 1954: **1220 cm**
03. Juni 2013: **1289 cm**   30. Oktober 1787: **1171 cm**

5807a

3 Vier-Tages-Niederschlagssumme (30.05.2013–02.06.2013)   1:3 000 000   0 30 60 90 km

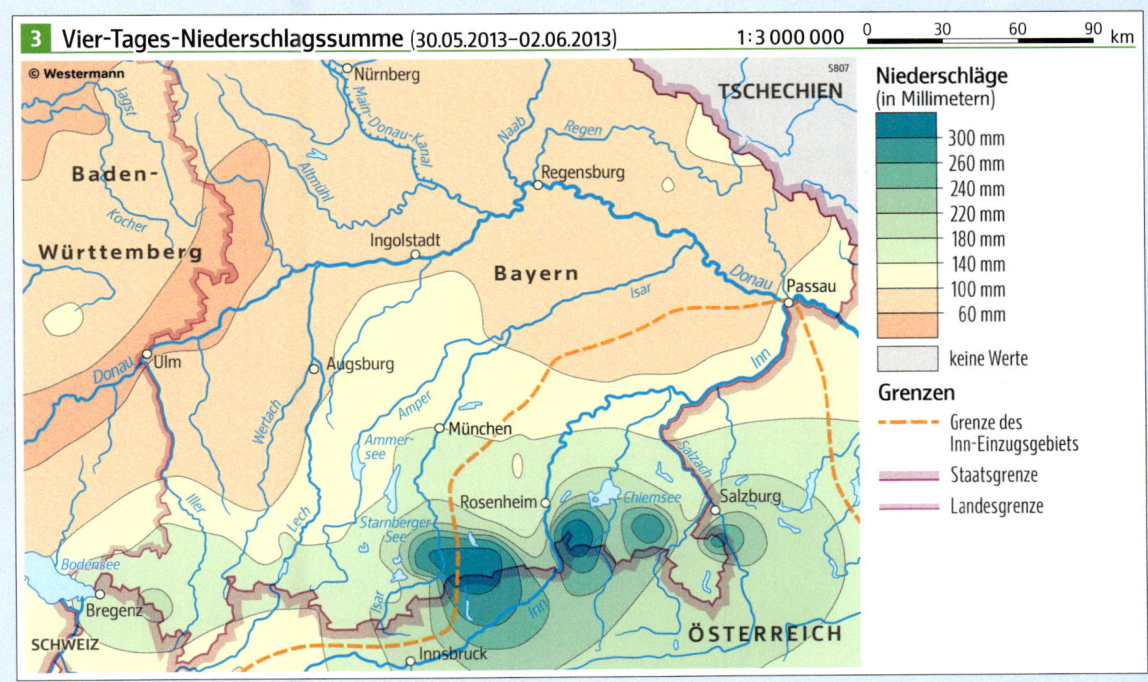

© Westermann   5807

Niederschläge (in Millimetern)
- 300 mm
- 260 mm
- 240 mm
- 220 mm
- 180 mm
- 140 mm
- 100 mm
- 60 mm
- keine Werte

Grenzen
- Grenze des Inn-Einzugsgebiets
- Staatsgrenze
- Landesgrenze

Maßstab 1:3 000 000

0 30 60 90 km

S1178_2

Staaten / Länder:

DÄNEMARK

POLEN

NIEDER-LANDE

BELGIEN

LUXEMBURG

FRANKREICH

SCHWEIZ

ÖSTERREICH

TSCHECHIEN

Gewässer / Landschaften:

Nordsee

Ostsee

Helgoland

Nordfriesische Inseln

Ostfriesische Inseln

Rügen

Fehmarn

Bodensee

Chiemsee

Flüsse: Rhein, Ems, Weser, Aller, Leine, Elbe, Havel, Oder, Warthe, Neiße, Spree, Saale, Mulde, Eger, Moldau, Naab, Main, Mosel, Saar, Sauer, Maas, Lippe, Ruhr, Fulda, Werra, Unstrut, Neckar, Donau, Iller, Lech, Isar, Inn, Altmühl, Salzach, Enns

Städte:

Westerland, Flensburg, Schleswig, Husum, Eckernförde, Kiel, Neumünster, Rødbyhavn, Gedser, Puttgarden, Rostock, Greifswald, Stralsund, Sassnitz, Swinemünde (Świnoujście), Stettin (Szczecin), Wismar, Schwerin, Neubrandenburg, Lübeck, Cuxhaven, Bremerhaven, Hamburg, Lüneburg, Wittenberge, Norden, Wilhelmshaven, Emden, Oldenburg, Bremen, Leeuwarden, Groningen, Zwolle, Enschede, Arnheim (Arnhem), Nimwegen (Nijmegen), Osnabrück, Münster, Bielefeld, Gütersloh, Hamm, Paderborn, Hannover, Wolfsburg, Hildesheim, Braunschweig, Salzgitter, Magdeburg, Berlin, Potsdam, Frankfurt, Cottbus, Görlitz, Dessau Roßlau, Halle, Leipzig, Göttingen, Kassel, Erfurt, Jena, Gera, Chemnitz, Dresden, Reichenberg (Liberec), Aussig (Ústí nad Labem), Gelsenkirchen, Oberhausen, Dortmund, Duisburg, Essen, Bochum, Hagen, Krefeld, Düsseldorf, Solingen, Neuss, Mönchengladbach, Leverkusen, Köln, Maastricht, Aachen, Bonn, Siegen, Gießen, Fulda, Koblenz, Wiesbaden, Frankfurt, Mainz, Darmstadt, Würzburg, Erlangen, Fürth, Nürnberg, Ansbach, Prag (Praha), Pilsen (Plzeň), Eger (Cheb), Trier, Luxemburg, Kaiserslautern, Mannheim, Ludwigshafen, Heidelberg, Heilbronn, Metz, Saarbrücken, Karlsruhe, Pforzheim, Stuttgart, Esslingen, Nancy, Straßburg (Strasbourg), Tübingen, Reutlingen, Ulm, Augsburg, Ingolstadt, Regensburg, Budweis (České Budějovice), Landshut, Passau, Linz, München, Rosenheim, Salzburg, Mülhausen (Mulhouse), Freiburg, Friedrichshafen, Konstanz, Basel

6° Ost, 8°, 12°, 14°

54° Nord, 52°, 50°, 48°

© Westermann

Bevölkerungsdichte
(Einwohner je km²)

25 50 100 500 Ew./km²

unbewohnt

Städte (Einwohner)

■ über 1 000 000 Ew.
◉ 500 000 – 1 000 000 Ew.
● 100 000 – 500 000 Ew.
○ 20 000 – 100 000 Ew.
○ unter 20 000 Ew.

Grenzen

Staatsgrenze

Landesgrenze

1 Altersaufbau und Bevölkerung 1900 bis 2060

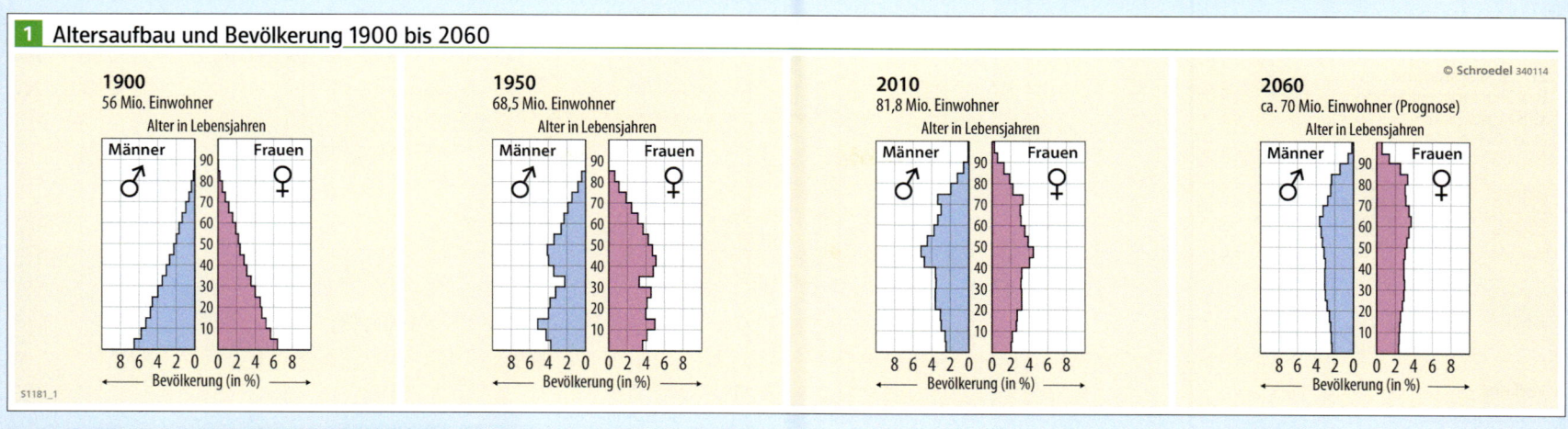

© Schroedel 340114

1900
56 Mio. Einwohner
Alter in Lebensjahren
Männer ♂ | Frauen ♀
90 80 70 60 50 40 30 20 10
8 6 4 2 0 0 2 4 6 8
Bevölkerung (in %)
S1181_1

1950
68,5 Mio. Einwohner
Alter in Lebensjahren
Männer ♂ | Frauen ♀
90 80 70 60 50 40 30 20 10
8 6 4 2 0 0 2 4 6 8
Bevölkerung (in %)

2010
81,8 Mio. Einwohner
Alter in Lebensjahren
Männer ♂ | Frauen ♀
90 80 70 60 50 40 30 20 10
8 6 4 2 0 0 2 4 6 8
Bevölkerung (in %)

2060
ca. 70 Mio. Einwohner (Prognose)
Alter in Lebensjahren
Männer ♂ | Frauen ♀
90 80 70 60 50 40 30 20 10
8 6 4 2 0 0 2 4 6 8
Bevölkerung (in %)

Rentnerpaar

Biergarten auf dem Viktualienmarkt in München

Wittenberge (schrumpfende Stadt)
S1179a

2 Bevölkerungsentwicklung — Maßstab 1:6 000 000 — 0 50 100 150 km

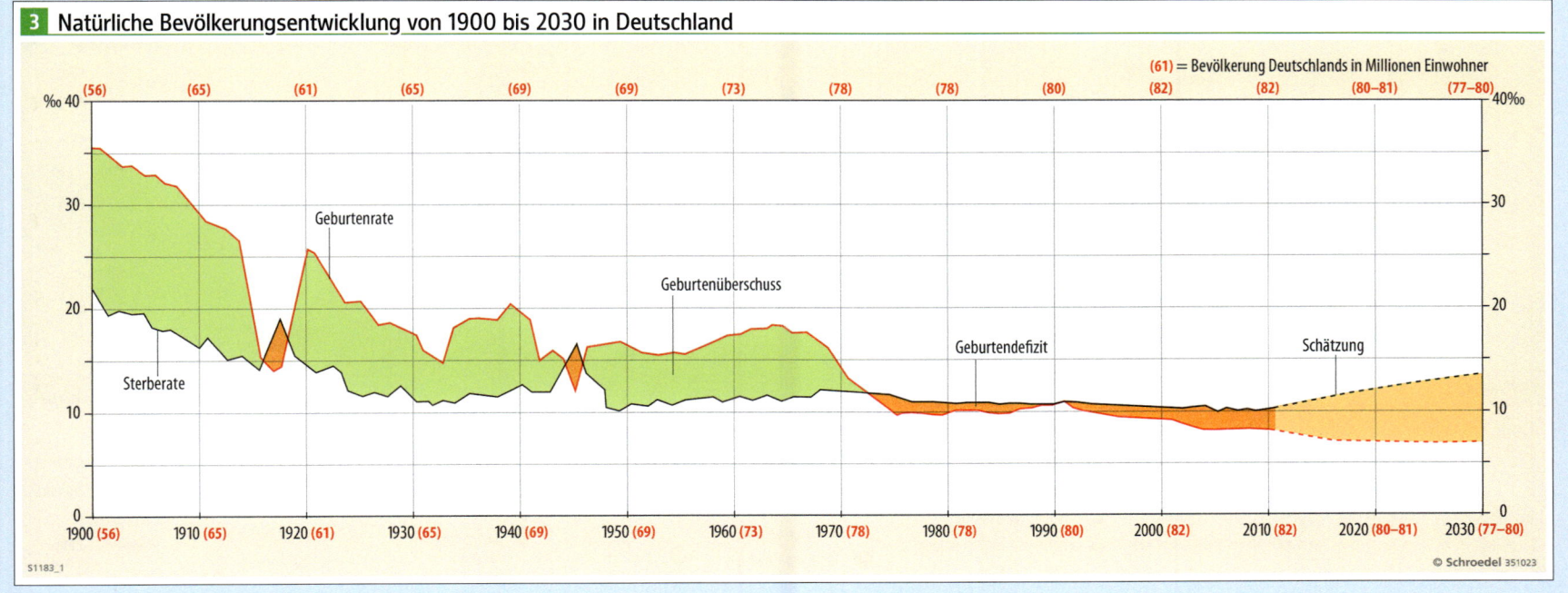

S1179

Nordsee — Ostsee

Kiel, Rostock, Hamburg, Schwerin, Bremen, Berlin, Hannover, Potsdam, Magdeburg, Dortmund, Halle, Düsseldorf, Kassel, Leipzig, Köln, Dresden, Erfurt, Wiesbaden, Frankfurt, Mainz, Saarbrücken, Nürnberg, Stuttgart, München, Freiburg

Elbe, Oder, Weser, Rhein, Mosel, Main, Donau, Inn

© Westermann

Bevölkerungs-veränderung 2001–2018 (in Prozent)
+ 4,0 %
0 %
− 4,0 %
− 12,0 %
Bundesdurchschnitt: −0,7 %

Bevölkerungsprognose bis 2030
↑ starke Zunahme (+5,0 bis +20,1 %)
↓ starke Abnahme (−15,0 bis −30,0 %)
Bundesdurchschnitt: −3,0 %

Grenzen
Staatsgrenze
Landesgrenze
Regierungsbezirksgrenze
Kreisgrenze

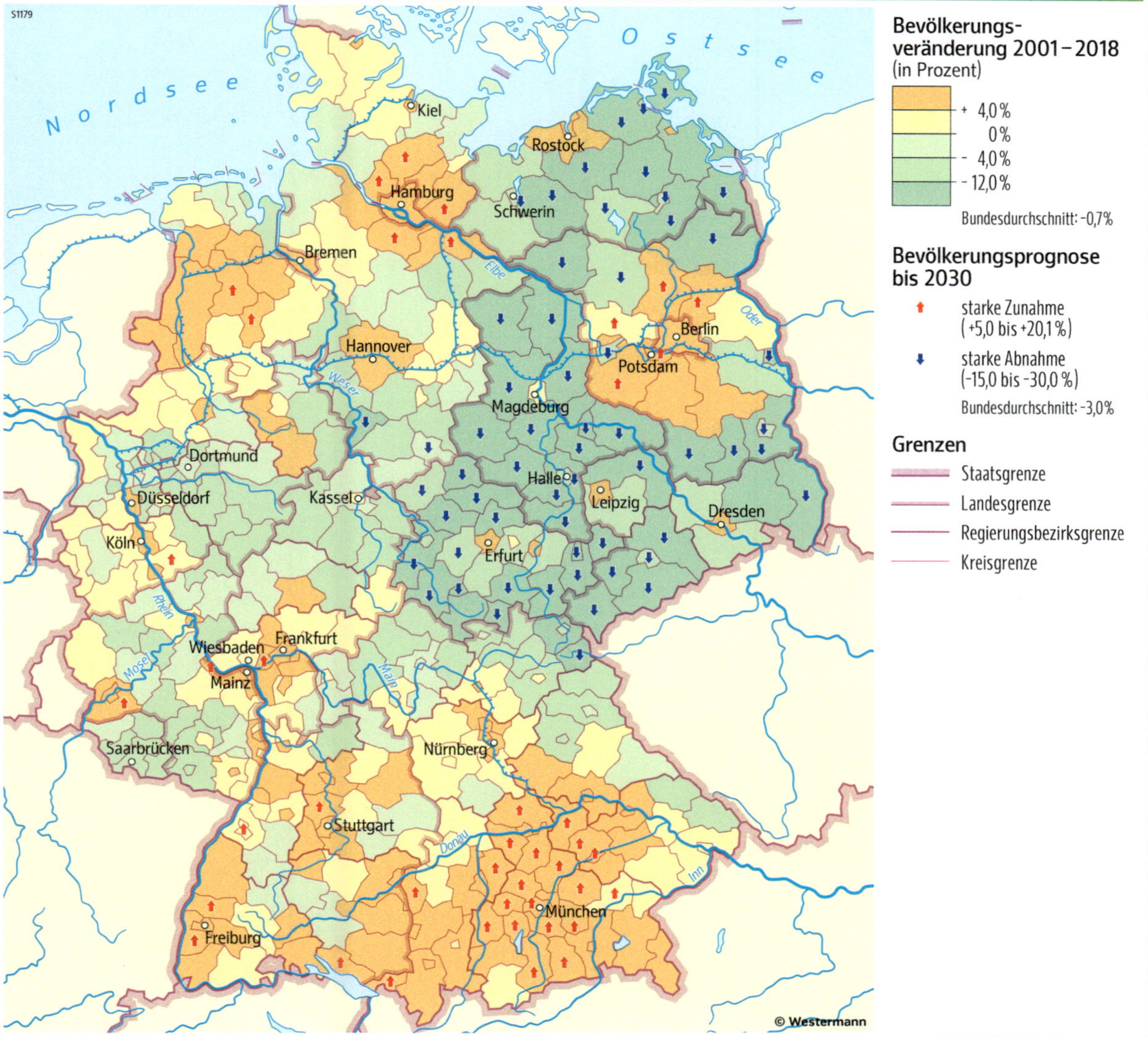

3 Natürliche Bevölkerungsentwicklung von 1900 bis 2030 in Deutschland

(61) = Bevölkerung Deutschlands in Millionen Einwohner

(56) (65) (61) (65) (69) (69) (73) (78) (78) (80) (82) (82) (80–81) (77–80)

‰ 40
30
20
10
0

Geburtenrate
Geburtenüberschuss
Geburtendefizit
Schätzung
Sterberate

1900 (56) 1910 (65) 1920 (61) 1930 (65) 1940 (69) 1950 (69) 1960 (73) 1970 (78) 1980 (78) 1990 (80) 2000 (82) 2010 (82) 2020 (80–81) 2030 (77–80)

S1183_1

© Schroedel 351023

1 Bevölkerungsentwicklung 1991–2018

Maßstab 1:750 000

Zu- und Abnahme der
Bevölkerung zwischen
1991 und 2018
(nach Gemeinden)

Zunahme
+ 100 %
+ 50 %
+ 25 %
+ 5 %
– 5 %
Abnahme

Verkehr
Autobahn

Grenzen
Grenze von Berlin
Grenze des
Berliner Umlands

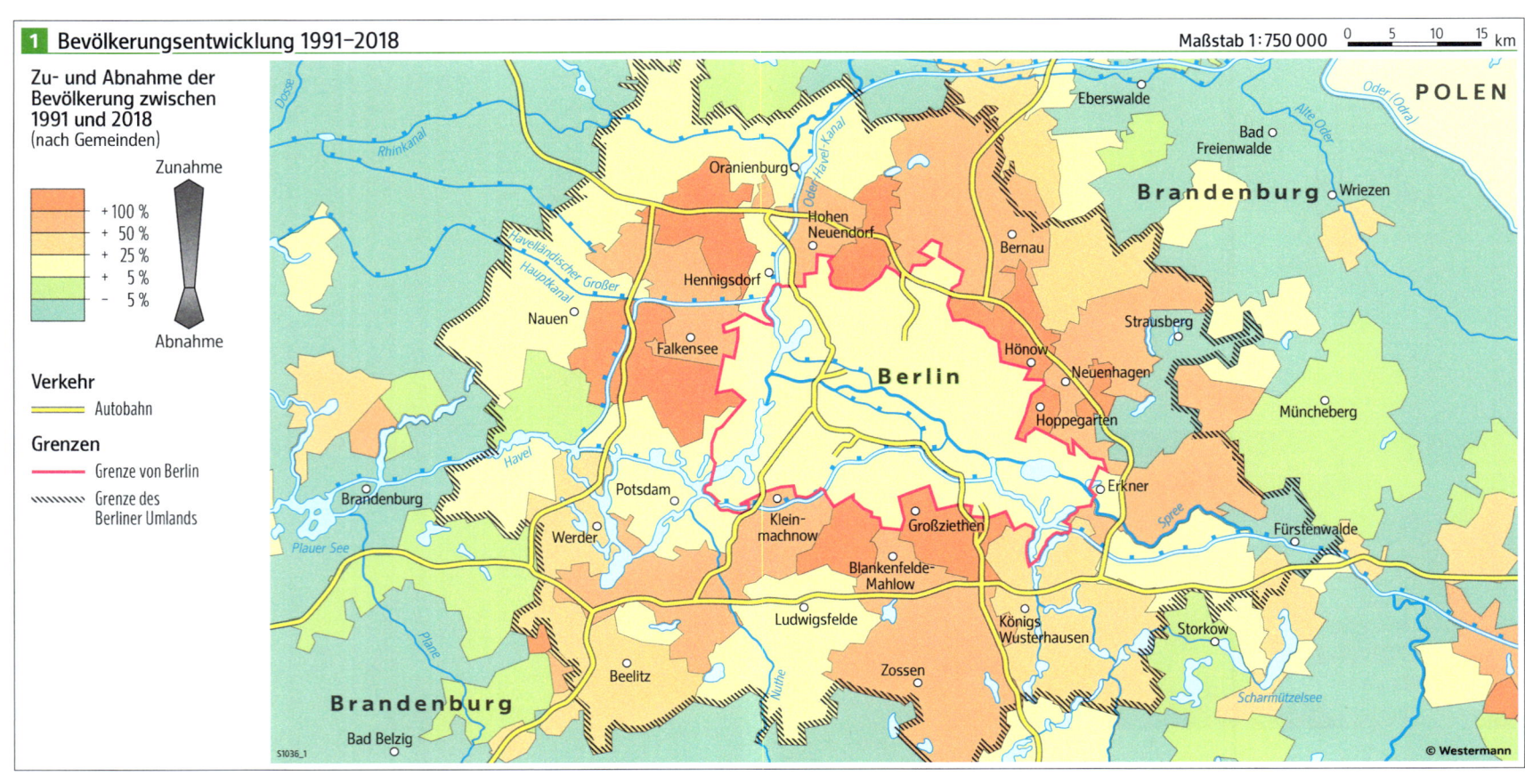

2 Berlin und Umgebung

Maßstab 1:300 000

Bodennutzung	Industrie		Dienstleistung		Verkehr	Energie
Siedlungsfläche	Stahlerzeugung	Luft- und Raumfahrzeugbau	Baustoffe, Steine	Verwaltung	Service, Beratung	Eisenbahn, S-Bahn mit Bahnhof	Kraftwerk
vorwiegend Ackerbau	Maschinenbau	Elektrotechnik	Druckgewerbe	Universität, Hochschule, Forschung	Handel	A10 Autobahn	Windpark
Wiese, Weide	Kraftfahrzeugbau	Feinmechanik, Optik	Nahrungs- und Genussmittel	Medien	Finanzzentrum	sonstige Straße	Grenzen
Wald	Schienenfahrzeugbau	Chemie, Kunststoffe	Brauerei, Getränke		Gesundheits- wesen	Wasserweg	Landes- grenze
		Pharmazie, Biotechnologie	Tabakverarbeitung				

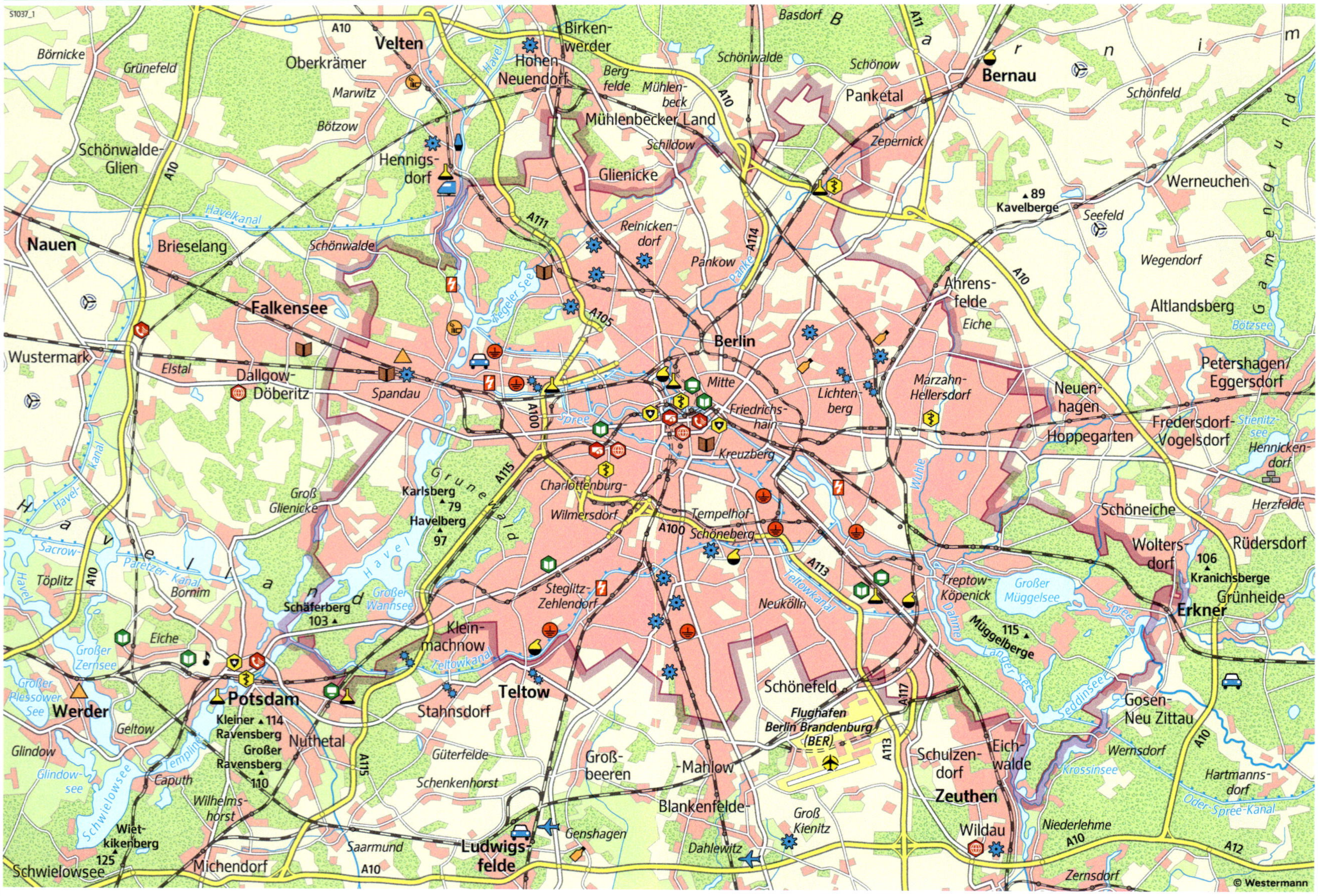

© Westermann

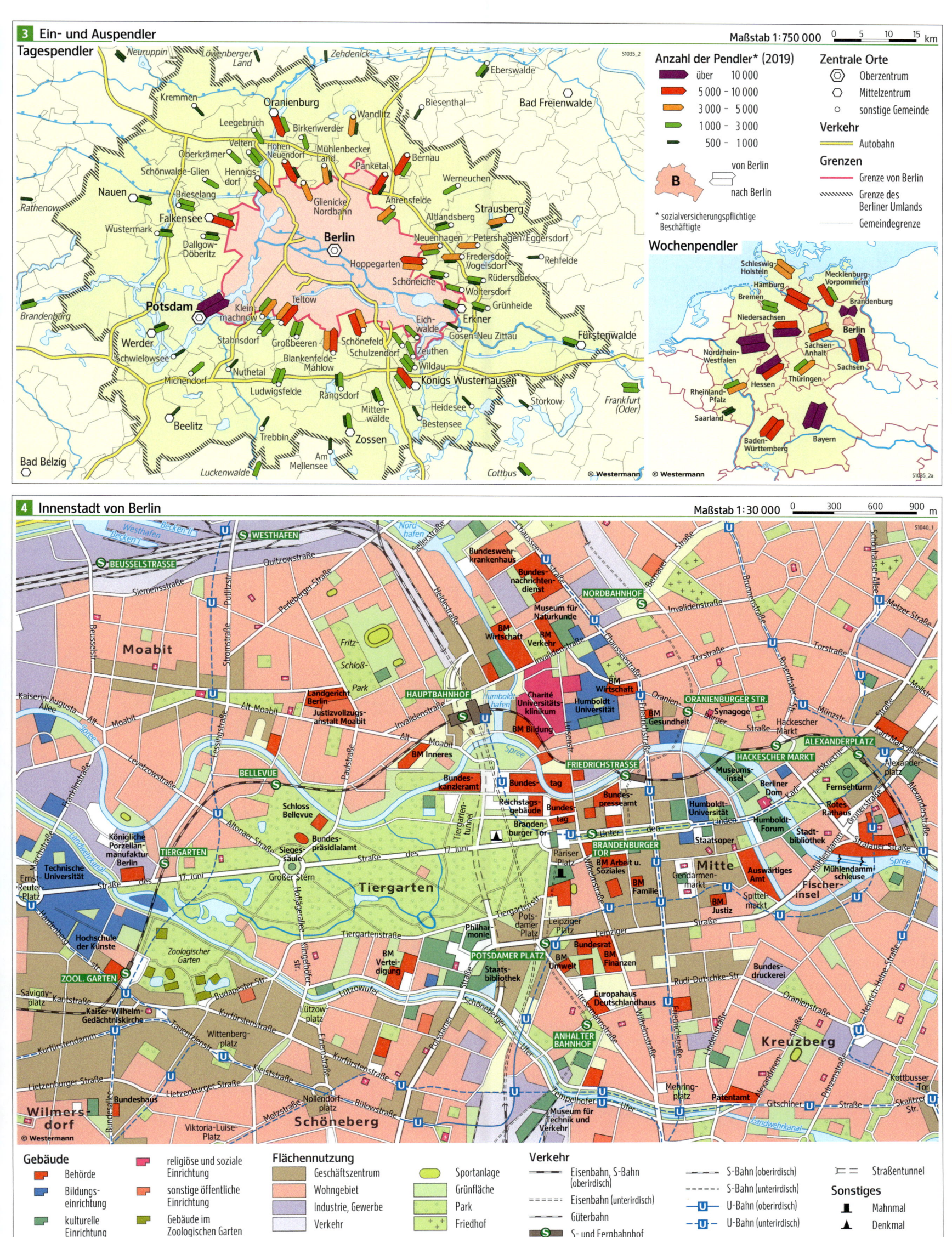

1 Berlin Mitte – Touristisches und politisches Zentrum Deutschlands   Maßstab 1:15 000   0 100 200 300 m

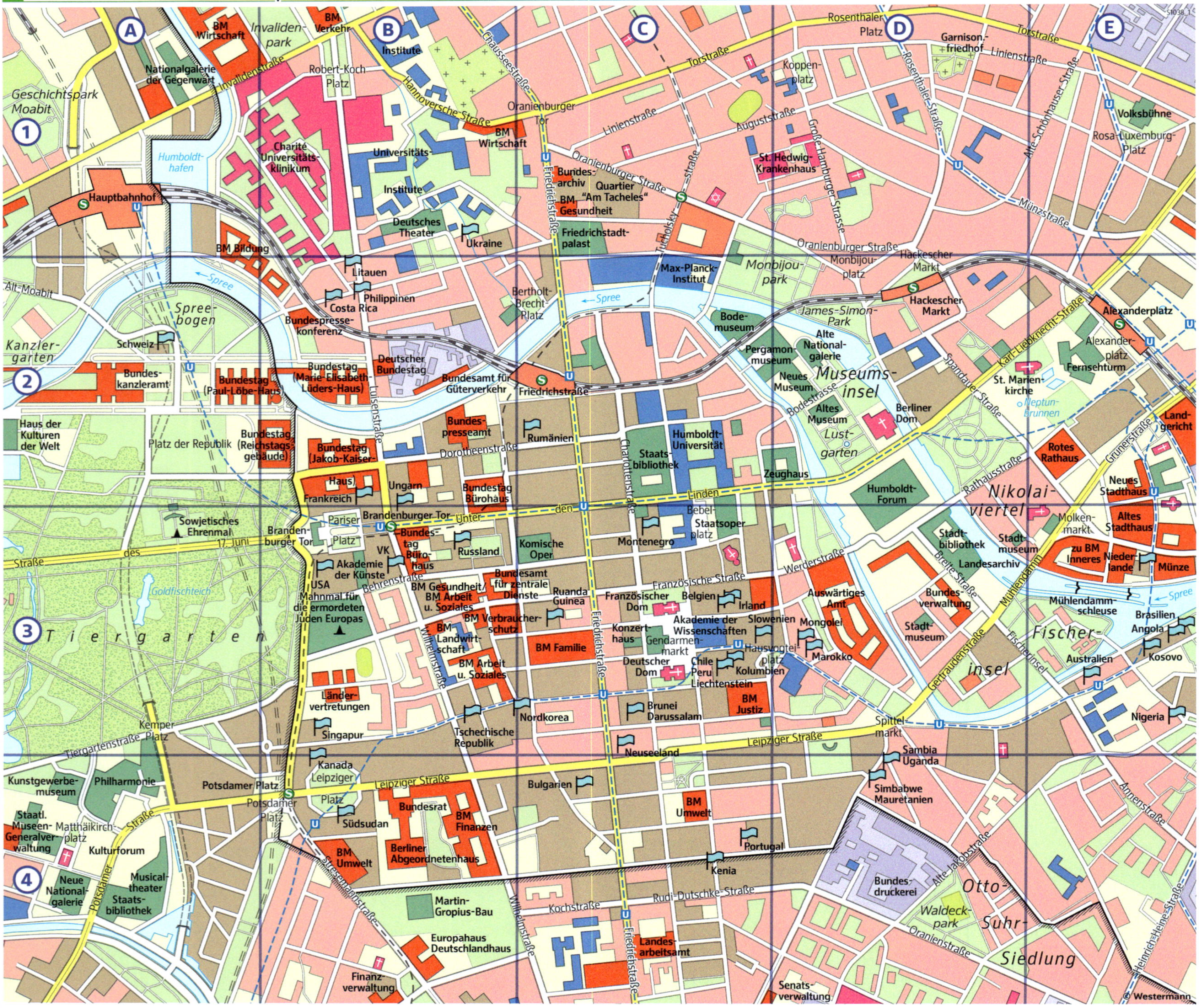

Gebäude

- 🟧 Regierungsgebäude
- BM Bundesministerium
- 🏴 Botschaft
- 🟦 Bildungseinrichtung
- 🟩 kulturelle Einrichtung
- ◈ religiöse und soziale Einrichtung
- 🟧 sonstiges öffentliches Gebäude
- ✚ Dom, Kirche
- ✡ Synagoge

Flächennutzung

- Geschäftszentrum
- überwiegend Wohngebiet
- Industrie, Gewerbe
- Bahngelände
- Sportanlage
- Grünfläche, Park
- Wald
- Friedhof

Verkehr

- ▬▬ Eisenbahn, S-Bahn
- ═══ Eisenbahn (unterirdisch)
- ▬ ▬ S-Bahn (unterirdisch)
- 🟧 Bahnhof
- Ⓢ S-Bahnhof
- ─Ⓤ─ U-Bahn mit Station
- ═Ⓤ═ Hauptstraße mit Tunnel

Sonstiges

- 〰〰 ehemaliger Grenzverlauf
- ▲ Denkmal

© Westermann

2 Berlin Mitte – Touristisches und politisches Zentrum Deutschlands: eine Karte lesen und auswerten

Erste Informationen

? Frage

1. Wie heißt das Thema der Karte?

2. Welcher Raum (Ort, Gebiet, Region) wird hier abgebildet?

3. Wieviele Meter bzw. Kilometer in der Realität entspricht 1 cm in der Karte?

💡 Hinweise und Tipps

1 Berlin Mitte – Touristisches u...

Der Kartentitel nennt den abgebildeten Raum und das wichtigste Thema.

Maßstab 1:15 000

Die genauen Werte lassen sich aus der Maßstabszahl errechnen.

0 100 200 300 m

Die Maßstabsleiste ermöglicht einen schnellen Überblick und eine schnelle Einschätzung der Größenverhältnisse.

! Antwort

Berlin-Mitte – touristisches und politisches Zentrum Deutschlands.

Das Zentrum Berlins.

1 cm in der Karte entspricht 150 m in der Realität.

Karten beschreiben

? Frage

4. Was ist in der Karte dargestellt?

💡 Hinweise...

Flächennutzung

- Geschäftszentr...
- überwiegend Wohngebiet
- Industrie, Gew...

Lies gleich zu Beginn die Legende durch. Die dortigen Zeichenerklärungen zeigen, was in der Karte steht.

1 Gendarmenmarkt mit Französischem Dom

2 Bodemuseum

3 Bundestag (Reichstagsgebäude)

4 Auswärtiges Amt

5 Fernsehturm

6 Bundeskanzleramt

7 Jüdische Synagoge

8 Mahnmal „für die ermordeten Juden Europas"

9 Berliner Dom

10 Brandenburger Tor

11 Hauptbahnhof

12 Rotes Rathaus

... und Tipps

Verkehr

- ━━━ Eisenbahn, S-
- = = = = Eisenbahn (u.
- - - - - S-Bahn (unter
- ▭ Bahnhof

Beachte die Überschriften in der Legende, unter denen ähnliche Karteninhalte zusammengefasst sind.

! Antwort

zum Beispiel:

... wichtige Gebäude wie das Bundeskanzleramt oder der Reichstag

... Sehenswürdigkeiten wie das Brandenburger Tor

... unterschiedliche Nutzung der Flächen (z.B. Geschäftszentrum, Industriegebiete)

... Verkehrseinrichtungen (z.B. S- und Fernbahnhöfe)

Kartenauswertung

? Frage

5. Welche Aussagen können zu der Karte gemacht werden?

6. Suche die oben abgebildeten Bildmotive in der Karte und notiere das Planquadrat, in dem das Bildmotiv liegt.

☼ Hinweise und Tipps

Beachte die Lage und Verteilung der einzelnen Signaturen.

! Antwort

- Im Zentrum Berlins liegen viele bekannte Sehenswürdigkeiten.
- Bundeskanzleramt, Bundestag und viele Ministerien liegen nahe beieinander.
- Der Hauptbahnhof liegt außerhalb des Geschäftszentrums
- Das Zentrum ist verkehrsmäßig gut durch S- und U-Bahn erschlossen.
- Im nördlichen Teil der Spreeinsel befinden sich einige Museen.
- ...

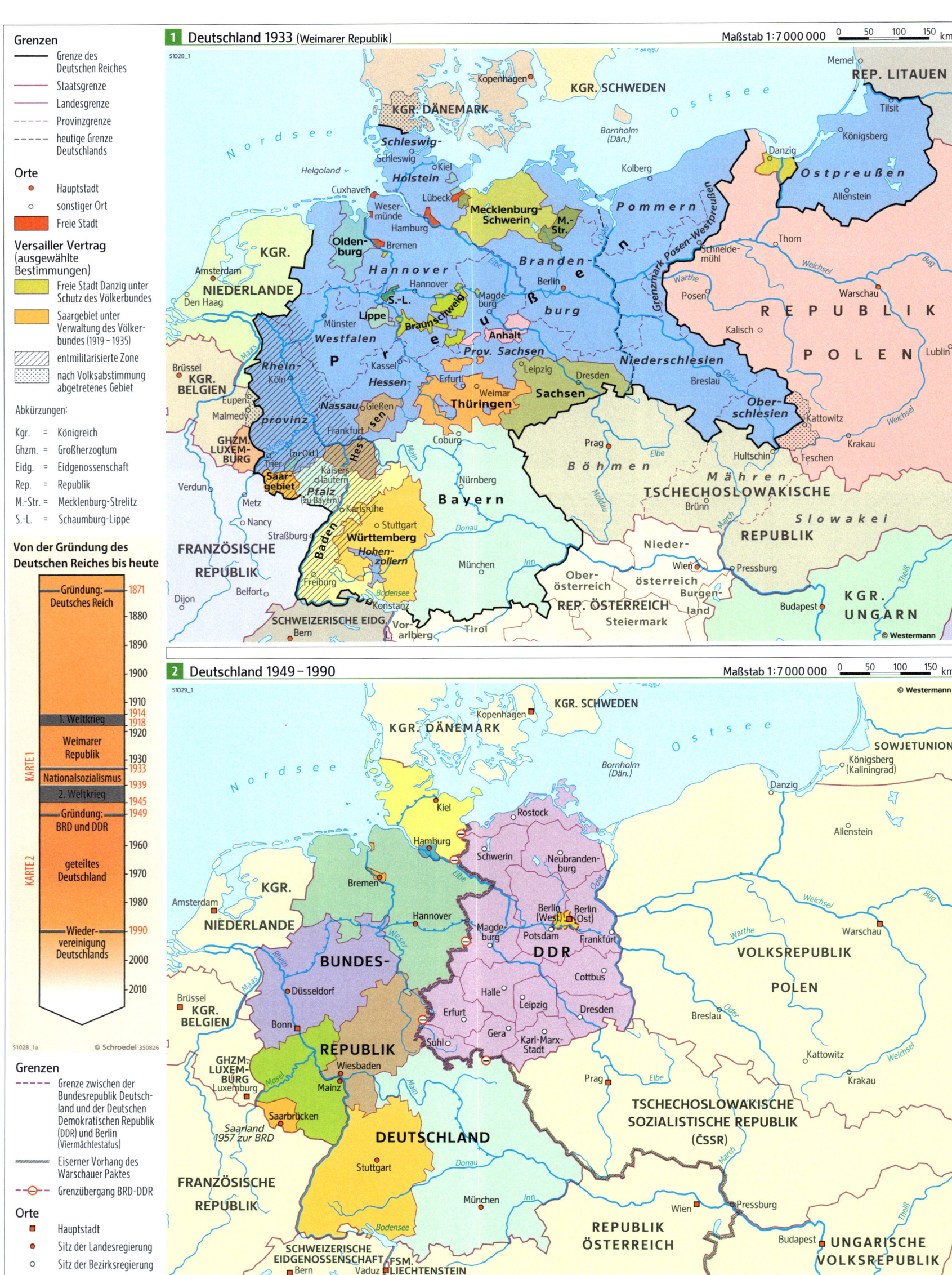

Grenzen

— Grenze des Deutschen Reiches
— Staatsgrenze
— Landesgrenze
--- Provinzgrenze
- - - heutige Grenze Deutschlands

Orte

● Hauptstadt
○ sonstiger Ort
▮ Freie Stadt

Versailler Vertrag (ausgewählte Bestimmungen)

▮ Freie Stadt Danzig unter Schutz des Völkerbundes
▮ Saargebiet unter Verwaltung des Völkerbundes (1919–1935)
▨ entmilitarisierte Zone
▨ nach Volksabstimmung abgetretenes Gebiet

Abkürzungen:

Kgr. = Königreich
Ghzm. = Großherzogtum
Eidg. = Eidgenossenschaft
Rep. = Republik
M.-Str. = Mecklenburg-Strelitz
S.-L. = Schaumburg-Lippe

Von der Gründung des Deutschen Reiches bis heute

Gründung: Deutsches Reich — 1871
1880
1890
1900
1910
1. Weltkrieg — 1914 / 1918
1920
Weimarer Republik — 1930
Nationalsozialismus — 1933
2. Weltkrieg — 1939 / 1945
Gründung: BRD und DDR — 1949
geteiltes Deutschland — 1960 / 1970 / 1980
Wiedervereinigung Deutschlands — 1990
2000
2010

KARTE 1
KARTE 2

S1028_1a   © Schroedel 350826

Grenzen

--- Grenze zwischen der Bundesrepublik Deutschland und der Deutschen Demokratischen Republik (DDR) und Berlin (Viermächtestatus)
▨ Eiserner Vorhang des Warschauer Paktes
─⊖─ Grenzübergang BRD-DDR

Orte

■ Hauptstadt
● Sitz der Landesregierung
○ Sitz der Bezirksregierung

1 Deutschland 1933 (Weimarer Republik) — Maßstab 1:7 000 000 — 0 50 100 150 km

S1028_1

© Westermann

2 Deutschland 1949–1990 — Maßstab 1:7 000 000 — 0 50 100 150 km

S1029_1

© Westermann

Verwaltung

- Staatsgrenze
- Landesgrenze
- Regierungsbezirksgrenze
- Hauptstadt eines Staates
- Landeshauptstadt
- Verwaltungssitz eines Regierungsbezirkes
- *Köln* Name eines Regierungsbezirkes

Standorte des Bundes

- Gesetzgebung
  - BR Bundesrat
  - BT Bundestag
- Oberste Bundesbehörde
  - BKAmt Bundeskanzleramt
  - BPrA Bundespräsidialamt
  - BReg Bundesregierung
  - BRH Bundesrechnungshof
- Bundesgericht
  - BVerfG Bundesverfassungsgericht
  - BGH Bundesgerichtshof
  - BAG Bundesarbeitsgericht
  - BVerwG Bundesverwaltungsgericht
  - BFH Bundesfinanzhof
  - BSG Bundessozialgericht

© Westermann

Maßstab 1:20 000 000

S1207_2

Verwaltung

Staatsgrenze

umstrittene Grenze

● Hauptstadt

○ Regierungssitz

○ sonstige Orte

Abkürzungen

LI. = Liechtenstein

LUX. = Luxemburg

(Dän.) = Dänemark

(Norw.) = Norwegen

(VK) = Vereinigtes Königreich

1 Europa vor dem Zweiten Weltkrieg (bis 1939) — Maßstab 1:35 000 000

S1204_1 — © Westermann

Deutsches Reich
- Deutsches Reich 1933
- Angliederung Saargebiet 1935
- Annexionen März 1938 bis März 1939

Bündnispolitik
- POLEN britisch-französische Bestandsgarantie
- deutsch-sowjetische Demarkationslinie (28. 09. 1939)

Regierungsformen
- IRLAND Parlamentarismus
- ITALIEN faschistische Diktatur
- SOWJETUNION sozialistische Diktatur
- TÜRKEI autoritäres Regime

2 Europa nach dem Zweiten Weltkrieg (1949) — 1:35 000 000 — 0 300 600 900 km

S1205_1 — © Westermann

Militärbündnisse (mit Beitrittsjahr)
- 1949 NATO (North Atlantic Treaty Organization)
- 1955 Warschauer Pakt
- • Hauptquartiere

Eiserner Vorhang
- ----- bis 1960
- ——— bis 1989

Truppenstationierungen
- BELGIEN der USA
- UNGARN der Sowjetunion
- unter polnischer bzw. sowjetischer Verwaltung

Ereignisse
- 1939–1945 von der Sowjetunion annektiert
- 1953 Intervention von Truppen des Warschauer Paktes
- SSR Sozialistische Sowjetrepublik

Maßstab 1:20 000 000

0 200 400 600 800 1000 km

A 60° B 50° C 40° D 30° E 20° F 10° West G 0° H 10° Ost J 20° K 30° L 40° M 50° N 60° O

1

G r ö n l a n d

Qeqertarsuaq (Godhavn)
Sisimiut (Holsteinsborg)
Iluissat (Jakobshavn)

3410 (größte Eisdicke)

König-Christian-X.-Land

ö GRÖNLAND
(KALAALLIT NUNAAT)
MIT DÄNEMARK ASSOZIIERT

2940

1717

Longyearbyen

Spitzbergen (Norwegen)

E u r o p ä i s c h e s

B a r e n t s s e e

Nordkap
Hammerfest

Kolgujew

Nuuk (Godthåb)

König-Christian-IX.-Land

▲ Mt. Forel 3383

▲ 3694 Gunnbjörnfjeld

Ittoqqortoormiit (Scoresbysund)

Qaqortoq (Julianehåb)

König-Frederik-VI.-Küste

Jan Mayen (Norwegen)

N o r d m e e r

Murmansk

Kap Farvel

I r m i n g e r - see

Dänemarkstraße

3860
Nördlicher Polarkreis

Bodø

2096

Archangel

Weißes Meer

Reykjavík

Akureyri
ISLAND
2110
Hvannadals-hnúkur

Island

Färöer (Dänemark)

NORWEGEN

SCHWEDEN

FINNLAND
Finnische Seenplatte

Inarisee

Kola

Luleå
Oulu

Petro-sawodsk
33
Onegasee

Trondheim

Gald-höpiggen 2469

Tampere
Helsinki

Ladoga-see 4

R

Bergen

Oslo

Uppsala

Stockholm

■ Sankt Petersburg

A t l a n t i s c h e r

Shetland-Inseln

Orkney-Inseln

Ben Nevis 1344

Glasgow
Belfast

Britische Inseln

Hebriden

Irland

238

Göteborg

Skagerrak

Kattegat

DÄNE-MARK
Kopenhagen

Gotland
Öland

Jütland

Vänersee
Vättersee
Mälarsee

Åland-Inseln

ESTLAND
Tallinn

Peipus-see

Pskow

LETTLAND
Riga

Waldai-höhen 323

Twer

Rybins Stau

Nordrussische

O z e a n

Dublin
IRLAND

Liverpool
Manchester
Sheffield

VEREINIGTES KÖNIGREICH

Nordsee

Hamburg

Bremen

Berlin
Stettin
Posen

Danzig

Memel

Königsberg

Baltischer Landrücken

LITAUEN
Vilnius

■ Minsk

Smolensk

Brjans

Cork
■ Birmingham

Cardiff
□ London

Amsterdam

NIEDER-LANDE

Hannover
Dortmund
Köln

Dresden
Breslau

Warschau

POLEN

Oder

Brest

Pripjat-sümpfe

■ Kiew

U K R A I N

Land's End

Ärmelkanal

Brüssel
BELGIEN
LUXEMBURG

Luxemburg

Köln
Frankfurt

DEUTSCHLAND

Prag
TSCHECHIEN

Krakau
Lemberg

Wolhynisch-Podolische Platte

Krywy Rih

Le Havre

Pariser Becken

■ Paris

Nantes

Loire

Seine

Dijon
Straßburg
Stuttgart

München

Wien
Bratislava

SLOWAKEI

Karpaten

2303

Klausenburg

RUMÄNIEN

MOLDAU
Kischinau

Odes

Limoges

Lyon
4810
▲ Mt. Blanc

Bern
Zürich

ÖSTER-REICH

3798

Budapest

UNGARN

Tiefebene

Bukarest

Südkarpaten

W a l a c h e i

Sc

FRANKREICH

Zentral-massiv

Rhône

SCHWEIZ

Mailand

SLOWENIEN

Ljubljana
Venedig

Zagreb

KROATIEN

Belgrad

SERBIEN

Donau

Sofia
■ Sofia

Balkan

BULGARIEN

■ İstanb

Bilbao
2417

Toulouse

Pyrenäen
3404

ANDORRA

Marseille

Turin
Genua

MONACO
Nizza

San Marino

Florenz
2914

Apenninen

Bari

Sarajevo

BOSNIEN U. HERZE-GOWINA

Dinarisches Gebirge

Adriatisches Meer

Pristina

MONTE-NEGRO
Podgorica

KOSOVO
Skopje

NORD-MAZEDONIEN
Tirana

Rhodopen

2917

Saloniki

Troja

Bursa

A Coruña
Kap Finisterre

Porto

Iberische

Bordeaux

Saragossa

□ Madrid

Halbinsel

ANDORRA

Barcelona

Valencia

Balearen

Mallorca

Korsika 2710

ITALIEN

□ Rom

Neapel

Sardinien 1834

Tyrrhenisches Meer

Palermo

ALBANIEN

Pindos

GRIECHENLAND

Pelo-ponnes

Athen

Ionisches Meer

İzmir

K

Rhod

PORTUGAL

SPANIEN

Lissabon

Sevilla

Málaga 3478

Straße von Gibraltar

Kap São Vicente

Madeira (Portugal)

Funchal

Tanger
Rabat (Ar-Ribat)
Casablanca

Oran
Mostaganem
Algier (Al-Djazaïr)

Skikda

Kap Blanc

Tunis
Kap Bon

Cagliari

Sizilien

Ätna 3357
Catania

Valletta
MALTA

Golf von Gabès

Tripolis (Tarabulus)

Misrata

Große Syrte

Bengasi
Djabal al-Achdar 876

Tobruk (Tubruq)

Alexand

M i t t e l m e e r

5121

4517

Kreta

Kanarische Inseln (Spanien)

La Palma
3718
Teneriffa
Gran Canaria
Las Palmas
Lanzarote
Fuerteventura

Marrakech (Murrakush)
Meknès
Fès
Oujda

MAROKKO

Er Rif

Tell-Atlas
Hoher Atlas
4167
Toubkal

Antiatlas
3737

3737

Constantine
2328

Biskra

Djelfa
TUNESIEN

Sfax

Hochland der Schotts

Schott Melghir
Schott Djerid

16

30

968

Djabal Nafusa

El Aaiún

WESTSAHARA
(VON MAROKKO KONTROLLIERT)

Tindouf

Wad Draa

Westlicher Großer Erg

Béchar

Ghardaïa

2236

Ouargla

Östlicher Großer Erg

Ghadamis

Tripolitanien

Libysche Wüste

133

Kattara

Siwa

ÄG

Dakhla (Ad-Dachla)

Bir Mogreïn

Erg Iguidi
Eglab
738

Adrar
Tademait-Plateau

In Salah
137

Hamada von Tinghert

L I B Y E N

1200

Sabha

MAURETANIEN

Erg Chech

A L G E R I E N

Hamada

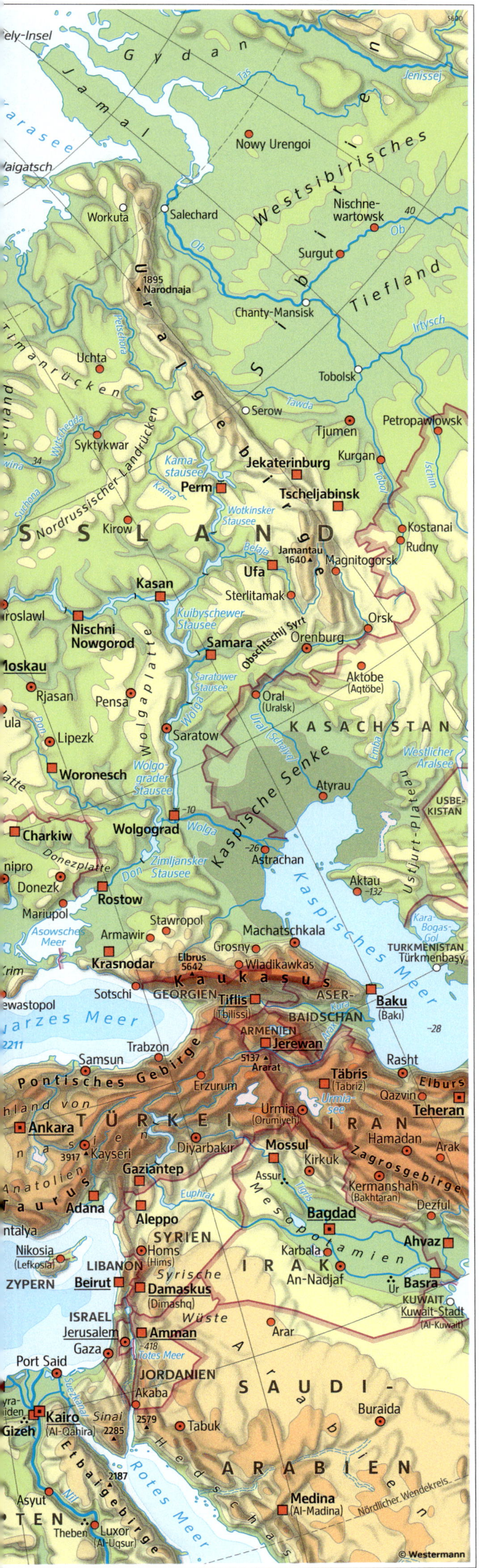

Map (left, physical map of Russia/Middle East)

P 80° Q 90° R

Gydan

Jamal

Karasee

ely-Insel

aigatsch

Nowy Urengoi

Westsibirisches

Jenissej

Tas

Ob

40

Nischnewartowsk

Salechard

Workuta

5600

Uchta

Tobolsk

Chanty-Mansisk

Surgut

Sibirisches

Tiefland

Uralgebirge

1895 ▲ Narodnaja

Timanrücken

dwina

Irtysch

Syktykwar

Serow

Tawda

Tjumen

34

Tobol

Jekaterinburg

Kurgan

Petropawlowsk

Kama

stausee

Perm

Tscheljabinsk

Wotkinsker Stausee

Ufa

Jamantau 1640 ▲

Magnitogorsk

Kirow

Belaja

Sterlitamak

Kostanai

Rudny

Kulbyschewer Stausee

Kasan

Orsk

Obschtschij Syrt

Orenburg

nordrussischer Landrücken

R U S S L A N D

Nordrussischer Landrücken

Moskau

Nischni Nowgorod

Samara

Oral (Uralsk)

Aktöbe (Aqtöbe)

Saratower Stausee

Wolgaplatte

Rjasan

Pensa

Saratow

K A S A C H S T A N

ula

Lipezk

Wolga

Woronesch

Wolgograder Stausee

Kaspische Senke

Westlicher Aralsee

Atyrau

Charkiw

Wolgograd

Wolga

−10

Ustjurt-plateau

USBE-KISTAN

Donezplatte

Astrachan

Aktau −132

Don

Zimljansker Stausee

−26

nipro

Donezk

Rostow

Kara Bogas Gol

Mariupol

Asowsches Meer

Stawropol

Machatschkala

TURKMENISTAN Türkmenbaşy

Crim

Armawir

Grosny

Krasnodar

Elbrus 5642

Wladikawkas

Kaukasus

Kaspisches Meer

Sewastopol

Sotschi

GEORGIEN

Tiflis (Tbilissi)

ASER-BAIDSCHAN

Baku (Bakı)

Schwarzes Meer

2211

Trabzon

Samsun

ARMENIEN

Jerewan

−28

Pontisches Gebirge

Erzurum

5137 ▲ Ararat

Täbris (Tabriz)

Rasht

Elburs

Qazvin

hland von

TÜRKEI

Urmia (Orümiyeh)

Urmia-see

Teheran

Ankara

3917 ▲

Kayseri

Diyarbakır

Mossul

Kirkuk

Hamadan

Arak

Anatolien

Gaziantep

Assur

Zagrosgebirge

Taurus

Euphrat

Kermanshah (Bakhtaran)

IRAN

ntalya

Adana

Aleppo

Tigris

Dezful

Adana

SYRIEN

Homs (Hims)

Mesopotamien

Bagdad

Ahvaz

Nikosia (Lefkosia)

LIBANON

Syrische

IRAK

Karbala

ZYPERN

Beirut

An-Nadjaf

Basra

Damaskus (Dimashq)

KUWAIT

Kuwait-Stadt (Al-Kuwait)

ISRAEL

Wüste

Ür.

Jerusalem

418 ▲

Amman

Arar

Gaza

Totes Meer

JORDANIEN

SÂUDI-

Port Said

Akaba

2579 ▲

Tabuk

Buraida

Sinai

raiden

Kairo (Al-Qāhira)

2285 ▲

A R A B I E N

Gizeh

Hedschas

Asyut

Nil

2187 ▲

Elbaigebirge

Nördlicher Wendekreis

Theben (Al-Uqsur)

Luxor

Medina (Al-Madina)

Rotes Meer

P T E N

30° L

© Westermann

Flächentreue schiefachsige Azimutalabbildung

2 Rheindelta

	Landwirtschaftsflächen		Hafen, Industrie		Watt
	Wald		Damm		Schifffahrtsrinne

3 Alpen

3 Alpen Maßstab 1:6 000 000   0 50 100 150 km

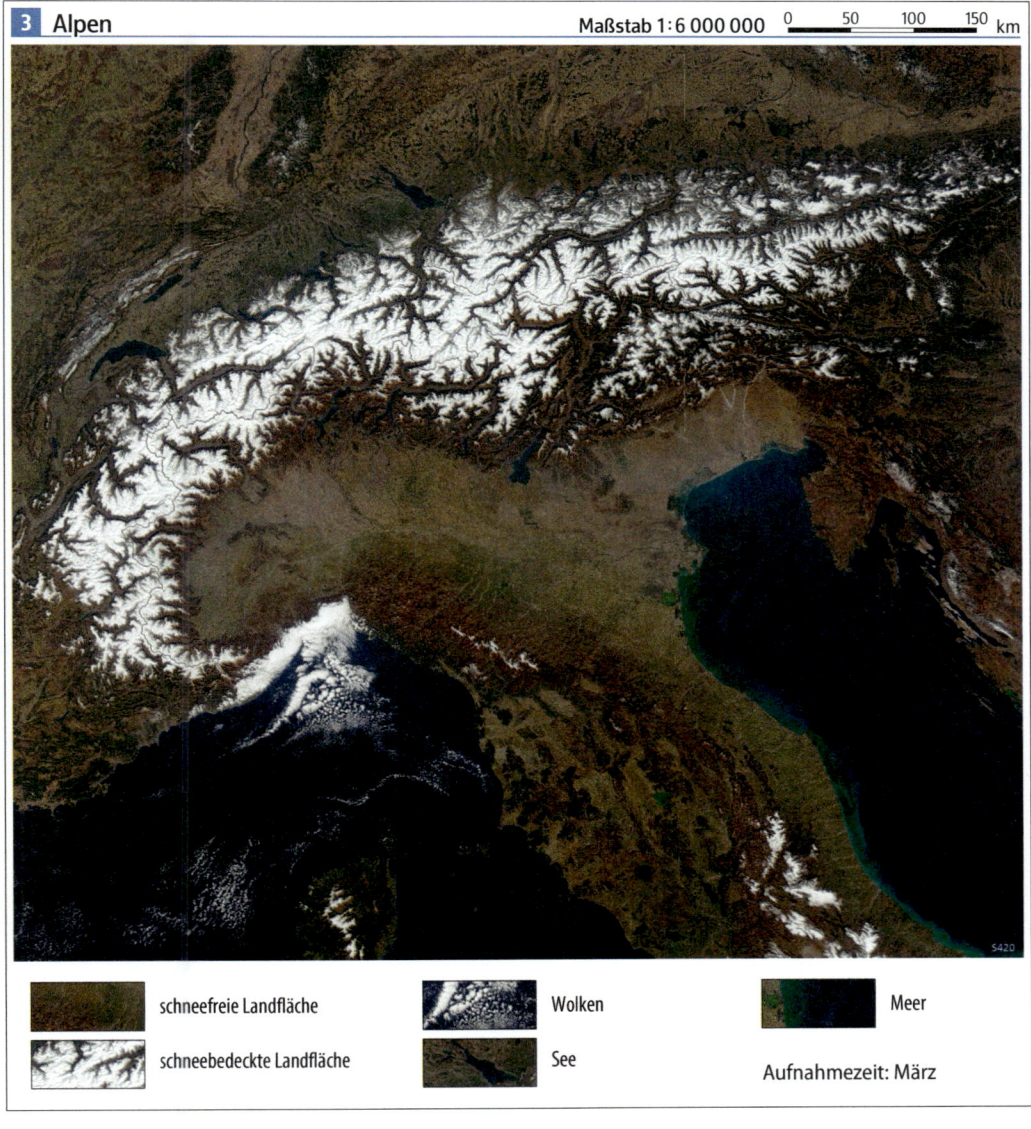

	schneefreie Landfläche		Wolken		Meer
	schneebedeckte Landfläche		See		Aufnahmezeit: März

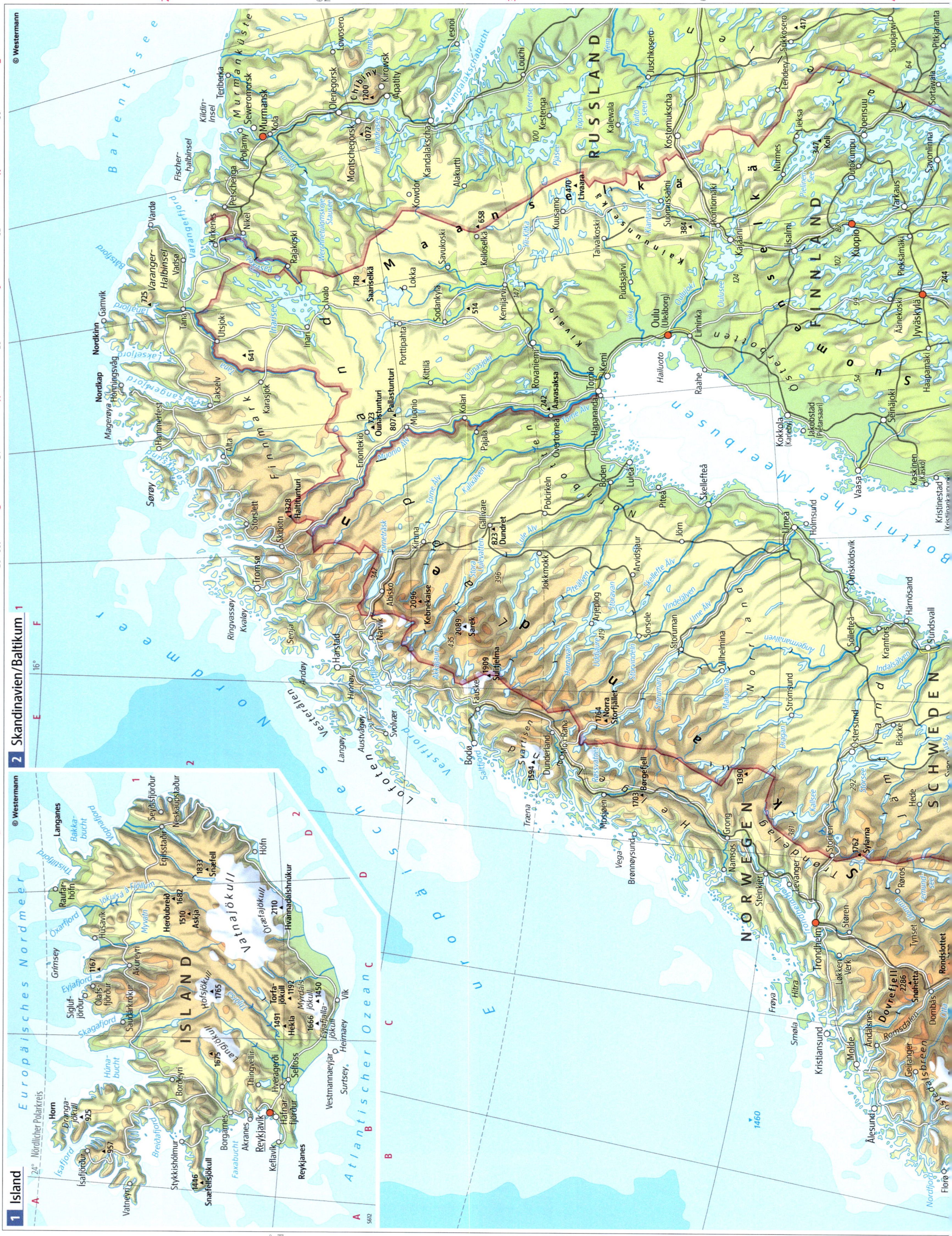

© Westermann

1 Island

2 Skandinavien/Baltikum

Barentssee

Europäisches Nordmeer

Nordlicher Polarkreis

Atlantischer Ozean

Bottnischer Meerbusen

RUSSLAND

FINNLAND

SCHWEDEN

NORWEGEN

ISLAND

Vatnajökull

Reykjavik

Murmansk

Oulu (Uleåborg)

Trondheim

Nordkap

Dovrefjell

Rondslottet 2286

Maßstab 1:5 000 000

0 50 100 150 200 250 km

Flächentreue schiefachsige Azimutalabbildung

RUSSLAND

ESTLAND

LETTLAND

LITAUEN

BELARUS

POLEN

DEUTSCHLAND

DÄNEMARK

Sankt Petersburg · Helsinki · Tallinn · Riga · Vilnius · Minsk · Warschau · Berlin · Hamburg · Kopenhagen · Oslo · Stockholm · Göteborg

Ostsee · Finnischer Meerbusen · Rigaer Bucht · Danziger Bucht · Pommersche Bucht · Kattegat · Skagerrak · Nordsee · Deutsche Bucht · Ladogasee

Gotland · Öland · Bornholm (Dänemark) · Rügen · Fehmarn · Seeland · Fünen · Lolland · Falster · Åland-Inseln · Hiiumaa (Dagö) · Saaremaa (Ösel) · Ostfriesische Inseln · Nordfriesische Inseln

9583

SCHWEDEN

Dalarna

Särna
Sälen
Mora
Arvika
Karlstad

Kongsvinger
Elverum
Hamar

Vänern

Vänersborg
Trollhättan
Alingsås
Borås

Halland

Kullen

Helsingborg
Kopenhagen (København)
Roskilde
Seeland

Wismar
Schwerin

G

Göteborg
Varberg
Falkenberg

Kattegat

Helsingør
Lolland
Falster
Gedser
Fehmarn
Lübeck
Wittenberge

Braunschweig
Wolfsburg

Oslo
Drammen
Moss
Sandvika

Frederikshavn

Aalborg
Randers
Aarhus

Jütland

Odense
Fünen
Frederica

Rødbyhavn
Puttgarden

Kiel
Neumünster

Hamburg

Lüneburg
Lüneburger Heide

Hannover

Osnabrück

F

Rondslottet 2178
Galdhøpiggen 2469
Jotunheimen 2464
Dombås
Geiranger
Lodals Kåpa 2083

Hemsedalsfjella
Fagernes
Gjøvik
Lillehammer
Gol
Gaustatoppen 1882
Rjukan
Kongsberg
Tønsberg
Skien
Porsgrunn
Larvik

Kristiansand

Hirtshals
Thisted
Holstebro

Horsens
Vejle
Kolding
Esbjerg
Flensburg
Schleswig

Cuxhaven
Bremerhaven
Wilhelmshaven

Nordfriesische Inseln

Bremen

Weser

Oldenburg
Emden

Helgoland
Deutsche Bucht

Ostfriesische Inseln

NORWEGEN

Hardanger vidda

Telemark
Setesdal
Bygland
Snønuten 1604
Sauda
Odda

Arendal

Lindesnes
Flekkefjord
Egersund

Skagerrak

Westfriesische Inseln

NIEDER-LANDE

Groningen
Leeuwarden

Zwolle
Enschede

E

Bergen
Stavanger
Haugesund

Ijsselmeer

Amsterdam
Haarlem
Den Haan

D

Nordsee

Doggerbank

243

England

Norwich
Norfolk

Great Yarmouth

0°

295

VEREINIGTES KÖNIGREICH

York
Kingston upon Hull
Hull
The Wash
Grimsby
Cambridge

C

Shetland-Inseln
(Vereinigtes Königreich)

Lerwick

Aberdeen

Schottland

Sunderland
Middlesbrough
Newcastle upon Tyne

Leeds
Nottingham
Leicester
Coventry

Orkney-Inseln

Wick

Inverness
Moray Firth
1309

Dundee

Firth of Forth
Edinburgh
Carlisle
Scafell Pike 977
839

Penninen
Manchester
Sheffield
Stoke on Trent

Birmingham
Worcester

B

Tórshavn
Färöer (Dänemark)

Beinn Dearg 1081

Ben Nevis 1344
Grampian Mountains
Highlands

Oban
Firth of Lorne

Glasgow
842
Stranraer

Solway Firth
Firth of Clyde

Man
Douglas

Irische See

Snowdon 1085
Anglesey
Holyhead

Cambrian Mountains

Wales

A T L A N T I S C H E R

709

Innere Hebriden
Äußere Hebriden

Belfast
850
Larne

Dundalk

Sankt-Georgs-Kanal

A

751

Nordirland
Derry (Londonderry)
Lough Neagh

Dublin (Baile Átha Cliath)
925
Wicklow Mountains

Sligo

Rosslare
Waterford

Nephin 806
Galway

IRLAND

Lough Ree

531
2458

Killarney
Carrauntoohil 1039

Limerick
Cork (Corcaigh)

O Z E A N

© Westermann

S615

56° Nord

48°

44°

A · 4° Ost · B · 8° · C · 12° · D · 16° · E

Geographic labels (selected):

Nordsee · *Kattegat* · *Ostsee*

DÄNEMARK · **SCHWEDEN** · Gotland · Öland · Bornholm *(Dänemark)*

Hirtshals · Frederikshavn · Göteborg · Borås · Jönköping · Nässjö · Västervik · Visby
Thisted · Aalborg · Varberg · Varnamo · Oskarshamn
Holstebro · Randers · Halmstad · Växjö · Kalmar · Borgholm
Horsens · Aarhus · Kullen · Hässleholm · Karlskrona · Blekinge
Esbjerg · Vejle · Helsingør · Helsingborg · Kristianstad
Blåvands Huk · Kolding · Odense · Kopenhagen *(København)* · Lund · Malmö · Ystad · Simrishamn
Flensburg · Schleswig · Rødbyhavn · Gedser · Rønne
Helgoland · Cuxhaven · Kiel · Fehmarn · Lolland · Falster · Møn · Sassnitz · Rügen · Rixhöft

DEUTSCHLAND

Wilhelmshaven · Bremerhaven · Hamburg · Lübeck · Wismar · Rostock · Greifswald · Stralsund
Emden · Bremen · Schwerin · Neubrandenburg · Stettin *(Szczecin)* · Kolberg *(Kołobrzeg)* · Köslin *(Koszalin)* · Stolp *(Słupsk)* · Danzig *(Gdańsk)* · Gdingen *(Gdynia)*
Leeuwarden · Groningen · Oldenburg · Lüneburg · Wittenberge · Swinemünde *(Świnoujście)* · Neustettin *(Szczecinek)* · Dirschau · Marienburg · Graudenz *(Grudziądz)*
Haarlem · Amsterdam · Zwolle · Osnabrück · Hannover · Wolfsburg · Potsdam · Berlin · Landsberg *(Gorzów Wielkopolski)* · Bromberg *(Bydgoszcz)* · Thorn *(Toruń)*
Den Haag · Rotterdam · Utrecht · Arnheim *(Arnhem)* · Enschede · Münster · Bielefeld · Hildesheim · Braunschweig · Magdeburg · Frankfurt · Posen *(Poznań)* · Włocławe
NIEDERLANDE · Nimwegen *(Nijmegen)* · Dortmund · Paderborn · Harz · Halle · Leipzig · Cottbus · Grünberg *(Zielona Góra)* · Glogau *(Głogów)* · Kalisch *(Kalisz)*
Middelburg · Eindhoven · Essen · Düsseldorf · Kassel · Göttingen · Erfurt · Jena · Dresden · Görlitz · Liegnitz *(Legnica)* · Breslau *(Wrocław)* · Oppeln *(Opole)*
Ostende · Brügge · Gent · Antwerpen · Maastricht · Köln · Siegen · Chemnitz · Zwickau · Reichenberg *(Liberec)* · Waldenburg *(Wałbrzych)* · Beuthen *(Bytom)* · Gleiwitz *(Gliwice)* · Kattowitz *(Katowice)*
Lille · Brüssel *(Bruxelles)* · **BELGIEN** · Aachen · Bonn · Fulda · Rhön · Suhl · Hof · Aussig *(Ústí nad Labem)* · Karlsbad *(Karlovy Vary)* · Königgrätz *(Hradec Králové)* · Ostrau *(Ostrava)* · Olmütz *(Olomouc)*
Charleroi · Lüttich *(Liège)* · Koblenz · Wiesbaden · Frankfurt · Würzburg · Eger *(Cheb)* · Pardubitz *(Pardubice)* · **TSCHECHIEN** · Iglau *(Jihlava)* · Brünn *(Brno)* · Žilina
Saint-Quentin · Ardennen · Eifel · LUXEMBURG · Luxemburg *(Luxembourg)* · Trier · Mainz · Ludwigshafen · Mannheim · Heidelberg · Fürth · Nürnberg · Pilsen *(Plzeň)* · Prag *(Praha)* · Prievidza · **SLO...**
Reims · Metz · Saarbrücken · Karlsruhe · Stuttgart · Regensburg · Böhmerwald · Budweis *(České Budějovice)* · Trnava · Nitra
Nancy · Straßburg *(Strasbourg)* · Vogesen · Schwarzwald · Freiburg · Ulm · Augsburg · Ingolstadt · Passau · Linz · Wien · Bratislava
Troyes · Épinal · Mülhausen *(Mulhouse)* · Basel · Bodensee · München · Salzburg · Sankt Pölten · Wiener Neustadt

FRANKREICH · **SCHWEIZ** · **ÖSTERREICH** · **UNGARN**

Dijon · Besançon · Zürich · Luzern · Bregenz · Zugspitze · Hoher Dachstein · Steyr · Leoben · Raab *(Győr)* · Budapest
Chalon-sur-Saône · Bern · Lausanne · Vaduz · LIECHTENSTEIN · Innsbruck · Brenner · Großglockner · Lienz · Klagenfurt · Steinamanger *(Szombathely)* · Székesfehérvár
Genf *(Genève)* · Finsteraarhorn · Chur · Gotthardpass · Ortler · Bozen *(Bolzano)* · Villach · Maribor · Nagykanizsa · Dunaújváros · Zalaegerszeg · Plattensee *(Balaton)*
Lyon · Mont Blanc · Dufourspitze · Piz Bernina · Trient *(Trento)* · Triglav · Kranj · Ljubljana · Varaždin · Kaposvár · Pécs · Szekszárd
Saint-Étienne · Aosta · Como · Bergamo · Brescia · Udine · **SLOWENIEN** · Zagreb · Bjelovar
Grenoble · Valence · Turin *(Torino)* · Novara · Mailand *(Milano)* · Verona · Vicenza · Triest *(Trieste)* · Snežnik · Istrien · **KROATIEN** · Osijek

ITALIEN

Avignon · Alessandria · Piacenza · Parma · Modena · Ferrara · Padua *(Padova)* · Venedig *(Venezia)* · Rijeka · Sisak · Slawonski Brod
Aix-en-Provence · Nizza · Monaco · San Remo · Genua *(Genova)* · Reggio nell'Emilia · Bologna · Ravenna · Pula · Cres · Krk · Prijedor · Bihać · Banja Luka · Brčko · Tuzla
Monte Viso · Tenda · La Spezia · Monte Cimone · Forlì · *Adriatisches Meer* · Pag · **BOSNIEN UND HERZEGOWINA**

Riviera · *Po* · *Rhein* · *Elbe* · *Donau* · *Oder* · *Weichsel* · *Main* · *Neckar* · *Inn* · *Isar* · *Drau* · *Save*

11° H 12° J 13° K 14° L 15° M 16° N

DEUTSCHLAND

Bayerische Alpen

Augsburg
Dachau
Fürstenfeldbruck
München
Starnberger See
Ammer See
Freising
Erdinger Moos
Erding
Mühldorf
Waldkraiburg
Pfarrkirchen
549
Braunau
Ried
Hausruck
801
Göblberg
Vöcklabruck
Wels
Traun
Linz
1061
Großer Peilstein
Melk
Sankt Pölten
Wien
Mödling
Baden

48° Nord

Rosenheim
Traunstein
Bad Reichenhall
Berchtesgaden
Salzburg
Bad Ischl
Gmunden
Steyr
Amstetten
Waidhofen an der Ybbs
1893
Ötscher
Mariazell
Rax 2007
Schneeberg 2076
Semmering
Gloggnitz
Wiener Neustadt
Eisenstadt
Mattersburg
Ödenburg (Sopron)

Garmisch-Partenkirchen
Zugspitze 2962
Kufstein
Wörgl
Kitzbühel
Salzburger Kalkalpen
Watzmann 2713
Hochkönig 2941
Bischofshofen
Hoher Dachstein 2995
Dachstein
Großer Priel 2515
Totes Gebirge
Liezen
Gesäuse
Eisenerz
Hochschwab 2277
Eisenerzer Alpen
Kapfenberg
Mürzzuschlag
Stuhleck 1782
Fischbacher Alpen
Bruck
Leoben

Kitzbüheler Alpen

Innsbruck 2558
Kreuzjoch
Karwendel
Zillertaler Alpen
Hohe Tauern
Großvenediger 3657
ÖSTERREICH
2862 Hochgolling
Niedere Tauern
Tamsweg
Neumarkt
Seetaler Alpen
Knittelfeld
Steiermark
Hartberg
Oberwart
Güssing

Stubaier Alpen
Sölden
Wildspitze 3768
Ötztaler Alpen
Zuckerhütl 3507
Veißkugel 3738
Brenner
Hochfeiler 3509
Großglockner 3798
Hochalmspitze 3360
Katschberg 1641 Tauern tunnel
Gurktaler Alpen
Wolfsberg 2140
Koralpe
Großer Speikkogel 2140
Leibnitz
Spielfeld
Bad Radkersburg
Murska Sobota

Meran (Merano)
Brixen (Bressanone)
Bozen (Bolzano)
Pordoijoch 2239
Monte Cristallo 2999
Drei Zinnen 3221
Toblach (Dobbiaco)
Lienz
Karnische Alpen
Hohe Warte 2780
Plöckenpass
Karawanken
Villach
Klagenfurt
Wörthersee
Črni Vrh
Bachergebirge
Maribor
Ptuj
Čakovec

Cortina d'Ampezzo
Cima dei Preti 2706
Marmolada 3343
Dolomiten
Belluno
Sappada
Tolmezzo
Gemona del Friuli
Predilpass 1156
Triglav 2864
Jesenice
Bled
Loiblpass 1367
Grintovec 2558
Kranj
Celje
Krapina
Ivanščica 1060
Varaždin

Trient (Trento)
Rovereto
Feltre
Venetianer Alpen
Julische Alpen
Tolmin
SLOWENIEN
Ljubljana 290
Trbovlje
Krško
Save
Zagreb
Sljeme 1035
Sesvete
Zapresić

Riva del Garda
Valdagno
Vittorio Veneto
Pordenone
Udine
Gorizia
Nova Gorica
Idrija
Postojna
Novo Mesto
Gorjanci
Trdinov vrh
Samobor
Velika Gorica

Verona
Vicenza
Monti Berici 444
Monte Venda 601
Padua (Padova)
Treviso
Castelfranco Veneto
San Donà di Piave
Monfalcone
Grado
Triest (Trieste)
1796
Snežnik
Kočevje
Zirknitzer See
KROATIEN
Karlovac
Petrinja
Sisak

Villafranca di Verona
Mantua (Mantova)
Legnago
Rovigo
Adria
Chioggia
Venedig (Venezia)
Mira
Abano Terme
Mestre
Lido di Jesolo
Caorle
Bibione
Golf von Triest
Koper
Izola
Umag
Motovun
Poreč
Opatija
Rijeka 126
Vojak 1401
Bjelolasica 1533
Crikvenica
Senj
Ogulin
Duga Resa
Kupa

Carpi
Mirandola
Ferrara
Cento
Argenta
Comacchio
Labin
Rovinj
Pula
Brijuni
Kap Kamenjak
Kvarner-Bucht
Cres
Krk
Rab
Otočac
Mali Rajinac 1699
Velebit
Gospić
Bihać
Bosanska Krupa
Cazin

Reggio nell'Emilia
Modena
Bologna
Lugo
Ravenna
Losinj
Mali Lošinj
Pag
Karlobag
Vaganski vrh 1758
Velika Kladuša
Novi Grad

Vignola
Imola
Faenza
Forlì
Cesena
Cesenatico
Rimini
Riccione
Cattolica
Pesaro
Fano
Dalmatien
Zadar
Biograd
Dugi Otok
Šibenik
Knin

Monte Cimone 2165
Abetone
Futapass 903
Pistoia
Prato
Montecatini Terme
Monte Falterona 1654
Pratomagno 1592
Monte Fumaiolo 1407
Urbino
San Marino
SAN MARINO
Senigallia
Falconara Marittima
Ancona
Osimo
Loreto

Empoli
Scandicci
Florenz (Firenze)
Vinci
Montevarchi
Arezzo
Città di Castello
Gubbio
Monte Nerone 1525
Monte Catria 1702
Umbrischer Apennin
Jesi
Macerata
Porto Sant'Elpido
Fabriano

San Gimignano
Poggibonsi
Monti del Chianti 892
Siena
Cortona
Perugia
Assisi 1622
Tolentino
Fermo
Pedaso

Larderello
Massa Marittima
Montepulciano
Trasimenischer See
Perugia

Adriatisches Meer

Vis

Atlantischer

Ozean

Golf

von Biskaya

5205

44° Nord

Pointe du Raz

Quimper

Lorient

Bretagne

Saint-Nazaire

Nantes

Rennes

Laval

Le Mans

Angers

Tours

Orléans

Fontainebleau

Blois

Bourges
130

FRANKREICH

281

Poitiers

Montluçon

Vichy

La Rochelle

Limoges
215

Clermont-Ferrand

Cognac

Angoulême

Périgueux

Brive

Puy de Sancy
1885

Auvergne
1855

Bordeaux

Libourne

Dordogne

Arcachon

Garonne

Lot

Montauban

Tarn
133

Toulouse

Gascogne

1270

Béziers

La n g u e

Se

16

A Coruña
(La Coruña)

Ribadeo

Gijón

Villaviciosa

Santander

Kap Finisterre

Santiago
de Compostela

Lugo

Oviedo

2417

2648

Kantabrisches Gebirge

Donostia
(San Sebastián)

Biarritz

Pau

Lourdes

Adour

Perpignan

Pontevedra

León
832

Baskenland

Bilbao
(Bilbo)

Vitoria-Gasteiz

Pamplona
(Iruña)

1057

1632

P y r e n ä e n

2884

3355 Perdido

3404 Aneto

ANDORRA
1920

Andorra
la Vella

Argelès-sur-Mer

Vigo

Ourense

2188
Teleno

Palencia

Burgos
849

Logroño

Ebro

Huesca

Girona

Braga

Valladolid
692

Zamora

2271

Soria

2314

Saragossa
(Zaragoza)
184

Lleida
(Lérida)

A r a g ó n

K a t a l o n i e n

Costa Brava

Terrassa

Porto

Duero

Esla

Duero

Tormes

Salamanca
798

A l t k a s t i l i e n

Segovia
2428

Somosierra
1440

Alcalá
de Henares

Madrid
640

Tortosa

Tarragona

Badalona
Barcelona

Coimbra

Serra da Estrela
1993

Guarda

Ávila

Kastilisches Scheidegebirge

2591

Getafe

Toledo

Aranjuez

1838

Cuenca

Teruel

Javalambre
2020

Castellón
de la Plana

2100

1445

Palma

40°

PORTUGAL

Tejo

Cáceres

1603

S P A N I E N

N e u k a s t i l i e n

Valencia

Mallorca

Lissabon
(Lisboa)

Setúbal

Mérida

Badajoz

Guadiana

Alcázar
de San Juan

Ciudad
Real

La Mancha

Júcar

Albacete
686

Gandia

Ibiza

Évora

A l e n t e j o

Puertollano

Valdepeñas

1558

Benidorm

Formentera

Sines

Beja

E x t r e m a d u r a

1059

Sierra Morena

1333

1796

775

Linares

Guadalquivir

Córdoba

Segura

Elche
(Elx)

Alicante
(Alacant)

B a l e a r e n

902

Lagos

A l g a r v e

Portimão

Faro

Huelva

Sevilla

A n d a l u s i e n

2164

Jaén

La Sagra
2381

Lorca

Murcia

Kap
São Vicente

Guadalquivir

Genil

B e t i s c h e   K o r d i l l e r e

Granada
670

Cartagena

2850

Golf
von Cádiz

Jerez de la
Frontera

Torrecilla
1919

Málaga

3478
Sierra Nevada

Costa del Sol

Almería

M

Algier
(Al-Djazaïr)

36°

Cádiz

La Línea
de la Concepción

Marbella

Torremolinos

Bordj
El Kiffan

Algeciras

Gibraltar (Vereinigtes Königreich)

Straße von Gibraltar

1500

Blida

Médéa

Kap Spartel

Ceuta (Spanien)

Tanger
(Tandja)

Tétouan

Chlef

Arzew

Mostaganem

Ksar el
Boukhari

Assilah

Larache

E r   R i f

El Hoceïma

Melilla (Spanien)

Nador

Oran
(Wahran)

Relizane

1985

A t l a s

Mohammadia

Mascara

Tidiquin
2448

Sebou

MAROKKO

Saka

Berkane

Maghnia

Sidi
Bel Abbès

Tlemcen

Tiaret

Aïn Oussera

Saïda

ALGERIEN

Ost   E   8°   F   12°   G   16°   H

DEUTSCHLAND   München   Wiener   Raab   Budapest
Troyes   Épinal   Freiburg   Salzburg   Hoher Dachstein   Neustadt   (Győr)
Vogesen   Schwarzwald   2995   Leoben   Steinamanger   Dunaújváros
1424   Mülhausen   Bregenz   Zugspitze   ÖSTERREICH   Graz   (Szombathely)   Székesfehérvár
(Mulhouse)   252   Basel   Zürich   2962   Innsbruck   Brenner   Großglockner   356   Plattensee   UNGARN
Dijon   Besançon   Luzern   Vaduz   1793   3798   Klagenfurt   Villach   2864   Zalaegerszeg   (Balaton)   Nagykanizsa   Szekszárd
245   Bern   LIECHTEN-   Bozen   Marmolada   Triglav   Kranj   Maribor   Varaždin   Kaposvár   Pécs
SCHWEIZ   STEIN   Chur   3905   (Bolzano)   3343   2795   Ljubljana   135   Zagreb   Bjelovar   Slawonien
Chalon-   Lausanne   4274   Ortler   Dolomiten   SLOWENIEN   Sisak   Slavonski Brod
sur-Saône   Finsteraar-   Piz Bernina   Udine   Snežnik   Karlovac   Prijedor
1720   Genf   horn   2107   4049   Triest   1795   Rijeka   KROATIEN   Bihać   Banja Luka   Zenica   44°
(Genève)   Dufourspitze   (Trento)   (Trieste)   Istrien   Krk   Velebit   1757   BOSNIEN UND   Nord
Lyon   4810   4634   Trient   Cres   1913   HERZEGOWINA
Mont   Como   Bergamo   Brescia   Vicenza   Venedig   Pula   Pag   Zadar   Troglav   Mostar
Blanc   Aosta   Novara   Verona   Padua   (Venezia)   Šibenik
4061   MAILAND   (Padova)   Split
Grenoble   3841   (Milano)   Po-Ebene   Dalmatische Inseln   Brač
4102   Monte   Turin   Piacenza   Modena   Ferrara   Hvar
Saint-   Viso   (Torino)   92   Ravenna   Korčula
Étienne   Alessandria   Parma   Bologna   Mljet
Mont   753   Tenda   Reggio   Adriatisches   Meer
Mézenc   1912   1871   Genua   nell'Emilia   Forlì   Rimini   Pesaro
Valence   Riviera   (Génova)   Monte Cimone   Ancona
Nîmes   Avignon   79   La Spezia   2165   SAN   Macerata
Aix-en-   Nizza   San Remo   Pisa   Prato   Florenz   MARINO   1702
Arles   Provence   (Nice)   Monaco   Livorno   (Firenze)   San Marino
Montpellier   1148   Cannes   MONACO   Arezzo   Perugia   493
Fos-sur-Mer   Toulon   Côte d'Azur   Toskana   Siena   ITALIEN   Pescara
Marseille   Kap Corse   Elba   Grosseto   Terni   2912   Chieti   Termoli
Golfe du Lion   Ligurisches   Meer   Calvi   Bastia   Gran Sasso   2793   Gargano   Bari
3072   2706   Civitavecchia   d'Italia   Campobasso   Cannae
Monte   VATIKANSTADT   2050   Foggia   Andria
Cinto   Rom   Benevento   Apulien   Tarent
Ajaccio   (Roma)   Latina   Neapel   Vesuv   Potenza   (Taranto)
Korsika   (Napoli)   1281   Salerno   Bradano
(Frankreich)   Pompeji   Agropoli   Golf von
Ischia   Capri   Serra   Tarent
Olbia   Dolcedorme   Rossano
Sassari   2267
Punta la   Tyrrhenisches   Cosenza   1928   Crotone
Marmora   Sardinien   Meer   3840   Catanzaro
Menorca   1834   (Italien)   Stromboli
Oristano   Liparische Inseln   Messina   1955   Reggio
3150   Cagliari   di Calabria
Kap Teulada   Palermo   Taormina
Ägadische   Segesta   3357   Ätna   Ionisches
Inseln   Selinunt   Catania   Meer
Marsala   Sizilien   Syrakus
Bizerte   Kap   Agrigento   Ragusa   (Siracusa)
Bon   Pantelleria   Kap Passero
Annaba   Béja   Karthago   (Italien)
Tizi Ouzou   Skikda   Tunis
Bejaia   Jijel   Azzaba   Pelagische Inseln   Malta   Valletta
2308   Guelma   Nabeul   Lampedusa   MALTA
Sétif   Constantine   Souk   (Italien)
Bordj Bou   El Eulma   (Qusantina)   Ahras   Sousse
Arreridj   Aïn Beïda   Monastir
M'Sila   Batna   TUNESIEN   Kairouan   Mahdia
Schott el Hodna   Timgad   Tébessa   Chambi
391   2328   Chélia   1544   Kasserine   Sidi Bouzid   Sfax
Bou Saâda   Barika   Biskra   Aurès   Kerkenna

Ost   E   8°   F   12°   G

© Westermann

Abstandstreuer Schnittkegel

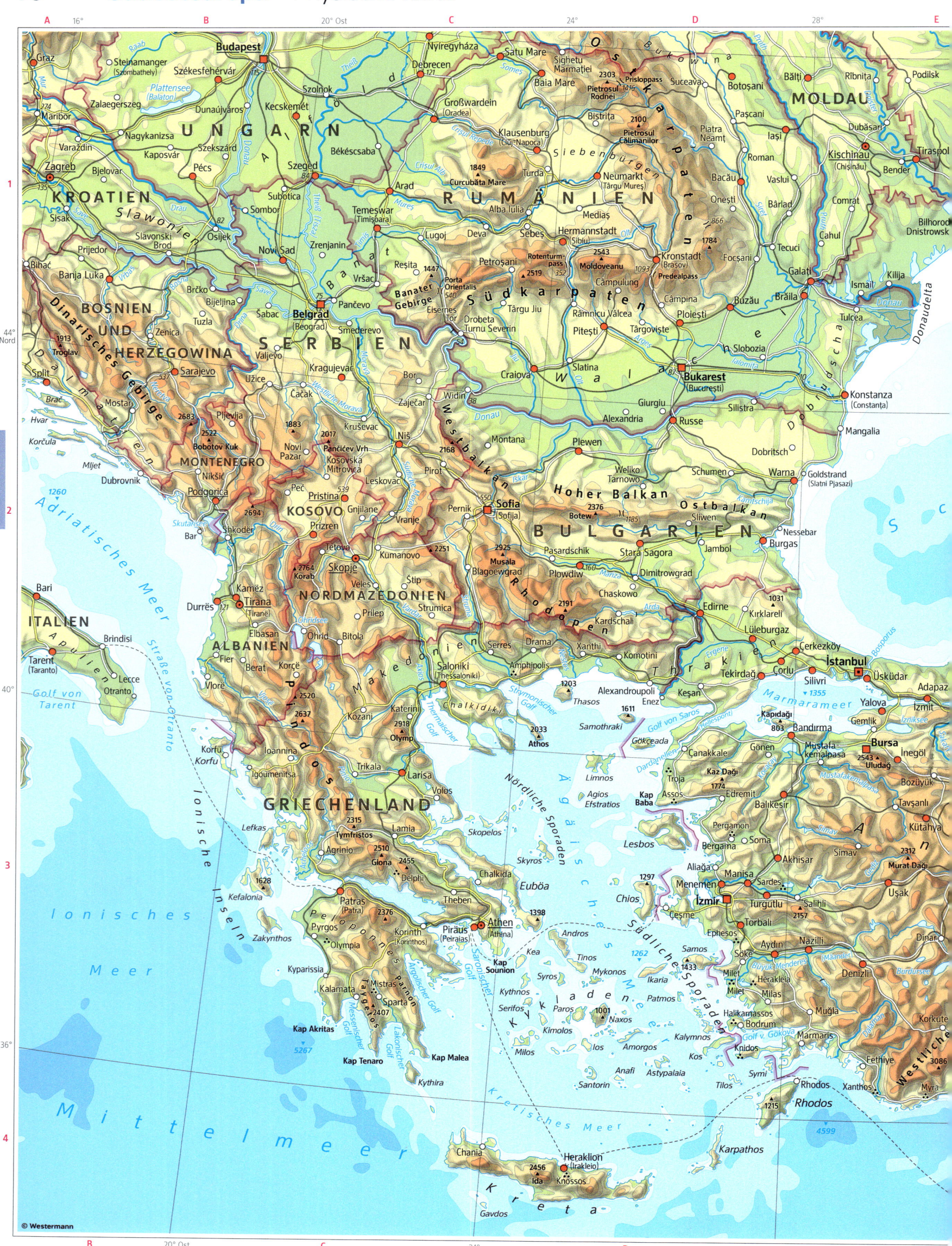

32° F 36° G 40° H 44° J

UKRAINE

Perwomaisk · Krywy Rih · Wosnessensk · Nikopol · Marhanez · Saporischschja · Wolnowacha · Makijiwka · Donezk · Nowoschachtinsk · Schachty · Kotelnikowo

Dnjepr-Schwarzmeer-Kanal · Kachowkaer Stausee · Tokmak · 325 · Taganrog · **Rostow** · Nowotscherkassk · Bataisk · Asow · Wolgodonsk

Mykolajiw · Cherson · Nowa Kachowka · Melitopol · Berdjansk · Mariupol · Bucht von Taganrog · Primorsko-Achtarsk · Staromiskaja · Pawlowskaja · Timaschowsk · Korenowsk · Ust-Labinsk · Kropotkin · Salsk · 222 · Elista

Odessa · Nogaische Steppe · Asowsches Meer · Kap Dolgaja · Jejsk · Tichorezk · Armawir · Stawropol · 831 · Newinnomyssk · Mineralnyje Wody · Georgijewsk · Mosdok

RUSSLAND · Stawropoler Hochland · Budjonnowsk · Kuma

Jany Kapu · Dschankoi · Slawjansk · **Krasnodar** · Krasnodarer Stausee · Krymsk · Apscheronsk · Maikop · Labinsk · Tscherkessk · Pjatigorsk · Kislowodsk · Prochladny · Naltschik · Beslan · Terek · Wladikawkas · Kasbek · 5034

Krim · Jewpatorija · Simferopol · Feodossija · Kertsch · 14 · Anapa · Noworossisk · 921 · Gelendschik · Tuapse · 2867 · Fischt · 3237 · Tschugusch · 3256 · Agepsta · Psysch · 3489 · Elbrus · 5642 · 2781 · Dychtau · 5204 · 2911 · Mamisson-Pass · 2379

Sewastopol · Krimgebirge · 1545 · Jalta · Straße von Kertsch · Sotschi · Adler · 2245 · Kaukasus · Kluchor-Pass · Karatschajewsk · Selentschukskaja

Schwarzes Meer

Sochumi · Samtredia · 2850 · Kutaissi · Gori · **GEORGIEN** · Poti · 3196 · Atschkassar · Gjumri · 4090 · Aragaz

İnceburun · Sinop · Batumi · Rize · Artvin · 3931 · Kaçkar · Kars · 4058 · Armawir

Cide · Bartın · Kastamonu · 2019 · Bafra · Samsun · Çarşamba · Ünye · Giresun · Trabzon · Zigana-Pass · Bayburt · Erzurum · İğdır · 4058 · Süphan

Zonguldak · Ereğli · Karabük · 2587 · Büyükhacet Tepe · Merzifon · Amasya · 2058 · Ordu · 2032 · Karagöl Dağı · 3107 · 3194 · Bingöl · Patnos

Düzce · Bolu · Köroğlu Tepesi · 2400 · Çankırı · Çorum · Erbaa · Turhal · Tokat · 3577 · Kössdağı · Erzincan · Muş · Vansee · 1720 · Van

İnnerer Taurus · Tunceli · Bingöl · Tatvan · Arnas · 3550

TÜRKEI · Ankara · 848 · Kırıkkale · Yozgat · Sivas · 1300 · 2792 · 2190 · Kızıldağ-Pass · Elazığ · Silvan · Kurtalan · Siirt

Polatlı · Kulu · Alaca Hüyük · Hattuşa · 2313 · Keban-Stausee · Karakaya-Stausee · Batman · Mardin · Midyat · Cizre · Zachu · Ninive · 250

Eskişehir · Sakarya-Stausee · Kültepe · Kayseri · 3917 · Erciyes Dağı · Elbistan · Nurhan Dağı · 3081 · Malatya · Diyarbakır · 1957 · Karaca · Nusaybin · Al-Qamishli · Dohuk

Afyon · 2281 · Akşehir · Tuzsee · 899 · Nevşehir · Aksaray · 3268 · Hasan Dağı · Niğde · Aladağ · 3756 · Kahramanmaraş · Adıyaman · Siverek · Viranşehir · Kızıltepe · Al-Hasaka · Tal Afar · **Mossul**

Akşehir · Eğirdirsee · Konya · 1027 · Ereğli · Kozan · Kadirli · Nizip · Birecik · Şanlıurfa · Ceylanpınar · 1463 · Djabal Sindjar

Beyşehirsee · Karaman · Sertavul · 2647 · Ak Dağ · 1660 · Tarsus · Ceyhan · Osmaniye · Kilis · **Gaziantep** · 920 · **IRAK**

Serik · Manavgat · Alanya · Mersin (İçel) · **Adana** · Dörtyol · İskenderun · Manbidj · Ar-Raqqa · Hatra · Mesopotamien

Antalya · Golf von Antalya · Anamur · Kap Anamur · Silifke · Erdemli · Golf von İskenderun · Antakya · **Aleppo** (Halab) · 390 · As-Safira · Assad-Stausee · Dair az-Zour · 867

Perge · elidonya · Kap Sankt Andreas · Ugarit · Latakia (Al-Ladhiqiya) · 1562 · İdlib · Maarat an-Numan · Al-Mayadin

ZYPERN · Kyrenia · Famagusta · Baniyas · **SYRIEN** · Salamiya · 1387 · Abu Kamal · Ana · Al-Qaim

Paphos · Limassol · Nikosia (Lefkosia) · 1953 · Larnaka · Zypern · Tartus · Hama · Homs (Hims) · Djabal Abu Rujmayn · Palmyra · Tadmor · 5617

32° F 36° G 40° H

44° Nord · 40° · 36°

Abstandstreuer Schnittkegel

1 Tektonik

Maßstab 1:30 000 000   0 250 500 750 km

Urkontinent

Frühes Erdaltertum
(vor ca. 500 Mio. Jahren)
- kaledonische Faltung
- Tafelländer, Becken

Spätes Erdaltertum
(vor ca. 400 Mio. Jahren)
- variskische Faltung
- Tafelländer, Becken

Erdmittelalter/Erdneuzeit
(vor ca. 50 Mio. Jahren
bis heute)
- alpidische Faltung
- Tafelländer, Becken
- vulkanisches Festland
- ▲ tätiger Vulkan

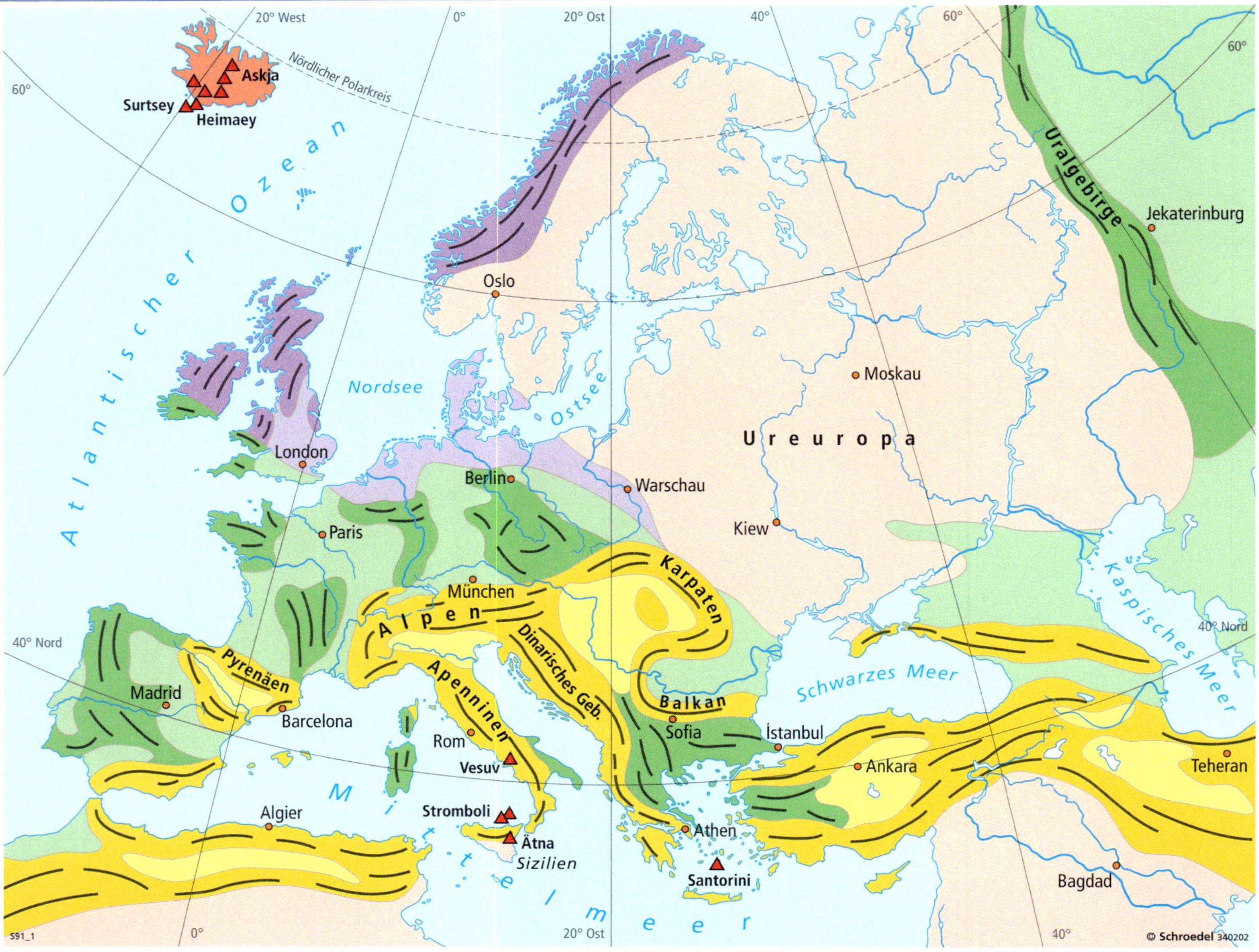

20° West   0°   20° Ost   40°   60°

Nördlicher Polarkreis

Askja
Surtsey
Heimaey

Uralgebirge
Jekaterinburg

Atlantischer Ozean

Nordsee
Ostsee

Oslo

London

Berlin
Warschau

Moskau

Paris

Kiew

U r e u r o p a

München
Karpaten
Alpen
Pyrenäen
Apenninen
Dinarisches Geb.
Balkan
Kaspisches Meer

Madrid

Barcelona

Rom
Vesuv
Schwarzes Meer
Sofia
İstanbul
Ankara
Teheran

40° Nord

Algier

Stromboli
Ätna
Sizilien
Athen
Santorini

M i t t e l m e e r

Bagdad

0°   20° Ost   40°

S91_1   © Schroedel 340202

2 Satellitenbildaufnahme des Vulkans Ätna

Maßstab 1:400 000

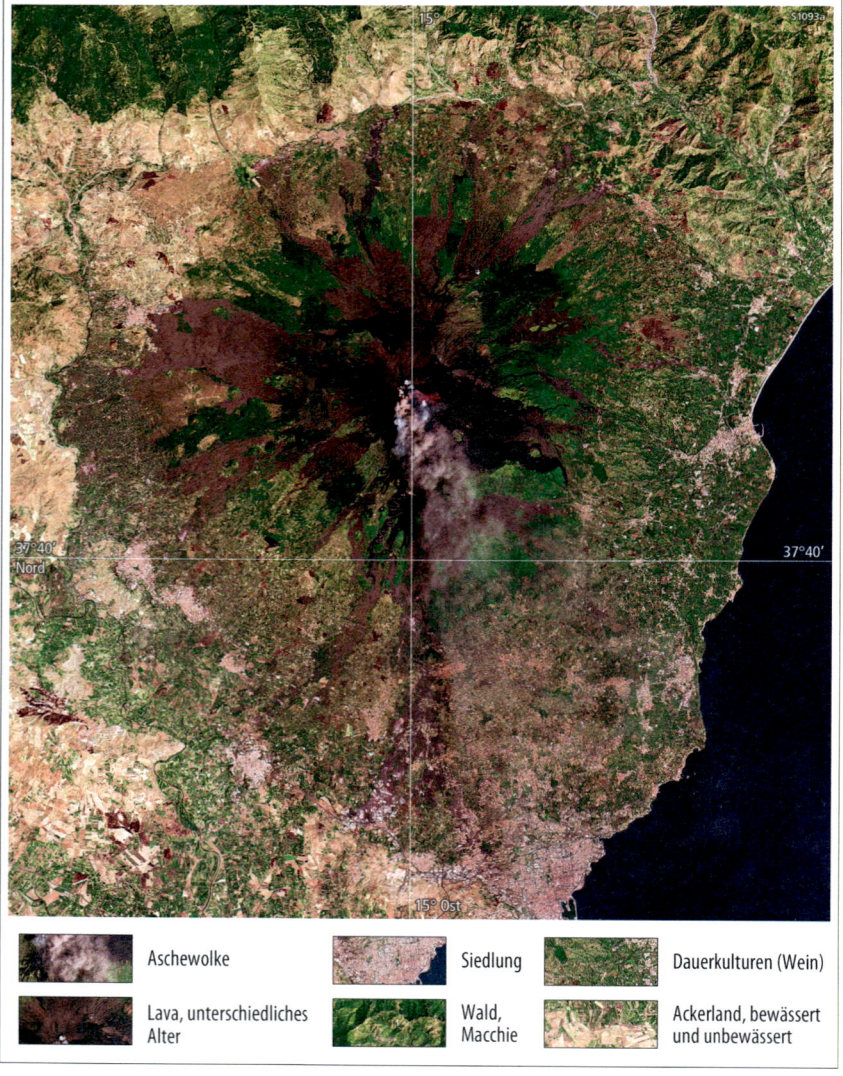

37°40' Nord   37°40'

15° Ost   S1093

- Aschewolke
- Lava, unterschiedliches Alter
- Siedlung
- Wald, Macchie
- Dauerkulturen (Wein)
- Ackerland, bewässert und unbewässert

3 Landnutzung am Ätna

Maßstab 1:400 000   0 4 8 12 km

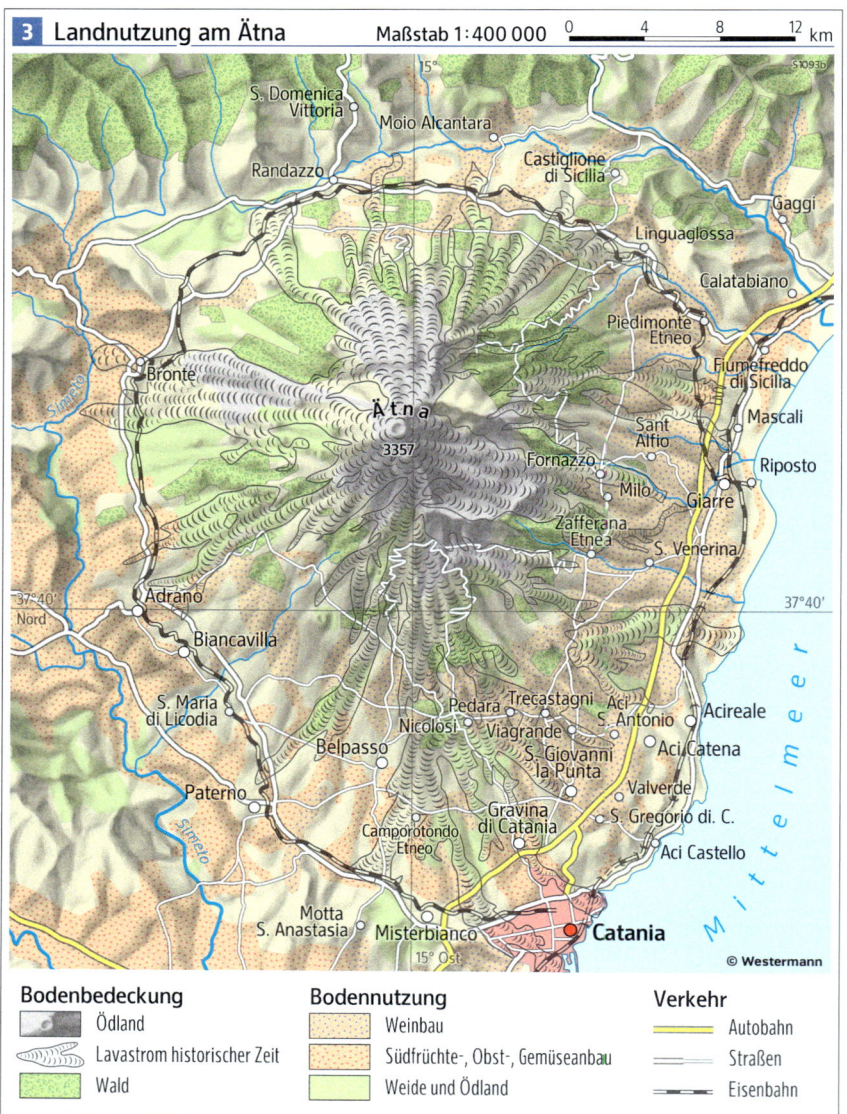

S. Domenica Vittoria
Moio Alcantara
Castiglione di Sicilia
Gaggi
Randazzo
Linguaglossa
Calatabiano
Piedimonte Etneo
Bronte
Flumefreddo di Sicilia
Ätna 3357
Mascali
Sant Alfio
Riposto
Fornazzo
Milo
Giarre
Zafferana Etnea
S. Venerina
Adrano
Biancavilla
S. Maria di Licodia
Pedara
Trecastagni
Aci S. Antonio
Acireale
Nicolosi
Viagrande
Aci Catena
Belpasso
S. Giovanni la Punta
Valverde
Paternò
Gravina di Catania
S. Gregorio di C.
Camporotondo Etneo
Aci Castello
Motta S. Anastasia
Misterbianco
Catania

37°40' Nord   37°40'

Simeto

Mittelmeer

15° Ost   S1093b
© Westermann

Bodenbedeckung
- Ödland
- Lavastrom historischer Zeit
- Wald

Bodennutzung
- Weinbau
- Südfrüchte-, Obst-, Gemüseanbau
- Weide und Ödland

Verkehr
- Autobahn
- Straßen
- Eisenbahn

1 Geothermie in Island

Maßstab 1:4 000 000

© Schroedel 330228

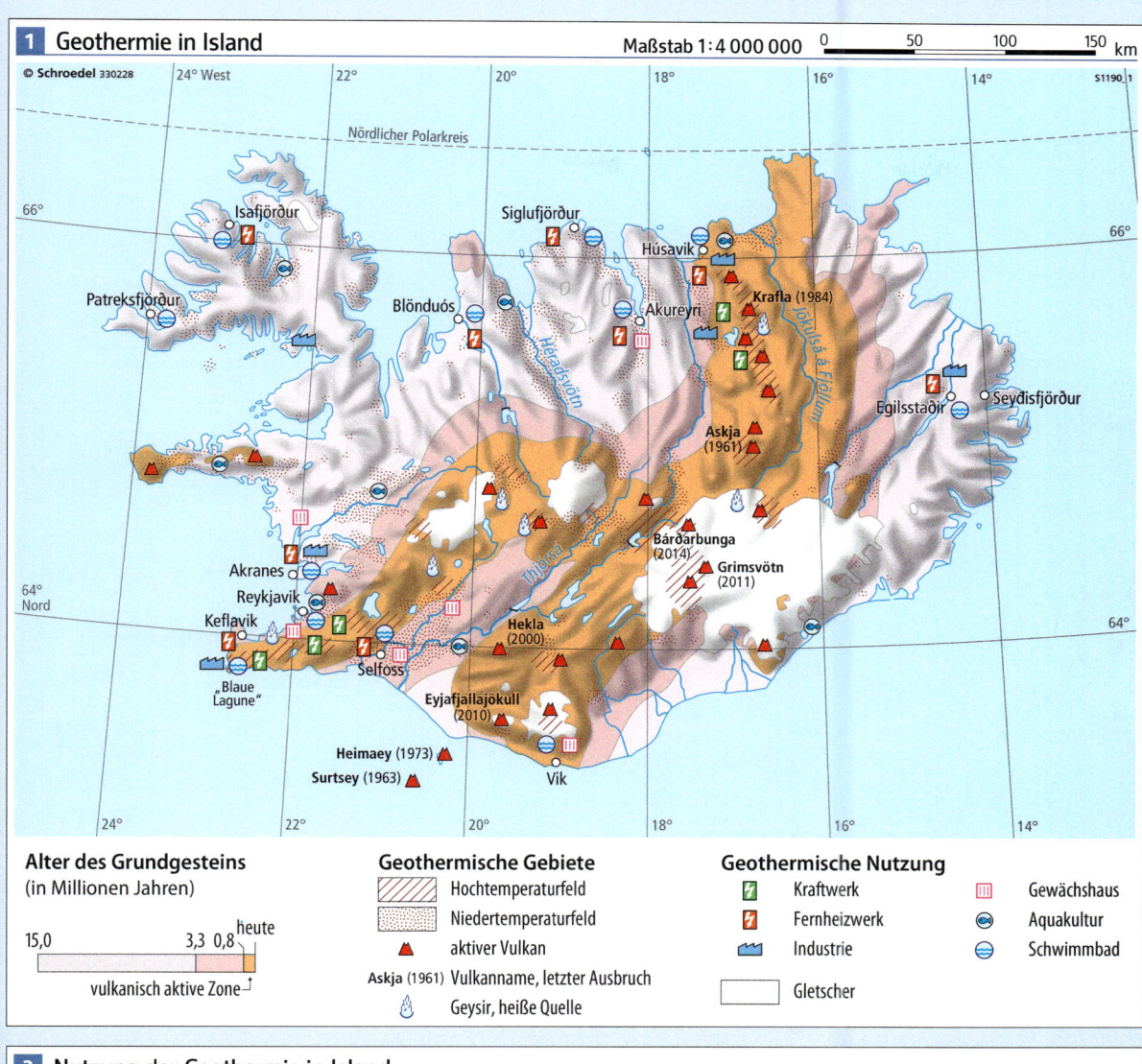

Alter des Grundgesteins
(in Millionen Jahren)

15,0   3,3 0,8 heute

vulkanisch aktive Zone

Geothermische Gebiete

Hochtemperaturfeld
Niedertemperaturfeld
▲ aktiver Vulkan
Askja (1961) Vulkanname, letzter Ausbruch
💧 Geysir, heiße Quelle

Geothermische Nutzung

⚡ Kraftwerk
⚡ Fernheizwerk
Industrie
Gewächshaus
Aquakultur
Schwimmbad
Gletscher

Geothermiekraftwerk

Geothermisch beheiztes Schwimmbad

Straßenbeheizung

Gewächshäuser

Aluminiumwerk

2 Nutzung der Geothermie in Island

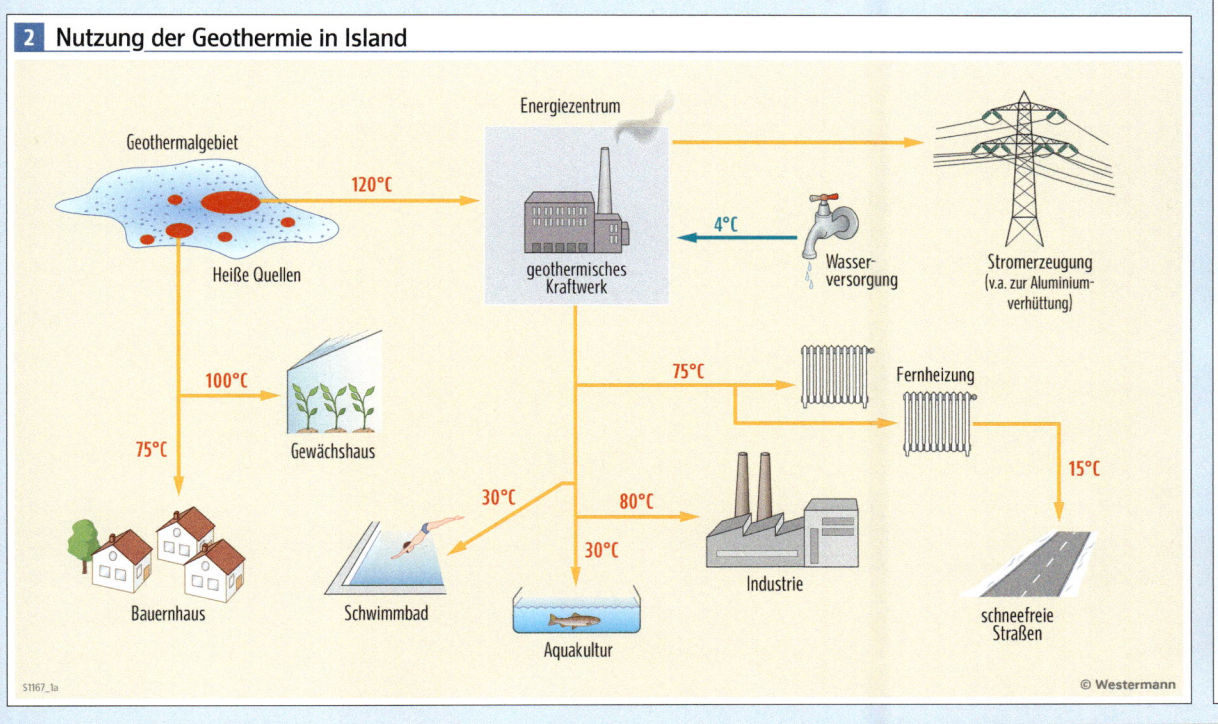

© Westermann

3 Energieträger

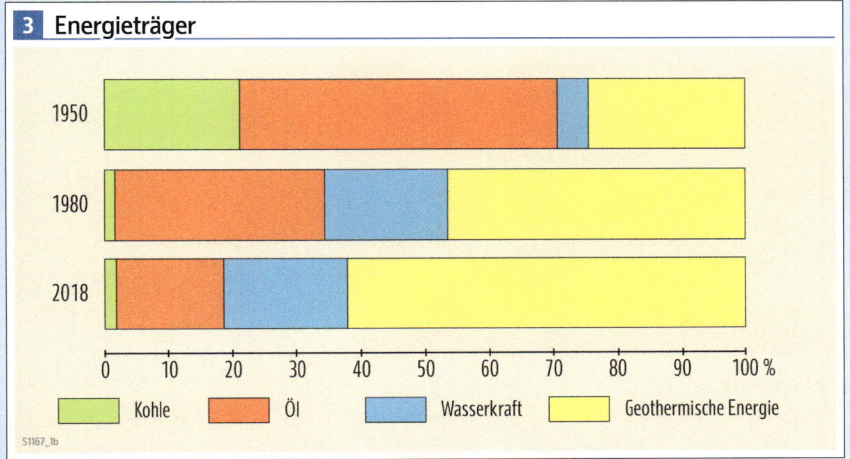

Kohle   Öl   Wasserkraft   Geothermische Energie

4 Geothermische Energieanwendung

Heizungswärme
Schwimmbad
Aquakultur
schneefreie Straßen
Industrie
Gewächshaus

3,0 %   1,0 %
6,0 %
6,0 %
10,0 %
74,0 %

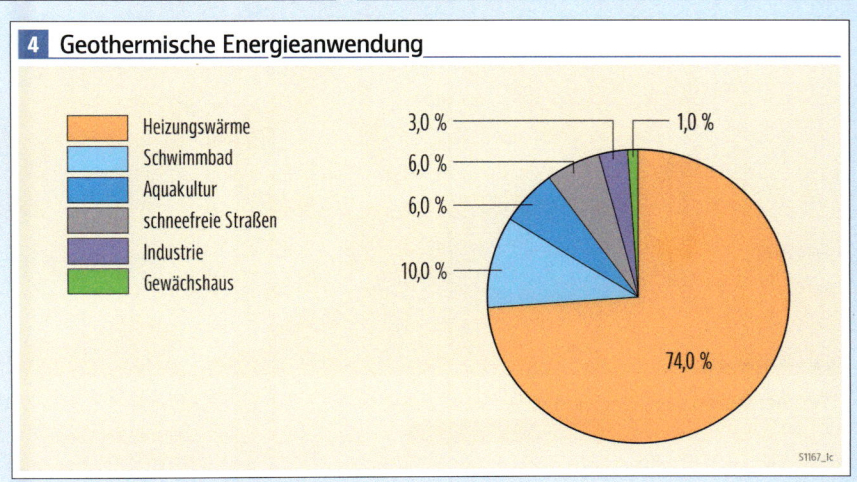

1 Temperaturen im Januar Maßstab 1:36 000 000 0 200 400 600 800 1000 km

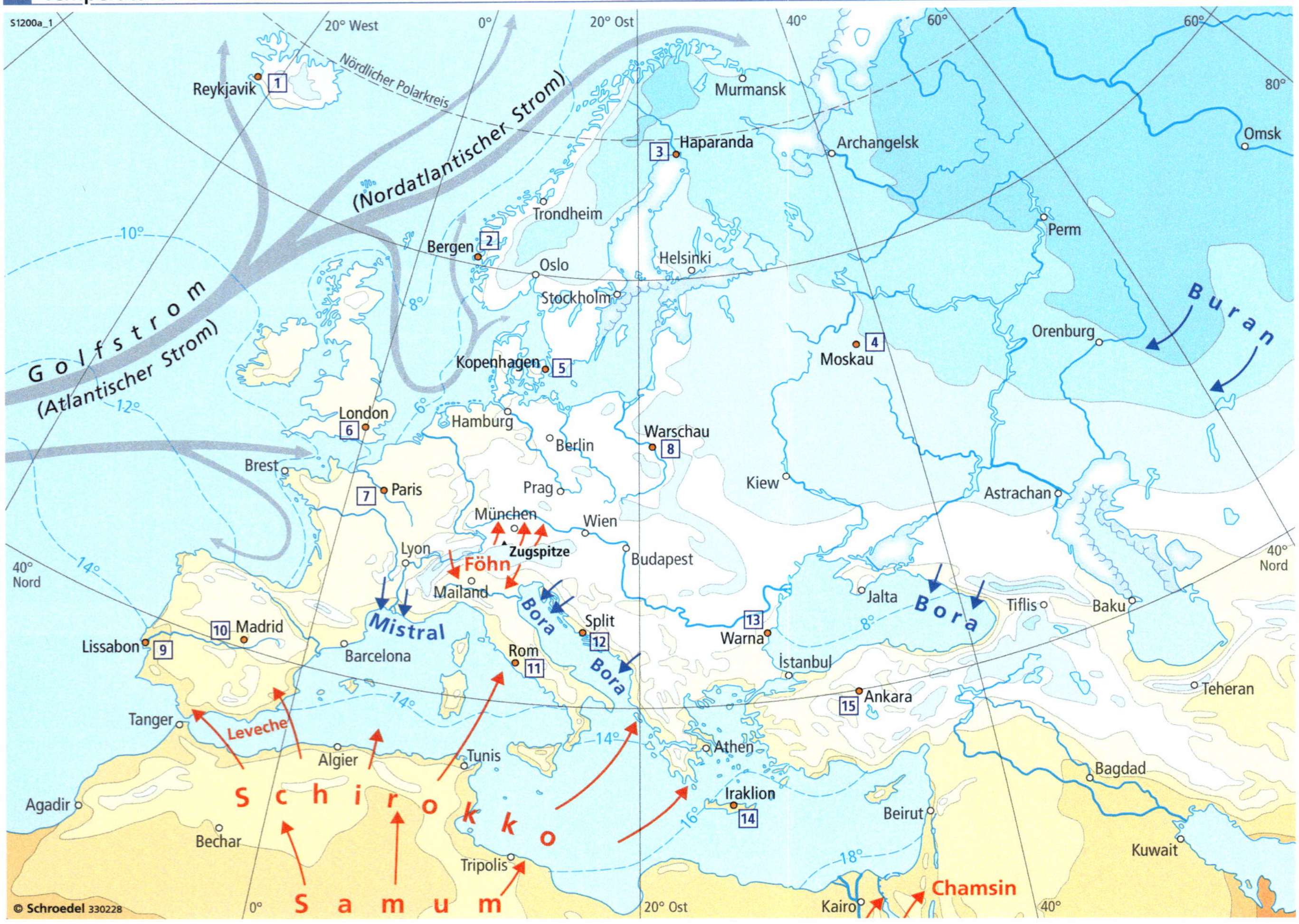

S1200a_1

20° West 0° 20° Ost 40° 60° 60° 80°

Nördlicher Polarkreis

Reykjavik 1

(Nordatlantischer Strom)

Murmansk

Haparanda 3 Archangelsk Omsk

Trondheim Perm

Bergen 2 Oslo Helsinki

Stockholm

-10°

Golfstrom
(Atlantischer Strom)

Kopenhagen 5 Moskau 4 Orenburg

London 6 Hamburg Berlin Warschau 8 Kiew Astrachan

Brest Paris 7 Prag Wien

München Zugspitze **Föhn** Budapest Jalta Tiflis Baku

Lyon Mailand **Mistral** **Bora** Split 12 Warna 13 Istanbul Teheran

40° Nord Madrid 10 Barcelona Rom 11 **Bora** Ankara 15 40° Nord

Lissabon 9

Tanger **Leveche** Algier Tunis Athen Bagdad

S c h i r o k k o Iraklion 14 Beirut Kuwait

Agadir Bechar Tripolis **Chamsin**

S a m u m Kairo

© Schroedel 330228 0° 20° Ost 40°

Temperaturen (langjähriges Mittel in Grad Celsius)

-15 -10 -5 0 5 10 15 17,5 °C

Küsteneis
Isotherme der Meeresoberflächen in °C

Örtliche Winde
→ warm ● Klimastation
→ kalt ○ sonstiger Ort

1 Nummer einer Klimastation mit Klimadiagramm

2 Temperaturen im Juli Maßstab 1:36 000 000 0 200 400 600 800 1000 km

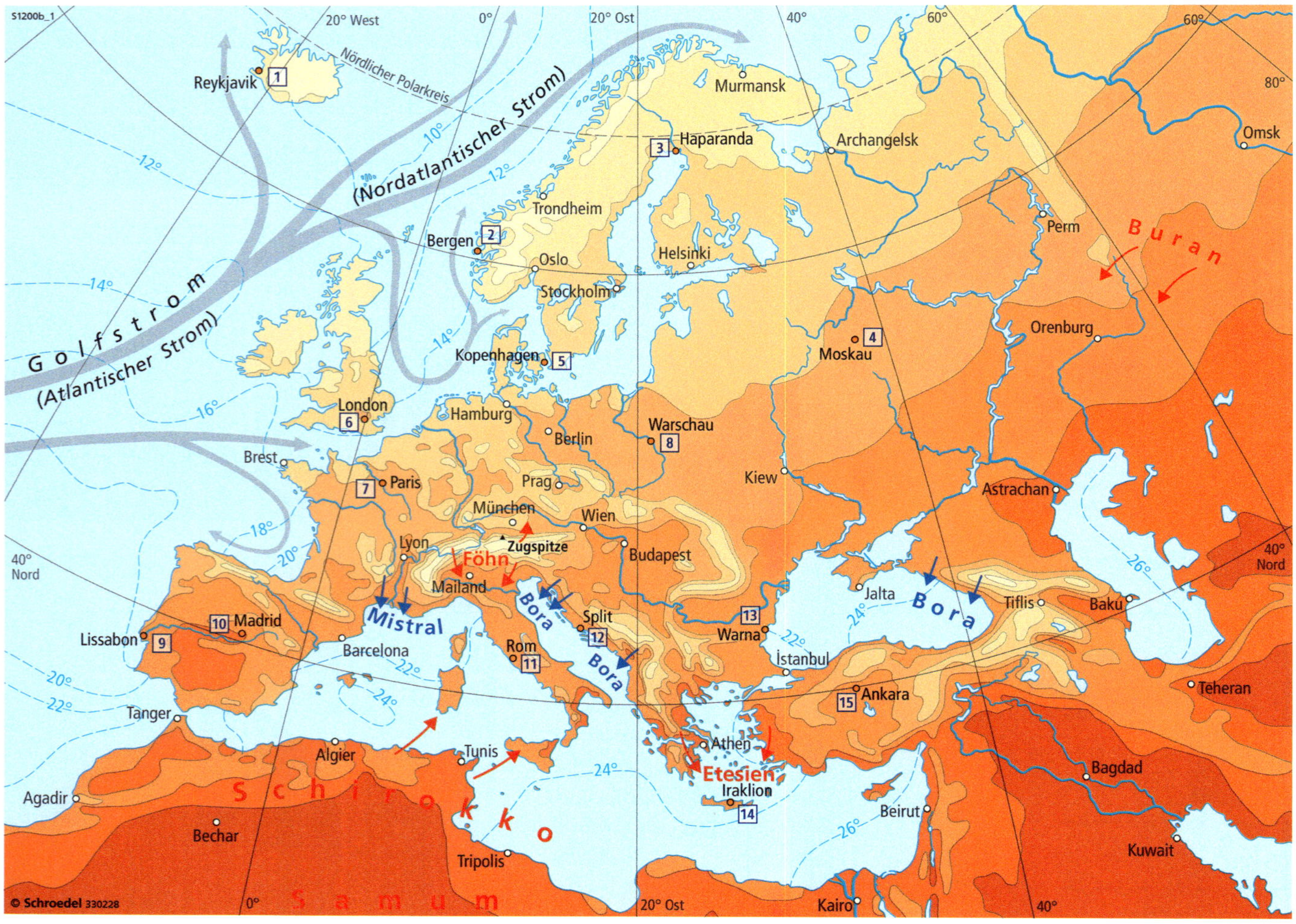

S1200b_1

20° West 0° 20° Ost 40° 60° 60° 80°

Nördlicher Polarkreis

Reykjavik 1

(Nordatlantischer Strom)

Murmansk

Haparanda 3 Archangelsk Omsk

Trondheim Perm

Bergen 2 Oslo Helsinki

Stockholm

Golfstrom
(Atlantischer Strom)

Kopenhagen 5 **Buran**

London 6 Hamburg Berlin Warschau 8 Moskau 4 Orenburg

Brest Paris 7 Prag Kiew Astrachan

München Wien Budapest

Lyon Zugspitze **Föhn**

Mailand **Mistral** **Bora** Split 12 Warna 13 Jalta **Bora** Tiflis Baku

40° Nord Madrid 10 Barcelona Rom 11 **Bora** Istanbul Ankara 15 40° Nord

Lissabon 9

Tanger Algier Tunis **Etesien** Athen

S c h i r o k k o Iraklion 14 Beirut Bagdad

Agadir Bechar Tripolis Kuwait

S a m u m Kairo

© Schroedel 330228 0° 20° Ost 40°

Temperaturen (langjähriges Mittel in Grad Celsius)

10 15 17,5 20 25 30 °C

Küsteneis
Isotherme der Meeresoberflächen in °C

Örtliche Winde
→ warm ● Klimastation
→ kalt ○ sonstiger Ort

1 Nummer einer Klimastation mit Klimadiagramm

3 Klimadiagramme

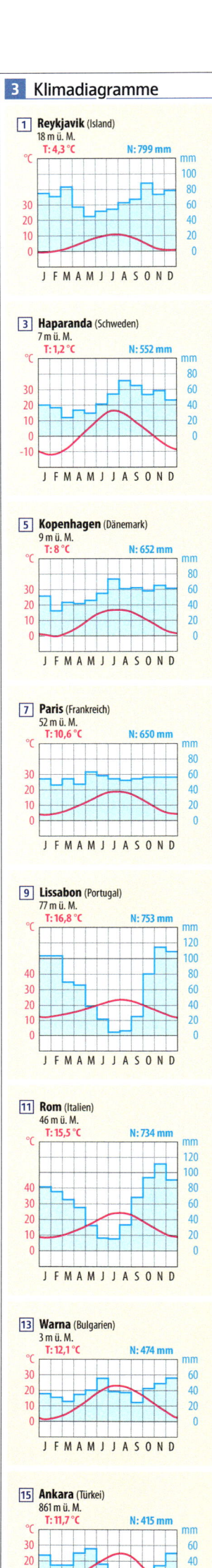

1 **Reykjavik** (Island)
18 m ü. M.
T: 4,3 °C N: 799 mm

3 **Haparanda** (Schweden)
7 m ü. M.
T: 1,2 °C N: 552 mm

5 **Kopenhagen** (Dänemark)
9 m ü. M.
T: 8 °C N: 652 mm

7 **Paris** (Frankreich)
52 m ü. M.
T: 10,6 °C N: 650 mm

9 **Lissabon** (Portugal)
77 m ü. M.
T: 16,8 °C N: 753 mm

11 **Rom** (Italien)
46 m ü. M.
T: 15,5 °C N: 734 mm

13 **Warna** (Bulgarien)
3 m ü. M.
T: 12,1 °C N: 474 mm

15 **Ankara** (Türkei)
861 m ü. M.
T: 11,7 °C N: 415 mm

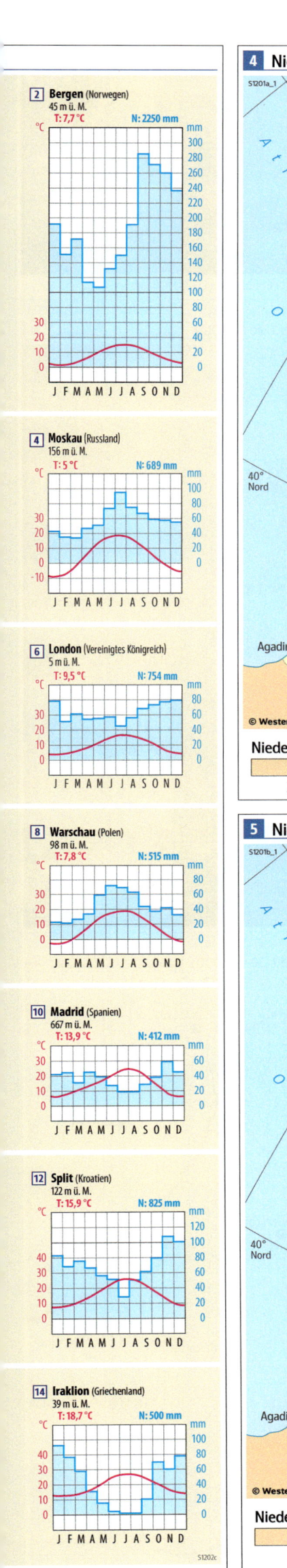

2 Bergen (Norwegen)
45 m ü. M.
°C **T: 7,7 °C**　　**N: 2250 mm** mm
J F M A M J J A S O N D

4 Moskau (Russland)
156 m ü. M.
°C **T: 5 °C**　　**N: 689 mm** mm
J F M A M J J A S O N D

6 London (Vereinigtes Königreich)
5 m ü. M.
°C **T: 9,5 °C**　　**N: 754 mm** mm
J F M A M J J A S O N D

8 Warschau (Polen)
98 m ü. M.
°C **T: 7,8 °C**　　**N: 515 mm** mm
J F M A M J J A S O N D

10 Madrid (Spanien)
667 m ü. M.
°C **T: 13,9 °C**　　**N: 412 mm** mm
J F M A M J J A S O N D

12 Split (Kroatien)
122 m ü. M.
°C **T: 15,9 °C**　　**N: 825 mm** mm
J F M A M J J A S O N D

14 Iraklion (Griechenland)
39 m ü. M.
°C **T: 18,7 °C**　　**N: 500 mm** mm
J F M A M J J A S O N D

---

4 Niederschläge im Januar　　Maßstab 1:36 000 000
0 200 400 600 800 1000 km

S1201a_1

20° West · 0° · 20° Ost · 40° · 60°

Reykjavik **1**　Nördlicher Polarkreis
Murmansk　Archangelsk　Omsk
3 Haparanda　Perm
Trondheim
Bergen **2**　Oslo　Helsinki
Stockholm　**4** Moskau　Orenburg
Kopenhagen **5**
London **6**　Hamburg　Berlin　Warschau **8**　Kiew
Brest　**7** Paris　Prag　Wien　Astrachan
München　Budapest
Lyon　Zugspitze
Mailand　Jalta　Baku
Lissabon **9**　Madrid **10**　Barcelona　Split **12**　Warna　Tiflis
　Rom **11**　İstanbul
Tanger　**15** Ankara　Teheran
Algier　Tunis　Athen
Agadir　Iraklion **14**　Beirut　Bagdad
Bechar　Kuwait
Tripolis　Kairo

Atlantischer Ozean　Nordsee　Ostsee　Schwarzes Meer　Kaspisches Meer　Mittelmeer　Persischer Golf

© Westermann

80° · 60° · 40° Nord

Niederschläge (langjähriges Mittel in Millimetern)
25　50　100　200　mm

● Klimastation
○ sonstiger Ort
1 Nummer einer Klimastation mit Klimadiagramm

---

5 Niederschläge im Juli　　Maßstab 1:36 000 000
0 200 400 600 800 1000 km

S1201b_1

20° West · 0° · 20° Ost · 40° · 60°

Reykjavik **1**　Nördlicher Polarkreis
Murmansk　Archangelsk　Omsk
3 Haparanda　Perm
Trondheim
Bergen **2**　Oslo　Helsinki
Stockholm　**4** Moskau　Orenburg
Kopenhagen **5**
London **6**　Hamburg　Berlin　Warschau **8**　Kiew
Brest　**7** Paris　Prag　Wien　Astrachan
München　Budapest
Lyon　Zugspitze
Mailand　Jalta　Baku
Lissabon **9**　Madrid **10**　Barcelona　Split **12**　Warna　Tiflis
　Rom **11**　İstanbul
Tanger　**15** Ankara　Teheran
Algier　Tunis　Athen
Agadir　Iraklion **14**　Beirut　Bagdad
Bechar　Kuwait
Tripolis　Kairo

Atlantischer Ozean　Nordsee　Ostsee　Schwarzes Meer　Kaspisches Meer　Mittelmeer　Persischer Golf

© Westermann

80° · 60° · 40° Nord

Niederschläge (langjähriges Mittel in Millimetern)
25　50　100　200　mm

● Klimastation
○ sonstiger Ort
1 Nummer einer Klimastation mit Klimadiagramm

umgestürztes Baugerüst

Lkw-Unfall auf der Autobahn durch Sturmböe

Personenzug kollidiert mit einem umgestürzten Baum

---

1 Satellitenbild vom 31. März 2015, 12 Uhr — Maßstab 1:30 000 000 — 0 250 500 750 km

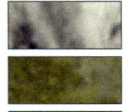 Wolken

 Land

Meer

Das Bild wurde von dem stationären Satelliten METEOSAT 10 aufgenommen. METEOSAT 10 befindet sich an der Position 0° über dem Äquator.

Der Satellit hat dort immer den gleichen Blickwinkel zur Erde und liefert Bilder im Abstand von 15 Minuten. Dadurch ist eine kontinuierliche Wetterbeobachtung rund um die Uhr möglich.

Da vom Satelliten aus gesehen Europa schon in der Erdkrümmung liegt, muss das Bild mit Spezialprogrammen entzerrt werden, um eine möglichst naturgetreue Darstellung zu erhalten.

---

2 Wetterkarte vom 31. März 2015, 12 Uhr — Maßstab 1:30 000 000 — 0 250 500 750 km

Lesen einer Wetterkarte

H Hochdruckgebiet

T Tiefdruckgebiet

—995— Isobaren (mit Luftdruck in Hektopascal)

Warmfront

Kaltfront

Mischfront (Okklusion)

Wolkenbedeckung

○ wolkenlos (sonnig)

◔ ¼ bedeckt (heiter)

◑ ½ bedeckt (wolkig)

◕ ¾ bedeckt (stark bewölkt)

● bedeckt

⊗ keine Angaben

24 Temperaturen in °C

Windrichtung

Γ Norden ⟨ Nordwesten

⌐ Süden ⌄ Südwesten

∟ Westen ⌃ Nordosten

¬ Osten ⟩ Südosten

Windstärke (in km/h)

10 20 30 40 50 60 70 und mehr

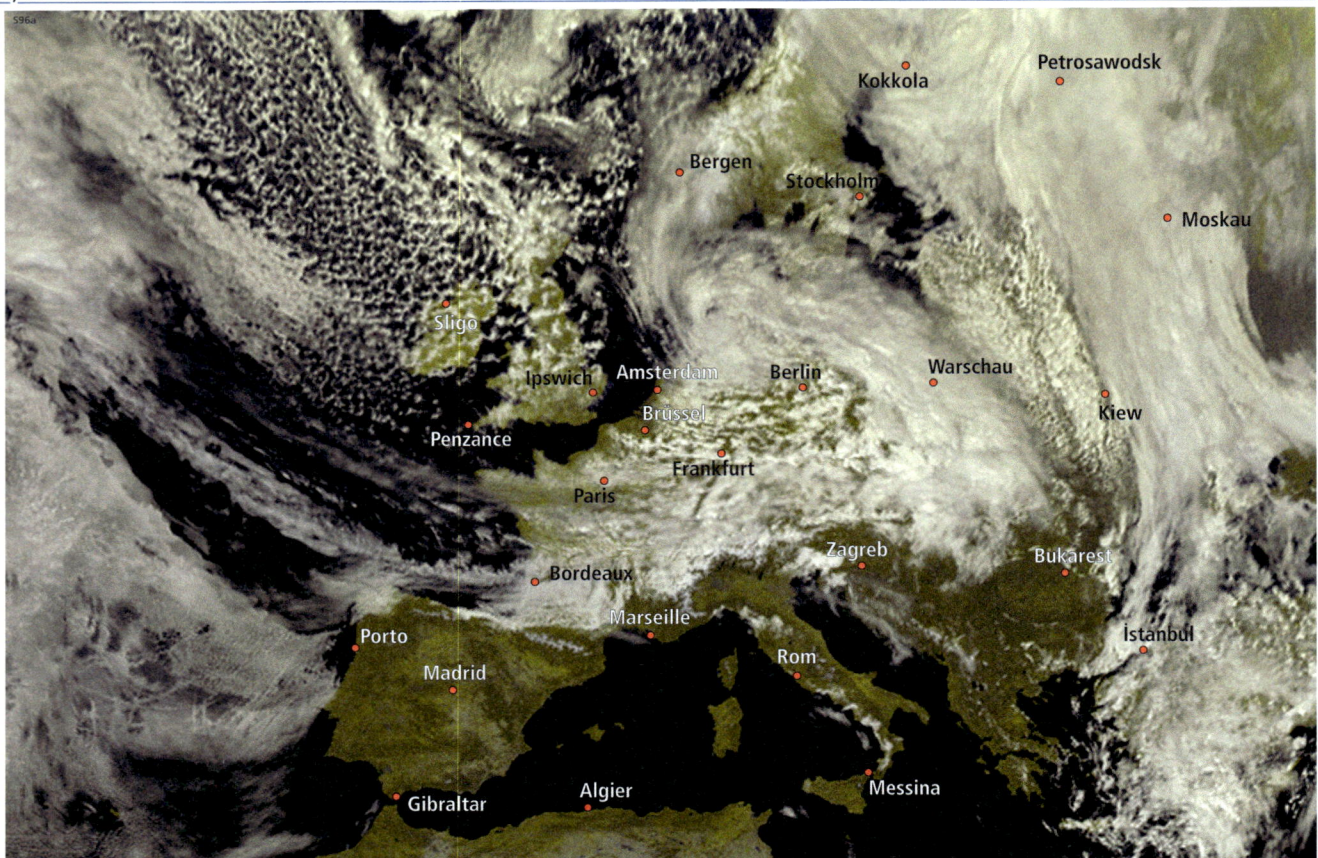

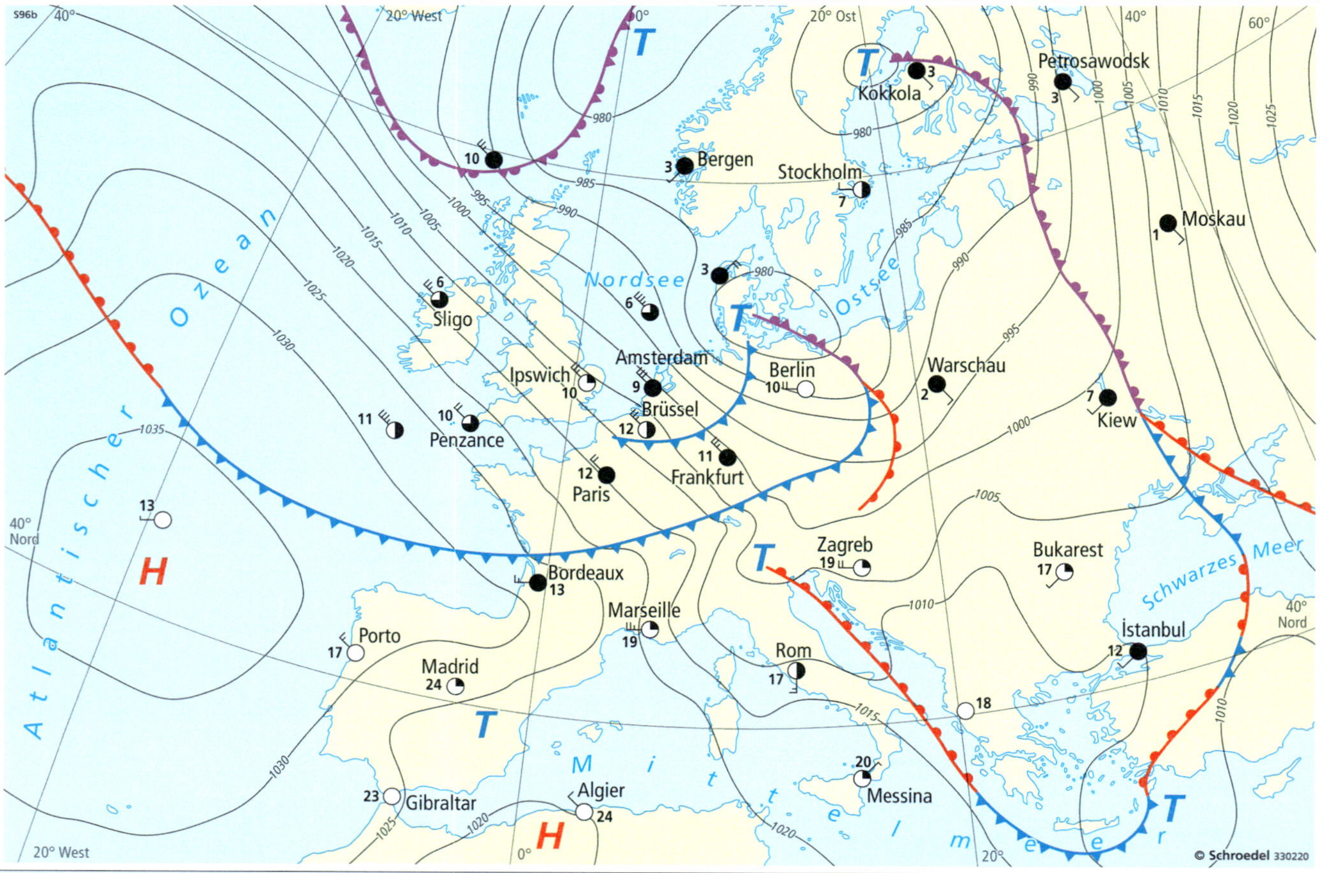

© Schroedel 330220

3 Profil einer Zyklone

1 Haufenwolke (Cumulus)

2 Gewitterwolke (Cumulonimbus)

3 Regenwolken (Nimbostratus)

4 Schäfchenwolke (Altocumulus)

5 Federwolke (Cirrus)

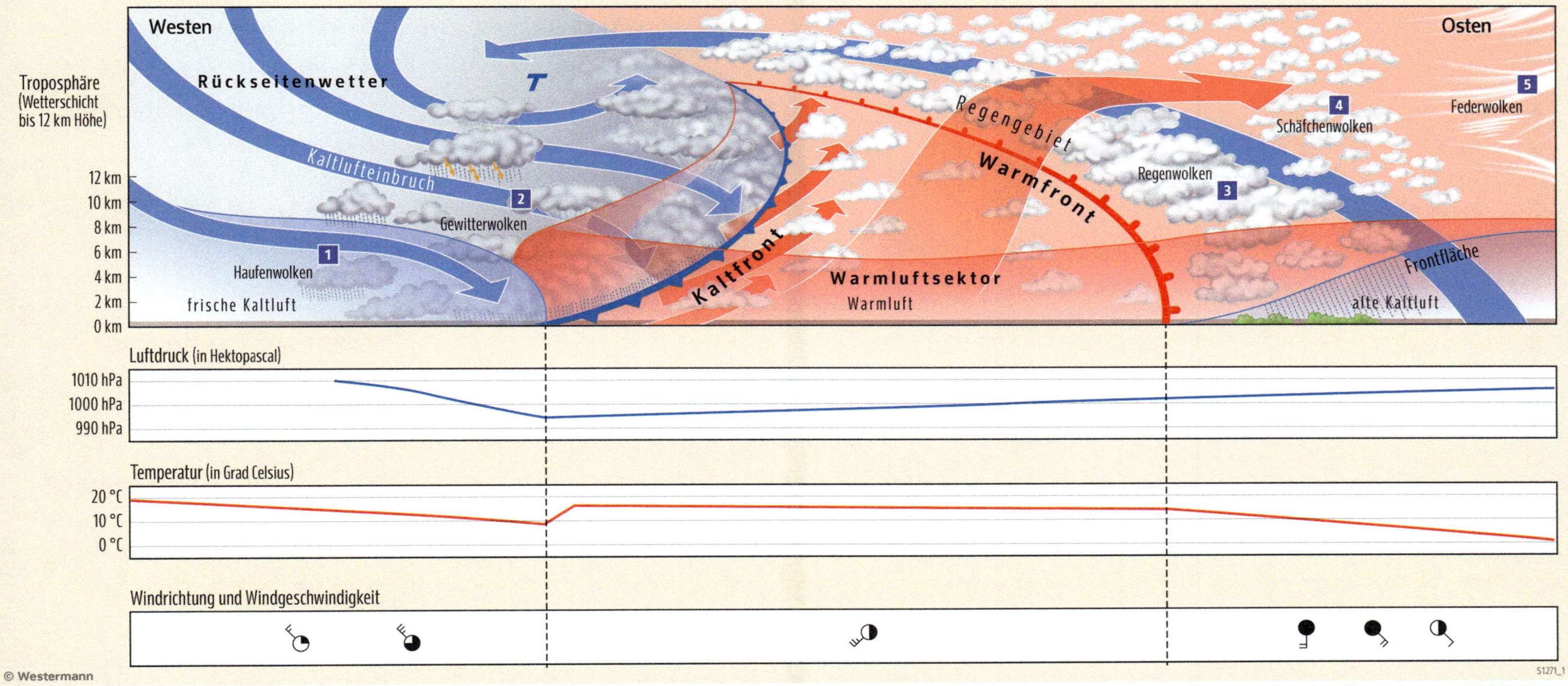

Westen   Osten

T

Troposphäre (Wetterschicht bis 12 km Höhe)

Rückseitenwetter

Kaltlufteinbruch

5 Federwolken

4 Schäfchenwolken

Regengebiet

Warmfront

Regenwolken **3**

12 km
10 km
8 km
6 km
4 km
2 km
0 km

Gewitterwolken **2**

Haufenwolken **1**

frische Kaltluft

Kaltfront

Warmluftsektor
Warmluft

Frontfläche

alte Kaltluft

Luftdruck (in Hektopascal)

1010 hPa
1000 hPa
990 hPa

Temperatur (in Grad Celsius)

20 °C
10 °C
0 °C

Windrichtung und Windgeschwindigkeit

© Westermann

S1271_1

4 Die stärksten Stürme seit 1990

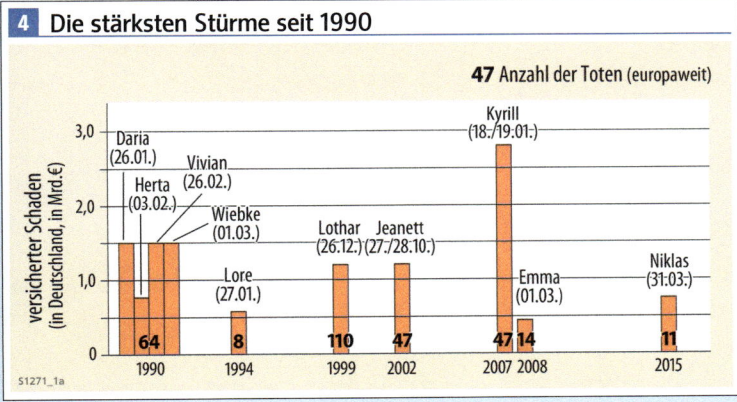

47 Anzahl der Toten (europaweit)

versicherter Schaden (in Deutschland, in Mrd.€)

3,0

Daria (26.01.)

Herta (03.02.)

Vivian (26.02.)

Wiebke (01.03.)

Kyrill (18./19.01.)

2,0

Lothar (26.12.)   Jeanett (27./28.10.)

Lore (27.01.)

1,0

Emma (01.03.)

Niklas (31.03.)

0

64   8   110   47   47   14   11

1990   1994   1999   2002   2007 2008   2015

S1271_1a

5 Windgeschwindigkeiten an ausgewählten Orten (Spitzenböen)

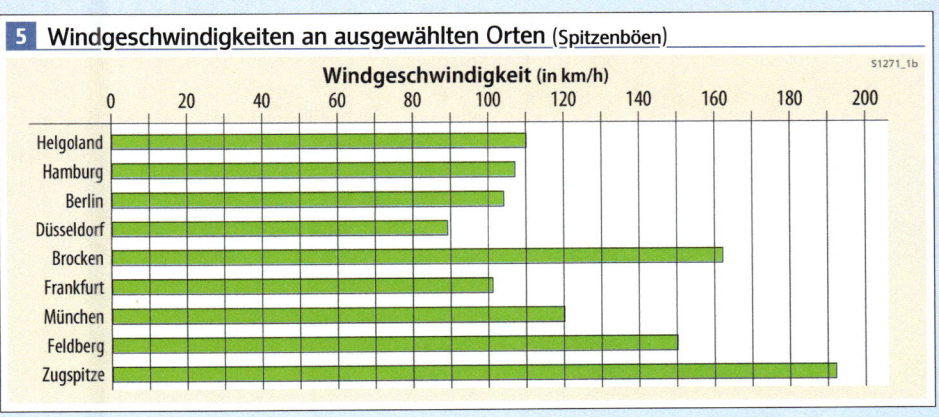

S1271_1b

Windgeschwindigkeit (in km/h)

0   20   40   60   80   100   120   140   160   180   200

Helgoland
Hamburg
Berlin
Düsseldorf
Brocken
Frankfurt
München
Feldberg
Zugspitze

6 Windskala

S1271_1c

Windstärke		Bezeichnung	Windgeschwindigkeit (km/h)	Auswirkungen
0		Windstille	0 - <1	keine Luftbewegung, Rauch steigt senkrecht auf
1		leiser Zug	1 - 5	Windrichtung wird durch den Zug des Rauches angezeigt
2		leichte Brise	6 - 11	Wind ist im Gesicht spürbar, Blätter und Windfahnen bewegen sich
3		schwacher Wind	12 - 19	Wind bewegt dünne Zweige und streckt Wimpel, Blätter rascheln
4	Beaufort - Skala	mäßiger Wind	20 - 28	Wind bewegt Zweige und dünnere Äste, Wind hebt Staub und loses Papier
5		frischer Wind	29 - 38	kleine Laubbäume beginnen zu schwanken, Schaumkronen bilden sich auf See
6		starker Wind	39 - 49	starke Äste schwanken, Regenschirme sind nur schwer zu halten
7		steifer Wind	50 - 61	Widerstand beim Gehen gegen den Wind, ganze Bäume bewegen sich
8		stürmischer Wind	62 - 74	Zweige brechen von Bäumen, das Gehen im Freien wird erheblich erschwert
9		Sturm	75 - 88	Äste brechen von Bäumen, Dachziegel werden abgehoben, Gartenmöbel umgeworfen
10		schwerer Sturm	89 -102	Wind bricht Bäume, größere Schäden an Häusern, Gartenmöbel werden weggeweht
11		orkanartiger Sturm	103 - 117	Wind entwurzelt Bäume, schwere Schäden an Wäldern (Windbruch), schwere Sturmschäden
12		Orkan	ab 118	schwerste Sturmschäden und Verwüstungen

Bodenbedeckung
- Eis- und Gletscherregion
- Tundra
- Waldtundra
- Nadelwald
- Laub- und Mischwald
- Hartlaubgehölze, Macchie
- Steppe
- Trockensavanne
- Halbwüste, Wüste

Kulturland
- Ackerland
- Bewässerungsland
- Wiese, Weide
- nördliche Anbaugrenze von Getreide

Nutzpflanzen
- Getreide
- Mais
- Reis
- Zuckerrüben
- Bananen
- Dattelpalmen
- Hopfen
- Obst, Gemüse
- Zitrusfrüchte
- *Mandeln* / *Heringe* regionale Besonderheit
- Tabak
- Tee
- Wein (Trauben)
- Oliven
- Sojabohnen
- Sonnenblumen
- Baumwolle
- Flachs
- Korkeichen

Viehhaltung
- Rinder
- Ziegen
- Schafe
- Schweine

1 kleines Zeichen ≙ 5 Mio. Stück
1 großes Zeichen ≙ 20 Mio. Stück

© Westermann

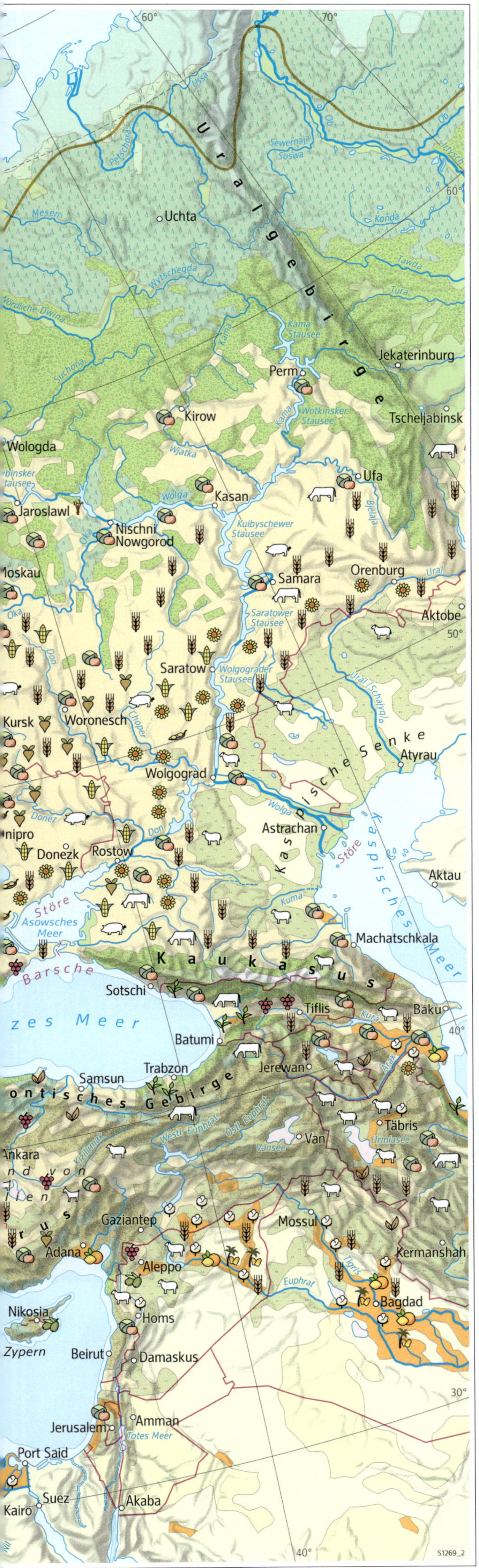

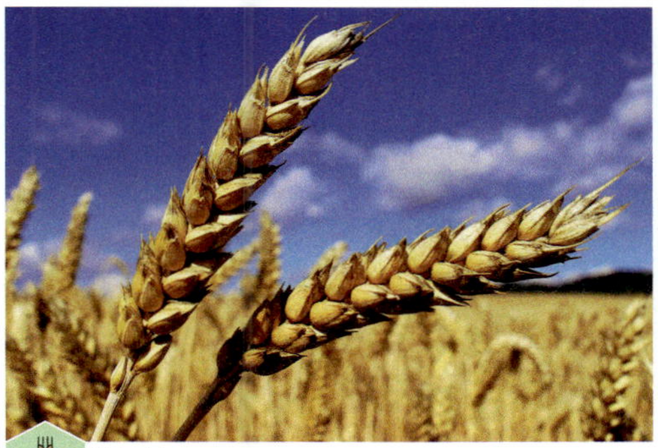

Getreide

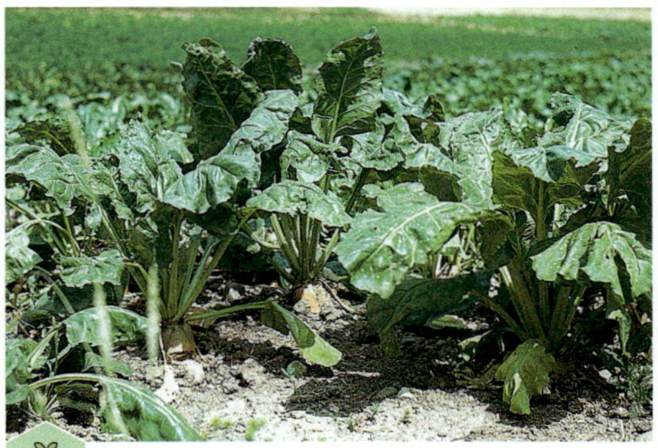

Zuckerrüben

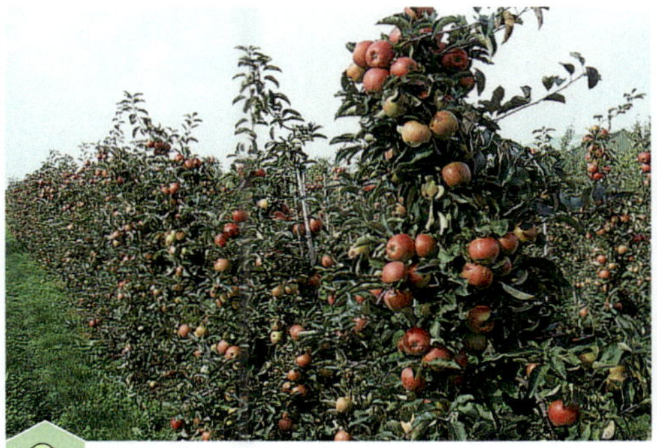

Gemüse/Obst

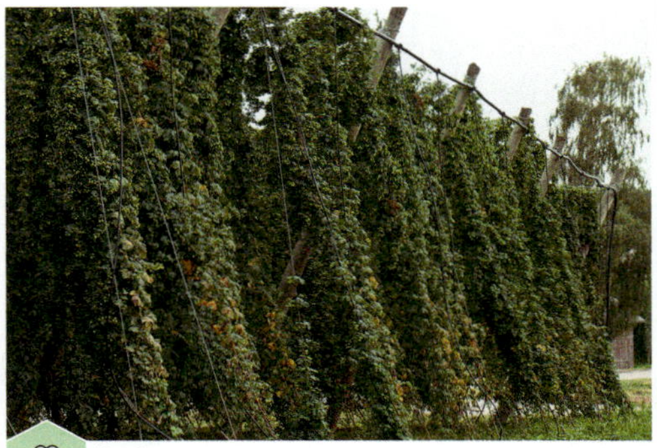

Hopfen

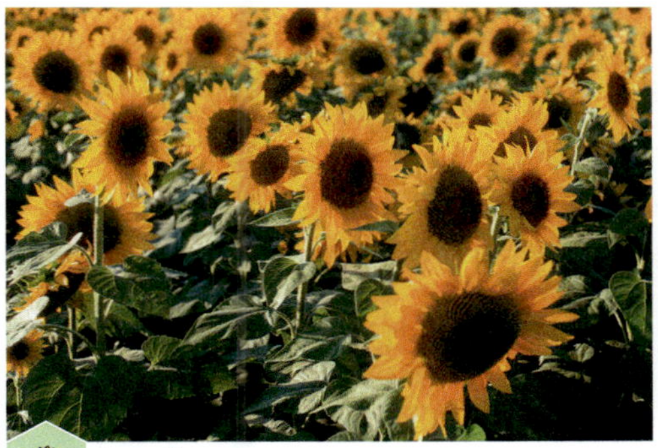

Sonnenblumen

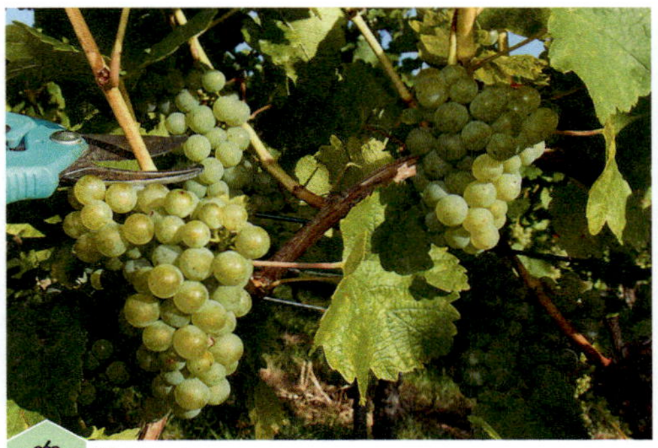

Weintrauben

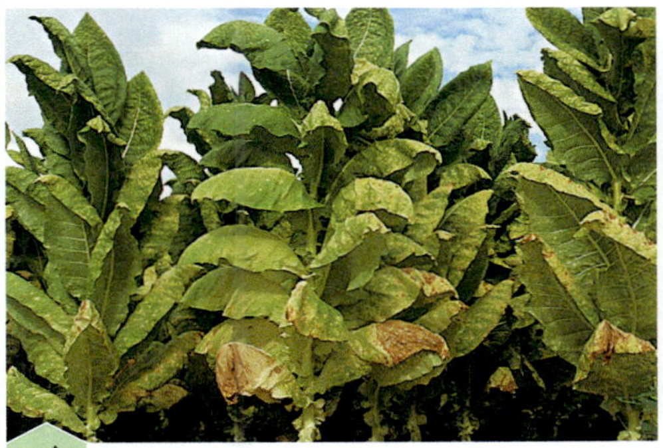

Tabak

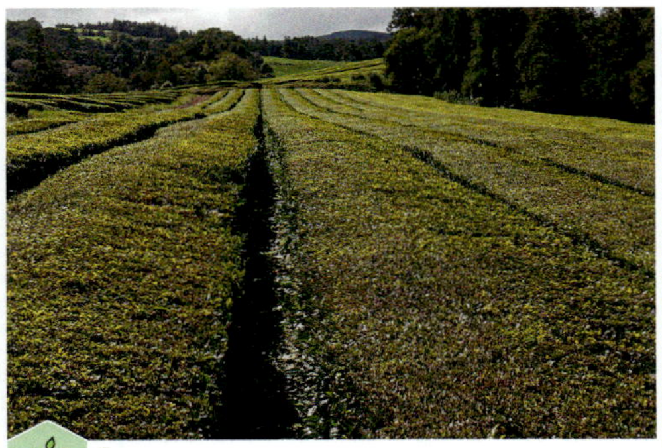

Tee

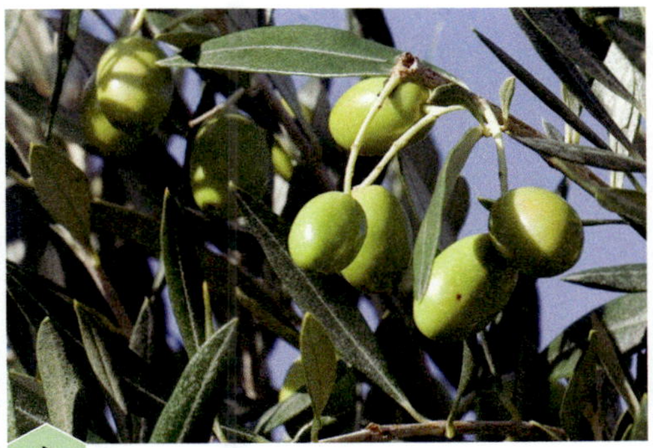

Oliven

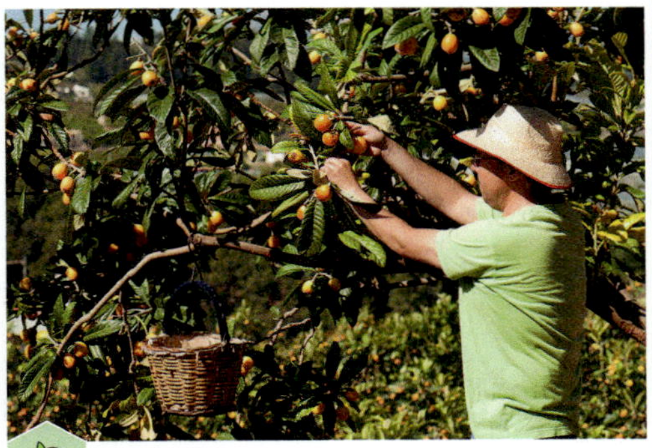

Zitrusfrüchte

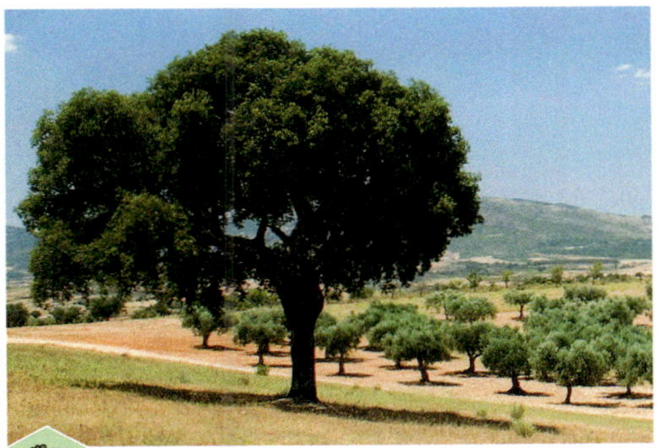

Korkeiche

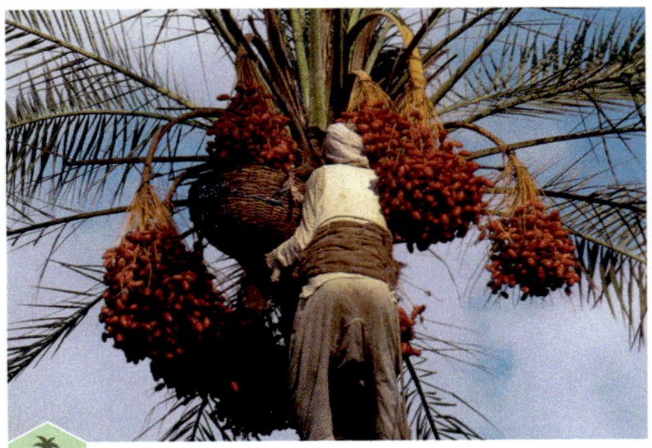

Dattelpalme

1 Großstandort der Holzindustrie (Finnland) Maßstab 1:20 000

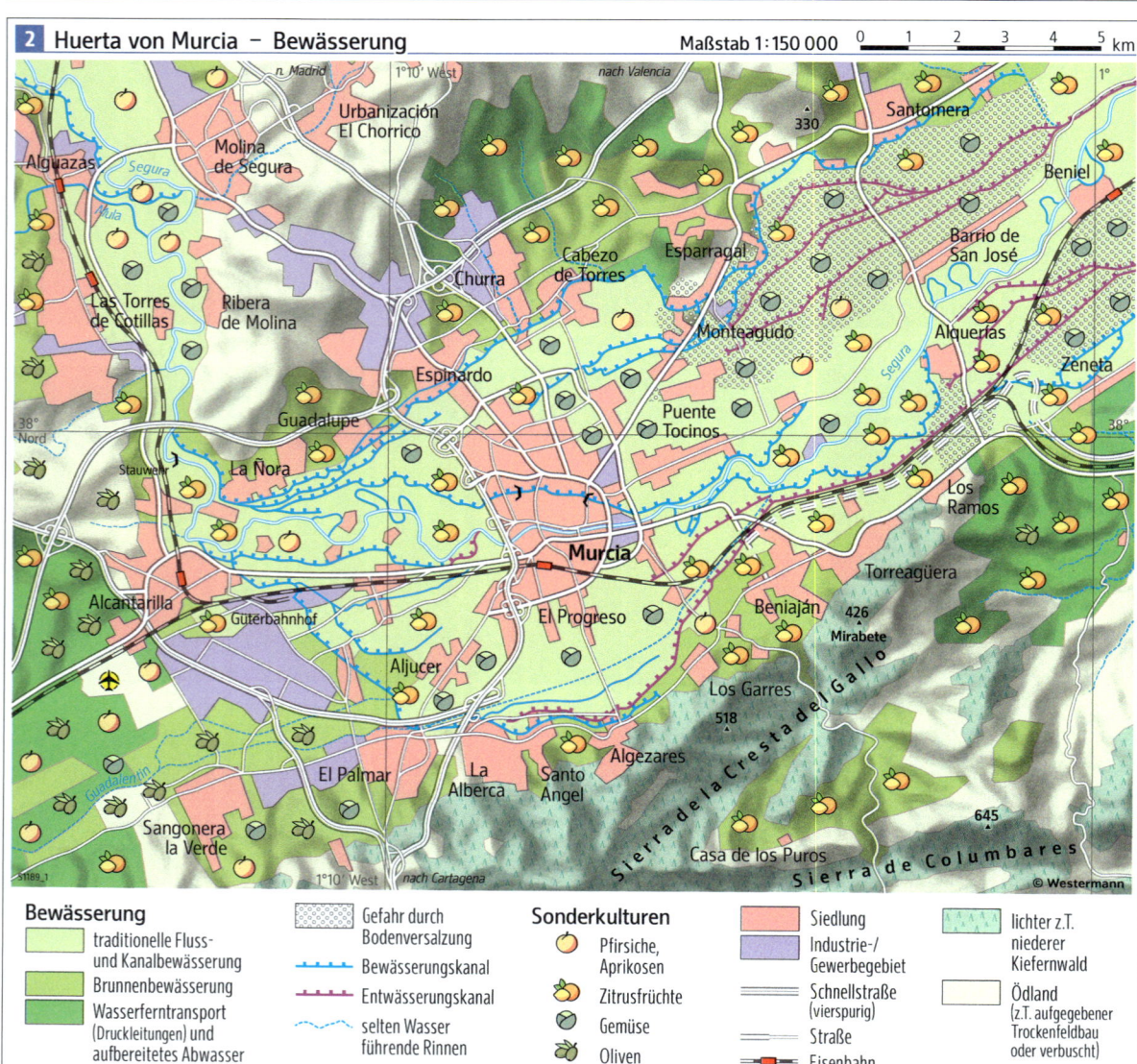

S a i m a a s e e

Flößweg
Floßbecken
Lauritsala
Schlammtrockenbeete
Holz-anlandung
Entrindung
Museum
Holzschnitzel-herstellung
Kläranlage
Biokraftstoffe (Torf, Rinde)
Feuerwehr
Kaukas
Verwaltung
UPM-Kymmene (1050 Angestellte)
Holz-direkt-verkauf
Biomasse-kraftwerk
Holzfaser-herstellung
Lapvesi
Kantine
Lappeenranta

© Schroedel 350708

Transport, Anlieferung	Holzverarbeitung	Weiterverarbeitung	Sonstige Anlagen
Straße (Lkw)	Entrindung, Holz-faserherstellung	Sperrholzfabrik	Abwasserbehandlung
Eisenbahn	Sägewerk	holzchemische Fabrik	Verwaltung, zentrale Einrichtungen
Flößerei, Schiff	Zellulosefabrik	Papierfabrik	Forschung
Holzanlieferung		Trocknung, Lagerung	P Mitarbeiterparkplatz

2 Huerta von Murcia – Bewässerung Maßstab 1:150 000

n. Madrid
1°10' West
nach Valencia
1°
Urbanización El Chorrico
Santomera
Molina de Segura
330
Beniel
Alguazas
Segura
Churra
Cabezo de Torres
Esparragal
Barrio de San José
Las Torres de Cotillas
Ribera de Molina
Monteagudo
Alquerías
Espinardo
Zeneta
38° Nord
Guadalupe
Puente Tocinos
38°
Stauwehr
La Ñora
Murcia
Los Ramos
Alcantarilla
Torreagüera
El Progreso
Beniaján
426 Mirabete
Güterbahnhof
Aljucer
Los Garres
518
El Palmar
La Alberca
Santo Angel
Algezares
Casa de los Puros
645
Sangonera la Verde
Sierra de la Cresta del Gallo
Sierra de Columbares
1°10' West
nach Cartagena
© Westermann

Bewässerung		Sonderkulturen		
traditionelle Fluss- und Kanalbewässerung	Gefahr durch Bodenversalzung	Pfirsiche, Aprikosen	Siedlung	lichter z.T. niederer Kiefernwald
Brunnenbewässerung	Bewässerungskanal	Zitrusfrüchte	Industrie-/ Gewerbegebiet	Ödland (z.T. aufgegebener Trockenfeldbau oder verbuscht)
Wasserferntransport (Druckleitungen) und aufbereitetes Abwasser	Entwässerungskanal	Gemüse	Schnellstraße (vierspurig)	
	selten Wasser führende Rinnen	Oliven	Straße	
			Eisenbahn	

Fels-/Gletscherregion

Tundra

Nadelwald (Taiga)

Laubwald

Steppe

Hartlaubvegetation

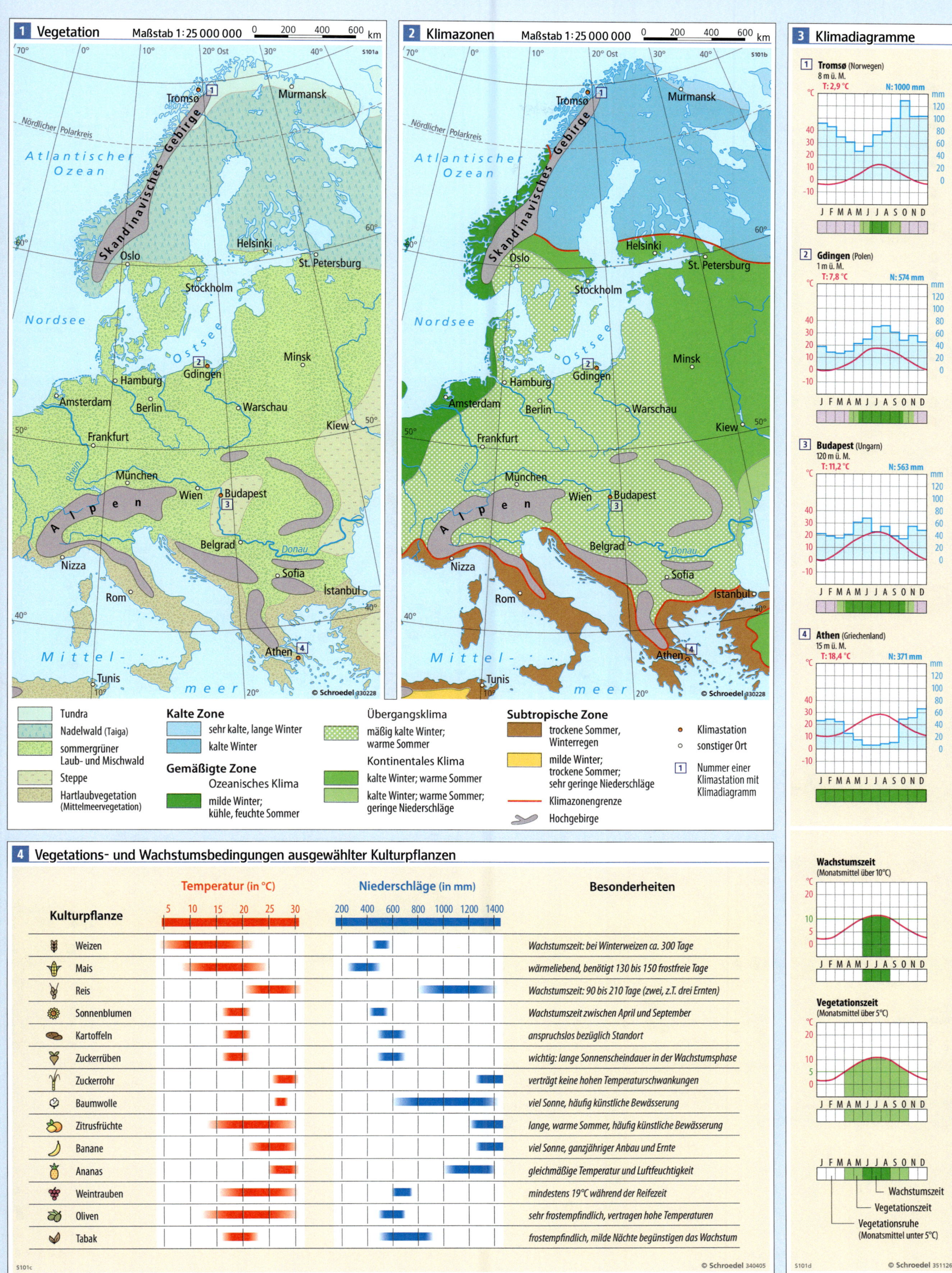

1 Vegetation Maßstab 1:25 000 000

2 Klimazonen Maßstab 1:25 000 000

3 Klimadiagramme

1 Tromsø (Norwegen)
8 m ü. M.
T: 2,9 °C   N: 1000 mm

2 Gdingen (Polen)
1 m ü. M.
T: 7,8 °C   N: 574 mm

3 Budapest (Ungarn)
120 m ü. M.
T: 11,2 °C   N: 563 mm

4 Athen (Griechenland)
15 m ü. M.
T: 18,4 °C   N: 371 mm

Legende Vegetation:
- Tundra
- Nadelwald (Taiga)
- sommergrüner Laub- und Mischwald
- Steppe
- Hartlaubvegetation (Mittelmeervegetation)

Kalte Zone
- sehr kalte, lange Winter
- kalte Winter

Gemäßigte Zone
Ozeanisches Klima
- milde Winter; kühle, feuchte Sommer

Übergangsklima
- mäßig kalte Winter; warme Sommer

Kontinentales Klima
- kalte Winter; warme Sommer
- kalte Winter; warme Sommer; geringe Niederschläge

Subtropische Zone
- trockene Sommer, Winterregen
- milde Winter; trockene Sommer; sehr geringe Niederschläge
- Klimazonengrenze
- Hochgebirge

- ● Klimastation
- ○ sonstiger Ort
- 1 Nummer einer Klimastation mit Klimadiagramm

Wachstumszeit (Monatsmittel über 10°C)

Vegetationszeit (Monatsmittel über 5°C)

- Wachstumszeit
- Vegetationszeit
- Vegetationsruhe (Monatsmittel unter 5°C)

4 Vegetations- und Wachstumsbedingungen ausgewählter Kulturpflanzen

Kulturpflanze	Temperatur (in °C)	Niederschläge (in mm)	Besonderheiten
Weizen			Wachstumszeit: bei Winterweizen ca. 300 Tage
Mais			wärmeliebend, benötigt 130 bis 150 frostfreie Tage
Reis			Wachstumszeit: 90 bis 210 Tage (zwei, z.T. drei Ernten)
Sonnenblumen			Wachstumszeit zwischen April und September
Kartoffeln			anspruchslos bezüglich Standort
Zuckerrüben			wichtig: lange Sonnenscheindauer in der Wachstumsphase
Zuckerrohr			verträgt keine hohen Temperaturschwankungen
Baumwolle			viel Sonne, häufig künstliche Bewässerung
Zitrusfrüchte			lange, warme Sommer, häufig künstliche Bewässerung
Banane			viel Sonne, ganzjähriger Anbau und Ernte
Ananas			gleichmäßige Temperatur und Luftfeuchtigkeit
Weintrauben			mindestens 19 °C während der Reifezeit
Oliven			sehr frostempfindlich, vertragen hohe Temperaturen
Tabak			frostempfindlich, milde Nächte begünstigen das Wachstum

© Schroedel

Maßstab 1:16 000 000

0 100 200 300 400 500 km

Bergbau
- Erdöl
- Erdgas
- Steinkohle
- Braunkohle
- Fe Eisenerz

Industrie
- Eisen- und Stahlerzeugung
- Buntmetallverhüttung
- Aluminiumverhüttung
- Eisen- und Metallverarbeitung
- Maschinenbau
- Schiffbau
- Kraftfahrzeugbau
- Luft- und Raumfahrzeugbau
- Elektrotechnik, Elektronik
- Chemie, Kunststoffe
- Textilien, Bekleidung, Leder
- Holz, Papier
- Nahrungs- und Genussmittel
- Fischverarbeitung

Dienstleistungszentrum
- von internationaler Bedeutung
- von überregionaler Bedeutung
- von regionaler Bedeutung
- Tourismusregion

Wirtschaftsraum
- Kulturlandschaft (durch den Menschen mehr oder weniger intensiv geprägt)
- Naturlandschaft (vereinzelte menschliche Eingriffe)
- Staatsgrenze

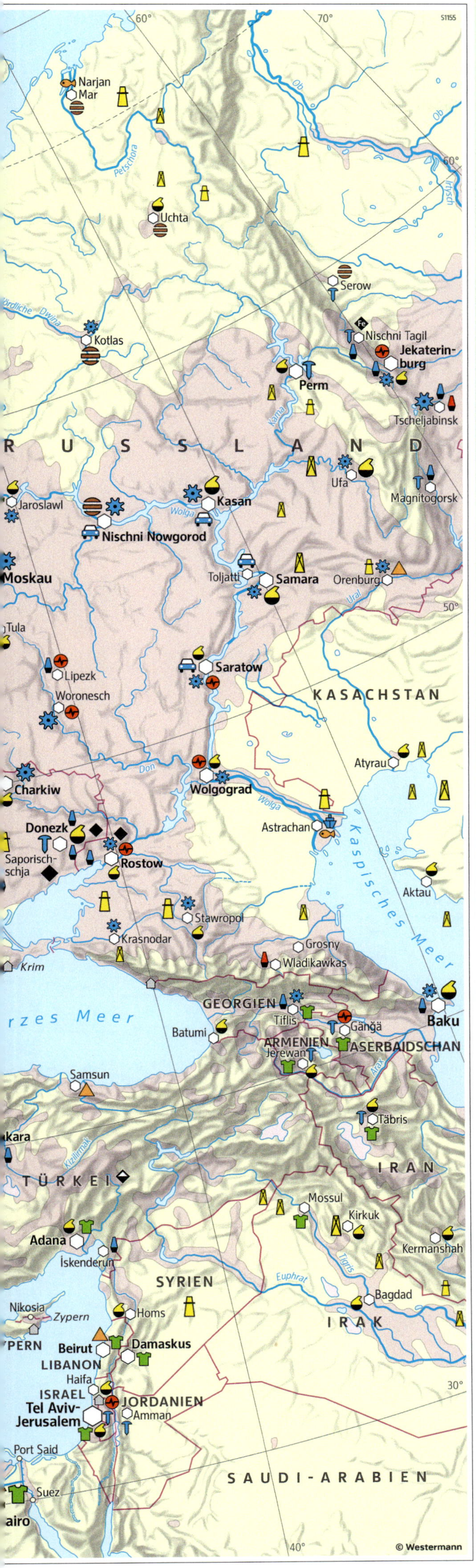

STI55

Map labels

Narjan Mar
Uchta
Serow
Kotlas
Nischni Tagil
Jekaterinburg
Perm
Tscheljabinsk
R U S S L A N D
Jaroslawl
Kasan
Nischni Nowgorod
Ufa
Magnitogorsk
Moskau
Toljatti
Samara
Orenburg
Tula
Lipezk
Woronesch
Saratow
K A S A C H S T A N
Charkiw
Atyrau
Wolgograd
Donezk
Saporischschja
Rostow
Astrachan
Aktau
Stawropol
Krasnodar
Grosny
Wladikawkas
Krim
rzes Meer
GEORGIEN
Tiflis
Gängä
Baku
Batumi
ARMENIEN
Jerewan
ASERBAIDSCHAN
Samsun
kara
Täbris
T Ü R K E I
I R A N
Mossul
Kirkuk
Adana
Kermanschah
İskenderun
S Y R I E N
Bagdad
Nikosia
Homs
I R A K
Zypern
PERN
Beirut
Damaskus
LIBANON
Haifa
ISRAEL
Tel Aviv-Jerusalem
JORDANIEN
Amman
Port Said
S A U D I - A R A B I E N
Suez
airo
Kaspisches Meer

© Westermann

Wirtschaftssignaturen (captions)

Erdölturm (offshore)

Eisen- und Stahlerzeugung

Eisen- und Metallverarbeitung

Maschinenbau

Schiffbau

Kfz-Bau

Luft- und Raumfahrzeugbau

Elektrotechnik

Chemie

Holz

Dienstleistungszentrum

Tourismusregion

S805

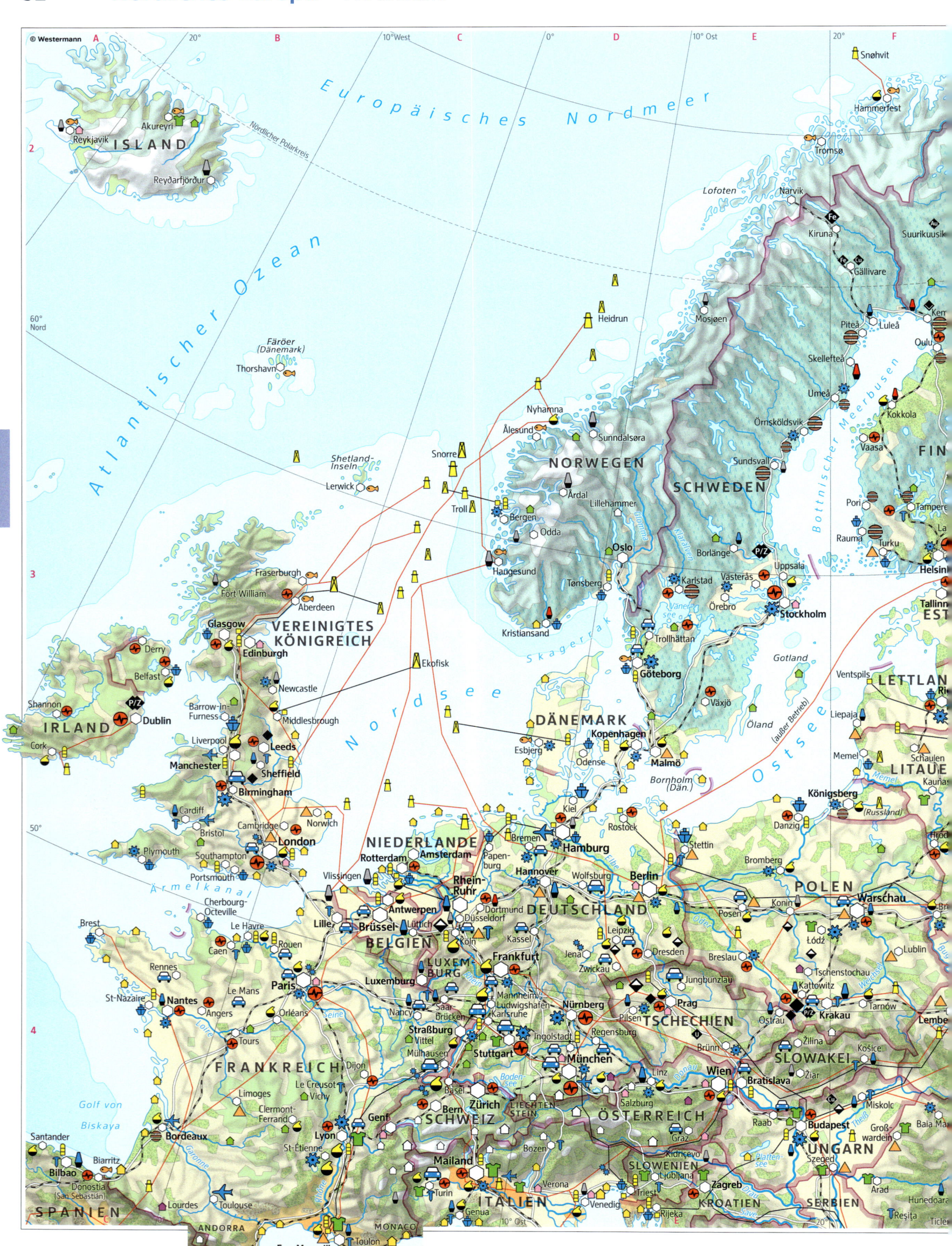

Maßstab 1:10 000 000

0   100   200   300   400   500 km

Waldlandschaften
- nördlicher Nadelwald
- sommergrüner Laub- und Mischwald, Gebirgsnadelwald

Offene Landschaften
- Tundra
- Sumpfgebiet
- Steppe und Hochgebirgsgrasland
- Halbwüste und Wüste
- Fels- / Gletscherregion

Kulturland
- Ackerbau
- mittelmeerischer Anbau (Oliven, Kork, Zitrusfrüchte)
- Bewässerungsland
- Weide, z. T. Wiese

Bergbau
- Erdöl
- Erdgas
- Steinkohle
- Braunkohle
- Uran
- Eisen
- Stahlveredler (Chrom, Mangan, Kobalt)
- Kupfer
- Blei, Zink
- Gold
- Bauxit (Aluminiumrohstoff)
- Phosphat
- Pottasche

Industrie
- Eisen- und Stahlerzeugung
- Buntmetallverhüttung
- Aluminiumverhüttung
- Eisen- und Metallverarbeitung
- Maschinenbau
- Kraftfahrzeugbau
- Luft- und Raumfahrzeugbau
- Schiffbau
- Elektrotechnik, Elektronik
- Feinmechanik, Optik
- Chemie, Kunststoffe
- Erdölraffinerie
- Textilien, Bekleidung, Leder
- Holz, Papier
- Nahrungs- und Genussmittel
- Fischverarbeitung

Dienstleistungszentrum
- von internationaler Bedeutung
- von überregionaler Bedeutung
- von regionaler Bedeutung

Tourismus
- Städtetourismus (vor allem Kulturtourismus)
- Badetourismus im Sommer (Seebad)
- ganzjähriger Badetourismus
- Pilgerort
- Wintersport
- Kurort, Heilbad (Erholung)

Transport/Verkehr
- Erdölleitung
- Erdgasleitung
- Ölhafen
- wichtige Eisenbahn
- Fernstraße

Kontinentalschelf
- 200-m-Tiefenlinie

Grenzen
- Staatsgrenzen

Waldlandschaften

- sommergrüner Laub- und Mischwald, Gebirgsnadelwald
- Hartlaubgehölz (Macchie)

Offene Landschaften

- Steppe und Hochgebirgsgrasland
- Halbwüste und Wüste
- Salzpfanne
- Fels- / Gletscherregion

Kulturlandschaften

- Ackerbau
- mittelmeerischer Anbau (Oliven, Kork, Zitrusfrüchte)
- Bewässerungsland
- Weide, z.T. Wiese

Kontinentalschelf

- 200-m-Tiefenlinie

Bergbau

- Erdöl
- Erdgas
- Steinkohle
- Braunkohle
- Uran
- Eisen
- Stahlveredler (Chrom, Mangan, Wolfram)
- Kupfer
- Blei, Zink
- Silber
- Bauxit (Aluminiumrohstoff)
- Phosphat

Industrie

- Eisen- und Stahlerzeugung
- Buntmetallverhüttung
- Aluminiumverhüttung
- Eisen- und Metallverarbeitung
- Maschinenbau
- Kraftfahrzeugbau
- Luft- und Raumfahrzeugbau
- Schiffbau

Schwarzes Meer

Asowsches Meer

Georgische Riviera

Türkische Ägäis

Türk. Riviera

Ionisches Meer

Ägäisches Meer

Mittelmeer

Schwarzmeerküste

Rotes Meer

Totes Meer

Länder / Regionen: POLEN, SLOWAKEI, UNGARN, RUMÄNIEN, MOLDAU, UKRAINE, RUSSLAND, BOSNIEN UND ERZEGOWINA, SERBIEN, KOSOVO, MONTENEGRO, NORD-MAZEDONIEN, ALBANIEN, BULGARIEN, GRIECHENLAND, TÜRKEI, GEORGIEN, ARMENIEN, SYRIEN, IRAK, LIBANON, ISRAEL, JORDANIEN, ZYPERN, ÄGYPTEN, SAUDI-ARABIEN

Legende

Elektrotechnik, Elektronik
Chemie, Kunststoffe
Erdölraffinerie
Feinmechanik, Optik, Uhren
Textilien, Bekleidung, Leder
Nahrungs- und Genussmittel
Fischverarbeitung

Dienstleistungszentrum
von internationaler Bedeutung
von überregionaler Bedeutung
von regionaler Bedeutung

Tourismus
Städtetourismus (vor allem Kulturtourismus)
Badetourismus im Sommer (Seebad)
ganzjähriger Badetourismus
Pilgerort
Wintersport
Kurort, Heilbad (Erholung)
Algarve touristisch bedeutender Küstenabschnitt

Transport und Verkehr
Erdölleitung
Erdgasleitung
Ölhafen
wichtige Eisenbahn
Fernstraße

Grenzen
Staatsgrenze

© Westermann

1 Entwicklung Londons

Siedlungsfläche	
Hauptverkehrsweg	
Eisenbahn	

um 1700

um 1800

um 1900

© Westermann

2 Großraum London

Maßstab 1:500 000

Flächennutzung
- Wohnbebauung
- Industrie, Gewerbe
- Grünanlage, Park

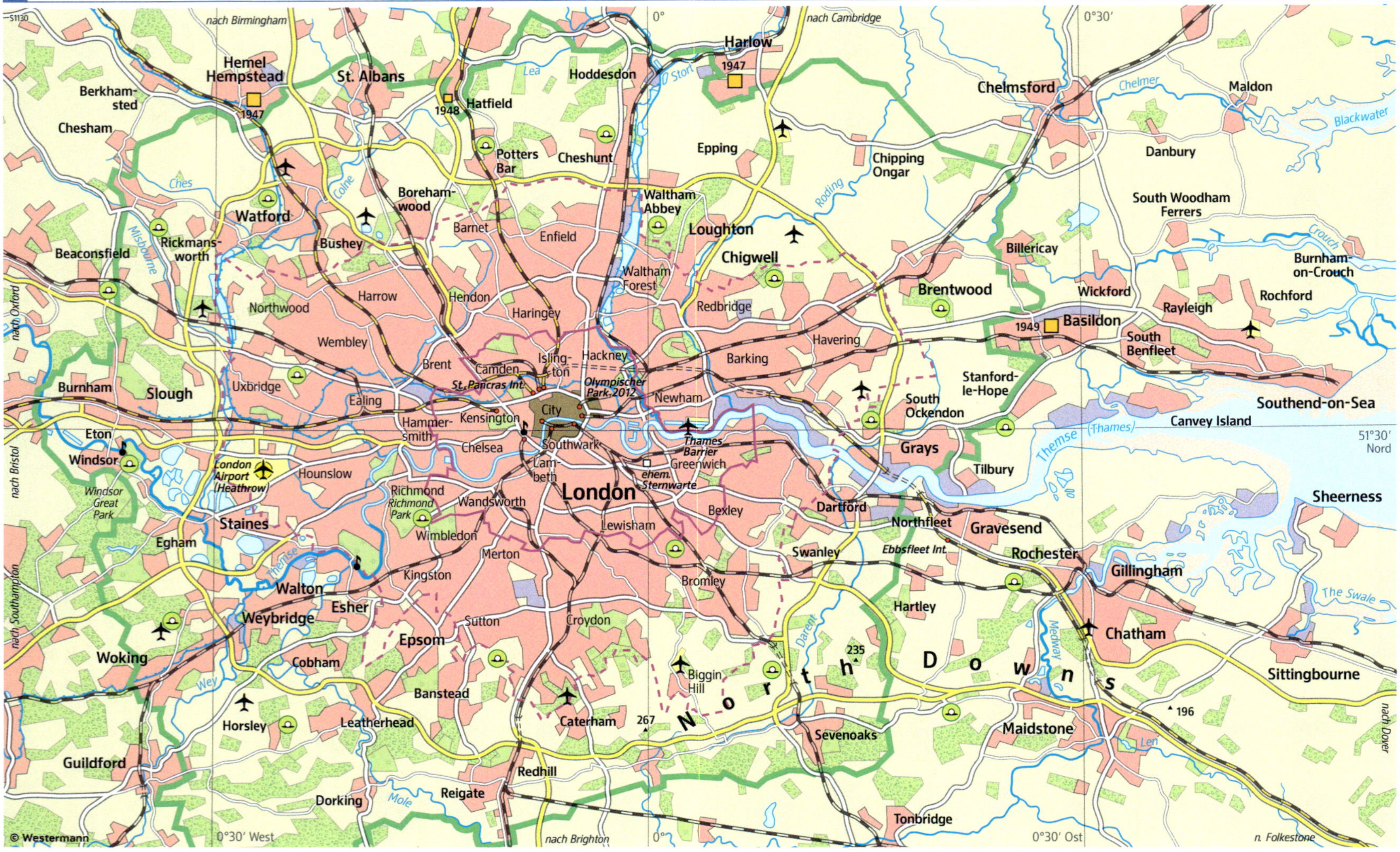

- Wald
- Landwirtschaft
- Watt

- bedeutendes Schloss
- Golfplatz (Auswahl)

London um 1700

Verkehr
- Autobahn
- Straße
- Eisenbahn mit Endstation
- Hochgeschwindigkeitsstrecke

- internationaler Flughafen
- Flugplatz

Raumplanung
- Neue Stadt (New Town) mit Gründungsjahr 1947
- Bevölkerung 2010
- 1 mm² = 20000 Einwohner

Grenzen
- Inner London
- Greater London
- Grüngürtel (äußere Begrenzung)

© Westermann

3 Entwicklung der Einwohner

Einwohner in Millionen

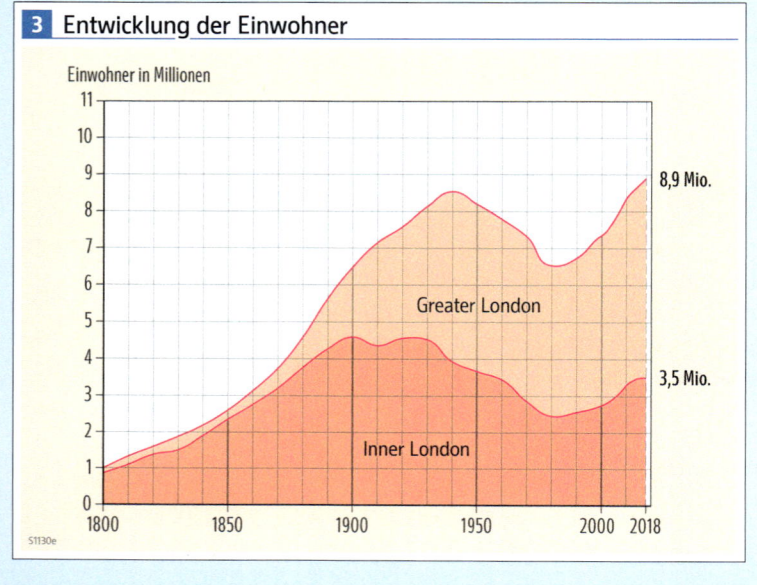

Greater London — 8,9 Mio.

Inner London — 3,5 Mio.

4 Einwohnerzahl nach Stadtteilen

Maßstab 1:750 000

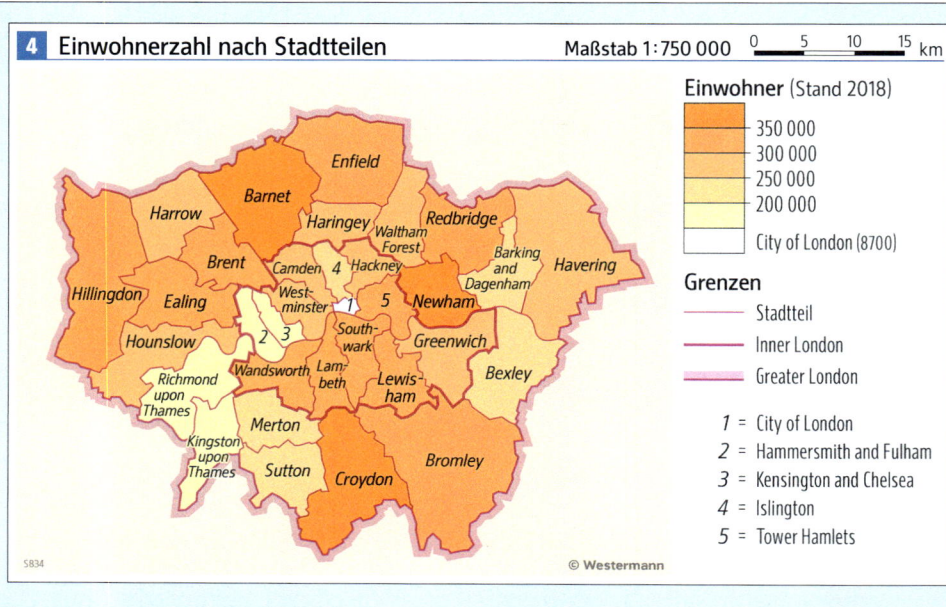

Einwohner (Stand 2018)
- 350 000
- 300 000
- 250 000
- 200 000
- City of London (8700)

Grenzen
- Stadtteil
- Inner London
- Greater London

1 = City of London
2 = Hammersmith and Fulham
3 = Kensington and Chelsea
4 = Islington
5 = Tower Hamlets

© Westermann

Houses of Parliament und Elizabeth Tower („Big Ben")

Einkaufsstraße „Oxford Street"

Blick auf die „City of London"

5 Innenstadt von London   Maßstab 1:50 000   0 500 1000 1500 m

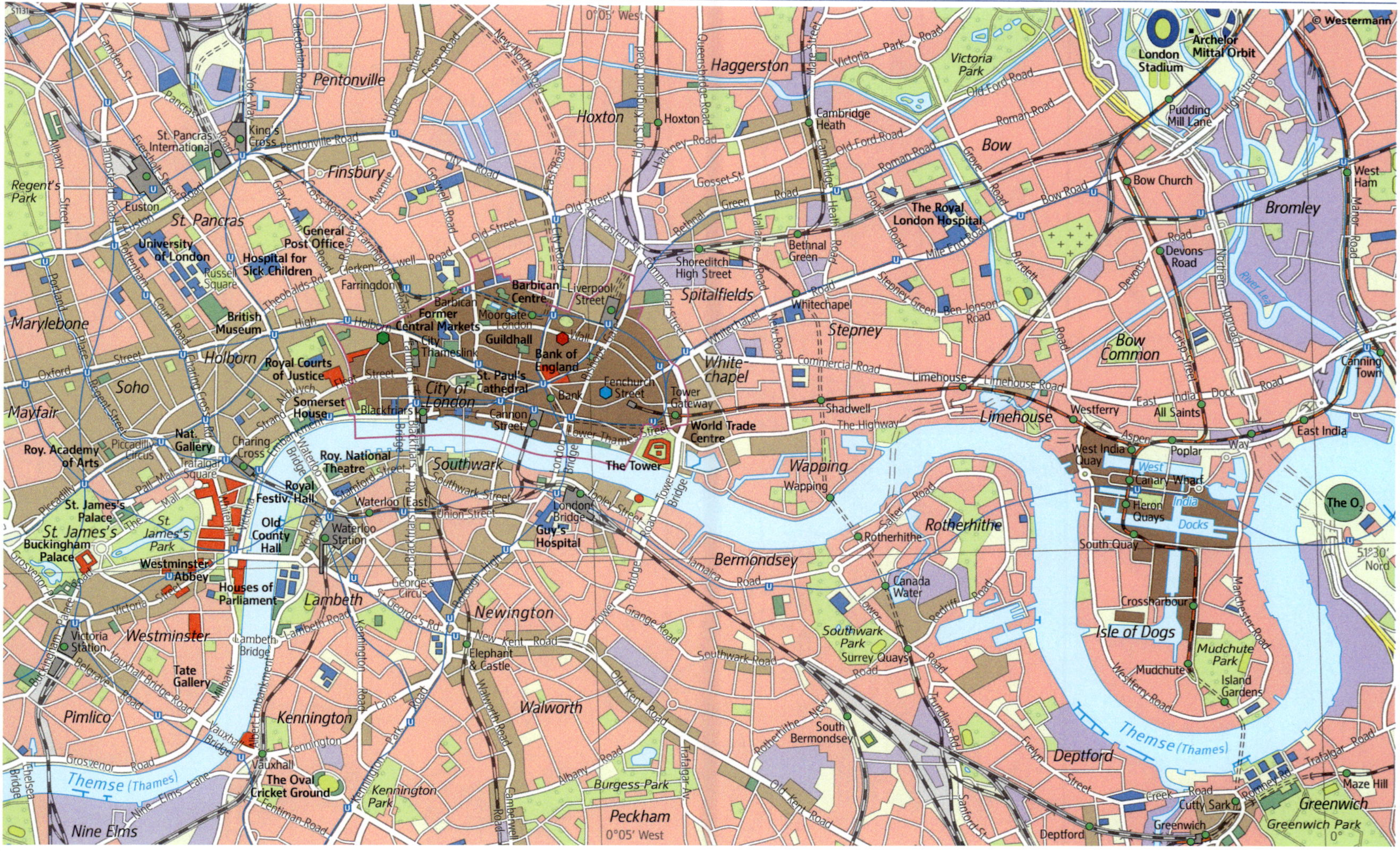

Flächennutzung

- Hauptgeschäftszentrum (Banken, Versicherungen, Büros)
- sonstiges Geschäftszentrum (Kaufhäuser, Einzelhandel, Restaurants)
- Wohngebiet (gemischt mit Handel und Gewerbe)
- Gewerbe und Industrie
- Eisenbahngelände
- Park, Grünanlage
- Friedhof

Gebäude

- Regierung und Verwaltung
- kulturelle Einrichtung (Theater, Museum, Baudenkmal)
- Bildungs- und Sozialeinrichtung (Universität, Krankenhaus)

Verkehr

- Eisenbahn mit Bahnhof und Station
- Nebenbahn, Industriebahn
- Docklands Light Railway
- U-Bahn mit Station

Finanzsektor (City of London)

- britische Banken (Auswahl)
- ausländische Banken (Auswahl)
- sonstige Finanzdienstleistungen (z.B. Versicherungen, Auswahl)
- Stadtteilgrenze der „City of London"

6 Beschäftigung und Wirtschaftsleistung in der „City of London"

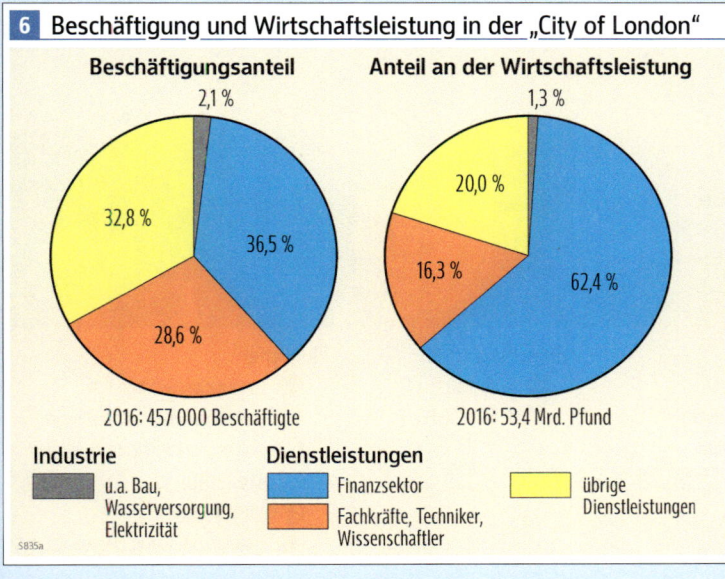

Beschäftigungsanteil

- 2,1 %
- 36,5 %
- 28,6 %
- 32,8 %

2016: 457 000 Beschäftigte

Anteil an der Wirtschaftsleistung

- 1,3 %
- 62,4 %
- 16,3 %
- 20,0 %

2016: 53,4 Mrd. Pfund

Industrie
- u.a. Bau, Wasserversorgung, Elektrizität

Dienstleistungen
- Finanzsektor
- Fachkräfte, Techniker, Wissenschaftler
- übrige Dienstleistungen

7 „City of London"   Maßstab 1:25 000   0 200 400 600 m

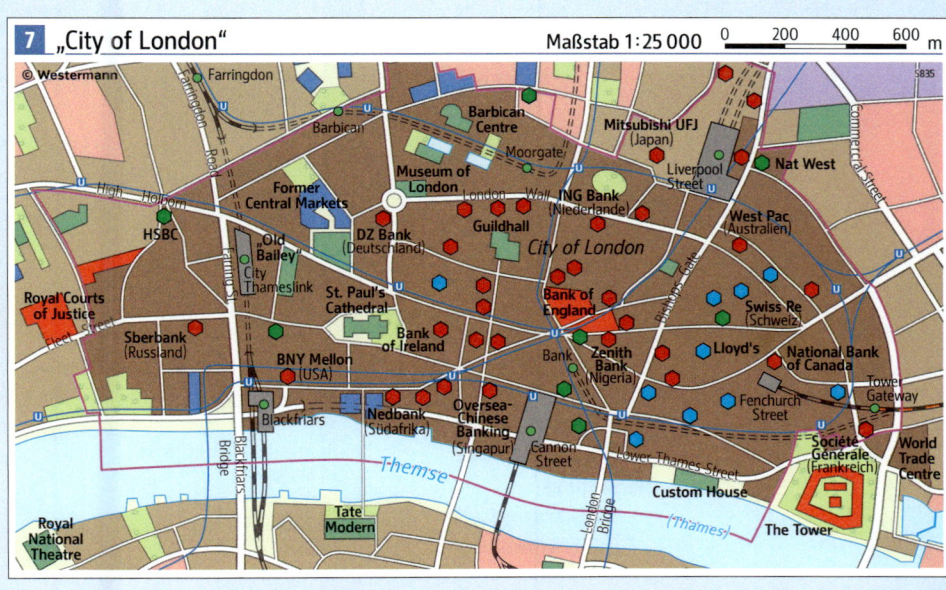

0   200   400   600 km

Pkw-Dichte
(Pkw je 100 Einwohner 2018)
- 50
- 40
- 30
- 20
- 10

Fernstraße
(meist Europastraße)
- Autobahn
- andere Fernstraße

Verwaltung
- Staatsgrenze
- CH Länderkennzeichen

Eisenbahn
- Hochgeschwindigkeitsstrecke (über 200 km/h)
- Hochgeschwindigkeitsstrecke im Bau/geplant
- andere Fernstrecke (bis 200 km/h)

Hafen
- Seehafen
- Binnenhafen
- mit hohem Containerumschlag (über 3 Mio. TEU)

Umschlag (2018)
- über 50 Mio. t
- unter 50 Mio. t (Auswahl)
- wichtige Containerroute

Flughafen
- internationaler Flughafen
- mit hohem Touristenaufkommen
- mit hohem Luftfrachtaufkommen

Fluggäste (2018)
- über 30 Mio.
- weniger als 30 Mio. (Auswahl)

© Westermann

Bau der neuen Eisenbahn-Alpen-Transversale (NEAT)

Gütertransport mit Lastkraftwagen

Gütertransport mit der Eisenbahn

1 Verkehrswege über die Alpen

Maßstab 1:5 000 000

Raumstruktur, Tourismus
- Alpenregion
- Region außerhalb der Alpen
- bedeutendes Tourismusgebiet (Auswahl)
- Staatsgrenze

Oberzentren
- über 1 000 000 Einw.
- 500 000 – 1 000 000 Einw.
- 100 000 – 500 000 Einw.
- Mittelzentrum (unter 100 000 Einwohner)

Verkehr
- Autobahn
- Fernstraße
- Eisenbahn
- Alpentransit-Hauptstrecke
- *Simplon* überregional bedeutsame Alpentransit-Ausbaustrecke
- Tunnel
- Pass mit Höhenangabe
- bedeutender Flughafen
- Regionalflughafen (Alpen)
- bedeutender Hafen

2 Güterverkehrsaufkommen über die Alpen

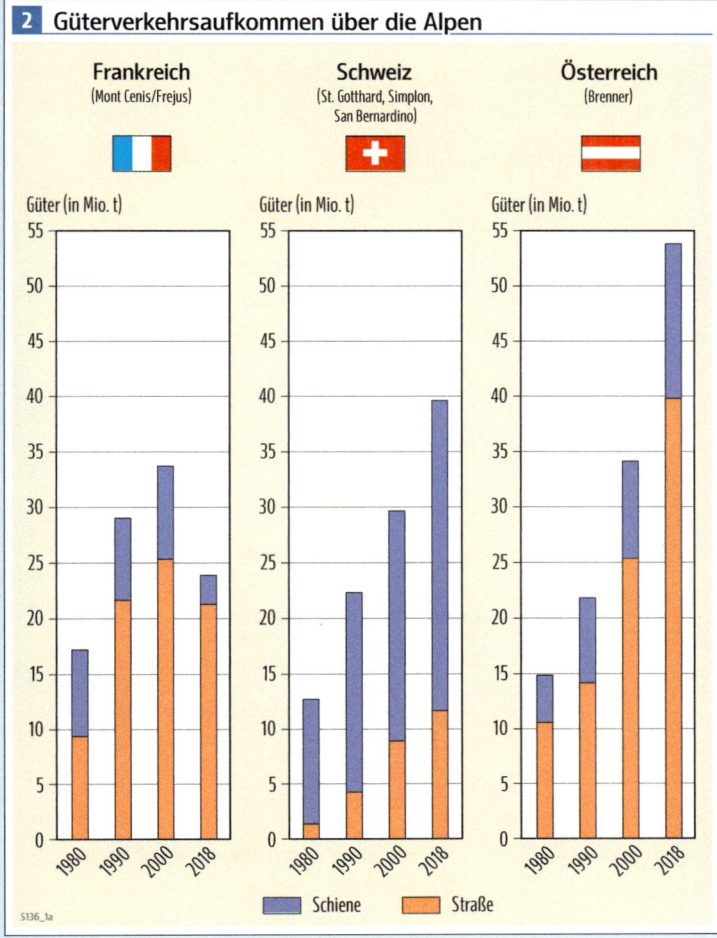

Frankreich	Schweiz	Österreich
(Mont Cenis/Frejus)	(St. Gotthard, Simplon, San Bernardino)	(Brenner)

Schiene ■ Straße ■

3 Neue Eisenbahn-Alpen-Transversale (NEAT)

1:500 000

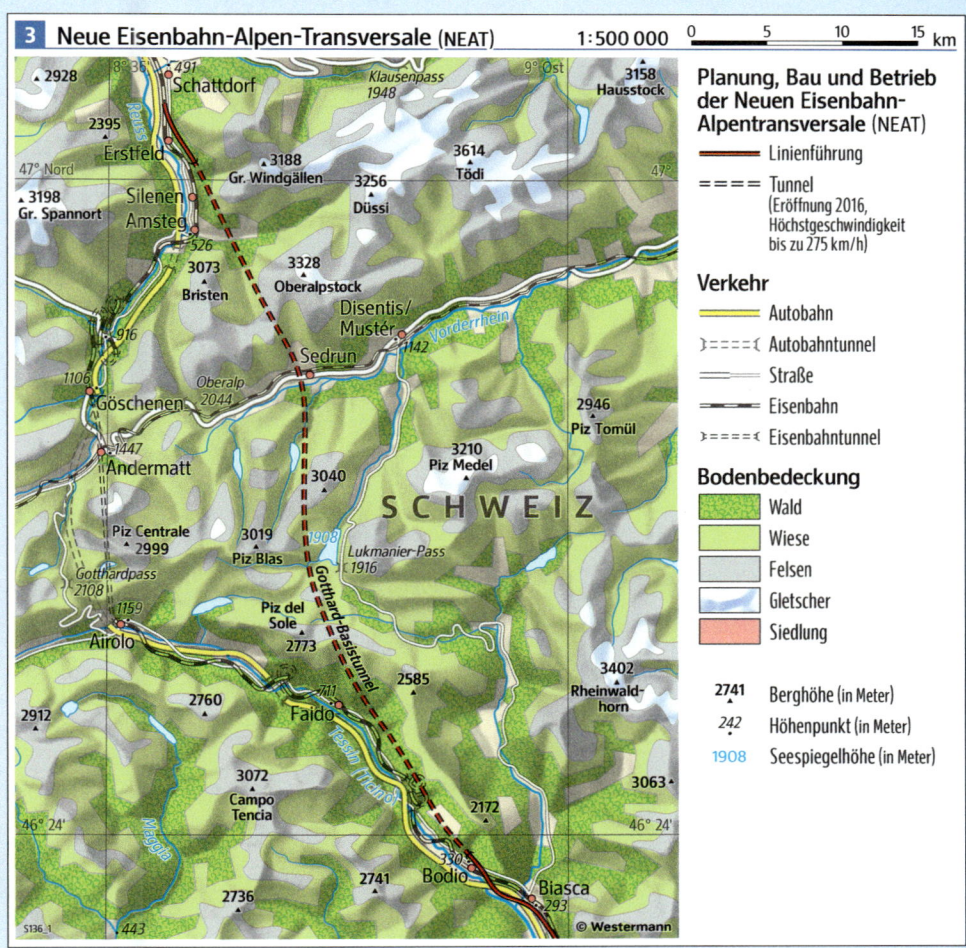

Planung, Bau und Betrieb der Neuen Eisenbahn-Alpentransversale (NEAT)
- Linienführung
- Tunnel (Eröffnung 2016, Höchstgeschwindigkeit bis zu 275 km/h)

Verkehr
- Autobahn
- Autobahntunnel
- Straße
- Eisenbahn
- Eisenbahntunnel

Bodenbedeckung
- Wald
- Wiese
- Felsen
- Gletscher
- Siedlung

- 2741 Berghöhe (in Meter)
- *242* Höhenpunkt (in Meter)
- 1908 Seespiegelhöhe (in Meter)

Maßstab 1 : 18 000 000

0 200 400 600 km

1

Europäisches

Nordmeer

ISLAND
Reykjavik

Nordkap
n. Spitzbergen
Hammerfest
Inarisee
Narvik
Lappland
Jokkmokk
Rovaniemi

FINNLAND

Finnische Seenplatte
Onegasee

NORWEGEN
Bergen
Trondheim
Jämtland

SCHWEDEN

Schärenküste
Helsinki
Ladogasee
Sankt Petersburg

Oslo
Stockholm
Göteborg
Vättern
Åland
Tallinn
ESTLAND

Nordmeer

Schott-land
Edinburgh
Wales

Jütland
DÄNEMARK
Kopenhagen
Fanö
Sylt
Damp
Män
Öland
Riga LETTLAND
Kurische Nehrung
Moskau
RUSSLAND

Dublin
IRLAND
Blackpool
Scarborough
York
VEREINIGTES KÖNIGREICH

Nordsee

Borkum
Rügen
Hela
(Russl.)
Zoppot
LITAUEN
Vilnius
Masuren

BELARUS

Cornwall
London
Bath
Brighton
Bournemouth
Wight

Knokke
Amsterdam
NIEDERLANDE
Scheveningen
Hamburg
Kevelaer
Grömitz Graal Müritz
DEUTSCHLAND
Berlin
Dresden
Warschau
POLEN
Oder

Kanalinseln
Trégastel
Dinard/St-Malo
Lisieux
Brüssel
BELGIEN
Köln
Spa
LUX.
Winterberg
Bad Wildungen
Harz
Frankfurt
Main
Karlsbad
Riesengebirge
Erzgebirge
Tschenstochau
Krakau
UKRAINE
Dnipro

Carnac/Quiberon
Escoublac-la-Baule
Paris
Vittel
Loiretal
FRANKREICH

Prag
TSCHECHIEN
Donau
Baden-Baden
Wieskirche
München
Altötting
Zakopane
Tatra
Smokovec

Royan
Vichy
Zürich
SCHWEIZ
Salzburg
ÖSTERREICH
Bad Gastein
Wien
SLOWAKEI
Karpaten

MOLDAU

Biarritz
Bilbao
San Sebastián
Lourdes
Andorra
Cevennen
Lyon
Genf
St. Moritz
Zermatt
Mailand
Turin
Kärntner Seen
Bibione
SLOWEN.
Budapest
UNGARN
Plattensee
Odessa
Krim
Eupatoria

Santiago de Compostela
Porto
PORTUGAL
Salamanca
Orcières-Merlette
Aix
Marseille
Nizza
Genua
Bologna
Ravenna
Abano Therme
Venedig
Opatija
KROATIEN
Adria
Ravenna
Cesenatico
Rimini
Cattolica
Split
BOSNIEN UND HERZEG.
Sarajevo
Dalmatische Küste
Olt-Tal
RUMÄNIEN
Bukarest
Prahova-Tal
Mamaia
Eforie
Jalta
Schwarzes Meer

Nazaré
Fátima
Estoril
Lissabon
Madrid
SPANIEN
Côte d'Argent
Pyrenäen
Costa Brava
Barcelona
Costa Dorada
Valencia
Denia
Benidorm
Costa Blanca
Ibiza
Palma
Menorca
Balearen
Sardinien
Rhône
Riviera
Assisi
Florenz
Rom
ITALIEN
Costa Smeralda
Ostia
Adriatisches Meer
Dubrovnik
MONT.
KOSOVO
NORD-MAZEDON.
SERBIEN
Vrnjačka Banja
Sofia
BULGARIEN
Nessebar
Goldstrand
Donau
İstanbul
Ankara
TÜRKEI

Faro
Algarve
Sevilla
Granada
Sierra Nevada
Torremolinos
Marbella
Málaga
Costa del Sol
Tanger
°Fés
Casablanca
MAROKKO

Neapel
Ischia
Capri
Palermo
Sizilien
Taormina
Korfu
Delphi
Olympia
Athen
Attika
ALBANIEN
GRIECHENLAND
Ägäische Inseln
Bodrum
Marmaris
Türkische Riviera
Antalya
Alanya
Rhodos
Zypern
ZYPERN
Pamukkale

Tunis
Hammamet
Sousse
Malta
MALTA
Kreta

MAROKKO
ALGERIEN
Djerba
TUNESIEN
LIBYEN
ÄGYPTEN
Alexandria
Kairo
Gizeh
ISRAEL
Haifa

© Westermann

Kanarische Inseln und Madeira

Madeira (port.)

Atlantischer Ozean

SPANIEN
Tanger
Casablanca
°Fés
Marrakech
MAROKKO
Agadir

Kanarische Inseln (span.)
La Palma
El Hierro
Teneriffa
Gran Canaria
Las Palmas
Lanzarote
Fuerteventura

© Westermann

Tourismusregionen

Binnenland

| | überwiegend Sommererholung |
| | Sommer- und Wintererholung |

Sizilien bedeutende Tourismusregion

Meeresküste

| | Sommererholung |
| | Sommer- und Wintererholung |

Kreuzfahrtrouten

Meer   Fluss

——— besonders häufig befahren

——— häufig befahren

Bedeutende Tourismusorte
(über 1 Million Übernachtungen im Jahr bzw. über 10 000 Fremdenbetten; in Auswahl)

○ Tourismusort (südlich 60° nördlicher Breite an der Küste Badetourismus)
○ Wintersportzentrum
● Heilbad, Kurort
⬠ Wallfahrtsort
⬠ Städtetourismus (Besichtigungs-, Einkaufs-, Messe- und Geschäftsreisen)
✺ Freizeitpark

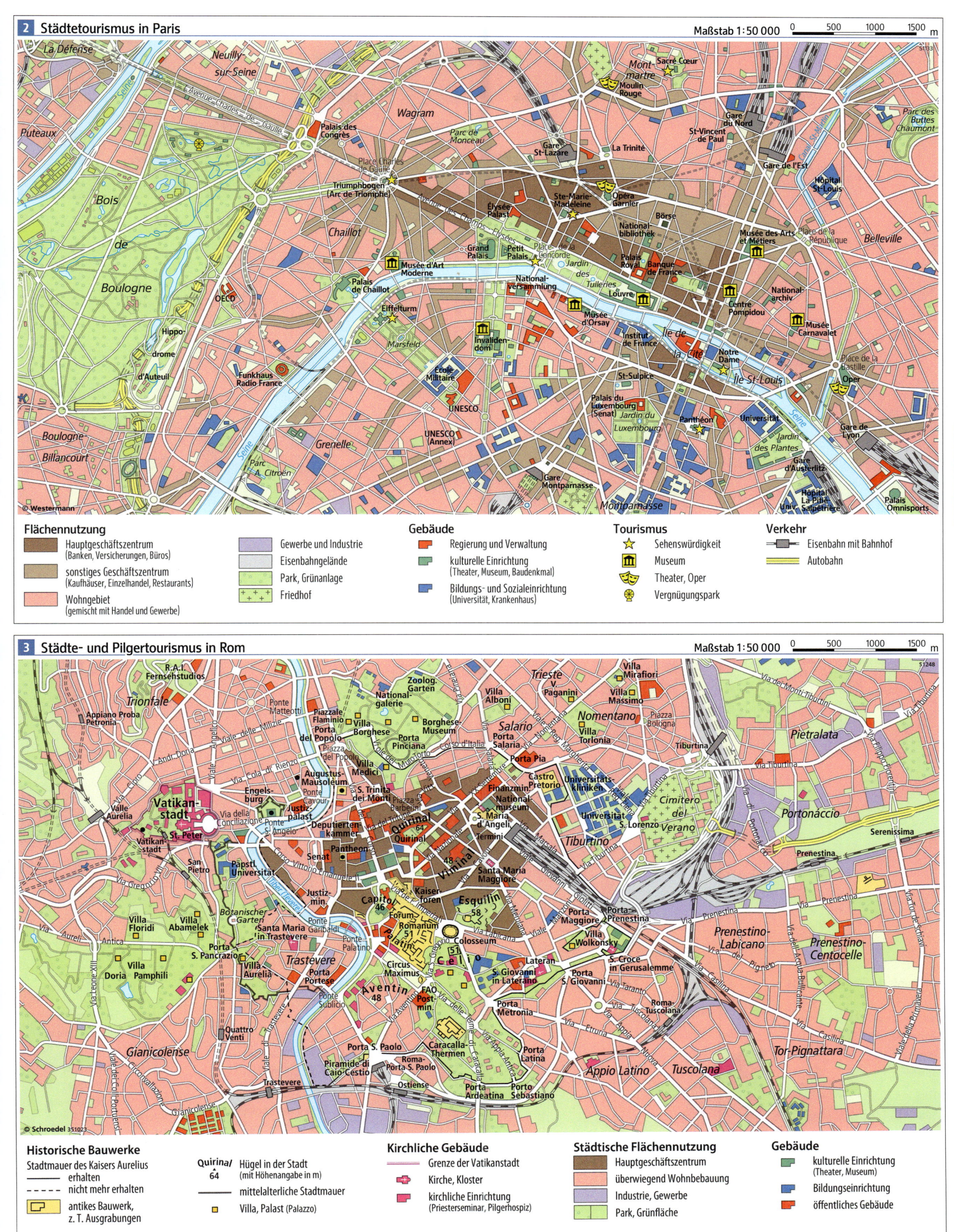

2 Städtetourismus in Paris Maßstab 1:50 000

Flächennutzung
- Hauptgeschäftszentrum (Banken, Versicherungen, Büros)
- sonstiges Geschäftszentrum (Kaufhäuser, Einzelhandel, Restaurants)
- Wohngebiet (gemischt mit Handel und Gewerbe)
- Gewerbe und Industrie
- Eisenbahngelände
- Park, Grünanlage
- Friedhof

Gebäude
- Regierung und Verwaltung
- kulturelle Einrichtung (Theater, Museum, Baudenkmal)
- Bildungs- und Sozialeinrichtung (Universität, Krankenhaus)

Tourismus
- Sehenswürdigkeit
- Museum
- Theater, Oper
- Vergnügungspark

Verkehr
- Eisenbahn mit Bahnhof
- Autobahn

3 Städte- und Pilgertourismus in Rom Maßstab 1:50 000

Historische Bauwerke
Stadtmauer des Kaisers Aurelius
- erhalten
- nicht mehr erhalten
- antikes Bauwerk, z. T. Ausgrabungen

Quirinal / 64 Hügel in der Stadt (mit Höhenangabe in m)
- mittelalterliche Stadtmauer
- Villa, Palast (Palazzo)

Kirchliche Gebäude
- Grenze der Vatikanstadt
- Kirche, Kloster
- kirchliche Einrichtung (Priesterseminar, Pilgerhospiz)

Städtische Flächennutzung
- Hauptgeschäftszentrum
- überwiegend Wohnbebauung
- Industrie, Gewerbe
- Park, Grünfläche

Gebäude
- kulturelle Einrichtung (Theater, Museum)
- Bildungseinrichtung
- öffentliches Gebäude

1 Tourismus auf den Balearen

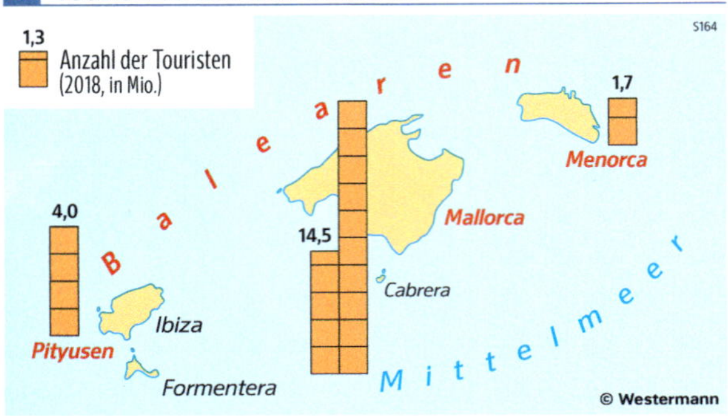

S164

1,3 | Anzahl der Touristen (2018, in Mio.)

B a l e a r e n

1,7 Menorca

4,0 Pityusen

14,5 Mallorca

Ibiza

Cabrera

Formentera

M i t t e l m e e r

© Westermann

Badestrand in der Bucht von Palma

Wanderung entlang der Küste

S163b

2 Ferieninsel Mallorca

Maßstab 1 : 500 000   0   5   10   15 km

S163

40° Nord | 2°30' Ost | 3° | nach Barcelona | 3°30' | S163 | 40° Nord

Übernachtungen nach Regionen

9 000 000
5 000 000
1 000 000
500 000

M i t t e l m e e r

nach Menorca

Pollença, Alcudia

Cap Formentor

434
•353
838

Port de Pollença
Badia de Pollença
Pollença
Alcudia

1003
1103

Puig Major
1443
1118

Sóller

Badia d'Alcudia

Muro, Santa Margalida

Tramuntana e interior

Campanet
Sa Pobla
Can Picafort

Parque Natural de S'Albufera

1064
1069

Lluc
Inca
Muro

Arta, Capdepera

Parque natural de la península de llevant
520
Capdepera

Cala Rajada

Alaró
Binissalem

Santa Margalida

Valldemossa
Bunyola
Santa Maria

Llubi
Maria de la Salut

Arta

933

Sencelles
Sineu

Son Servera

1026

Sant Llorenç

Badia de Son Servera

Sa Dragonera
331

Palma ciudad
Palma
Sa Cabaneta

Petra

Cala Millor

nach Barcelona

Andratx
Peguera
Calvia

Sant Joan
Montuiri

Villafranca
Manacor

Portocristo

Santa Ponça
Magaluf

Badia de Palma

Algaida
Porreres

Mallorca levante

S'Arenal
Llucmajor

Playa de Palma

Bahía Grande

Felanitx
Campos

Calas de Mallorca

Portocolom

Mallorca poniente

Vallgornera
Sa Ràpita

Salobrar de Campos
Botanicactus

Santanyí

Cala d'Or

Colonia de Sant Jordi

Ses Salines

Cala Llombards

Mallorca sur

Cap de ses Salines

nach Menorca

nach Ibiza

39°30' | 2°30' Ost | 3° | © Westermann | 3°30' | 39°30'

Herkunft der Touristen (2018)

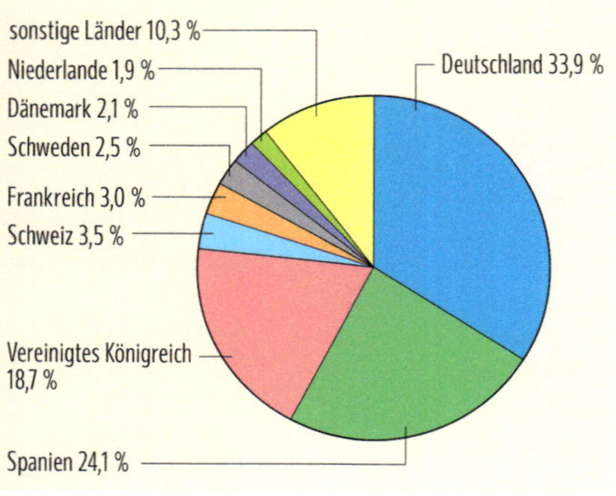

S163c

sonstige Länder 10,3 %
Niederlande 1,9 %
Dänemark 2,1 %
Schweden 2,5 %
Frankreich 3,0 %
Schweiz 3,5 %

Deutschland 33,9 %

Vereinigtes Königreich 18,7 %

Spanien 24,1 %

Zahl der Touristen nach Monaten (2018)

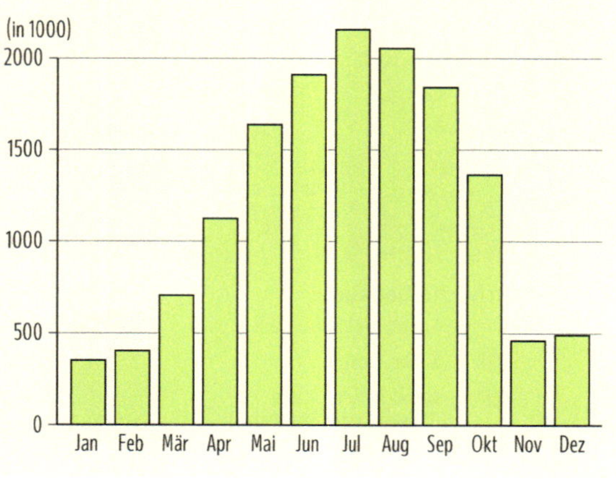

S163a

(in 1000)

2000

1500

1000

500

0

Jan Feb Mär Apr Mai Jun Jul Aug Sep Okt Nov Dez

Freizeit und Erholung

- Badestrand
- Yachthafen
- Golfplatz
- Botanischer Garten
- Tierpark
— Fernwanderweg

Sehenswürdigkeiten

- Kirche, Kloster
- Burg, Schloss
- Leuchtturm
- Windmühle
- Höhle, Grotte
- frühgeschichtliche Anlage

Herkunft der Touristen (nach Regionen, 2018)

- Deutschland
- Vereinigtes Königreich
- Spanien
- sonstige Länder

Pollença Touristenregion
— Grenze einer Region

Verkehr

— Autobahn
— Haupt-, Nebenstraße
— Eisenbahn
--- Fähre

Flächennutzung

- Siedlungsfläche
- Wald

1 Tourismus in Nordtirol

Maßstab 1:1 500 000

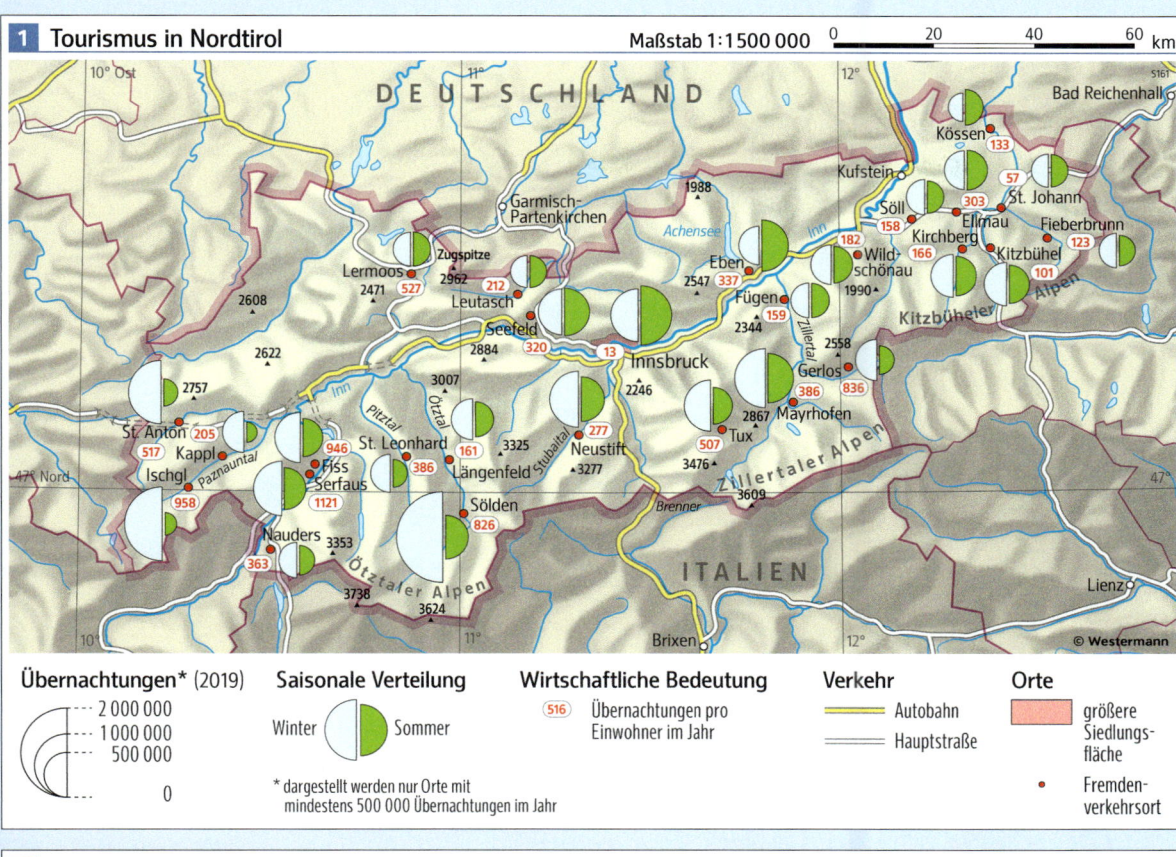

Downhill im Ötztal

Skitourismus in Sölden

Übernachtungen* (2019)
- 2 000 000
- 1 000 000
- 500 000
- 0

Saisonale Verteilung
Winter / Sommer

* dargestellt werden nur Orte mit mindestens 500 000 Übernachtungen im Jahr

Wirtschaftliche Bedeutung
516 Übernachtungen pro Einwohner im Jahr

Verkehr
- Autobahn
- Hauptstraße

Orte
- größere Siedlungsfläche
- Fremdenverkehrsort

2 Tourismus in Sölden

Maßstab 1:80 000

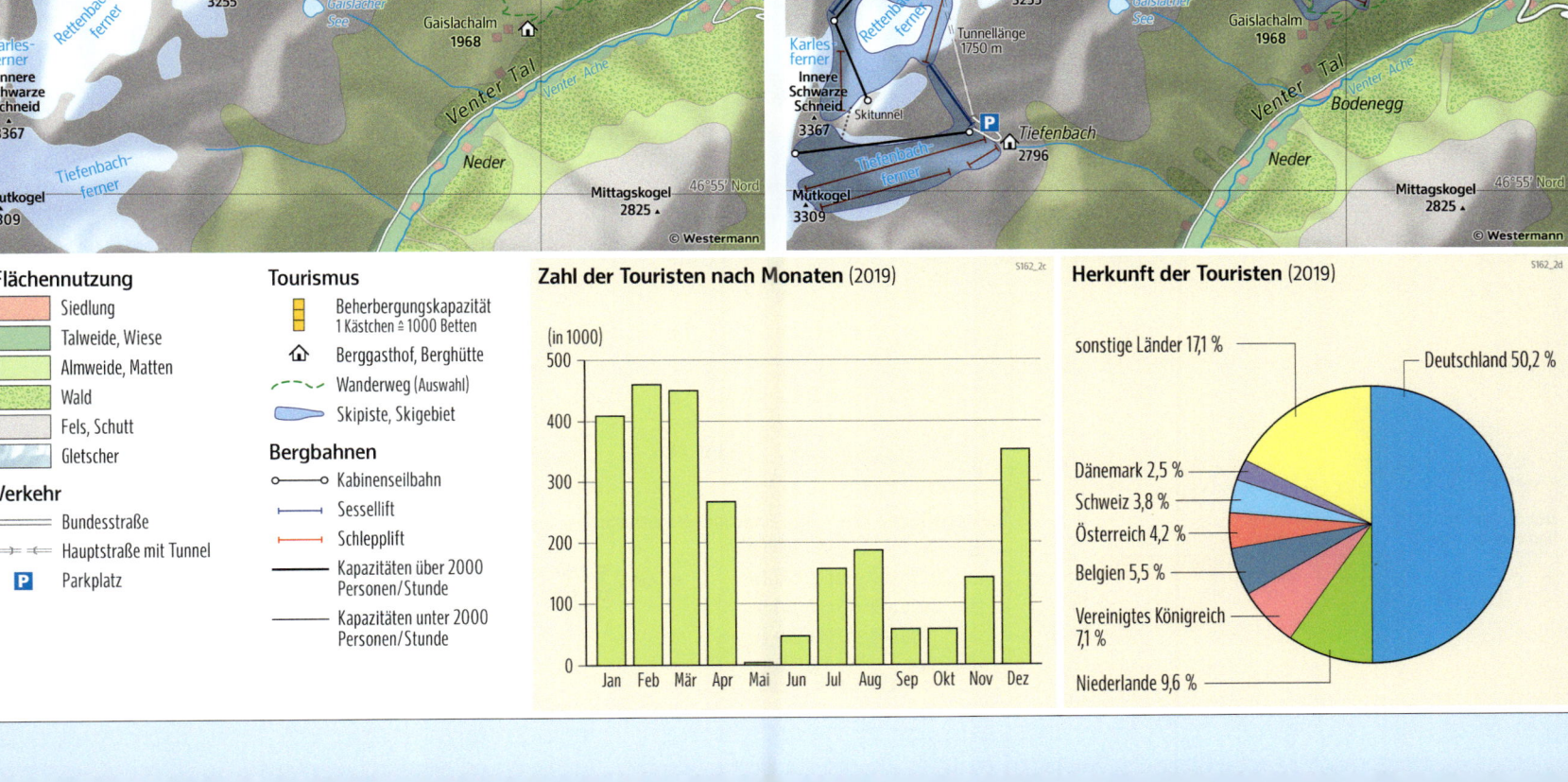

1960 / **2019**

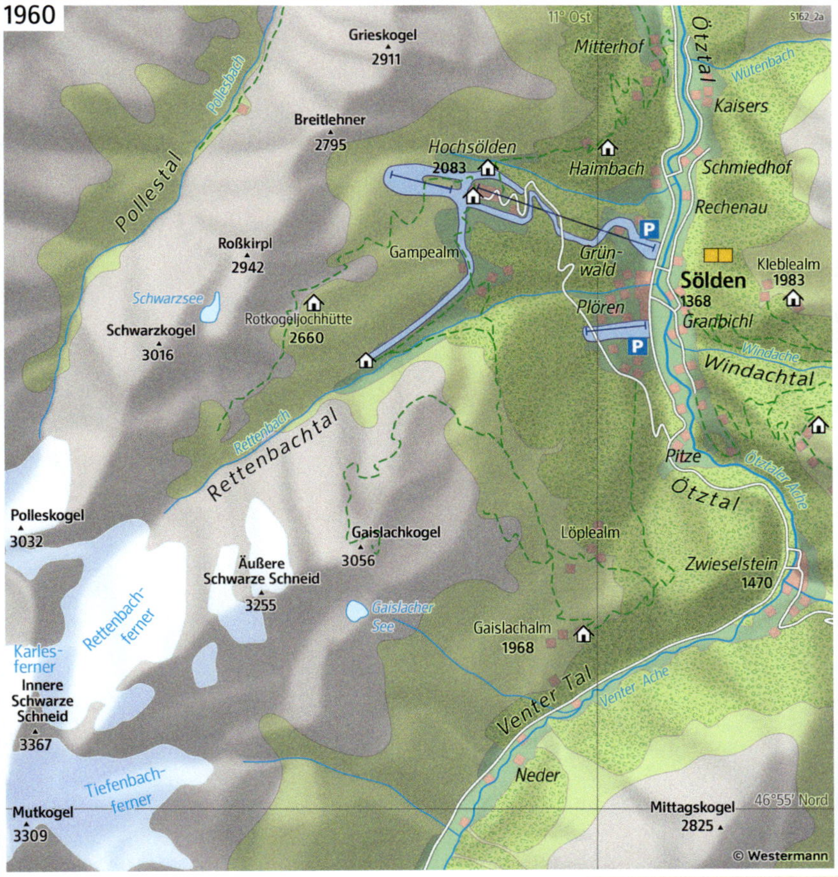

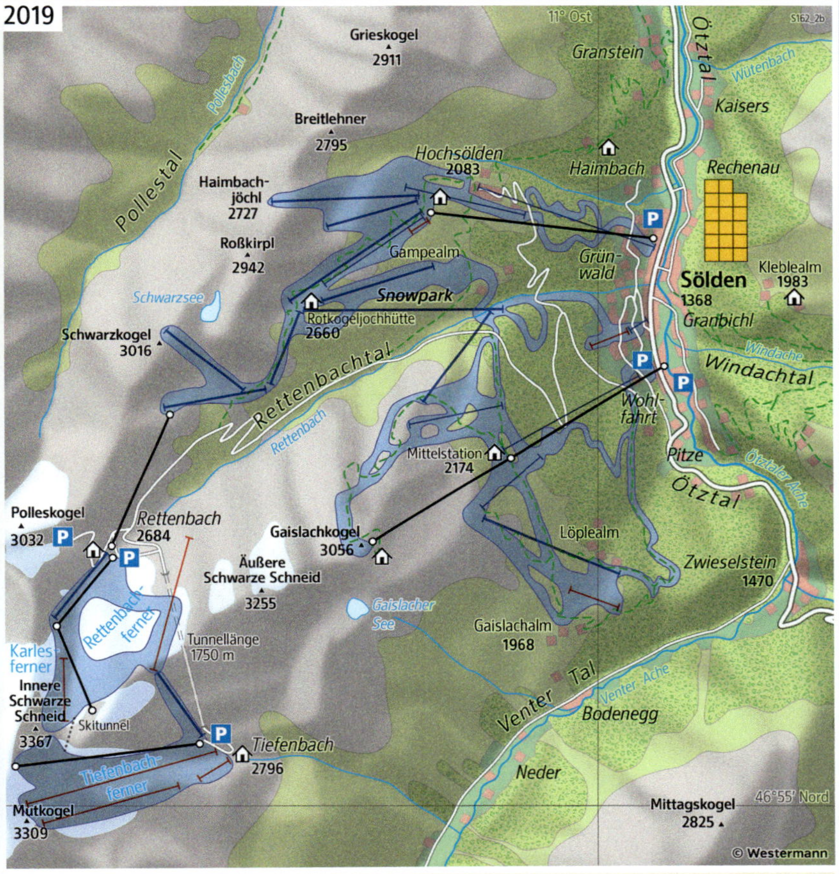

Flächennutzung
- Siedlung
- Talweide, Wiese
- Almweide, Matten
- Wald
- Fels, Schutt
- Gletscher

Verkehr
- Bundesstraße
- Hauptstraße mit Tunnel
- P Parkplatz

Tourismus
- Beherbergungskapazität 1 Kästchen ≙ 1000 Betten
- Berggasthof, Berghütte
- Wanderweg (Auswahl)
- Skipiste, Skigebiet

Bergbahnen
- Kabinenseilbahn
- Sessellift
- Schlepplift
- Kapazitäten über 2000 Personen/Stunde
- Kapazitäten unter 2000 Personen/Stunde

Zahl der Touristen nach Monaten (2019)
(in 1000)

Herkunft der Touristen (2019)
- Deutschland 50,2 %
- sonstige Länder 17,1 %
- Dänemark 2,5 %
- Schweiz 3,8 %
- Österreich 4,2 %
- Belgien 5,5 %
- Vereinigtes Königreich 7,1 %
- Niederlande 9,6 %

Maßstab 1:18 000 000

0   200   400   600 km

Bevölkerungsdichte
(Einwohner je km²)

1   10   25   50   100   200   500   Ew./km²

Ballungsräume (über 1 Mio. Einwohner, Megastädte über 10 Mio. Einwohner)

⊡ über 10 000 000 Ew.
⊡ 5 000 000 – 10 000 000 Ew.
☐ 2 000 000 – 5 000 000 Ew.
☐ 1 000 000 – 2 000 000 Ew.
● unter 1 000 000 Ew.
(nur in Mehrkern-Ballungsräumen)

Ruhrgebiet ⊡ Mehrkern-Ballungsraum
(über 2 Mio. Einwohner)

Grenzen

—— Staatsgrenze
---- umstrittene Grenze

© Westermann

0   200   400   600 km

30°   20° West   10°   0°   10°   20° Ost   30°   40°   50°

S1310_1

Barentssee

Europäisches

Nordmeer

Nördlicher Polarkreis

Nördl. Dwina

60°

ISLAND

Reykjavik

A t l a n t i s c h e r   O z e a n

Onegasee

Ladogasee

FINNLAND
€ 1995

Helsinki

RUSSLAND

Wolga

Moskau

NORWEGEN

Oslo   **SCHWEDEN**
1995

Stockholm

€ Tallinn
ESTLAND
2004

Riga €
LETTLAND
2004

€ 2004
LITAUEN
Vilnius
(Russl.)

Don

50°

Nordsee

DÄNEMARK
1973

Kopen-
hagen

Minsk

BELARUS

IRLAND
€ Dublin
1973

**VEREINIGTES
KÖNIGREICH**
1973–2020

London

Amsterdam €
NIEDERLANDE
Den Haag

Berlin
1990

Elbe

Warschau

POLEN
2004

Weichsel

Kiew

UKRAINE

Dnjepr

Brüssel ■
BELGIEN
€ LUX
Luxemburg
Straßburg ■

DEUTSCHLAND
□ Frankfurt

Prag

TSCHECHIEN
2004

Oder

SLOWAKEI
€ 2004
Bratislava
2004

MOLDAU
Kischinau

Ärmelkanal

Paris

FRANKREICH

Rhein

Wien
€ 1995

ÖSTERREICH

Budapest

UNGARN

RUMÄNIEN
2007

Krim

Donau

Zürich LIE.
SCHWEIZ Vaduz

SLOWENIEN
€ 2004
Ljubljana

Zagreb
KROATIEN
2013

Belgrad

Bukarest

Donau

Schwarzes Meer

40°

Loire

PORTUGAL
1986

Madrid €

SPANIEN
1986

Tajo

Lissabon €

Ebro

ANDORRA

MONACO

**SAN
MARINO**
€

Korsika

Sardinien

Rom
**VATIKAN-
STADT**

ITALIEN

**BOSNIEN U.
HERZEGOWINA**
€

Sarajevo

SERBIEN

Pristina
**MONTE-
NEGRO**
Podgorica **KOSOVO**

Tirana

**NORD-
MAZEDONIEN**
Skopje

ALBANIEN

BULGARIEN
2007

Sofia

Ankara

TÜRKEI

Algier

M i t

Tunis

Sizilien

t   e   l   m

€ Valletta
MALTA
2004

GRIECHENLAND
€ 1981

Athen

Kreta

SYRIEN

Nikosia
ZYPERN
2004 €

LIBANON
Beirut
Damaskus

MAROKKO

TUNESIEN

e   e   r

Amman

Jerusalem
ISRAEL

30°

Tripolis

Nil

Kairo

ALGERIEN

LIBYEN

ÄGYPTEN

© Westermann   0°   10° Ost   20°   30°

S1310_1a

Maßstab 1:30 000 000

0 300 600 900 1200 1500 km

S1006

Atlantischer Ozean

Britische Inseln
Irland
Dublin
Glasgow
1343
Manchester
238
Birmingham
Land's End
London
Amsterdam
Brüssel
Paris
Nantes
Kap Finisterre
5340
Golf von Biskaya
Porto
Iberische
Pyrenäen
Madrid
3404
Toulouse
Lyon
Mt. Blanc 4810
3798
Alpen
München
Wien
Marseille
Mailand
Barcelona
Valencia
3478
Balearen
Korsika
Sardinien
Rom
2914
Apenninhalbinsel
Neapel
Balkan
Zagreb
Budapest
Belgrad
Bukarest
Sofia
Tirana
2917
Athen
Kreta
5121

Algier
Atlasgebirge
2328
Tunis
Sizilien
Malta
Kap Blanc

Mittelmeer

Tripolis
968
Ghadamis
Bengasi
Große Syrte
876
Kyrenaika
Zypern
Alexandria
-133
Kattarasenke
Kairo
Libysche Wüste
Sabha
1200
Fessan
Djabal al-Uwainat 1934
Tibesti
3415
Emi Koussi
Faya
1310
Djurab Ennedi
Abéché
1790
Djabal Marra 3088
Darfur
Kordofan
Bongoberge 1400
Asandeschwelle
Bangassou
Zentralafrikanische Schwelle
Kongo-becken
Mbuji-Mayi
Kisangani
428
Kongo

Nordsee
Skagerrak
Kopenhagen
Hamburg
Köln
Berlin
Elbe
Warschau
Prag
Karpaten
Kiew (Kyjiw)
Charkiw
Donezk
Odessa
Krim
Schwarzes Meer
İstanbul
Ankara
İzmir
Anatolien
Taurus 3916
Adana
Aleppo
Beirut
Jerusalem
Amman
Damaskus
Syrische Wüste
Totes Meer -418
Mesopotamien
Bagdad
Basra
Kuwait-Stadt
Tabuk 2637
Medina
Mekka 2635
Jidda
Arabien
Rotes Meer
Assuan
Nassersee
Asyut 2187
Nördlicher Wendekreis
Etbaigebirge
Atbara 2780
Port Sudan
Abha
Sanaa
3760
Große Arabische Wüste
Hadramaut
Aden
Golf von Aden
Djibuti
Berbera 173
2416
Somali-Halbinsel
Kap Guardafui
Sokotra

Omdurman
Khartum
Asmara
Ras Daschan 4533
Dese 4100
Abbe see
Hochland von Äthiopien
Addis Abeba
Tullu Dimtu 4377
Juba 3187
Turkanasee (Rudolfsee) 523
Baro
Shebele
Mogadischu
Äquator
Kampala
Victoriasee
Elgon 4321
5199 Mt. Kenia
Nairobi
Kigali
Kiwusee
5109
4507
Meru 4565
5895 Killmandscharo (Kibo)
Mombasa
Pemba
Sansibar
Daressalam
Tanganjikasee
Kasai

Shetland-In.
Nordkap
Skanden
Lappland
2470
2096
Oslo
Stockholm
Helsinki
Finnische Seenplatte
Vänersee
Ostsee
Riga
Tallinn
St. Petersburg
Vilnius
Minsk
Moskau
Woronesch
347
Rybinsker Stausee
Weißes Meer
Archangelsk
Murmansk
Kola
Barentssee
Nowaja Semlja
433
Karasee
Narodnaja 1895
Salechard
Uralgebirge
Westsibirische Tiefland
Nischni Nowgorod
Kasan
Perm
Jekaterinburg
Tscheljabinsk
Ufa
Samara
Saratow
Wolga
Wolgograd
Rostow
Kaspische Senke
Astana
Omsk
Nowosibirs
Karaganda
Semej
Kasachische Schwelle
Balchaschsee
Aralsee
Kysylorda
Syrdarja
Turan
Kaspisches Meer
Kaukasus
5642 Elbrus
Tiflis
Jerewan
5137 Ararat
Baku
Täbris
Mossul
Teheran
Elburs 5604
Meschhed
Aschgabat
Samarkand
Buchara
Amudarja
Duschanbe
Kunduz
Kabul
Kandahar
Hindukusch 4148
Pamir 7495
Karakorum
K2 8610
Kashi (Kashgar)
Tarim-becken
Hetian (Hota)
Tian Schan
7439 Pik Pobedy
Almaty
Bischkek
Taschkent

Hochland von Iran
Isfahan 4547
Shiraz
Kerman
4042
Bandar Abbas
Maskat
Ras al-Hadd 3018
Golf von Oman
Makran
Persischer Golf
Ad-Dammam
Riad
Doha
Abu Dhabi
Dubai
Arabisches Meer
5203

Peshawar
Islamabad
Lahore
Multan
Punjab
Indus
Thar
Delhi (Dilli)
Jaipur
Kanpur
Lakhnau
Hindustan
Hindukusch
Himalaja 7816
Transhim.
Karachi
Hyderabad
Ahmedabad
Indore
Bhopal
Surat
Nagpur
Narmada
Mumbai (Bombay) 1646
Pune (Poona)
Dekkan
Godavari
Hyderabad
1680
Vishakhpatnam
Westghats
Ostghats
Bengaluru
Chennai (Madras)
Anai Mudi 2695
Madurai
Kap Komorin
Lakkadiven
Colombo
Pidurutalagala 2524
Kap Dondra
Sri Lanka
Malediven
Malé
4952
Seychellen
Victoria
Amiranten
Chagos-Archipel
Diego Garcia
Coëtivy
Indischer Oz

© Westermann

0 300 600 900 1200 1500 km

Verwaltung

- ● Hauptstadt
- ○ Regierungssitz/Parlamentssitz
- ○ sonstiger Ort
- *Guam (USA)* Außengebiet, Außenbesitzung
- ——— Staatsgrenze
  (Staatsgrenzen im Meer sind Orientierungshilfen, sie entsprechen nicht dem rechtlich verbindlichen Verlauf.)
- – – – umstrittene Grenze

Abkürzungen

A.G.	=	Autonomiegebiet Gaza
K.	=	Kosovo
LI.	=	Liechtenstein
LUX.	=	Luxemburg
MO.	=	Montenegro
NM.	=	Nordmazedonien
S.M.	=	San Marino
SL.	=	Slowenien
VAE	=	Vereinigte Arabische Emirate
W.	=	Westjordanland
(Ind.)	=	Indien
(Jap.)	=	Japan
(USA)	=	Vereinigte Staaten von Amerika
(VK)	=	Vereinigtes Königreich

Bevölkerung 1970 und 2019*

1970 ☐☐ 2019   ☐ = 10 Mio. Einwohner

*Dargestellt werden nur die bevölkerungsreichsten Nationen Asiens.

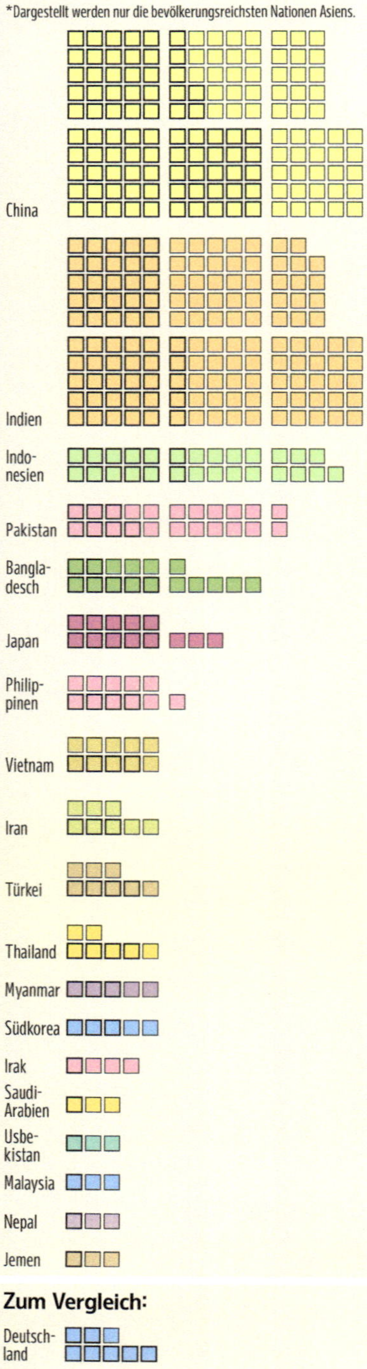

China
Indien
Indonesien
Pakistan
Bangladesch
Japan
Philippinen
Vietnam
Iran
Türkei
Thailand
Myanmar
Südkorea
Irak
Saudi-Arabien
Usbekistan
Malaysia
Nepal
Jemen

Zum Vergleich:

Deutschland

Maßstab 1:30 000 000

0 300 600 900 1200 1500 km

Nutzpflanzen – Weltproduktion und Anteile (2019)

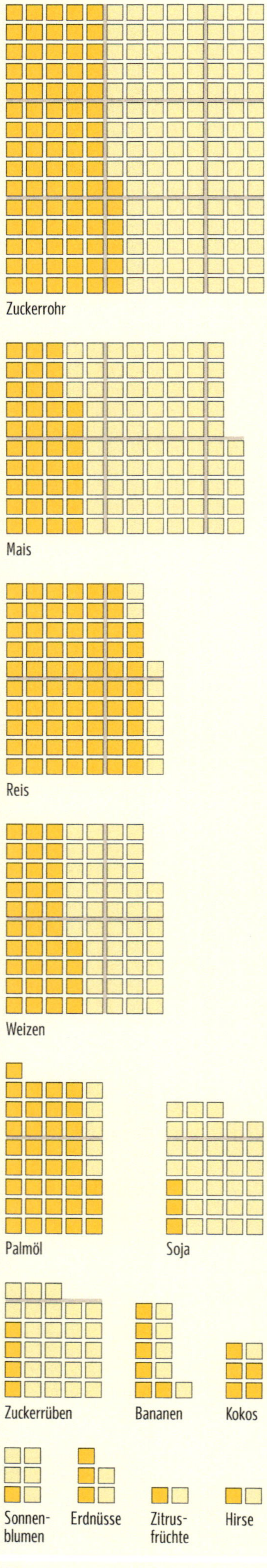

Zuckerrohr

Mais

Reis

Weizen

Palmöl

Soja

Zuckerrüben

Bananen

Kokos

Sonnenblumen

Erdnüsse

Zitrusfrüchte

Hirse

Asien

übrige Länder

1 Kästchen ≙ 10 Mio. t

S875_1

Map labels

Nowaja Semlj

Murmansk

Salechard

Nordsee

London

Berlin

Stockholm

St. Petersburg

Ostsee

Warschau

Moskau

Uralgebirge

Omsk

Kiew

Dnjepr

Wolga

Ural

Astana

Kasachensteppe

Wolgograd

Schwarzes Meer

Kaukasus

Aralsee

Balchaschsee

Ankara

Kaspisches Meer

Taschkent

Kreta

Pamir

Zypern

Euphrat

Tigris

Teheran

Ta...

Damaskus

Syrische Wüste

Bagdad

Him...

Kairo

Punjab

Indus

Delhi

Nil

Rotes Meer

Persischer Golf

Thar

Karachi

Nördlicher Wendekreis

Riad

Große Arabische Wüste

Mumbai (Bombay)

Dekkan

Aden

Chen...

Addis Abeba

Somali-Halbinsel

Sri Lanka

Victoriasee

Mogadischu

Indischer O...

Äquator

Mombasa

© Westermann

Daressalam

S1331_1

Waldlandschaften
- nördlicher Nadelwald
- sommergrüner Laub- und Mischwald, Gebirgsnadelwald
- Monsun- und Regenwald
- Busch- und Trockenwald, Macchie

Offene Landschaften
- Tundra
- Steppe und Hochgebirgsnadelwald
- Trocken- und Dornstrauchsavanne
- Halbwüste, Wüste

Kulturland
- Ackerbau
- Bewässerungsland
- Weide, z.T. Wiese

Nutzpflanzen
- Weizen
- Mais, z.T. Soja
- Reis
- Hirse
- Erdnüsse
- Sonnenblumen
- Zuckerrüben
- Zuckerrohr
- Sojabohnen
- Bananen
- Dattelpalmen
- Kokospalmen
- Ölpalmen
- Baumwolle
- Jute
- Kautschuk
- Zitrusfrüchte
- Tabak
- Kakao
- Kaffee
- Tee
- Wein

Viehhaltung
- Rinder, z.T. Büffel
- Schweine
- Schafe
- Ziegen

1 kleines Zeichen ≙ 5 Mio. Stück
1 großes Zeichen ≙ 20 Mio. Stück

Grenzen
- Staatsgrenze
- umstrittene Grenze

Kontinentalschelf
- 200-m-Tiefenlinie

0 300 600 900 1200 1500 km

Rohstoffe – Weltproduktion und Anteile (2017)

Steinkohle

Erdöl

Eisenerz   Braunkohle   Bauxit

Asien
übrige Länder   1 Kästchen ≙ 50 Mio. t

Phosphat   Silber

Kupfer   Zink   Blei

Asien
übrige Länder   1 Kästchen ≙ 1 Mio. t

Zinn   Seltene Erden (in Asien überwiegend China)   Uran

Asien
übrige Länder
1 Kästchen ≙ 10000 t

Wirtschaft Europa siehe Seite 90/91

Wirtschaft Afrika siehe Seite 150

© Westermann

S1332
S1332b

Gewässer und Regionen
Europäisches Nordmeer
Barentssee
Karasee
Nowaja Semlja
Nordsee
Ostsee
Schwarzes Meer
Kaspisches Meer
Mittelmeer
Rotes Meer
Arabisches Meer
Arabien
Golf von Oman
Persischer Golf
Golf von Aden
Indischer Ozean
Aralsee
Balchaschsee
Ladogasee
Onegasee
Nassersee
Tanasee

Orte und Länder
Glasgow, Oslo, Stockholm, Helsinki, Tallinn, Riga, Vilnius, Minsk, Warschau, Krakau, Prag, Berlin, Hamburg, Kopenhagen, Amsterdam, London, Paris, Frankfurt, Bern, München, Wien, Budapest, Mailand, Rom, Belgrad, Sofia, Bukarest, Saloniki, Athen, Rostow, Odessa, Kiew, Krasnodar

Murmansk, Archangelsk, Uchta, Salechard, Surgut, St. Petersburg, Wologda, Moskau, Nischni Nowgorod, Kirow, Perm, Jekaterinburg, Tscheljabinsk, Kasan, Ufa, Saratow, Samara, Orsk, Omsk, Astana, Karaganda, Astrachan, Wolgograd, Donezk, Woronesch, R U S S L A N D

KASACHSTAN, Aktau, Kysylorda, Almaty, Bischkek, KIRGISISTAN, Tian Schan, USBEKISTAN, Urgentsch, Taschkent, Buchara, Samarkand, Kokand, Kaschi, TURKMENISTAN, Aşgabat, Mary, Meschhed, Duschanbe, TADSCHIKISTAN, Hetian (Hotan)

İstanbul, Bursa, Ankara, Izmir, Antalya, Adana, Aleppo, Zypern, TÜRKEI, GEORGIEN, Tiflis, ARMENIEN, ASERBAIDSCHAN, Jerewan, Baku, Täbris, Mossul, Kirkuk, Bagdad, Damaskus, LIBANON, SYRIEN, Tel Aviv-Jaffa, ISRAEL, JORDANIEN, Amman, Akaba, IRAK, Basra, Abadan, Buschehr, KUWAIT, Kuwait-Stadt, BAHRAIN, Ad-Dammam, Riad, KATAR, Doha, VAE, Dubai, Bandar Abbas, Maskat, OMAN

Teheran, Isfahan, Kerman, IRAN, Kabul, Kandahar, AFGHANISTAN, Peschawar, Islamabad, Rawalpindi, Lahore, Ludhiana, Multan, Sukkur, PAKISTAN, Karachi, Hyderabad

Alexandria, Kairo, Asyut, Assuan, Wadi Halfa, Assuan, Jidda, Mekka, Medina, SAUDI-ARABIEN, Port Sudan, Atbara, Abha, Sanaa, Al-Hudaida, JEMEN, Aden, Salala, Dschibuti, Boosaaso, Berbera, Khartum, Kassala, Asmara, Addis Abeba, Dire Dawa, Dese, Sokotra, Lakkadiven

Delhi (Dilli), Neu-Delhi, Jodhpur, Jaipur, Agra, Lakh..., Bhopal, Indore, Ahmedabad, Nashik, Mumbai (Bombay), Pune, INDIEN, Nagpur, Varan..., Hyderabad, Bengaluru, Chenn..., Kozhikode, Kochi, Madurai, Colombo, SRI LANKA, Malediven, MALEDIVEN, SEYCHELLEN, Victoria, Seychellen

Mogadischu, Nairobi, Kampala, Mombasa, Dodoma, Daressalam, Äquator

Nördlicher Polarkreis, Nördlicher Wendekreis

Bergbau

- Erdöl
- Erdgas
- Steinkohle
- Braunkohle
- Uran
- Eisen
- Stahlveredler
- Kupfer
- Zinn
- Blei/Zink
- Gold
- Silber
- Platin
- Diamanten
- Bauxit (Aluminiumrohstoff)
- Phosphat
- Metalle der Seltenen Erden (Hightech-Rohstoffe)

Industrie

- Eisen- und Stahlerzeugung
- Buntmetallverhüttung
- Raffinerie
- Eisen- und Metallverarbeitung
- Maschinenbau
- Schiffbau
- Elektrotechnik, Elektronik
- Chemie, Kunststoffe
- Textilien, Bekleidung, Leder
- Holz, Papier
- Nahrungs- und Genussmittel
- Fischverarbeitung

Dienstleistungszentrum

- von internationaler Bedeutung
- von überregionaler Bedeutung
- von regionaler Bedeutung
- Tourismusregion

Verkehr

- Eisenbahn
- Fernstraße

Wirtschaftsraum

- Kulturlandschaft (durch den Menschen mehr oder weniger intensiv geprägt)
- Naturlandschaft (vereinzelte menschliche Eingriffe)
- Staatsgrenze

armeer

Karmeer · Laptewsee · Ostsibirische See · Tschuktschensee · Wrangel-Insel · Anadyrgolf · Beringstraße · Seward-Halbinsel · Kap Prince of Wales · Kap Deschnew · Nome · St.-Lorenz-Insel · Nunivak-Insel · Bethel · Alaska (USA)

Kap Tscheljuskin · ewernaja Semlja N · albinsel · gagebirge · 1146 · 41 · Kotelny-Insel · Neusibirische Inseln · Aion · Pewek · Bilibino · 1853 · Tscherski · Anjuigebirge · Anadyr · Anadyrgebirge · Anadyr · Beringowski · Koljakengebirge · Kap Oljutorski · Karaginski-Insel · Beringmeer · 170° West · 180° · 170° Ost

Sibirisches Tiefland · Chatanga · myr · Olenjok · Olenjok · Tiksi · Werchojansk · 2389 Orlugan · Tscherskigebirge · Pobeda 3147 · Srednekolymsk · Tschokurdach · 47 · Kolymagebirge · 2562 Ledjanaja · Omsuktschan · 2562 · Kamtschatka · Ust-Kamtschatsk · Kljutschewskaja Sopka 4750 · Bering-Insel

orana-rge · 1701 · elsibirisches · 962 · Udatschni · Schigansk · Werchojansker Gebirge · Suntar Chajata · Mus Chaja 2959 · Chandyga · 1962 · Omsuktschan · Schelichow-golf · Palana · Ust-Kamtschatsk · Bering-Insel · 170° Ost

Tura · Untere Tunguska · Mirny · 301 · Wiljuisk · Nischni-Bestjach · Jakutsk · Ust-Maja · Aldan · Ochotsk · Ochotskisches Meer · Petropawlowsk-Kamtschatski · Kap Lopatka · Paramuschir · Onekotan · 50°

Bergland · 970 · Steinige Tunguska · Lensk · Aldan · Stanowoigebirge · 2412 · Schantar-Inseln · Ocha · Simuschir

Angara · Ust-Ilimsk · Bodaibo · Witim · 2999 · Tynda · Skoworodino · Burejagebirge · 2505 · Nikolajewsk · Alexandrowsk-Sachalinski · Sachalin · Onekotan · Urup · Iturup (Etorofu)

Kansk · asnojarsk · Ust-Ilimsker Stausee · Bratsk · Sewerobaikalsk · 2840 · Witim Plateau · Amur · Seja · Belogorsk · Blagoweschtschensk · Komsomolsk · Tatarensund · Kleiner Chingan · Juschno-Sachalinsk · Kunaschir (Kunashiri) · 5

Tulun · Ust-Kut · Kirensk · 455 · 1637 · Baikal-see · Jablonowygebirge · Tschita · Onon · Bei'an · Qiqihar · Hegang · Jiamusi · Chankasee · Chabarowsk · 2078 · Sichote-Alin · Dalnegorsk · Wakkanai · Asahikawa · 2290 · Kushiro · Hokkaido

Kysyl · Angarsk · Irkutsk · Ulan-Ude · Borsja · 2499 Sochondo · Hulun Buir · Manjur · Großer Chingan · Harbin · Mudanjiang · Ussurisk · Wladiwostok · Nachodka · Sapporo · Hakodate · Aomori · 40° Nord

Munku-Sardyk 3491 · Mörön · ebirge · 4031 · Changaigebirge · Karakorum · 1326 · Ulan Bator (Ulaanbaatar) · Darchan · 2799 · Tschoibalsan · Baicheng · Mandschurei · Jilin · Changchun · Siping · Chongjin · NORD-KOREA · 2744 · Japanisches Meer (Ostmeer) · Morioka · Akita · Honshu · Sendai · Koriyama

MONGOLEI · Gobi · Bajanchongor · Altai · 3957 · Gobi-Altai · Sainschand · Dalandsadgad · Huanggangliang 2029 · Chifeng · Shenyang · Fushun · Anshan · Yingkou · Dandong · Hamhung · Pjöngjang · Niigata · Kanazawa · Saitama

Hami (Kumul) · Chara-Choto · Gaxun Nur · Hohhot · Zhangjiakou · Baotou · Datong · Peking (Beijing) · 2894 · Baoding · Tianjin · Tangshan · Dalian · Yantai · Incheon · Seoul · SÜDKOREA · Daejeon · Daegu · 1915 · Ulsan · Okayama · Kyoto · Osaka · Nagoya · Tokio · Yokohama · Fuji 3776 · 6

Jiayuguan · Zhangye · Yinchuan · Ordos · Taiyuan · Shijiazhuang · Baoding · Huang He · Große Ebene · Zibo · Jinan · Qingdao · Shandong · Gelbes Meer · Gwangju · Busan · Hiroshima · Kitakyushu · Kochi · Shikoku · JAPAN · Fukuoka · Kumamoto · Kyushu · Kagoshima · Osumi-Inseln

Nan Shan · 6346 · Wuwei · Xining · Lanzhou · 1554 · Xianyang · Xi'an · Baoji · 3767 · Qin Ling · Handan · Zhengzhou · Luoyang · Xuzhou · Yancheng · Jejudo · Koreastraße · Amami-Inseln

Golmud · CHINA · 6094 · Qinghai Hu · Baoji · Hanzhong · Daba Shan · Xiangfan · Hefei · Huainan · Bengbu · Nanjing · Changzhou · Wuxi · Suzhou · Shanghai · Wuhu · Nagasaki · Ostchinesisches Meer · Nördlicher Wendekreis

SHAN · HINA · Nu Jiang · Chengdu · Rotes Becken · 7590 Gongga Shan · Zigong · Chongqing · Dongting Hu 230 · Yichang · Wuhan · Huangshi · Hangzhou · Ningbo · Pazifischer Ozean · 7

Batang · Zhaotong · Guiyang · Changsha · Hengyang · Nanchang · Poyang Hu · 2120 · Südchinesisches Bergland · Yueyang · Wenzhou

Dibrugarh · 89 · Patkaigebirge · 1824 · Myitkyina · Dali · Kunming · Baoshan · Guiyang · Ganzhou · Fuzhou · Taiwanstraße · Taipeh · Taichung · TAIWAN · Nansei-Inseln (Ryukyu-Inseln) 7507 · Okinawa · Daito-Inseln (Japan)

MYANMAR · aputra · phal · Jangtsekiang · Xiamen · Südchinesisches Meer

© Westermann

Maßstab 1:20 000 000

0 200 400 600 800 1000 km

Bergbau

- Erdgas
- Erdöl
- Steinkohle
- Braunkohle
- Uran
- Eisen
- Stahlveredler (Chrom, Mangan, Wolfram)
- Kupfer
- Blei, Zink
- Gold
- Silber
- Platin
- Diamanten
- Phosphat
- Bauxit (Aluminiumrohstoff)
- Zinn
- Nickel

Energie

- Kernkraftwerk
- Wärmekraftwerk
- Wasserkraftwerk

Industrie

- Eisen- und Stahlerzeugung
- Buntmetallverhüttung
- Aluminiumverhüttung
- Metallverarbeitung
- Maschinenbau
- Kraftfahrzeugbau
- Luft- und Raumfahrzeugbau
- Schiffbau
- Elektrotechnik, Elektronik
- Chemische Industrie
- Raffinerie
- Atomindustrie
- Holzindustrie
- Textilien, Bekleidung, Leder
- Nahrungs- und Genussmittel
- Fischverarbeitung

Dienstleistungszentrum

- von internationaler Bedeutung
- von überregionaler Bedeutung
- von regionaler Bedeutung
- Tourismus

Transport und Verkehr

- Erdölleitung
- Erdgasleitung
- Ölhafen
- wichtige Eisenbahn
- Fernstraße

Grenzen

- Staatsgrenze
- umstrittene Grenze

© Westermann

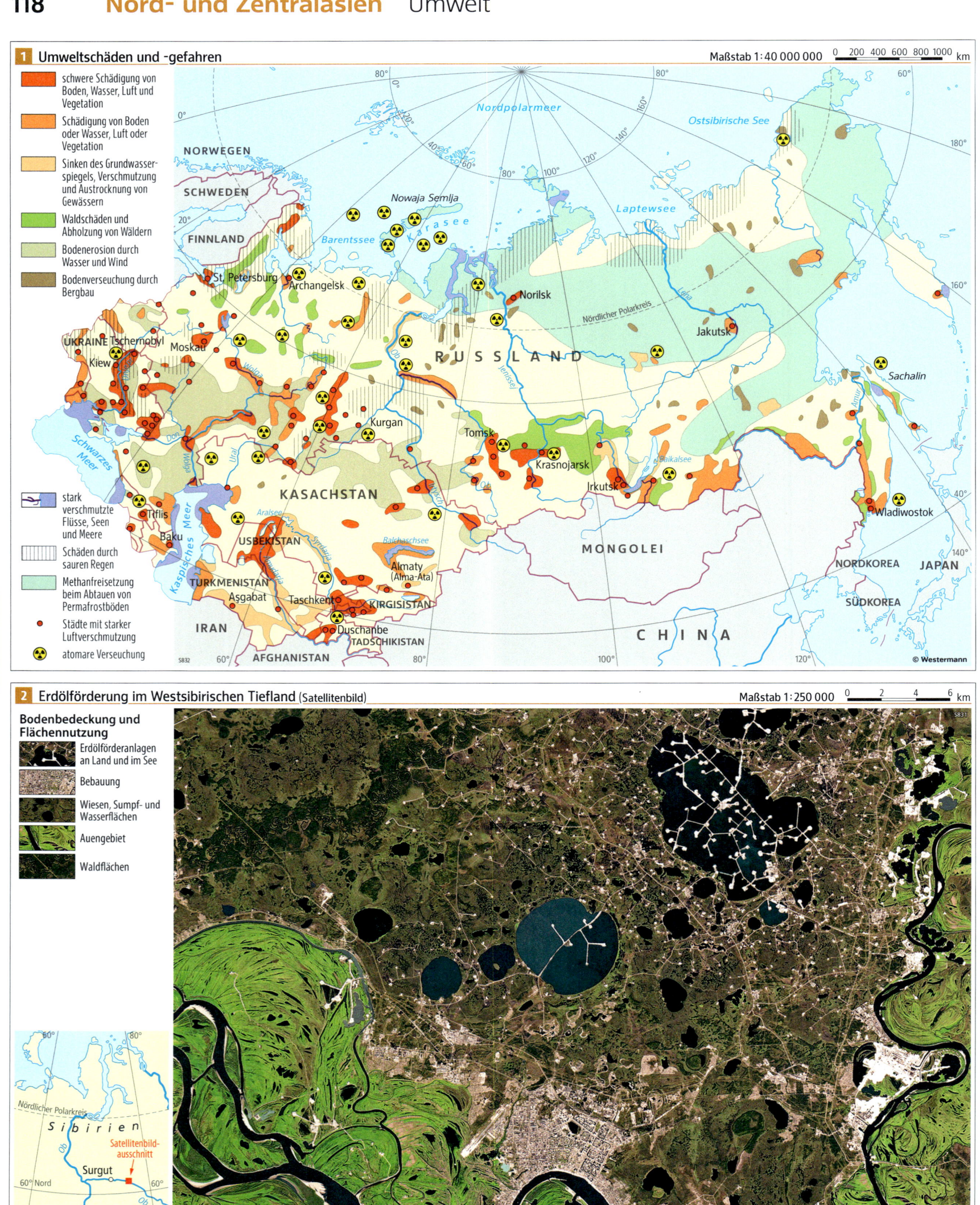

1 Umweltschäden und -gefahren
Maßstab 1:40 000 000
0 200 400 600 800 1000 km

- schwere Schädigung von Boden, Wasser, Luft und Vegetation
- Schädigung von Boden oder Wasser, Luft oder Vegetation
- Sinken des Grundwasserspiegels, Verschmutzung und Austrocknung von Gewässern
- Waldschäden und Abholzung von Wäldern
- Bodenerosion durch Wasser und Wind
- Bodenverseuchung durch Bergbau

- stark verschmutzte Flüsse, Seen und Meere
- Schäden durch sauren Regen
- Methanfreisetzung beim Abtauen von Permafrostböden
- Städte mit starker Luftverschmutzung
- atomare Verseuchung

NORWEGEN
SCHWEDEN
FINNLAND
St. Petersburg
Archangelsk
UKRAINE Tschernobyl
Moskau
Kiew
Schwarzes Meer
Tiflis
Baku
Kaspisches Meer
KASACHSTAN
USBEKISTAN
TURKMENISTAN
Asgabat
Taschkent
KIRGISISTAN
Duschanbe
TADSCHIKISTAN
IRAN
AFGHANISTAN
Aralsee
Balchaschsee
Almaty (Alma-Ata)
Kurgan
Tomsk
Krasnojarsk
Irkutsk
Baikalsee
MONGOLEI
CHINA
Norilsk
Jakutsk
Sachalin
Wladiwostok
NORDKOREA
SÜDKOREA
JAPAN
RUSSLAND
Nordpolarmeer
Barentssee
Karasee
Laptewsee
Ostsibirische See
Nowaja Semlja
Nördlicher Polarkreis
Wolga
Don
Ural
Ob
Jenissei
Lena
Amur

S832
© Westermann

2 Erdölförderung im Westsibirischen Tiefland (Satellitenbild)
Maßstab 1:250 000
0 2 4 6 km

Bodenbedeckung und Flächennutzung
- Erdölförderanlagen an Land und im See
- Bebauung
- Wiesen, Sumpf- und Wasserflächen
- Auengebiet
- Waldflächen

Sibirien
Nördlicher Polarkreis
Ob
Satellitenbildausschnitt
Surgut
60° Nord
Irtysch
Omsk
60° Ost
80°

Klimadiagramm von Surgut:
siehe Seite 116 unten

S831

1 Der Aralsee im Wandel der Zeit (Satellitenbilder)

1976   2002   2018

2 Der Aralsee und sein Einzugsgebiet

Maßstab 1 : 8 000 000   0   50   100   150 km

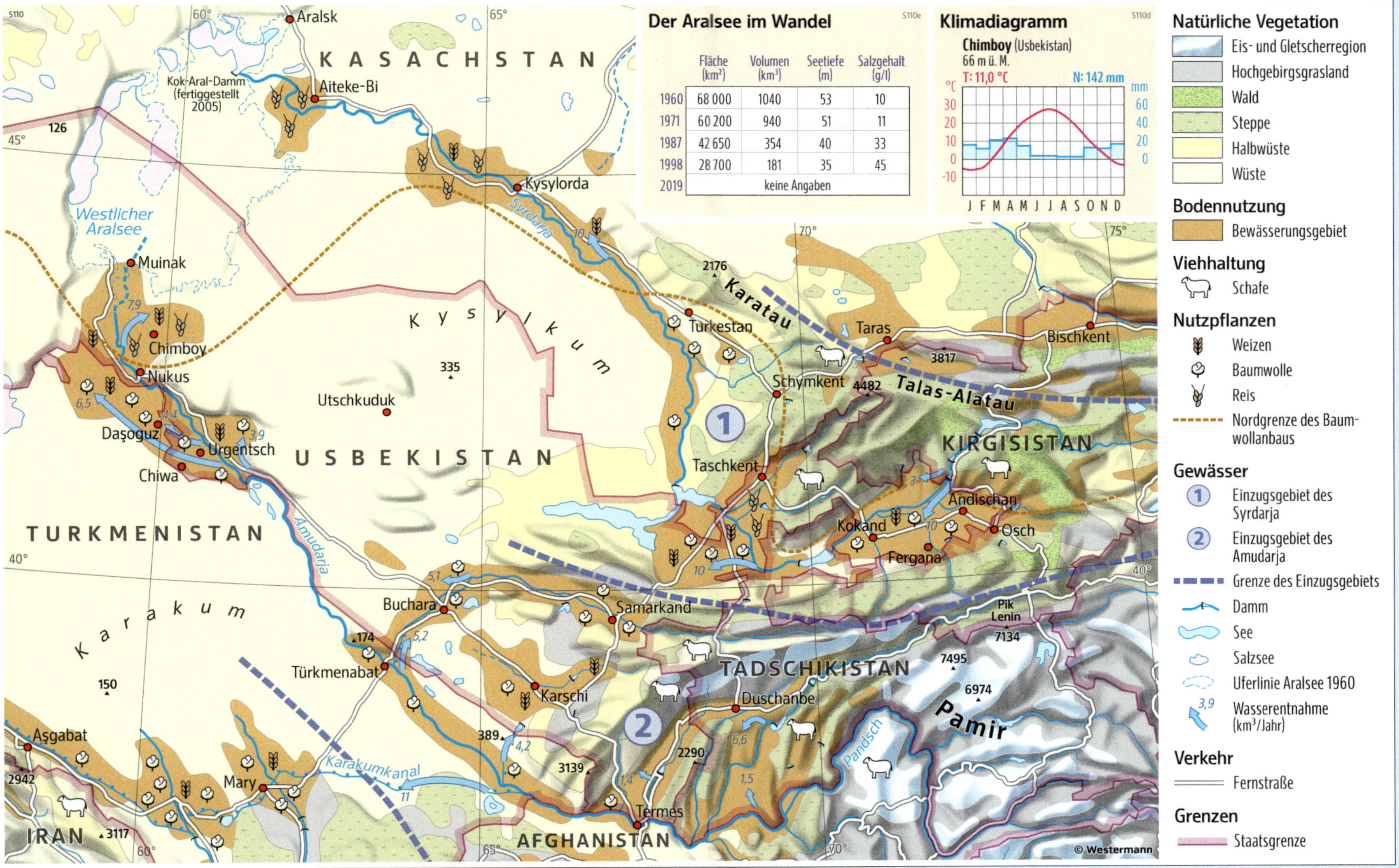

Der Aralsee im Wandel

	Fläche (km²)	Volumen (km³)	Seetiefe (m)	Salzgehalt (g/l)
1960	68 000	1040	53	10
1971	60 200	940	51	11
1987	42 650	354	40	33
1998	28 700	181	35	45
2019	keine Angaben			

Klimadiagramm
Chimboy (Usbekistan)
66 m ü. M.
T: 11,0 °C   N: 142 mm

Natürliche Vegetation
- Eis- und Gletscherregion
- Hochgebirgsgrasland
- Wald
- Steppe
- Halbwüste
- Wüste

Bodennutzung
- Bewässerungsgebiet

Viehhaltung
- Schafe

Nutzpflanzen
- Weizen
- Baumwolle
- Reis
- Nordgrenze des Baumwollanbaus

Gewässer
- ① Einzugsgebiet des Syrdarja
- ② Einzugsgebiet des Amudarja
- Grenze des Einzugsgebiets
- Damm
- See
- Salzsee
- Uferlinie Aralsee 1960
- 3,9 Wasserentnahme (km³/Jahr)

Verkehr
- Fernstraße

Grenzen
- Staatsgrenze

© Westermann

3 Abflussmenge des Amudarja und Syrdarja

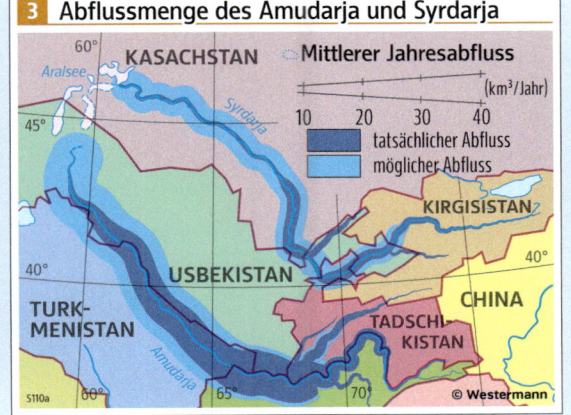

Mittlerer Jahresabfluss
(km³/Jahr)
10   20   30   40
- tatsächlicher Abfluss
- möglicher Abfluss

© Westermann

4 Wasserverbrauch ausgewählter Staaten*

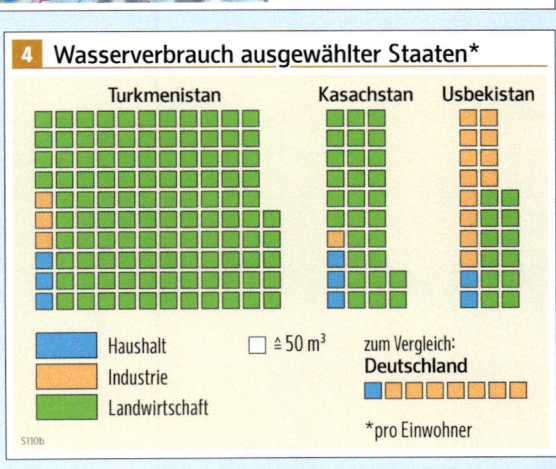

Turkmenistan   Kasachstan   Usbekistan

- Haushalt
- Industrie
- Landwirtschaft

□ ≙ 50 m³

zum Vergleich:
Deutschland

*pro Einwohner

Baumwollernte (Bewässerungsfeldbau)

© Westermann

Maßstab 1:16 000 000   0   100 200 300 400 500 km   **123**

S1191

Legend

Waldlandschaften
- nördlicher Nadelwald
- sommergrüner Laub- und Mischwald
- Monsun- und Regenwald
- Sekundär- und Buschwald, z.T. Weide
- Mangrove

Offene Landschaften
- Steppe und Hochgebirgsgrasland
- Halbwüste und Wüste
- Fels- und Gletscherregion
- See
- Salzsee

Kulturland
- Ackerbau
- Bewässerungsland
- Weide, z.T. Wiese

Bergbau
- Erdöl
- Erdgas
- Steinkohle
- Braunkohle
- Uran
- Eisen
- Stahlveredler
- Kupfer
- Zinn
- Blei/Zink
- Bauxit (Aluminiumrohstoff)
- Gold
- Silber
- Platin
- Phosphat (Rohstoff für Kunstdünger)
- Seltene Erden

Kontinentalschelf
- 200-m-Tiefenlinie

Industrie
- Eisen- und Stahlerzeugung
- Buntmetallverhüttung
- Aluminiumverhüttung
- Eisen- und Metallverarbeitung
- Maschinenbau
- Kraftfahrzeugbau
- Luft- und Raumfahrttechnik
- Schiffbau
- Elektroindustrie, Optik
- Chemie, Kunststoffe
- Erdölraffinerie
- Textilien, Bekleidung, Leder
- Holz, Papier
- Nahrungs- und Genussmittel
- Fischverarbeitung
- Wärmekraftwerk
- Kernkraftwerk
- Wasserkraftwerk

Dienstleistungszentrum
- von internationaler Bedeutung
- von überregionaler Bedeutung
- von regionaler Bedeutung

Tourismus
- Tourismusregion

Transport und Verkehr
- Erdölleitung
- Erdgasleitung
- Fernstraße
- Eisenbahn

Grenzen
- Staatsgrenze
- umstrittene Grenze

Maßstab 1:30 000 000

0   300   600   900   1200   1500 km

Bevölkerungsdichte
(Einwohner je km²)

10   25   50   100   200   500   Ew./km²

unbewohnt

Städtische Ballungsräume
(Einwohner)

⊡ über 10 000 000 Ew.
⊡ 5 000 000 – 10 000 000 Ew.
□ 2 000 000 – 5 000 000 Ew.

□ 1 000 000 – 2 000 000 Ew.
⊙ 500 000 – 2 000 000 Ew.
○ unter 500 000 Ew.

Städtewachstum
(für ausgewählte Millionenstädte)

■ 1970
■ 1990
□ 2018

1 Kästchen ≙ 1 Mio. Einwohner

Grenzen

Staatsgrenze

umstrittene Grenze

© Westermann

1 Slumviertel Dharavi (Satellitenbild) Maßstab 1:15 000 0 100 200 300 m

	Slum		Mangrove		Eisenbahn		freier Platz
	Wohnviertel, z.T. mehrstöckige Gebäude		Fluss		mehrspurige Straße		Slumviertel Dharavi

2 Mumbai (Bombay) Maßstab 1:400 000

72° 48'   73° Ost

Utan

Ulhas River

Gorai

Dahisar

Sanjan Gandhi Nationalpark

Kasheli

Borivili

Salsette 462

Thane

Manori

Kandivili

Tulsi Lake

Manori Point

19° 12'

Vihar Lake Wasserschutzgebiet

Kopri 307

Mumbra

Powai Lake

Bhandup

Mumbai (Bombay)

Sion 304

Shastri Nagar

Navi Mumbai (New Bombay)

30

Mahul

Worli

198

Mahim Bay

Cumbala Hill

Bombay Butcher Island

Panvel Creek

Malaba Hill

169 Nhava

Elephanta Island

Back Bay

Harbour

Mora 214

Chirle

Colaba

Jasai

© Schroedel 350825

Colaba Point

73°

19° Nord

Flächennutzung
- Siedlungsfläche
- oft überschwemmte Flächen, z. T. Mangrove
- Slum mit mehr als 10 000 Bewohnern
- Dharavi

Verkehr
- Autobahn
- Hauptstraße
- Nebenstraße
- Eisenbahn
- Flughafen
- Hafen

3 Flächennutzung im Slumviertel Dharavi Maßstab 1:30 000 0 300 600 900 m

Flächennutzung
- Wohn- und Arbeitsgebiet
- Zentrum des Plastik-Recycling
- Töpferviertel
- Freifläche

Bus-Depot

Station Road

Sion Link Road

Sion Railway Station

90 Feet Road

60 Feet Road

Mahim Railway Station

Verkehr
- Hauptstraße
- sonstige Straße
- Eisenbahn mit Bahnhof

S933_1a

Allgemeine Informationen zu Wohngebieten und Slums in Mumbai (2011)

	Greater Mumbai	offizielle Wohngebiete	Slumgebiete (z.T. in offiziellen Gebieten liegend)
Fläche	483 km²	102 km²	42 km²
Bevölkerung	12,4 Mio. Ew.	5,9 Mio. Ew.	6,5 Mio. Ew.
Bevölkerungsdichte	25 700 Ew./km²	57 800 Ew./km²	155 500 Ew./km²

Informationen zum Slumviertel Dharavi

Fläche	ca. 1,75 km²
Bevölkerung	600 000 Einwohner* (bis zu 1 000 000 Einwohner)**
Bevölkerungsdichte	ca. 343 000 Einwohner je km²* (ca. 571 000 Ew./km²)**
Ein-Raum-Fabriken (oft gleichzeitig Wohn- und Arbeitsraum)	mehrere Tausend (z.B. Plastik-Recycling, Topf- und Lederwaren, Textilfärbereien)

Zum Vergleich Berlin: Einwohnerdichte: 3 800 Einwohner je km²

* offiziell   ** nach inoffiziellen Schätzungen

© Schroedel 340404

Wohnhäuser in Dharavi

Laden im Töpferviertel

1 Bruttoinlandsprodukt

Maßstab 1 : 30 000 000

0   250   500   750 km

Bruttoinlandsprodukt (BIP) pro Person
(Jahresdurchschnitt 2016–2018, in US-Dollar)

200 %	über- durch- schnittlich
150 %	
100 %	8 873 $ *
85 %	unter- durch- schnittlich
70 %	

* durchschnittliches BIP in China pro Person

Sondergebiete

○ Sonderwirtschaftszone
1980 Jahr der Eröffnung
● Sonderverwaltungszone

Grenzen, Verwaltung

── Staatsgrenze
── Provinzgrenze
HUBEI Provinzname
TIBET Autonomes Gebiet
Peking regierungsunmittelbare Stadt

Bruttoinlandsprodukt (BIP) pro Person in ausgewählten Regionen
(Jahresdurchschnitt 2016–2018, in US-Dollar)

Einkommen (in Tausend US-Dollar)
50, 40, 30, 20, 10

China, Peking, Guangdong, Hunan, Gansu, Hongkong, Taiwan, Deutschland

S801a

RUSSLAND
KASACHSTAN
MONGOLEI
KIRGISISTAN
TADSCHIKISTAN
PAKISTAN
XINJIANG
GANSU
NINGXIA
QINGHAI
TIBET
INNERE MONGOLEI
HEILONGJIANG
JILIN
LIAONING
NORD-KOREA
Peking
Tianjin
HEBEI
SHANXI
SHANDONG
SHAANXI
HENAN
JIANGSU
ANHUI
Shanghai
Pudong (1990)
SICHUAN
Chongqing
HUBEI
ZHEJIANG
CHINA
NEPAL
BHUTAN
INDIEN
BANGLA-DESCH
Nördlicher Wendekreis
GUIZHOU
HUNAN
JIANGXI
FUJIAN
Xiamen (1980)
TAIWAN
YUNNAN
GUANGXI
GUANGDONG
Shantou (1980)
Zhuhai (1980)
Shenzhen (1980)
Hongkong
Macau
MYANMAR
VIETNAM
Hainan (1988)
HAINAN
LAOS
THAILAND
Golf von Bengalen
SÜD-KOREA
JAPAN
Gelbes Meer
Ostchinesisches Meer
Pazifischer Ozean
S801

© Westermann

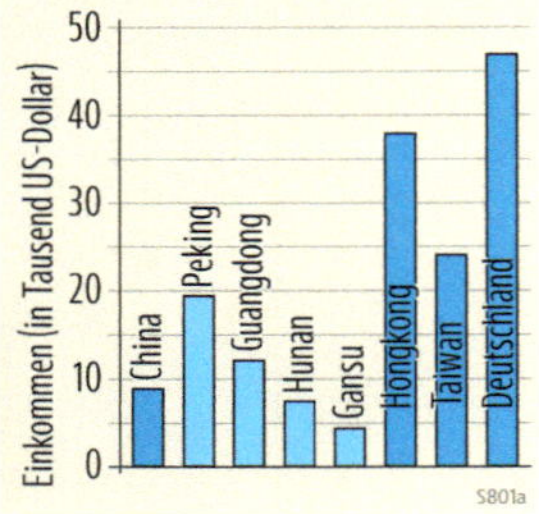

2 Hongkong

Maßstab 1 : 80 000

0   500   1000   1500 m

Bodennutzung

	bebautes Gebiet
	Geschäftszentrum
	Industrie
	Hafen
	Militäreinrichtungen
	Park, Grünanlage
	Sportanlage
	Friedhof
	Buschwald
	Freifläche
552	Höhe in Meter

Hochhaushöhe

□ 200 – 400 m
⊡ über 400 m

Hochhausnutzung

■ Büros, Hotels
■ Wohnen

Verkehr

Eisenbahn (oberirdisch)
Eisenbahn im Bau (unterirdisch)
Bahnhof
Autobahn
Autobahntunnel
Autobahn im Bau
Schnellstraße
Straße
Fähre

Küste

── Küstenlinie 1850
── heutige Küstenlinie

Blick auf Hongkong (vom Victoria Peak)

räumlich enge Wohnverhältnisse

51429a

zum Flughafen
Containerhafen
56
ehem. Flughafen Kai Tak
Steinbruch
Kowloon
International Commerce Centre (484 m, höchstes Bauwerk Hongkongs)
Kowloon Bay
304
Anlegestelle Kreuzfahrtschiffe
Star Ferry
Victoria Harbour
222
Green Island
Universität
269
Victoria Peak 552
Hongkong Island
Steinbruch
433
532
188

© Westermann

51429

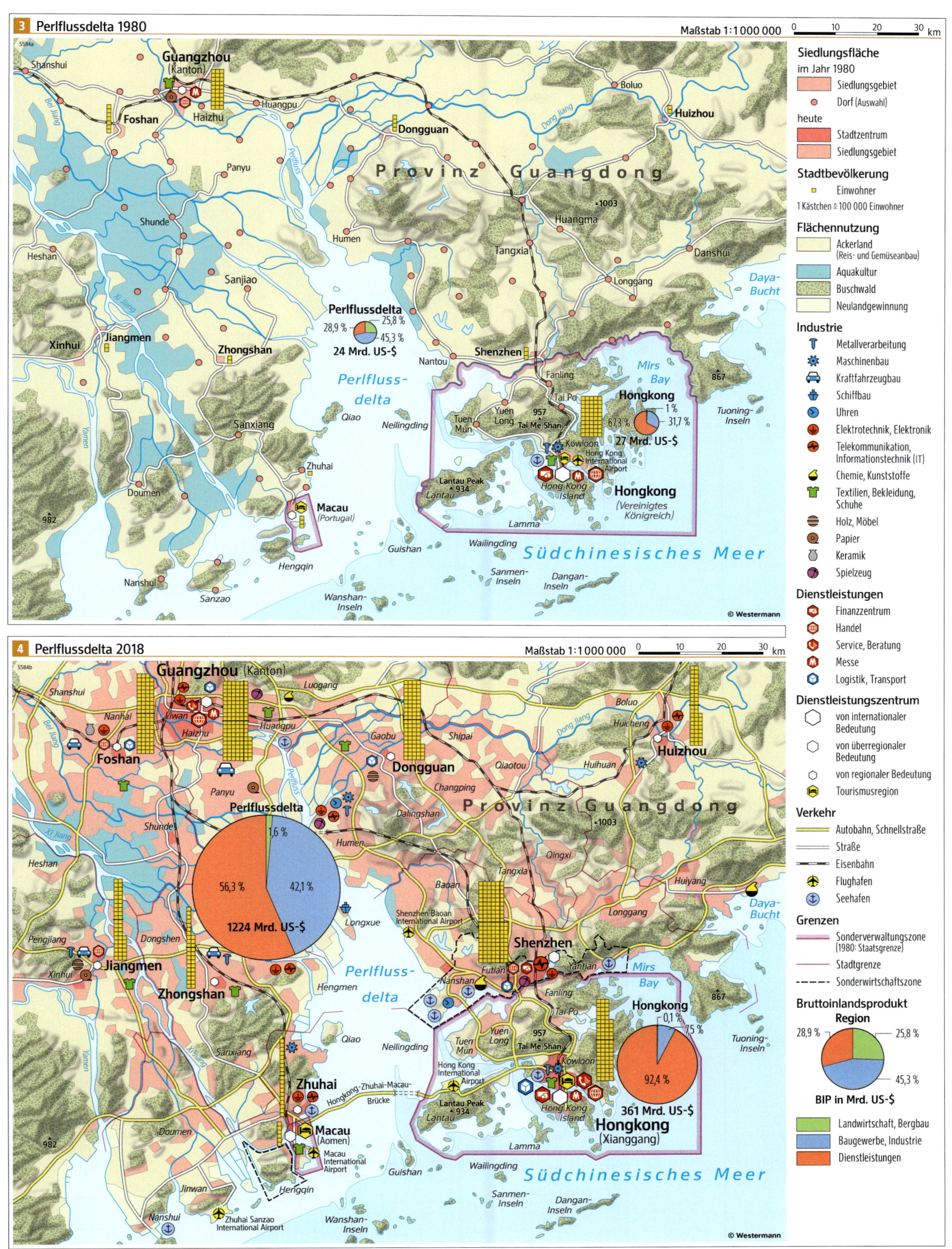

3 Perlflussdelta 1980

Maßstab 1:1 000 000

0 10 20 30 km

Shanshui · Guangzhou (Kanton) · Foshan · Haizhu · Huangpu · Dongguan · Boluo · Huizhou · Panyu · Perlfluss · Provinz Guangdong · Humen · Shunde · Huangma · 1003 · Tangxia · Xinhui · Jiangmen · Sanjiao · Zhongshan · Nantou · Shenzhen · Longgang · Danshui · Daya-Bucht

Heshan · Xi Jiang · Bei Jiang

Perlflussdelta
28,9 % — 25,8 %
45,3 %
24 Mrd. US-$

Perlfluss-delta · Qiao · Neilingding · Tuen Mun · Yuen Long · Tai Mo Shan 957 · Fanling · Tai Po · Mirs Bay · 867 · Tuoning-Inseln

Hongkong
67,3 % — 1 %
31,7 %
27 Mrd. US-$

Sanxiang · Zhuhai · Kowloon · Hong Kong International Airport · Hongkong (Vereinigtes Königreich)

Doumen · 982 · Macau (Portugal) · Lantau Peak 934 · Lantau · Hong Kong Island · Lamma

Nanshui · Hengqin · Guishan · Wailingding · Sanmen-Inseln · Dangan-Inseln · Südchinesisches Meer

Sanzao · Wanshan-Inseln

© Westermann

4 Perlflussdelta 2018

Maßstab 1:1 000 000

0 10 20 30 km

Shanshui · Nanhai · Guangzhou (Kanton) · Luogang · Boluo · Huicheng · Huizhou · Liwan · Haizhu · Huangpu · Gaobu · Shipai · Foshan · Panyu · Perlfluss · Dongguan · Qiaotou · Huihuan · Changping · Dalingshan · Provinz Guangdong · 1003 · Qingxi

Perlflussdelta
1,6 %
56,3 % — 42,1 %
1224 Mrd. US-$

Heshan · Shunde · Humen · Tangxia · Baoan · Longgang · Huiyang · Huyang · Daya-Bucht

Pengjiang · Dongshen · Longxue · Shenzhen Baoan International Airport · Shenzhen · 867 · Mirs Bay

Xinhui · Jiangmen · Zhongshan · Hengmen · Perlfluss-delta · Nanshan · Futian · Yantian · Fanling · Tai Po · Tuoning-Inseln

Qiao · Neilingding · Yuen Long · Tai Mo Shan 957 · Tuen Mun

Hongkong
0,1 %
7,5 %
92,4 %
361 Mrd. US-$

Zhuhai · Hongkong-Zhuhai-Macau-Brücke · Hong Kong International Airport · Lantau Peak 934 · Lantau · Kowloon · Hong Kong Island

Doumen · 982 · Macau (Aomen) · Macau International Airport · Hongkong (Xianggang)

Jinwan · Nanshui · Zhuhai Sanzao International Airport · Hengqin · Guishan · Wanshan-Inseln · Wailingding · Sanmen-Inseln · Dangan-Inseln · Südchinesisches Meer · Lamma

© Westermann

Siedlungsfläche
im Jahr 1980
- Siedlungsgebiet
- Dorf (Auswahl)
heute
- Stadtzentrum
- Siedlungsgebiet

Stadtbevölkerung
- Einwohner
- 1 Kästchen ≙ 100 000 Einwohner

Flächennutzung
- Ackerland (Reis- und Gemüseanbau)
- Aquakultur
- Buschwald
- Neulandgewinnung

Industrie
- Metallverarbeitung
- Maschinenbau
- Kraftfahrzeugbau
- Schiffbau
- Uhren
- Elektrotechnik, Elektronik
- Telekommunikation, Informationstechnik (IT)
- Chemie, Kunststoffe
- Textilien, Bekleidung, Schuhe
- Holz, Möbel
- Papier
- Keramik
- Spielzeug

Dienstleistungen
- Finanzzentrum
- Handel
- Service, Beratung
- Messe
- Logistik, Transport

Dienstleistungszentrum
- von internationaler Bedeutung
- von überregionaler Bedeutung
- von regionaler Bedeutung
- Tourismusregion

Verkehr
- Autobahn, Schnellstraße
- Straße
- Eisenbahn
- Flughafen
- Seehafen

Grenzen
- Sonderverwaltungszone (1980: Staatsgrenze)
- Stadtgrenze
- Sonderwirtschaftszone

Bruttoinlandsprodukt
Region
28,9 % — 25,8 %
45,3 %
BIP in Mrd. US-$
- Landwirtschaft, Bergbau
- Baugewerbe, Industrie
- Dienstleistungen

1 Dürregefährdung und Bewässerung in Südasien

Maßstab 1:25 000 000

0 200 400 600 km

© Westermann

Bodennutzung

- Trockenwüste/ Kältewüste
- Wald
- landwirtschaftlich genutztes Gebiet
- davon dürregefährdet

Bewässerung

- Kanalbewässerung
- Tankbewässerung (Stauteiche)
- mehrfach aufgestaute Flüsse

Entwicklungsgebiete

- Ausgangsgebiet der „Grünen Revolution"
- „Goldener Reis"-Testfeld (Züchtung reich an Vitamin A)
- biotechnologisches Forschungsinstitut

AFGHANISTAN · CHINA · PAKISTAN · NEPAL · BHUTAN · INDIEN · BANGLA-DESCH · MYANMAR · SRI LANKA

Rawalpindi · Lahore · Multan · Chandigarh · Delhi · Jaipur · Lakhnau · Kathmandu · Patna · Dhaka · Chittagong · Karachi · Ahmedabad · Kolkata · Nagpur · Mumbai (Bombay) · Pune (Poona) · Hyderabad · Bengaluru · Chennai (Madras) · Mysore · Colombo

Indus · Sutlej · Chambal · Brahmaputra · Ganges · Narmada · Mahanadi · Godavari · Krishna

Nördlicher Wendekreis

Arabisches Meer · Golf von Bengalen · Andamanen · Lakkadiven · Nikobaren

30° · 20° · 10° Nord · 70° Ost · 70° · 80° · 90°

S930

2 Sozialstruktur eines südindischen Dorfes

Maßstab 1:2 500

0 25 50 75 m

S931

Dorfbebauung

- gemauertes Gebäude
- strohgedeckte Hütte
- Gewerberaum
- Schule, Kindergarten
- Stall/Schuppen
- Wasserhochbehälter
- Wasserzapfstelle
- Schattenbaum
- Fußpfad
- Sandweg

Haushalte

- sehr arm
- arm
- von Frau geführt
- Empfänger staatlicher Unterstützung
- ohne Landbesitz

Kastenwesen

- angesehene Gowda-Kaste z.T. wohlhabend
- Lambani-Kaste (aus dem Norden Zugewanderte)
- gefühlte Zugehörigkeit zu unteren Kasten

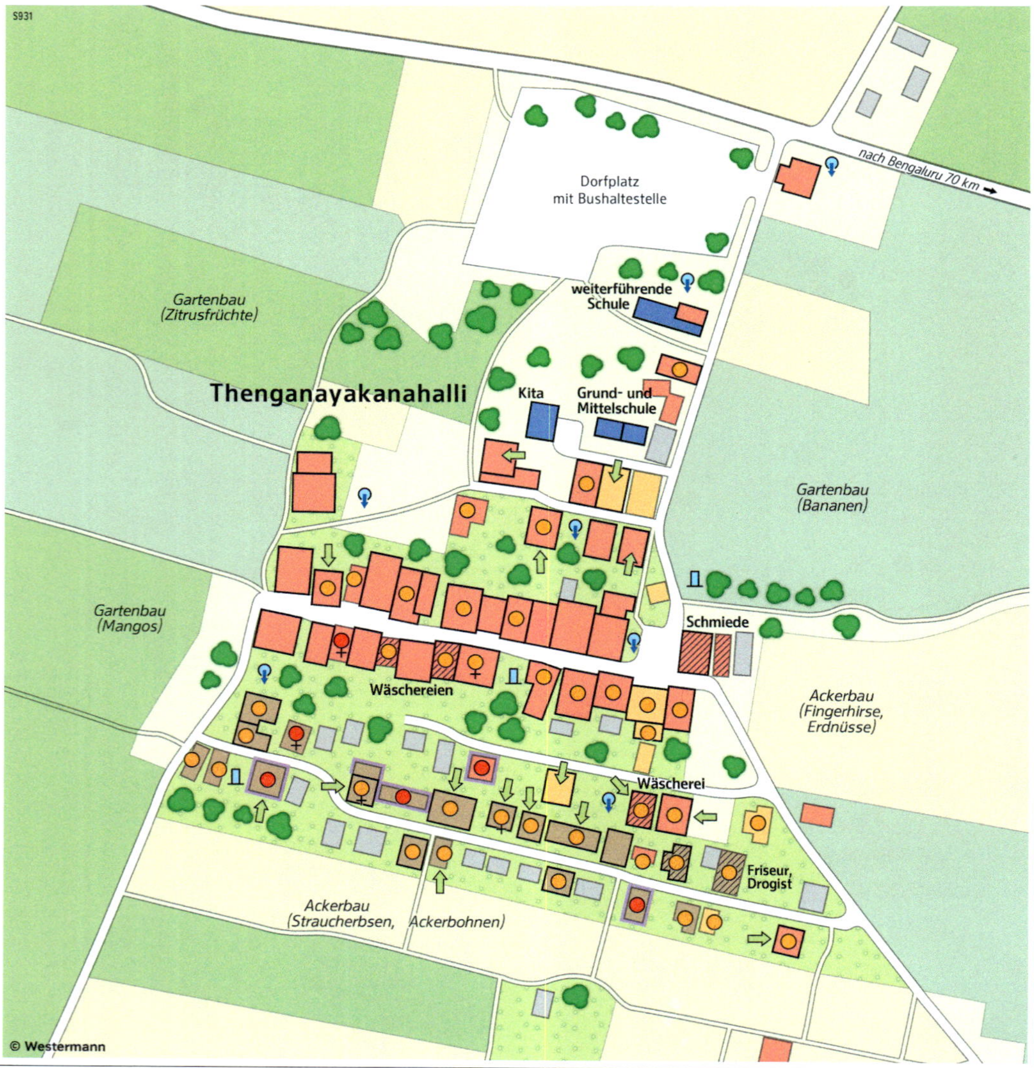

Thenganayakanahalli

Gartenbau (Zitrusfrüchte) · Gartenbau (Mangos) · Gartenbau (Bananen) · Ackerbau (Fingerhirse, Erdnüsse) · Ackerbau (Strauchderbsen, Ackerbohnen)

Dorfplatz mit Bushaltestelle · nach Bengaluru 70 km · weiterführende Schule · Kita · Grund- und Mittelschule · Wäschereien · Wäscherei · Schmiede · Friseur, Drogist

© Westermann

4 Klimadiagramme

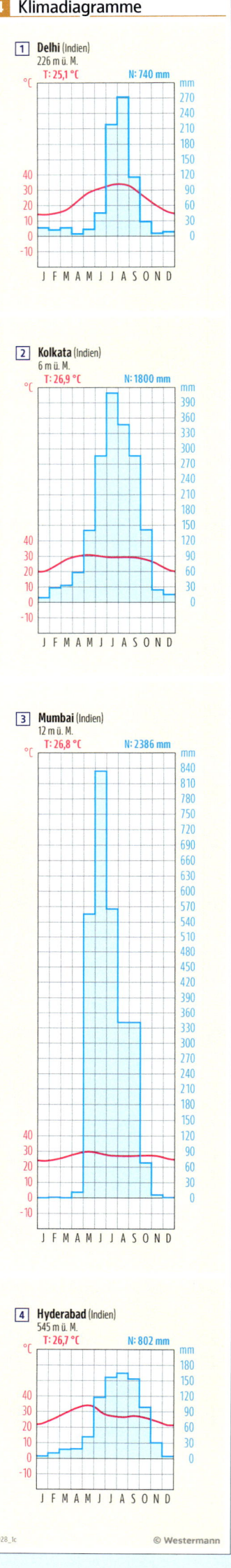

1 Delhi (Indien)
226 m ü. M.
°C   T: 25,1 °C   N: 740 mm   mm
J F M A M J J A S O N D

2 Kolkata (Indien)
6 m ü. M.
°C   T: 26,9 °C   N: 1800 mm   mm
J F M A M J J A S O N D

3 Mumbai (Indien)
12 m ü. M.
°C   T: 26,8 °C   N: 2386 mm   mm
J F M A M J J A S O N D

4 Hyderabad (Indien)
545 m ü. M.
°C   T: 26,7 °C   N: 802 mm   mm
J F M A M J J A S O N D

S928_lc   © Westermann

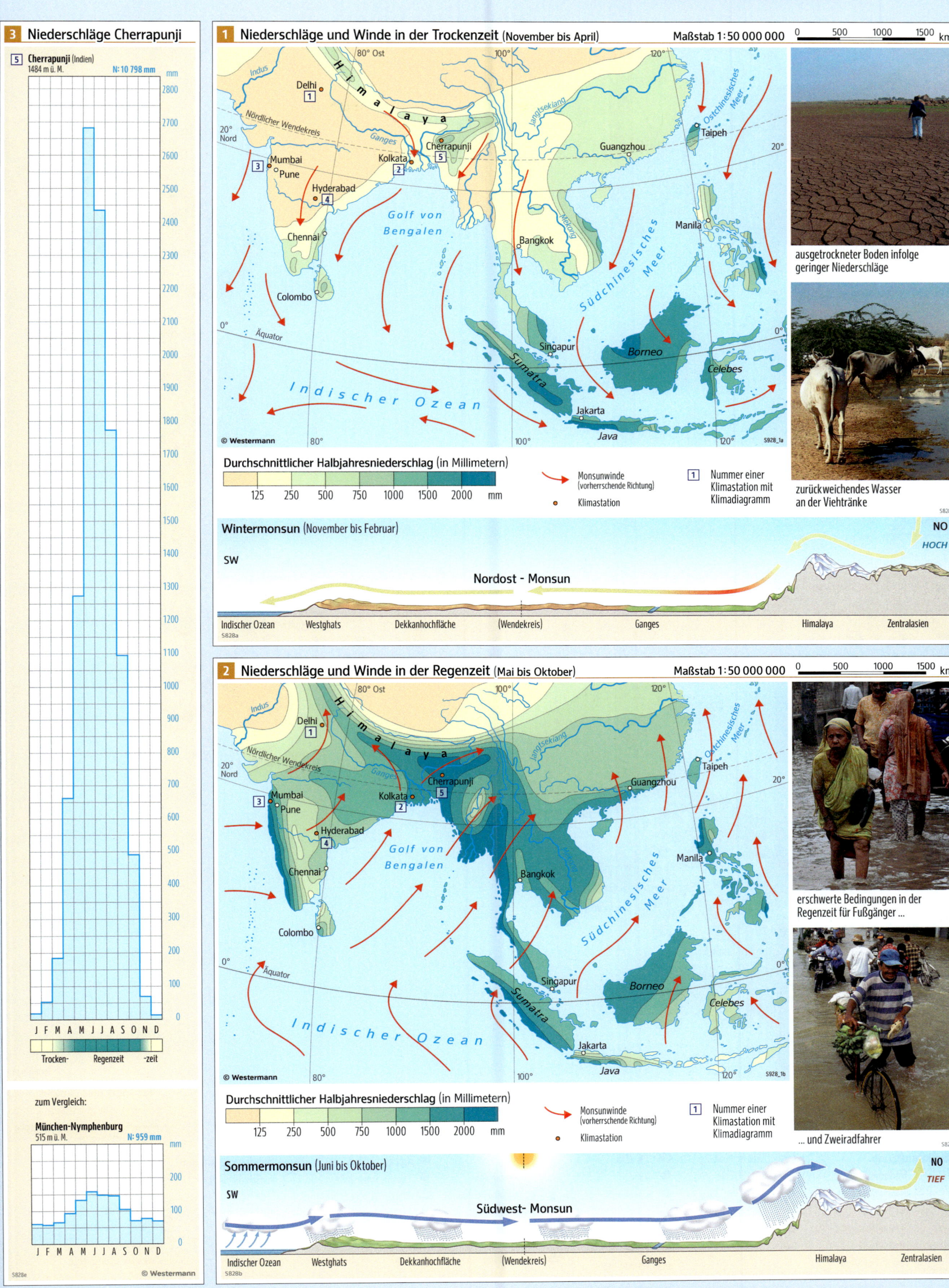

3 Niederschläge Cherrapunji

5 Cherrapunji (Indien)
1484 m ü. M.   N: 10 798 mm

zum Vergleich:

München-Nymphenburg
515 m ü. M.   N: 959 mm

1 Niederschläge und Winde in der Trockenzeit (November bis April)   Maßstab 1:50 000 000

Durchschnittlicher Halbjahresniederschlag (in Millimetern)
125 250 500 750 1000 1500 2000 mm

Monsunwinde (vorherrschende Richtung)
Klimastation
1 Nummer einer Klimastation mit Klimadiagramm

Wintermonsun (November bis Februar)

Nordost - Monsun

SW   NO   HOCH

Indischer Ozean Westghats Dekkanhochfläche (Wendekreis) Ganges Himalaya Zentralasien

ausgetrockneter Boden infolge geringer Niederschläge

zurückweichendes Wasser an der Viehtränke

2 Niederschläge und Winde in der Regenzeit (Mai bis Oktober)   Maßstab 1:50 000 000

Durchschnittlicher Halbjahresniederschlag (in Millimetern)
125 250 500 750 1000 1500 2000 mm

Monsunwinde (vorherrschende Richtung)
Klimastation
1 Nummer einer Klimastation mit Klimadiagramm

Sommermonsun (Juni bis Oktober)

Südwest- Monsun

SW   NO   TIEF

Indischer Ozean Westghats Dekkanhochfläche (Wendekreis) Ganges Himalaya Zentralasien

erschwerte Bedingungen in der Regenzeit für Fußgänger ...

... und Zweiradfahrer

Waldlandschaften

- Nadelwald
- Laub- und Mischwald
- subtropischer Wald

Bodennutzung

- Trockenfeldbau
- Bewässerungsland
- Wiese, Weide
- Siedlungsflächen

Kontinentalschelf

- 200-m-Tiefenlinie

Hauptanbaufrüchte

- Reis
- Mais
- Zuckerrüben
- Obst und Gemüse
- Zitrusfrüchte
- Tabak
- Tee
- Erdnüsse
- Sojabohnen

Bergbau

- Steinkohle
- Braunkohle
- Fe Eisenerz
- Pb/Zn Blei/Zink
- Sn Zinn
- Mg Magnesium

Energie

- Wasserkraftwerk
- Wärmekraftwerk
- Kernkraftwerk

- Geothermie
- großer Windpark

Industrie

- Baustoffe
- Eisen- und Stahlerzeugung
- Buntmetallverhüttung
- Aluminiumverhüttung
- Eisen- und Metallverarbeitung
- Maschinenbau

- Schiffbau
- Kraftfahrzeugbau
- Elektroindustrie, IT
- Elektronik
- Optik
- Chemie, Kunststoffe
- Biotechnik, Pharmazie
- Erdölraffinerie
- Textilien, Bekleidung, Leder
- Holz

- Zellulose, Papier
- Nahrungs- und Genussmittel
- Fischverarbeitung

Dienstleistungszentrum

- von internationaler Bedeutung
- von überregionaler Bedeutung
- regionaler Bedeutung

Transport und Verkehr

- wichtige Eisenbahn
- Hochgeschwindigkeitsbahn (Shinkansen)
- Autobahn, Fernstraße
- Fähre
- Ölhafen

Tourismus

- Tourismusort

Grenzen

- Staatsgrenze

© Westermann

1 Japan – Physisch — Maßstab 1:20 000 000

Chankasee, Sichote-Alin, Hokkaido, 2290, Sapporo, Japanisches Meer (Ostmeer), Sendai, Honshu, Fuji 3776, Tokio, Kobe, Osaka, Fukuoka, Shikoku, Kyushu, Pazifischer Ozean, Osumi-Inseln

© Westermann

Landhöhen (in Meter)
100 200 500 1000 1500 m

2 Japan – Klimazonen — Maßstab 1:20 000 000

Hokkaido, Sapporo, Japanisches Meer (Ostmeer), Sendai, Honshu, Tokio, Kobe, Osaka, Fukuoka, Shikoku, Kyushu, Pazifischer Ozean, Osumi-Inseln

© Schroedel 351209

Gemäßigte Zone
ozeanisches Klima
kontinentales Klima

Subtropische Zone
sommerfeuchtes Steppen- und Waldklima

3 Japan – Bevölkerung — Maßstab 1:20 000 000

CHINA, RUSSLAND, NORDKOREA, SÜD-KOREA, Japanisches Meer (Ostmeer), Region Kitakyushu 4%, Region Hiroshima 2%, Region Osaka-Kobe-Kyoto 16%, Region Nagoya 18%, Region Tokio-Yokohama 29%, Pazifischer Ozean

© Schroedel 340205

Bevölkerungsdichte (Einwohner je km²)
50 200 500 Ew./km²

Großstädte (Einwohner)
□ über 5 000 000 Ew.
□ 1 000 000 – 5 000 000 Ew.
⊙ 500 000 – 1 000 000 Ew.

4 Japan – Naturrisiken — Maßstab 1:10 000 000 — 0 100 200 300 km

Erdbebenentstehung beim Abtauchen (Subduktion) der ozeanischen Kruste unter die kontinentale Kruste

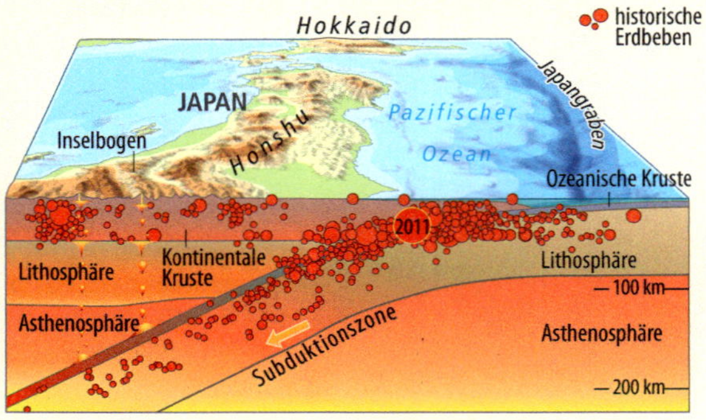

Hokkaido, historische Erdbeben, JAPAN, Inselbogen, Honshu, Pazifischer Ozean, Japangraben, Lithosphäre, Kontinentale Kruste, Ozeanische Kruste, 2011, Lithosphäre, Asthenosphäre, Subduktionszone, Asthenosphäre, –100 km, –200 km

Ausbreitung eines Tsunamis nach einem Seebeben

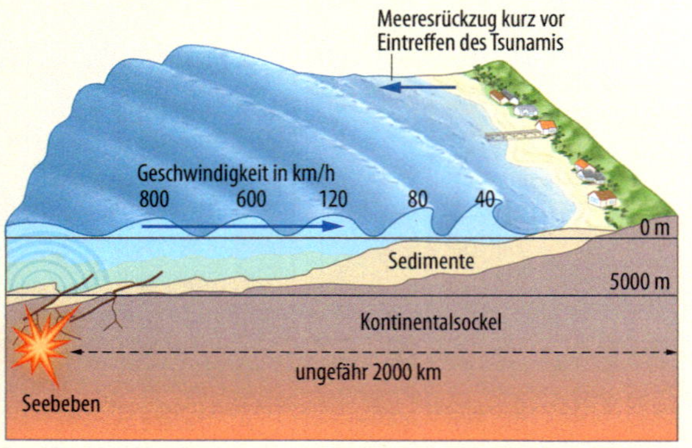

Meeresrückzug kurz vor Eintreffen des Tsunamis, Geschwindigkeit in km/h 800 600 120 80 40, Sedimente, 0 m, 5000 m, Kontinentalsockel, ungefähr 2000 km, Seebeben

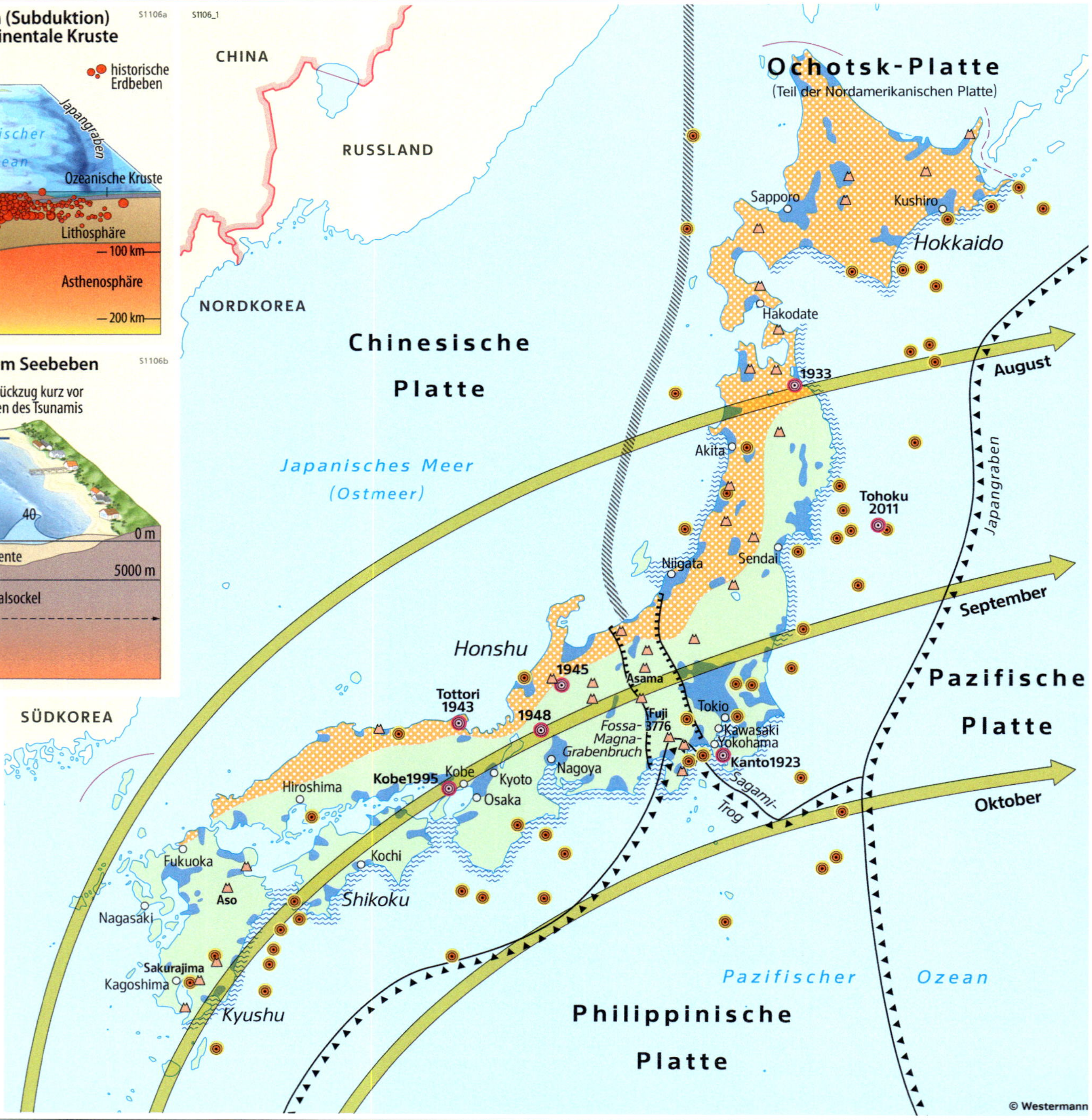

Wetterrisiken
hohe Wahrscheinlichkeit heftiger Schneefälle
häufige Überschwemmungen
Durchzugsbahnen von Taifunen

Tektonik
Plattengrenze mit Subduktion (Dreiecke kennzeichnen den abtauchenden Plattenrand)
wissenschaftlich umstrittene Plattengrenze
Grabenbruch
▲ als aktiv eingeschätzter Vulkan
⊙ schweres Erdbeben zwischen 1885 und 2011
◉ verlustreiches Erdbeben (über 1 000 Tote)
〜〜 Tsunami-gefährdeter Küstenabschnitt

CHINA, RUSSLAND, NORDKOREA, Ochotsk-Platte (Teil der Nordamerikanischen Platte), Sapporo, Kushiro, Hokkaido, Hakodate, 1933, August, Chinesische Platte, Akita, Tohoku 2011, Japangraben, Japanisches Meer (Ostmeer), Niigata, Sendai, September, Honshu, 1945, Asama, Pazifische Platte, Tottori 1943, 1948, Fuji 3776, Tokio, Kawasaki Yokohama, Fossa-Magna-Grabenbruch, Nagoya, Kanto 1923, Sagami-Trog, Hiroshima, Kobe 1995, Kobe, Kyoto, Osaka, Oktober, Fukuoka, Kochi, Shikoku, Aso, Nagasaki, Sakurajima, Kagoshima, Kyushu, Pazifischer Ozean, Philippinische Platte, SÜDKOREA

© Westermann

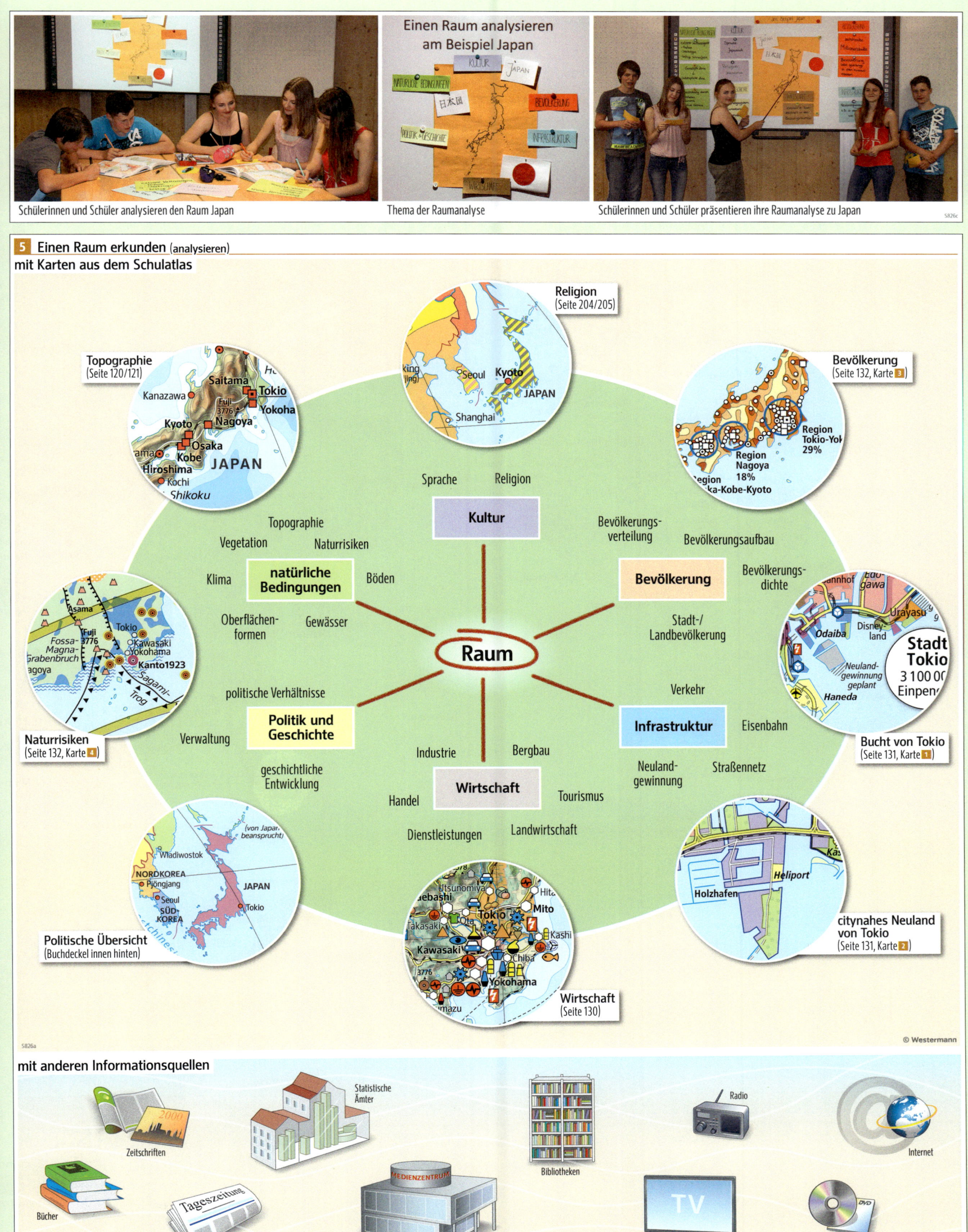

Schülerinnen und Schüler analysieren den Raum Japan

Thema der Raumanalyse

Schülerinnen und Schüler präsentieren ihre Raumanalyse zu Japan

5 Einen Raum erkunden (analysieren)

mit Karten aus dem Schulatlas

Topographie (Seite 120/121)

Religion (Seite 204/205)

Bevölkerung (Seite 132, Karte 3)

Naturrisiken (Seite 132, Karte 4)

Stadt Tokio — Bucht von Tokio (Seite 131, Karte 1)

Politische Übersicht (Buchdeckel innen hinten)

citynahes Neuland von Tokio (Seite 131, Karte 2)

Wirtschaft (Seite 130)

Sprache · Religion

Kultur

Topographie · Naturrisiken

Vegetation · Klima · Böden

natürliche Bedingungen

Oberflächenformen · Gewässer

Bevölkerungsverteilung · Bevölkerungsaufbau · Bevölkerungsdichte

Bevölkerung

Stadt-/Landbevölkerung · Verkehr

Raum

politische Verhältnisse · Verwaltung

Politik und Geschichte

geschichtliche Entwicklung

Infrastruktur

Eisenbahn · Neulandgewinnung · Straßennetz

Industrie · Bergbau

Wirtschaft

Handel · Tourismus · Dienstleistungen · Landwirtschaft

© Westermann

mit anderen Informationsquellen

Zeitschriften · Statistische Ämter · Bibliotheken · Radio · Internet · Bücher · Tageszeitung · MEDIENZENTRUM · TV · DVD

© Westermann

© Westermann

Huanggangliang 2029
Chifeng
Shenyang
Siping
Fushun
Chongjin
Aomori
Morioka
Akita
Hohhot
Zhangjiakou
Jinzhou
Anshan
Dandong
NORD-KOREA
2744
Hamhung
Sendai
Koriyama
Japanisches Meer (Ostmeer)
Niigata
Peking (Běijīng)
Tangshan
Yingkou
Pjöngjang
Datong
Baoding
2894
Tianjin
Dalian
Seoul
Incheon
SÜDKOREA
Kanazawa
Saitama
Honshu
Tokio
Yokohama
1962
Taiyuan
Shijiazhuang
Handan
Zibo
Yantai
Daejeon
Daegu
Kyoto
Nagoya
Fuji 3776
Osaka
Kobe
30° Nord
Jinan
Qingdao
Gwangju
Ulsan
Busan
Okayama
Zhengzhou
Xuzhou
Shandong
1915
Hiroshima
JAPAN
Luoyang
Kitakyushu
Kochi
Shikoku
Xiangfan
Bengbu
Huainan
Nanjing
Hefei
Yancheng
Fukuoka
Jejudo
Koreastraße
Kumamoto
Huang He
Großer Kanal
Xichang
Wuhan
Wuhu
Wuxi
Suzhou
Changzhou
Shanghai
Nagasaki
Kagoshima
Kyushu
Osumi-Inseln
Huangshi
Hangzhou
Ningbo
Poyang Hu
Amami-Inseln
3
Yueyang
Nanchang
Changsha
Wenzhou
Ostchinesisches Meer
Okinawa
Daito-Inseln (Japan)
Bonin-Inseln (Japan)
Marcus-Insel (Japan)
Hengyang
2120
Fuzhou
Chinesisches Bergland
Ganzhou
Taipeh
Nansei-Inseln (Ryukyu-Inseln) 7507
Vulkaninseln (Japan)
20°
Xiamen
Jieyang
Taichung
Nördlicher Wendekreis
Pazifischer Ozean
Guangdong
Guangzhou
Shenzhen
Shantou
Tainan 3951
TAIWAN
Kaohsiung
Macau (Aomen)
Hongkong (Xianggang)
Batan-Inseln
Marianen
4
Hainan
Laoag
Tuguegarao
Nördliche Marianen (USA)
Paracel-Inseln (China)
Pulag 2922
Baguio
Luzon
7559
Saipan
10916
PHILIPPINEN
10°
Südchinesisches Meer
Manila
Quezon City
Hagatna
Guam (USA)
Batangas
Legazpi
Mindoro
5009
Mikronesien
11034
Samar
Magur-In.
Hall-In.
Palawan
Panay
Iloilo
Bacolod
Tacloban
Leyte 10540
Cebu
Ulithi-Atoll
MIKRONESIEN
Yap-Inseln
8527
Karolinen
Lamotrek-Atoll
Chuuk-Atoll
5
Spratly-Inseln
Negros
Puerto Princesa
Sulusee
Butuan
Cagayan de Oro
Apo 2954
Mindanao
Davao
Ngerulmud
PALAU
Kota Kinabalu
4095 Kinabalu
Sandakan
Zamboanga
General Santos
A
Bandar Seri Begawan
BRUNEI
Sabah
Tawau
Sulu-Archipel
5842
Talaud-In.
6920
Miri
Celebessee
Morotai
Bintulu
Tarakan
Manado
Waigeo
Admiralitäts-Inseln
Neuirland
Sibu
Iran-Gebirge
Sarawak
Gamkonora 1560
Ternate
Halmahera
Sorong
Biak
Manokwari
Teba
PAPUA-NEUGUINEA
Kavieng
Bismarck-Archipel
2240
Liangpran
Bontang
Gorontalo
Yapen
2955
Vogelkopf
Jayapura
Wewak
Neuguinea
Bismarcksee
Kimbe
Borneo (Kalimantan)
Samarinda
Poso
Palu
Nabire
Maokegebirge
4884 Puncak Jaya
Sepik
4508 Mt. Wilhelm
Neubritannien
6
Palangkaraya
Sampit
Sulawesi (Celebes)
Rantemario 3478
Kendari
Buru
Seram
Seramsee
Ambon
Agats
Mendi
Lae
Salomonsee
Banjarmasin
Parepare
Makassarstraße
INDONESIEN
Kap Selatan
Makassar
Buton
Baubau
Buru
Bandasee
Sula-In.
Molukken
Digul
Aru-Inseln
Yos Sudarso
Popondetta 4073
Trobriand-In.
Surabaya
Semeru 3676
Malang
Bali
Matram
Kleine Sunda-Inseln
Floressee
Raba
Sumbawa
Wetar
Dili
Timor
Babar
Damar
Kai-In.
Tanimbar-In.
Yamdena
TIMOR-LESTE
Kap Vals
Merauke
Port Moresby
Papua-golf
10° Süd
Denpasar
Sumba
Ende
Flores
Kupang
Timorsee
Arafurasee
Kap York
Torresstraße
AUSTRALIEN
7

1 Physische Karte

Maßstab 1:20 000 000

0 200 400 600 800 1000 km

UNGARN · Klausenburg · 2303 · Karpaten · Krywy Rih · Dnipro · B · Charkiw · 30° Ost · 50° · D · Aktobe (Aqtöbe) · 60° · E · Kasachische Schwelle · 5604 · 70°

RUMÄNIEN · MOLDAU · Kischinau · Donezk · Mariupol · Wolgograder Stausee · Wolgograd · -10 · Ural Isctym · 1134 · Balchasch · Balchasch-see · 342 · Taldykorgan

Südkarpaten · Walachei · Bukarest · Odessa · Rostow · Don · Astrachan · -26 · Atyrau · Nördlicher Aralsee · Westlicher Aralsee · KASACHSTAN · Betpak-Dala (Hungersteppe) · Almaty

Sofia · Krim · Sewastopol · Krasnodar · Armawir · Stawropol · Kaspische Senke · Aralsk · Syrdarja · Kysylorda · Turkestan (Türkistan) · Taras · Issyk Kul · Bischkek

BULGARIEN · Schwarzes Meer · 2211 · Sotschi · Elbrus 5642 · Wladikaw-kas · Grosny · Machatschkala · Aktau · -132 · Ustjurt-Plateau · Nukus · Daşoguz · Urgentsch · USBEKISTAN · Schymkent · Taschkent (Toshkent) · Namangan · Osch · Kaschi (Kashgar) · KIRGISISTAN · Tian Shan

GRIECHEN-LAND · İstanbul · Bursa · Samsun · Trabzon · GEORGIEN · Tiflis (Tbilisi) · ARMENIEN · ASER-BAIDSCHAN · Baku (Bakı) · -28 · Kara-Bogas-Gol · Türkmenbaşy · Buchara (Buxoro) · Samarkand · TAD-SCHIKISTAN · Duschanbe · 7495 · Pik Ismoil Somoni · Pamir · 7719 · Kongur Shan

Izmir · Ankara · TÜRKEI · Kayseri · 3917 · Erzurum · 5137 Ararat · Jerewan · Urmia (Orumiyeh) · Rasht · Qazvin · Gorgan · Elburs · Kopet-dag · Aşgabat · Mary · Türkmenabat · Amudarja · Termes · Kunduz · Baghlan · 7708 · Tirich Mir · HINDUKUSCH

Antalya · Taurus · Anatolien · Adana · Diyarbakir · Täbris (Tabriz) · Urmia-see · Teheran · 5604 · Meschhed · Sabzevar · TURKMENISTAN · Kara kum · Herat · Kotal-I Ashmir · 4131 · Ghazni · Kabul · Peshawar · 5143 · 1762 · Kunar Shan · Islamabad · Rawal-pindi

Rhodos · 4517 · Kreta · Nikosia (Lefkosia) · ZYPERN · Aleppo · SYRIEN · Mossul · Kirkuk · Hamadan · Kermanshah (Bakhtaran) · Qom · Isfahan · 4547 Zard Kuh · Große Salzwüste · HOCHLAND VON IRAN · Birjand · Kandahar · AFGHANISTAN · Faisalabad · Multan · Punjab

Mittelmeer · Beirut · LIBANON · Homs (Hims) · Syrische Wüste · Damaskus (Dimashq) · Assur · Euphrat · Bagdad · Arak · IRAN · Kerman · 4351 Kuh-e Lalehzar · Zahedan · 4042 · Quetta · Bahawalpur · PAKISTAN

Alexandria · Port Said · ISRAEL · Jerusalem · Gaza · Amman · IRAK · Karbala · An-Nadjaf · Dezful · Ahvaz · Basra · Ur · Yazd · Belutschistan · Indus · Sukkur

Shubra al-Chaima · Gizeh · Kairo (Al-Qahira) · Pyramiden · -133 Kattara-senke · Sinai · 2637 · 2579 · JORDANIEN · Arar · Tabuk · KUWAIT · Kuwait-Stadt (Al-Kuwait) · Shiraz · Busehr · Bandar Abbas · Gwadar · Hyderabad · Karachi · INDIEN

ÄGYPTEN · Asyut · Theben (Al-Uqsur) · Luxor (Al-Uqsur) · 2187 · Nil · Akaba · Hedschasgebirge · Medina (Al-Madina) · Buraida · Ad-Dammam · Manama · BAHRAIN · Doha (Ad-Dauha) · KATAR · Dubai · Abu Dhabi · Maskat (Masqat) · Nördlicher Wendekreis · Rajkot

Assuan (Aswan) · Nasser-See · Abu Simbel · Ras Banas · SAUDI- · Riad (Ar-Riyad) · Al-Chardj · VAE · 3018 · Golf von Oman · Ras al-Hadd · Arabisches Meer

Wadi Halfa · Nubische Wüste · Jidda (Djidda) · Mekka · Taif · 2635 · ARABIEN · OMAN · Masira

SUDAN · Merowe (Marawi) · Atbara · Port Sudan (Bur-Sudan) · Al Qunfudha · Große Arabische Wüste · Kuria-Muria-Inseln · Indischer Ozean · 5203

Omdurman (Umm Durman) · 380 · Khartum (Al-Chartum) · Kassala · ERITREA · 3133 · Abha · Nadjran · Dhofar · Salala

Kordofan · Kusti · 1460 · Nuba-Berge · Ad-Damazin · Gonder · 4533 Ras Daschan · Hamoyet 2726 · Farasan-In. · Dahlak-Archipel · Al-Hudaida · 2713 Saba · Sanaa · JEMEN · Hadramaut · Sokotra (Jemen) · Abd al-Kuri

Ober-Nil · becken · SÜD-SUDAN · Malakal · ÄTHIOPIEN · 4100 Hochland von Äthiopien · 3424 · Addis Abeba · Nazret · 3665 · Ta'izz · Aden · Golf von Aden · Kap Guardafui · Ras Xaafun

Desé · OSCHIBUTI · Dschibuti · 173 · Berbera · Shimbiris 2416 · Somali · Halbinsel · SOMALIA · Harar · Hargeysa

© Westermann

2 Globale Erdölproduktion und globaler Erdölverbrauch

Globale Erdölproduktion (2018)

□ ≙ 20 Mio. t

Nordamerika · Mittel- und Südamerika · GUS · Europa · Naher Osten · Afrika · Asien*

Globaler Erdölverbrauch (2018)

□ ≙ 20 Mio. t

Nordamerika · Mittel- und Südamerika · GUS · Europa · Naher Osten · Afrika · Asien*

■ davon: USA   ■ davon: Russland   □ davon: Saudi-Arabien   *einschließlich Ozeanien

■ davon: USA   ■ davon: China   *einschl. Ozeanien

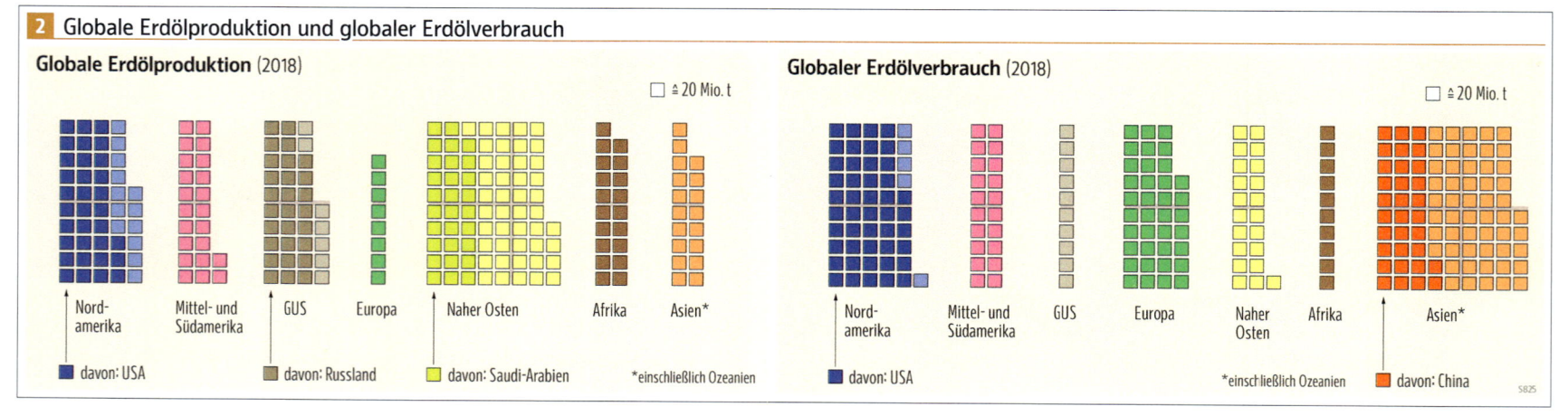

1 Staatliche Entwicklung Israels

Maßstab 1:4 000 000

| 0 | 30 | 60 | 90 km |

1947 UN-Teilungsplan

LIBANON
SYRIEN
Mittelmeer
Haifa
Nazareth
Nablus
Tel Aviv Jaffa
Jerusalem
Bethlehem
Totes Meer
Gaza
Beerscheba
TRANS-
JORDANIEN
ÄGYPTEN
Rotes Meer
SAUDI-ARABIEN
© Schroedel 351209   S397a

1949 Waffenstillstand

LIBANON
SYRIEN
Mittelmeer
Haifa
Nazareth
Nablus
von Jordanien kontrolliert
Tel Aviv Jaffa
Jerusalem
Bethlehem
Totes Meer
Gaza
von Ägypten kontrolliert
Beerscheba
ISRAEL
JORDANIEN
ÄGYPTEN
Rotes Meer
SAUDI-ARABIEN
© Schroedel 351209   S397b

1967 nach dem Sechs-Tage-Krieg

LIBANON
Golanhöhen
SYRIEN
Mittelmeer
Haifa
Nazareth
Nablus
West-jordan-land
Tel Aviv Jaffa
Jerusalem
Bethlehem
Totes Meer
Gaza
Beerscheba
ISRAEL
JORDANIEN
ÄGYPTEN
(Sinai: 1982 an Ägypten zurück)
Rotes Meer
© Schroedel 351209   S397c

UN-Teilungsplan (November 1947)
- ▢ vorgesehener jüdischer Staat
- ▢ vorgesehener arabischer Staat
- ▢ international verwaltetes Gebiet
- — Britisches Mandat Palästina (bis 1948)

Waffenstillstand (1949)
- ▢ Israel (Staatsgründung 1948)
- ▨ von Israel erobertes Gebiet
- — Staatsgrenze

Folgen des Sechs-Tage-Krieges (1967)
- ▢ Israel
- ▨ von Israel besetztes Gebiet
- ▢ UN-Sicherheitszone (seit 1974)

S397d

2 Jüdische Einwanderer nach Israel

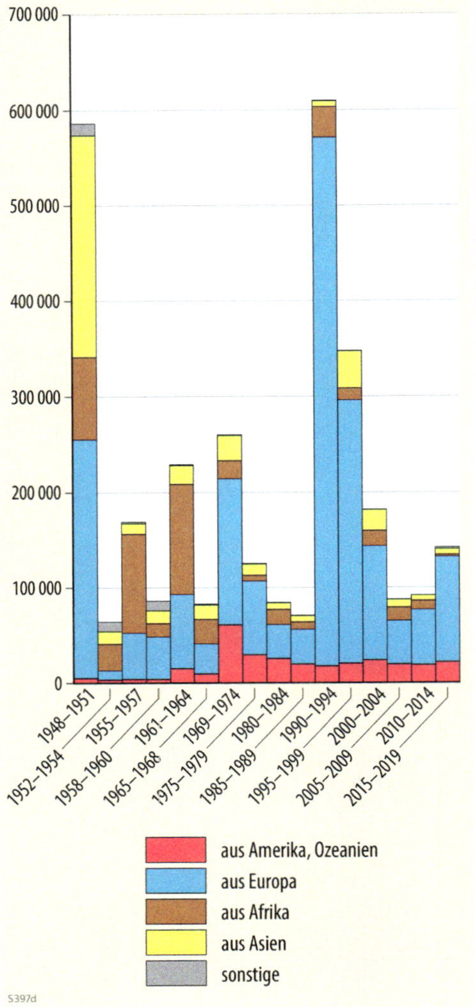

(Balkendiagramm mit y-Achse von 0 bis 700 000)

x-Achse Zeiträume:
1948–1951, 1952–1954, 1955–1957, 1958–1960, 1961–1964, 1965–1968, 1969–1974, 1975–1979, 1980–1984, 1985–1989, 1990–1994, 1995–1999, 2000–2004, 2005–2009, 2010–2014, 2015–2019

Legende:
- ▢ aus Amerika, Ozeanien
- ▢ aus Europa
- ▢ aus Afrika
- ▢ aus Asien
- ▢ sonstige

3 Altstadt von Jerusalem

Maßstab 1:20 000

| 0 | 200 | 400 | 600 m |

Felsendom

Grabeskirche

Klagemauer

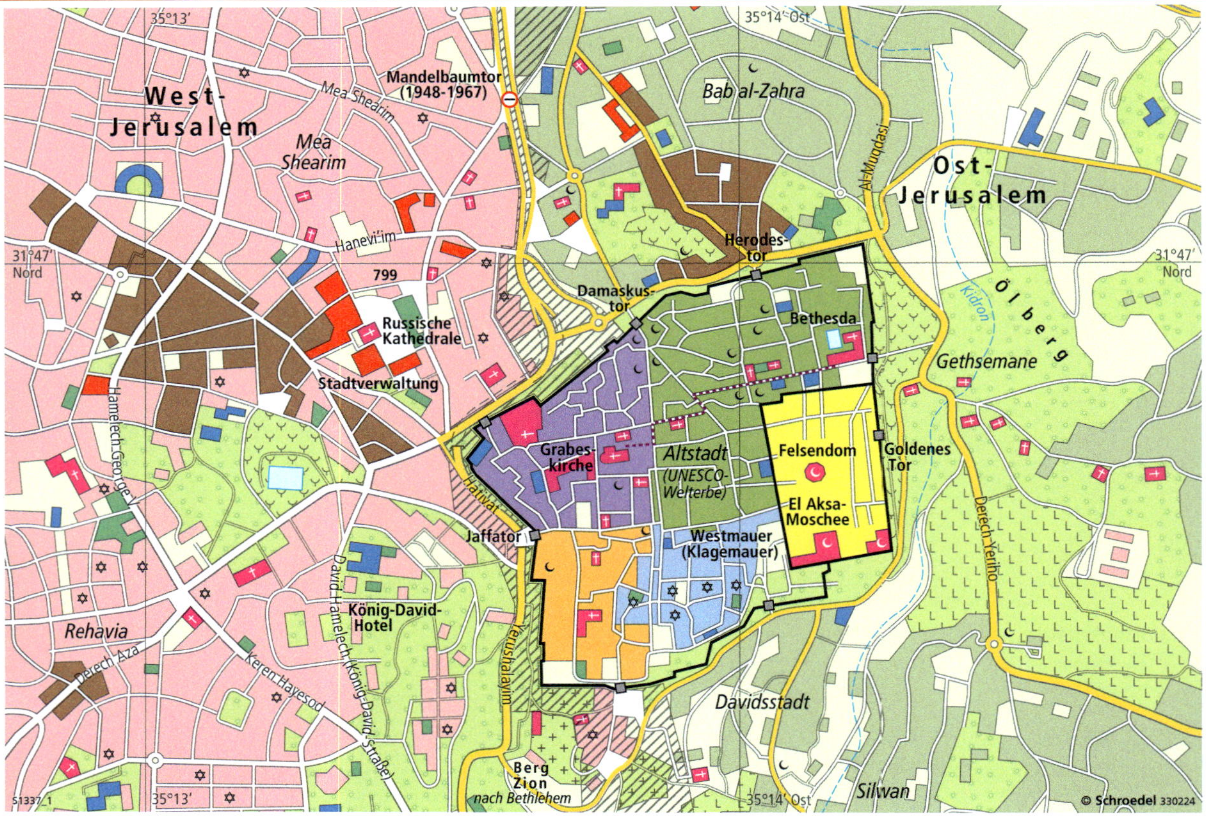

(Stadtplan mit Beschriftungen:)
West-Jerusalem
Mea Shearim
Mandelbaumtor (1948–1967)
Bab al-Zahra
Ost-Jerusalem
Herodestor
Damaskustor
Bethesda
Ölberg
Gethsemane
Russische Kathedrale
Stadtverwaltung
Grabes-kirche
Altstadt (UNESCO-Welterbe)
Felsendom
Goldenes Tor
El Aksa-Moschee
Jaffator
Westmauer (Klagemauer)
König-David-Hotel
Rehavia
Davidsstadt
Berg Zion
nach Bethlehem
Silwan

Koordinaten: 35°13', 35°14' Ost, 31°47' Nord, 35°13'

ST337_1a

Altstadt
- — Stadtmauer (16. Jahrhundert)
- ▢ muslimisches Viertel
- ▢ christliches Viertel
- ▢ armenisches Viertel
- ▢ jüdisches Viertel
- ▢ Tempelberg
- ···· Via Dolorosa (Kreuzweg)

Wohngebiete
- ▢ jüdisch
- ▢ palästinensisch

Sonstige Bebauung
- ▢ Hauptgeschäftszentrum
- ▢ öffentliche Verwaltung
- ▢ kulturelle Einrichtung
- ▢ Bildung
- ▢ religiöse Einrichtung

Religionen
- ✡ Synagoge, jüdischer Friedhof
- ☪ Moschee, islamischer Friedhof
- ✝ Kirche, Kloster, christlicher Friedhof

Konflikt
- ▨ Niemandsland 1949 – 1967
- ⊖ ehemaliger Grenzübergang
- — Bypass Road (Nutzung durch Palästinenser nur eingeschränkt möglich)

© Schroedel 330224

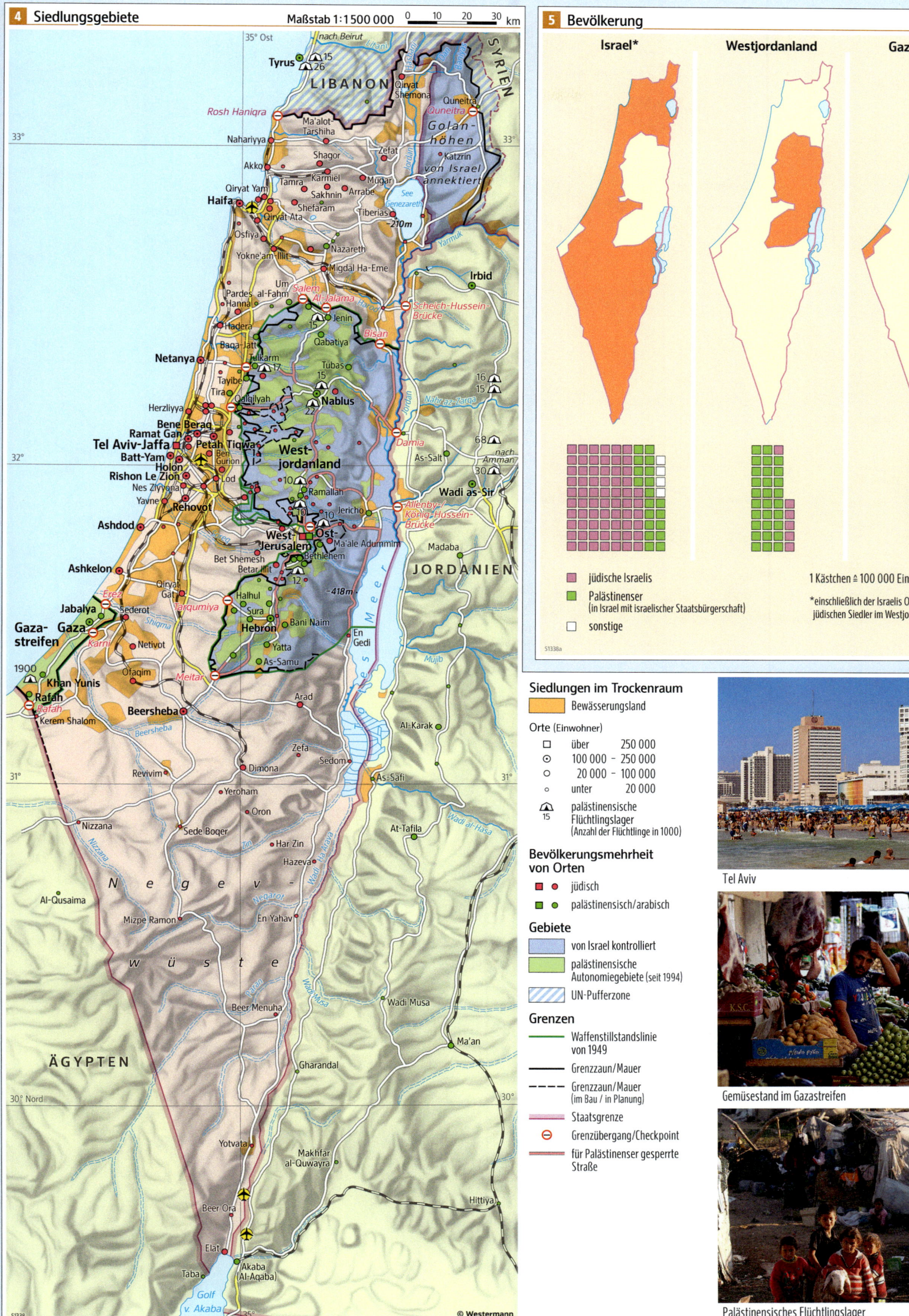

4 Siedlungsgebiete Maßstab 1:1 500 000 0 10 20 30 km

5 Bevölkerung

Israel* Westjordanland Gazastreifen

jüdische Israelis
Palästinenser (in Israel mit israelischer Staatsbürgerschaft)
sonstige

1 Kästchen ≙ 100 000 Einwohner

*einschließlich der Israelis Ostjerusalems und der jüdischen Siedler im Westjordanland (Stand 2018)

© Westermann

Siedlungen im Trockenraum
Bewässerungsland

Orte (Einwohner)
□ über 250 000
⊙ 100 000 – 250 000
○ 20 000 – 100 000
∘ unter 20 000
⌂ 15 palästinensische Flüchtlingslager (Anzahl der Flüchtlinge in 1000)

Bevölkerungsmehrheit von Orten
● jüdisch
● palästinensisch/arabisch

Gebiete
von Israel kontrolliert
palästinensische Autonomiegebiete (seit 1994)
UN-Pufferzone

Grenzen
Waffenstillstandslinie von 1949
Grenzzaun/Mauer
Grenzzaun/Mauer (im Bau / in Planung)
Staatsgrenze
⊖ Grenzübergang/Checkpoint
für Palästinenser gesperrte Straße

Tel Aviv

Gemüsestand im Gazastreifen

Palästinensisches Flüchtlingslager

Maßstab 1:30 000 000

0 300 600 900 1200 1500 km

A 30° B 20° C 10° West D 0° E 10° Ost F 20° G 30° H 40° J

1 40°

Kap Finisterre
Bilbao Toulouse
Pyrenäen **Mailand** **Belgrad** **Bukarest** Krim Kau 5642
Porto 5340 Iberische Marseille Korsika Sarajevo Balkan Schwarzes Meer Elb
Madrid 3404 Korsika Apenninhalbinsel Sofia Trabzon
Barcelona Sardinien Rom Skopje **Istanbul**
2 Lissabon Halbinsel Balearen Tirana **Ankara** Anatolien 3916
Kap São Vicente Sevilla 3478 **Algier** Kap Neapel 2917 Athen **Izmir** Taurus **Gaziantep**
Tanger Oran Blanc Palermo Sizilien Malta **Adana** **Aleppo**
Rabat El Rif Tunis Golf von Kreta Nikosia **Damaskus**
Casablanca Fès Constantine Sfax Gabès Zypern **Beirut** Syrisch
Marrakech 2328 **Tripolis** Große 5121 Jerusalem **Amman** Wüst
4167 Béchar Ghardaïa 968 Syrte Kyrenaika **Alexandria** Totes Meer
Toubkal Westlicher Großer Erg Ghadamis 876 **Kairo** 2637 Tabuk
Kanarische Atlasgebirge Östlicher Sahba 133 Asyut 2187 Medi
Inseln Tademait- Großer Erg Libysche Wüste Assuan Jidd
Teneriffa Plateau In Salah 1200 Nassersee
3718 Erg Iguidi 137 Fessan Djabal al-Uwainat Port
Gran **El Aaiún** Eglab Tassili der Adjer 1934 Nubi Sud
3 Canaria 738 Adrar des 2158 Djado- Atbara
Nördlicher Wendekreis Erg Chech Ahaggar plateau Tibesti Nil Ras Dasch
Wadi Draa S Westsaharisches 170 3003 Tahat 3415 **Omdurman** Atbara
Nouadhibou a Becken Tamanrasset Emi Koussi **Khartum** 410
Ras Nouadhibou h Adrar des 890 1944 Aïr Tschad- Faya Ennedi Kordofan Nuba-Berge Obernil
(Kap Blanc) **Nouakchott** Iforas 2022 2022 becken 1450 1460 Hochl
Atar a Timbuktu Agadez h Abéché 3042 Darfur v Äthi
4 r Senegal Niger r e Djabal Marra
Dakar Kap Verde Nigerbecken Zinder b Bahr-al-Arab 1790 Darfurschwelle Whit
Banjul Gambia **Bamako** Mopti 170 Kano becken Hochl
Bissau Bani **Ouagadougou** **Niamey** Kaduna 240 Obern'
1537 Kankan Bobo- **Kaduna** Jos-Plateau 1494 **N'Djamena** Weißer Nil
Kapverdische Dioulasso Oberguineaschwelle 1735 Charri Bongo- 1400 Hochl vo
Inseln Volta- Niger **Abuja** 2042 Sari berge becken Äthio
5 Praia 1945 Stausee Benue Adamaua **Bangui** Asandeschwelle Juba 3187
Conakry 1753 **Kumasi** Porto **Ibadan** Enugu Kamerunberg Bangassou Uelle Turkanasee
Freetown Bouaké Novo **Lagos** 4070 **Jaunde** 4321
Monrovia Accra Lomé Port Harcourt 3008 **Douala** Ubangi Kongo Aruwimi **Kisangani** Albertsee **Kampala** Elgon Mt. Ke
Kap **Abidjan** Golf von Bioko Bata **Kisangani** Ruwenzori Kyoga- see
Palmas 5207 Guinea **Libreville** 428 5109 4507 Kigali Victoria- **Nairo**
Äquator Príncipe São Tomé Kap Lopez 1580 Kongo- see
Ascension Annobón Port-Gentil Ogooué Brazza- becken Bujumbura Kigali
6 ville **Kinshasa** Zentralafrikanische Schwelle Dodo
Pointe-Noire Matadi Kasai Tanganjika-
Mbuji-Mayi see
Luanda 1535 Mweru- Ostafrikanisches
7 5960 1477 St. Helena 5126 Kolwezi see Ravu
Lobito Hochland **Lubumbashi** 1889 **Lusaka** Seenhochland 3175
Huambo von Bié 2610 1893 Malawise
Lubango Moco **Ndola** Nassasee
Kap Frio Cunene Sambesi Cabora Bassa Lilongwe
Kariba- Blantyre
Südlicher Wendekreis see 3002
2579 **Harare** 2596
8 Walfischbucht Brandberg Kalahari- Bulawayo **Beira**
900 becken
Windhuk Limpopo
4733 2046 Gaborone **Pretoria**
Keetmanshoop **Johannesburg** **Maputo**
2202 Vaal Mbabane
Bloemfontein Maseru Drakensberge **Durban**
Oranje 3482 Thabana Ntlenyana
9 Kompassberg 2505 Kapland
Zum **Kapstadt** 2077
Vergleich Kap der Guten Hoffnung **Gqeberha**
Hamburg Kap Agulhas
DEUTSCHLAND (Nadelkap)
600 km Tristan da Cunha
München
51005

A 30° B 20° C 10° West D 0° E 10° Ost F 20° G 30° H 40°

1 Kolonien bis 1914 — Maßstab 1:72 000 000 — 0 500 1000 1500 km

Kolonialgebiete europäischer Staaten
- belgisch
- britisch
- deutsch
- französisch
- italienisch
- portugiesisch
- spanisch

1912 Jahr der Erwerbung
LIBERIA 1848 selbstständiger Staat mit Jahr der Unabhängigkeit

Grenzen
— Staatsgrenze und Außengrenze eines Kolonialgebiets
--- Grenzen zwischen Kolonien der gleichen Macht

2 Staaten — Maßstab 1:72 000 000 — 0 500 1000 1500 km

Grenzen
— Staatsgrenze
--- umstrittene Grenze
selbstständiges Mitglied des Commonwealth of Nations

Unabhängigkeit
1964 Jahr der Unabhängigkeit
1960 „Afrikanisches Jahr" (17 Staaten werden unabhängig)

Abkürzungen
VAE = Vereinigte Arabische Emirate
(Fr.) = Frankreich
(VK) = Vereinigtes Königreich

Flächentreue schiefachsige Azimutalabbildung
© Westermann

S605

A · 30° · B · 20° · C · 10° West · D · 0° · E · 10° Ost · F

Flores

Terceira
Pico
Azoren
(Portugal)
São Miguel
Ponta Delgada

5340

Brest
Le Havre
Pariser Becken
Paris
Nantes
LUXEMBURG
Luxemburg
DEUTSCH-
LAND
Frankfurt
München
Prag
TSCHE-
Wi
ÖSTER-
REICH
SLOWEN

A Coruña
Kap Finisterre
Porto
Iberische
Bordeaux
Limoges
Lyon
Dijon
Straßburg
Stuttgart
Bern
Zürich
4810
Mt. Blanc
3798
Turin
Mailand
SCHWEIZ
SLOWEN
Ljubljana
KROATI

Golf von Biskaya

Bilbao
2417
Madrid
SPANIEN
Saragossa
Barcelona
Marseille
Nizza
MONACO
SAN MARINO
Genua
Florenz
2710
Korsika
Adriatische

FRANKREICH
Zentral massiv
Toulouse
Pyrenäen
ANDORRA
3404

Lissabon
PORTUGAL
Halbinsel
Valencia
Balearen
Mallorca
Sardinien
1834

Rom
ITALIEN
2914
Neapel

Madeira
(Portugal)
Funchal

Kap São Vicente
Sevilla
3478
Málaga
Tanger
Straße von Gibraltar
Oran
Mostaganem
Algier
(Al-Djazair)
Skikda
Kap Blanc
Kap Bon
Tunis
TUNESIEN
Cagliari
Palermo
Tyrrhenisches Meer
Ätna 3357
Catan
Sizili
Valletta
MALTA

Kanarische Inseln
(Spanien)
La Palma
3718
Las Palmas
Teneriffa
Gran Canaria
Lanzarote
Fuerteventura

Rabat
(Ar-Ribat)
Casablanca
Meknès Fès
Oujda
MAROKKO
Marrakech
(Murrakush)
3737
Hoher Atlas
4167
Toubkal
Antiatlas
Wadi Draa
Béchar
Hochland der Schotts
Djelfa
Sahara
Constantine
2328
Biskra
Ghardaïa
2236
Schott Melghir
-30
Schott Djerid
Golf von Gabès
Sfax
16
968
Misrat
Djabal Nafusa
Tripolis
(Tarabulus)

El Aaiún
Tindouf
Westlicher Großer Erg
Östlicher Großer Erg
Ghadames
Tripolitanie
Hamada von Tinghert

WESTSAHARA
(VON MAROKKO KONTROLLIERT)
Bir Mogrein
Erg Iguidi
Eglab
738
Erg Chech
Reggane
Adrar
Tademait-Plateau
In Salah
137
Sabha
LI

Nördlicher Wendekreis
Dakhla
(Ad-Dachila)

Nouadhibou
(Nawadibu)
Ras Nouadhibou
(Kap Blanc)
Zouérat
(Azawirat)
Westsaharisches Becken
S a
A L G E R I E N
Tassili der Adjer
Djabal Azao 2158
Ghat
Fessan

Santo Antão
Kapverdische Inseln
Al-Djawf
170
Tanezrouft
Ahaggar
Tahat 3003
Tamanrasset
Mittelsaharische
h a
Djado-Plateau
320
T

KAP VERDE
Santiago
Boa Vista
Praia
Atar
Trarza
Nouakchott
(Nawakshut)
S a
Becken
Adrar des Iforas
890
Tassili der Ahaggar
Djado
Ténéré

Rosso
Kaédi
Saint-Louis
MAURETANIEN
Tagant
Al-Mrayyah
MALI
1944
Aïr
Arlit
Monts Bagzane 2022
Agadez
NIGER
Tschad-becken

Kap Verde
Dakar
Touba
Kaolack
SENEGAL
Kayes
Timbédra
Timbuktu
(Tombouctou)
Gao
Wadi Azaouak
N'Guigmi
Tschadsee
240
N'Djame

Banjul
GAMBIA
Ziguinchor
Bissau
GUINEA-BISSAU
Bissagos-Inseln
Boké
1537
Fouta Djalon
Kindia
Kayes
271
Bamako
Mopti
Niger
Nigerbecken
Dori
Niamey
180
Dosso
Sokoto
Maradi
Zinder
Nguru
N'Djame
Maiduguri

Conakry
GUINEA
Lomaberge 1945
Kankan
Sikasso
Bobo-Dioulasso
Ouagadougou
BURKINA FASO
Kano
Zaria
Kaduna
Jos-Plateau
Jos
Gombe
1494
N'Djame

Freetown
SIERRA LEONE
Kissidougou
Bo
Nimbaberge 1752
Korhogo
Tamale
Sokodé
Parakou
BENIN
Abuja
NIGERIA
2042
Garoua
Moundu

Sherbro
Daloa
CÔTE D'IVOIRE
(ELFENBEINKÜSTE)
Kumasi
GHANA
Bouaké
Yamoussoukro
TOGO
Oyo
Ilorin
Abeo-kuta
Oshogbo
Ibadan
Makurdi
Enugu
Benue
2418
Ngaoundéré
1420
Bouar

Monrovia
LIBERIA
Buchanan
Soubré
Obuasi
Goldküste
Lomé
Cotonou
Porto Novo
Lagos
Benin-Stadt
Warri
Calabar
Bamenda
Kamerunberg 4070
KAMERUN

Kap Palmas
Elfenbeinküste
Sekondi-Takoradi
Accra
Abidjan
Port Harcourt
Uyo
3008
Bicko
Edéa
Douala
Bertoua

7758
5207
Golf von Guinea
Malabo
ÄQUATORIAL GUINEA
São Tomé
U. PRÍNCIPE
Príncipe
Bata
Ciudad de la Paz
Oyem
Jaunde
(Yaoundé)
Niederguineaschwelle

Äquator
São Tomé
Port-Gentil
Libreville
Quesso
Owando

Annobón
Kap Lopez
Lambaréné
Birougouberge
(Masuku)
Franceville
GABUN
1190
Owando

Atlantischer Ozean

KONGO
Loubomo
Brazzaville

© Westermann

200 400 600 800 1000 km

Ländernamen / Gewässer (Auswahl):

NIGER · TSCHAD · SUDAN · ERITREA · Rotes Meer · Dahlak-Archipel

Bodélé · Tschadsee · Quadai · Kordofan · Darfur · Nuba-Berge · Obernil

NIGERIA · KAMERUN · ZENTRALAFRIKAN. REPUBLIK · SÜDSUDAN · ÄTHIOPIEN · DSCHIBUTI

Golf von Guinea · SÃO TOMÉ U. PRÍNCIPE · ÄQUATORIAL-GUINEA · GABUN · KONGO · D. R. KONGO · UGANDA · KENIA · RUANDA · BURUNDI · TANSANIA

Atlantischer Ozean · ANGOLA · SAMBIA · MALAWI · MOSAMBIK · KOMOREN

NAMIBIA · BOTSUANA · SIMBABWE · Kalahari · Okavangobecken

SÜDAFRIKA · LESOTHO · ESWATINI · Drakensberge

Straße von Mosambik · Morondava · Toliara · Tanjona Vohimena (Kap Sainte-Marie)

Städte (Auswahl): Sokoto · Maradi · Zinder · Kano · Katsina · Zaria · Kaduna · Abuja · Maiduguri · N'Djamena · Khartum (Al-Chartum) · Omdurman · Kassala · Asmara · Al Hudaida · Addis Abeba · Nazret · Harar · Lagos · Ibadan · Benin-Stadt · Port Harcourt · Douala · Jaunde (Yaoundé) · Bangui · Bumba · Kisangani · Kampala · Nairobi · Mombasa · Libreville · Brazzaville · Kinshasa · Pointe-Noire · Kananga · Mbuji-Mayi · Kigali · Daressalam (Dar as-Salam) · Luanda · Lubumbashi · Lusaka · Lilongwe · Harare · Bulawayo · Beira · Maputo · Pretoria · Johannesburg · Gaborone · Windhuk · Bloemfontein · Durban · Kapstadt (Cape Town) · Gqeberha · East London

Kap der Guten Hoffnung · Kap Agulhas (Nadelkap)

S606

Left map (Indian Ocean / East Africa)

J E M E N

Hadramaut

Golf von Aden

5203

Sokotra *(Jemen)*

Abd al-Kuri

Kap Guardafui

Ras Xaafun

bera

Shimbiris 2416

Somali Halbinsel

Gaalkacyo

SOMALIA

5824

Mogadischu (Muqdishu)

Äquator

5340

Amiranten

Mahé Victoria

Alphonse-gruppe

Coëtivy

S E Y C H E L L E N

Aldabragruppe

Farquhar-gruppe

Agalega-Inseln (Mauritius)

Tanjona Bobaomby (Kap d'Ambre)

Antsiranana

-anga

Tsaratanana-massiv 2876

Tromelin *(Frankreich)*

Cargados-Carajos-In. (Mauritius)

Toamasina

543 **Antananarivo**

Antsirabe

Port Louis **MAURITIUS**

MADAGASKAR

St-Denis *Mauritius*

Fianarantsoa

3069 *Réunion (Frankreich)*

Rodrigues *(Mauritius)*

558

Tolanaro

© Westermann

50° F 60° Flächentreue schiefachsige Azimutalabbildung

1 Ostafrikanischer Graben   Maßstab 1:50 000 000

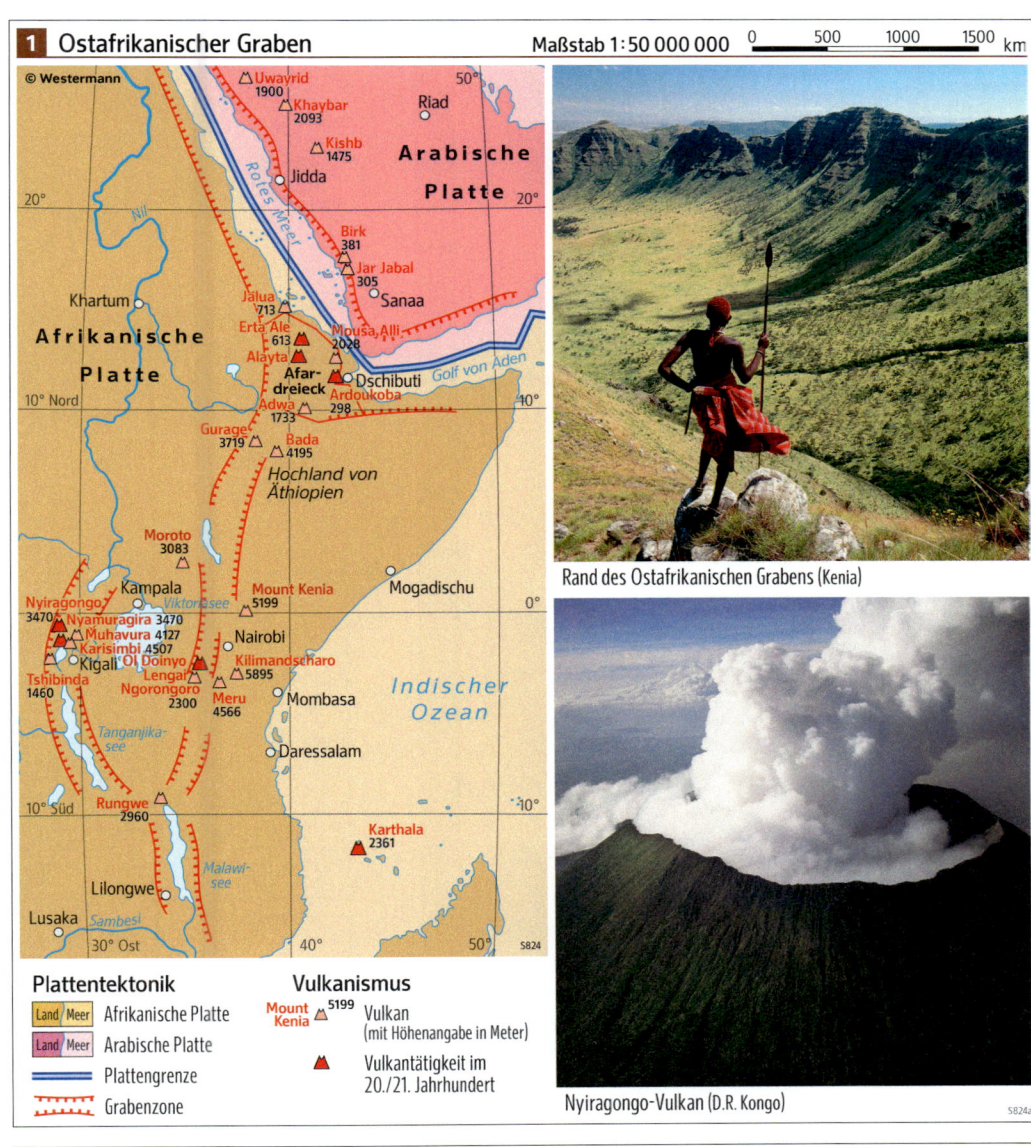

0 500 1000 1500 km

© Westermann

Uwayrid 1900

Khaybar 2093

Riad

Arabische Platte

Kishb 1475

Jidda

Khartum

Birk 381

Jar Jabal 305

Sanaa

Jalua 713

Mousa, Alli 2028

Afrikanische Platte

Erta Ale 613

Alayta 1733

Afar-dreieck

Ardoukoba 298

Dschibuti

Golf von Aden

Adwa

Gurage 3719

Bada 4195

Hochland von Äthiopien

Moroto 3083

Kampala

Viktoriasee

Mount Kenia 5199

Mogadischu

Nyiragongo 3470

Nyamuragira 3470

Muhavura 4127

Karisimbi 4507

Kigali

Ol Doinyo Lengai

Nairobi

Kilimandscharo 5895

Tshibinda 1460

Ngorongoro 2300

Meru 4566

Mombasa

Indischer Ozean

Tanganjikasee

Daressalam

Rungwe 2960

Karthala 2361

Lilongwe

Malawisee

Lusaka

Sambesi

30° Ost

40°

50°

5824

Plattentektonik

Land/Meer Afrikanische Platte

Land/Meer Arabische Platte

Plattengrenze

Grabenzone

Vulkanismus

Mount Kenia △ 5199 Vulkan (mit Höhenangabe in Meter)

▲ Vulkantätigkeit im 20./21. Jahrhundert

Rand des Ostafrikanischen Grabens (Kenia)

Nyiragongo-Vulkan (D.R. Kongo)

SB24a

2 Kilimandscharo (Kibo)   Maßstab 1:750 000

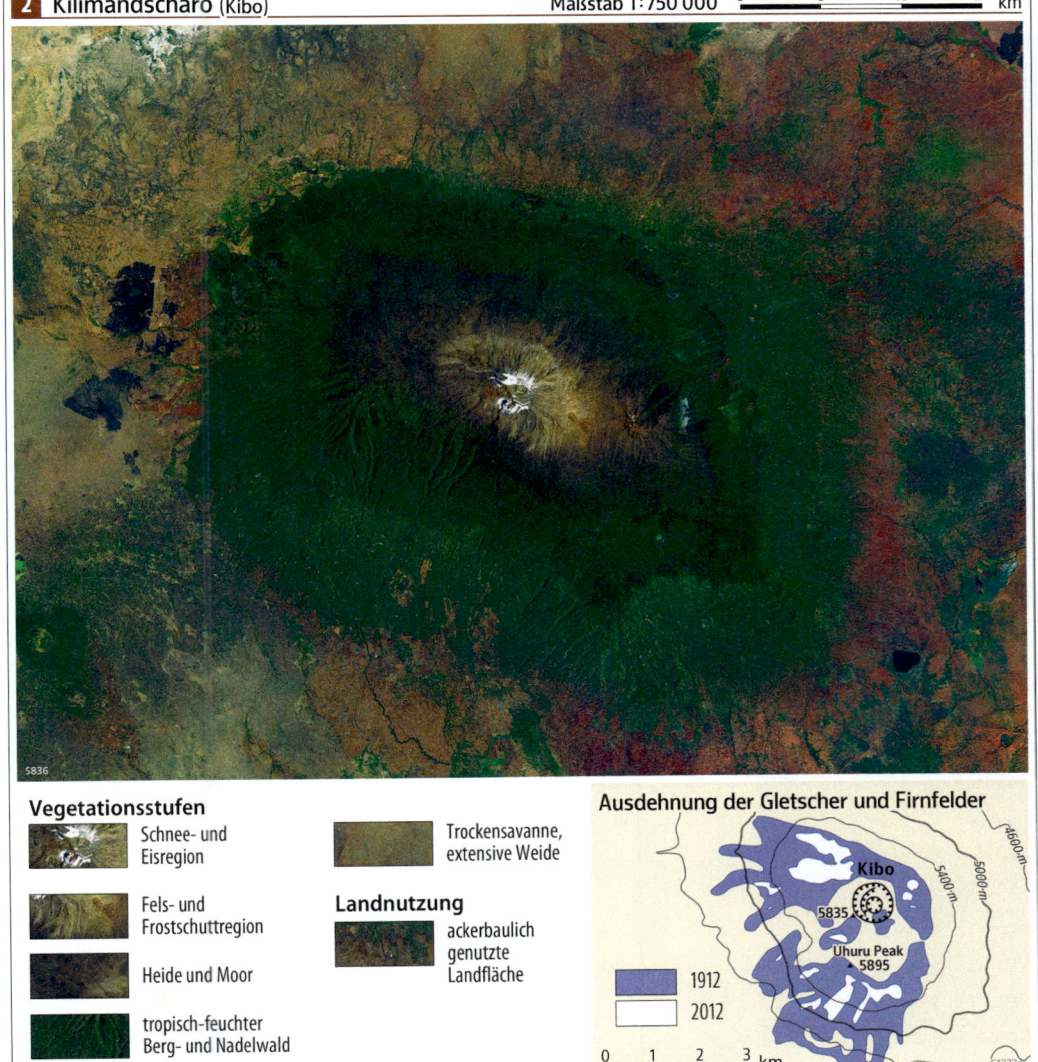

0 8 16 24 km

5836

Vegetationsstufen

Schnee- und Eisregion

Fels- und Frostschuttregion

Heide und Moor

tropisch-feuchter Berg- und Nadelwald

Trockensavanne, extensive Weide

Landnutzung

ackerbaulich genutzte Landfläche

Ausdehnung der Gletscher und Firnfelder

Kibo 5835

4600 m

5000 m

Uhuru Peak 5895

1912

2012

0 1 2 3 km

S13232

1 Niederschläge im Januar

Maßstab 1 : 60 000 000

0 500 1000 1500 km

Niederschläge
(langjähriges Mittel in Millimetern)

- 400 mm
- 300 mm
- 200 mm
- 100 mm
- 50 mm
- 25 mm

● Klimastation
○ sonstiger Ort
1 Nummer einer Klimastation mit Klimadiagramm

Lissabon · 20° West · 0° · 20° Ost · Rom · 40° · 60°
Rabat · Algier · Tunis [1] · Mittelmeer
Tripolis · Kairo · Riad
[2] In Salah · Nördlicher Wendekreis · Rotes Meer · 20°
20° Nord
Timbuktu · [3] Agadez · Khartum
Dakar · [4] N'Djamena · Addis Abeba
Monrovia · Lagos · Douala
0° · Äquator · Libreville · [5] Yangambi · 0°
Indischer Ozean
[6] Kinshasa
Luanda · Daressalam
Atlantischer Ozean · Lusaka [7] · Antananarivo
20° Süd · Südlicher Wendekreis · Windhuk [8] · 20°
Pretoria
Kapstadt [9]
20° West · 0° · 20° Ost · 40° · © Schroedel 340202

S1140_1a

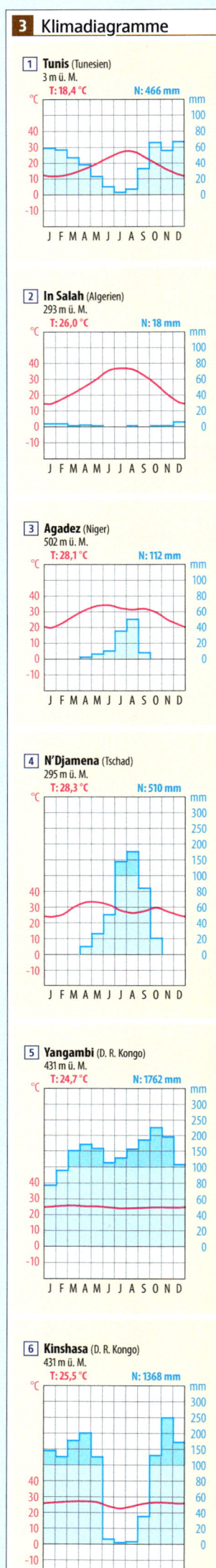

Savanne in der Trockenzeit
S1140_1e

2 Niederschläge im Juli

Maßstab 1 : 60 000 000

0 500 1000 1500 km

Niederschläge
(langjähriges Mittel in Millimetern)

- 400 mm
- 300 mm
- 200 mm
- 100 mm
- 50 mm
- 25 mm

● Klimastation
○ sonstiger Ort
1 Nummer einer Klimastation mit Klimadiagramm

Lissabon · 20° West · 0° · 20° Ost · Rom · 40° · 60°
Rabat · Algier · Tunis [1] · Mittelmeer
Tripolis · Kairo · Riad
[2] In Salah · Nördlicher Wendekreis · 20°
20° Nord
Timbuktu · [3] Agadez · Khartum
Dakar · [4] N'Djamena · Addis Abeba
Monrovia · Lagos · Douala
Äquator · Libreville · [5] Yangambi · 0°
Indischer Ozean
[6] Kinshasa
Luanda · Daressalam
Atlantischer Ozean · Lusaka [7]
20° Süd · Windhuk [8] · Antananarivo · 20°
Südlicher Wendekreis · Pretoria
Kapstadt [9]
20° West · 0° · 20° Ost · 40° · © Schroedel 340202

S1140_1b

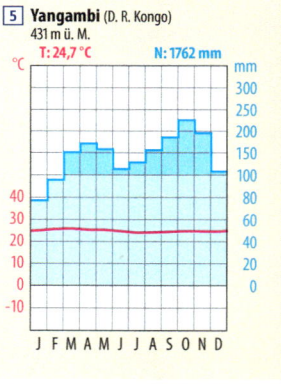

Savanne in der Regenzeit
S1140_1f

3 Klimadiagramme

[1] **Tunis** (Tunesien)
3 m ü. M.
T: 18,4 °C   N: 466 mm
°C / mm
J F M A M J J A S O N D

[2] **In Salah** (Algerien)
293 m ü. M.
T: 26,0 °C   N: 18 mm
°C / mm
J F M A M J J A S O N D

[3] **Agadez** (Niger)
502 m ü. M.
T: 28,1 °C   N: 112 mm
°C / mm
J F M A M J J A S O N D

[4] **N'Djamena** (Tschad)
295 m ü. M.
T: 28,3 °C   N: 510 mm
°C / mm
J F M A M J J A S O N D

[5] **Yangambi** (D. R. Kongo)
431 m ü. M.
T: 24,7 °C   N: 1762 mm
°C / mm
J F M A M J J A S O N D

[6] **Kinshasa** (D. R. Kongo)
431 m ü. M.
T: 25,5 °C   N: 1368 mm
°C / mm
J F M A M J J A S O N D

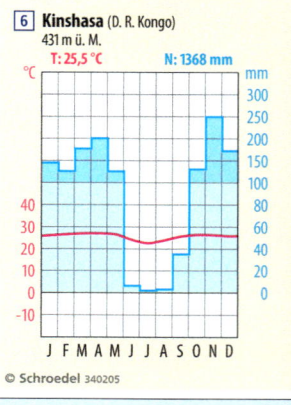

© Schroedel 340205

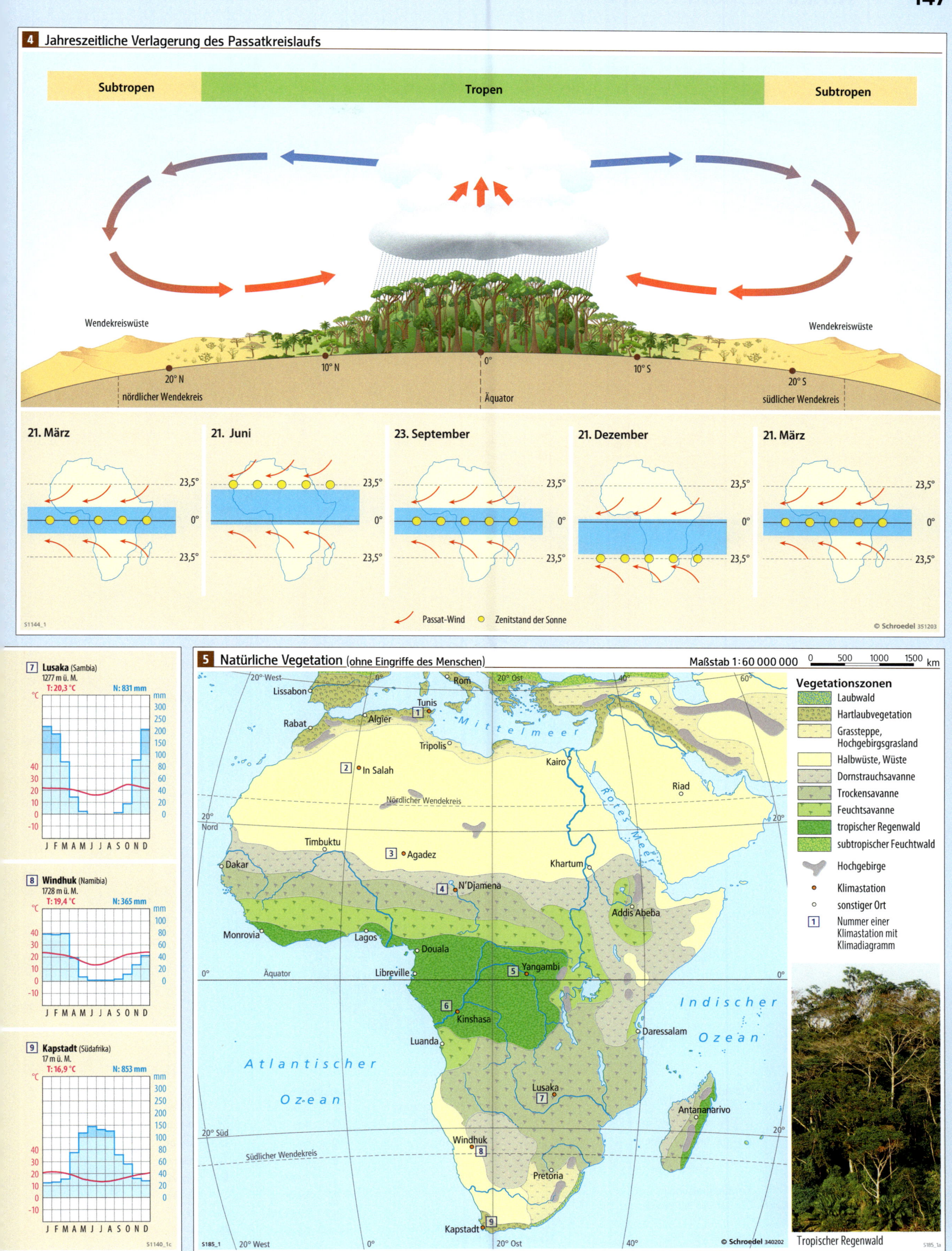

4 Jahreszeitliche Verlagerung des Passatkreislaufs

Subtropen

Tropen

Subtropen

Wendekreiswüste

Wendekreiswüste

20° N
nördlicher Wendekreis

10° N

0°
Äquator

10° S

20° S
südlicher Wendekreis

21. März

23,5°
0°
23,5°

21. Juni

23,5°
0°
23,5°

23. September

23,5°
0°
23,5°

21. Dezember

23,5°
0°
23,5°

21. März

23,5°
0°
23,5°

→ Passat-Wind   ● Zenitstand der Sonne

S1144_1

© Schroedel 351203

7 Lusaka (Sambia)
1277 m ü. M.
°C T: 20,3 °C   N: 831 mm mm

J F M A M J J A S O N D

8 Windhuk (Namibia)
1728 m ü. M.
°C T: 19,4 °C   N: 365 mm mm

J F M A M J J A S O N D

9 Kapstadt (Südafrika)
17 m ü. M.
°C T: 16,9 °C   N: 853 mm mm

J F M A M J J A S O N D

S1140_1c

5 Natürliche Vegetation (ohne Eingriffe des Menschen)   Maßstab 1 : 60 000 000   0 500 1000 1500 km

20° West   20° Ost   40°   60°

Rom
Lissabon
Tunis [1]
Rabat   Algier
Tripolis
Kairo
In Salah [2]
Riad
Nördlicher Wendekreis
20° Nord
Timbuktu
Agadez [3]
Khartum
Dakar
N'Djamena [4]
Monrovia
Lagos
Douala
Addis Abeba
Libreville   Yangambi [5]
0° Äquator
Kinshasa [6]
Daressalam
Luanda
Indischer Ozean
Atlantischer Ozean
Lusaka [7]
Antananarivo
20° Süd
Windhuk [8]
Südlicher Wendekreis
Pretoria
Kapstadt [9]

Mittelmeer
Rotes Meer

20° West   0°   20° Ost   40°
© Schroedel 340202

5185_1

Vegetationszonen

- Laubwald
- Hartlaubvegetation
- Grassteppe, Hochgebirgsgrasland
- Halbwüste, Wüste
- Dornstrauchsavanne
- Trockensavanne
- Feuchtsavanne
- tropischer Regenwald
- subtropischer Feuchtwald
- Hochgebirge
- ● Klimastation
- ○ sonstiger Ort
- [1] Nummer einer Klimastation mit Klimadiagramm

Tropischer Regenwald

5185_1a

Maßstab 1:35 000 000

0 200 400 600 800 1000 km

Waldlandschaften

- sommergrüner Laub- und Mischwald, Gebirgsnadelwald
- Hartlaubgehölz
- Monsun- und Regenwald

Offene Landschaften

- Steppe und Hochgebirgsgrasland
- Trocken- und Dornstrauchsavanne
- Feuchtsavanne
- Halbwüste, Wüste

Kulturland

- Ackerbau
- Bewässerungsland
- Weide, z.T. Wiese
- durch Dürre gefährdete Zone

Kontinentalschelf

- 200-m-Tiefenlinie

Viehhaltung

Kleinvieh, überwiegend für den Eigenbedarf
1 Zeichen ≙ 5 Mio. Stück Schafe und Ziegen
(außerdem bis zu 10 Mio. Stück Hühner)

Kamele
1 großes Zeichen ≙ 5 Mio. Stück
1 kleines Zeichen ≙ 1 Mio. Stück

Schweine

Schafe

Rinder
1 großes Zeichen ≙ 20 Mio. Stück
1 kleines Zeichen ≙ 5 Mio. Stück

Nutzpflanzen

- Weizen
- Mais
- Reis
- Hirse
- Bananen
- Ananas
- Zitrusfrüchte
- Erdnüsse
- Zuckerrohr
- Dattelpalmen
- Kokospalmen
- Ölpalmen
- Kautschuk
- Baumwolle
- Sisal
- Jute
- Kaffee
- Tee
- Kakao
- Tabak
- Wein
- Schnittblumen

Grenzen

- Staatsgrenze

© Westermann

Hirte mit Ziegenherde

Frau bewässert Nutzpflanzen

junge Mütter mit ihren Kindern

S1142c

1 Bevölkerungsentwicklung im Niger

S1142e

Bevölkerung (in Mio.)

28,4 Mio.
15,3 Mio.
7,8 Mio.
4,8 Mio.
3,3 Mio.

Prognose

1950 1960 1970 1980 1990 2000 2010 2020 2030

2 Viehbestand im Niger

S1142d

Rinder, Ziegen, Schafe, Kamele (in Mio.)

Dürre   Dürre

Ziegen
Schafe   Rinder
Kamele

1960 1965 1970 1975 1980 1985 1990 1995 2000 2005 2010 2015 2020

3 Sahelzone und Sahara

Maßstab 1 : 35 000 000   0 200 400 600 800 1000 km

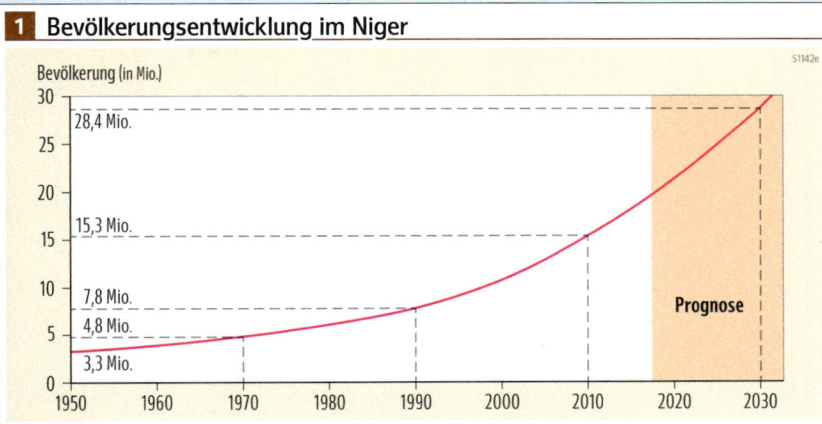
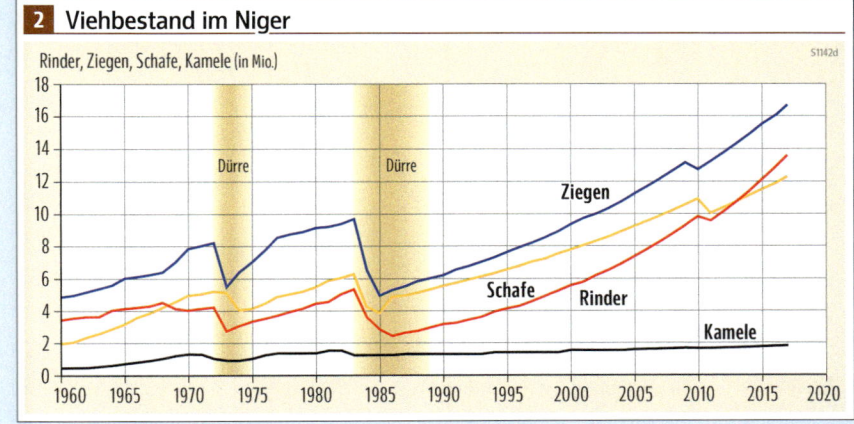

S1142

Atlantischer Ozean
MAROKKO
Atlasgebirge
TUNESIEN
Mittelmeer
IRAK
IRAN
Kanaren
Große Sandwüste
ALGERIEN
LIBYEN
Libysche Wüste
ÄGYPTEN
JORDANIEN
2637
SAUDI-ARABIEN
WESTSAHARA
Erg Iguidi
Fessan
Nördlicher Wendekreis
Erg Chech
Ahaggar
3003
Große Arabische Wüste
S a h a r a
Djabal al-Uwainat
1934
MAURETANIEN
MALI
Adrar des Iforas
890
Aïr
2022
NIGER
Tibesti
3415
TSCHAD
Ennedi
1450
SUDAN
OMAN
ERITREA
JEMEN
SENEGAL
Niger
S a h e l z o n e
Niamey
Tschadsee
Weißer Nil
Sokotra
GUINEA
Golf von Aden
10° Nord
SIERRA LEONE
CÔTE D'IVOIRE
TOGO
BENIN
Niger
NIGERIA
ZENTRALAFRIKANISCHE REPUBLIK
SÜDSUDAN
ÄTHIOPIEN
SOMALIA
LIBERIA
GHANA
KAMERUN
DEM. REPUBLIK KONGO
Turkanasee
Indischer Ozean
Golf von Guinea
© Westermann

Desertifikation
sehr hoch | hoch | mäßig | gering | keine (humide Zone)

Wüstenarten
Felswüste, Blockwüste, Schuttwüste
Kieswüste
Sandwüste
Halbwüste

Beschleunigung der Desertifikation durch hohen Bevölkerungsdruck und Überweidung

Wassermangel durch hohen Bevölkerungsdruck

dürregefährdete Zone

Niamey Klimastation

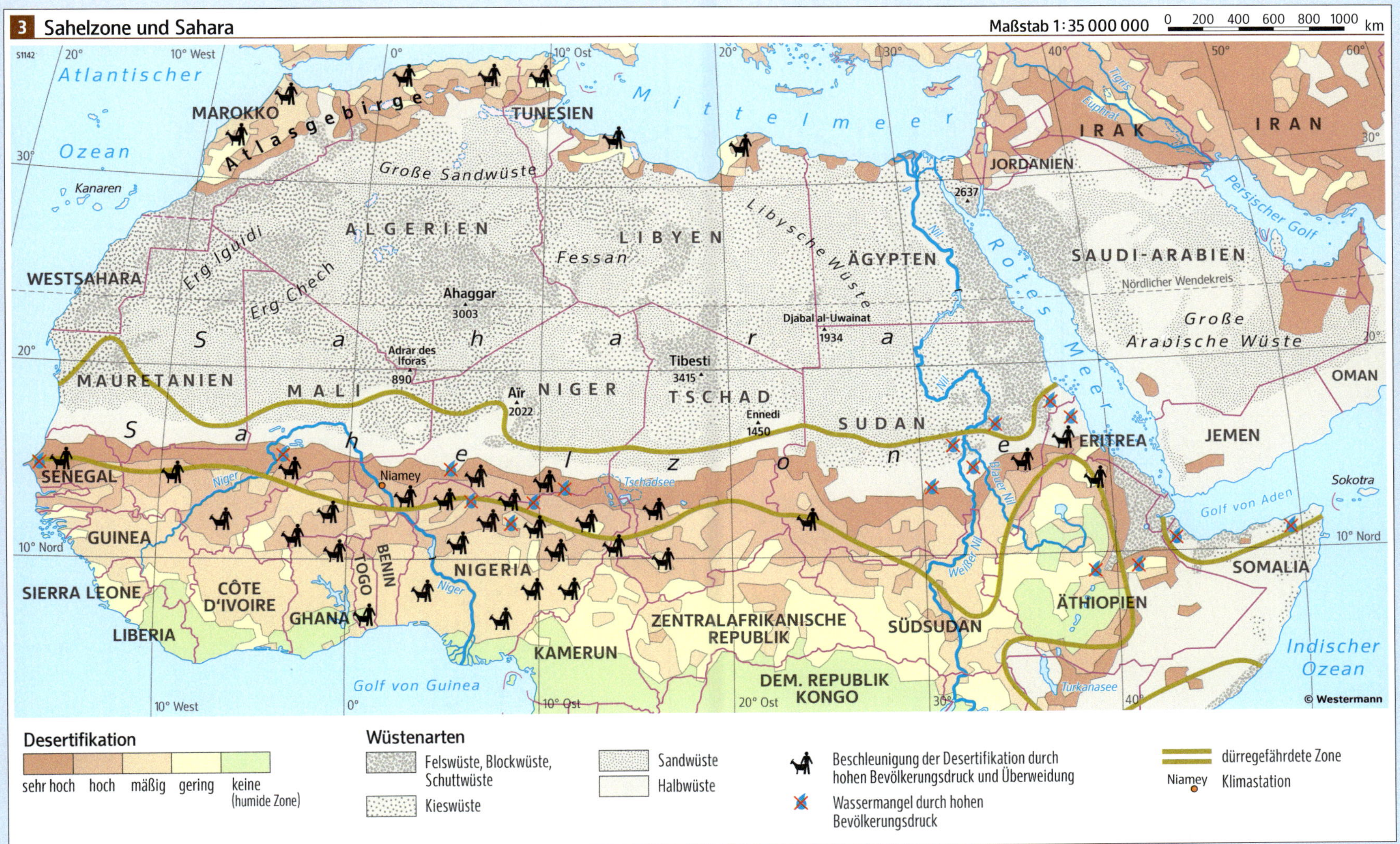

4 Klimadiagramm und Niederschlagsvariabilität in Niamey (Niger)

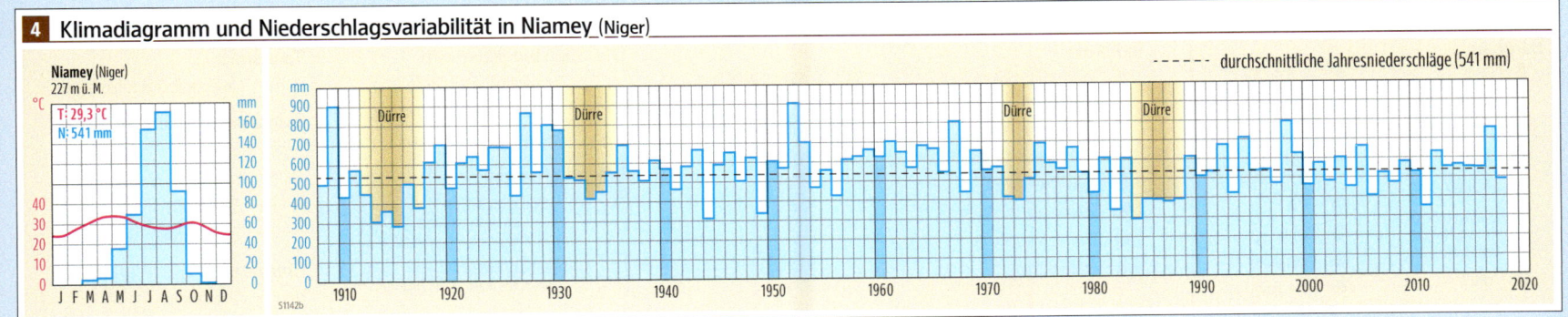

durchschnittliche Jahresniederschläge (541 mm)

Niamey (Niger)
227 m ü. M.
T: 29,3 °C
N: 541 mm

°C   mm
40
30
20
10
0
J F M A M J J A S O N D

mm
900
800
700
600
500
400
300
200
100

Dürre   Dürre   Dürre   Dürre

1910 1920 1930 1940 1950 1960 1970 1980 1990 2000 2010 2020

S1142b

1 Wirtschaft

Maßstab 1 : 35 000 000

0 200 400 600 800 1000 km

© Westermann

Bergbau

Erdöl	
Erdgas	
Steinkohle	
Uran	
Eisenerz	
Stahlveredler (Chrom, Mangan, Kobalt, Nickel)	
Coltan	

Buntmetalle	
Kupfer	
Blei, Zink	
Bauxit (Aluminiumrohstoff)	
Gold	
Platin	
Phosphate	
Diamanten	

Industrie

Eisen- und Stahlerzeugung

Buntmetall- und Aluminiumverhüttung

Eisen- und Metallverarbeitung

Maschinenbau

Elektroindustrie, Optik

Chemie, Kunststoffe

Erdölraffinerie

Textilien, Bekleidung, Leder

Holz, Holzverarbeitung

Nahrungsmittel

Dienstleistungszentrum

von internationaler Bedeutung

von überregionaler Bedeutung

von regionaler Bedeutung

Wirtschaftsraum

Kulturlandschaft (durch den Menschen mehr oder weniger intensiv geprägt)

Naturlandschaft (vereinzelte menschliche Eingriffe)

Tourismus

bedeutende Tourismusregion

Transport und Verkehr

Eisenbahn

Fernstraße

Erdölleitung

Erdgasleitung

Grenzen

Staatsgrenze

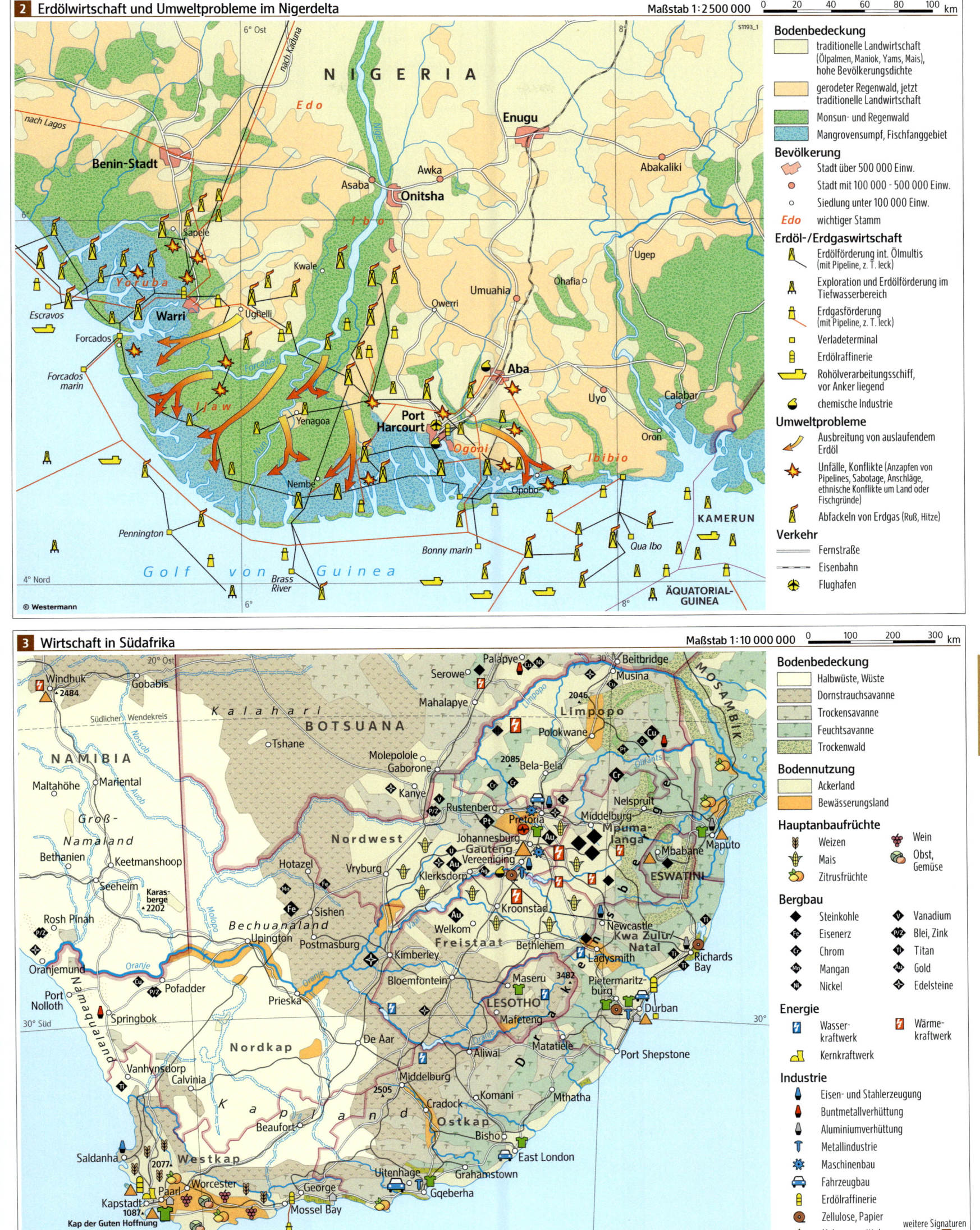

2 Erdölwirtschaft und Umweltprobleme im Nigerdelta

Maßstab 1:2 500 000

0 20 40 60 80 100 km

S1193_1

Bodenbedeckung

- traditionelle Landwirtschaft (Ölpalmen, Maniok, Yams, Mais), hohe Bevölkerungsdichte
- gerodeter Regenwald, jetzt traditionelle Landwirtschaft
- Monsun- und Regenwald
- Mangrovensumpf, Fischfanggebiet

Bevölkerung

- Stadt über 500 000 Einw.
- Stadt mit 100 000 – 500 000 Einw.
- Siedlung unter 100 000 Einw.
- *Edo* wichtiger Stamm

Erdöl-/Erdgaswirtschaft

- Erdölförderung int. Ölmultis (mit Pipeline, z. T. leck)
- Exploration und Erdölförderung im Tiefwasserbereich
- Erdgasförderung (mit Pipeline, z. T. leck)
- Verladeterminal
- Erdölraffinerie
- Rohölverarbeitungsschiff, vor Anker liegend
- chemische Industrie

Umweltprobleme

- Ausbreitung von auslaufendem Erdöl
- Unfälle, Konflikte (Anzapfen von Pipelines, Sabotage, Anschläge, ethnische Konflikte um Land oder Fischgründe)
- Abfackeln von Erdgas (Ruß, Hitze)

Verkehr

- Fernstraße
- Eisenbahn
- Flughafen

NIGERIA

nach Kaduna — *Edo* — nach Lagos — Benin-Stadt — Sapele — Asaba — Awka — Onitsha — Enugu — Abakaliki — *Ibo* — Kwale — Umuahia — Owerri — Ohafia — Ugep — *Yoruba* — Warri — Ughelli — Escravos — Forcados — Forcados marin — *Ijaw* — Yenagoa — Aba — Port Harcourt — *Ogoni* — Uyo — Calabar — Oron — *Ibibio* — Nembe — Opobo — Pennington — Bonny marin — Qua Ibo — **KAMERUN** — 4° Nord — *Golf von Guinea* — Brass River — **ÄQUATORIAL-GUINEA**

© Westermann

3 Wirtschaft in Südafrika

Maßstab 1:10 000 000

0 100 200 300 km

Bodenbedeckung

- Halbwüste, Wüste
- Dornstrauchsavanne
- Trockensavanne
- Feuchtsavanne
- Trockenwald

Bodennutzung

- Ackerland
- Bewässerungsland

Hauptanbaufrüchte

- Weizen
- Mais
- Zitrusfrüchte
- Wein
- Obst, Gemüse

Bergbau

- Steinkohle
- Eisenerz
- Chrom
- Mangan
- Nickel
- Vanadium
- Blei, Zink
- Titan
- Gold
- Edelsteine

Energie

- Wasserkraftwerk
- Kernkraftwerk
- Wärmekraftwerk

Industrie

- Eisen- und Stahlerzeugung
- Buntmetallverhüttung
- Aluminiumverhüttung
- Metallindustrie
- Maschinenbau
- Fahrzeugbau
- Erdölraffinerie
- Zellulose, Papier
- Nahrungsmittel

weitere Signaturen siehe Karte **1**

Windhuk — 2484 — Gobabis — Palapye — Serowe — Beitbridge — Musina — Mahalapye — Limpopo — 2046 — **NAMIBIA** — Maltahöhe — Mariental — *Kalahari* — **BOTSUANA** — Tshane — Molepolole — Gaborone — 2085 — Bela-Bela — Polokwane — Nelspruit — Bethanien — Keetmanshoop — Kanye — Rustenburg — Pretoria — Middelburg — **Mpumalanga** — Mbabane — Maputo — *Groß-Namaland* — Karasberge 2202 — Hotazel — Vryburg — Johannesburg — Gauteng — Vereeniging — Klerksdorp — **ESWATINI** — Rosh Pinah — Seeheim — *Bechuanaland* — Sishen — Welkom — Kroonstad — Newcastle — Oranjemund — Upington — Postmasburg — *Freistaat* — Bethlehem — **Kwa Zulu/ Natal** — Port Nolloth — Pofadder — Kimberley — Bloemfontein — Ladysmith — Richards Bay — Springbok — Prieska — **LESOTHO** — Maseru — 3482 — Pietermaritzburg — *Namaqualand* — Vanhynsdorp — Calvinia — De Aar — Mafeteng — Matatiele — Durban — 30° Süd — *Nordkap* — Middelburg — Aliwal — Port Shepstone — 2505 — Cradock — Komani — Mthatha — Beaufort — *Ostkap* — Bisho — Saldanha — 2077 — Worcester — George — Komga — East London — Paarl — Uitenhage — Grahamstown — Kapstadt — Kap der Guten Hoffnung — 1087 — Mossel Bay — Gqeberha — Kap Agulhas

S1318_1 — © Westermann

1 Niederschläge und Wasserabfluss am Nil

Maßstab 1:15 000 000

0 100 200 300 400 500 km

Klimadiagramme

1 Kairo (Ägypten)
64 m ü. M.
T: 21,4 °C   N: 26 mm

2 Khartum (Sudan)
380 m ü. M.
T: 29,9 °C   N: 162 mm

3 Addis Abeba (Äthiopien)
2450 m ü. M.
T: 16,3 °C   N: 1143 mm

4 Kampala (Uganda)
1160 m ü. M.
T: 21,7 °C   N: 1291 mm

S189_1a
© Schroedel 351201

Niederschläge
(langjährige Mittelwerte in Millimetern)

- 2000 mm
- 1500 mm
- 1000 mm
- 500 mm
- 250 mm
- 20 mm

Wasserabfluss (pro Monat)

(1 Kästchen ≙ 1 Mrd. m³ Wasser)

③ Messpunkt

Grenzen

— Staatsgrenze

1 Nummer einer Klimastation mit Klimadiagramm

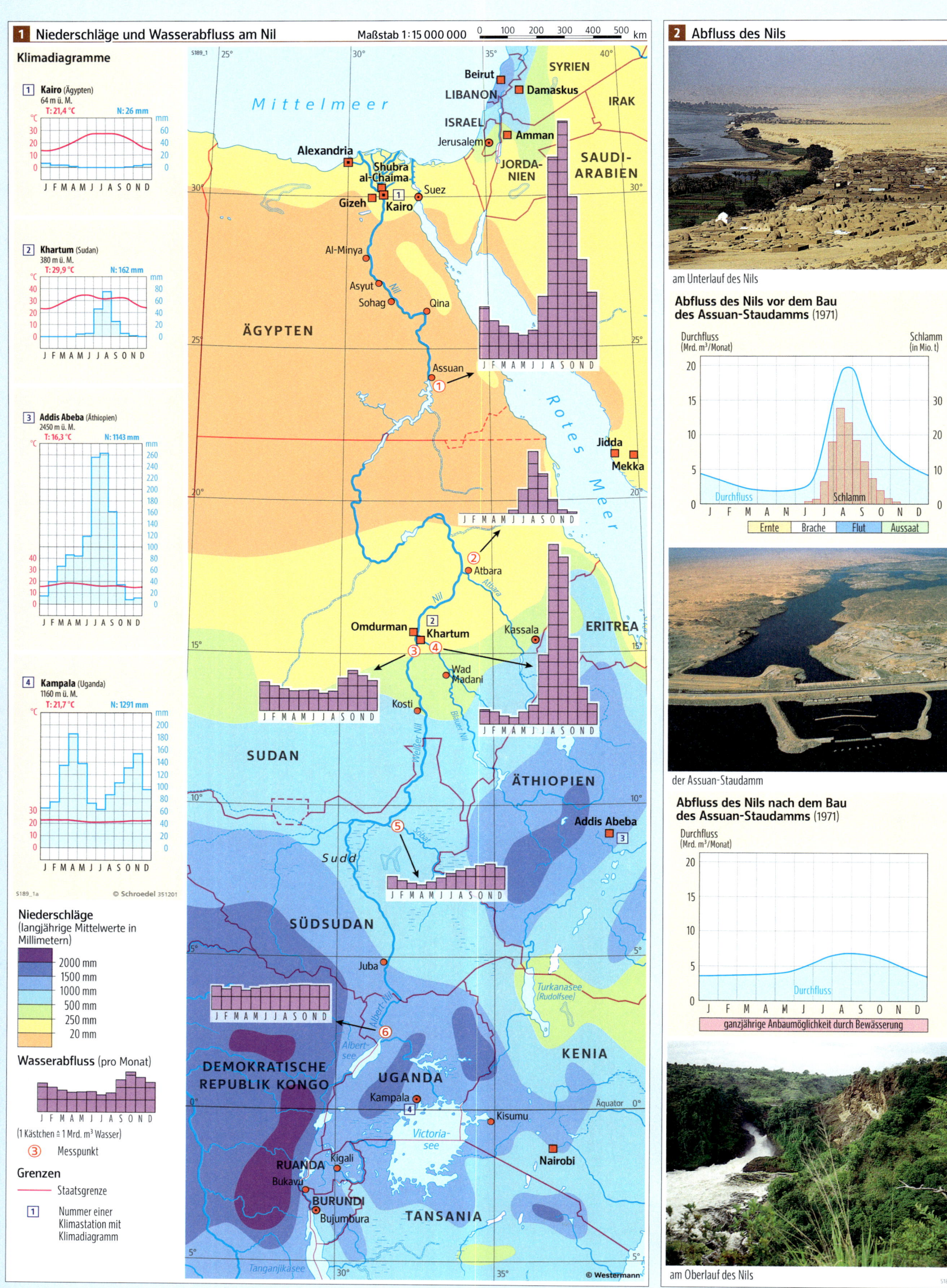

2 Abfluss des Nils

am Unterlauf des Nils

Abfluss des Nils vor dem Bau des Assuan-Staudamms (1971)

Durchfluss (Mrd. m³/Monat)   Schlamm (in Mio. t)

Durchfluss   Schlamm

Ernte | Brache | Flut | Aussaat

der Assuan-Staudamm

Abfluss des Nils nach dem Bau des Assuan-Staudamms (1971)

Durchfluss (Mrd. m³/Monat)

Durchfluss

ganzjährige Anbaumöglichkeit durch Bewässerung

am Oberlauf des Nils

S189_1b

3 Unterlauf des Nils (Satellitenbild)   Maßstab 1:5 000 000

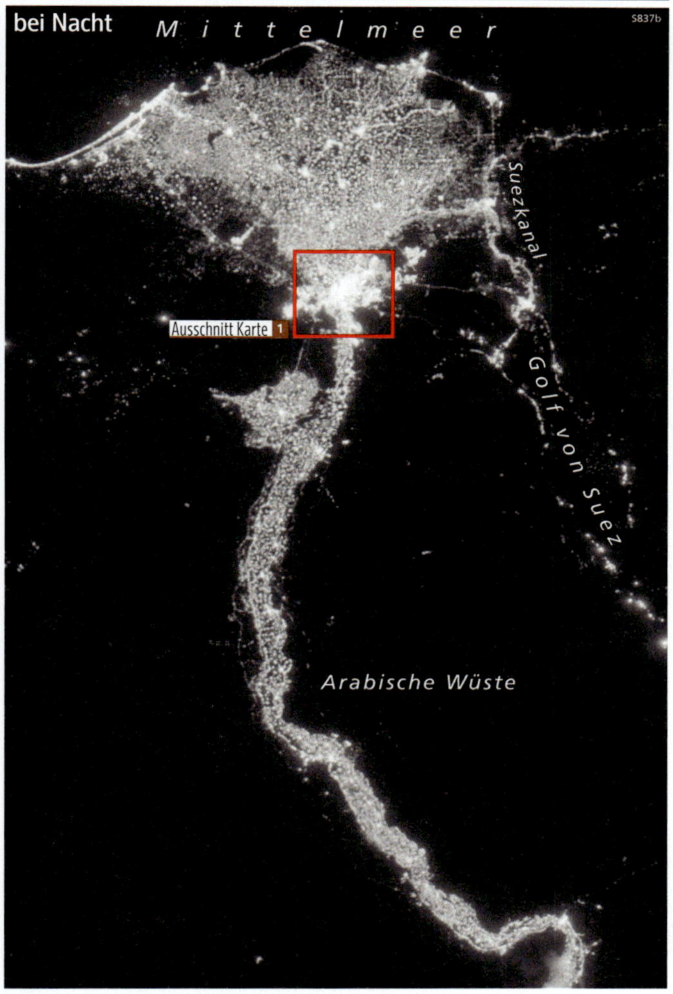

bei Nacht

Mittelmeer

Suezkanal

Golf von Suez

Ausschnitt Karte 1

Arabische Wüste

bei Tag

Mittelmeer

Suezkanal

Golf von Suez

Ausschnitt Karte 1

Arabische Wüste

- Nildelta
- Wüste
- Nil mit Bewässerungsland
- Meer, See
- Kairo

1 Kairo in der Nilstromoase   Maßstab 1:500 000

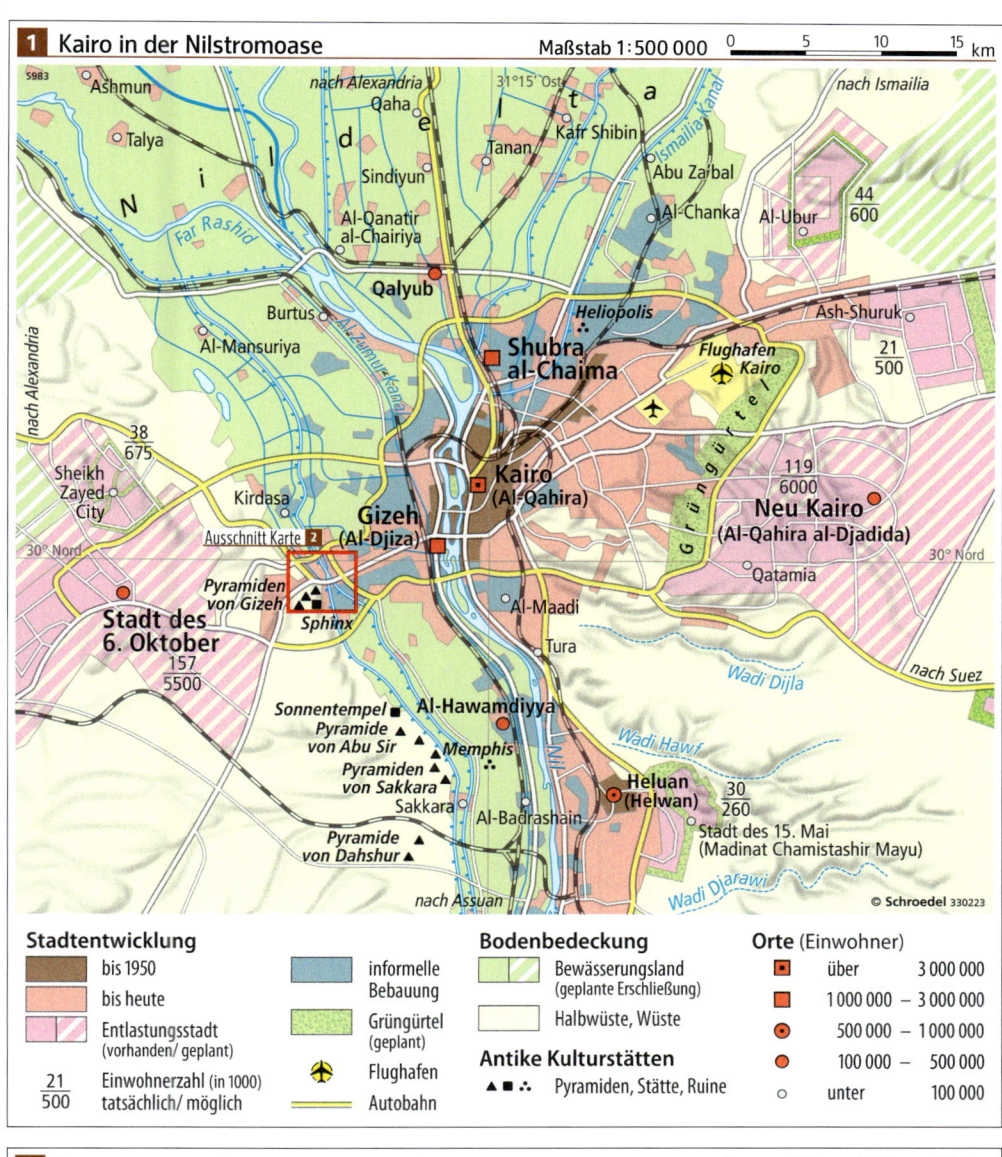

0   5   10   15 km

Ashmun
Talya
Qaha
Kafr Shibin
nach Alexandria
nach Ismailia
Tanan
Abu Za'bal
Sindiyun
Al-Chanka
Al-Ubur
44 / 600
Al-Qanatir al-Chairiya
Burtus
Qalyub
Heliopolis
Ash-Shuruk
Al-Mansuriya
Shubra al-Chaima
Flughafen Kairo
21 / 500
Grüngürtel
Sheikh Zayed City
38 / 675
Kirdasa
Gizeh (Al-Djiza)
Kairo (Al-Qahira)
119 / 6000
Neu Kairo (Al-Qahira al-Djadida)
Ausschnitt Karte 2
Qatamia
30° Nord
Pyramiden von Gizeh
Sphinx
Al-Maadi
Stadt des 6. Oktober
157 / 5500
Tura
Wadi Dijla
nach Suez
Sonnentempel
Al-Hawamdiyya
Wadi Hawf
Pyramide von Abu Sir
Memphis
Pyramiden von Sakkara
Sakkara
Al-Badrashain
Heluan (Helwan)
30 / 260
Pyramide von Dahshur
Stadt des 15. Mai (Madinat Chamistashir Mayu)
nach Assuan
Wadi Djarawi
© Schroedel 330223

Stadtentwicklung
- bis 1950
- bis heute
- Entlastungsstadt (vorhanden/ geplant)
- 21/500 Einwohnerzahl (in 1000) tatsächlich/ möglich

Bodenbedeckung
- informelle Bebauung
- Grüngürtel (geplant)
- Bewässerungsland (geplante Erschließung)
- Halbwüste, Wüste
- ✈ Flughafen
- Autobahn

Orte (Einwohner)
- über 3 000 000
- 1 000 000 – 3 000 000
- 500 000 – 1 000 000
- 100 000 – 500 000
- unter 100 000

Antike Kulturstätten
- ▲ ■ ∴ Pyramiden, Stätte, Ruine

2 Tourismus und Stadtwachstum in Gizeh   Maßstab 1:50 000

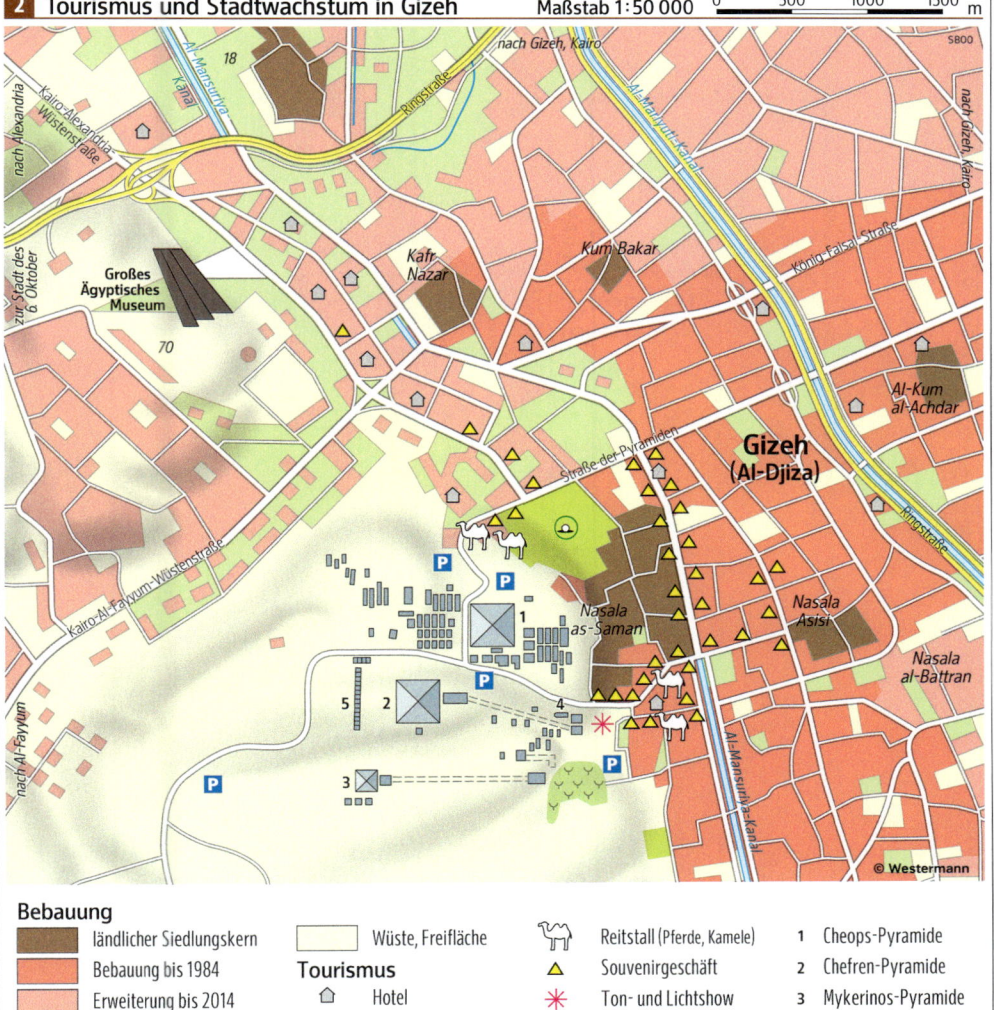

0   500   1000   1500 m

nach Gizeh, Kairo
Al-Mansuriya-Kanal
Kairo-Alexandria-Wüstenstraße
nach Alexandria
18
Kafr Nazar
Kum Bakar
nach Gizeh, Kairo
zur Stadt des 6. Oktober
Großes Ägyptisches Museum
70
18
Al-Kum al-Achdar
Kairo-Al-Fayum-Wüstenstraße
Straße der Pyramiden
Gizeh (Al-Djiza)
Nasala as-Saman
Nasala Asisi
1
5   2
4
Nasala al-Battan
3
© Westermann

Bebauung
- ländlicher Siedlungskern
- Bebauung bis 1984
- Erweiterung bis 2014
- islamischer Friedhof
- Bewässerungsland
- Wüste, Freifläche

Tourismus
- 🐫 Reitstall (Pferde, Kamele)
- ⌂ Hotel
- P Busparkplatz
- ⛳ Golfplatz
- △ Souvenirgeschäft
- ✳ Ton- und Lichtshow

Weltkulturerbe
- archäologische Stätte

1 Cheops-Pyramide
2 Chefren-Pyramide
3 Mykerinos-Pyramide
4 Sphinx
5 Arbeiterquartiere

Maßstab 1:30 000 000

S1008

Kolymagebirge

Nordpolar-meer

Grönlandsee

Jan Mayen

Kap Morris Jesup
Peary Land
Färöer

Ittoqqortoormiit (Scoresbysund)

2110 Hvannadalshnúkur Island

Reykjavík

Wrangel-Insel

Tschuktschen-halbinsel

Anadyr-golf

Königin-Elisabeth-Inseln
Sverdrup-Inseln
Ellesmere-Insel

Grönland

3410 (größte Eisdicke)
Qaanaaq (Thule)

Dänemarkstraße

Beringstraße
Kap Prince of Wales
Point Barrow

Beaufort-see

Parry-Inseln
McClure-Straße
Melvillesund
Banks-Insel

Devon-I.

Baffin Bay

2136

Qegertarsuaq (Godhavn)

Tasiilaq (Ammassalik)

St.-Lorenz-Insel
Nome
Seward-Halbinsel
Nunivak-Insel

Brookskette
2736 Mount Isto
Fairbanks
Inuvik

Victoria-Insel

Nördlicher Polarkreis

Baffin-Insel

Foxe-becken

Nuuk (Godthåb)
Kap Farvel

Alaska
6190 Denali (Mt. McKinley)
Anchorage
Mackenziegebirge

Barren Grounds

Alaska-Halbinsel
Kodiak-Insel

Golf von Alaska

Mt. Logan 5959
Whitehorse

Großer Bärensee

Iqaluit (Frobisher Bay)

Hudsonstraße
Kap Chidley

Labrador-see 3809

Alexander-archipel
Juneau

Yellowknife
Gr. Sklaven-see

Ungava-Halbinsel

Kuujjuaq (Fort Chimo)

Neufundland
St. John's
Kap Race

Haida Gwaii
Kitimat

Dawson Creek

Peace
Athabasca-see Churchill
Rentier-see Churchill

Hudson Bay
257

Labrador

Anticosti
Sept-Îles

St-Pierre u. Miquelon

Vancouver-Insel
Vancouver
Seattle
Portland

Mt. Robson 3954
4042

Edmonton
Calgary
Saskatoon

Saskatchewan

Nelson
Winnipeg-see

Thompson

Kanadischer Schild

Québec
Montréal
Ottawa
1917

Halifax
Neu-schottland

2882
Mt. Rainier 4392

Kaskadenkette
Columbia-Plateau

Rocky Mountains

Winnipeg
Thunder Bay

Oberer See
Huronsee
Michigansee

Toronto

Boston Kap Cod
New York

Kap Mendocino
5346
Mt. Shasta 4317

Großes Becken
Großer Salzsee

Columbia

4209 Gannett Peak

2207 Black Hills

Missouri
Platte

Minneapolis
Milwaukee

Eriesee
Detroit

Philadelphia
Washington

San Francisco

Sierra Nevada
Wasatchkette
Mt. Whitney 4421 -86
Salt Lake City

Mt. Elbert 4401

Denver

Omaha
Kansas City
St. Louis

Chicago
Indianapolis

Columbus
Pittsburgh

Louisville

Charlotte
Mt. Mitchell 2039

Kap Hatteras

Kap Conception
Las Vegas
Los Angeles
San Diego
Tijuana

Grand Canyon
Colorado-Plateau

Phoenix
Albuquerque

Great Plains

Arkansas
Tennessee

Memphis
Atlanta

Appalachen

Charleston
6399

Guadalupe
6225

Ciudad Juárez
Chihuahua

Dallas

Rio Grande
Red River
Mississippi

Zentrales Tiefland

San Antonio
Houston

New Orleans
Golfküstenebene

Jacksonville
Kap Canaveral

Atlantische Küstenebene
Florida

Bermuda-Inseln

Nördlicher Wendekreis

Westl. Sierra Madre
Hochland von Mexiko
Östl. Sierra Madre

Monterrey

Golf von Mexiko
4375

Tampa
Miami

Nassau
San Salvador
Bahamas

Caicos-Inseln
Turks-Inseln
Hispaniola

Niederkalifornien
Kap San Lucas

Culiacán
3559
4054

León

Havanna
Kuba

Floridastraße
Str. von Yucatán

Santiago de Cuba
3175

Port-au-Prince
Santo Domingo

Große Antillen
Cayman-Inseln
Jamaika
Kingston

Guadalajara
Mexiko-Stadt
Puebla
Popocatépetl 5462
Citlaltépetl 5636 (Pico de Orizaba)

Mérida
Yucatán

Golf von Campeche

Golf von Honduras

Karibisches Meer

Aruba
Kap Gallinas

Maracaibo
5775
Maracaibo-see

Clarión

Revillagigedo-Inseln

Acapulco
Südl. Sierra Madre

Golf von Tehuantepec
4720
Tajumulco

Isthmus von Tehuantepec

Belmopan
Guatemala-Stadt
San Salvador

Tegucigalpa

Providencia

Barranquilla
Cartagena

Clipperton-Insel

6662

Managua
Nicaragua-see
Corn-Inseln
Panama-kanal

San José
3820 Chirripó

Panama-Stadt

Medellín
4981 Pico Bolívar
5410

Bogotá
Cali
2500

Kokos-Insel
5450
5365

Guaviare

Pazifischer Ozean

Atlantischer Ozean

Zum Vergleich:
DEUTSCHLAND
Hamburg
München
600 km
4812

© Westermann
Flächentreue schiefachsige Azimutalabbildung

0 300 600 900 1200 1500 km

C 90° D 80° E 70° F 60° West G 50° H 40° J 30°

Nördlicher Wendekreis

1

4375 Golf von Mexiko
Bahamas
Caicos-Inseln
Turks-Inseln
Havanna
Kuba
Santiago de Cuba
Hispaniola 9219
Mérida
Yucatán
Cayman-Inseln
Jamaika Kingston
Port-au-Prince 3098 Santo Domingo
San Juan
Puerto Rico
Barbuda
Antigua
Guadeloupe
Dominica
Martinique
St. Lucia
Barbados

2

Golf von Honduras
Belmopan
Guatemala-Stadt
4220 Tajumulco
Tegucigalpa
San Salvador
Managua
Nicaragua-See
Corn-Inseln
Providencia
Kap Gallinas Aruba Curaçao Bonaire Margarita
Port of Spain Tobago
Trinidad
5630
Karibisches Meer
Kleine Antillen
Große Antillen

6140

San José 3820
Chirripó
Panama-kanal
Panama-Stadt
Barranquilla 5775 Maracaibo Caracas 2596
Cartagena
4981 Pico Bolívar
Maracaibosee
Llanos
Orinoco
Ciudad Guayana
Georgetown
Paramaribo
Cayenne

3

Medellín
5410
Bogotá
Cali 5365
2500
Guaviare
Orinoco
2260 2579
Bergland von Guayana
2953 2810 Roraima
1280
Kokos-Insel
Malpelo
Andenn
2994 Pico da Neblina

5450

Äquator
Quito 5897 Cotopaxi
Guayaquil 6268 Chimborazo
Putumayo Japurá Rio Negro
Manaus
Santarém
Marajó
Belém
São Luís
Fortaleza
Galápagos-Inseln
Punta Pariñas
Iquitos
Amazonasbecken
Amazonas
Juruá
Tapajós
Xingu
Tocantins
Teresina
Kap São Roque

4

4894
Pucallpa
Ucayali
Purus
Madeira
Porto Velho
Campos
Caatinga
Sobradinho Stausee
1123
Kap Branco
Recife
1801
6746 Huascarán

5

Lima
6377 Coropuna
Cuzco 6384
6421
Titicacasee
La Paz
6438 6542 Sajama
Arequipa 5996
4848
Altiplano
Mamoré
Santa Cruz de la Sierra
4051
1995
1425
Plateau von Mato Grosso
669 670
893
Cuiabá
610
Pantanal
Gran Chaco
Campo Grande
1349 Goiânia
1292 Brasília
Brasilianisches Bergland
São Francisco
1850
2002 Itambé
Belo Horizonte
2891 Pico da Bandeira
Salvador

6

Antofagasta 8180
Salar de Uyuni
6720 6739 Llullaillaco
San Miguel de Tucumán
6893 Ojos del Salado
6250
6380
Atacama
Pilcomayo
Paraguay
Ilha Solteira Stausee
Rio Grande
Paraná
Itaipú Stausee
Londrina 1889
São Paulo
Curitiba
Rio de Janeiro
Asunción
Iguaçu
Desventuradas-Inseln
Trindade

7

6961 Aconcagua 2884 Córdoba
Mendoza
5264 Maipo
Santiago
Buenos Aires
Montevideo
Río de la Plata
1239
Bahía Blanca
Juan-Fernández-Inseln
3800
Pampa
Uruguay
Paraná
Rio Salado
Colorado
3060
Valdivia 3747 Lanín
Río Negro
San-Matías-Golf
Chiloé
Patagonien
Porto Alegre
1898

8

Chonos-Archipel
4058 San Valentín
General-Carrera-See
Comodoro Rivadavia
Kap Tres Puntas
Wellington-I.
3380
Falkland-Inseln (Malwinen)
Stanley
6085
550
Zum Vergleich
Hamburg
DEUTSCHLAND
München
600 km
2270
5120
Magellanstr.
Feuerland
Punta Arenas 2438 Ushuaia Kap San Diego
Kap Hoorn
Drakestraße
Südgeorgien
8329

9

Pazifischer Ozean
Atlantischer Ozean

A 110° B 100° C 90° D 80° E 70° West F 60° West G 50° H 40° J 30° K 20° L

© Westermann
S1009
Bonnescher Entwurf

Verwaltung

- ● Hauptstadt
- ⊙ Regierungssitz/ Parlamentssitz
- ○ sonstiger Ort
- *Osterinsel (Chile)* Außengebiet, Außenbesitzung
- — Staatsgrenze (Staatsgrenzen im Meer sind Orientierungshilfen; sie entsprechen nicht dem rechtlich verbindlichen Verlauf.)

Abkürzungen

- *(Fr.)* = Frankreich
- *(Mex.)* = Mexiko
- *(Nl.)* = Niederlande
- *(Port.)* = Portugal
- *(USA)* = Vereinigte Staaten
- *(VK)* = Vereinigtes Königreich

1 Besiedlung der USA — Maßstab 1 : 30 000 000 — 0 250 500 750 km

Legende:

⛵ Landung der Pilgerväter, September 1620
▭ 13 Kolonien 1776
Au 1860 Goldrausch (mit Beginn)
Kiowa Lebensraum ausgewählter Indianerstämme vor der Besiedlung durch die Weißen

Besiedlung (Frontier)
- bis 1800
- bis 1830
- bis 1860
- bis 1880
- nach 1880

Eisenbahnbau
- transkontinentale Eisenbahn
- 1880 Jahr der Fertigstellung
- wichtige Anschlussbahn

Heutige Situation
- Indianerreservate (überwiegend selbstverwaltet)
- Staatsgrenze der USA
- Grenze der Bundesstaaten

KANADA · MEXIKO

Seattle (1851), Tacoma (1864), Duluth (1679), Quebec (1608), Boston (1630), Nieuw Amsterdam (1625), Plymouth (1620), Philadelphia (1682), St. Paul (1849), Norfolk (1682), Chicago (1833), Omaha (1854), San Francisco (1776), Salt Lake City (1847), Kansas City (1838), St. Louis (1763), Wilmington (1739), Memphis (1819), Los Angeles (1781), Santa Fe (1609), Atlanta (1847), Savannah (1733), San Augustin (1565), San Antonio (1718), La Nouvelle Orléans (1718)

Indianerstämme: Blackfeet, Assiniboin, Yakima, Crow, Sioux, Menominee, Huronen, Potawatomi, Klamath, Shoshonen, Cheyenne, Kansa, Pawnee, Illinois, Erie, Irokesen, Delaware, Shawnee, Cherokee, Catawba, Yurok, Ute, Navajo, Paiute, Kiowa, Chickasaw, Creek, Cumash, Pueblo, Komanchen, Apachen, Wichita, Caddo, Natchez, Seminolen, Atakapa

© Schroedel 330223

---

2 Entstehung der USA — Maßstab 1 : 30 000 000 — 0 250 500 750 km

Territoriale Entwicklung
- Gebiet der 13 Staaten (Neuengland-Staaten)
- 1783 von England abgetreten
- 1803 von Frankreich gekauft
- 1818 von England abgetreten
- 1819/22 von Spanien gekauft
- 1845 zur Union gekommen
- 1846 von England abgetreten
- 1848 von Mexiko gekauft
- 1853 von Mexiko gekauft
- 1841 Jahr der Anerkennung als Staat der USA
- heutige Staatsgrenze der USA
- Grenzen der Bundesstaaten

zu USA:
1959 Alaska
1959 Hawaii

Bundesstaaten (mit Jahreszahl):
Washington 1889, Oregon 1859, Idaho 1890, Montana 1889, North Dakota 1889, Minnesota 1858, Wisconsin 1848, Michigan 1837, Maine 1820, Vermont 1791, New Hampshire 1788, Massachusetts 1788, Rhode Island 1790, New York 1788, Connecticut 1788, Pennsylvania 1787, New Jersey 1787, Delaware 1787, Maryland 1788, Nevada 1864, Utah 1896, Wyoming 1890, South Dakota 1889, Nebraska 1867, Iowa 1846, Illinois 1818, Indiana 1816, Ohio 1802, West Virginia 1863, Virginia 1788, Kalifornien 1850, Colorado 1876, Kansas 1861, Missouri 1821, Kentucky 1792, North Carolina 1788, Arizona 1912, New Mexico 1911, Oklahoma 1907, Arkansas 1836, Tennessee 1796, South Carolina 1788, Texas 1845, Mississippi 1817, Alabama 1819, Georgia 1788, Louisiana 1812, Florida 1845

KANADA · MEXIKO · Pazifischer Ozean · Atlantischer Ozean · Golf von Mexiko · BAHAMAS

© Schroedel 340202

---

3 Einwanderung in die USA seit 1820

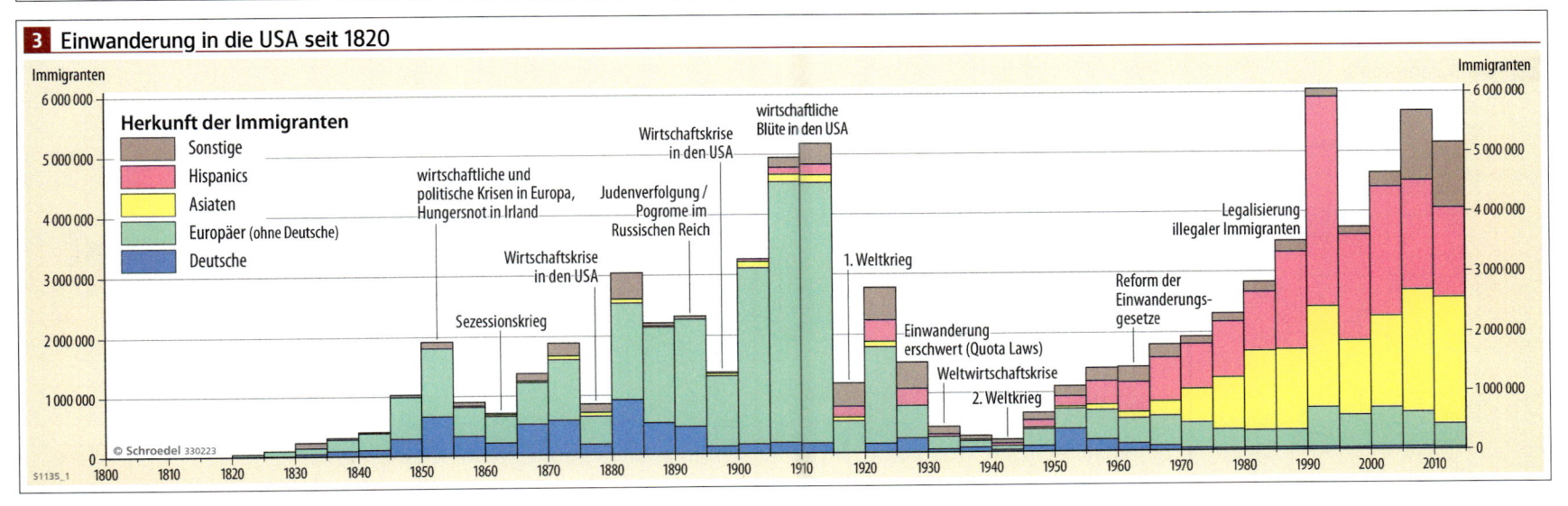

Immigranten (0 – 6 000 000)

Herkunft der Immigranten
- Sonstige
- Hispanics
- Asiaten
- Europäer (ohne Deutsche)
- Deutsche

Beschriftungen:
- wirtschaftliche und politische Krisen in Europa, Hungersnot in Irland
- Sezessionskrieg
- Wirtschaftskrise in den USA
- Judenverfolgung / Pogrome im Russischen Reich
- Wirtschaftskrise in den USA
- wirtschaftliche Blüte in den USA
- 1. Weltkrieg
- Einwanderung erschwert (Quota Laws)
- Weltwirtschaftskrise
- 2. Weltkrieg
- Reform der Einwanderungsgesetze
- Legalisierung illegaler Immigranten

Zeitachse: 1800 1810 1820 1830 1840 1850 1860 1870 1880 1890 1900 1910 1920 1930 1940 1950 1960 1970 1980 1990 2000 2010

© Schroedel 330223

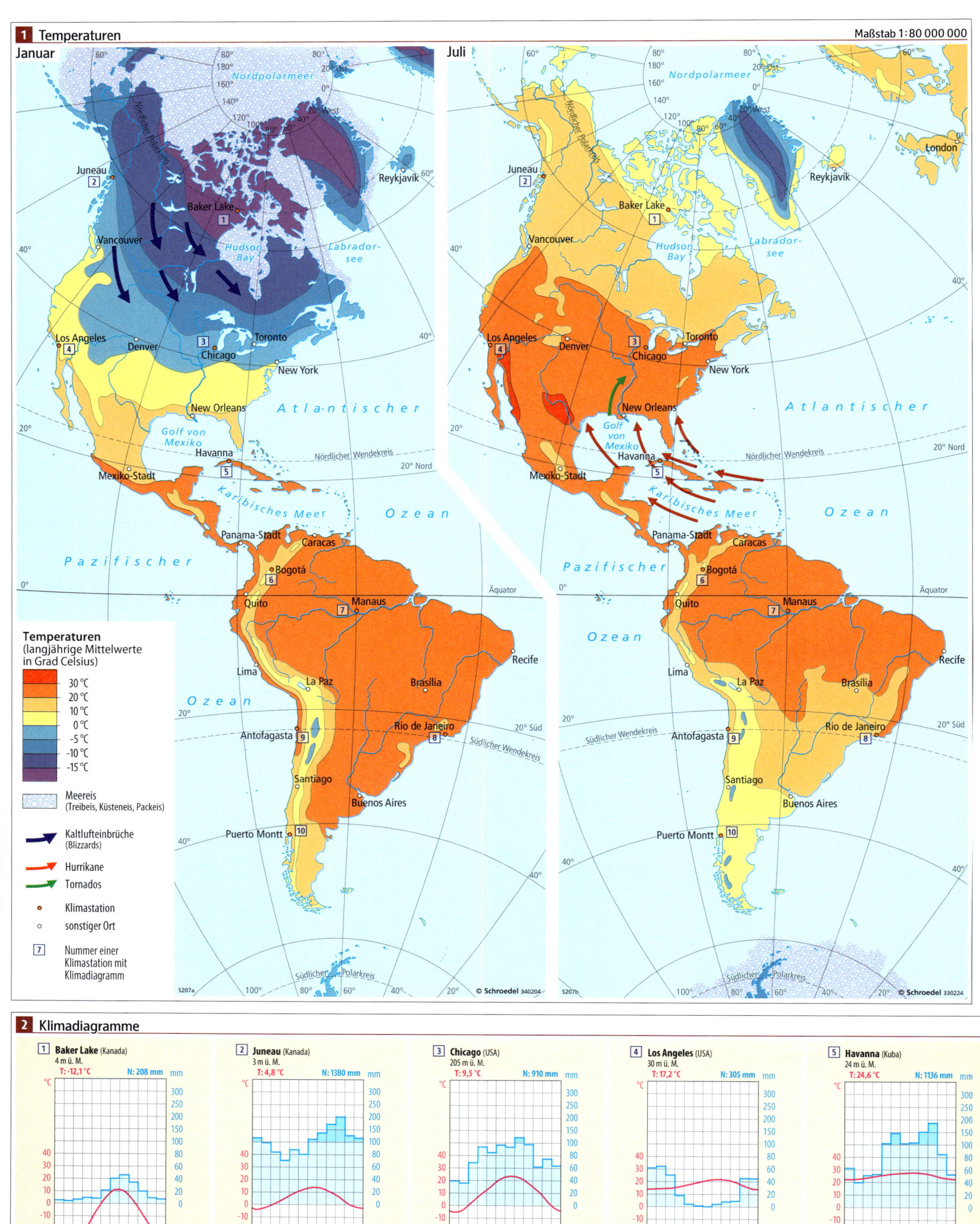

1 Temperaturen

Maßstab 1:80 000 000

Januar

Juli

Temperaturen
(langjährige Mittelwerte
in Grad Celsius)

- 30 °C
- 20 °C
- 10 °C
- 0 °C
- -5 °C
- -10 °C
- -15 °C

Meereis
(Treibeis, Küsteneis, Packeis)

Kaltlufteinbrüche
(Blizzards)

Hurrikane

Tornados

Klimastation

sonstiger Ort

7 Nummer einer
Klimastation mit
Klimadiagramm

2 Klimadiagramme

1 **Baker Lake** (Kanada)
4 m ü. M.
T: -12,1 °C   N: 208 mm

2 **Juneau** (Kanada)
3 m ü. M.
T: 4,8 °C   N: 1380 mm

3 **Chicago** (USA)
205 m ü. M.
T: 9,5 °C   N: 910 mm

4 **Los Angeles** (USA)
30 m ü. M.
T: 17,2 °C   N: 305 mm

5 **Havanna** (Kuba)
24 m ü. M.
T: 24,6 °C   N: 1136 mm

3 Niederschläge

Maßstab 1:80 000 000

Januar

Juli

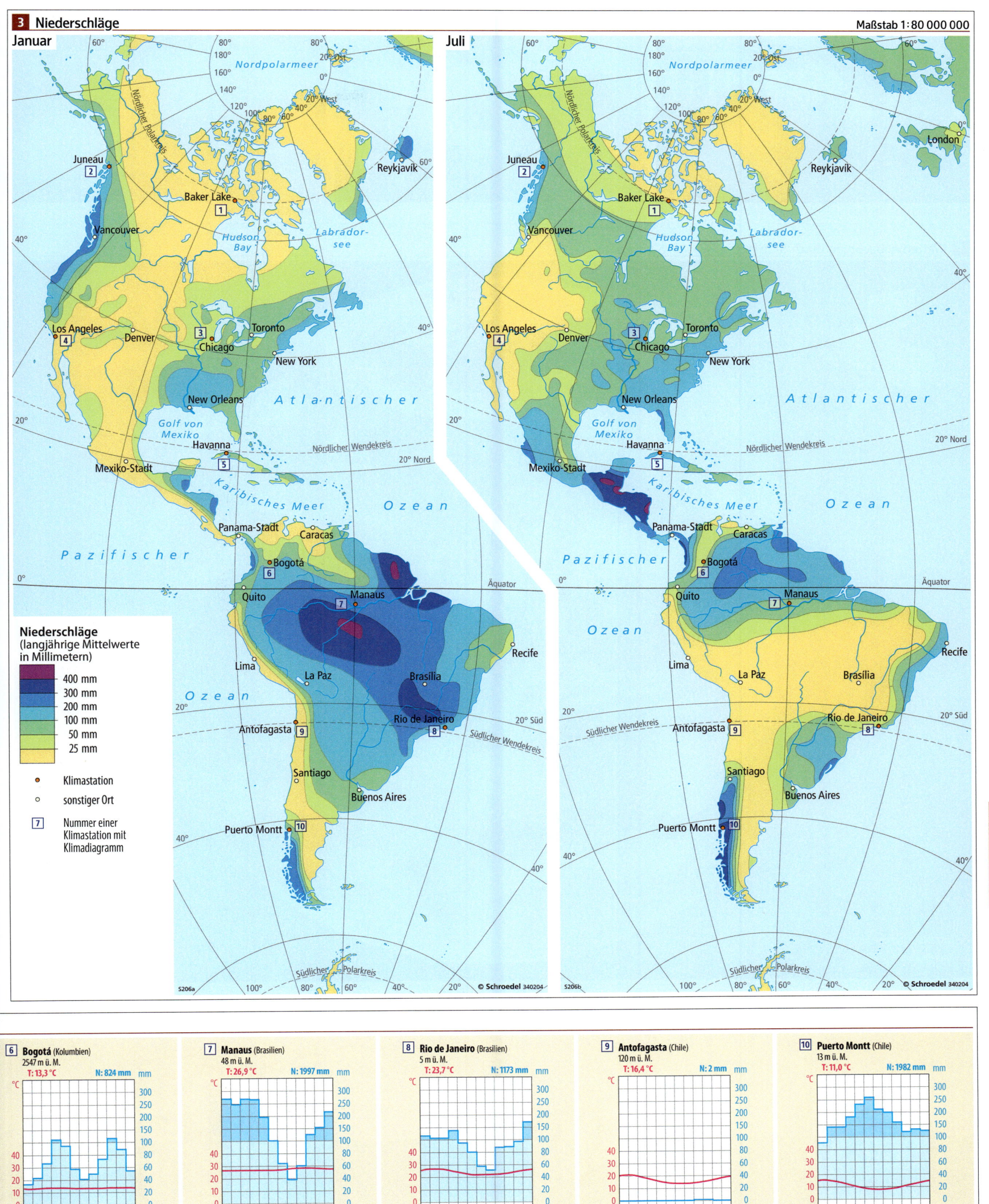

Niederschläge
(langjährige Mittelwerte
in Millimetern)

- 400 mm
- 300 mm
- 200 mm
- 100 mm
- 50 mm
- 25 mm

● Klimastation

○ sonstiger Ort

7 Nummer einer
Klimastation mit
Klimadiagramm

© Schroedel 340204

6 Bogotá (Kolumbien)
2547 m ü. M.
T: 13,3 °C   N: 824 mm

7 Manaus (Brasilien)
48 m ü. M.
T: 26,9 °C   N: 1997 mm

8 Rio de Janeiro (Brasilien)
5 m ü. M.
T: 23,7 °C   N: 1173 mm

9 Antofagasta (Chile)
120 m ü. M.
T: 16,4 °C   N: 2 mm

10 Puerto Montt (Chile)
13 m ü. M.
T: 11,0 °C   N: 1982 mm

© Schroedel 340115

Hurrikan: umgestürzter Baum

Hurrikan: Windböen

Hurrikan: aufgepeitschtes Meer

1 Wetterbeobachtung durch Satelliten

Hurrikan
Isaac

Kirk
(tropischer Sturm)

Leslie
(tropischer Sturm)

Hurrikan
Ileana

Aufnahmedatum: 30.08.2012
Aufnahmehöhe: 35 800 km

2 Entstehung eines Hurrikans

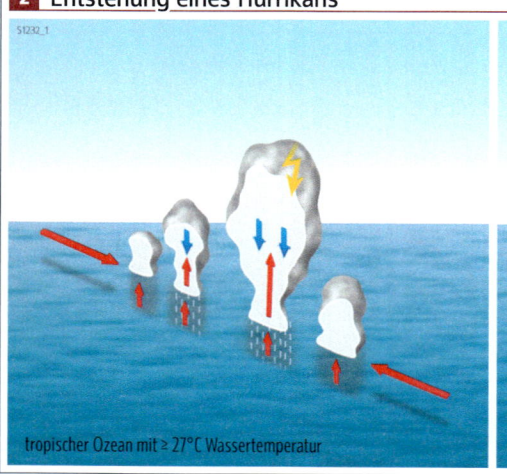
tropischer Ozean mit ≥ 27°C Wassertemperatur

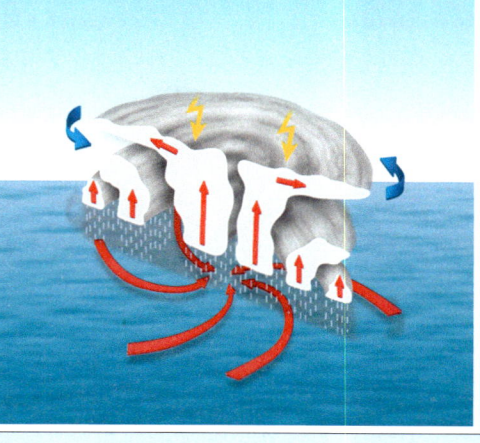

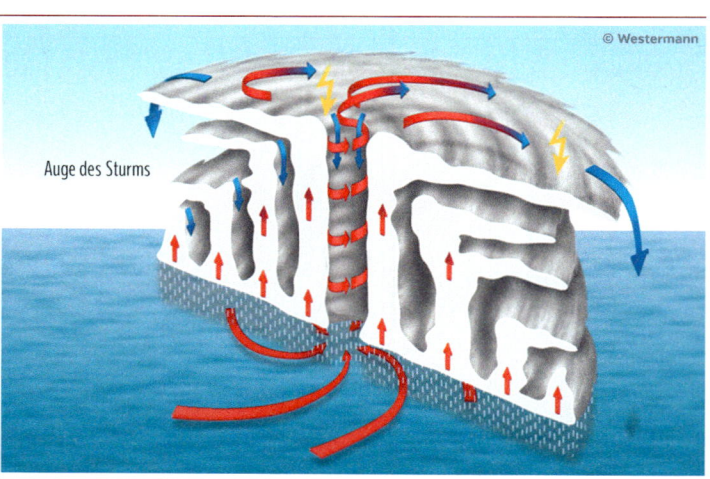
Auge des Sturms

© Westermann

3 Hurrikan Katrina 2005

Maßstab 1:12 000 000   0 100 200 300 km

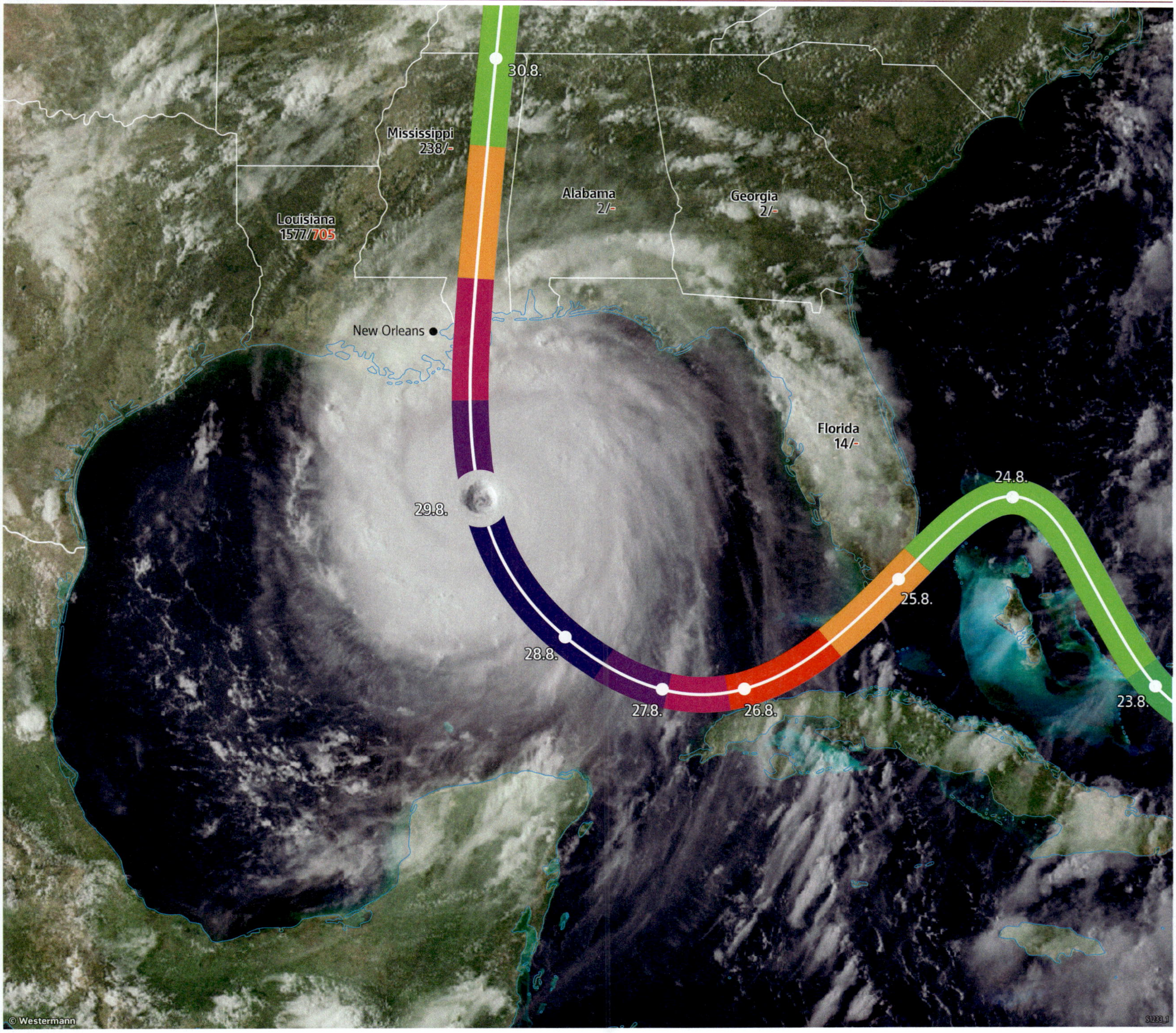

Mississippi
238/–

Louisiana
1577/705

Alabama
2/–

Georgia
2/–

New Orleans •

Florida
14/–

30.8.

29.8.

28.8.

27.8.

26.8.

25.8.

24.8.

23.8.

© Westermann

Sturmkategorien (Windgeschwindigkeiten in km/h)

tropisches Tiefdruckgebiet	tropischer Sturm	Hurrikan Kategorie 1	Kategorie 2	Kategorie 3	Kategorie 4	Kategorie 5

63   119   154   178   210   250   km/h

Zugbahn des Hurrikans

Lage des Hurrikans um 0 Uhr Greenwichzeit
27.8.

1577/705 Tote / Vermisste in den Bundesstaaten

4 Jahreszeitliche Verteilung (USA)

Anzahl der Hurrikans und tropischen Stürme in 100 Jahren

Hurrikans und tropische Stürme

Hurrikans

Mai Juni Juli August Sept. Okt. Nov. Dez.

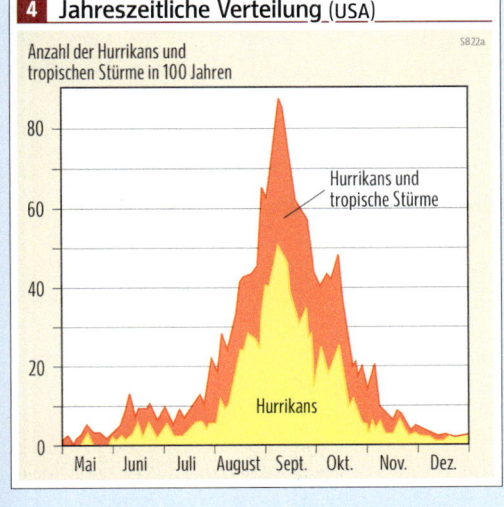

5 Schäden und Tote (USA)

Schäden (in Mrd. US-$)

Anzahl der Toten

61 6 57 10 5 119 1833 145 112 72 180 82

Andrew 1992 Frances 2004 Ivan 2004 Charley 2005 Wilma 2005 Rita 2005 Katrina 2005 Ike 2009 Sandy 2012 Harvey 2017

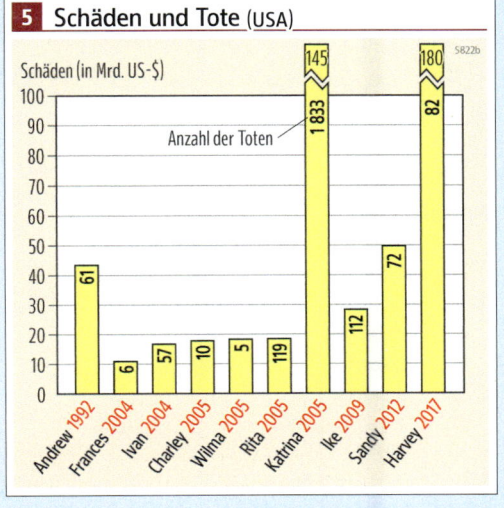

6 Globales Auftreten tropischer Wirbelstürme

Atlantischer Ozean
Pazifischer Ozean
Pazifischer Ozean
Indischer Ozean
Nördlicher Wendekreis
Äquator
Südlicher Wendekreis

Nördliche Halbkugel	Hurrikan	Nordostpazifik
	Hurrikan	Nordatlantik, Golf von Mexiko, Karibisches Meer
	Zyklone	Nördlicher Indischer Ozean, Golf von Bengalen, Arabisches Meer
	Taifun	Nordwestpazifik, Südchinesisches Meer
Südliche Halbkugel	Zyklone	Südindischer Ozean, Südwestpazifik

© Westermann

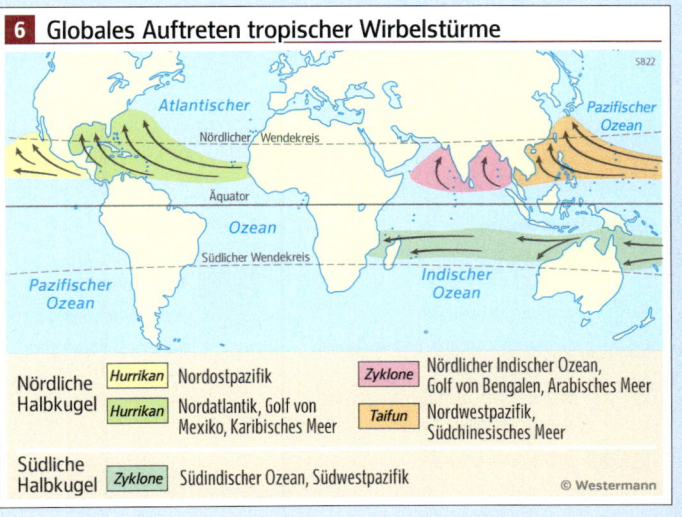

Bodenbedeckung

- Fels- und Eisregion
- Tundra
- nördlicher Nadelwald
- sommergrüner Laub- und Mischwald, Gebirgsnadelwald
- Steppe (Prärie), Hochgebirgsgrasland
- Halbwüste, Wüste
- tropischer Regenwald

Bodennutzung

- Ackerland
- bewässertes Ackerland
- Wiesen und Weiden
- nördliche Anbaugrenze des Getreides

Nutzpflanzen

- Weizen
- Mais
- Reis
- Sojabohnen
- Zuckerrohr
- Zuckerrüben
- Obst (z.T. Zitrusfrüchte), Gemüse
- Bananen
- Kaffee
- Kakao
- Tabak
- Wein
- Erdnüsse
- Baumwolle

Viehhaltung/Fischerei

- Rinder
- Schweine
- Schafe
- Ziegen

1 kleines Zeichen ≙ 5 Mio. Stück
1 großes Zeichen ≙ 20 Mio. Stück
Dorsche Fischfang, Fischzucht

- Milchviehhaltung
- Geflügelhaltung
- Pferde (Rasse- und Rennpferdezucht)

© Schroedel 351112

2 Wasserversorgung in Kalifornien — Maßstab 1:5 000 000

845 150
Redding
100
Shastasee
3187 Lassen Peak
Eaglesee
Honeysee
Pyramid see
Rye Patch Stausee
40° Nord
122° West 120° 118°
Oroville stausee
445 100
Feather-Colusa-Kanal 1962
50
Reno
50
Sacramento Fluss
Tahoesee
1439
Berryessa-See
Santa Rosa
Sacramento
Stockton
1929
Mokelumne Aquädukt
N e v a d a
Walkersee
38° 38°
San Francisco
Hetch Hetchy Aquädukt 1934
Delta-Mendota-Kanal 1951
San Jose
Monosee
Mt. Ritter 4010
271 50
0
San Luis Stausee
San Joaquin
Owens
White Mountain Peak 4342
Monterey
1787
Salinas
Friant-Kern-Kanal 1944
Fresno
Salinas
California Aquädukt
Mt. Whitney 4421
36° 36°
K a l i f o r n i e n
Owenssee
Coastal Branch 1997
1972
Cross-Valley-Kanal
145 50
0
P a z i f i s c h e r   O z e a n
Buena Vista See
Bakersfield
Los Angeles Aquädukt 1913
© Schroedel 340115
122° 120° 2692 Mt. Pinos 118°

3 Landwirtschaft in Kalifornien — Maßstab 1:5 000 000

S1350 S1349
122° West 120° 118°
Shastasee
Redding
3187 Lassen Peak
Eaglesee
Honeysee
Pyramid see
Rye Patch Stausee
40° Nord
2466
40°
K ü s t e n
Sacramento
Santa Rosa
1439
Donnerpass 2160
Carson Sink
Reno
Tahoesee
Berkeley
Sacramento
Oakland
Stockton
38°
San Francisco
San Jose
S i e r r a
Monosee
Mt. Ritter 4010
38°
White Mountain Peak 4342
N e v a d a
Salinas
Monterey
1787
Fresno
San Joaquin
Mt. Whitney 4421
36°
K a l i f o r n i e n
36°
P a z i f i s c h e r   O z e a n
Bakersfield
© Schroedel 351110
122° 120° 2692 Mt. Pinos 118°

Legende (Karten 2 und 3)

Niederschläge im Jahr (in Millimetern)
- 1 000 mm
- 500 mm
- 250 mm
- 100 mm
- ▲ 4342 Höhe in Meter

Wasserversorgung
- Stausee
- Bewässerungskanal
- Trinkwasserfernleitung
- *1929* Jahr der Fertigstellung
- Ort mit Niederschlagsdiagramm

Niederschlagsdiagramm
- 271 Jahresniederschlag (in mm)
- Monatsniederschlag (in mm)
- Monate

Bodenbedeckung
- Bewässerungsland
- Weide
- Waldweide, z. T. Ranching
- Strauch- und Wüstensteppe
- Hartlaubgehölze
- Halbwüste, Wüste

Anbauarten
- Baumwolle
- Wein
- Zitrusfrüchte
- Mandeln, Walnüsse
- Erdbeeren
- sonstiges Obst (Pfirsiche, Aprikosen, Pflaumen u. a.)
- Tomaten
- Kopfsalat

4 Intensivlandwirtschaft in den USA — Maßstab 1:30 000 000 / Maßstab 1:5 000

S1351_1b
120° 100° West 80°
K A N A D A
Vancouver
Seattle
Calgary
Winnipeg
Québec
Montréal
Ottawa
Toronto
Boston
Detroit
Chicago
New York
40° Nord
40° Nord
Ogallala
Washington
San Francisco
Salt Lake City
Denver
Kansas City
Las Vegas
Los Angeles
Atlanta
San Diego
Dallas
Houston
New Orleans
Miami
M E X I K O
100° West 80°
© Westermann

Maßstab 1:5 000 — 0 50 100 150 m

Futtermischwerk
Verwaltung
Abflussgraben
Sammelbecken

Feedlot (Grant County, Kansas) – Funktionsschema
- Mastbucht mit Rindern, Futtertrog und Tränke (für ca. 70 – 150 Tiere)
- Oberflächenabfluss der Gülle
- Futtergasse
- Viehweg
S1351_1a

Rindermast
- Feedlot (mehr als 16 000 Mastrinder)
- Schlachtunternehmen (>1 000 Schlachtungen / Tag)

Futteranbau
- Getreide
- Mais
- Soja

Bewässerung
- Ogallala-Grundwasserleiter ("Ogallala-Aquifer"), einer der weltweit größten unterirdischen Grundwasserleiter mit Grundwasser aus der letzten Eiszeit, benannt nach dem Ort Ogallala

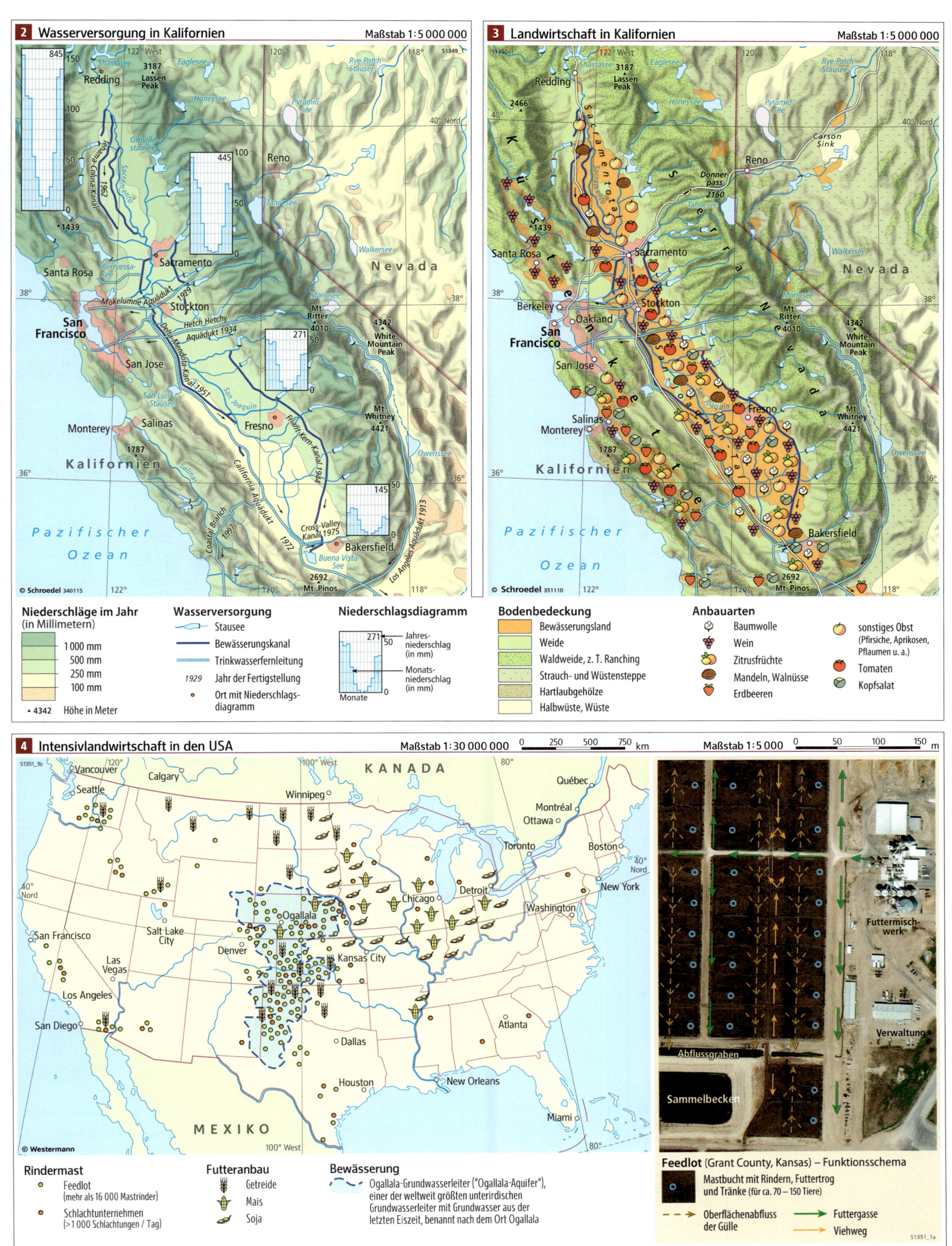

Maßstab 1:30 000 000

0   250   500   750 km

Bergbau

Erdöl
Erdgas
Steinkohle
Braunkohle
Uran
Eisenerz
Stahlveredler
Bauxit

Kupfer
Blei/Zink
Buntmetalle
Gold
Silber
Platin
Phosphate

Industrie

Eisen- und Stahlerzeugung
Buntmetall- und Aluminiumverhüttung
Raffinerie
Eisen- und Metallverarbeitung
Maschinenbau
Schiffbau
Kraftfahrzeugbau

Luft- und Raumfahrttechnik
Elektrotechnik, Elektronik, IT, Hightech
Chemie, Kunststoffe, Pharmazie, Biotechnologie
Leder, Textilien, Bekleidung
Holzverarbeitung, Zellulose, Papier
Nahrungs- und Genussmittel

Dienstleistungszentrum

von internationaler Bedeutung
von überregionaler Bedeutung
von regionaler Bedeutung

Wirtschaftsraum

Kulturlandschaft
(durch den Menschen mehr oder weniger intensiv geprägt)

Naturlandschaft
(vereinzelte menschliche Eingriffe)

Tourismus

bedeutende Tourismusregion

Transport und Verkehr

Erdölleitung
Erdgasleitung
Eisenbahn
Fernstraße

Grenzen

Staatsgrenze

© Schroedel 340113

1 Entwicklung der Einwohnerzahlen in den Stadtteilen von New York

Maßstab 1:500 000   0 5 10 15 km

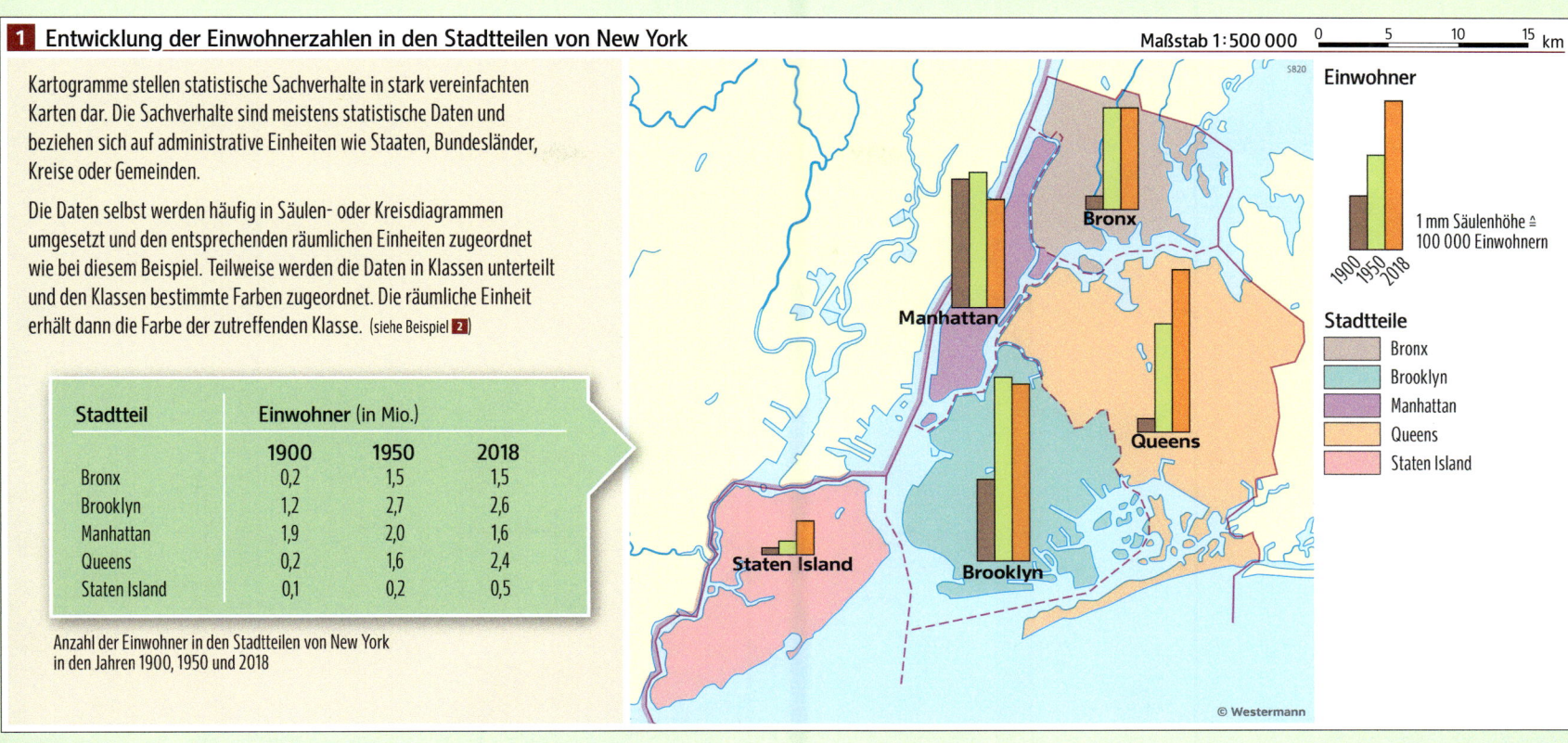

Kartogramme stellen statistische Sachverhalte in stark vereinfachten Karten dar. Die Sachverhalte sind meistens statistische Daten und beziehen sich auf administrative Einheiten wie Staaten, Bundesländer, Kreise oder Gemeinden.

Die Daten selbst werden häufig in Säulen- oder Kreisdiagrammen umgesetzt und den entsprechenden räumlichen Einheiten zugeordnet wie bei diesem Beispiel. Teilweise werden die Daten in Klassen unterteilt und den Klassen bestimmte Farben zugeordnet. Die räumliche Einheit erhält dann die Farbe der zutreffenden Klasse. (siehe Beispiel **2**)

Stadtteil	Einwohner (in Mio.)		
	1900	1950	2018
Bronx	0,2	1,5	1,5
Brooklyn	1,2	2,7	2,6
Manhattan	1,9	2,0	1,6
Queens	0,2	1,6	2,4
Staten Island	0,1	0,2	0,5

Anzahl der Einwohner in den Stadtteilen von New York
in den Jahren 1900, 1950 und 2018

Einwohner

1 mm Säulenhöhe ≙ 100 000 Einwohnern

Stadtteile
- Bronx
- Brooklyn
- Manhattan
- Queens
- Staten Island

© Westermann

---

2 Bevölkerungsdichte der USA

Maßstab 1:30 000 000   0 250 500 750 km

Schritt 1: Datensammlung

Alabama	37
Alaska*	1
Arizona	22
Arkansas	22
Colorado	20
Connecticut	286
Delaware	182
Florida	139
Georgia	67
Hawaii*	84
Idaho	8
Illinois	90
Indiana	71
Iowa	21
Kalifornien	94
Kansas	14
Kentucky	43
Louisiana	41
Maine	17
Maryland	234
Massachusetts	329
Michigan	68
Minnesota	26
Mississippi	25
Missouri	34
Montana	3
Nebraska	9
Nevada	10
New Hampshire	57
New Jersey	465
New Mexico	7
New York	160
North Carolina	78
North Dakota	4
Ohio	109
Oklahoma	22
Oregon	16
Pennsylvania	110
Rhode Island	392
South Carolina	61
South Dakota	4
Tennessee	61
Texas	39
Utah	13
Vermont	26
Virginia	80
Washington	40
Washington (DC)	3999
West Virginia	30
Wisconsin	41
Wyoming	2

Bevölkerungsdichte der US-Bundesstaaten
(in Einwohner je km²)

Schritt 2: Bildung von Klassen und Zuordnung der Bundesstaaten

Die Einteilung der US-Bundesstaaten in unterschiedliche Klassen

Klassen

unter 5 (Einwohner je km²)	5 - 20 (Einwohner je km²)	20 - 50 (Einwohner je km²)	50 - 100 (Einwohner je km²)	100 - 300 (Einwohner je km²)	über 300 (Einwohner je km²)
- Alaska*	- Colorado	- Alabama	- Georgia	- Connecticut	- Massachusetts
- Montana	- Idaho	- Arizona	- Hawaii*	- Delaware	- New Jersey
- North Dakota	- Nebraska	- Arkansas	- Illinois	- Florida	- Rhode Island
- South Dakota	- Nevada	- Iowa	- Indiana	- Maryland	- Washington (DC)
- Wyoming	- New Mexico	- Kentucky	- Kalifornien	- New York	
	- Oregon	- Louisiana	- Michigan	- Ohio	
	- Utah	- Minnesota	- New Hampshire		
		- Mississippi	- North Carolina		
		- Missouri	- South Carolina		
		- Oklahoma	- Tennessee		
		- Texas	- Virginia		
		- Vermont			
		- Washington			
		- West Virginia			
		- Wisconsin			

Schritt 3: Einfärben der Bundesstaaten mit der Farbe ihrer Klasse

Bevölkerungsdichte der USA auf der Basis der Bundesstaaten

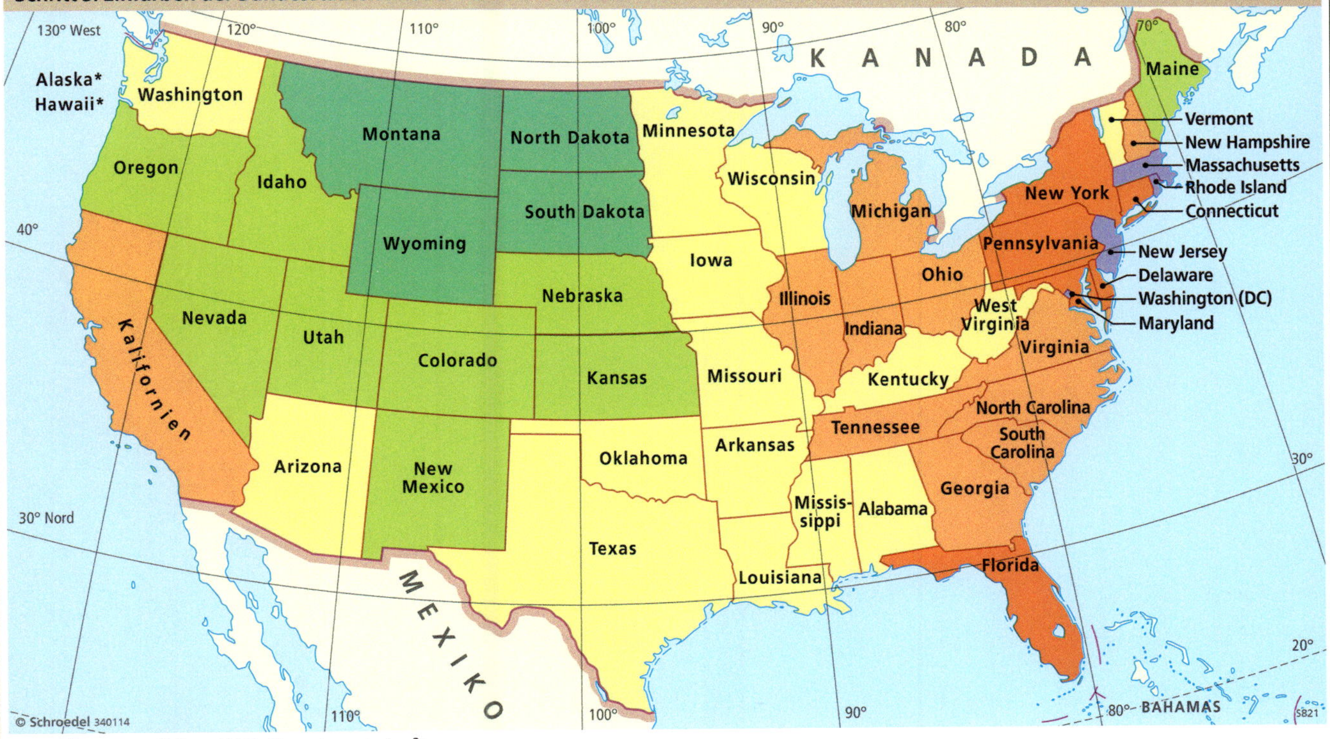

© Schroedel 340114

130° West   120°   110°   100°   90°   80°   70°

K A N A D A

Alaska*
Hawaii*

Washington
Oregon
Idaho
Montana
North Dakota
Minnesota
Maine
Vermont
New Hampshire
Massachusetts
Rhode Island
Connecticut
New York
Pennsylvania
New Jersey
Delaware
Washington (DC)
Maryland
Nevada
Utah
Wyoming
South Dakota
Nebraska
Iowa
Wisconsin
Michigan
Ohio
West Virginia
Virginia
Kalifornien
Colorado
Kansas
Missouri
Illinois
Indiana
Kentucky
Tennessee
North Carolina
South Carolina
Arizona
New Mexico
Oklahoma
Arkansas
Mississippi
Alabama
Georgia
Texas
Louisiana
Florida

40°
30° Nord
30°
20°

M E X I K O

BAHAMAS

Bevölkerungsdichte (2012, Einwohner je km²)
5   20   50   100   300

* Bundesstaat liegt außerhalb des Kartenausschnittes

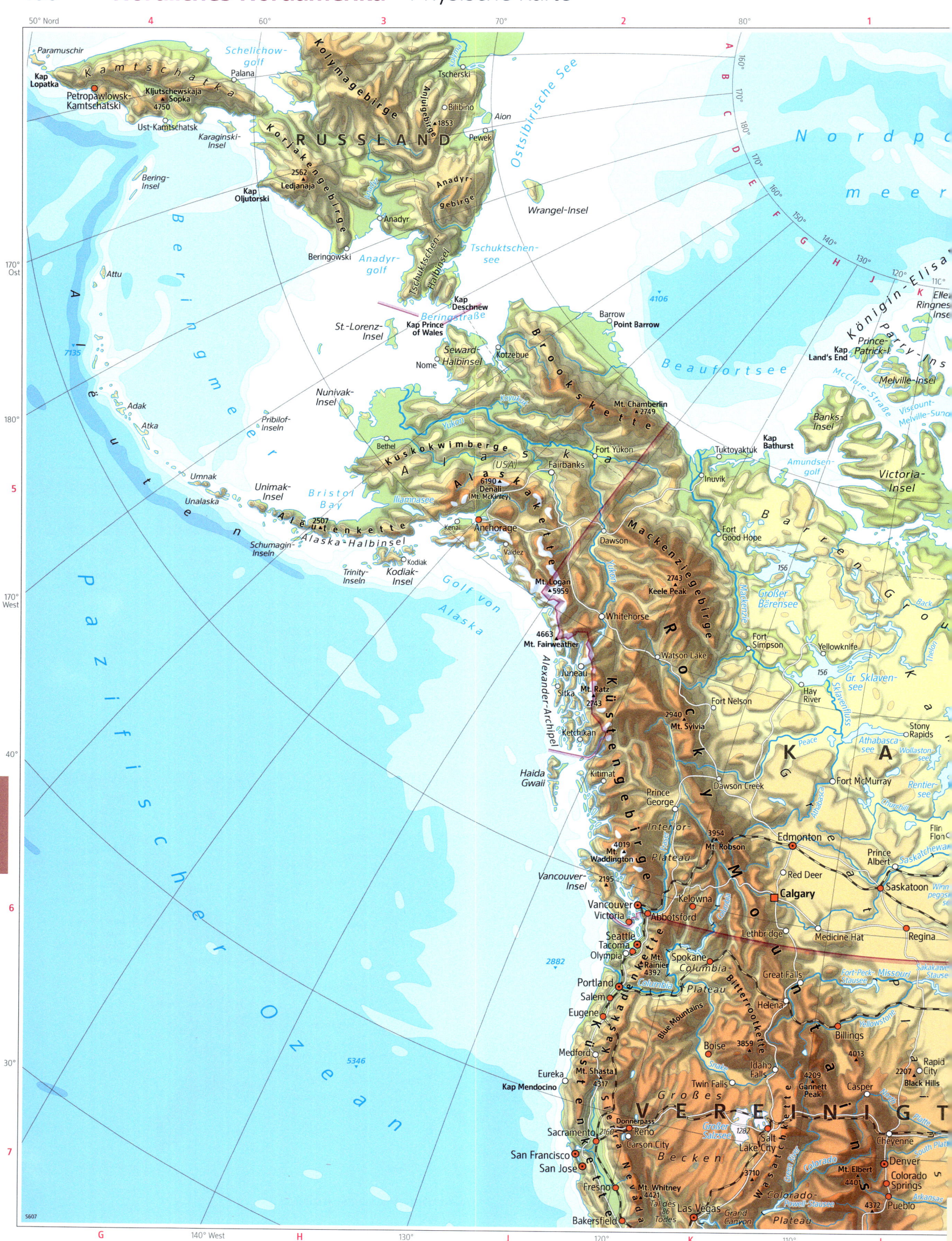

Amsterdam
NIEDER-LANDE
Nordsee
VEREINIGTES KÖNIGREICH
London
Sheffield
Manchester
Glasgow 1343 Ben Nevis
Liverpool
Birmingham
Belfast
Cardiff
Dublin
Irland
Cork
IRLAND
Orkney-Inseln
Shetland-Inseln
Färöer (Dänemark)
Hebriden
Britische Inseln
0°
10° West

Europäisches Nordmeer
Grönlandsee
Jan Mayen (Norwegen)
3860
Nördlicher Polarkreis
ISLAND
Akureyri 2110 Hvannadalshnúkur
Island
Reykjavík
Dänemarkstraße
Irminger-see

Geographischer Nordpol
Kap Morris Jesup
Peary-land
Knud-Rasmussen-Land
König-Frederik-VIII.-Land
König-Christian-X.-Land
2940
Alert
Barbeau Peak 2616
Axel-heiberg-Insel
Qaanaaq (Thule)
GRÖNLAND (KALAALLIT NUNAAT) mit Dänemark assoziiert
König-Christian-IX.-Land
3410 (größte Eisdicke)
Gunnbjörnfjeld 3694
Ittoqqortoormiit (Scoresbysund)
Mont Forel 3383
Tasiilaq (Ammassalik)
König Frederik-VI.-Küste

Devon-Insel
Baffin Bay
Resolute Bay
Somerset-Insel
Borden-Halb-insel
Pond Inlet
2136
Iluissat (Jakobshavn)
Diskoinsel
Qeqertarsuaq (Godhavn)
Sisimiut (Holsteinsborg)
Nuuk (Godthåb)
Qaqortoq (Juliánehåb)
Kap Farvel

Davisstraße
Baffin-Insel
2015
Hall Beach
Prince-Charles-I.
Foxe-becken
Iqaluit (Frobisher-Bay) 2147 Mt. Odin
Cape Dorset
Foxe-Halbinsel
Resolution-Insel
Kap Chidley

Baker Lake
Chesterfield Inlet
Southampton-Insel
Coats-I.
Mansel-I.
Salluit
Ungava-Halbinsel
Ungava Bay
1652 Mt. Caubvick
Nain
Labrador-see
3809

Churchill
Hudson Bay
Belcher In.
Inukjuak
Kuujjuaq (Fort Chimo)
Scheffervile
Smallwood Stausee 502 (Churchill)
Happy Valley-Goose Bay
Neufundland
Gander
St. John's
Kap Race

Fort Severn
James Bay
Akimiski-I.
Clearwater-see
Labrador City
Mt. Yapeitso 1135
Sept-Îles
Natashquan
Corner Brook
St-Pierre u. Miquelon (Frankreich)

Norway House
Winnipeg-see
Island Lake
217
Moosonee
Gaspé
Rimouski
Anticosti
St.-Lorenz-Golf
Sydney
Kap Breton-Insel
Sable-Insel

Winnipeg
Kenora
Thunder Bay
Marathon
Timmins
Kapuskasing
Amos
Saguenay
Québec
Trois-Rivières
Fredericton
Halifax
Neu-schottland
Kap Sable

Fargo
Bismarck
Duluth
Sault Sainte Marie
Sudbury
North Bay
183
Montréal
Ottawa
1917 Mt. Washington
Augusta
Concord
Boston
Kap Cod

Minneapolis
St. Paul
Green Bay
Milwaukee
Grand Rapids
Lansing
Barrie
Toronto
Hamilton
Buffalo
Rochester
176
Kingston
Albany
1628
Hartford
Providence
Bridgeport

Sioux Falls
Sioux City
Madison
Cedar Rapids
Chicago
Detroit
Cleveland
Harrisburg
New York
Newark
Trenton
Philadelphia

Omaha
Des Moines
Peoria
Indianapolis
Cincinnati
Columbus
Pittsburgh
Charleston
Dover
Annapolis
Baltimore
Washington
Richmond
Virginia Beach

Lincoln
Kansas City
Topeka
Jefferson City
Saint Louis
Louisville
Lexington
Frankfort
Greens-boro
Raleigh
Kap Hatteras

Dodge City
Wichita
Spring-field
Ozark-Plateau
Knoxville
2037 Mt. Mitchell
Fayetteville

Atlantischer Ozean
Bermuda-Inseln (Vereinigtes Königreich)

© Westermann
Flächentreue schiefachsige Azimutalabbildung

Nord- und Mittelamerika Physische Karte

Maßstab 1 : 20 000 000

0 200 400 600 800 1000 km

60° J 50° K 40°

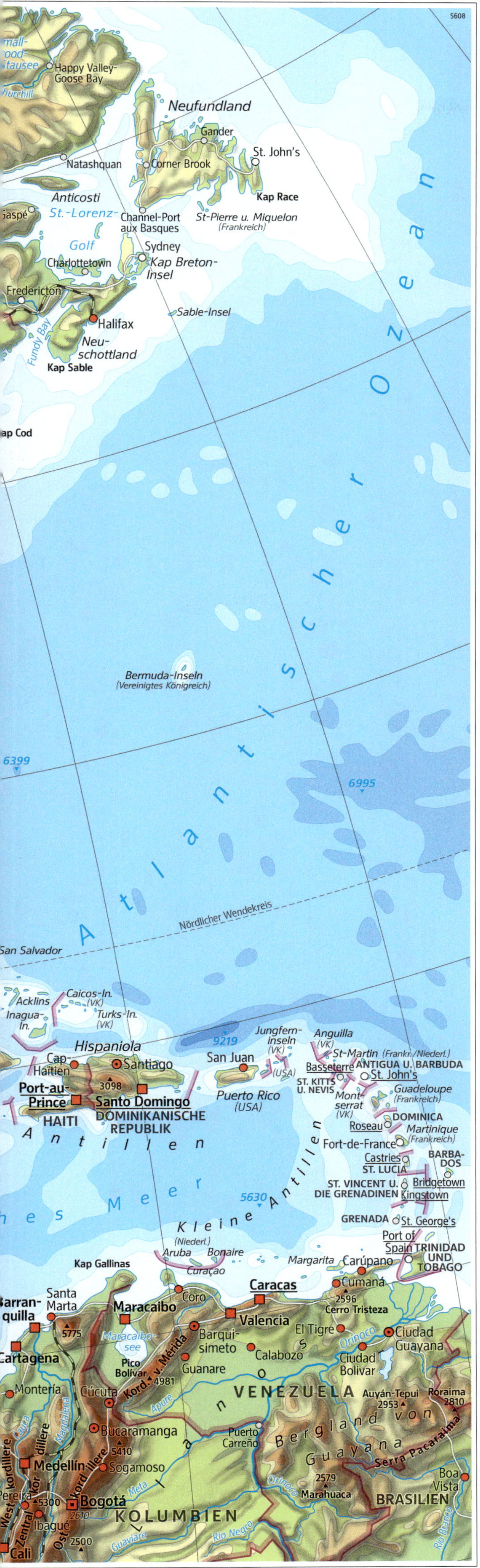

Happy Valley-Goose Bay
Neufundland
Gander
St. John's
Natashquan
Corner Brook
Kap Race
Anticosti
St.-Lorenz-Golf
Channel-Port aux Basques
St-Pierre u. Miquelon (Frankreich)
Sydney
Kap Breton-Insel
Charlottetown
Fredericton
Sable-Insel
Halifax
Neu-schottland
Fundy Bay
Kap Sable
Cap Cod
Bermuda-Inseln (Vereinigtes Königreich)
6399
6995
A t l a n t i s c h e r O z e a n
Nördlicher Wendekreis
San Salvador
Acklins
Caicos-In. (VK)
Inagua-In.
Turks-In. (VK)
Hispaniola
Cap-Haïtien
Santiago
3098
Port-au-Prince
Santo Domingo
HAITI
DOMINIKANISCHE REPUBLIK
9219
Jungfern-inseln (VK)
(USA)
San Juan
Puerto Rico (USA)
Anguilla (VK)
St-Martin (Frankr./Niederl.)
Basseterre
ANTIGUA U. BARBUDA
St. John's
ST. KITTS U. NEVIS
Mont-serrat (VK)
Guadeloupe (Frankreich)
DOMINICA
Roseau
Martinique (Frankreich)
Fort-de-France
Castries
ST. LUCIA
BARBA-DOS
ST. VINCENT U. DIE GRENADINEN
Kingstown
Bridgetown
GRENADA
St. George's
Port of Spain
TRINIDAD UND TOBAGO
A n t i l l e n
Kleine Antillen
5630
Meer
Aruba (Niederl.)
Bonaire
Curaçao
Kap Gallinas
Margarita
Carúpano
Cumaná
Caracas
Santa Marta
Barranquilla
Maracaibo
Coro
2596
Cerro Tristeza
Valencia
5775
Maracaibo-see
Barquisimeto
El Tigre
Ciudad Guayana
Cartagena
Pico Bolívar 4981
Calabozo
Ciudad Bolívar
Guanare
Montería
Cúcuta
VENEZUELA
Auyán-Tepui 2953
Roraima 2810
Bucaramanga
Puerto Carreño
Bergland von Guayana
5410
Medellín
Sogamoso
Serra Pacaraima
2579
Marahuaca
Boa Vista
5300
Bogotá
BRASILIEN
Ibagué
KOLUMBIEN
2500
Cali
Río Negro
Guaviare

G 70° H Flächentreue schiefachsige Azimutalabbildung

1 Panamakanal (Satellitenbild)

Maßstab 1:400 000 0 4 8 12 km

3
2
1

Siedlungsfläche Agrarfläche Kanal Wald

Profil entlang des Panamakanals

Längenmaßstab 1:800 000
Höhen sind 100fach überhöht

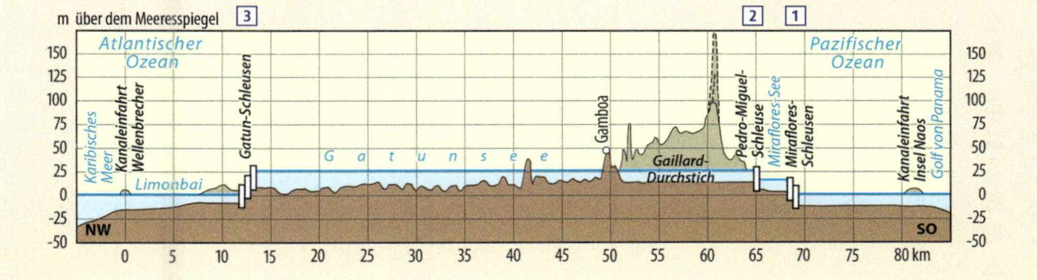

m über dem Meeresspiegel
3
2
1
150
125
100
75
50
25
0
-25
-50
Atlantischer Ozean
Pazifischer Ozean
Karibisches Meer
Kanaleinfahrt Wellenbrecher
Gatun-Schleusen
Limonbai
G a t u n s e e
Gamboa
Gaillard-Durchstich
Pedro-Miguel-Schleuse
Miraflores-See
Miraflores-Schleusen
Kanaleinfahrt Insel Naos
Golf von Panama
NW
SO
0 5 10 15 20 25 30 35 40 45 50 55 60 65 70 75 80 km

© Schroedel 340204

Panamakanal – Hauptrouten und deren Anteil am Gütertransport (2019)

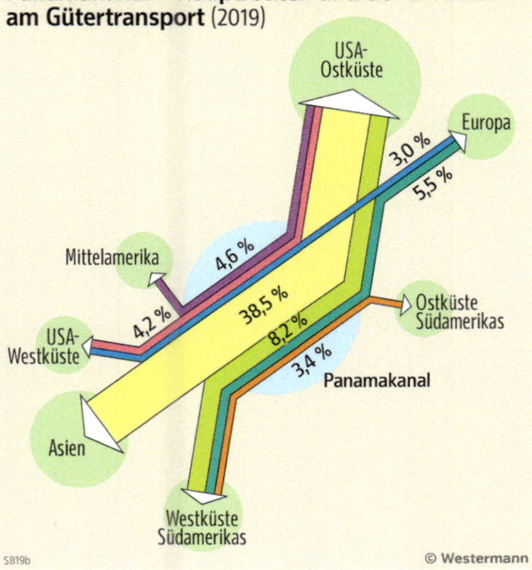

USA-Ostküste
Europa
3,0 %
5,5 %
Mittelamerika
4,6 %
Ostküste Südamerikas
USA-Westküste
4,2 %
38,5 %
8,2 %
3,4 %
Panamakanal
Asien
Westküste Südamerikas

© Westermann

Zeit- und Streckenersparnis durch den Panamakanal

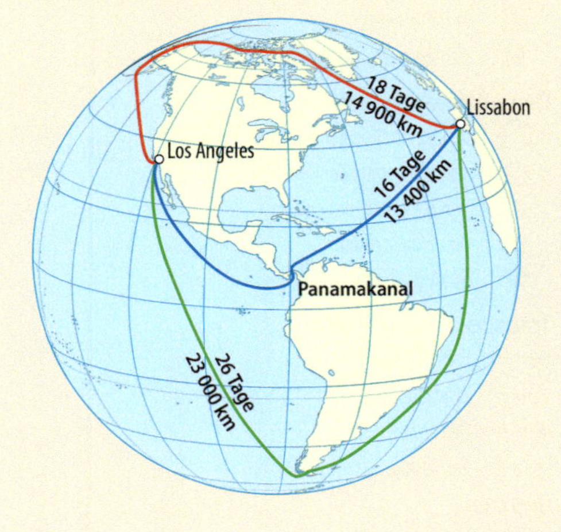

18 Tage
14 900 km
Lissabon
Los Angeles
16 Tage
13 400 km
Panamakanal
26 Tage
23 000 km

© Schroedel 340108

Waldlandschaften
- nördlicher Nadelwald
- sommergrüner Laub- und Mischwald, Gebirgsnadelwald
- Monsun- und Regenwald
- Mangrove

Offene Landschaften
- Tundra
- Steppe und Hochgebirgsgrasland
- Halbwüste, Wüste
- Sumpfgebiet
- Fels- und Gletscherregion

Kulturland
- Ackerbau
- Bewässerungsland
- Weide, z.T. Wiese

Bergbau
- Erdöl
- Erdgas
- Steinkohle
- Braunkohle
- Uran
- Eisen
- Stahlveredler (Chrom, Kobalt, Molybdän, Nickel)
- Kupfer
- Blei/Zink
- Bauxit
- Gold
- Silber
- Platin
- Diamanten
- Phosphat
- Steinsalz
- Graphit

Industrie
- Eisen- und Stahlerzeugung
- Buntmetallverhüttung
- Aluminiumverhüttung
- Eisen- und Metallverarbeitung
- Maschinenbau
- Kraftfahrzeugbau
- Luft- und Raumfahrttechnik
- Schiffbau
- Atomindustrie
- Elektroindustrie, Elektronik (Hightech), Optik
- Biotechnologie, Pharmazie
- Chemie, Kunststoffe
- Erdölraffinerie
- Textilien, Bekleidung, Leder
- Holz, Papier
- Nahrungs- und Genussmittel
- Fischverarbeitung
- Wasserkraftwerk
- Wärmekraftwerk
- Kernkraftwerk
- Geothermiekraftwerk

Dienstleistungszentrum
- von internationaler Bedeutung
- von überregionaler Bedeutung
- von regionaler Bedeutung
- Tourismusregion
- Städtetourismus

Transport und Verkehr
- Erdölleitung
- Erdgasleitung
- Eisenbahn
- Fernstraße

Grenzen
- Staatsgrenze

© Westermann

1 Bevölkerung

Maßstab 1:450 000

Bevölkerungsgruppen und ihre Herkunft (Anteile pro Stadtteil)

- sonstige Herkunft
- aus Europa
- aus Mittel- und Südamerika
- aus Afrika
- 1,6 Mio. Gesamteinwohnerzahl

Grenzen
- Stadtgrenze von New York
- Stadtteilgrenze

Entwicklung der Einwohnerzahl

Mio.
8,0 7,0 6,0 5,0 4,0 3,0 2,0 1,0 0

1900 1920 1950 1980 2000 2018

- Manhattan
- Bronx
- Brooklyn
- Queens
- Staten Island

S199_1a   S199_1

Bronx 1,5 Mio.
Manhattan 1,6 Mio.
Queens 2,4 Mio.
Brooklyn 2,6 Mio.
Staten Island 0,5 Mio.

Atlantischer Ozean

© Westermann

Sonnenaufgang im Central Park

U-Bahnstation am Times Square

Greenwich Village

Geschäft in der Chinatown

BAYARD MEAT MARKET

Südspitze Manhattans mit Battery Park

S971

2 Einkommen

Maßstab 1:450 000

Durchschnittliches Jahreseinkommen (pro Haushalt, 2013, in US-Dollar)

- 150 000 $
- 100 000 $
- 75 000 $
- 55 000 $
- 35 000 $

Grenzen
- Stadtgrenze von New York
- Stadtteilgrenze

Durchschnittliches Jahreseinkommen ausgewählter Städte (pro Haushalt, 2012, in US-Dollar)

Einkommen (in Tausend US-Dollar)
70 60 50 40 30 20 10 0

New York | Bronx | Brooklyn | Manhattan | Queens | Staten Island | Los Angeles | San Francisco | Chicago

S200_1a   S200_1

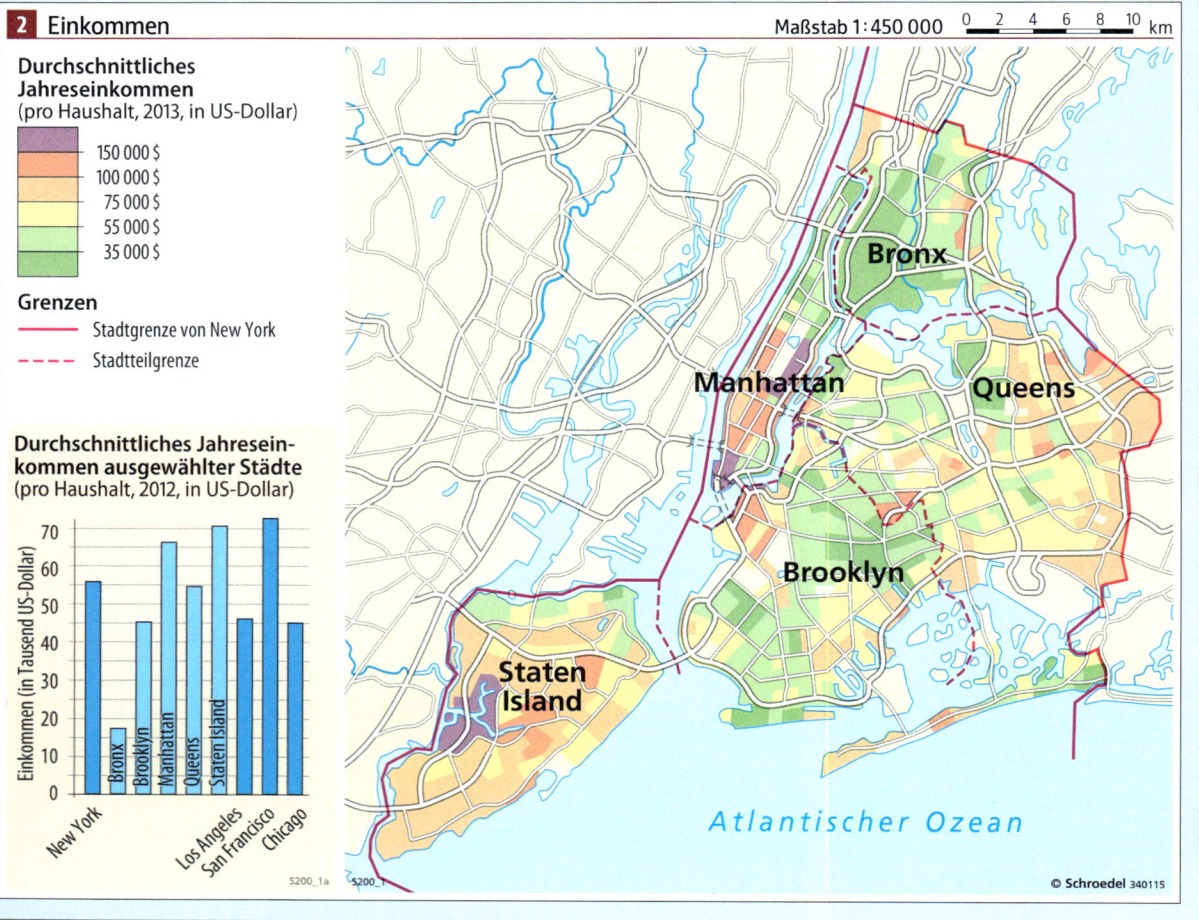

Bronx
Manhattan
Queens
Brooklyn
Staten Island

Atlantischer Ozean

© Schroedel 340115

3 Manhattan – Bevölkerung und Berufspendler

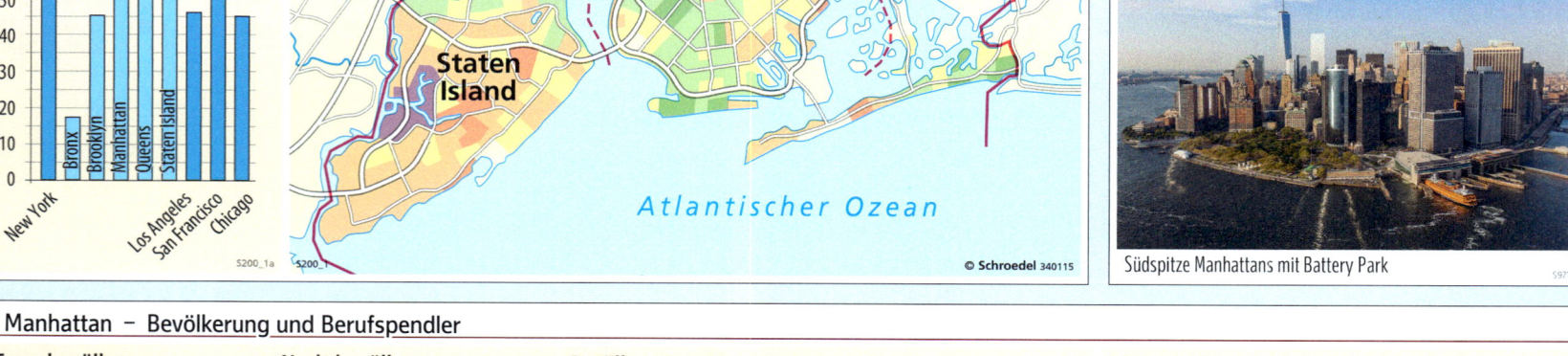

Tagesbevölkerung (wochentags)

Nachtbevölkerung (wochentags)

Bevölkerung am Wochenende

- Einwohner Manhattans
- Berufspendler
- Gäste, Touristen
- sonstige Personen

□ ≙ 50 000 Personen

Die gewählten Verkehrsmittel der Berufspendler nach Manhattan

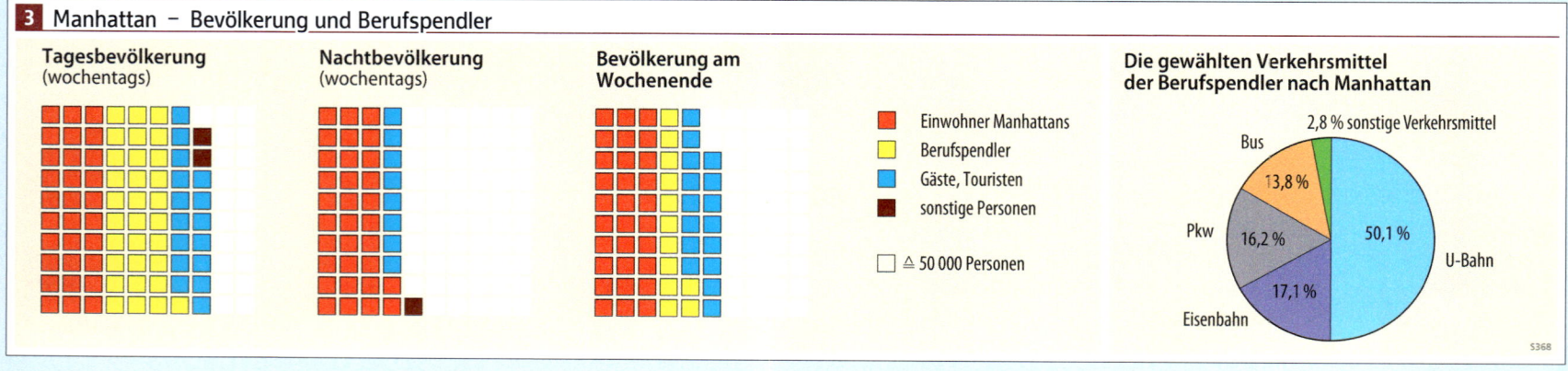

- Bus 13,8 %
- 2,8 % sonstige Verkehrsmittel
- Pkw 16,2 %
- U-Bahn 50,1 %
- Eisenbahn 17,1 %

S368

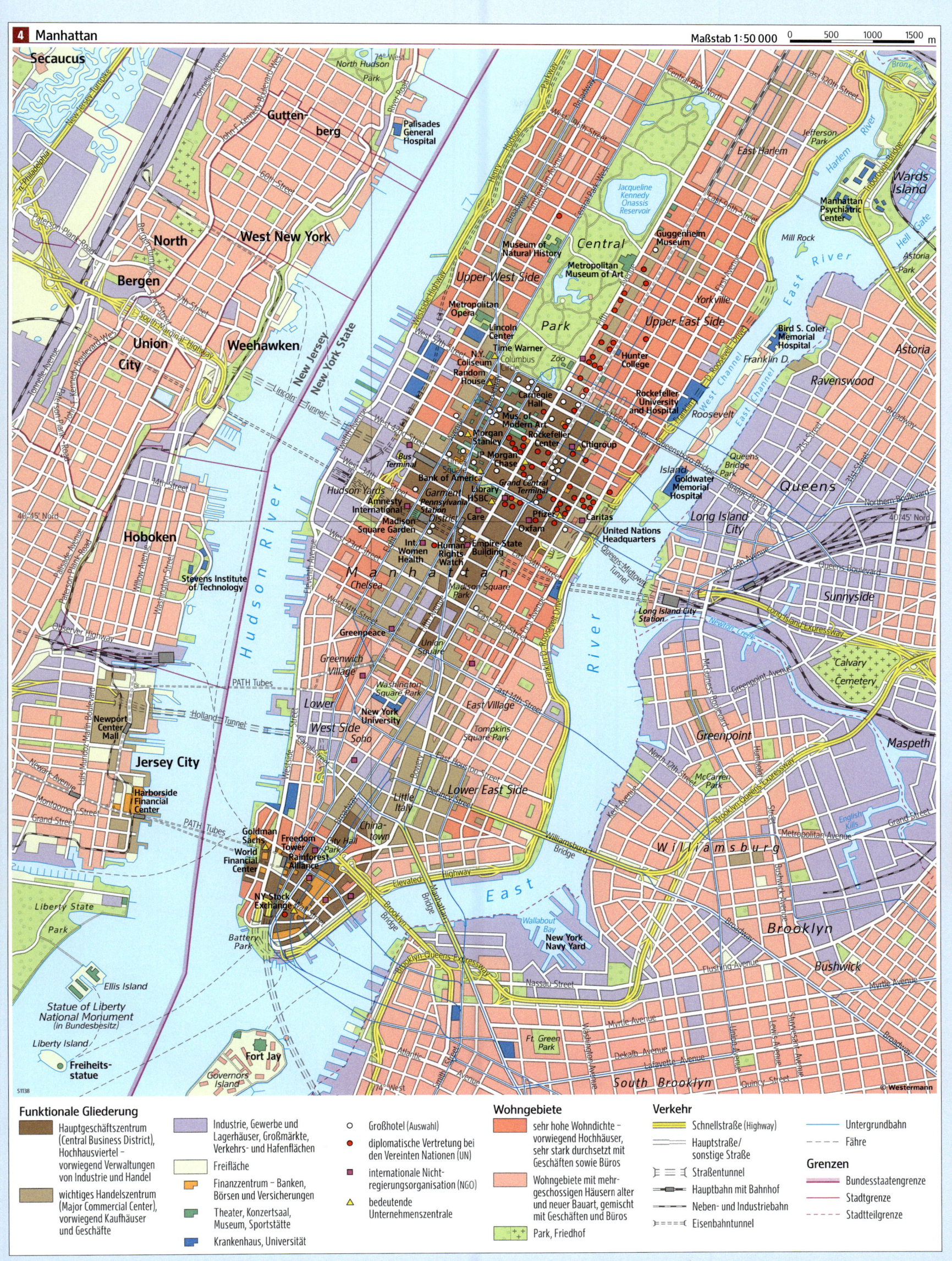

4 Manhattan

Maßstab 1:50 000

0 500 1000 1500 m

Funktionale Gliederung

	Hauptgeschäftszentrum (Central Business District), Hochhausviertel – vorwiegend Verwaltungen von Industrie und Handel
	wichtiges Handelszentrum (Major Commercial Center), vorwiegend Kaufhäuser und Geschäfte
	Industrie, Gewerbe und Lagerhäuser, Großmärkte, Verkehrs- und Hafenflächen
	Freifläche
	Finanzzentrum – Banken, Börsen und Versicherungen
	Theater, Konzertsaal, Museum, Sportstätte
	Krankenhaus, Universität

○ Großhotel (Auswahl)

● diplomatische Vertretung bei den Vereinten Nationen (UN)

■ internationale Nichtregierungsorganisation (NGO)

▲ bedeutende Unternehmenszentrale

Wohngebiete

	sehr hohe Wohndichte – vorwiegend Hochhäuser, sehr stark durchsetzt mit Geschäften sowie Büros
	Wohngebiete mit mehrgeschossigen Häusern alter und neuer Bauart, gemischt mit Geschäften und Büros
	Park, Friedhof

Verkehr

Schnellstraße (Highway)

Hauptstraße/sonstige Straße

Hauptbahn mit Bahnhof

Neben- und Industriebahn

Eisenbahntunnel

Untergrundbahn

Fähre

Grenzen

Bundesstaatengrenze

Stadtgrenze

Stadtteilgrenze

Straßentunnel

© Westermann

S1138

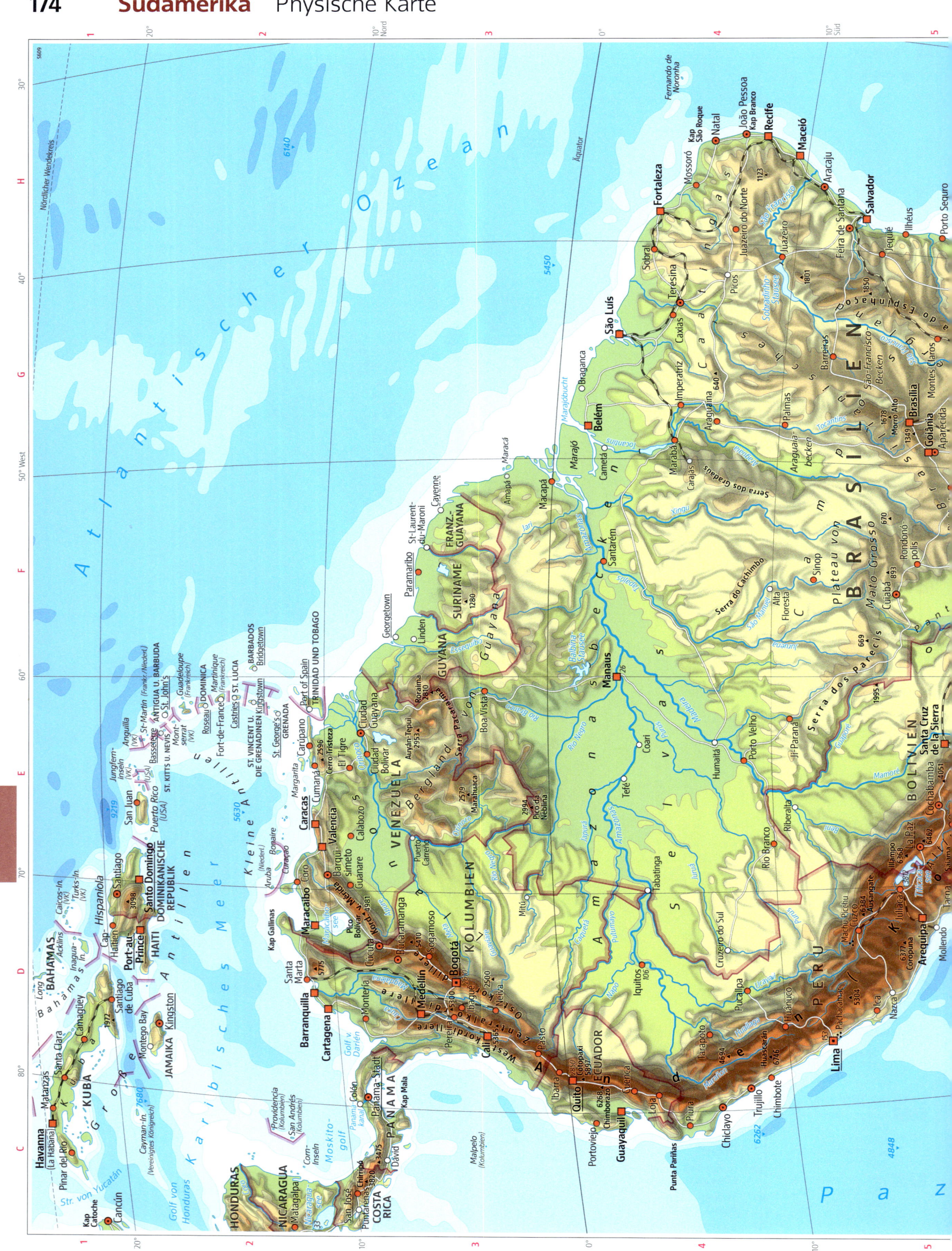

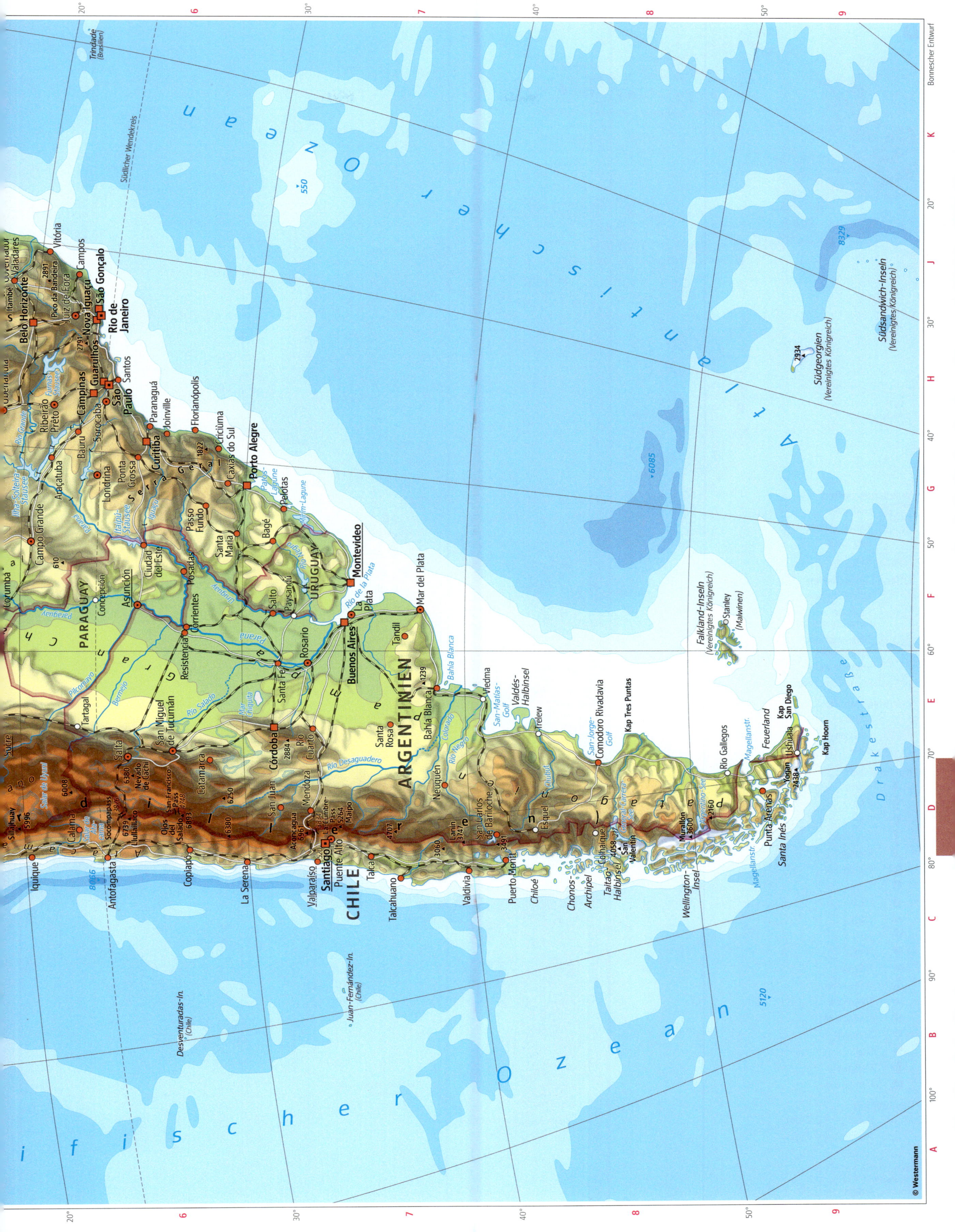

Bonnescher Entwurf

Südlicher Wendekreis

A t l a n t i s c h e r   O z e a n

550

8329

2934

Südgeorgien
(Vereinigtes Königreich)

Südsandwich-Inseln
(Vereinigtes Königreich)

6085

Falkland-Inseln
(Vereinigtes Königreich)

Stanley
(Malwinen)

Magellanstr.

Drakestraße

Tindade
(Brasilien)

Governador
Valadares
Itambé
2891
Pico da Bandeira

Belo Horizonte
Vitória
Campos
São Gonçalo
Pirais
Penedo
2791
Guardilhos
Nova Iguaçu
Rio de Janeiro

Ribeirão
Prêto
Campinas
Sorocaba
São Paulo
Santos
Paranaguá
Bauru
Londrina
Ponta Grossa
Curitiba
Joinville
1822
Florianópolis
Criciúma
Araçatuba
Caxias do Sul

Campo Grande
610
Porto Alegre
Passo Fundo
Pelotas
Patos-Lagune
Mirim-Lagune
Santa Maria
Bagé

Corumbá
PARAGUAY
Concepción
Ciudad del Este
Asunción
Posadas
Resistencia
Corrientes
URUGUAY
Salto
Paysandú
Montevideo

Tartagal
Sucre
6008
Siajhuay
5996
Calama
6380
6250
Llullaillaco
6739
Ojos del Salado
6883
6380

Salta
Nevado de Lachí
San Francisco-Pass
4748
San Miguel de Tucumán
Catamarca
Santa Fe
Río Salado
Córdoba
2884
Río Cuarto
San Juan
Aconcagua
6962
La Cumbre
Pass
5264
Maipo
Mendoza

Iquique
8066
Antofagasta
Copiapó
La Serena
Río Desaguadero
Santa Rosa
ARGENTINIEN
1239
Bahía Blanca
Bahía Blanca
Tandil
Río Negro
Mar del Plata
Río de la Plata
La Plata
Buenos Aires
Rosario

CHILE
Santiago
Puente Alto
Valparaíso
Talca
Talcahuano
4707
Lanín
3747
San Carlos de Bariloche
Neuquén
3060
3491
Colorado
Valdivia
Chiloé
Puerto Montt

Viedma
San Matías-Golf
Valdés-Halbinsel
Trelew
San Jorge-Golf
Comodoro Rivadavia
Esquel
Kap Tres Puntas

Coihaique
San Valentín
4058
Chonos-Archipel
Taitao-Halbinsel
Wellington-Insel
Murallón
3600
2160
Santa Inés
Magellanstr.
Río Gallegos
Feuerland
Punta Arenas
Yogan
2438
Ushuaia
Kap San Diego
Kap Hoorn

Desventuradas-In.
(Chile)

Juan-Fernández-In.
(Chile)

5120

P a z i f i s c h e r   O z e a n

© Westermann

Maßstab 1:30 000 000

0 300 600 900 1200 1500 km

1

Golf von Mexiko
Havanna
Kuba
Bahamas
Mérida
Camagüey
Yucatán
Hispaniola
Belmopan
Jamaika
Port-au-Prince
Santo Domingo
Guatemala Stadt
Kingston
Tegucigalpa
San Salvador
Managua
San José
Panama Stadt
Karibisches Meer
Kleine Antillen
Große Antillen
Sardinen
Hummer
Cartagena
Maracaibo
Caracas
Ciudad Guayana
Georgetown
Paramaribo
Cayenne
Medellín
Bucaramanga
Bergland von Guayana
Bogotá
Orinoco
Cali
Llanos
Quito
Belém
São Luís
Guayaquil
Manaus
Santarém
Fortaleza
Galápagos-Inseln
Iquitos
Selvas
Äquator
Pucallpa
Natal
Trujillo
Porto Velho
Recife
Callao
Lima
Campos
Plateau
Cuzco
von
Mato Grosso
Salvador
Arequipa
La Paz
Cuiabá
Brasília
Goiânia
Arica
Santa Cruz
Belo Horizonte
Sucre
Gran Chaco
Campo Grande
Antofagasta
Salta
Asunción
São Paulo
Rio de Janeiro
Corrientes
Curitiba
Córdoba
Porto Alegre
Santiago
Mendoza
Rosario
Rio Grande
Valdivia
Buenos Aires
Montevideo
Bahía Blanca
Concepción
Patagonien
Falkland-Inseln (Malwinen)
Punta Arenas
Feuerland
Südgeorgien
Atlantischer Ozean
Pazifischer Ozean
Lachse, Sardellen
Kalmare, Seehechte
Anden
Atacama
Brasilianisches Bergland
Caatinga
Äquator
Südlicher Wendekreis
90°
80°
70° West
60°
50°
40°
S880_1
20°
10° Nord
10°
0°
10° Süd
20°
30°
40°
50°
10°
0°
10°
20°
30°
40°
50°

Waldlandschaften
Feuchtwald
Monsun- und Regenwald
Moor, Sumpf
Mangrove

Offene Landschaften
antarktische Tundra
Steppe und Hochgebirgsgrasland
Trockenwald und Strauchsavanne
Halbwüste, Wüste
Fels- und Gebirgsregion

Kulturlandschaft
Ackerbau
Bewässerungsland
Weide

Nutzpflanzen
Weizen
Mais
Reis
Zuckerrohr
Bananen
Zitrusfrüchte
Kaffee
Kakao
Tabak
Tee
Wein
Erdnüsse
Kokospalmen
Sojabohnen
Sonnenblumen
Baumwolle
Sisal
Kautschuk
Obst, Gemüse

Viehhaltung
Rinder
Ziegen
Schweine
Alpaka
Schafe
1 kleines Zeichen ≙ 5 Mio. Stück
1 großes Zeichen ≙ 20 Mio. Stück
Lachse Fischfang, Fischzucht

© Westermann

2 Bananenanbau in Kolumbien

Maßstab 1:10 000

0 100 200 300 m

Höhenstufen der Anden (Westflanke)

m
6000
5000
4000
3000
2000
1000
0

![Schnee] Schnee, Eis, Felsschutt	![Lama] Viehhaltung
![Gräser] Gräser, Kräuter, niedrige Sträucher	![Kartoffeln] Kartoffeln
![Nebelwald] tropischer Nebelwald	![Weizen] Weizen
![Bergwald] tropischer Bergwald	![Obst] Obst
![Regenwald] tropischer Regenwald	![Mais] Mais
	![Kaffee] Kaffee
	![Bananen] Bananen
	![Zuckerrohr] Zuckerrohr

S877

© Westermann

S881

Pfefferplantage

alte Bananenplantage

neue Bananenplantage

26
30
31
55
35

© Schroedel 340202

Plantagenwirtschaft

- Bananenplantage
- Gewürzplantage
- Plantagengrenze
- tropischer Tiefland-Regenwald
- Wiese

Gebäude

- Wirtschaftsgebäude
- Packstation
- **L** Lagergebäude
- **★** Verwaltung und sanitäre Einrichtungen
- **II** Kantine

Transport und Gelände

- Transportseilbahn (Beförderung der Bananenstauden zur Packstation)
- Privatweg nach Carepa (5 km, täglicher Bus-Shuttle für Plantagenarbeiter)
- Entwässerungsnetz (künstlich angelegt)
- .30 Höhe (in Meter über dem Meer)

Der Weg der Banane zum Verbraucher

S878_1

Wachstum	Ernte und Verpackung	Transport nach Europa	Reifung	Vertrieb/Groß- und Einzelhandel
3 Monate	1 – 2 Tage	im Kühlschiff bei 13,2°C 12 – 16 Tage	Reifung bei ca. 14–18°C 4 – 8 Tage	1 – 2 Tage

© Schroedel 351116

3 Sojaanbau im Norden Argentiniens

Maßstab 1:100 000

0 1 2 3 km

Sojafelder am Rand des Trockenwaldes

Unkrautbekämpfung per Flugzeug

S882_1a

S882

64°25′
landwirtschaftlicher Großbetrieb
26°25′
26°25′ Süd
Pozo Betbeder

Hangar

Hangar

Sojagroßbetrieb

La Aloja

26°30′
64°25′
64°20′ West
26°30′

© Schroedel 330223

Bodennutzung

- Siedlungs- und Wirtschaftsflächen
- Trockenwald

Traditionelle Landwirtschaft

- Freilandhaltung von Ziegen auf Gemeinschaftsland
- Gartenbau
- Kleinviehhaltung
- ○ Brunnen, Wasserspeicher

Industrielle Landwirtschaft

- Grenze eines Großbetriebes
- gentechnisch veränderte Sojabohnen in Monokultur (Aussaat und Bodenbearbeitung z. T. ganz ohne Pflug, Unkrautbekämpfung aus der Luft)
- Feldrandbegrünung (als Erosionsschutz)
- Brachfläche
- Wirtschaftsgebäude des Sojagroßbetriebs

Nutzungskonflikte

- Rodung des Trockenwaldes ▸ Verdrängung, Verarmung
- Sprühflugzeug-Einsatz zur Unkrautbekämpfung ▸ Verwehung, Verseuchung
- frei laufende Weidetiere auf Futtersuche ▸ Verbiss, gezielter Abschuss

Soja auf dem Weg von Argentinien zum europäischen Verbraucher

S879_1

Öl
Schrot Sojamehl
Sojabohne
Öl

© Schroedel 351113

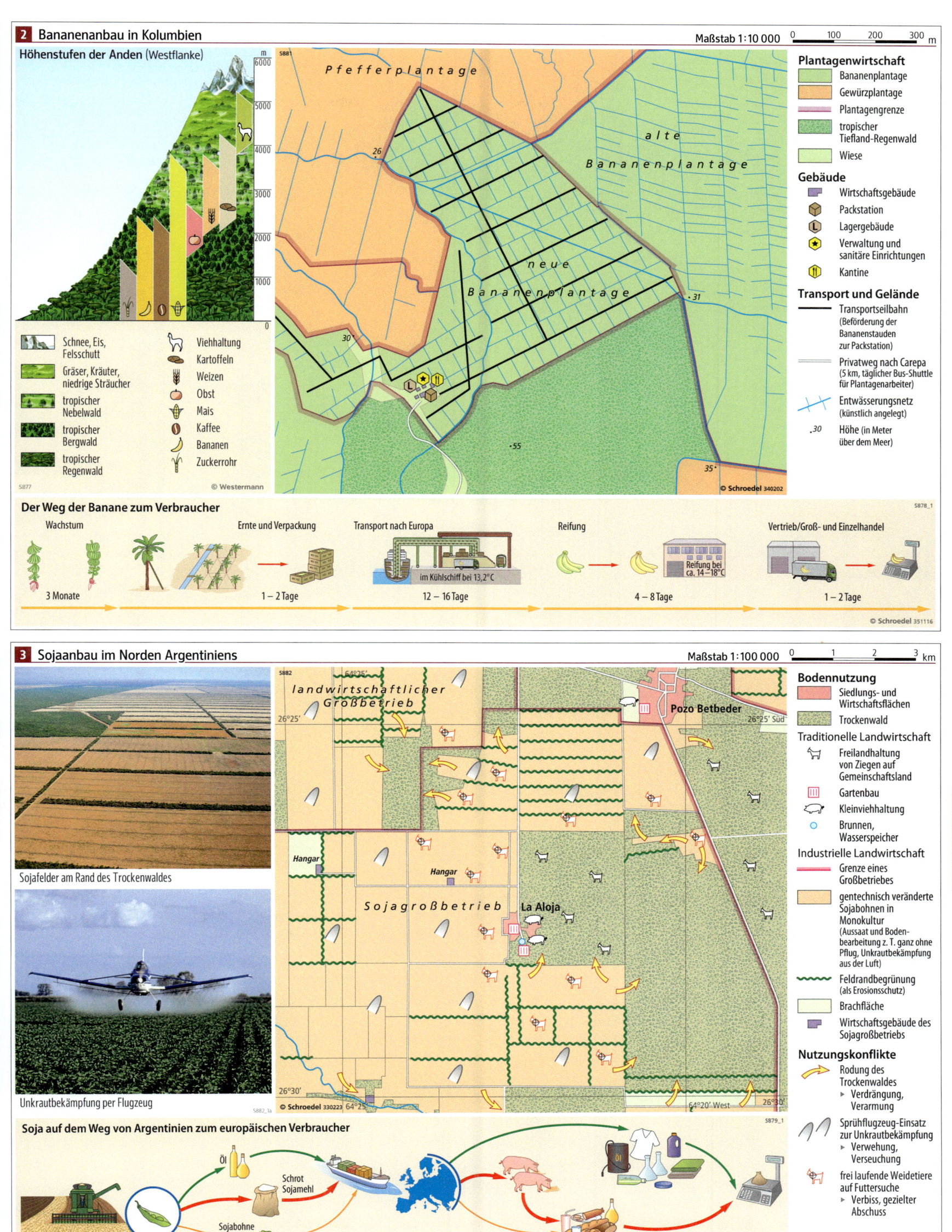

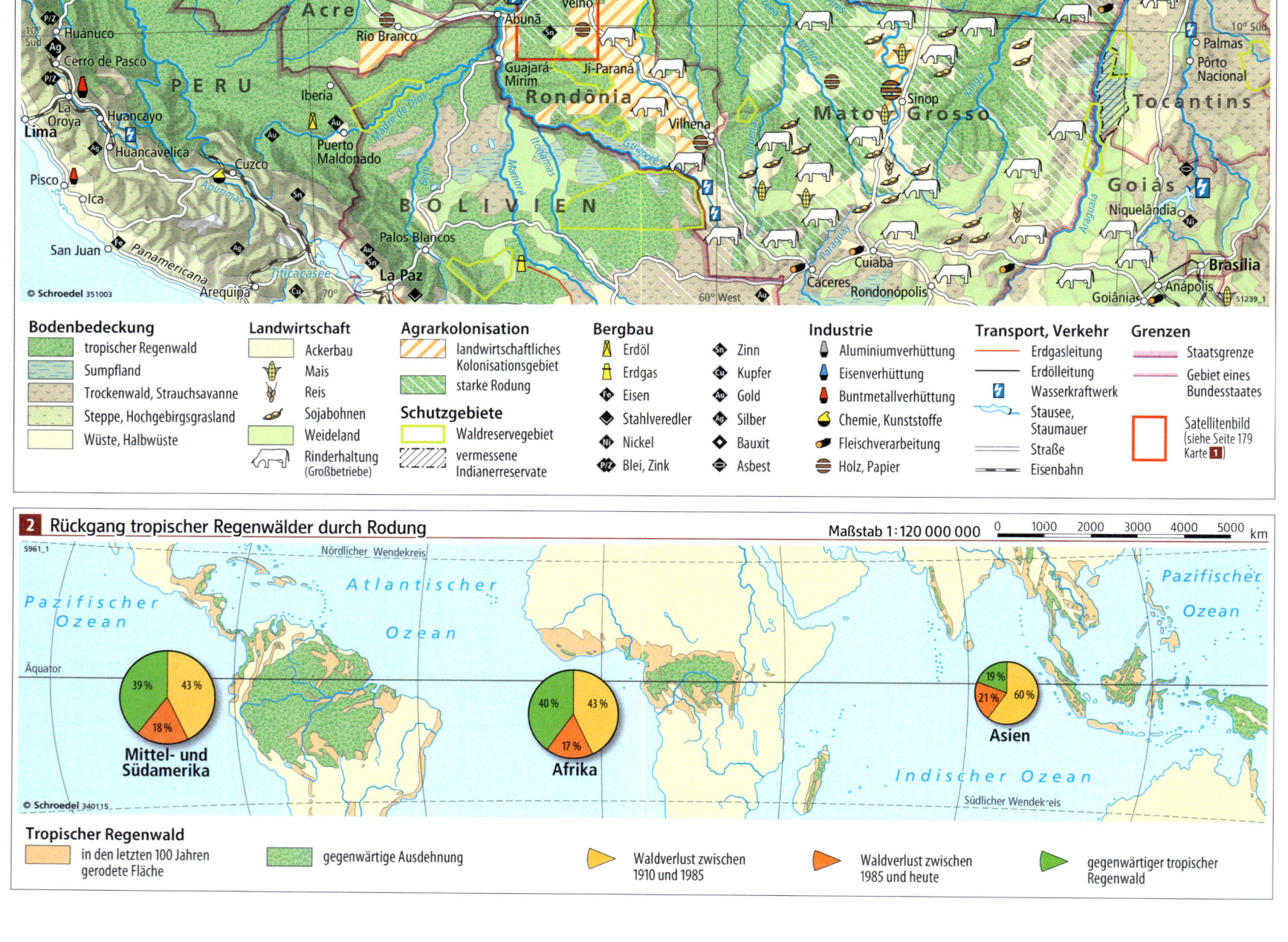

1 Eingriffe in den tropischen Regenwald in Amazonien

Maßstab 1:15 000 000

0 100 200 300 400 500 km

2 Rückgang tropischer Regenwälder durch Rodung

Maßstab 1:120 000 000

0 1000 2000 3000 4000 5000 km

Mittel- und Südamerika 39 % 43 % 18 %

Afrika 40 % 43 % 17 %

Asien 19 % 60 % 21 %

Tropischer Regenwald

| in den letzten 100 Jahren gerodete Fläche | gegenwärtige Ausdehnung | Waldverlust zwischen 1910 und 1985 | Waldverlust zwischen 1985 und heute | gegenwärtiger tropischer Regenwald |

Bodenbedeckung
- tropischer Regenwald
- Sumpfland
- Trockenwald, Strauchsavanne
- Steppe, Hochgebirgsgrasland
- Wüste, Halbwüste

Landwirtschaft
- Ackerbau
- Mais
- Reis
- Sojabohnen
- Weideland
- Rinderhaltung (Großbetriebe)

Agrarkolonisation
- landwirtschaftliches Kolonisationsgebiet
- starke Rodung

Schutzgebiete
- Waldreservegebiet
- vermessene Indianerreservate

Bergbau
- Erdöl
- Erdgas
- Eisen
- Stahlveredler
- Nickel
- Blei, Zink
- Zinn
- Kupfer
- Gold
- Silber
- Bauxit
- Asbest

Industrie
- Aluminiumverhüttung
- Eisenverhüttung
- Buntmetallverhüttung
- Chemie, Kunststoffe
- Fleischverarbeitung
- Holz, Papier

Transport, Verkehr
- Erdgasleitung
- Erdölleitung
- Wasserkraftwerk
- Stausee, Staumauer
- Straße
- Eisenbahn

Grenzen
- Staatsgrenze
- Gebiet eines Bundesstaates
- Satellitenbild (siehe Seite 179 Karte 1)

© Schroedel 351003

gerodete Fläche im tropischen Regenwald

Sojaanbau in Amazonien

Viehhaltung in Amazonien

1 **Rondônia in Amazonien** (Satellitenbild)

Maßstab 1:2 000 000

0 — 25 — 50 — 75 km

2000 / 2012

Legende:
- tropischer Regenwald
- Rodungsstreifen
- Rodungsfläche
- Siedlungsfläche
- Stausee
- Fluss
- Staudammbaustelle
- Wolken

2 **Gründe für die Rodung**

- 65–70 % Rinderhaltung
- 20–25 % Kleinlandwirtschaft (Subsistenzwirtschaft)
- 5–10 % Großlandwirtschaft
- 2–3 %
- 1–2 % Holzgewinnung
- sonstiges (Bergbau, Siedlungen, Straßen)

3 **Rodung des brasilianischen Regenwaldes**

km² pro Jahr

30 000 / 25 000 / 20 000 / 15 000 / 10 000 / 5 000 / 0

1990 1995 2000 2005 2010 2015 2019

4 **Soja- und Fleischproduktion in Brasilien**

Sojaproduktion (in Mio. t) — Rinder (Tiere in Mio.)

120 / 110 / 100 / 90 / 80 / 70 / 60 / 50 / 40 / 30 / 20 / 10

250 / 200 / 150 / 100 / 50 / 0

1990 1995 2000 2005 2010 2015 2019

Bergbau
- Erdöl
- Erdgas
- Steinkohle
- Uran
- Eisenerz
- Stahlveredler (Chrom, Mangan, Kobalt, Nickel)
- Bauxit (Aluminium)
- Kupfer
- Zinn
- Blei, Zink
- Gold
- Silber
- Phosphat
- Salz
- Diamanten

Dienstleistungszentrum
- von internationaler Bedeutung
- von überregionaler Bedeutung
- von regionaler Bedeutung

Wirtschaftsräume
- Kulturlandschaft (durch den Menschen mehr oder weniger intensiv geprägt)
- Naturlandschaft (vereinzelt menschliche Eingriffe)

Industrie
- Eisen- und Stahlerzeugung
- Buntmetallverhüttung
- Aluminiumverhüttung
- Eisen- und Metallverarbeitung
- Maschinenbau
- Kraftfahrzeugbau
- Luft- und Raumfahrzeugbau
- Schiffbau
- Chemie, Kunststoffe
- Erdölraffinerie
- Elektroindustrie, Optik
- Textilien, Bekleidung, Leder
- Holz, Papier
- Nahrungsmittel
- Fischverarbeitung

Tourismus
- bedeutende Tourismusregion

Transport und Verkehr
- Erdölleitung
- Erdgasleitung
- Eisenbahn
- Fernstraße

Grenzen
- Staatsgrenze

S895

1 Kupfererz-Mine Chuquicamata (Karte)

Maßstab 1:50 000   0   500   1000   1500 m

Kupfererz-Abbau im Tagebau-Verfahren (1915 bis 2015)

- Tagebau-Betriebsfläche
- Abraumdeponie
- ▸▸▸ Erzförderband
- ══ Pisten für Muldenkipper

Kupfererz-Abbau im Tiefbau-Verfahren (2018 bis ca. 2060)

- Erzlagerstätte (Kupfergehalt bis zu 1%, dazu Molybdän, Zinn und Arsen)
- ═ ═ ═ Straßentunnel mit geringem Gefälle
- ▬ ▬ ▬ Transportstollen
- ◂─── Frischluftzufuhr über Stollen und Schächte
- ──── Entlüftungssystem

Erz-Weiterverarbeitung, Umweltbelastung

- Erz-Aufbereitung und -Lagerung, Kupfer-Affinerie (Metallgewinnung)
- Fabrik mit hohem Schadstoffausstoß
- ─·─·─ Industriebahn
- Luftbelastung von über 40 Mikrogramm arsenhaltigem Feinstaub pro Kubikmeter Luft

Siedlung (z. T. aufgegeben)

- ehemaliges Wohngebiet für Minenarbeiter
- Wohngebiet für Kader
- Verwaltung und Minenbauleitung
- Wüste
- ·2750 Höhe in Meter über dem Meer

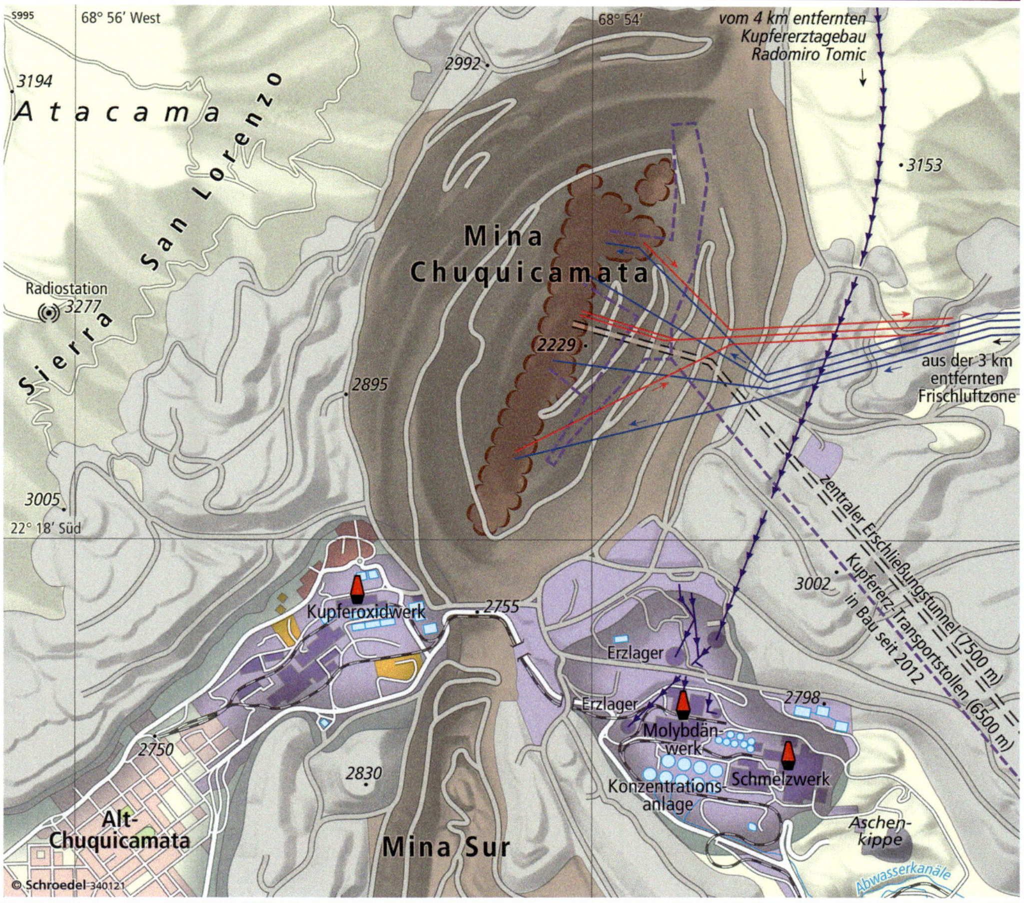

(Karte zeigt: Atacama, Sierra San Lorenzo, Radiostation, Mina Chuquicamata, Alt-Chuquicamata, Mina Sur, Kupferoxidwerk, Erzlager, Molybdänwerk, Konzentrationsanlage, Schmelzwerk, Aschenkippe, Abwasserkanäle, vom 4 km entfernten Kupfererztagebau Radomiro Tomic, aus der 3 km entfernten Frischluftzone, zentraler Erschließungstunnel (750 m), Kupfererz-Transportstollen (6500 m) in Bau seit 2012; Höhenangaben: 3194, 2992, 3277, 3153, 2895, 2229, 3005, 2750, 2755, 3002, 2798, 2830, 2750; Koordinaten: 68° 56' West, 68° 54', 22° 18' Süd, S995)

© Schroedel 340121

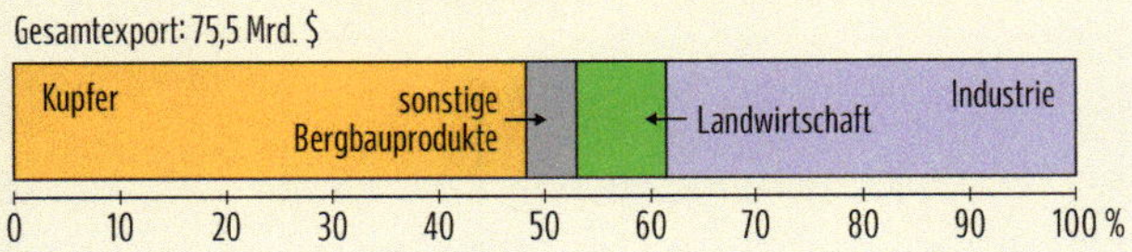

2 Kupfererz-Mine Chuquicamata (Satellitenbild)

Maßstab 1:50 000   0   500   1000   1500 m

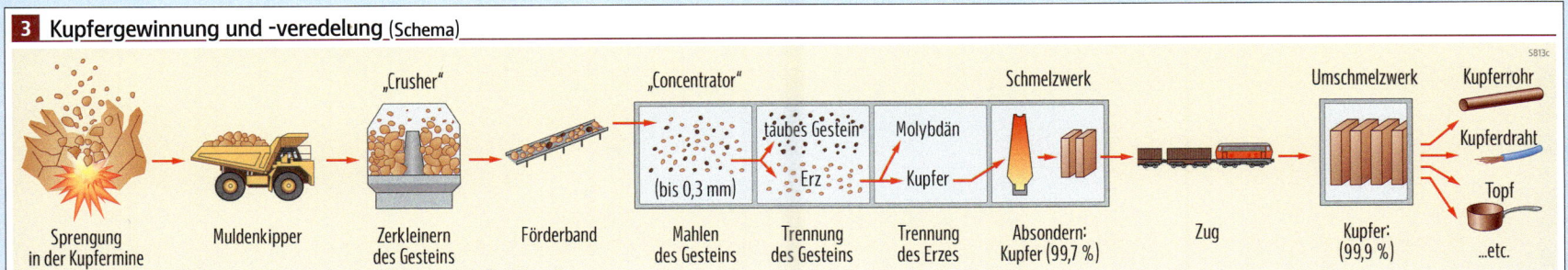

Blick in die Kupfererz-Mine Chuquicamata

Muldenkipper (für den Transport des herausgesprengten Gesteins)

Weltweite Kupferproduktion (2018)

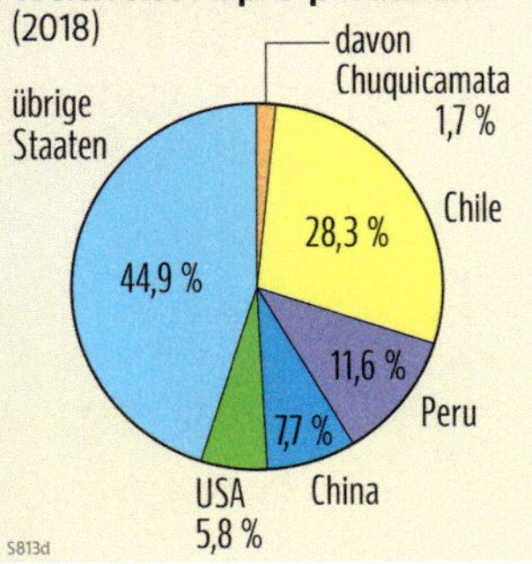

- übrige Staaten 44,9 %
- Chile 28,3 %
  - davon Chuquicamata 1,7 %
- Peru 11,6 %
- China 7,7 %
- USA 5,8 %

Kupferproduktion in Chile in Mio. t

Jahr	Mio. t
1960	~0,5
1970	~1,0
1980	~1,0
1990	~1,5
2000	~4,6
2018	~5,8

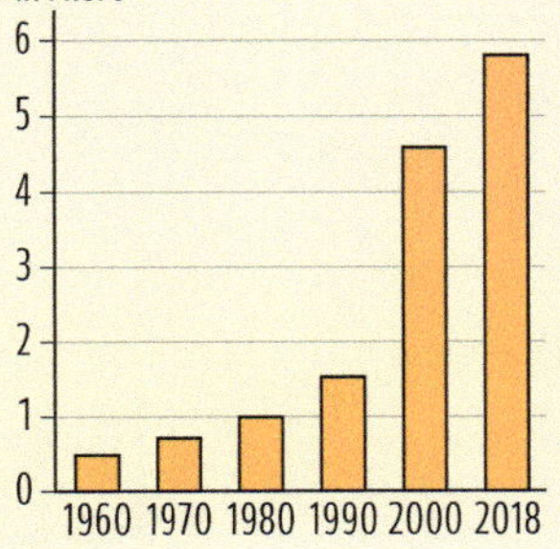

Anteil der Kupferindustrie am Warenexport Chiles (2018)

Gesamtexport: 75,5 Mrd. $

Kupfer — sonstige Bergbauprodukte — Landwirtschaft — Industrie

0 10 20 30 40 50 60 70 80 90 100 %

3 Kupfergewinnung und -veredelung (Schema)

| Sprengung in der Kupfermine | Muldenkipper | „Crusher" Zerkleinern des Gesteins | Förderband | „Concentrator" Mahlen des Gesteins (bis 0,3 mm) | Trennung des Gesteins (taubes Gestein / Erz) | Trennung des Erzes (Molybdän / Kupfer) | Schmelzwerk Absondern: Kupfer (99,7 %) | Zug | Umschmelzwerk Kupfer: (99,9 %) | Kupferrohr / Kupferdraht / Topf …etc. |

CHINA
Shaoyang
Südchinesisches
Bergland
Fuzhou
Guwahati
Kunming
Guiyang
Guangzhou
Taipeh
INDIEN
Dhaka
TAIWAN
3951
Chittagong
Mandalay
Shantou
Kaohsiung
MYANMAR
Haiphong
Hongkong
Magway
Hanoi
3143
Hainan
Naypyidaw
LAOS
Vientiane
Batan-Inseln
Bago
Chiang
Mai
VIETNAM
Da Nang
Luzon
Pulag
2922
Philippinensee
Rangun
(Yangon)
THAILAND
Nakhon
Ratchasima
2598
Quezon
City
PHILIPPINEN
Manila
Bangkok
Siemreab
Nha Trang
Mindoro
Samar
KAMBODSCHA
5002
Myeik
Phnom Penh
Ho-Chi-Minh-
Stadt (Saigon)
Palawan
Panay
Negros
Cebu
10540
Isthmus
von Kra
Surat Thani
Kap Ca Mau
Spratly-
Inseln
Zamboanga
Cagayan de Oro
Apo
2954
Mindanao
Davao

Nördliche
Marianen
(USA)
7559
Saipan
6440
Guam
Hagatna
(USA)
Witjas-Tief
11034
Yap-Inseln
MIKRONESIEN
Karolinen
Chuuk-
Atoll
Palik
Pohnpe
Kapingamarangi
6920

Banda
Aceh
Kuala Lumpur
3119
Leuser
Kelang
Putrajaya
SINGAPUR
Singapur
Medan
Pekanbaru
Sumatra
Nias
Simeulue
Padang
3805
Kerinci
Mentawai-
Inseln
Palembang
Bangka
Belitung
Enggano
Bandar Lampung
Jakarta
Semarang
Surabaya
Bandung
3676
Semeru
Java
Bali
MALAYSIA
Kota Bahru
Malakka-Halbinsel
Natuna-
Inseln
Anambas-In.
80
Kuching
Pontianak
Borneo
(Kalimantan)
Barito
Banjarmasin
Kap
Selatan
Sunda-Inseln
Sumbawa
Sumba
Kleine Sunda-Inseln
7290
BRUNEI
Bandar Seri Begawan
Kota Kinabalu
Kinabalu
4095
Miri
Iran-Gebirge
Liangpran
2240
Samarinda
Palu
Sulawesi
(Celebes)
3478
Laut
Makassar
Flores
Kupang
INDONESIEN
Celebessee
Sulu-Archipel
Sulusee
Manado
Gamkonora
1560
Seram
Kendari
Buton
Buru
Ambon
Bandasee
Molukken
Halmahera
Waigeo
Sorong
Vogel-
kopf
Yapen
Biak
Timor-Leste
Dili
Timor

Melville-
Insel
Darwin
Arafurasee
Groote
Eylandt
Carpentaria-
golf
69
Arnhemland
Kap Londonderry
776
Kimberley-
Plateau
Fitzroy
Barklytafelland
Mitchell
Gilbert
Flinders
Tanamiwüste
Georgina
Kap York
Kap-York-Halbinsel
PAPUA-
NEUGUINEA
Neuguinea
Maokegebirge
Puncak Jaya
4884
Mt. Wilhelm
4508
Lae
Port Moresby
Yos Sudarso
Yamdena
Aru-
Inseln
Digul
Fly
Sepik
Bismarck-
Archipel
Neubritannien
Rabaul
Admiralitäts-
Inseln
Neuirland
Neuland
Bougain-
ville
Salomon-Inseln
Louisiade-
Archipel
4842
Cairns
1611
Townsville
Great Barrier Reef
Korallen
Große Sandwüste
Gibsonwüste
Nordwestkap
1226
Ashburton
Fortescue
Gascoyne
Murchison
1510
MacDonnell-kette
Alice Springs
863
Musgravekette
1440
Uluru (Ayers Rock)
Simpson-
wüste
Finke
15
AUSTRALIEN
Diamantina
Cooper Creek
Georgina
Barcoo
Thomson
Birdie
Barwon
Darling
Lachlan
Great Dividing Range
1615
Brisbane
Gold Coast
Kap Byron
Newcastle
Sydney
Canberra
Mt. Kosciuszko
2228
Melbourne
Große Victoriawüste
Nullarborebene
Eyresee
Torrenssee
Gairdnersee
1188
Whyalla
Fromesee
Große
Australische Bucht
Geraldton
Kalgoorlie-
Boulder
Perth
1109
Kap Leeuwin
Albany
5670
Kap Wilson
King-
Insel
1617
Tasmanien
Südwestkap
Hobart
Südostkap
Furneaux-Gruppe
Tas
2930

Indischer Ozean
Christmas-Insel
(Australien)
Kokos-Inseln
(Keeling-Inseln)
(Australien)
6429
Amsterdam-Insel
(Frankreich)

Brahmaputra
Irawadi
Saluen
Mekong
Hongshui He
Südchinesisches Meer
Nansei-Inseln
(Japan)
Bonin-Inseln
(Japan)
Vulkaninseln
(Japan)
Daito-Inseln
(Japan)
Marcus-Insel
(Japan)
Parece Vela
(Okinotori-Atoll)
(Japan)
Pazifischer Ozean
Marianen
Mikronesien
Melanesien
Golf von
Thailand
Golf von
Thailand
PALAU
Ngerulmud
Timorsee
Jayapura

Zum Vergleich

Hamburg
DEUTSCHLAND
600 km
München

L 170° Ost M 180° N 170° West O 160° P 150° Q 140° R
160°

Hawaii-Inseln

Nördlicher Wendekreis

Wake
(USA)

Kauai Oahu
Hawaii Honolulu Maui
(USA)
Hawaii

Johnston-Insel
(USA)

6103

MARSHALLINSELN

Eniwetok-Atoll Bikini-Atoll
Ujelang-Atoll

Kosrae

Majuro

Palmyra
(USA)
Teraina
(Washington-I.)
Tabuaeran
(Fanning-I.)

Yaren
NAURU Banaba
(Ocean-Insel)

South Tarawa

Howland-Insel (USA)
Baker-Insel (USA)

Jarvis-I.
(USA)

Kiritimati
(Weihnachtsinsel)

4224

Äquator

Phönix-Inseln

KIRIBATI

Santa Isabel
Malaita
Honiara SALOMONEN
Guadal-canal San Cristóbal
Rennel

6150

TUVALU

Funafuti

Tokelau-Inseln
(Neuseeland)

Malden-I.

Starbuck-I.

Espiritu Santo 1811

VANUATU

Neue Hebriden

Port Vila

Chesterfield-Inseln

1628

Neukaledonien
(Frankreich)
Nouméa

Loyalty-Inseln

Wallis und Futuna
(Frankreich)
Mata-Utu
Futuna Wallis

SAMOA
Savaii Apia
Upolu
Tutuila
Samoa-Inseln

Amerikanisch-Samoa
Pago-Pago

Pukapuka

Nassau

Suwarrow-Atoll

Penrhyn-Atoll
(Tongareva)

Manihiki-Atoll

Vostok-I.
Flint-I.

Millenniums-I.
(Caroline-I.)

Nuku Hiva

Marquesas-Inseln
Hiva Oa

FIDSCHI
Vanua Levu
1323
Viti Levu Suva

Lau-Gruppe

TONGA

Niue
(Neuseeland)
Alofi

Nuku'alofa

Palmerston-Atoll

COOK-INSELN

Rarotonga
Avarua

Bora Bora
Papeete
Tahiti
Gesellschaftsinseln

Tuamotu-Archipel

Maria
Rimatara
Rurutu

Tubuai

Austral-Inseln

Raivavae

Südlicher Wendekreis

Rapa

14462

Französisch-Polynesien

Gambier-Inseln

Oeno-Atoll
Adamstown

Pitcairn
(Vereinigtes Königreich)

Norfolk-Insel
(Australien)

Lord-Howe-Insel
(Australien)

770

Kermadec-Inseln
(Neuseeland)

10047

Kap Maria van Diemen

Auckland Nordinsel
Ostkap
Ruapehu
2797
NEUSEELAND
Aoraki
(Mt. Cook)
3724 Neuseeländ. Alpen
Westkap Südinsel
Stewart-I.
Snares-In.

Wellington

Christchurch

Dunedin

1769

Chatham-Inseln

Bounty-In.

Antipoden-In.

Auckland-Inseln

Campbell-I.

Macquarie-Insel
(Australien)

i f i s c h e r   O z e a n

Ratakgruppe
Ralikgruppe

Sonntag Montag
Linie des Datumswechsels

Gilbert-Inseln

P a z i f i s c h e r

P o l y n e s i e n

Linien-Inseln

a s m a n s e e

881

20°

1
20°

2
10°

3
Nord

0°

4
10°
Süd

5

20°

6

7
30°

L 170° Ost M 180° N 170° West O 160° P 150° Q 140° R 130° S
160°

Flächentreue schiefachsige Azimutalabbildung

© Westermann

1 Temperaturen im Januar
Maßstab 1:60 000 000

Temperaturen (Monatsmittel in Grad Celsius)
30 °C
25 °C
20 °C
15 °C
Klimastation
sonstiger Ort
4 Nummer einer Klimastation mit Klimadiagramm
Äquator
Neuguinea
Port Moresby
Dili
Darwin 1
Townsville
Alice Springs 2
Australien
Brisbane
Südlicher Wendekreis
Perth 3
Adelaide
4 Sydney
Melbourne 5
Auckland
6 Hobart
Neuseeland
© Schroedel 340202
S1306_1a

2 Temperaturen im Juli
Maßstab 1:60 000 000

Temperaturen (Monatsmittel in Grad Celsius)
30 °C
25 °C
20 °C
15 °C
10 °C
5 °C
Klimastation
sonstiger Ort
4 Nummer einer Klimastation mit Klimadiagramm
Äquator
Neuguinea
Port Moresby
Dili
Darwin 1
Townsville
Alice Springs 2
Australien
Brisbane
Südlicher Wendekreis
Perth 3
Adelaide
4 Sydney
Melbourne 5
Auckland
6 Hobart
Neuseeland
© Schroedel 340202
S1306_1b

3 Niederschläge im Jahr
Maßstab 1:60 000 000

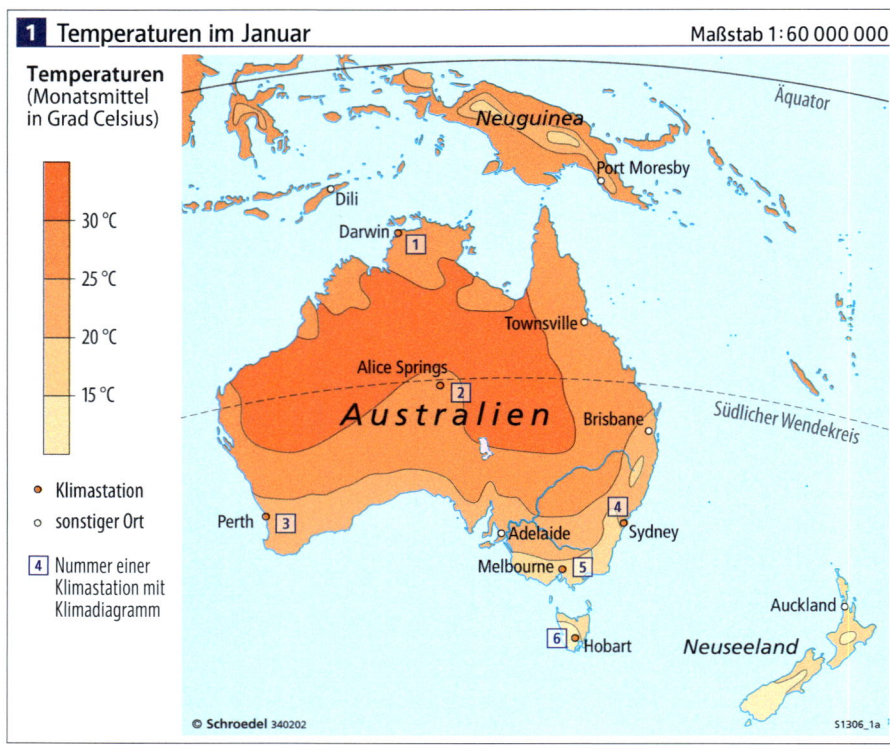

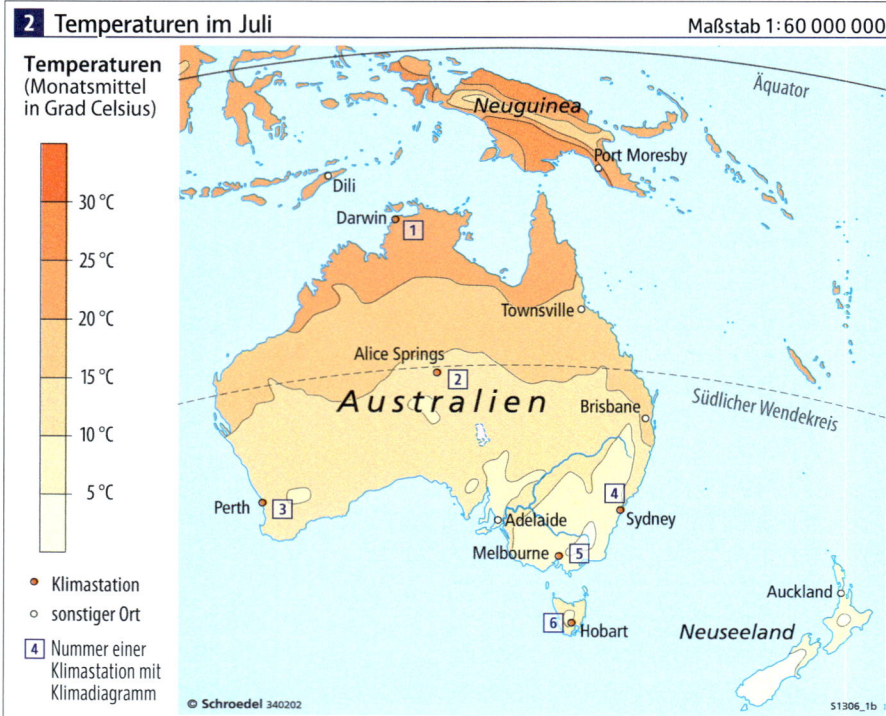

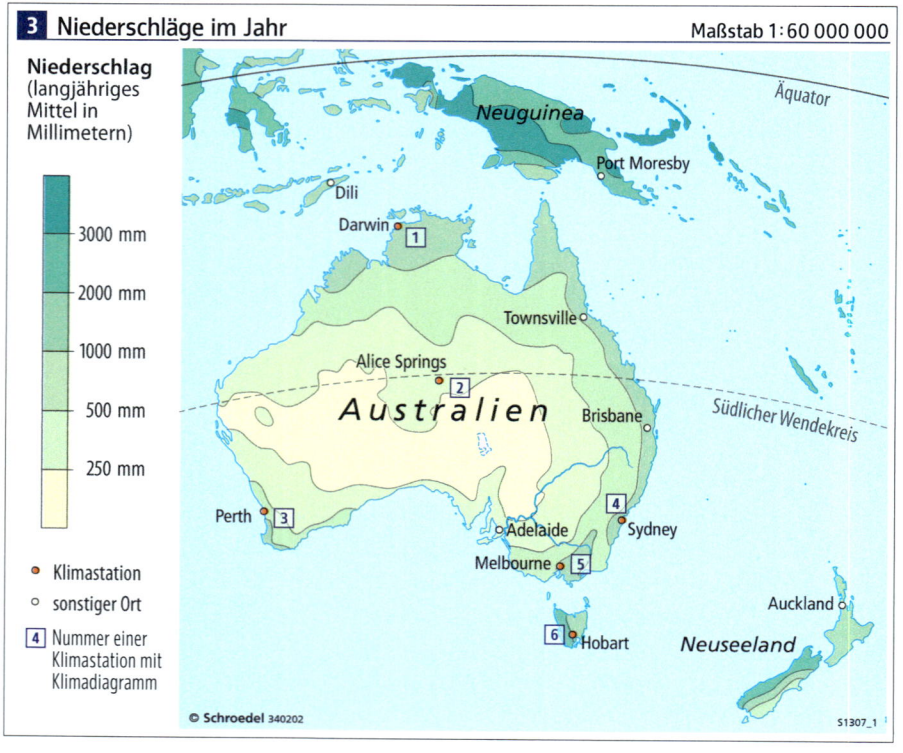

Niederschlag (langjähriges Mittel in Millimetern)
3000 mm
2000 mm
1000 mm
500 mm
250 mm
Klimastation
sonstiger Ort
4 Nummer einer Klimastation mit Klimadiagramm
Äquator
Neuguinea
Port Moresby
Dili
Darwin 1
Townsville
Alice Springs 2
Australien
Brisbane
Südlicher Wendekreis
Perth 3
Adelaide
4 Sydney
Melbourne 5
Auckland
6 Hobart
Neuseeland
© Schroedel 340202
S1307_1

4 Wirtschaft

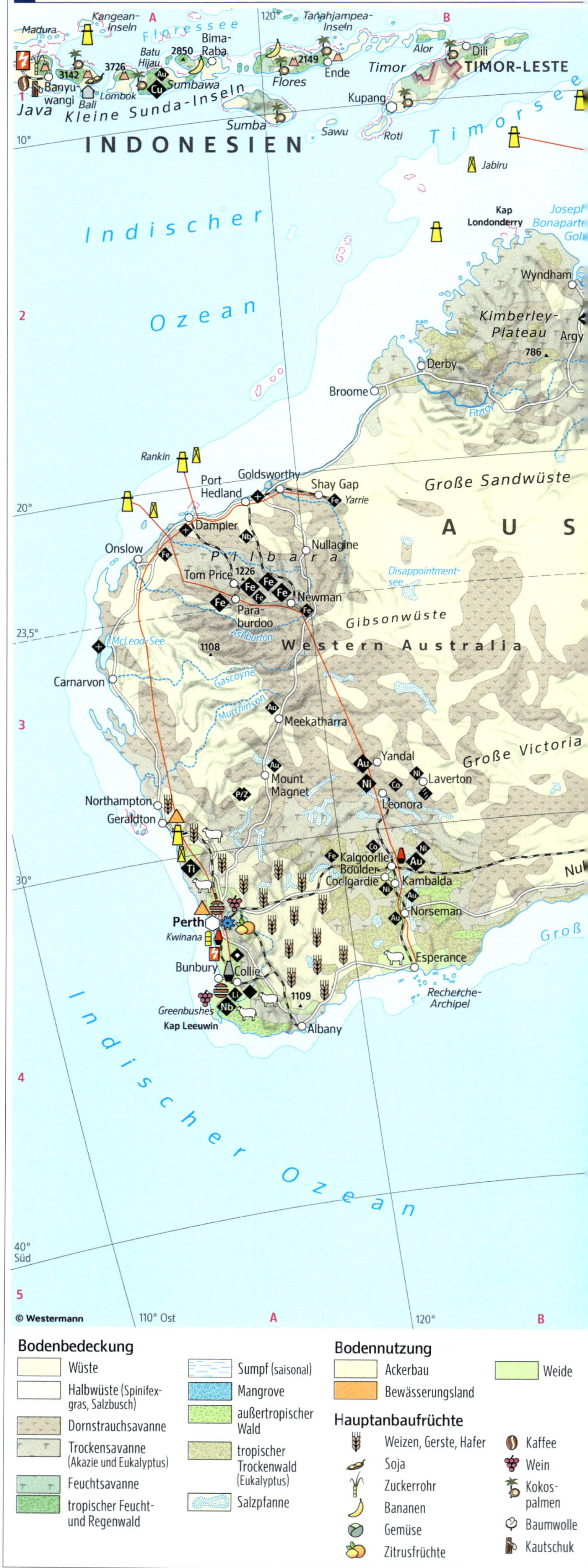

Madura
Kangean-Inseln
Floressee
Bima-Raba
Tanahjampea-Inseln
Alor
Dili
TIMOR-LESTE
Timor
Batu Hijau
2850
3726
3142
2149
Banyuwangi
Bali
Lombok
Sumbawa
Flores
Ende
Kupang
Java
Kleine Sunda-Inseln
Sumba
Sawu
Roti
Timorsee
INDONESIEN
Jabiru
Indischer Ozean
Kap Londonderry
Joseph Bonaparte Golf
Wyndham
Kimberley-Plateau
786
Derby
Broome
Fitzroy
Rankin
Port Hedland
Goldsworthy
Shay Gap
Yarrie
Große Sandwüste
Dampier
Onslow
Nullagine
Pilbara
Tom Price
1226
Newman
Paraburdoo
Disappointmentsee
Gibsonwüste
McLeod-See
1108
Western Australia
Ashburton
Carnarvon
Gascoyne
Murchison
Meekatharra
Yandal
Große Victoria
Mount Magnet
Laverton
Leonora
Northampton
Geraldton
Kalgoorlie-Boulder
Coolgardie
Kambalda
Perth
Kwinana
Norseman
Bunbury
Collie
Esperance
1109
Recherche-Archipel
Greenbushes
Kap Leeuwin
Albany
Indischer Ozean
A U S
10°
20°
23,5°
30°
40° Süd
110° Ost
120°
© Westermann

Bodenbedeckung
Wüste
Halbwüste (Spinifexgras, Salzbusch)
Dornstrauchsavanne
Trockensavanne (Akazie und Eukalyptus)
Feuchtsavanne
tropischer Feucht- und Regenwald
Sumpf (saisonal)
Mangrove
außertropischer Wald
tropischer Trockenwald (Eukalyptus)
Salzpfanne
Bodennutzung
Ackerbau
Weide
Bewässerungsland
Hauptanbaufrüchte
Weizen, Gerste, Hafer
Soja
Zuckerrohr
Bananen
Gemüse
Zitrusfrüchte
Kaffee
Wein
Kokospalmen
Baumwolle
Kautschuk

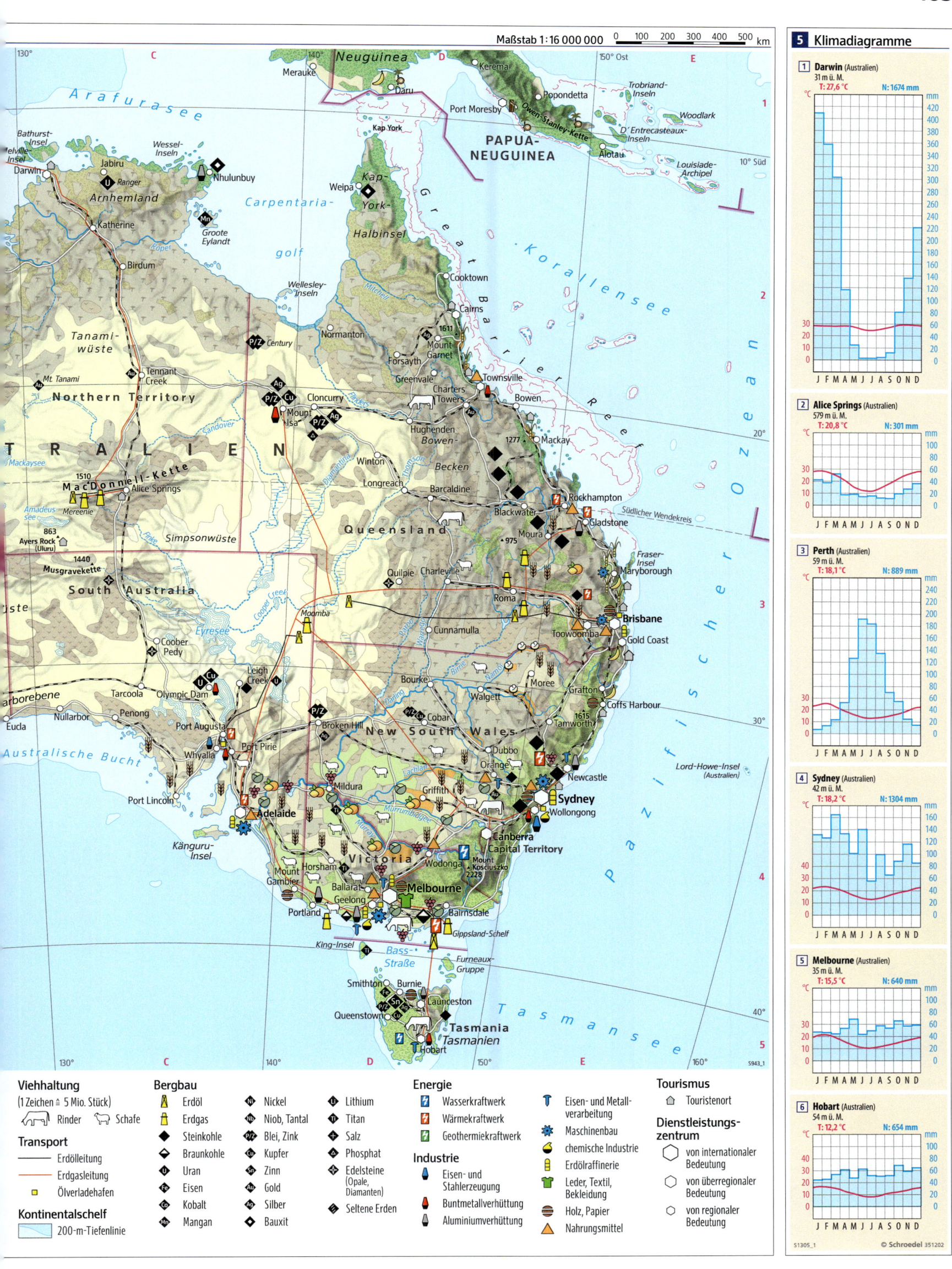

Baffin Bay
Grönland
3410
Spitzbergen
Franz-Josef-Land
Nowaja Semlja
Kap Tscheljuskin
Nord p
Europäisches Nordmeer
Nordkap
Barents- see
Karasee
Taimyr-Halbinsel
Laptewsee
Island
Skandinavien
Ostsibirische
Werchojansker Gebirge
Britische Inseln
Nord- see
Ostsee
Ladoga See
Ob
Jenissej
S i b i r i e n
Lena
London
Berlin
Moskau
Nowosibirsk
Baikal see
Stanowoigebirge
Ochotskisches Meer
Paris
Ural
Wolga
Irtysch
Jablonowygebirge
Kamtschatka
E U R O P A
Alpen
4810 Mont Blanc
Donau
Kaspische Senke
A S I E N
Altai
Amur
Mandschurei
Nordwest-
Rom
Kaukasus
5642 Elbrus
Schwarzes Meer
Kaspisches Meer
Turan
Tian Shan
Tarim-becken
Gobi
Korea
Japanisches Meer (Ost'meer)
Peking
Honshu
pazifisches
5267
Mittelmeer
Hochland von Iran
Hindukusch
Kunlun Shan
Hochland von Tibet
Huang He
Jangtsekiang
Shanghai
Tokio
10554
P a
Kairo
Arabische Halbinsel
Mesopotamien
Himalaya
Mt. Everest 8848
Delhi
Ganges
Ostchinesisches Meer
Becken
Riad
Rotes Meer
Indus
Thar
I n d i e n
Südchinesisches Bergland
Hongkong
Nil
S a h a r a
Mumbai
Arabisches Meer
Golf von Bengalen
Bangkok
Mekong
Philippinen-becken
Marianen
Ras Daschan 4533
Kap Guardafui
Arabisches Becken
Andamanen
Südchinesisches Meer
Philippinen
10540
Marianengraben
11034
M i k r o n e s i e n
A F R I K A
Hochland von Äthiopien
Kap Komorin
Nikobaren
Sri Lanka
Karolinen
Asande-schwelle
Arabisch-Indischer Rücken
Malediven
Malaiischer
Mt. Kenia 5199
Somali-becken
Singapur
Borneo
Äquator
Kongo
Victoria see
5895 Kilimandscharo (Kibo)
Seychellen
Chagos-Archipel
Kerinci 3805
Sumatra
Jakarta
Archipel
Java
Neuguinea
4884 Puncak Jaya
M e l a n e s i e n
Salomon-Inseln
Daressalam
Zentral-indisches Becken
Sundagraben
Kap York
Darwin
7290
Korallen- see
Komoren
Maskarenen-becken
Kokos-Inseln
Nordaustralisches
Great Barrier Reef
Lundaschwelle
Madagaskar
Str. v. Mossambik
Westlicher Indischer Rücken
Zentralindischer Rücken
Bengalischer Rücken
I n d i s c h e r
Becken
Große Sandwüste
A U S T R A L I E N
Australisches Tiefland
Australisches Bergland
Kalahari-becken
Maskarenen
O z e a n
Westaustralisches Becken
Eyresee
Murray
Tasman- see
Johannesburg
Drakensberge
Natal-becken
Madagaskar-becken
Südwest-
Südindisches Becken
Perth
Große Victoriawüste
Große Australische Bucht
Darling
Sydney
2228 Mt. Kosciuszko
Kapstadt
Kap der Guten Hoffnung
indisches
St-Paul-Insel
Südaustralisches
Becken
Tasmanien
Tasmanbecken
Kapschwelle
5960
Agulhas-becken
Becken
Indisch-Antarktischer Rücken
Tasmanschwelle
Kerguelen
Indisch-Antarktisches Becken

Atlantisch-Indisches-Südpolarbecken
Kerguelen-Gaußberg-Rücken
S ü d p o l a r

A N T A R K T I K A
Wostoksee

Landhöhen und Meerestiefen (in Meter)
8848
5 000
3 000
1 000
500
200
0 (Küstenlinie)
5267
4 000
2 000
200
Depression

500 1000 1500 2000 2500 km

N 180° O 160° West P 140° Q 120° R 100° S 80° T 60° U 40° V 20° West W 0° X 20° Ost Y 40° Z 60°

Nordpolarmeer

Kanadisch-arktischer Archipel

Grönland

Spitzbergen

Europäisches Nordmeer

Nordkap

Skandinavien

Beaufortsee

Baffin Bay

Baffin-Insel

Davisstraße

3410

Nördlicher Polarkreis

Island

Point Barrow

Barren Grounds

Kap Farvel

Britische Inseln

Kap Deschnew

Alaska

6190 Denali (Mt. McKinley)

Mackenzie

Kanadischer Schild

Hudson Bay

Labrador

Labrador-becken

Beringstraße

Rocky

Küstengebirge

NORD-

Mittelatlantischer Rücken

Beringmeer

Aleuten

Aleutengraben

Mountains

Great Plains

AMERIKA

Winnipeg

Oberer See

Missouri

Neufundland

Neufundland-becken

Vancouver

Sierra Nevada

Appalachen

New York

Atlantischer

Nordost-

Mendocinostufe

San Francisco

Los Angeles

Mississippi

Bermuda-Inseln

Sargasso-see

Nordamerikanisches Becken

Murraystufe

pazifisches

6225

Hochland von Mexiko

Golf von Mexiko

New Orleans

Nördlicher Wendekreis

Ozean

Hawaiirücken

Clarionstufe

5636 Citlaltépetl

Mexiko-Stadt

Kuba

Große Antillen

9219

Karibisches Meer

Guayana-becken

Hawaii-Inseln

Becken

Mittelamerika

Panama-Stadt

Llanos

Bergland von Guayana

Zentral-

Clippertonstufe

Clipperton-Insel

pazifisches

Äquator

Quito

SÜD-

Marshall-Inseln

Galápagos-Inseln

Chimborazo 6268

Amazonas

Becken

Kiritimati

Punta Pariñas

Amazonasbecken

AMERIKA

Gilbert-Inseln

Ozean

Phönix-Inseln

Peru

Lima

Titicacasee

La Paz

Tuvalu

OZEANIEN

Samoa-Inseln

Perubecken

Atacamagraben

Gran Chaco

Brasilianisches Bergland

Fidschi-Inseln

Tonga

Gesellschafts-Inseln

Tuamotu-Archipel

Südlicher Wendekreis

8066

Anden Kordilleren

Neu-kaledonien

Osterinsel

Sala-y-Gómez-Rücken

Pampa

Aconcagua 6961

Santiago

Buenos Aires

Auckland

Südpazifisches

Chilenische Schwelle

Ostpazifischer Rücken

Argentinisches

Neuseeland

Chatham-Inseln

Becken

Patagonien

Falkland-Inseln (Malwinen)

Becken

Auckland-Inseln

Kermadecgraben

Tongagraben

Punta Arenas

Feuerland

Südgeorgien

Kap Hoorn

Südantillenbecken

8264

Südsandwich-Inseln

pazifisch-antarktischer Rücken

Antarktisches Becken

Südlicher Polarkreis

Weddell-meer

© Westermann

N 180° O 160° West P 140° Q 120° R 100° S 80° T 60° U 40° V 20° West W 0° X 20° Ost

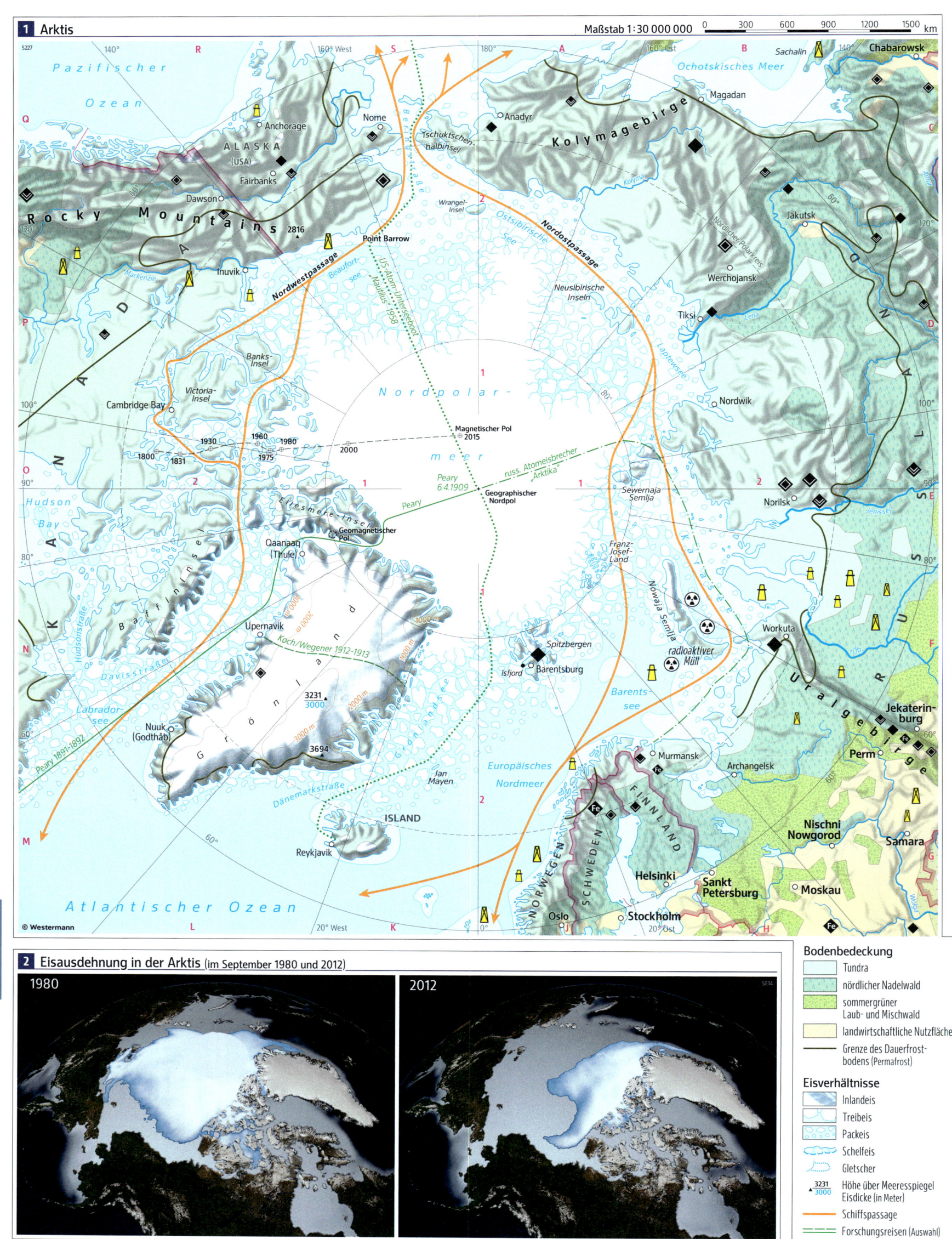

1 Arktis Maßstab 1:30 000 000

0 300 600 900 1200 1500 km

2 Eisausdehnung in der Arktis (im September 1980 und 2012)

1980

2012

Bodenbedeckung
- Tundra
- nördlicher Nadelwald
- sommergrüner Laub- und Mischwald
- landwirtschaftliche Nutzfläche
- Grenze des Dauerfrostbodens (Permafrost)

Eisverhältnisse
- Inlandeis
- Treibeis
- Packeis
- Schelfeis
- Gletscher
- 3231 / 3000 Höhe über Meeresspiegel Eisdicke (in Meter)
- Schiffspassage
- Forschungsreisen (Auswahl)

© Westermann

3 Antarktis · Maßstab 1:30 000 000 · 0 300 600 900 1200 1500 km

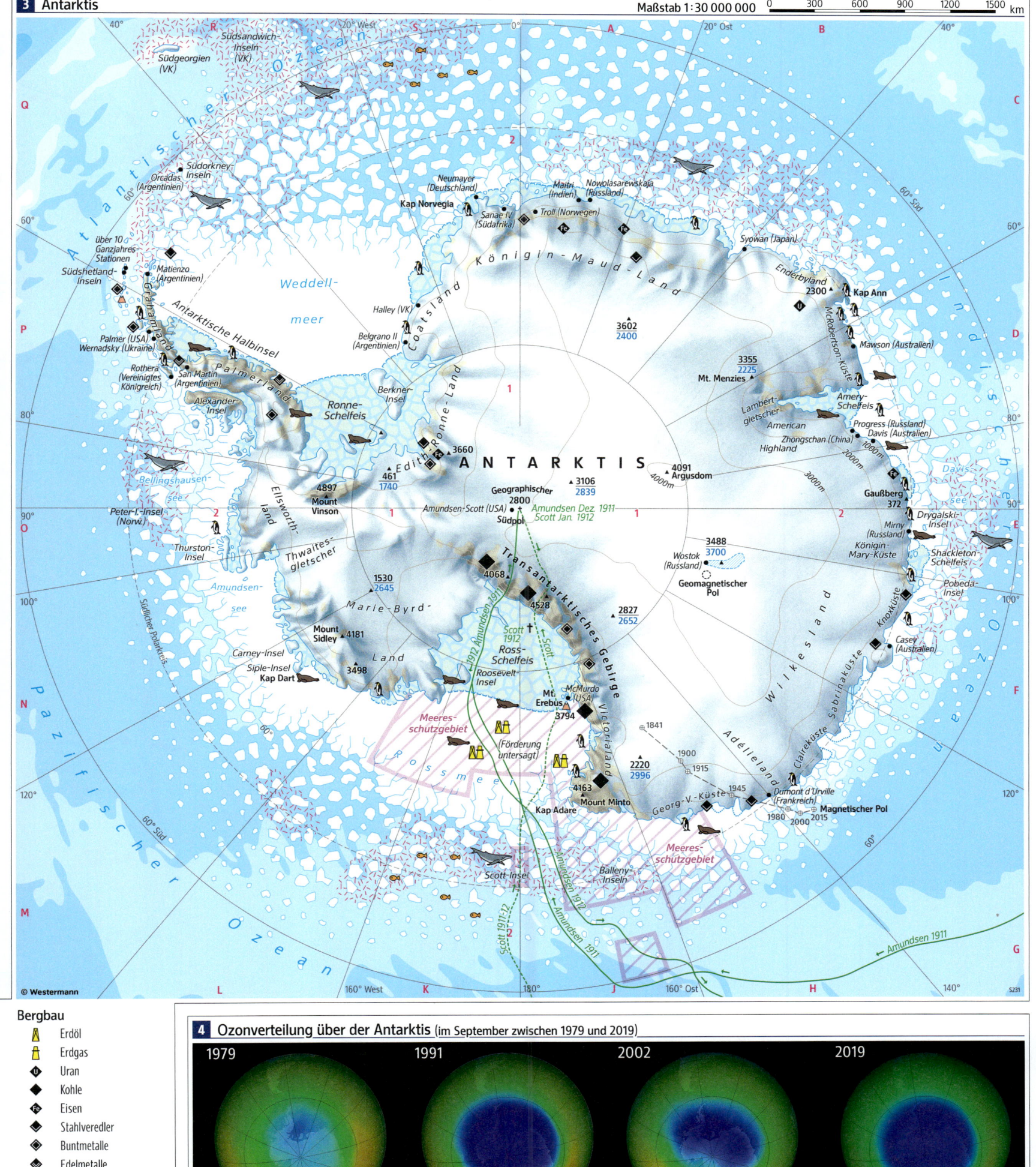

Bergbau

🛢	Erdöl
⛽	Erdgas
U	Uran
◆	Kohle
Fe	Eisen
◈	Stahlveredler
◈	Buntmetalle
◈	Edelmetalle

Lebensräume

•	ganzjährig besetzte Polarstation
🐧	Pinguinkolonien
🦭	Robben
⬚	Krill
🐋	Wale
🐟	Fischgründe

4 Ozonverteilung über der Antarktis (im September zwischen 1979 und 2019)

1979 · 1991 · 2002 · 2019

in Ozoneinheiten (Dobson-Einheiten)

110 Ozonloch 220 330 440 550

Von Ozonloch spricht man, wenn eine Region einen Gesamtozonwert von 220 Dobson-Einheiten oder geringer aufweist.

Beispiel: Ozonloch

© Westermann

Spitzberge

Grönland

Nördlicher Polarkreis

66,5°

60°

Alaska

Katmai

Hudson Bay

Neufundland

Island

Jan Mayen

Heimaey
Surtsey

Nordsee

⑦

Juan de Fuca-Platte

Mt. Rainier
Mt. St. Helens

New York

②

Paris

Adriatische Platte

Lassen Peak

San Francisco

30° Nord

1906
San Francisco
† 3 000

Nordamerikanische Platte

Atlantischer Ozean

Azoren

1980
Algerien
† 3 600

Stromboli
Ätn

23,5°

Nördlicher Wendekreis

Teide

Afrikanische Platte

▲ *Hawaii*
Vulkane

Mexiko-Stadt

1976
Guatemala
† 23 000

2010
Haiti
† 316 000

Montserrat

Mittelatlantischer

Niger

Paricutin

1985
Mexiko
† 8 500

Santa Maria

Karibische Platte

Soufrière
Mt. Pelée

Kap Verde

P a z i f i s c h e r

⑨

Kokos-Platte

Nevado del Ruiz

Bogotá

Rücken

Kamerun-berg

Pazifische Platte

0°   Äquator

Galápagos-Inseln

Cotopaxi

Amazonas

Südamerikanische Platte

Ascension

O z e a n

1970
Peru
† 67 000

⑮

Ostpazifischer Rücken

Nazca-Platte

Sajama

④

Atlantischer Ozean

23,5°   Südlicher Wendekreis

⑧

Santiago

Maipo

Paraná

Tristan da Cunha

30° Süd

1960
Chile
† 57 000

Osorno

Bouvet

⑨

Scotia-Platte

150°   120°   90°   60°   30° West   0°

S1126_1

Plattentektonik

| Meer / Land | Tektonische Platte (umfasst meistens Land und Meer) |

Nazca-Platte Name der tektonischen Platte

➡ Richtung der Plattenbewegung

⑦ Geschwindigkeit der Platte (in cm/Jahr)

▦▦ Grabenzone

Plattengrenze

━━ Tektonische Platten driften auseinander (ozeanische Rücken)

⇄ Tektonische Platten gleiten aneinander vorbei

▲▲ Tektonische Platten stoßen zusammen, eine Platte taucht unter die andere Platte (Subduktion)

Vulkanismus

▲ Vulkan

▲ große Vulkantätigkeit im 20./21. Jahrhundert

Erdbeben

○ Erdbeben

◎ größeres Erdbeben (Auswahl)

1960
Chile
† 57 000   Jahr, Land und Anzahl der Toten

Flutwellen (Tsunamis)

⬅ Flutwellengefahr

➡ schwere Flutwelle
2011 mit Jahr

2004
Indonesien, Indien,
Sri Lanka, Thailand
† über 280 000   Jahr, Land und Anzahl der Toten

Tiefseegraben   Vulkan

Ozean

ozeanische Platte

kontinentale Platte

Magmakammer

abtauchende Platte (Subduktion)

S237_1a

kontinentale oder ozeanische Platte

kontinentale oder ozeanische Platte

aneinander vorbei gleitende Platten (Horizontalverschiebung)

S237_1b

mittelozeanischer Graben („rift valley")

Ozean

Ozean

ozeanische Platte

ozeanische Platte

aufsteigendes Magma

auseinander driftende Platten (ozeanischer Rücken)

S237_1c

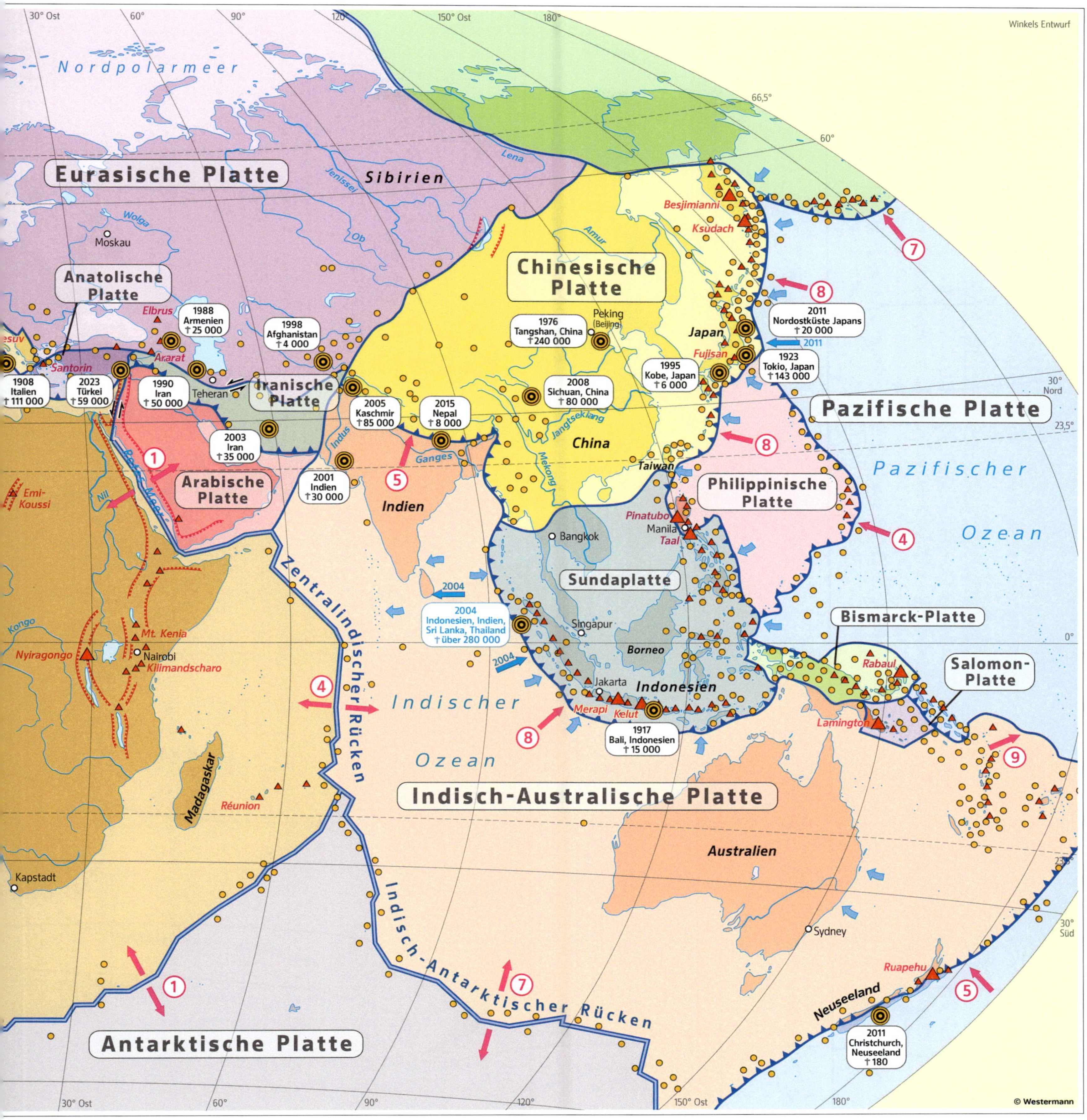

Winkels Entwurf

30° Ost   60°   90°   120°   150° Ost   180°

Nordpolarmeer

Eurasische Platte   *Sibirien*

66,5°   60°

Moskau

Wolga   *Ob*   *Jenissej*   *Lena*   *Amur*

Anatolische Platte

Elbrus   1988 Armenien †25 000   1998 Afghanistan †4 000

Chinesische Platte

Peking (Beijing)   1976 Tangshan, China †240 000   *Besjimianni*   *Ksudach*

Japan   *Fujisan*   2011 Nordostküste Japans †20 000   2011   **8**   **7**

Santorin   *Ararat*

1908 Italien †111 000   2023 Türkei †59 000   1990 Iran †50 000   Teheran   **Iranische Platte**   2008 Sichuan, China †80 000   1995 Kobe, Japan †6 000   1923 Tokio, Japan †143 000   30° Nord   23,5°

2003 Iran †35 000   2005 Kaschmir †85 000   2015 Nepal †8 000   *China*   *Jangtsekiang*   **Pazifische Platte**

1   *Nil*   *Indus*   **Arabische Platte**   2001 Indien †30 000   **5**   *Ganges*   *Mekong*   Taiwan   **8**   *Pazifischer*

Emi-Koussi   *Indien*   **Philippinische Platte**   *Pinatubo*   Manila   *Taal*   **4**   *Ozean*

Zentralindischer Rücken   Bangkok   **Sundaplatte**

Kongo   *Mt. Kenia*   2004   2004 Indonesien, Indien, Sri Lanka, Thailand †über 280 000   Singapur   *Borneo*   **Bismarck-Platte**   0°

Nyiragongo   Nairobi   *Kilimandscharo*   *Rabaul*   **Salomon-Platte**

4   *Indischer*   2004   Jakarta   *Indonesien*   *Lamington*   **9**

Madagaskar   *Réunion*   *Ozean*   *Merapi*   *Kelut*   **8**   1917 Bali, Indonesien †15 000

Indisch-Australische Platte

Kapstadt   *Australien*

23,5°

Sydney   30° Süd

1   *Indisch-Antarktischer Rücken*   **7**   *Ruapehu*   **5**

Neuseeland

Antarktische Platte   2011 Christchurch, Neuseeland †180

© Westermann

30° Ost   60°   90°   120°   150° Ost   180°

Ausbruch des Mount St. Helens (USA, 1980)   Verwüstungen nach dem Tsunami (Thailand, 2004)   Straße in Kathmandu nach dem Erdbeben (Nepal, 2015)

S1126_1a

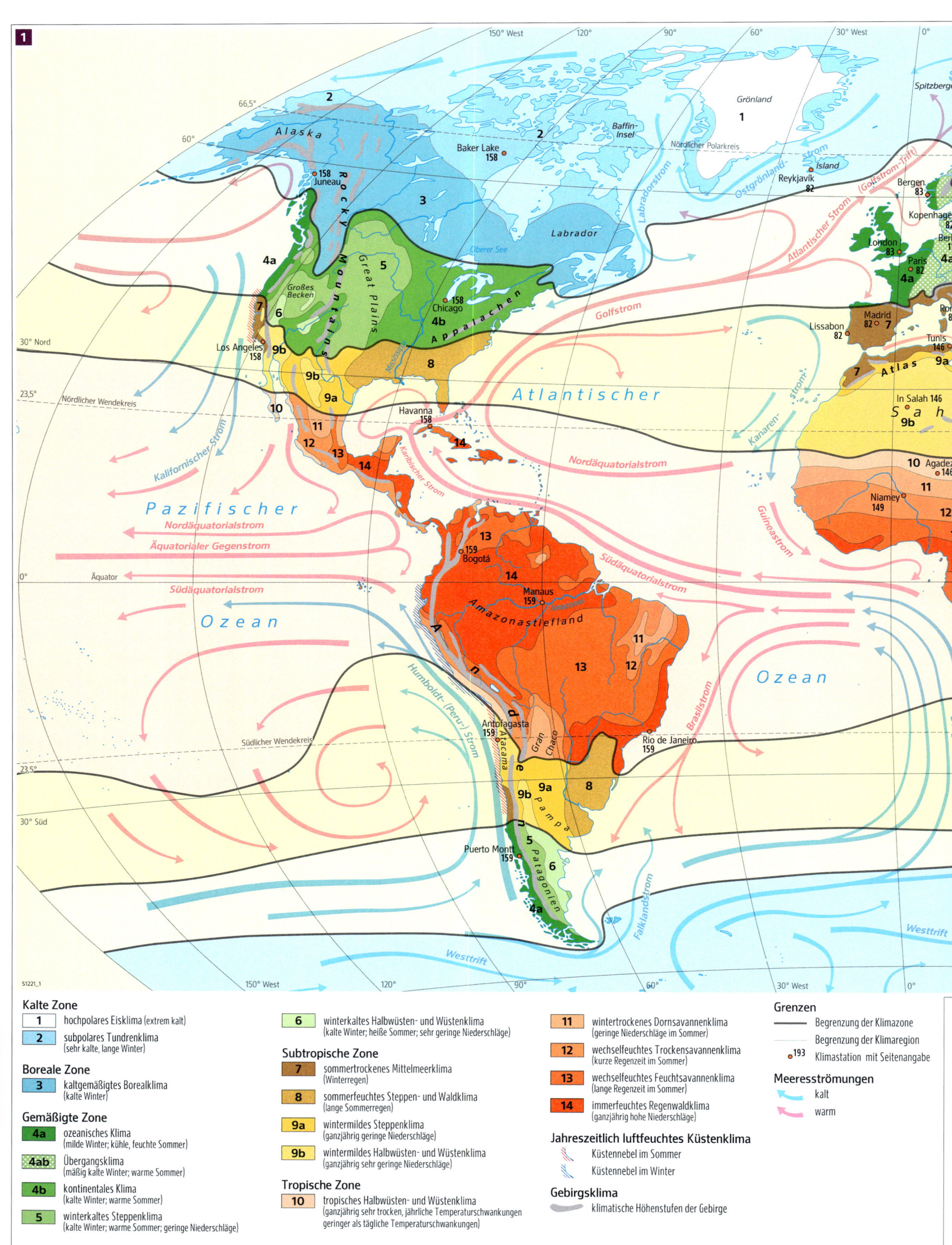

1

Kalte Zone

| | 1 | hochpolares Eisklima (extrem kalt) |
| | 2 | subpolares Tundrenklima (sehr kalte, lange Winter) |

Boreale Zone

| | 3 | kaltgemäßigtes Borealklima (kalte Winter) |

Gemäßigte Zone

	4a	ozeanisches Klima (milde Winter; kühle, feuchte Sommer)
	4ab	Übergangsklima (mäßig kalte Winter; warme Sommer)
	4b	kontinentales Klima (kalte Winter; warme Sommer)
	5	winterkaltes Steppenklima (kalte Winter; warme Sommer; geringe Niederschläge)

| | 6 | winterkaltes Halbwüsten- und Wüstenklima (kalte Winter; heiße Sommer; sehr geringe Niederschläge) |

Subtropische Zone

	7	sommertrockenes Mittelmeerklima (Winterregen)
	8	sommerfeuchtes Steppen- und Waldklima (lange Sommerregen)
	9a	wintermildes Steppenklima (ganzjährig geringe Niederschläge)
	9b	wintermildes Halbwüsten- und Wüstenklima (ganzjährig sehr geringe Niederschläge)

Tropische Zone

| | 10 | tropisches Halbwüsten- und Wüstenklima (ganzjährig sehr trocken, jährliche Temperaturschwankungen geringer als tägliche Temperaturschwankungen) |

	11	wintertrockenes Dornsavannenklima (geringe Niederschläge im Sommer)
	12	wechselfeuchtes Trockensavannenklima (kurze Regenzeit im Sommer)
	13	wechselfeuchtes Feuchtsavannenklima (lange Regenzeit im Sommer)
	14	immerfeuchtes Regenwaldklima (ganzjährig hohe Niederschläge)

Jahreszeitlich luftfeuchtes Küstenklima

Küstennebel im Sommer
Küstennebel im Winter

Gebirgsklima

klimatische Höhenstufen der Gebirge

Grenzen

Begrenzung der Klimazone
Begrenzung der Klimaregion
193 Klimastation mit Seitenangabe

Meeresströmungen

kalt
warm

Winkels Entwurf

Nowaja Semlja

romsø
9

Iaparanda
82
3

Gdingen
89

4b
Warschau
83

Budapest
89

Nischni
Nowgorod
116

Moskau
83

Uralgebirge

Surgut
116

S i b i r i e n

Werchojansk
116

2

2

3

66,5°

60°

Kasachensteppe

5

5

Amur

4b

4a

Oya-Schio

Tokio
193

Kuro-Schio

Split
83

Athen
89

Ankara
82

Iraklion
83

Kairo
152

a

9b

Schwarzes Meer

Kaspisches Meer

Turan

6

Chimboy
119

Tian Shan

Kunlun Shan

6

5

Tibet

Himalaya

Lhasa
193

Gobi

Peking
193 (Beijing)

8

Chongqing
193

30° Nord

Pazifischer

Ozean

23,5°

Große Arabische Wüste

10

Nil

Khartum
152

'Djamena
46

Addis Abeba
152

11

Somalstrom

Nordäquatorialstrom

10

Thar

Delhi
128

11

Mumbai
128

12

Ganges

13

Hyderabad
128

Kolkata
128

14

Cherrapunji
129

12

13

12

Nordäquatorialstrom

Äquatorialer Gegenstrom

Singapur
193

Borneo

14

14

14

13

Java

13

Indischer Ozean

Äquatorialer Gegenstrom

Südäquatorialstrom

0°

23,5°

14

Kongo-becken

Yangambi
146

Kinshasa
146

13

12

Lusaka
147

147
Windhuk
11

Kalahari

9a 8

9b

Kapstadt
147

Aguḷhasstrom

Kampala
152

Victoriasee

Madagaskar

Strom

Westaustralischer

Perth
185
7

Darwin
185

12

11

Große Sandwüste

10

Alice-Springs
185

Große Victoriawüste

9b

8

9a

7

Melbourne
185

4a

Hobart
185

Sydney
185

Ostaustralischer *Strom*

8

4a

30° Süd

Westdrift

© Westermann

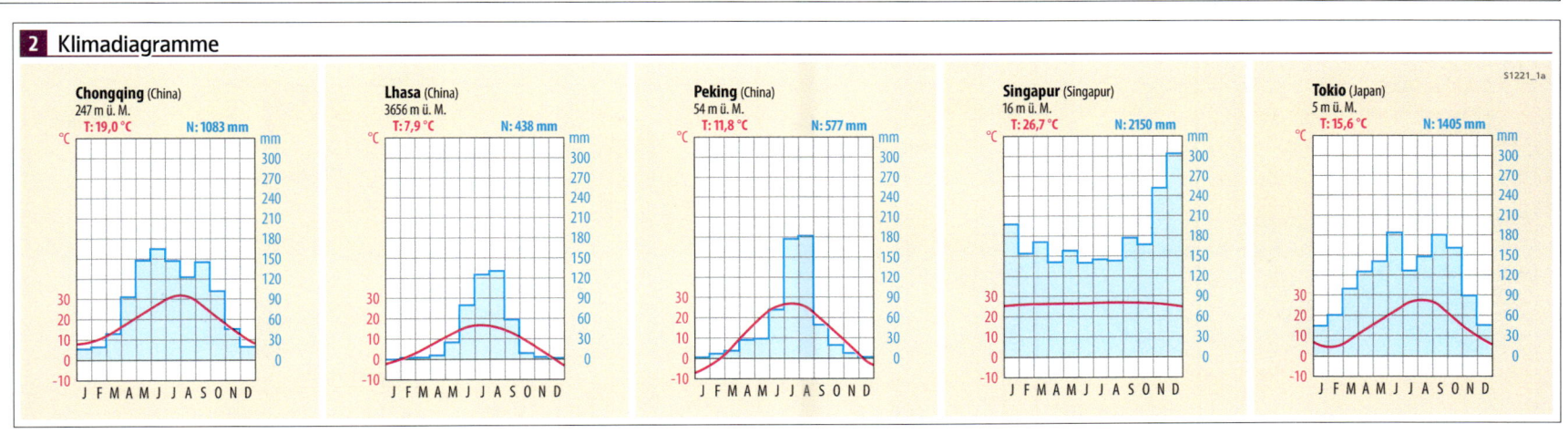

2 Klimadiagramme

S1221_1a

Chongqing (China) 247 m ü. M. — T: 19,0 °C — N: 1083 mm
Lhasa (China) 3656 m ü. M. — T: 7,9 °C — N: 438 mm
Peking (China) 54 m ü. M. — T: 11,8 °C — N: 577 mm
Singapur (Singapur) 16 m ü. M. — T: 26,7 °C — N: 2150 mm
Tokio (Japan) 5 m ü. M. — T: 15,6 °C — N: 1405 mm

Autoabgase

Industrieabgase

Klimaanlagen am Hochhaus

S962a

1 Treibhausgas Kohlenstoffdioxid (CO₂)

Maßstab 1:150 000 000

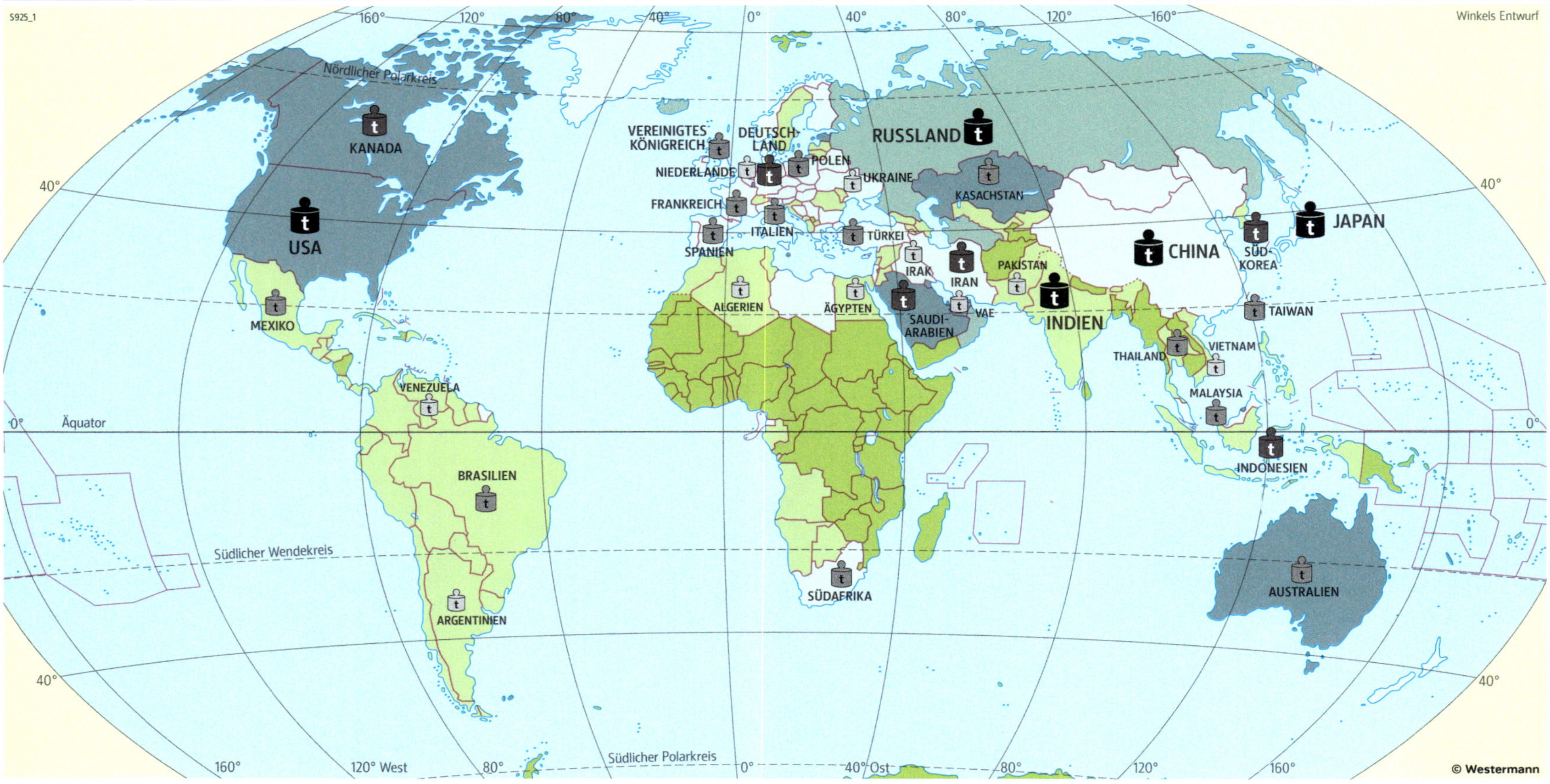

0 1000 2000 3000 4000 5000 km

S925_1

Winkels Entwurf

Nördlicher Polarkreis

KANADA

USA

MEXIKO

VENEZUELA

BRASILIEN

ARGENTINIEN

VEREINIGTES KÖNIGREICH

DEUTSCH-LAND

NIEDERLANDE

FRANKREICH

POLEN

UKRAINE

RUSSLAND

KASACHSTAN

SPANIEN

ITALIEN

TÜRKEI

IRAK

IRAN

PAKISTAN

CHINA

JAPAN

SÜD-KOREA

ALGERIEN

ÄGYPTEN

SAUDI-ARABIEN

VAE

INDIEN

TAIWAN

THAILAND

VIETNAM

MALAYSIA

INDONESIEN

SÜDAFRIKA

AUSTRALIEN

Äquator

Südlicher Wendekreis

Südlicher Polarkreis

© Westermann

CO₂-Emission pro Kopf (in Tonnen je Einwohner, 2018)

1 5 10 15 t/Ew.

keine Daten

CO₂-Emissionen absolut (in Millionen Tonnen, 2018)

t 150 – 250 Mio.t   t 250 – 500 Mio.t   t 500 – 1000 Mio.t   t über 1000 Mio.t

CO₂-Emissionen pro Person und Land* (2018, in t)

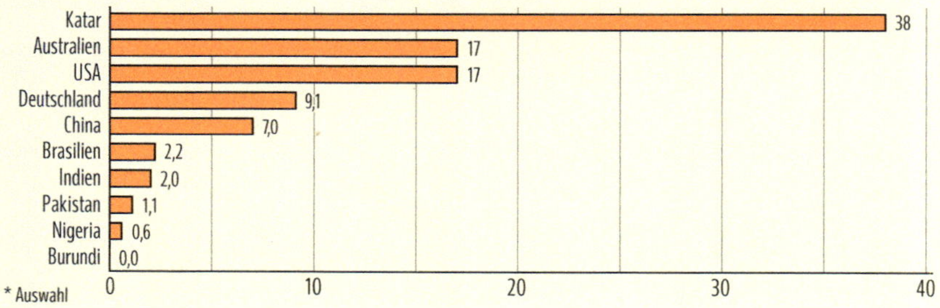

S962b

Katar	38
Australien	17
USA	17
Deutschland	9,1
China	7,0
Brasilien	2,2
Indien	2,0
Pakistan	1,1
Nigeria	0,6
Burundi	0,0

0 10 20 30 40

* Auswahl

CO₂-Emissionen pro Land* (2018, in Mrd. t)

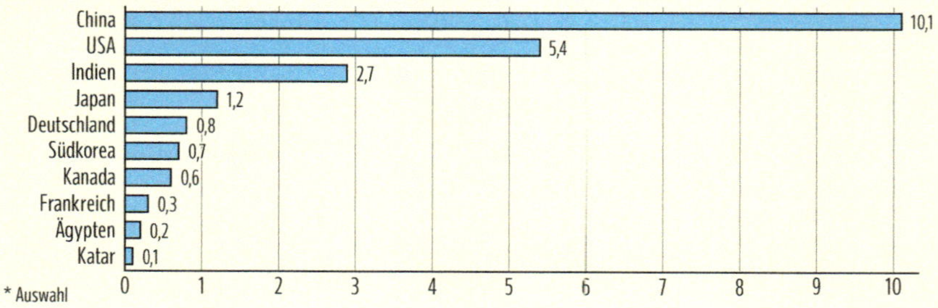

S962c

China	10,1
USA	5,4
Indien	2,7
Japan	1,2
Deutschland	0,8
Südkorea	0,7
Kanada	0,6
Frankreich	0,3
Ägypten	0,2
Katar	0,1

0 1 2 3 4 5 6 7 8 9 10

* Auswahl

2 Treibhausgase

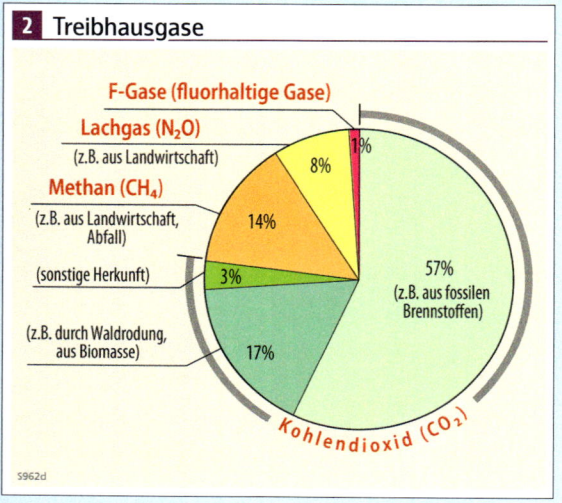

F-Gase (fluorhaltige Gase) 1%

Lachgas (N₂O) 8%
(z.B. aus Landwirtschaft)

Methan (CH₄) 14%
(z.B. aus Landwirtschaft, Abfall)

(sonstige Herkunft) 3%

(z.B. durch Waldrodung, aus Biomasse) 17%

57%
(z.B. aus fossilen Brennstoffen)

Kohlendioxid (CO₂)

S962d

3 Entwicklung der Treibhausgase

S962e

Gigatonnen

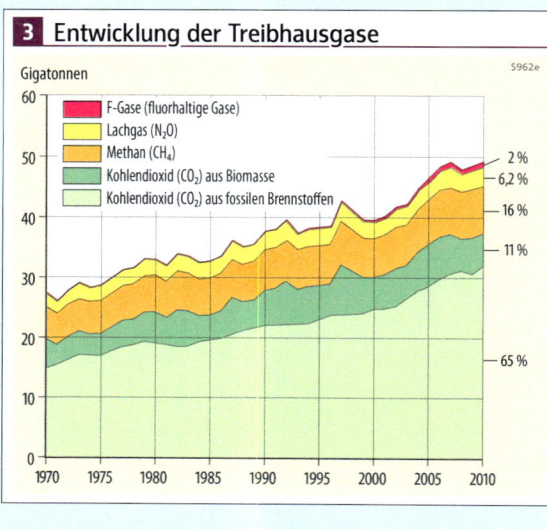

F-Gase (fluorhaltige Gase)
Lachgas (N₂O)
Methan (CH₄)
Kohlendioxid (CO₂) aus Biomasse
Kohlendioxid (CO₂) aus fossilen Brennstoffen

2 %
6,2 %
16 %
11 %

65 %

1970 1975 1980 1985 1990 1995 2000 2005 2010

4 Herkunft des Treibhausgases CO₂

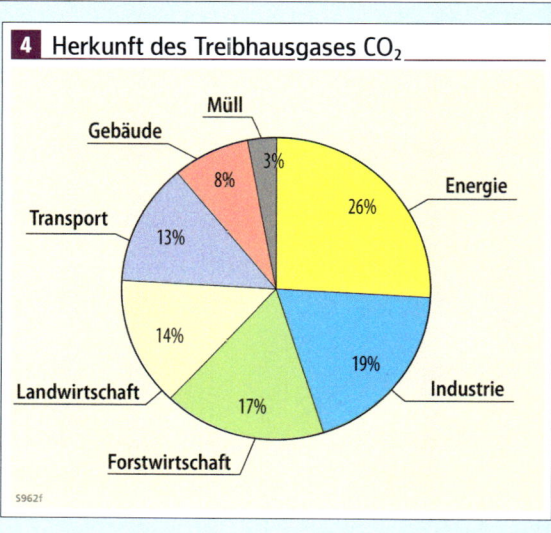

Müll 3%

Gebäude 8%

Energie 26%

Transport 13%

Landwirtschaft 14%

Forstwirtschaft 17%

Industrie 19%

S962f

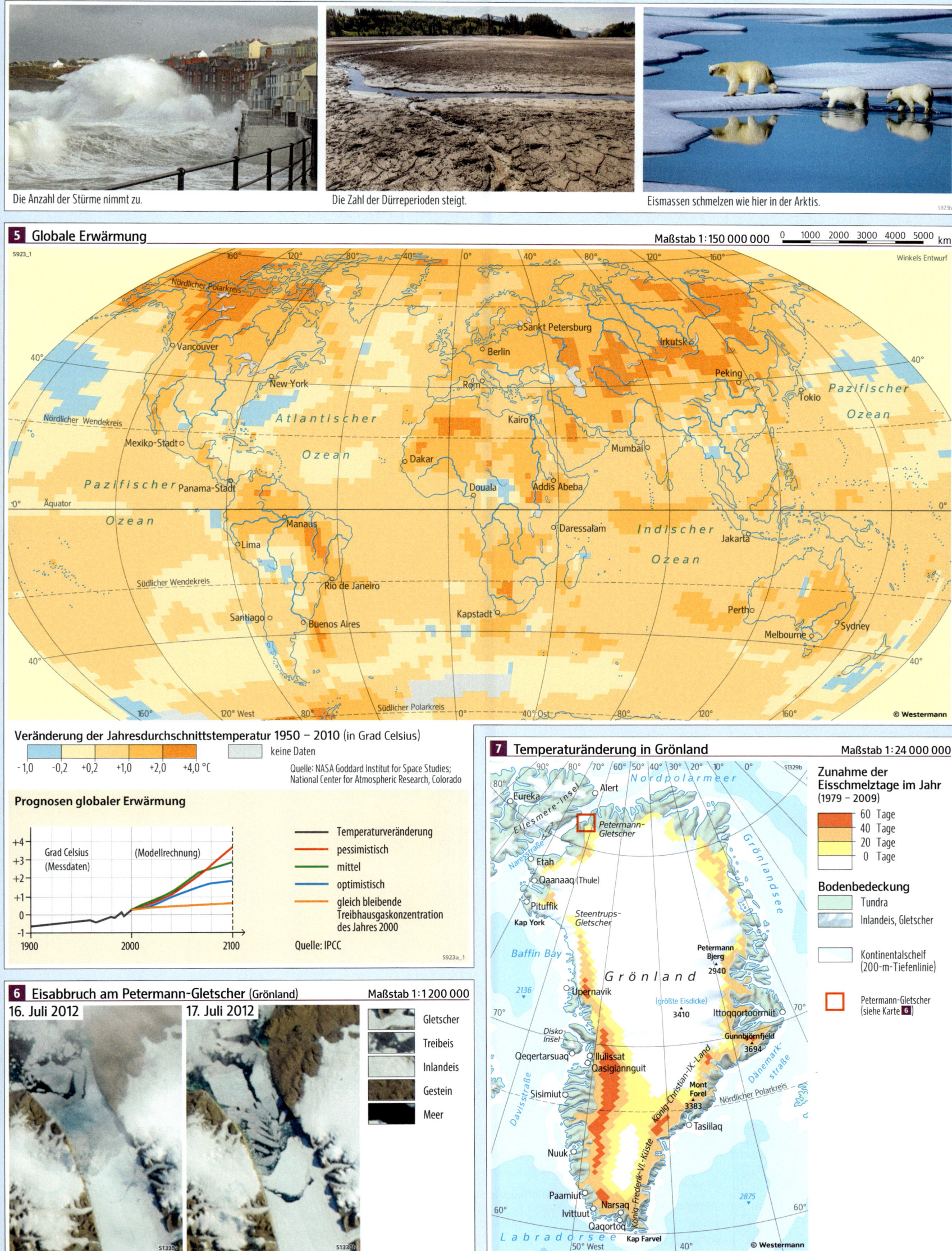

Die Anzahl der Stürme nimmt zu.

Die Zahl der Dürreperioden steigt.

Eismassen schmelzen wie hier in der Arktis.

S923b

5 Globale Erwärmung

Maßstab 1 : 150 000 000

0 1000 2000 3000 4000 5000 km

S923_1

Winkels Entwurf

Nördlicher Polarkreis
Vancouver
New York
Nördlicher Wendekreis
Mexiko-Stadt
Paziﬁscher
Panama-Stadt
Ozean
Äquator
Lima
Manaus
Südlicher Wendekreis
Santiago
Rio de Janeiro
Buenos Aires
120° West
Südlicher Polarkreis
Sankt Petersburg
Berlin
Rom
Atlantischer
Ozean
Dakar
Douala
Addis Abeba
Kairo
Kapstadt
Daressalam
Indischer
Ozean
Mumbai
Irkutsk
Peking
Tokio
Paziﬁscher
Ozean
Jakarta
Perth
Melbourne
Sydney

© Westermann

Veränderung der Jahresdurchschnittstemperatur 1950 – 2010 (in Grad Celsius)

- 1,0   -0,2   +0,2   +1,0   +2,0   +4,0 °C   keine Daten

Quelle: NASA Goddard Institut for Space Studies;
National Center for Atmospheric Research, Colorado

Prognosen globaler Erwärmung

+4
+3   Grad Celsius   (Modellrechnung)
+2   (Messdaten)
+1
0
-1
1900   2000   2100

— Temperaturveränderung
— pessimistisch
— mittel
— optimistisch
— gleich bleibende
    Treibhausgaskonzentration
    des Jahres 2000

Quelle: IPCC

5923a_1

6 Eisabbruch am Petermann-Gletscher (Grönland)   Maßstab 1 : 1 200 000

16. Juli 2012   17. Juli 2012

Gletscher
Treibeis
Inlandeis
Gestein
Meer

S1330a   S1330b

7 Temperaturänderung in Grönland   Maßstab 1 : 24 000 000

S1329b

Nordpolarmeer
Eureka
Alert
Ellesmere-Insel
Petermann-Gletscher
Nares-Straße
Etah
Qaanaaq (Thule)
Pituﬃk
Kap York
Steentrups-Gletscher
Baﬃn Bay
Grönland
Grönländsee
Petermann Bjerg 2940
2136
Upernavik
(größte Eisdicke) 3410
Ittoqqortoormiit
Disko-Insel
Qeqertarsuaq
Ilulissat
Qasigiannguit
Gunnbjörnﬁeld 3694
Dänemark-straße
Sisimiut
König-Christian-IX-Land
Mont Forel 3383
Nuuk
Tasiilaq
Nördlicher Polarkreis
Davisstraße
König-Frederik-VI-Küste
Paamiut
Narsaq
Ivittuut
Qaqortoq
2875
Labradorsee
50° West
Kap Farvel
40°

© Westermann

Zunahme der Eisschmelztage im Jahr
(1979 – 2009)

60 Tage
40 Tage
20 Tage
0 Tage

Bodenbedeckung

Tundra
Inlandeis, Gletscher

Kontinentalschelf
(200-m-Tiefenlinie)

Petermann-Gletscher
(siehe Karte 6)

Hohe Breiten	**Mittelbreiten**	**Subtropen und Randtropen**	**Tropen**

Polare/Subpolare Zone

1 Eiswüste

2 Tundra und Frostschutt

Boreale Zone

3 borealer Nadelwald

Feuchte Mittelbreiten

4 sommergrüner Laub- und Mischwald

Trockene Mittelbreiten

5 Grassteppe

6 Wüste und Halbwüste

Winterfeuchte Subtropen

7 Hartlaubgewächse

Immerfeuchte Subtropen

8 subtropischer Feuchtwald

Tropische und Subtropische Trockengebiete

9 Wüste und Halbwüste

10 winterfeuchte Gras- und Strauchsteppe

11 sommerfeuchte Dornsavanne

Wechselfeuchte Tropen

12 Trockensavanne

13 Feuchtsavanne

Immerfeuchte Tropen

14 tropischer Regenwald

Maßstab 1:70 000 000

0 500 1000 1500 2000 2500 km

197

Winkels Entwurf

30° Ost   60°   90°   120°   150° Ost   180°

66,5°

60°

2

Taiga

Sibirien

3

Jakutsk

Uralgebirge

Moskau

Nowosibirsk

Irkutsk

4

Kasachensteppe

Ulan-Bator

5

Gobi

4

7

Turan

Tian Shan

6

Peking
(Beijing)

5

Tokio

Teheran

Kunlun Shan

Tibet

30°
Nord

9

Indus

Himalaya

9

Thar

Delhi
(Dilli)

10

Shanghai

23,5°

Pazifischer

Kairo

Nil

11

Ganges

13

Kolkata

8

Hongkong
(Xianggang)

Ozean

9

*Große
Arabische
Wüste*

Mumbai
(Bombay)

12

Mekong

Manila

Addis Abeba

13

Bangkok
(Krung Thep)

Nairobi

Kongo

14

*Kongo-
becken*

Singapur

Sumatra

Borneo

14

0°

Kinshasa

Lusaka

12

Indischer

Madagaskar

Neuguinea

13

11

Kalahari

Ozean

Darwin

12

Namib

8

*Große
Sandwüste*

11

7

Kapstadt

*Große
Victoriawüste*

9

8

23,5°

Perth

10

7

Sydney

30°
Süd

4

Neuseeland

30° Ost   60°   90°   120°   150° Ost   180°

© Westermann

Wüste   Feuchtsavanne   Tropischer Regenwald

1 Jahreslauf der Erde um die Sonne

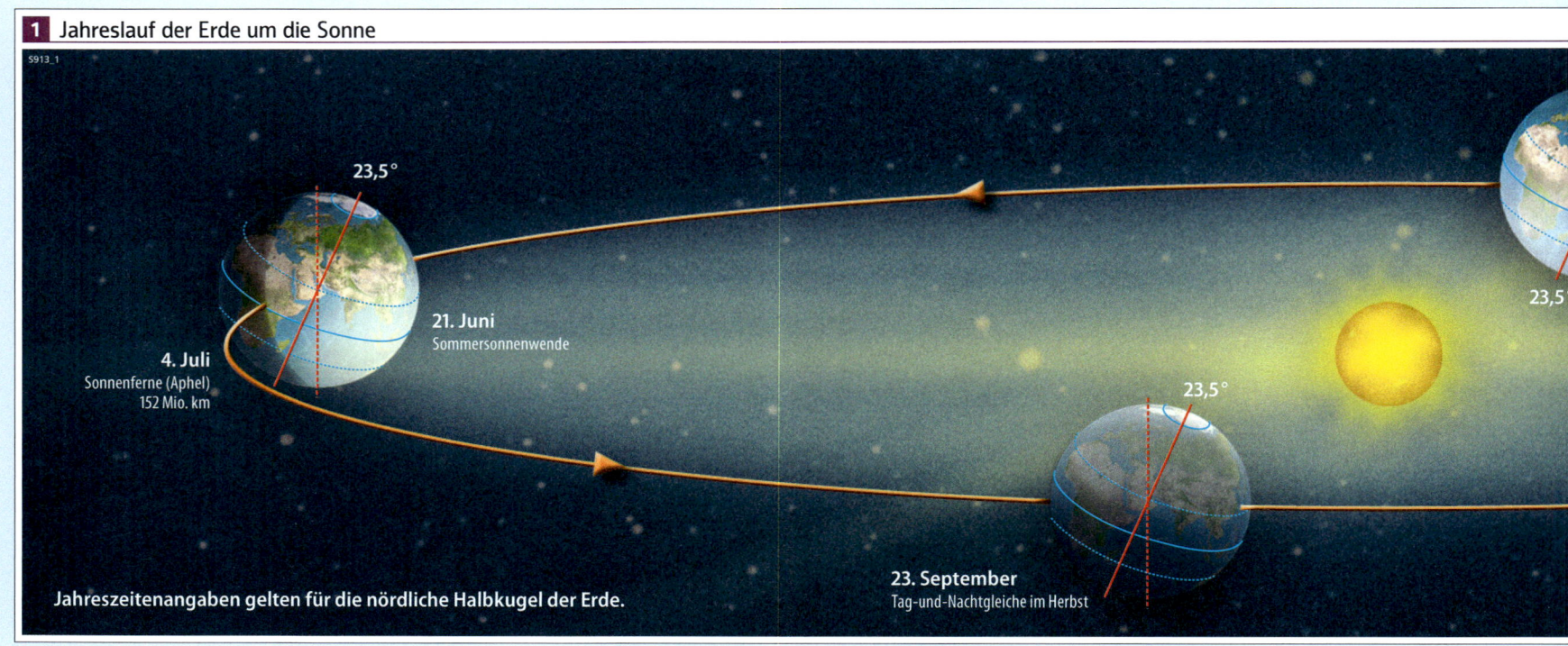

S913_1
23,5°
21. Juni
Sommersonnenwende
4. Juli
Sonnenferne (Aphel)
152 Mio. km
23,5°
23. September
Tag-und-Nachtgleiche im Herbst
23,5°
Jahreszeitenangaben gelten für die nördliche Halbkugel der Erde.

3 Tageslänge im Jahresverlauf am Beispiel der Stadt Ulm

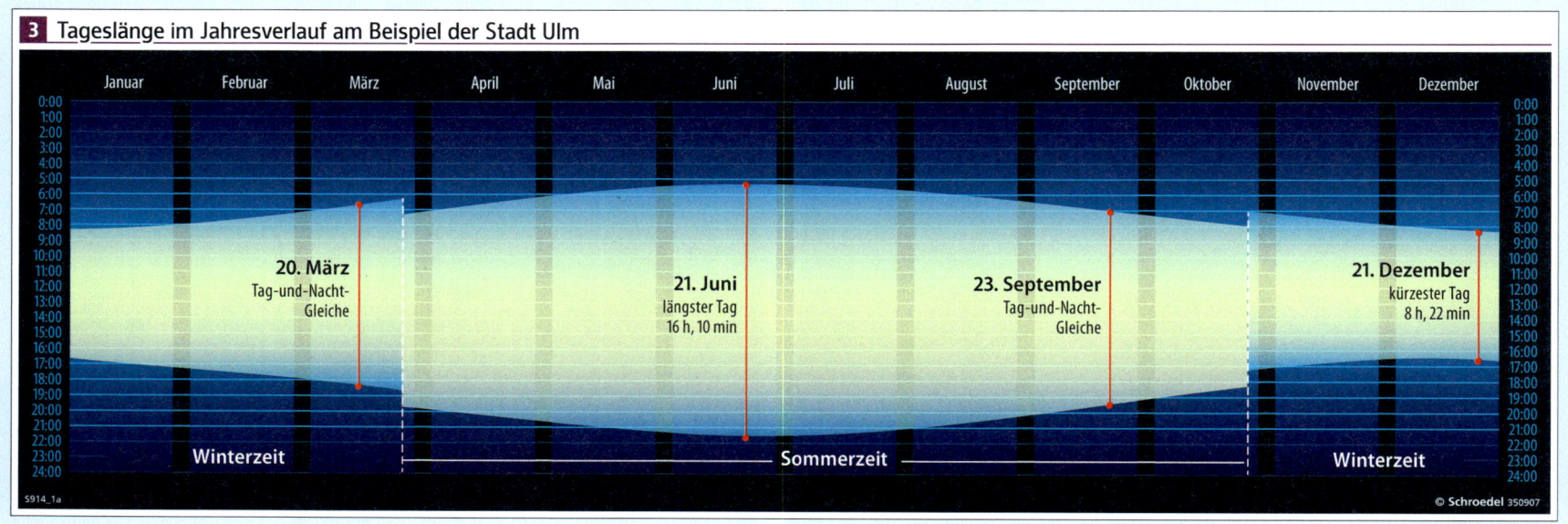

Januar
Februar
März
April
Mai
Juni
Juli
August
September
Oktober
November
Dezember
0:00 … 24:00
20. März
Tag-und-Nacht-Gleiche
21. Juni
längster Tag
16 h, 10 min
23. September
Tag-und-Nacht-Gleiche
21. Dezember
kürzester Tag
8 h, 22 min
Winterzeit
Sommerzeit
Winterzeit
S914_1a
© Schroedel 350907

6 Jahreszeitliche Temperaturen

Januar

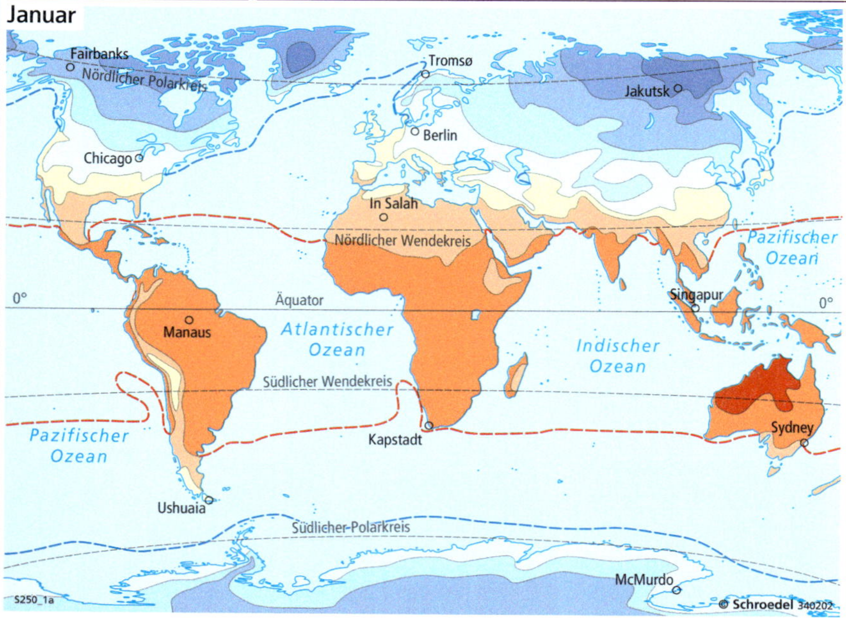

Fairbanks
Nördlicher Polarkreis
Tromsø
Jakutsk
Berlin
Chicago
In Salah
Nördlicher Wendekreis
Pazifischer Ozean
0°
Äquator
Singapur
Manaus
Atlantischer Ozean
Indischer Ozean
Südlicher Wendekreis
Pazifischer Ozean
Kapstadt
Sydney
Ushuaia
Südlicher Polarkreis
McMurdo
S250_1a
© Schroedel 340202

April

Fairbanks
Nördlicher Polarkreis
Tromsø
Jakutsk
Berlin
Chicago
Nördlicher Wendekreis
In Salah
Pazifischer Ozean
0°
Äquator
Singapur
Manaus
Atlantischer Ozean
Pazifischer Ozean
Indischer Ozean
Südlicher Wendekreis
Kapstadt
Sydney
Ushuaia
Südlicher Polarkreis
McMurdo
S250_1b
© Schroedel 340202

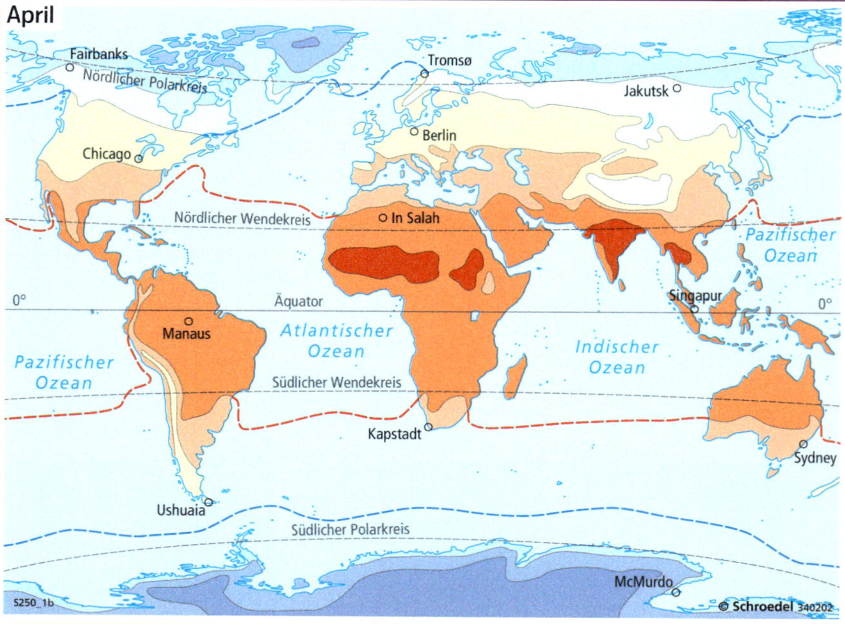

Temperaturen (langjähriges Monatsmittel in Grad Celsius)

-40 -30 -20 -10 0 10 20 30 °C

- 0°-Isotherme der Meeresoberfläche in Grad Celsius
- 20°-Isotherme der Meeresoberfläche in Grad Celsius
- ○ Klimastation (siehe Tabelle rechts)

Jahreszeitliche Temperaturen ausgewählter Orte

	Ort	Lage	Höhe (in Meter)	Temperatur (in Grad Celsius) Jan.	April	Juli	Okt.
1	Fairbanks	Alaska (USA)	133 m	-23,4 °C	-0,7 °C	16,9 °C	-3,8 °C
2	Chicago	USA	205 m	-5,0 °C	9,2 °C	23,5 °C	12,1 °C
3	Manaus	Brasilien	48 m	26,9 °C	27,1 °C	27,7 °C	28,0 °C
4	Ushuaia	Argentinien	14 m	9,6 °C	5,7 °C	1,3 °C	6,2 °C

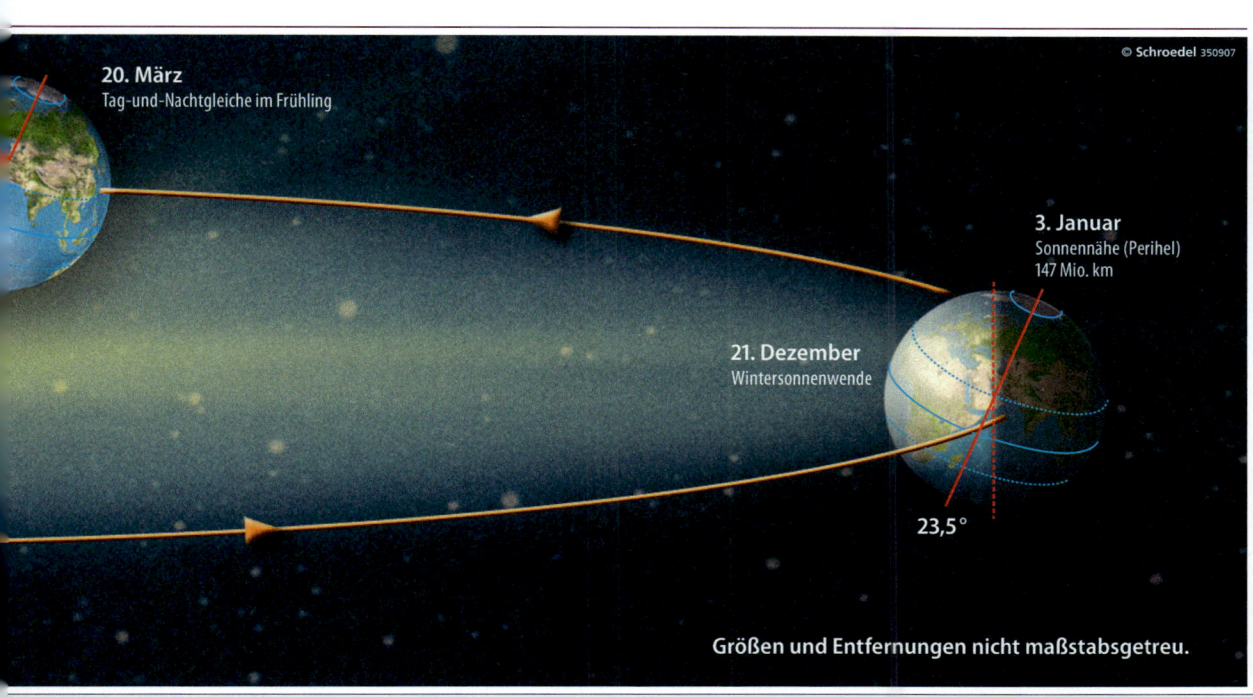

20. März
Tag-und-Nachtgleiche im Frühling

© Schroedel 350907

3. Januar
Sonnennähe (Perihel)
147 Mio. km

21. Dezember
Wintersonnenwende

23,5°

Größen und Entfernungen nicht maßstabsgetreu.

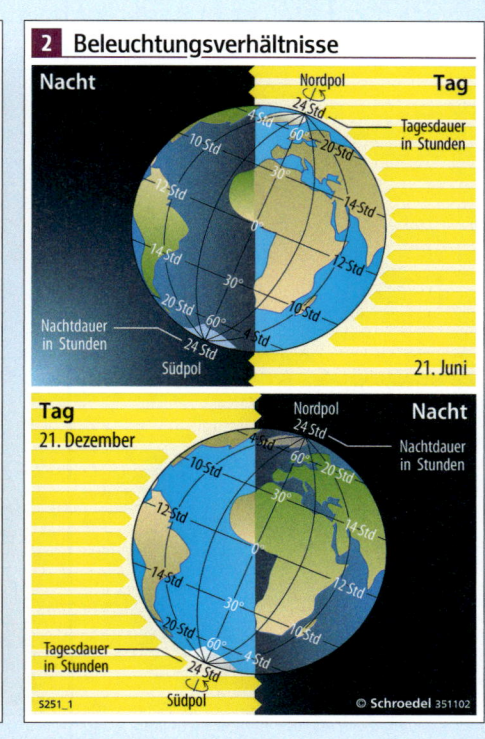

2 Beleuchtungsverhältnisse

Nacht | Nordpol | Tag
Tagesdauer in Stunden
Nachtdauer in Stunden
Südpol
21. Juni

Tag | Nordpol | Nacht
21. Dezember
Nachtdauer in Stunden
Tagesdauer in Stunden
Südpol
© Schroedel 351102

4 Tageslängen an unterschiedlichen Orten (10° östlicher Länge)

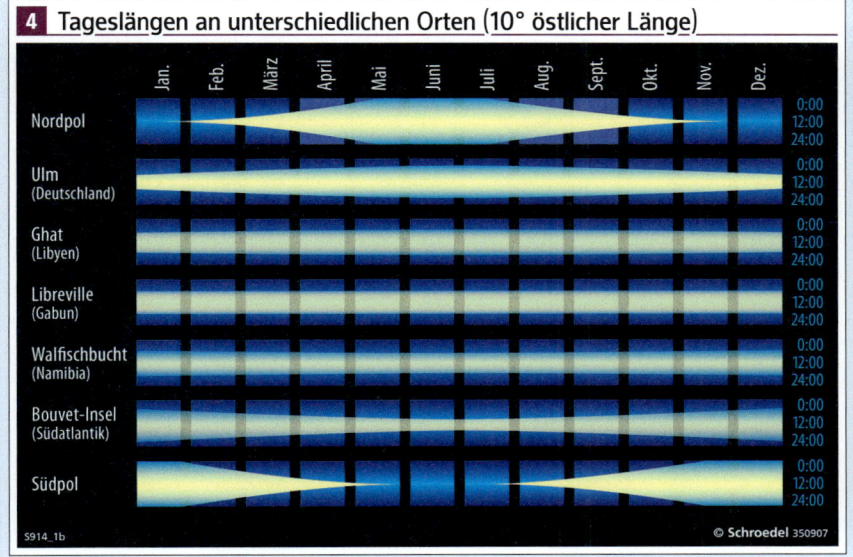

S914_1b

5 Tag- und Nachtlänge am Winteranfang

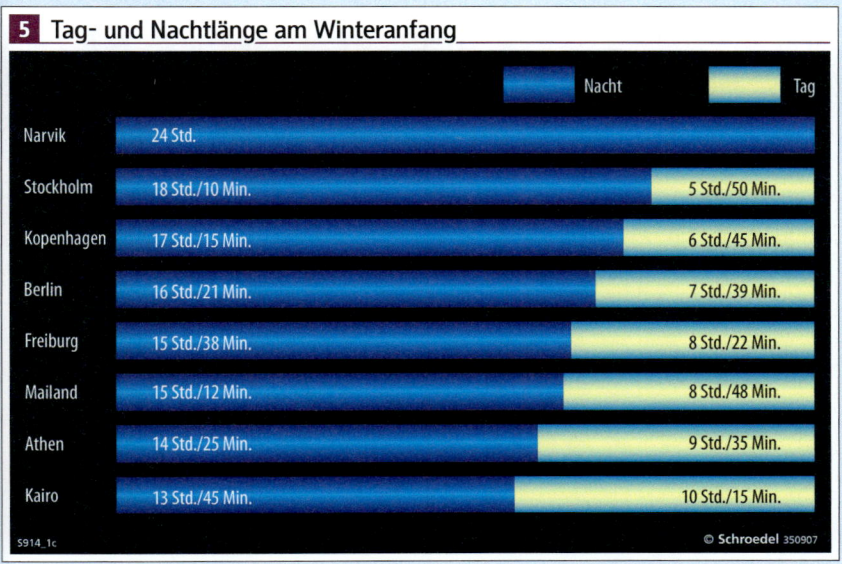

Ort	Nacht	Tag
Narvik	24 Std.	
Stockholm	18 Std./10 Min.	5 Std./50 Min.
Kopenhagen	17 Std./15 Min.	6 Std./45 Min.
Berlin	16 Std./21 Min.	7 Std./39 Min.
Freiburg	15 Std./38 Min.	8 Std./22 Min.
Mailand	15 Std./12 Min.	8 Std./48 Min.
Athen	14 Std./25 Min.	9 Std./35 Min.
Kairo	13 Std./45 Min.	10 Std./15 Min.

S914_1c   © Schroedel 350907

Maßstab 1:240 000 000   0 2 000 4 000 6 000 8 000 10 000 km

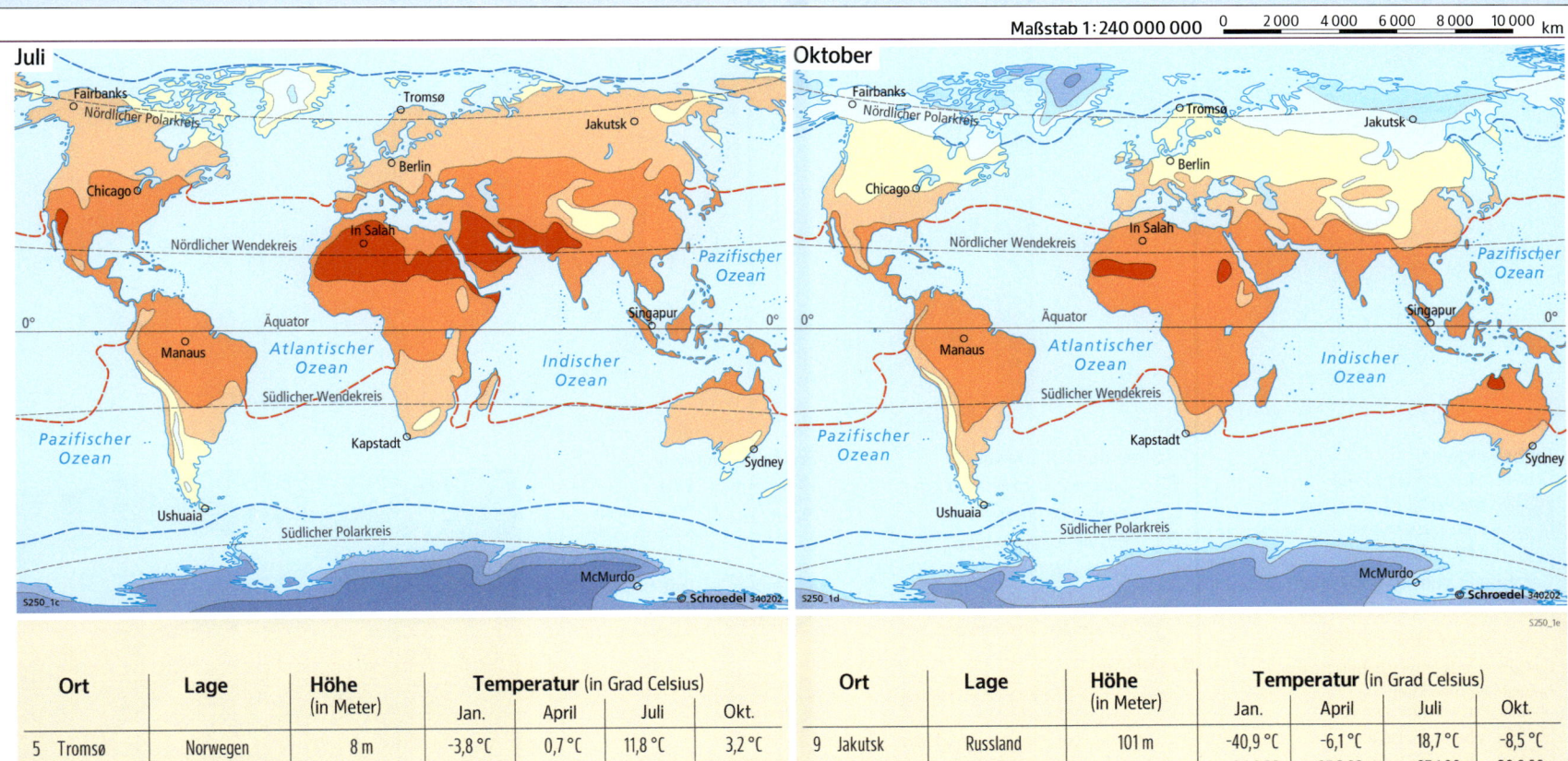

Juli / Oktober

Ort	Lage	Höhe (in Meter)	Jan.	April	Juli	Okt.
5 Tromsø	Norwegen	8 m	-3,8 °C	0,7 °C	11,8 °C	3,2 °C
6 Berlin	Deutschland	49 m	0,7 °C	9,7 °C	19,3 °C	9,7 °C
7 In Salah	Algerien	293 m	14,3 °C	25,2 °C	37,0 °C	26,9 °C
8 Kapstadt	Südafrika	17 m	20,9 °C	17,7 °C	12,8 °C	16,1 °C
9 Jakutsk	Russland	101 m	-40,9 °C	-6,1 °C	18,7 °C	-8,5 °C
10 Singapur	Singapur	16 m	25,8 °C	27,2 °C	27,1 °C	26,8 °C
11 Sydney	Australien	6 m	22,6 °C	19,2 °C	12,8 °C	18,2 °C
12 McMurdo	Antarktis	24 m	-2,9 °C	-20,6 °C	-25,7 °C	-18,9 °C

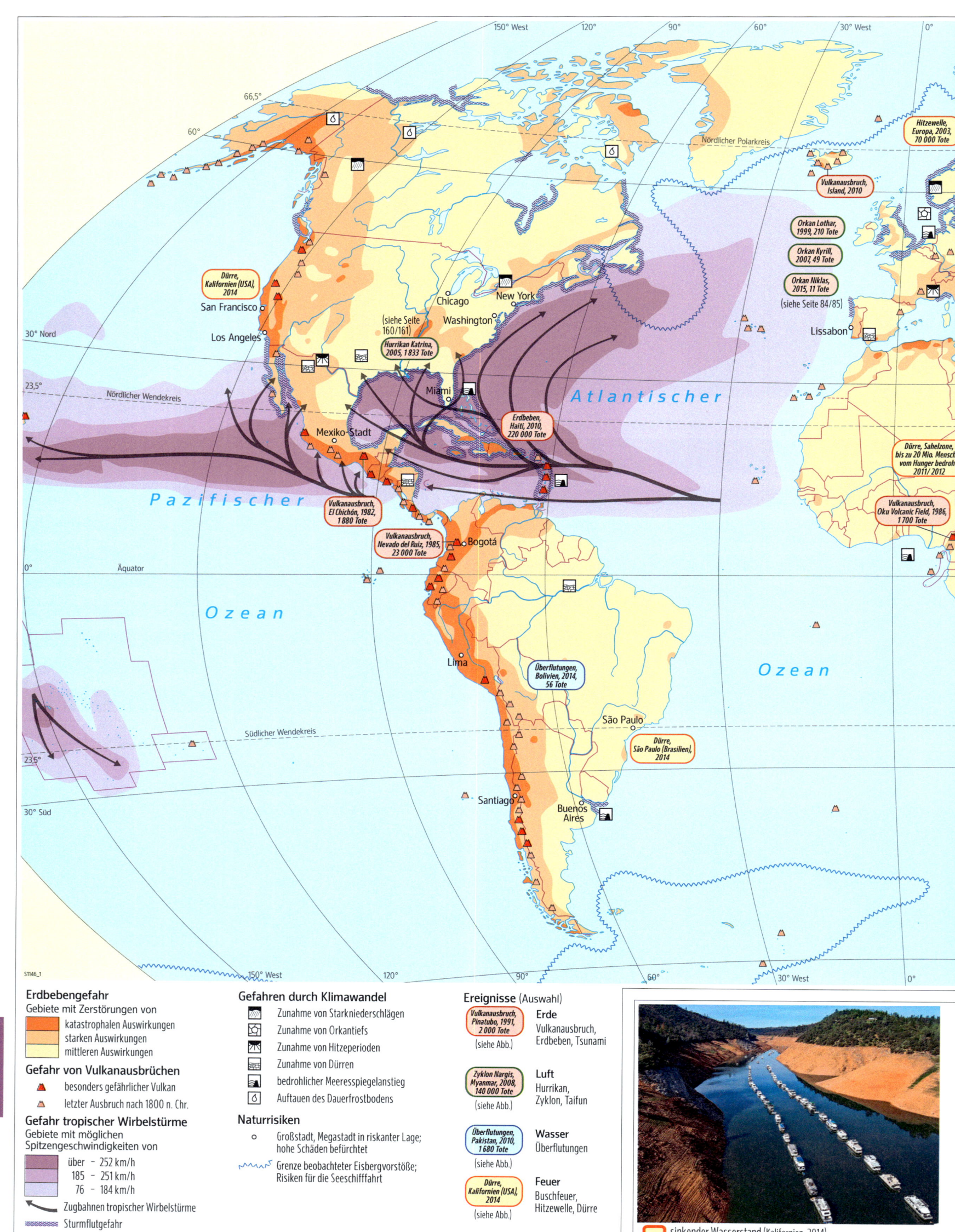

150° West 120° 90° 60° 30° West 0°

66,5°

60° Nördlicher Polarkreis

Hitzewelle, Europa, 2003, 70 000 Tote

Vulkanausbruch, Island, 2010

Orkan Lothar, 1999, 210 Tote

Orkan Kyrill, 2007, 49 Tote

Orkan Niklas, 2015, 11 Tote

(siehe Seite 84/85)

Dürre, Kalifornien (USA), 2014

San Francisco

Los Angeles

Chicago New York

Washington

(siehe Seite 160/161)

Hurrikan Katrina, 2005, 1 833 Tote

Lissabon

30° Nord

23,5° Nördlicher Wendekreis

Miami

A t l a n t i s c h e r

Mexiko-Stadt

Erdbeben, Haiti, 2010, 220 000 Tote

Dürre, Sahelzone, bis zu 20 Mia. Menschen vom Hunger bedroht, 2011/2012

P a z i f i s c h e r

Vulkanausbruch, El Chichón, 1982, 1 880 Tote

Vulkanausbruch, Nevado del Ruiz, 1985, 23 000 Tote

Bogotá

Vulkanausbruch, Oku Volcanic Field, 1986, 1 700 Tote

0° Äquator

O z e a n

Lima

Überflutungen, Bolivien, 2014, 56 Tote

O z e a n

São Paulo

Südlicher Wendekreis

Dürre, São Paulo (Brasilien), 2014

23,5°

Santiago

Buenos Aires

30° Süd

S1146_1

150° West 120° 90° 60° 30° West 0°

Erdbebengefahr
Gebiete mit Zerstörungen von
- katastrophalen Auswirkungen
- starken Auswirkungen
- mittleren Auswirkungen

Gefahr von Vulkanausbrüchen
- 🔺 besonders gefährlicher Vulkan
- 🔺 letzter Ausbruch nach 1800 n. Chr.

Gefahr tropischer Wirbelstürme
Gebiete mit möglichen Spitzengeschwindigkeiten von
- über – 252 km/h
- 185 – 251 km/h
- 76 – 184 km/h
- ➤ Zugbahnen tropischer Wirbelstürme
- ∿∿∿ Sturmflutgefahr

Gefahren durch Klimawandel
- 🌧 Zunahme von Starkniederschlägen
- 🌀 Zunahme von Orkantiefs
- 🌡 Zunahme von Hitzeperioden
- ⬚ Zunahme von Dürren
- 🏭 bedrohlicher Meeresspiegelanstieg
- 🔆 Auftauen des Dauerfrostbodens

Naturrisiken
- ○ Großstadt, Megastadt in riskanter Lage; hohe Schäden befürchtet
- ∿∿∿ Grenze beobachteter Eisbergvorstöße; Risiken für die Seeschifffahrt

Ereignisse (Auswahl)
Vulkanausbruch, Pinatubo, 1991, 2 000 Tote (siehe Abb.)
Erde
Vulkanausbruch, Erdbeben, Tsunami

Zyklon Nargis, Myanmar, 2008, 140 000 Tote (siehe Abb.)
Luft
Hurrikan, Zyklon, Taifun

Überflutungen, Pakistan, 2010, 1 680 Tote (siehe Abb.)
Wasser
Überflutungen

Dürre, Kalifornien (USA), 2014 (siehe Abb.)
Feuer
Buschfeuer, Hitzewelle, Dürre

⬭ sinkender Wasserstand (Kalifornien, 2014)

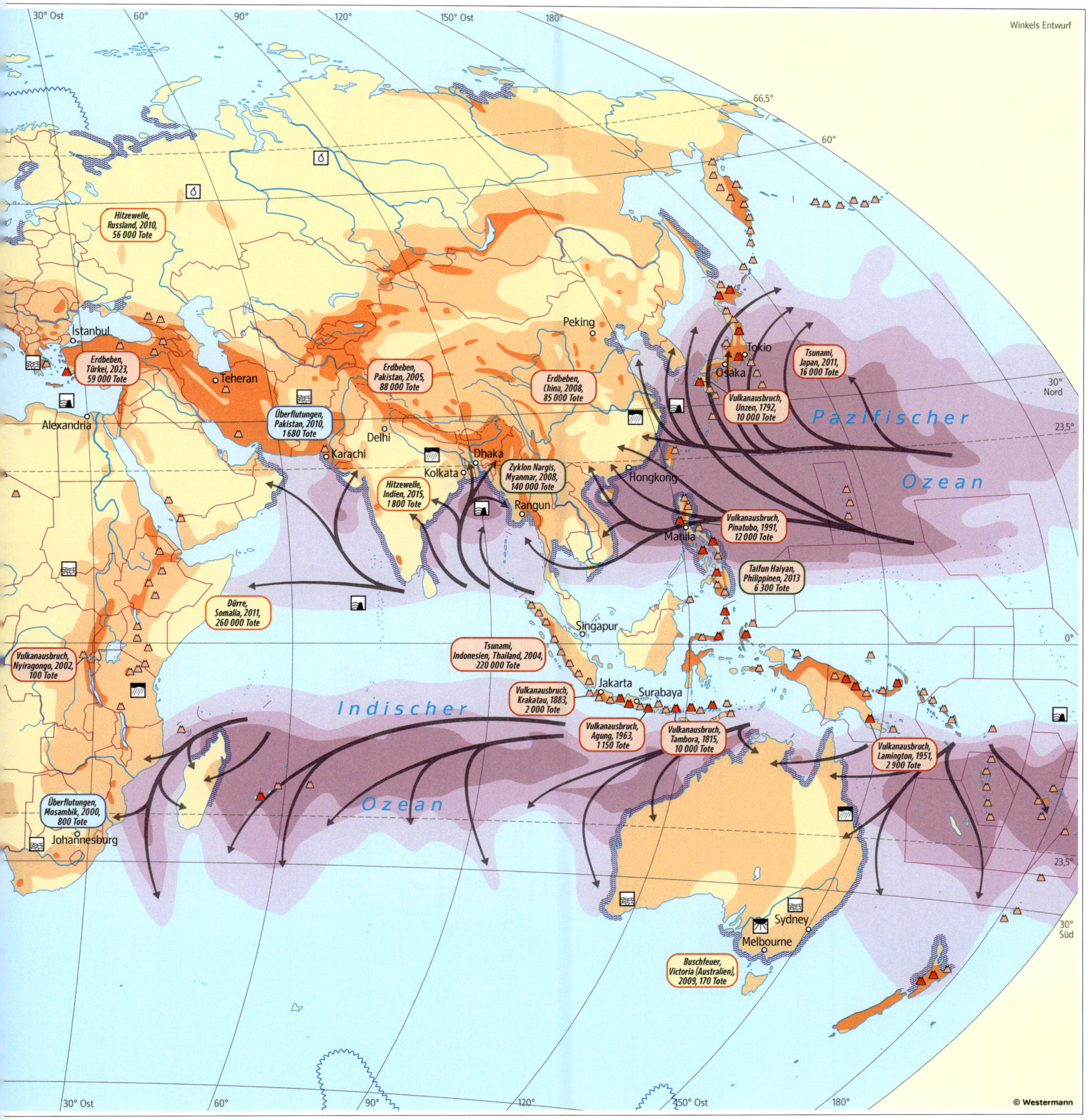

30° Ost   60°   90°   120°   150° Ost   180°

66,5°

60°

İstanbul

Erdbeben,
Türkei, 2023,
59 000 Tote

Alexandria

Teheran

Hitzewelle,
Russland, 2010,
56 000 Tote

Erdbeben,
Pakistan, 2005,
88 000 Tote

Peking

Erdbeben,
China, 2008,
85 000 Tote

Tokio

Osaka

Tsunami,
Japan, 2011,
16 000 Tote

Vulkanausbruch,
Unzen, 1792,
10 000 Tote

Pazifischer

30°
Nord

23,5°

Überflutungen,
Pakistan, 2010,
1 680 Tote

Karachi

Delhi

Kolkata

Dhaka

Hitzewelle,
Indien, 2015,
1 800 Tote

Zyklon Nargis,
Myanmar, 2008,
140 000 Tote

Rangun

Hongkong

Manila

Ozean

Vulkanausbruch,
Pinatubo, 1991,
12 000 Tote

Taifun Haiyan,
Philippinen, 2013,
6 300 Tote

Dürre,
Somalia, 2011,
260 000 Tote

Vulkanausbruch,
Nyiragongo, 2002,
100 Tote

Singapur

0°

Tsunami,
Indonesien, Thailand, 2004,
220 000 Tote

Jakarta

Surabaya

Vulkanausbruch,
Krakatau, 1883,
2 000 Tote

Indischer

Vulkanausbruch,
Agung, 1963,
1 150 Tote

Vulkanausbruch,
Tambora, 1815,
10 000 Tote

Vulkanausbruch,
Lamington, 1951,
2 900 Tote

Ozean

Überflutungen,
Mosambik, 2000,
800 Tote

Johannesburg

23,5°

Sydney

Melbourne

30°
Süd

Buschfeuer,
Victoria (Australien),
2009, 170 Tote

30° Ost   60°   90°   120°   150° Ost   180°

© Westermann

🔴 Ausbruch des Vulkans Pinatubo (Philippinen, 1991)   🔵 Flucht vor den Wassermassen (Pakistan, 2010)   🟢 nach dem Zyklon „Nargis" (Myanmar, 2008)

51146_1a

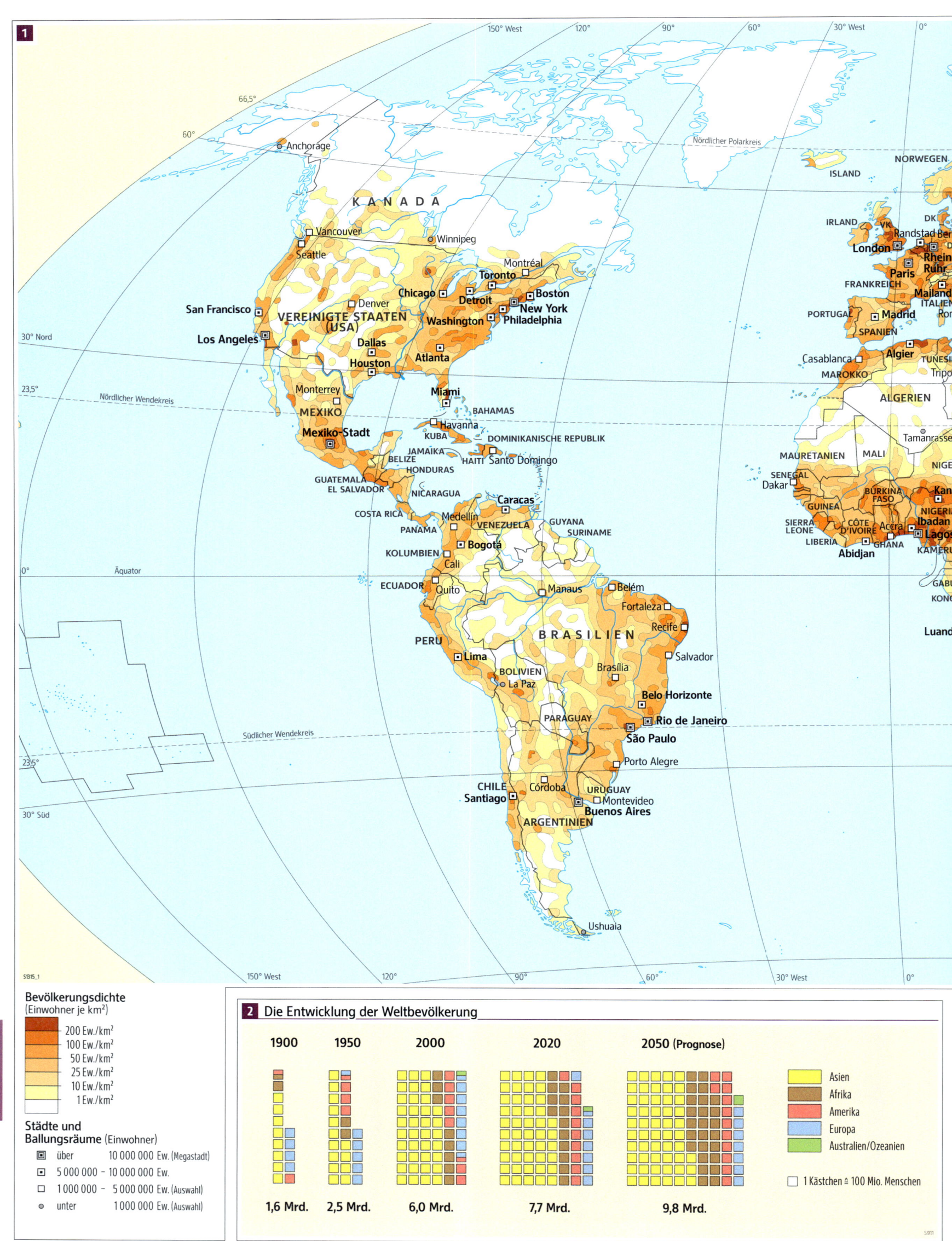

1

Bevölkerungsdichte
(Einwohner je km²)

- 200 Ew./km²
- 100 Ew./km²
- 50 Ew./km²
- 25 Ew./km²
- 10 Ew./km²
- 1 Ew./km²

**Städte und
Ballungsräume** (Einwohner)

- ⊡ über 10 000 000 Ew. (Megastadt)
- ⊡ 5 000 000 – 10 000 000 Ew.
- ☐ 1 000 000 – 5 000 000 Ew. (Auswahl)
- ● unter 1 000 000 Ew. (Auswahl)

2 **Die Entwicklung der Weltbevölkerung**

1900	1950	2000	2020	2050 (Prognose)
1,6 Mrd.	2,5 Mrd.	6,0 Mrd.	7,7 Mrd.	9,8 Mrd.

- ☐ Asien
- ☐ Afrika
- ☐ Amerika
- ☐ Europa
- ☐ Australien/Ozeanien

☐ 1 Kästchen ≙ 100 Mio. Menschen

Winkels Entwurf

30° Ost   60°   90°   120°   150° Ost   180°

66,5°

60°

SCHWEDEN
FINNLAND

RUSSLAND

Norilsk

Jakutsk

■ Sankt Petersburg

■ Moskau   Kasan

POLEN   Omsk   Nowosibirsk   Irkutsk

Kiew   KASACHSTAN   MONGOLEI   Harbin

Budapest
RO   Almaty   Ürümqi   Peking   Shenyang

Bukarest   USBEKISTAN   Lanzhou   Tianjin   NORDKOREA   JAPAN

İstanbul   KIRGISISTAN   CHINA   Xi'an   Seoul   Pjöngjang   Tokio/Yokohama

BG   Taschkent   Chengdu   Wuhan   Nanjing   SÜD-   Osaka/Kobe/Kioto

GR   Ankara   TURKMENISTAN   AFGHANISTAN   Chongqing   Shanghai   KOREA   Busan

TÜRKEI   SYRIEN   Bagdad   Teheran   Lahore   Hangzhou

Damaskus   IRAK   IRAN   PAKISTAN   NEPAL   Taipeh

Alexandria   Kairo   SAUDI-   VAE   Karachi   Delhi   Dhaka   Guangzhou   Shenzhen   TAIWAN

Assuan   Riad   ARABIEN   OMAN   Ahmedabad   INDIEN   Kolkata   Hanoi   Hongkong   Shantou

LIBYEN   ÄGYPTEN   Mumbai   Pune   Hyderabad   MYANMAR   (Perlflussdelta)

TSCHAD   JEMEN   Bengaluru   Chennai   Rangun   LAOS   VIETNAM   Manila

Khartum   ERITREA   SRI LANKA   THAILAND   Bangkok   K   MARSHALL-INSELN

SUDAN   Addis Abeba   Bangkok   Ho-Chi-Minh-   PHILIPPINEN   MIKRONESIEN

ZENTRALAFR.   ÄTHIOPIEN   Kuala Lumpur   Stadt

REP.   SÜDSUDAN   SOMALIA   MALAYSIA

UGANDA   KENIA   SINGAPUR   Singapur

D.R.   Nairobi   INDONESIEN

KONGO   Jakarta

Kinshasa/   TANSANIA   Daressalam   Bandung   Surabaya   PAPUA-

Brazzaville   NEUGUINEA   SALOMONEN

ANGOLA   MALAWI   TIMOR-LESTE

SAMBIA   SIM   Harare   SAMOA

NAMIBIA   BABWE   MADAGASKAR   VANUATU

BOTSUANA   MOSAMBIK   Alice Springs   FIDSCHI

Johannesburg   AUSTRALIEN

SÜDAFRIKA   Durban   Perth

Kapstadt   Melbourne   Sydney

Auckland   NEUSEELAND

© Westermann

23,5°

30° Nord

23,5°

0°

23,5°

30° Süd

30° Ost   60°   90°   120°   150° Ost   180°

3 Bevölkerungsdiagramme ausgewählter Staaten

© Westermann

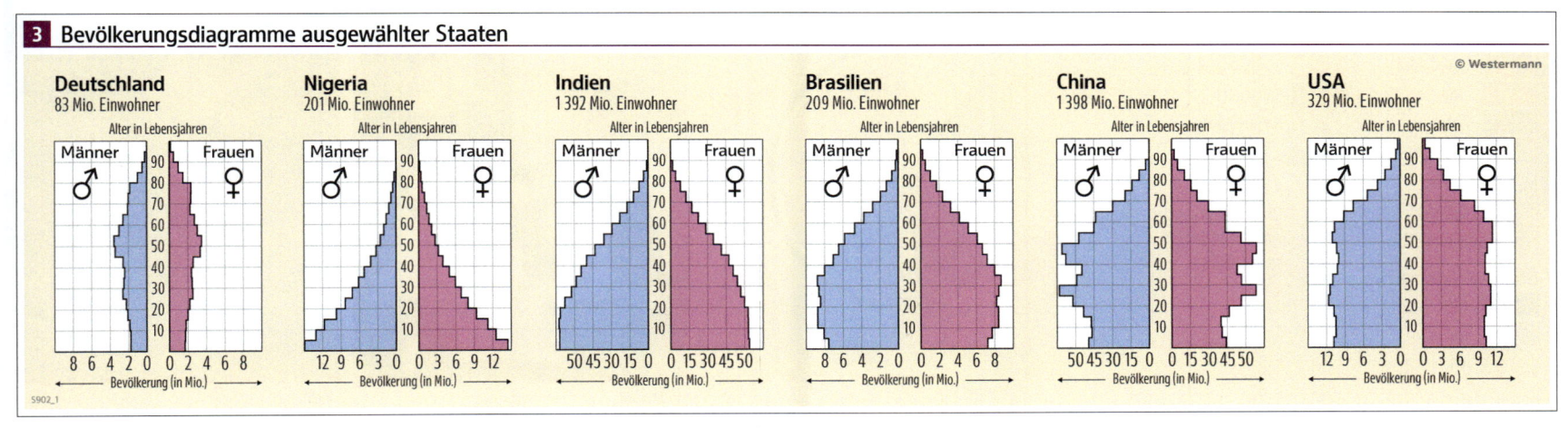

Deutschland	Nigeria	Indien	Brasilien	China	USA
83 Mio. Einwohner	201 Mio. Einwohner	1 392 Mio. Einwohner	209 Mio. Einwohner	1 398 Mio. Einwohner	329 Mio. Einwohner

5902_1

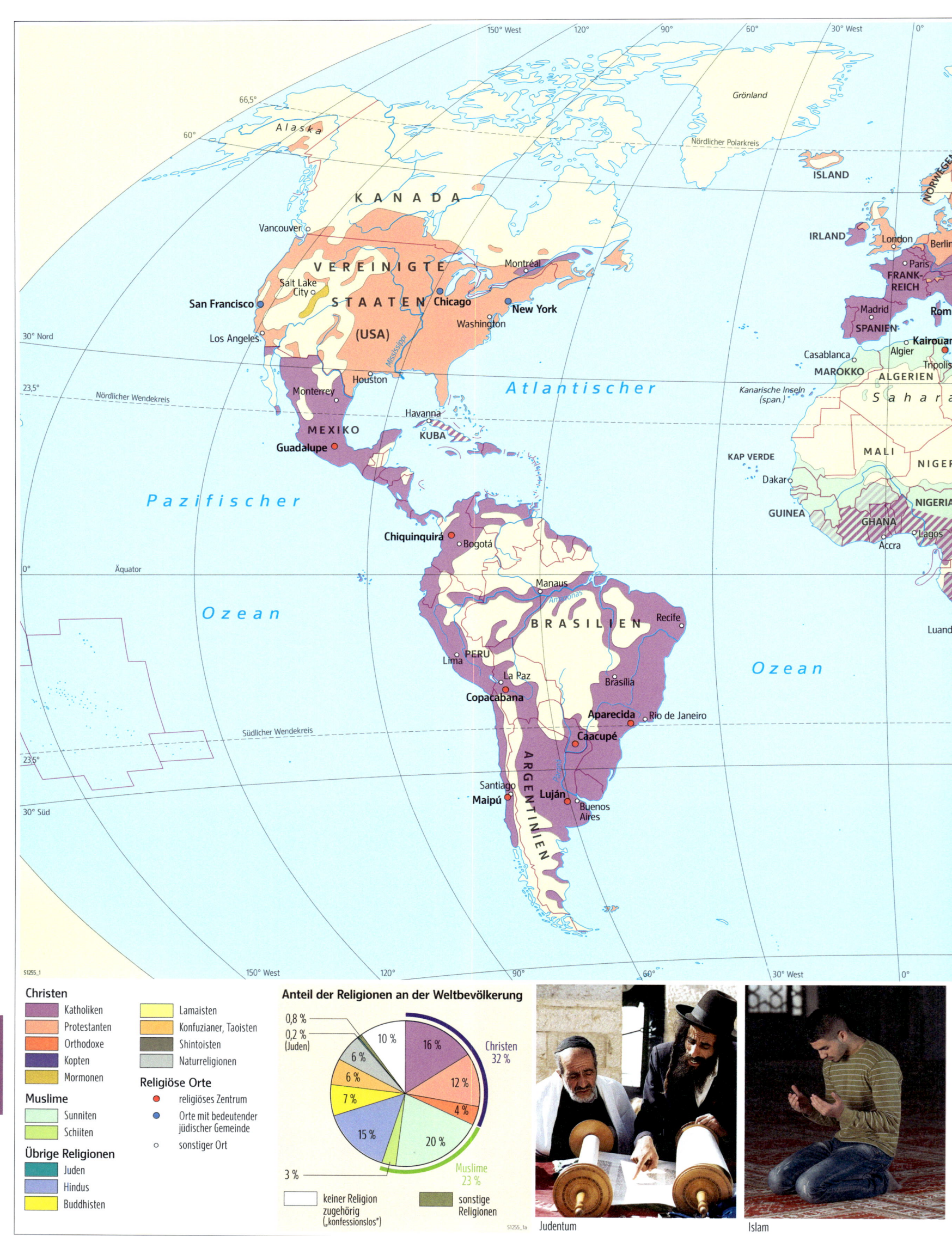

150° West   120°   90°   60°   30° West   0°

Grönland

ISLAND

66,5°
60°   Nördlicher Polarkreis

Alaska

NORWEGEN

IRLAND   London   Berlin

K A N A D A   Montréal   Paris   **FRANK-
REICH**
Vancouver

V E R E I N I G T E   Madrid   **Rom**
Salt Lake
City   **SPANIEN**   **Kairouan**
San Francisco   **S T A A T E N**   Chicago   New York   Casablanca   Algier   Tripolis
30° Nord   Washington   **MAROKKO**   **ALGERIEN**
Los Angeles   **(USA)**   *Kanarische Inseln
(span.)*   *S a h a r a*
23,5°   Nördlicher Wendekreis   Houston   *A t l a n t i s c h e r*
Monterrey   Havanna   **KAP VERDE**   **MALI**   **NIGER**
MEXIKO   **KUBA**   Dakar
Guadalupe   **GUINEA**   **NIGERIA**
GHANA   Lagos
P a z i f i s c h e r   Accra

Chiquinquirá   Bogotá

Manaus   *A m a z o n a s*
0°   Äquator   *O z e a n*   **B R A S I L I E N**   Recife

PERU   Luanda
Lima   *O z e a n*
La Paz   Brasília
Copacabana
Aparecida   Rio de Janeiro
Südlicher Wendekreis   **Caacupé**
23,5°   **A**
R   Santiago   **G**
30° Süd   **Maipú**   **E**   Luján
N   Buenos
T   Aires
I
N
I
E
N

S1255_1   150° West   120°   90°   60°   30° West   0°

Legend

Christen
- Katholiken
- Protestanten
- Orthodoxe
- Kopten
- Mormonen

Muslime
- Sunniten
- Schiiten

Übrige Religionen
- Juden
- Hindus
- Buddhisten

- Lamaisten
- Konfuzianer, Taoisten
- Shintoisten
- Naturreligionen

Religiöse Orte
- ● religiöses Zentrum
- ● Orte mit bedeutender jüdischer Gemeinde
- ○ sonstiger Ort

Anteil der Religionen an der Weltbevölkerung

0,8 %
0,2 %
(Juden)   10 %
6 %   16 %   **Christen
32 %**
6 %
7 %   12 %

4 %
15 %
20 %   **Muslime
23 %**

3 %

☐ keiner Religion
zugehörig
("konfessionslos")   ☐ sonstige
Religionen

S1255_1a

Judentum   Islam

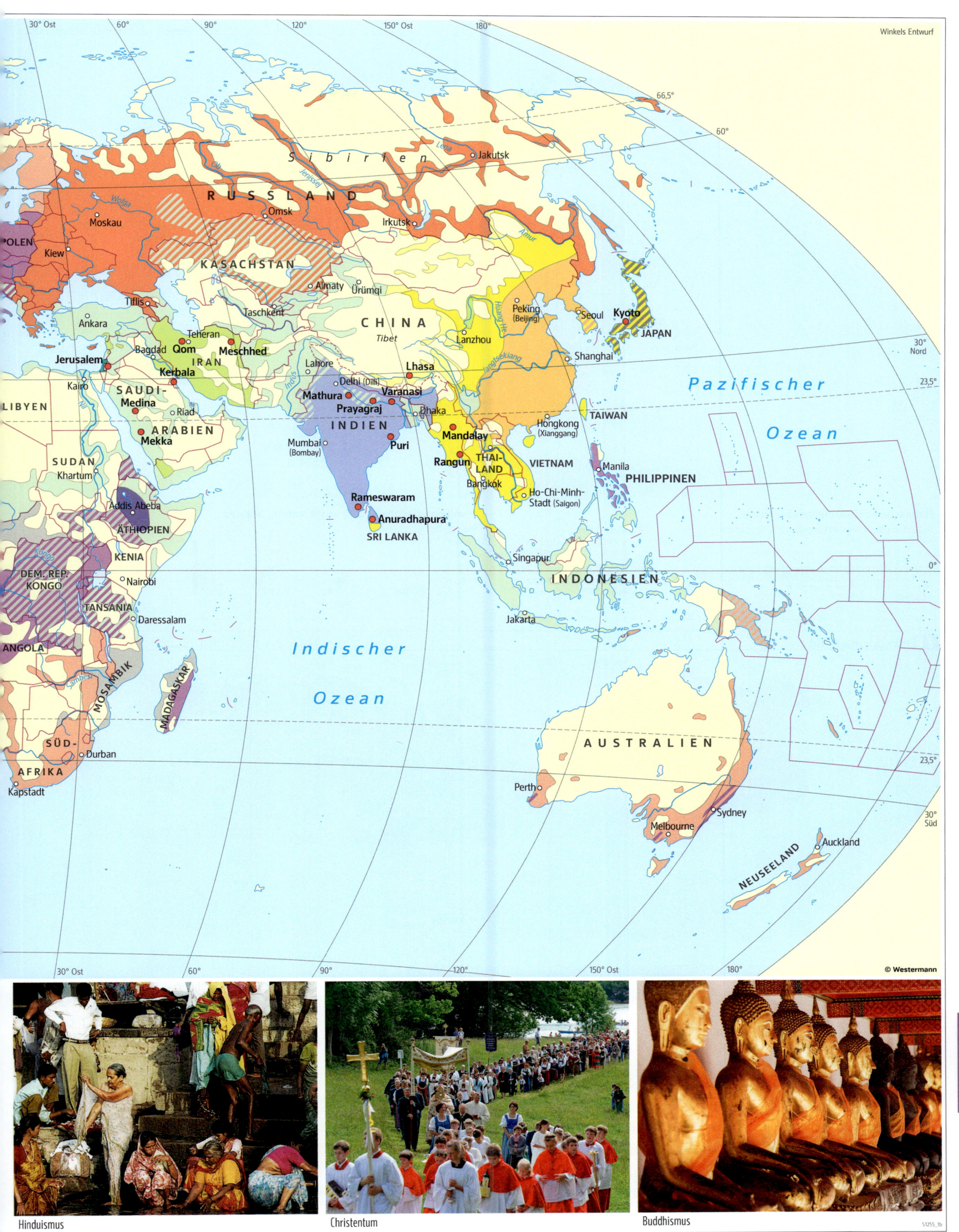

Winkels Entwurf

30° Ost   60°   90°   120°   150° Ost   180°

66,5°

60°

Sibirien

RUSSLAND

Jakutsk

Omsk

Moskau

Irkutsk

POLEN

Kiew

KASACHSTAN

Tiflis

Ankara   Almaty   Ürümqi

Taschkent

CHINA

Peking (Beijing)

Seoul   Kyoto

Teheran   Lanzhou   Shanghai   JAPAN

Qom   Meschhed   *Tibet*

Jerusalem   Bagdad   IRAN

Kerbala   Lahore   Lhasa   30° Nord

Kairo   Delhi (Dilli)   23,5°

LIBYEN   SAUDI-   Mathura   Varanasi   *Pazifischer*

Medina   Prayagraj   Dhaka   TAIWAN   *Ozean*

ARABIEN   INDIEN   Hongkong (Xianggang)

Mekka   Mumbai (Bombay)   Puri   Mandalay   Manila

Riad   Rangun   THAI-   VIETNAM   PHILIPPINEN

SUDAN   LAND   Bangkok

Khartum   Rameswaram   Ho-Chi-Minh-Stadt (Saigon)

Addis Abeba   Anuradhapura

ÄTHIOPIEN   SRI LANKA   Singapur

KENIA   INDONESIEN   0°

DEM. REP.   Nairobi

KONGO

TANSANIA   Daressalam   Jakarta

ANGOLA   *Indischer*

MOSAMBIK   MADAGASKAR   *Ozean*

SÜD-   AUSTRALIEN

AFRIKA   Durban   23,5°

Kapstadt   Perth   30° Süd

Melbourne   Sydney

NEUSEELAND   Auckland

© Westermann

Hinduismus

Christentum

Buddhismus

51255_1b

1 Bevölkerungsentwicklung

Maßstab 1:150 000 000 — 0 1000 2000 3000 4000 5000 km

S1317_1a
Winkels Entwurf
Nördlicher Polarkreis
Nördlicher Wendekreis
Äquator
Südlicher Wendekreis
Südlicher Polarkreis
KANADA
USA
MEXIKO
GUATEMALA
TRINIDAD UND TOBAGO
PERU
BRASILIEN
BOLIVIEN
ARGENTINIEN
SCHWEDEN
DEUTSCHLAND
PORTUGAL
ITALIEN
RUSSLAND
KASACHSTAN
AFGHANISTAN
IRAK
CHINA
JAPAN
INDIEN
PHILIPPINEN
MAURETANIEN
SENEGAL
GAMBIA
LIBERIA
GHANA
MALI
NIGER
TSCHAD
SUDAN
ERITREA
JEMEN
SÜD-SUDAN
ÄTHIOPIEN
SOMALIA
D.R. KONGO
KENIA
TANSANIA
ANGOLA
MALAWI
KOMOREN
SAMBIA
MOSAMBIK
MADAGASKAR
Eswatini
SÜDAFRIKA
INDONESIEN
TIMOR-LESTE
PAPUA-NEUGUINEA
SALOMONEN
VANUATU
AUSTRALIEN
Atlantischer Ozean
Pazifischer Ozean
Indischer Ozean
160° 120° 80° 40° 0° 40° 80° 120° 160°
120° West 40° Ost
© Westermann

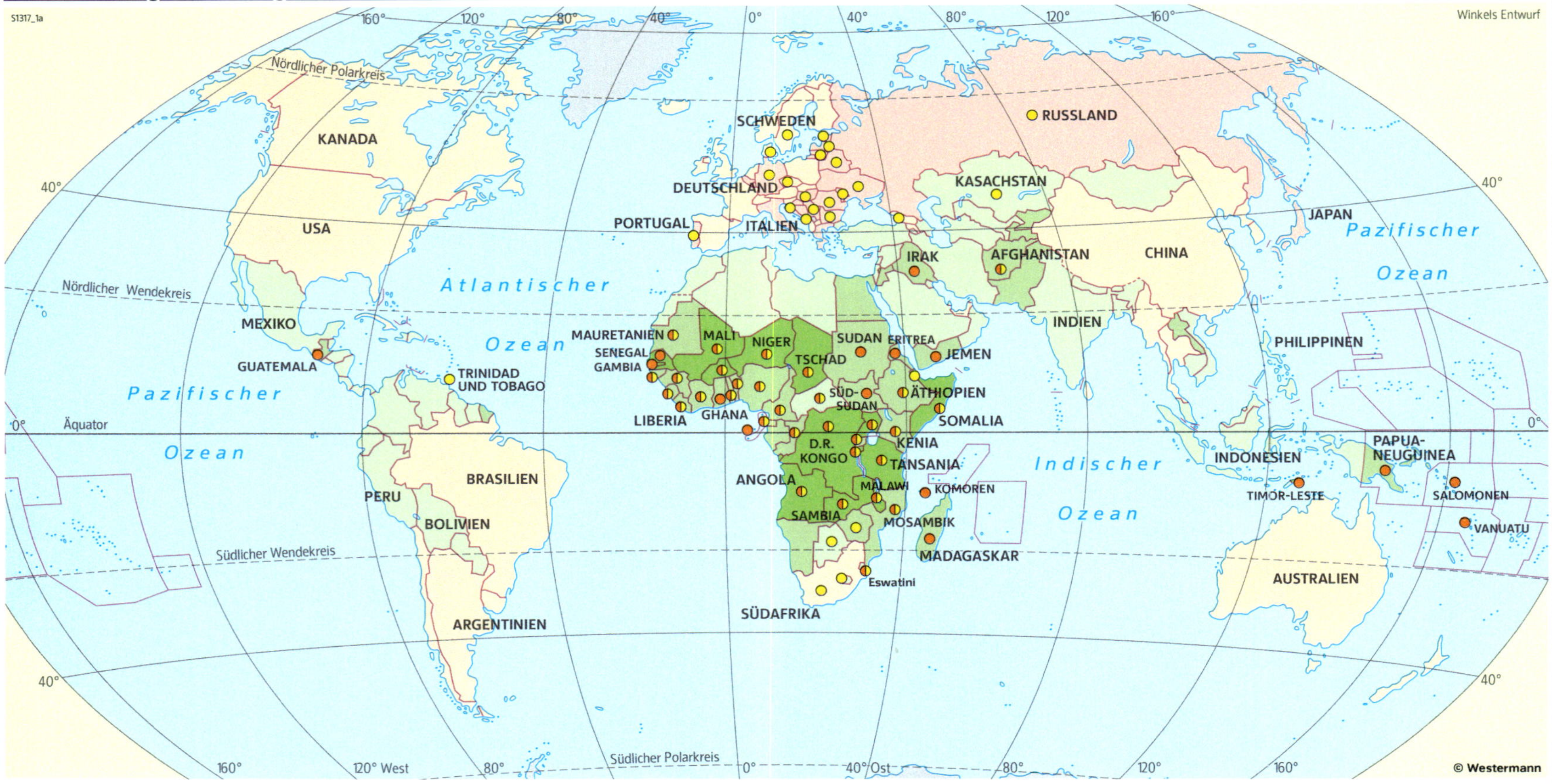

Natürliche Bevölkerungsveränderung

Geburten minus Sterbefälle pro 1 000 Einwohner (Durchschnitt für 2010–2015)

-5 | 0 | 10 | 20 | 30 — Abnahme ← | → Zunahme

keine Angaben

● Staat mit einer besonders hohen Geburtenrate (mehr als 30 pro 1 000 Einwohner)

● Staat mit einer besonders hohen Sterberate (mehr als 10 pro 1 000 Einwohner)

Bevölkerungsentwicklung ausgewählter Staaten

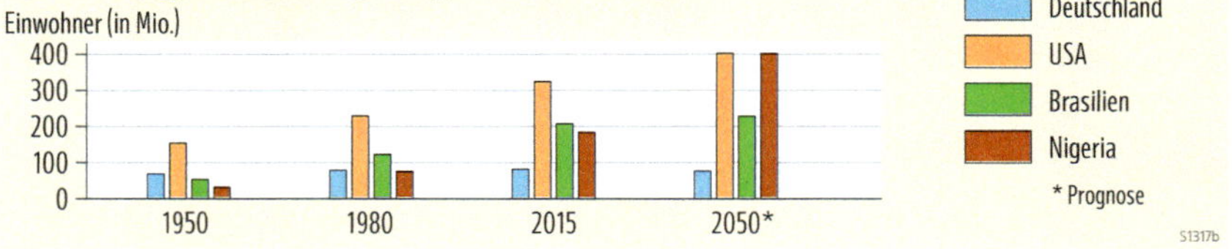

Einwohner (in Mio.)
400
300
200
100
0
1950
1980
2015
2050*
Deutschland
USA
Brasilien
Nigeria
* Prognose
S1317b

2 Entwicklungsstand

Maßstab 1:150 000 000 — 0 1000 2000 3000 4000 5000 km

S1300_1
Winkels Entwurf
Nördlicher Polarkreis
Nördlicher Wendekreis
Äquator
Südlicher Wendekreis
Südlicher Polarkreis
KANADA
USA
MEXIKO
GUATEMALA
BRASILIEN
CHILE
ARGENTINIEN
ISLAND
RUSSLAND
KASACHSTAN
CHINA
JAPAN
IRAN
IRAK
SAUDI-ARABIEN
INDIEN
MAROKKO
ALGERIEN
LIBYEN
MALI
NIGER
SUDAN
D. R. KONGO
TANSANIA
SÜDAFRIKA
INDONESIEN
PAPUA-NEUGUINEA
AUSTRALIEN
Atlantischer Ozean
Pazifischer Ozean
Indischer Ozean
160° 120° 80° 40° 0° 40° 80° 120° 160°
120° West 40° Ost
© Westermann

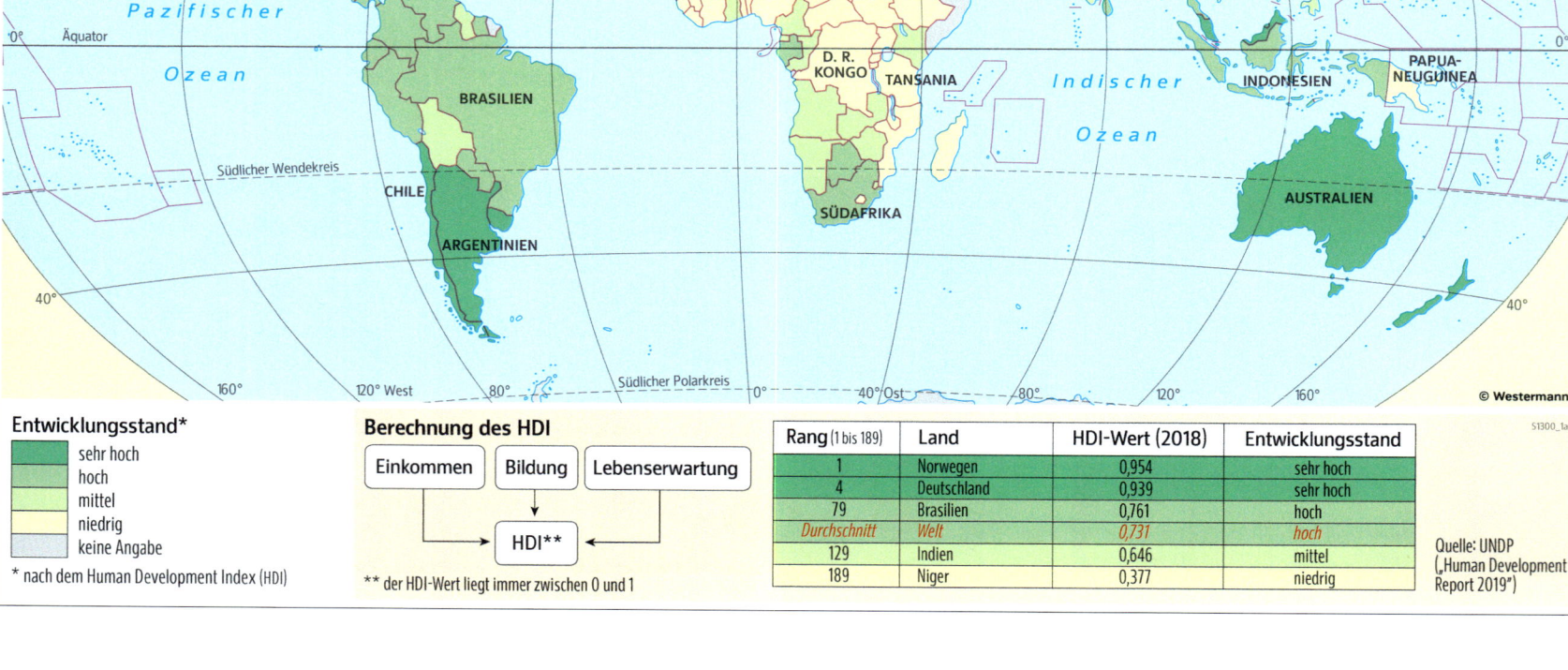

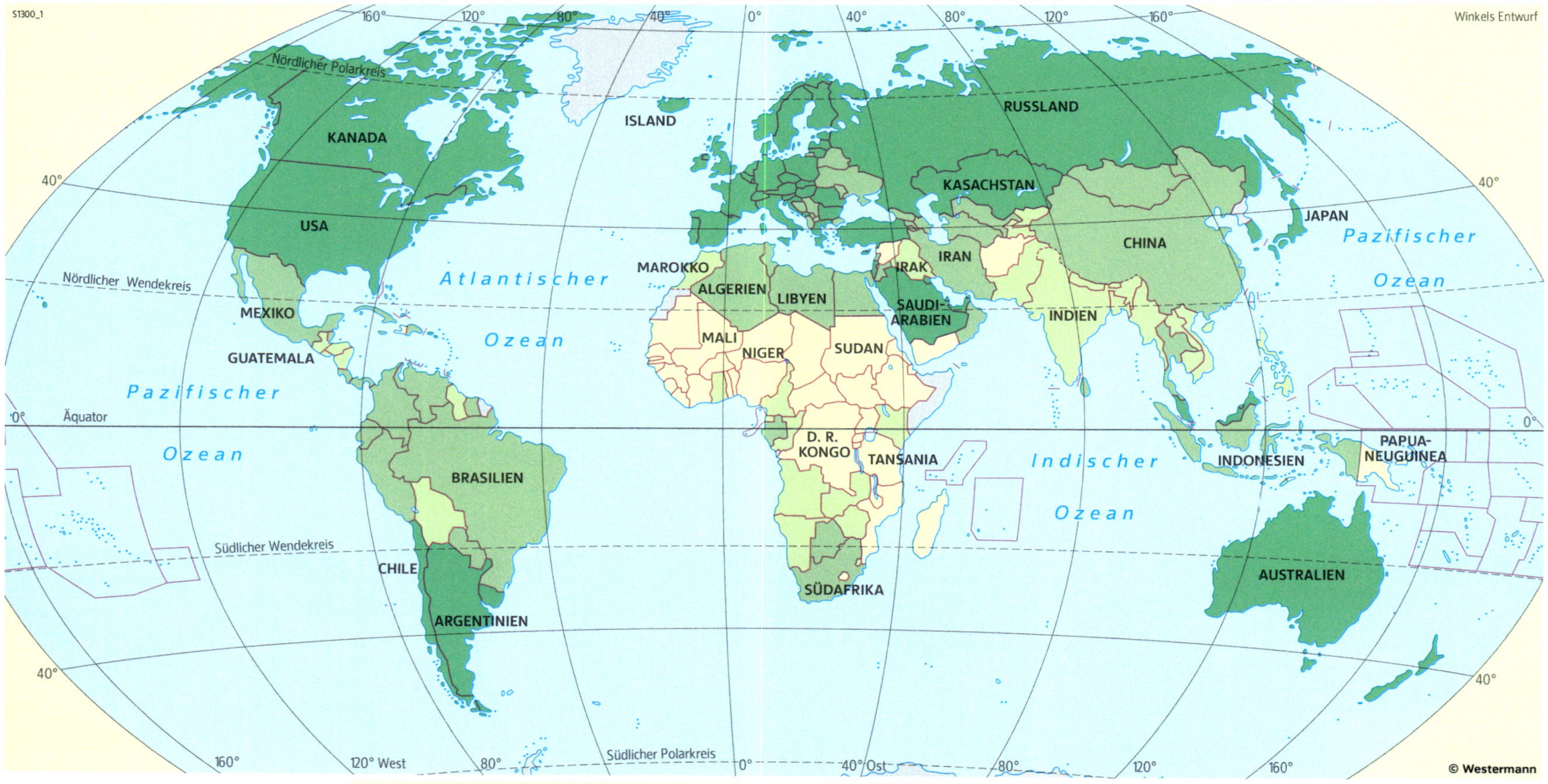

Entwicklungsstand*

- sehr hoch
- hoch
- mittel
- niedrig
- keine Angabe

* nach dem Human Development Index (HDI)

Berechnung des HDI

Einkommen
Bildung
Lebenserwartung
HDI**

** der HDI-Wert liegt immer zwischen 0 und 1

Rang (1 bis 189)	Land	HDI-Wert (2018)	Entwicklungsstand
1	Norwegen	0,954	sehr hoch
4	Deutschland	0,939	sehr hoch
79	Brasilien	0,761	hoch
Durchschnitt	*Welt*	*0,731*	*hoch*
129	Indien	0,646	mittel
189	Niger	0,377	niedrig

S1300_1a

Quelle: UNDP („Human Development Report 2019")

1 Ernährung

Maßstab 1:150 000 000   0 1000 2000 3000 4000 5000 km

S1301_1

Winkels Entwurf

Nördlicher Polarkreis

KANADA

USA

MEXIKO

GUATEMALA

HAITI

CHILE

ARGENTINIEN

BRASILIEN

KIRIBATI

Atlantischer Ozean

Pazifischer Ozean

ISLAND

FINNLAND

VEREINIGTES KÖNIGREICH

LETTLAND

IRLAND

DEUTSCHLAND

TSCHECHIEN

LUXEMBURG

UNGARN

TÜRKEI

MAROKKO

ALGERIEN

LIBYEN

MALI

ZENTRAL-AFRIK. REP.

SUDAN

ÄTHIOPIEN

ERITREA

SAUDI-ARABIEN

IRAK

IRAN

RUSSLAND

KASACHSTAN

MONGOLEI

CHINA

INDIEN

JAPAN

D. R. KONGO

ANGOLA

TANSANIA

SÜDAFRIKA

Indischer Ozean

INDONESIEN

PAPUA-NEUGUINEA

AUSTRALIEN

NEUSEELAND

Pazifischer Ozean

Nördlicher Wendekreis

Äquator

Südlicher Wendekreis

Südlicher Polarkreis

© Westermann

Ausmaß des Hungers (2019)*
- wenig
- mäßig
- ernst
- sehr ernst
- gravierend
- Industriestaat
- keine oder unzureichende Angaben

* = gemessen am Welthunger-Index

Anteil der Bevölkerung mit einem BMI* von ≥ 30
- über 30%
- 25 - 30%
- 20 - 25%

* BMI = Body-Mass-Index

Welthunger-Index (Zusammensetzung)

Welthunger-Index ← Unterernährung
Welthunger-Index ← Untergewicht bei Kindern
Welthunger-Index ← Kindersterblichkeit (0-5 Jahre)

Body-Mass-Index (BMI)

$$BMI = \frac{Körpergewicht\ in\ Kilogramm}{(Körpergröße\ in\ Meter)^2}$$

Beispiel:
Ein Schüler, der 1,60m groß ist und 60kg wiegt, hat einen Body-Mass-Index von 23,4.

BMI	männlich	weiblich
Untergewicht	< 20	< 19
Normalgewicht	20-25	19-24
Übergewicht	> 25	> 24

S1301_1a

2 Trinkwasserversorgung

Maßstab 1:150 000 000   0 1000 2000 3000 4000 5000 km

S125

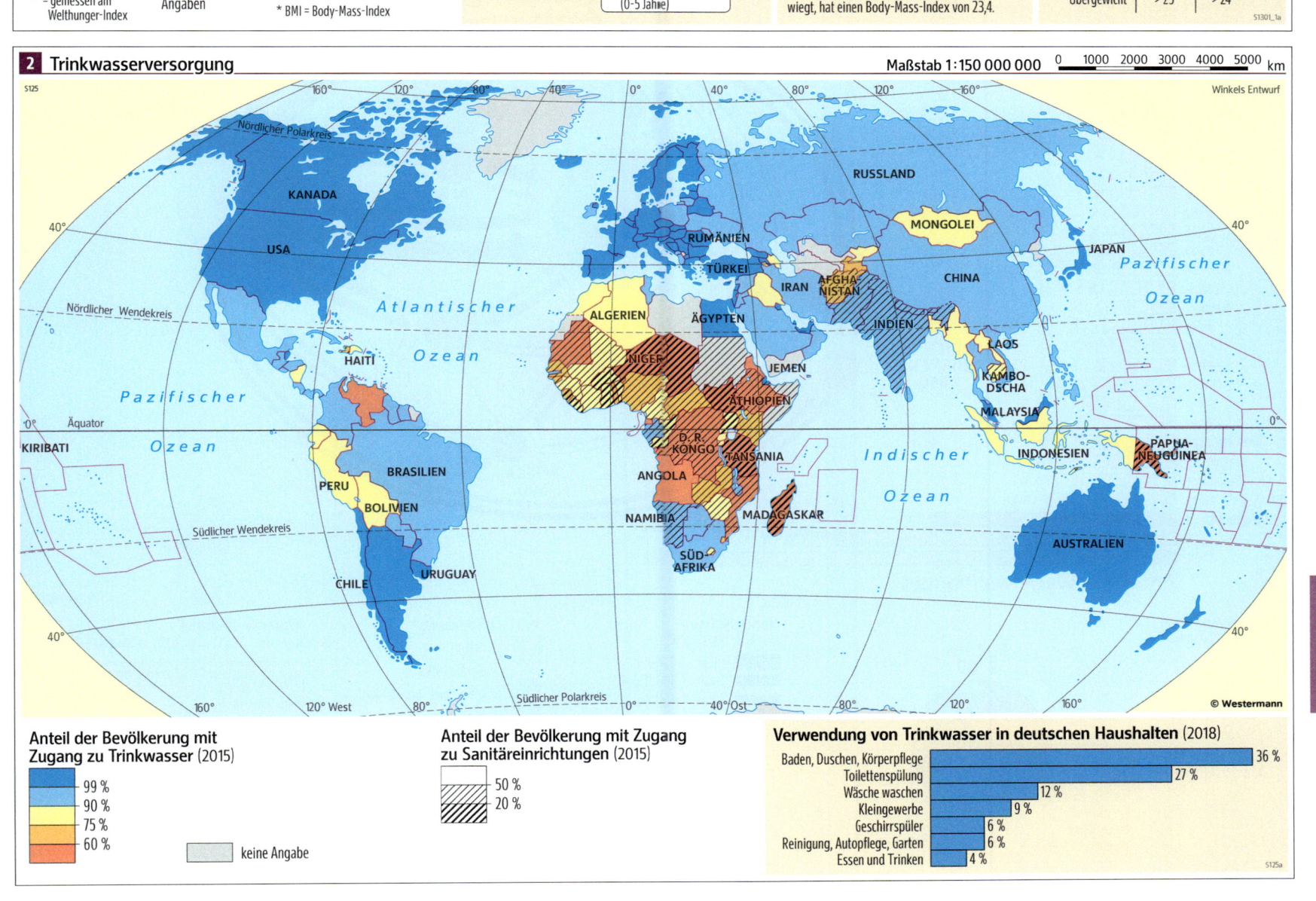

Winkels Entwurf

Nördlicher Polarkreis

KANADA

USA

HAITI

PERU

BOLIVIEN

BRASILIEN

CHILE

URUGUAY

NAMIBIA

SÜDAFRIKA

KIRIBATI

Atlantischer Ozean

Pazifischer Ozean

RUSSLAND

RUMÄNIEN

TÜRKEI

IRAN

AFGHANISTAN

ALGERIEN

ÄGYPTEN

NIGER

JEMEN

ÄTHIOPIEN

D. R. KONGO

TANSANIA

ANGOLA

MADAGASKAR

MONGOLEI

CHINA

INDIEN

LAOS

KAMBODSCHA

MALAYSIA

JAPAN

INDONESIEN

PAPUA-NEUGUINEA

AUSTRALIEN

Indischer Ozean

Pazifischer Ozean

Nördlicher Wendekreis

Äquator

Südlicher Wendekreis

Südlicher Polarkreis

© Westermann

Anteil der Bevölkerung mit Zugang zu Trinkwasser (2015)
- 99 %
- 90 %
- 75 %
- 60 %
- keine Angabe

Anteil der Bevölkerung mit Zugang zu Sanitäreinrichtungen (2015)
- 50 %
- 20 %

Verwendung von Trinkwasser in deutschen Haushalten (2018)

Baden, Duschen, Körperpflege	36 %
Toilettenspülung	27 %
Wäsche waschen	12 %
Kleingewerbe	9 %
Geschirrspüler	6 %
Reinigung, Autopflege, Garten	6 %
Essen und Trinken	4 %

S125a

1 Globale Warenströme 2000 und 2018

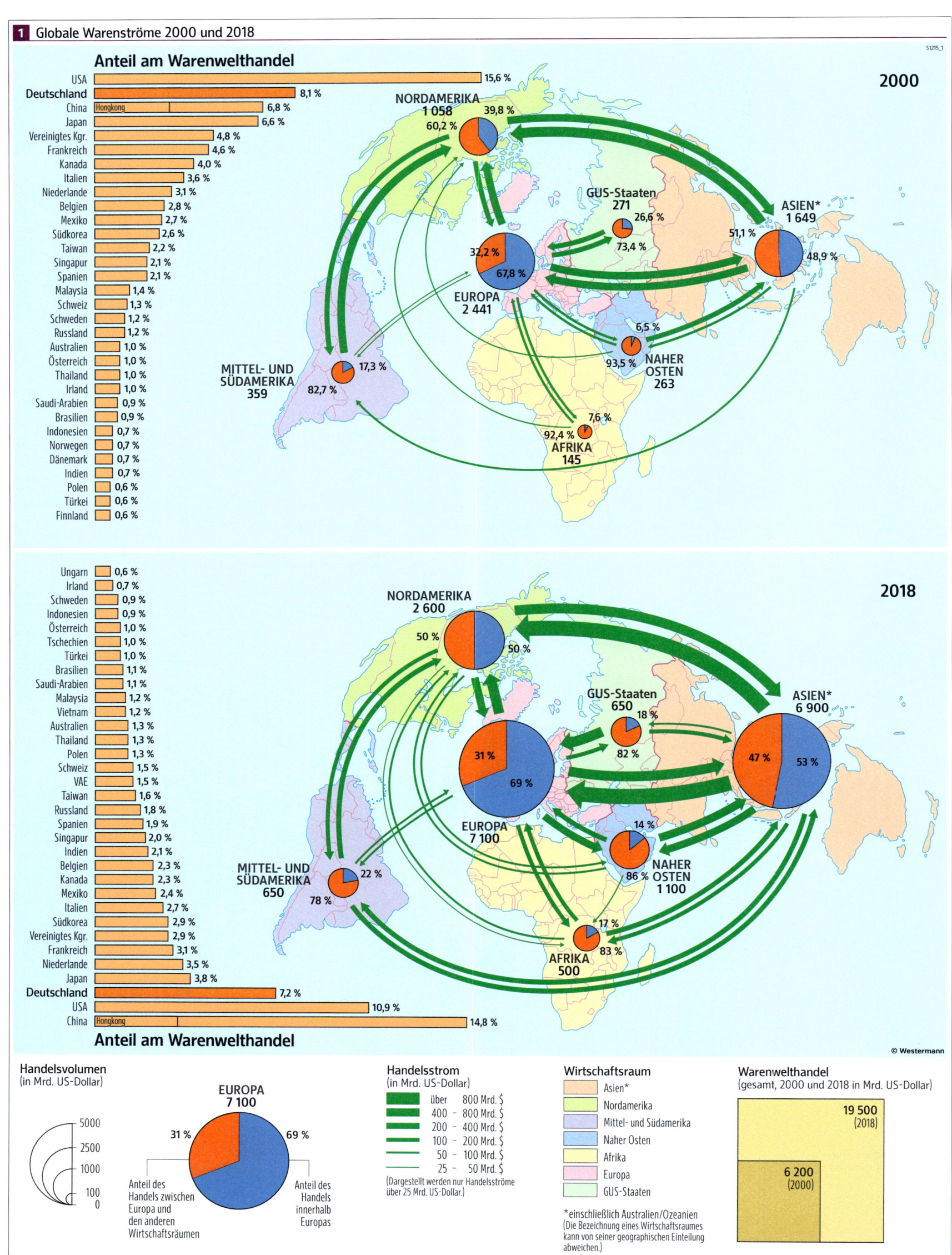

S1215_1

Anteil am Warenwelthandel

2000

USA	15,6 %
Deutschland	8,1 %
China (Hongkong)	6,8 %
Japan	6,6 %
Vereinigtes Kgr.	4,8 %
Frankreich	4,6 %
Kanada	4,0 %
Italien	3,6 %
Niederlande	3,1 %
Belgien	2,8 %
Mexiko	2,7 %
Südkorea	2,6 %
Taiwan	2,2 %
Singapur	2,1 %
Spanien	2,1 %
Malaysia	1,4 %
Schweiz	1,3 %
Schweden	1,2 %
Russland	1,2 %
Australien	1,0 %
Österreich	1,0 %
Thailand	1,0 %
Irland	1,0 %
Saudi-Arabien	0,9 %
Brasilien	0,9 %
Indonesien	0,7 %
Norwegen	0,7 %
Dänemark	0,7 %
Indien	0,7 %
Polen	0,6 %
Türkei	0,6 %
Finnland	0,6 %

NORDAMERIKA
1 058
39,8 %
60,2 %

GUS-Staaten
271
26,6 %
73,4 %

ASIEN*
1 649
51,1 %
48,9 %

EUROPA
2 441
32,2 %
67,8 %

MITTEL- UND
SÜDAMERIKA
359
17,3 %
82,7 %

NAHER
OSTEN
263
6,5 %
93,5 %

AFRIKA
145
7,6 %
92,4 %

2018

Ungarn	0,6 %
Irland	0,7 %
Schweden	0,9 %
Indonesien	0,9 %
Österreich	1,0 %
Tschechien	1,0 %
Türkei	1,0 %
Brasilien	1,1 %
Saudi-Arabien	1,1 %
Malaysia	1,2 %
Vietnam	1,2 %
Australien	1,3 %
Thailand	1,3 %
Polen	1,3 %
Schweiz	1,5 %
VAE	1,5 %
Taiwan	1,6 %
Russland	1,8 %
Spanien	1,9 %
Singapur	2,0 %
Indien	2,1 %
Belgien	2,3 %
Kanada	2,3 %
Mexiko	2,4 %
Italien	2,7 %
Südkorea	2,9 %
Vereinigtes Kgr.	2,9 %
Frankreich	3,1 %
Niederlande	3,5 %
Japan	3,8 %
Deutschland	7,2 %
USA	10,9 %
China (Hongkong)	14,8 %

NORDAMERIKA
2 600
50 %
50 %

GUS-Staaten
650
18 %
82 %

ASIEN*
6 900
47 %
53 %

EUROPA
7 100
31 %
69 %

MITTEL- UND
SÜDAMERIKA
650
22 %
78 %

NAHER
OSTEN
1 100
14 %
86 %

AFRIKA
500
17 %
83 %

Anteil am Warenwelthandel

© Westermann

Handelsvolumen
(in Mrd. US-Dollar)

5000
2500
1000
100
0

EUROPA
7 100
31 %
69 %

Anteil des
Handels zwischen
Europa und
den anderen
Wirtschaftsräumen

Anteil des
Handels
innerhalb
Europas

Handelsstrom
(in Mrd. US-Dollar)

	über 800 Mrd. $
	400 – 800 Mrd. $
	200 – 400 Mrd. $
	100 – 200 Mrd. $
	50 – 100 Mrd. $
	25 – 50 Mrd. $

(Dargestellt werden nur Handelsströme
über 25 Mrd. US-Dollar.)

Wirtschaftsraum

Asien*
Nordamerika
Mittel- und Südamerika
Naher Osten
Afrika
Europa
GUS-Staaten

*einschließlich Australien/Ozeanien
(Die Bezeichnung eines Wirtschaftsraumes
kann von seiner geographischen Einteilung
abweichen.)

Warenwelthandel
(gesamt, 2000 und 2018 in Mrd. US-Dollar)

19 500
(2018)

6 200
(2000)

2 Handelsnation Deutschland

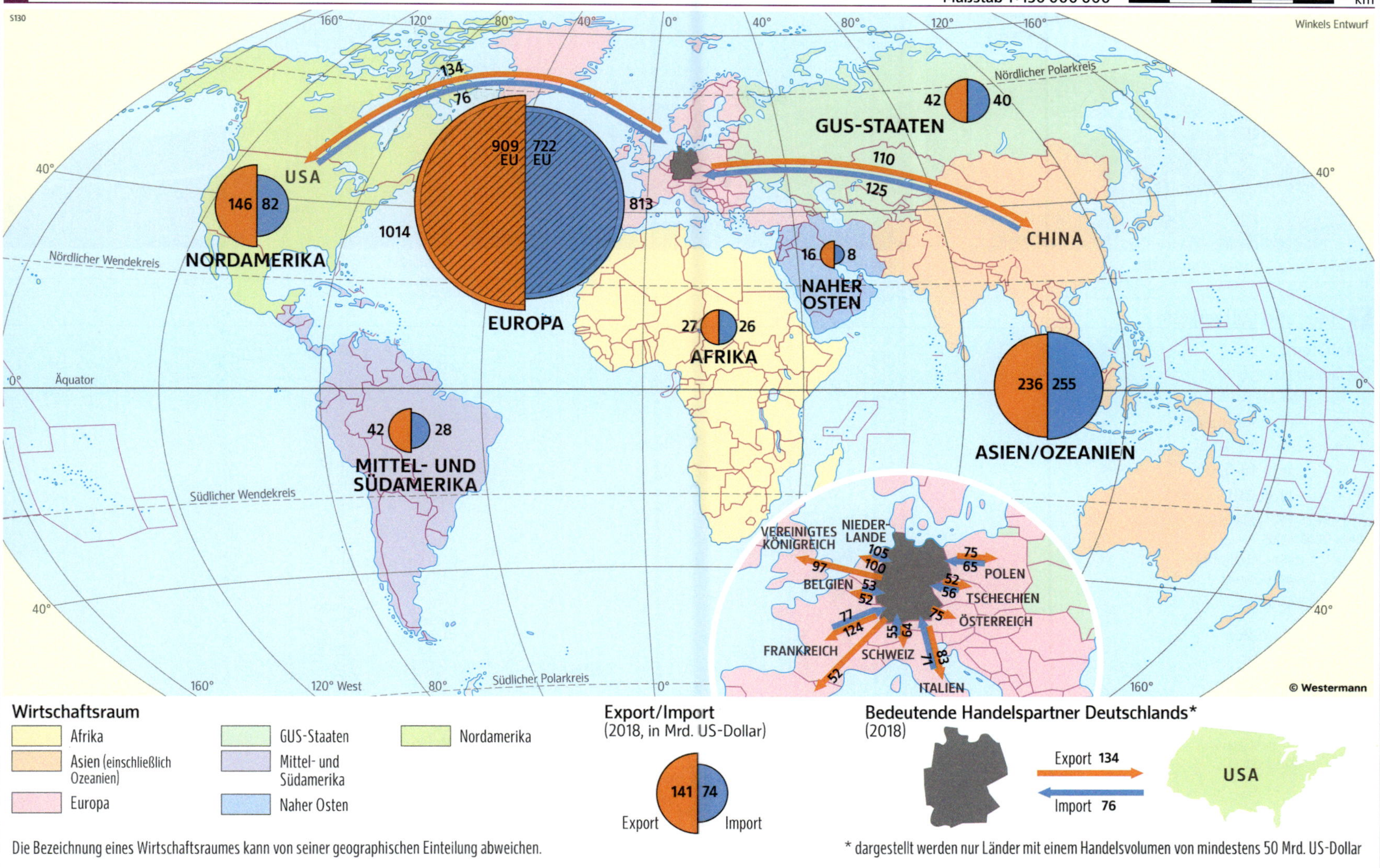

Maßstab 1:150 000 000

0 1000 2000 3000 4000 5000 km

S130

Winkels Entwurf

134
76
909 EU | 722 EU
EUROPA
813
1014

146 | 82
NORDAMERIKA
USA

42 | 40
GUS-STAATEN

110
125
CHINA

16 | 8
NAHER OSTEN

27 | 26
AFRIKA

236 | 255
ASIEN/OZEANIEN

42 | 28
MITTEL- UND SÜDAMERIKA

VEREINIGTES KÖNIGREICH
NIEDERLANDE
105
75
97
100
65
BELGIEN
53
52
POLEN
56
52
TSCHECHIEN
77
55
75
ÖSTERREICH
124
64
83
FRANKREICH
52
SCHWEIZ
71
ITALIEN

© Westermann

Wirtschaftsraum

Afrika | GUS-Staaten | Nordamerika
Asien (einschließlich Ozeanien) | Mittel- und Südamerika
Europa | Naher Osten

Die Bezeichnung eines Wirtschaftsraumes kann von seiner geographischen Einteilung abweichen.

Export/Import
(2018, in Mrd. US-Dollar)

141 Export | 74 Import

Bedeutende Handelspartner Deutschlands* (2018)

Export 134
Import 76
USA

* dargestellt werden nur Länder mit einem Handelsvolumen von mindestens 50 Mrd. US-Dollar

3 Handelsnation China

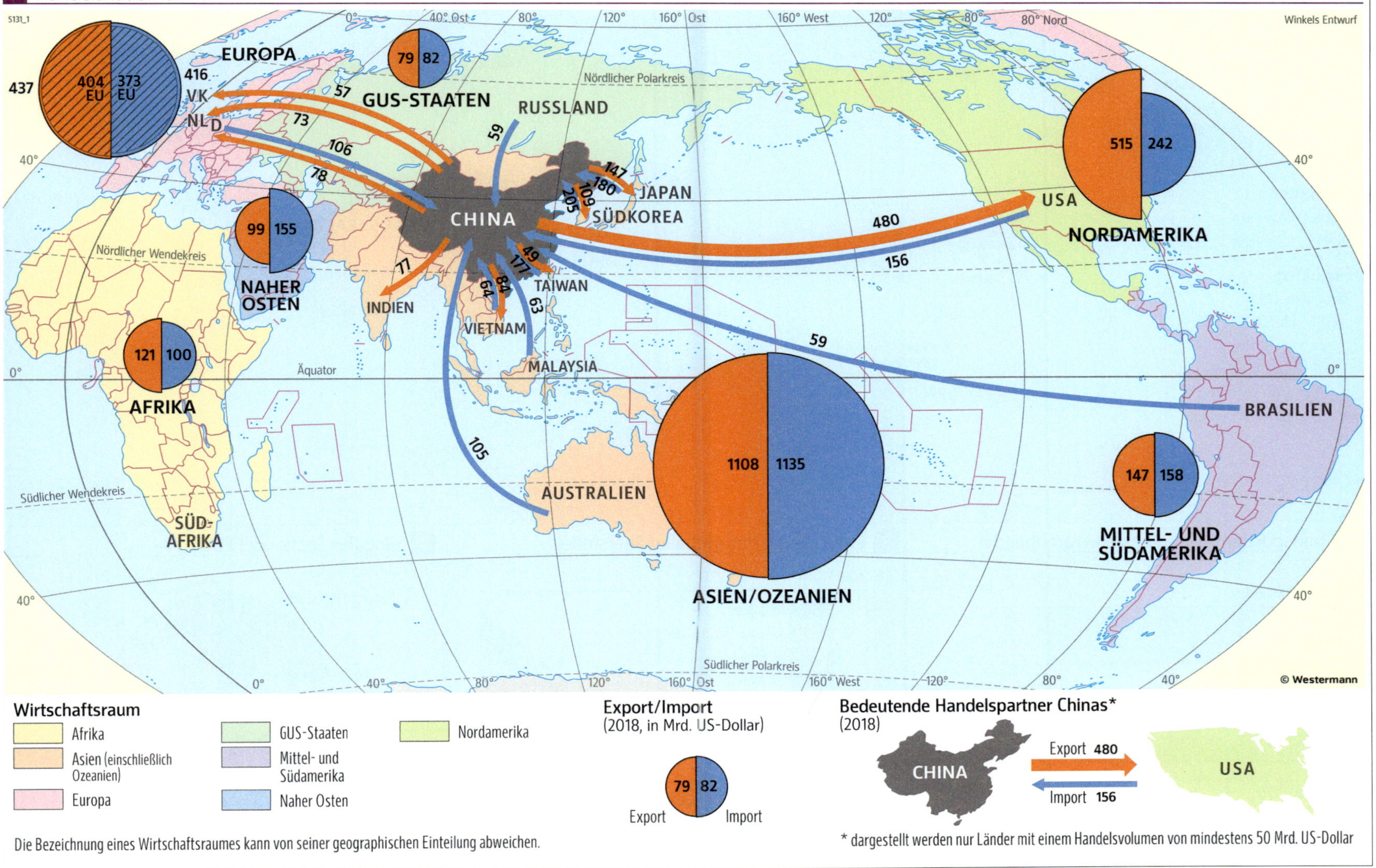

Maßstab 1:150 000 000

0 1000 2000 3000 4000 5000 km

S131_1

Winkels Entwurf

437
404 EU | 373 EU
EUROPA
416 VK
NL D
57
73
106
78
79 | 82
GUS-STAATEN
RUSSLAND
59

147
180
109
205
JAPAN
SÜDKOREA
CHINA

515 | 242
NORDAMERIKA
USA
480
156

99 | 155
NAHER OSTEN
77
INDIEN
49
171
64 | 84
63
TAIWAN
VIETNAM
MALAYSIA

121 | 100
AFRIKA
SÜD-AFRIKA

59
BRASILIEN

105

1108 | 1135
ASIEN/OZEANIEN
AUSTRALIEN

147 | 158
MITTEL- UND SÜDAMERIKA

© Westermann

Wirtschaftsraum

Afrika | GUS-Staaten | Nordamerika
Asien (einschließlich Ozeanien) | Mittel- und Südamerika
Europa | Naher Osten

Die Bezeichnung eines Wirtschaftsraumes kann von seiner geographischen Einteilung abweichen.

Export/Import
(2018, in Mrd. US-Dollar)

79 Export | 82 Import

Bedeutende Handelspartner Chinas* (2018)

CHINA
Export 480
Import 156
USA

* dargestellt werden nur Länder mit einem Handelsvolumen von mindestens 50 Mrd. US-Dollar

Luftfracht (Cargo), Flugzeug wird beladen

Öltanker

Gastanker

1 See- und Luftverkehr

Seehäfen

Gesamtumschlag (2017)
- ⊚ über 200 Mio. t
- ⊙ 50–200 Mio. t (Auswahl)

Containerumschlag (2018)
- • über 10 Mio. TEU
- • 1–10 Mio. TEU (Auswahl)

TEU = Twenty-foot Equivalent Unit
(siehe Abbildung **5**)
- ∘ sonstiger bedeutender Hafen (Auswahl)
- ▢ Binnenland

Schifffahrtsrouten
- ▬ Hauptroute
- ▬ Nebenroute
- ▬ Treibeis gefährdete Meeresgebiete, z.T. geschlossene Eisbedeckung

Piraterie
- ▦ Operationsgebiete der Piraten
- ☠ **19** Anzahl der Überfälle (2018)

Entfernungen
- ▬ ausgewählte Schifffahrtsroute
- Hamburg   Start- bzw. Endpunkt
- 3524 nm   Entfernung in Seemeilen 1 Seemeile (nm) = 1852 m
- 7 Tage, 8 Std.   Entfernung in Zeiteinheiten bei einer Geschwindigkeit von 20 Knoten (kn) = ca. 37 km/h

Flugrouten
- ▬ Hauptroute
- ▬ Nebenroute

Flughäfen

Passagiere (2018)
- ▢ über 50 Mio.
- ▢ 30–50 Mio.
- ▢ unter 30 Mio. (Auswahl)

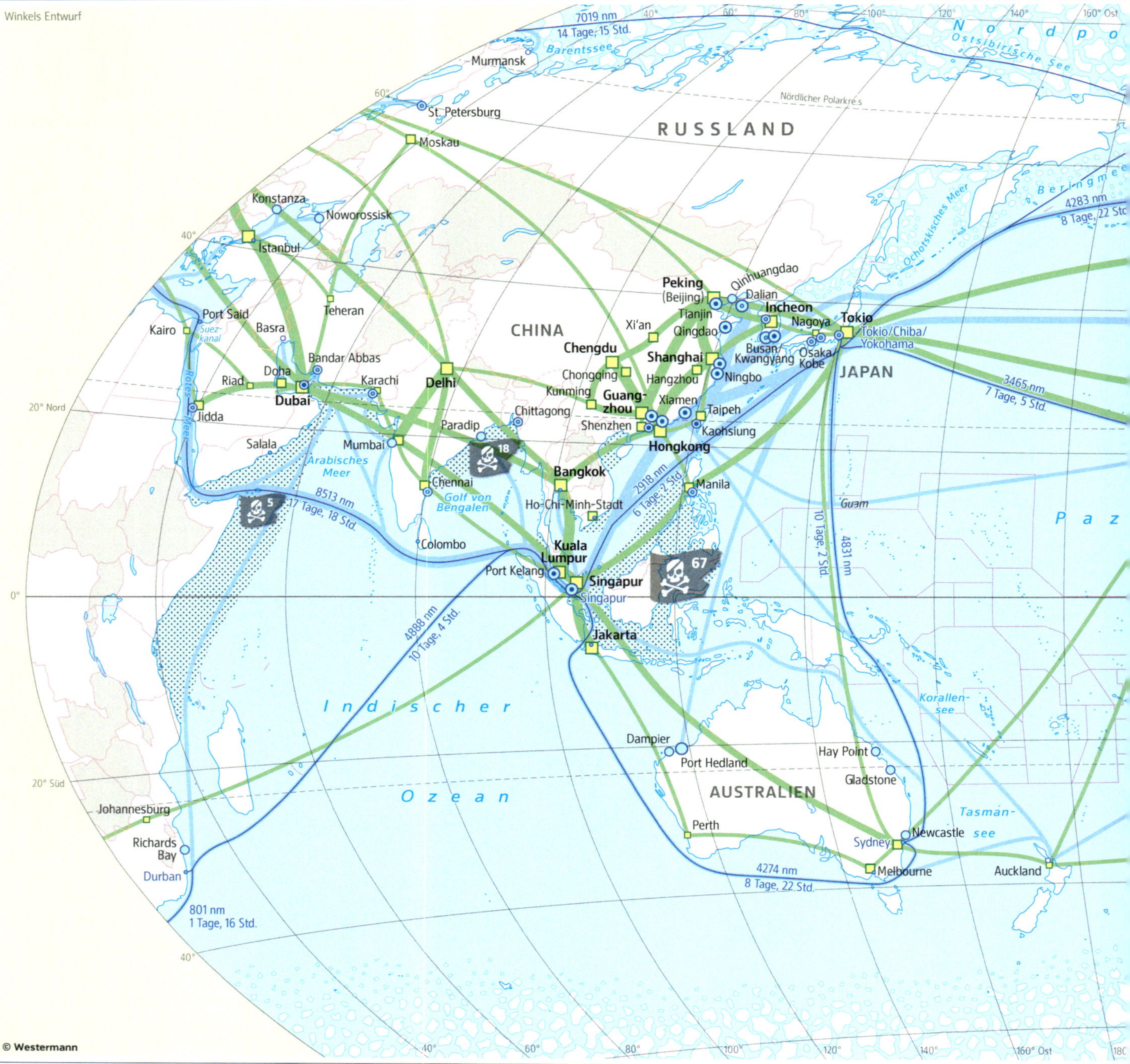

© Westermann

(Karte: See- und Luftverkehr, Winkels Entwurf — Orte u.a.: Murmansk, St. Petersburg, Moskau, Konstanza, Noworossisk, Istanbul, Teheran, Port Said, Suez-Kanal, Kairo, Basra, Bandar Abbas, Doha, Riad, Dubai, Karachi, Jidda, Salala, Mumbai, Chennai, Colombo, Port Kelang, Kuala Lumpur, Singapur, Jakarta, Delhi, Paradip, Chittagong, Chengdu, Chongqing, Kunming, Guangzhou, Shenzhen, Hongkong, Xiamen, Taipeh, Kaohsiung, Bangkok, Ho-Chi-Minh-Stadt, Manila, Peking (Beijing), Qinhuangdao, Dalian, Tianjin, Qingdao, Xi'an, Shanghai, Hangzhou, Ningbo, Incheon, Busan, Kwangyang, Nagoya, Osaka, Kobe, Tokio/Chiba/Yokohama, RUSSLAND, CHINA, JAPAN, AUSTRALIEN, Dampier, Port Hedland, Hay Point, Gladstone, Perth, Sydney, Newcastle, Melbourne, Auckland, Johannesburg, Richards Bay, Durban; Entfernungsangaben: 7019 nm 14 Tage, 15 Std.; 4283 nm 8 Tage, 22 Std.; 3465 nm 7 Tage, 5 Std.; 4831 nm 10 Tage, 2 Std.; 2918 nm 6 Tage, 2 Std.; 4888 nm 10 Tage, 4 Std.; 8513 nm 17 Tage, 18 Std.; 801 nm 1 Tage, 16 Std.; 4274 nm 8 Tage, 22 Std.)

---

2 Transportmittel im globalen Warenhandel

nach der Menge

nach dem Warenwert

| 0 | 10 | 20 | 30 | 40 | 50 | 60 | 70 | 80 | 90 | 100 % |

- ▢ Schifffahrt
- ▢ Straße, Schiene, Luft

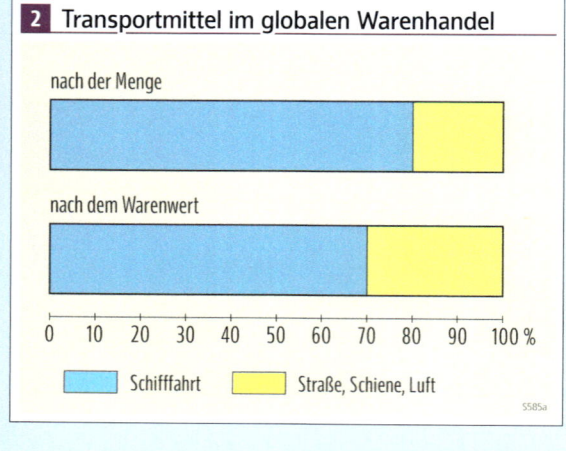

---

3 Entwicklung des globalen Seehandels

Güterumschlag (in Mrd. t)

- ▢ Container
- ▢ sonstige Trockenladung
- ▢ Schüttgut
- ▢ Flüssigladung

Gesamtumschlag

1970   1980   1990   2000   2010   2018

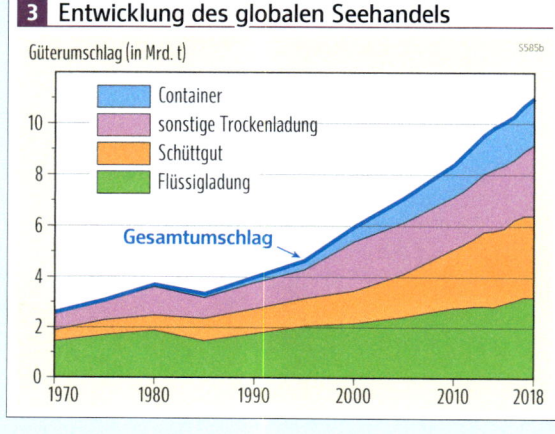

---

4 Globaler Seehandel 2018

- Gas 3,7 %
- Eisenerz 13,4 %
- Kohle 11,5 %
- Getreide 4,3 %
- sonstiges Schüttgut 18,4 %
- Container 17,6 %
- sonstige Trockenladung 5,8 %
- Rohöl 17,1 %
- raffinierte Ölprodukte 8,2 %

Schüttgut

- ▢ Flüssigladung
- ▢ Trockenladung

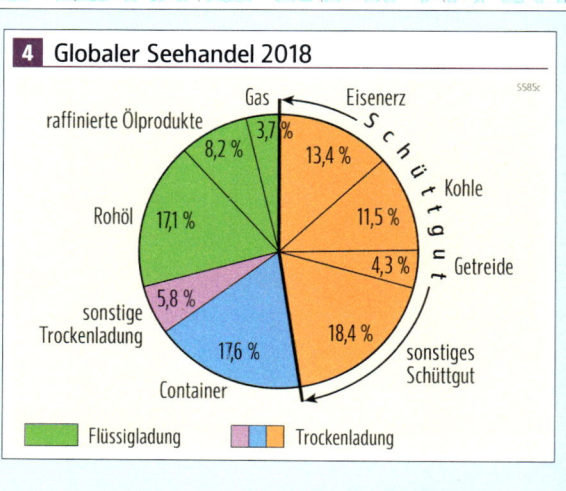

Massengutverladung (Weizen)

Massengutverladung (Eisenerz)

Containerschiff

S1430b

Maßstab 1:90 000 000 0 500 1000 1500 2000 2500 km

[Map of the world showing shipping routes across the Atlantic, Pacific and Indian Oceans with major ports labelled]

Europäisches Nordmeer · *Baffin Bay* · *Beaufortsee* · 7560 nm 15 Tage, 18 Std.

USA · Anchorage · KANADA · Vancouver · Seattle · Minneapolis · Toronto · Montréal · Boston · New York · New York/New Jersey · Detroit · Philadelphia · Denver · Chicago · USA · San Francisco · Las Vegas · Phoenix · Dallas · Atlanta · Charlotte · Los Angeles/Long Beach · Houston · South Louisiana · Orlando · Miami · Mexiko-Stadt · *Golf von Mexiko* · *Sargassosee* · *Nördlicher Wendekreis*

Honolulu · *Hawaii* · 4684 nm 9 Tage, 18 Std. · 8 Tage, 10 Std. · 4039 nm · *Karibisches Meer* · Colón · Balboa · Caracas · Bogotá · Puerto Rico · 20 · *Atlantischer Ozean*

St. Petersburg · Moskau · Hamburg · Amsterdam · London · Frankfurt · Rotterdam · Antwerpen · Paris · München · Genua · Konstanza · Noworossisk · Marseille · Rom · İstanbul · Barcelona · Madrid · Valencia · Palma · Gioia Tauro · Algeciras · Tanger · Port Said · Kairo · *Kanarische Inseln* · Las Palmas · NIGERIA · Lagos · Port Harcourt · 82 · 20° Nord · 40° · 0°

3524 nm 7 Tage, 8 Std. · 5100 nm 10 Tage, 15 Std. · 2018 nm 4 Tage, 9 Std.

Tischer Ozean · *Tahiti* · *Südlicher Wendekreis* · 9 · Callao/Lima · *BRASILIEN* · Brasília · São Luís · Porto de Tubarão · São Paulo · Santos · Rio de Janeiro · 5 Tage, 12 Std. · 1643 nm · *Äquator*

4271 nm 8 Tage, 15 Std. · 5582 nm 11 Tage, 10 Std. · 6390 nm 13 Tage, 8 Std. · *Atlantischer Ozean* · Johannesburg · Richards Bay · Durban · Kapstadt · 801 nm 1 Tage, 16 Std. · 20° Süd · 40°

Santiago · Valparaíso · Buenos Aires · 3704 nm 7 Tage, 12 Std. · *Magellanstraße* · 60°

S1216_1

---

5 Containerschiff und Standardcontainer

S58Sd

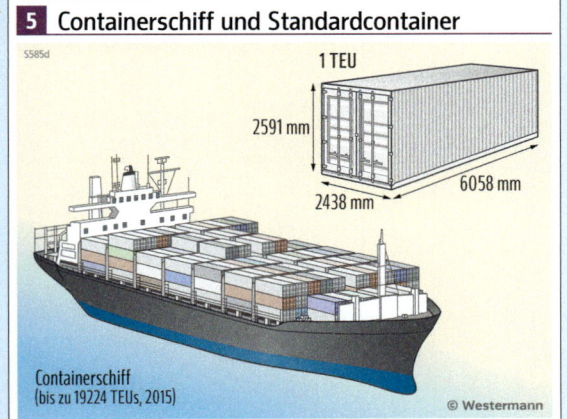

1 TEU · 2591 mm · 2438 mm · 6058 mm

Containerschiff (bis zu 19224 TEUs, 2015)

© Westermann

6 Globaler Containerumschlag

S58Se

Umschlag (in Mio. TEU)

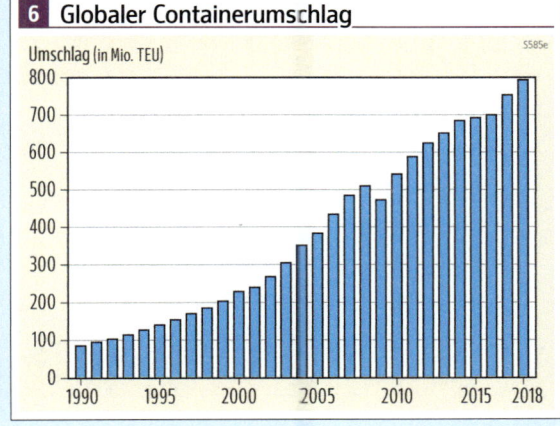

1990 1995 2000 2005 2010 2015 2018

7 Containerhäfen – Umschlag

S58Sf

Umschlag (in Mio. TEU)

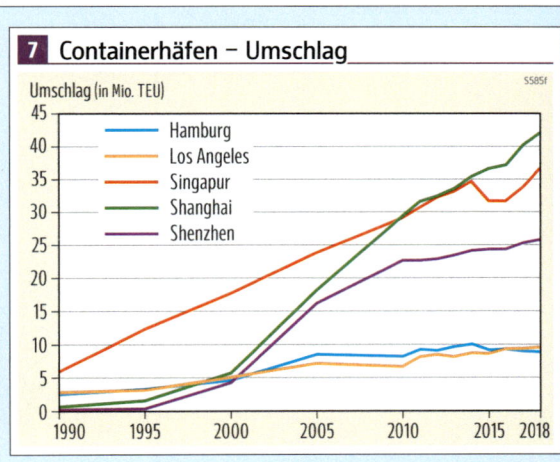

— Hamburg
— Los Angeles
— Singapur
— Shanghai
— Shenzhen

1990 1995 2000 2005 2010 2015 2018

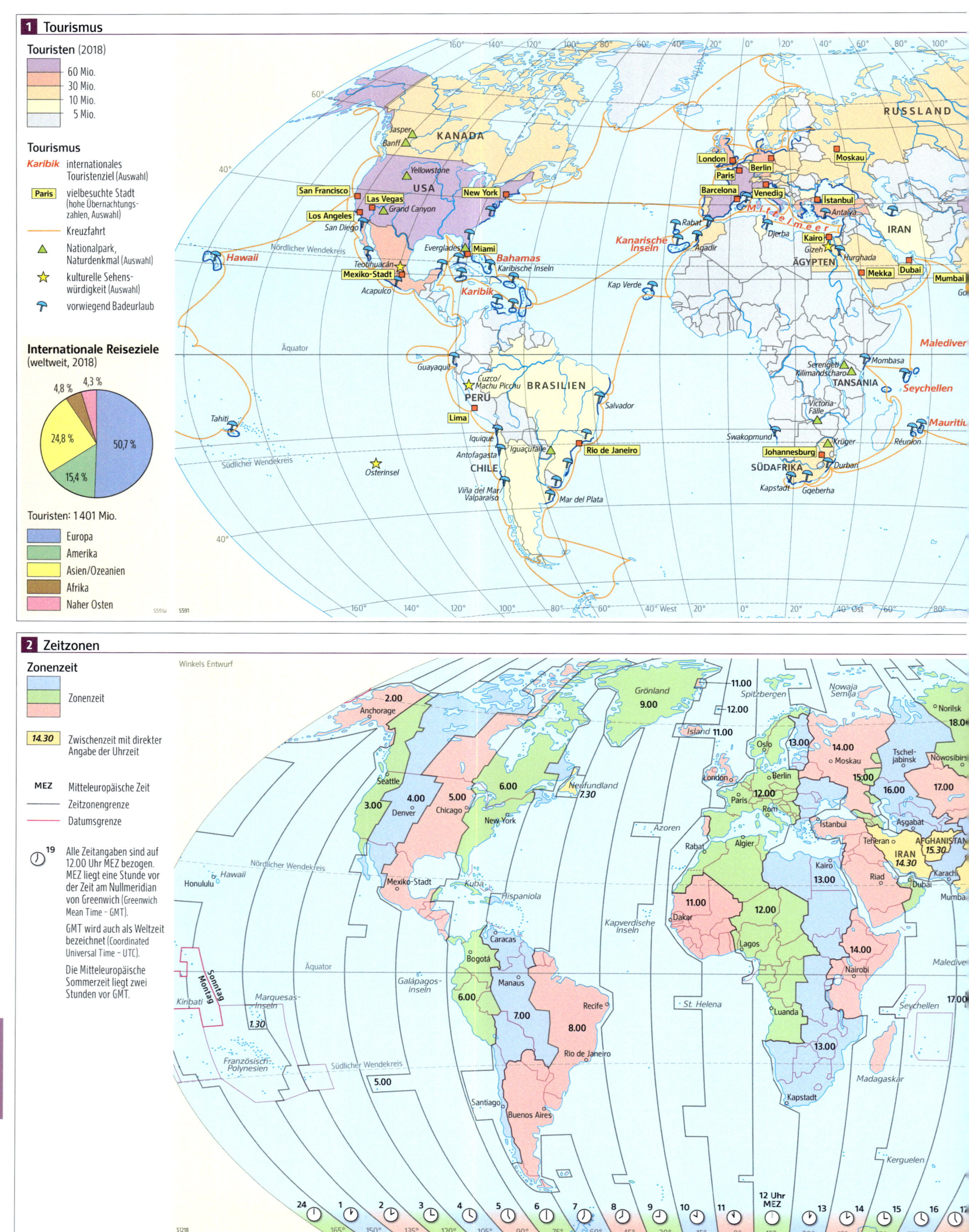

1 Tourismus

Touristen (2018)
- 60 Mio.
- 30 Mio.
- 10 Mio.
- 5 Mio.

Tourismus

Karibik internationales Touristenziel (Auswahl)

Paris vielbesuchte Stadt (hohe Übernachtungszahlen, Auswahl)

— Kreuzfahrt

△ Nationalpark, Naturdenkmal (Auswahl)

☆ kulturelle Sehenswürdigkeit (Auswahl)

🛆 vorwiegend Badeurlaub

Internationale Reiseziele (weltweit, 2018)

50,7 %
24,8 %
15,4 %
4,8 %
4,3 %

Touristen: 1 401 Mio.

- Europa
- Amerika
- Asien/Ozeanien
- Afrika
- Naher Osten

2 Zeitzonen

Zonenzeit

Zonenzeit

14.30 Zwischenzeit mit direkter Angabe der Uhrzeit

MEZ Mitteleuropäische Zeit
— Zeitzonengrenze
— Datumsgrenze

🕐 19 Alle Zeitangaben sind auf 12.00 Uhr MEZ bezogen. MEZ liegt eine Stunde vor der Zeit am Nullmeridian von Greenwich (Greenwich Mean Time – GMT).

GMT wird auch als Weltzeit bezeichnet (Coordinated Universal Time – UTC).

Die Mitteleuropäische Sommerzeit liegt zwei Stunden vor GMT.

Winkels Entwurf

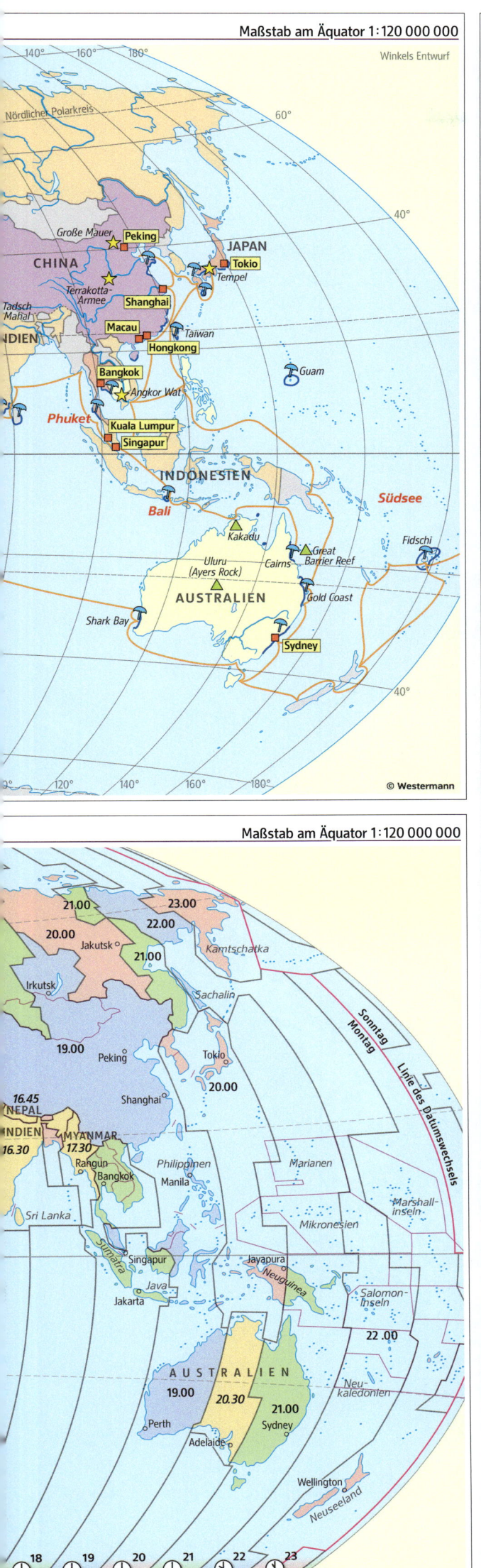

Maßstab am Äquator 1:120 000 000

Winkels Entwurf

140° 160° 180° 60° 40°

Nördlicher Polarkreis

CHINA
Große Mauer
Peking
JAPAN
Tokio
Tempel
Tadsch-Mahal
Terrakotta-Armee
Shanghai
Macau
Taiwan
INDIEN
Hongkong
Bangkok
Guam
Angkor Wat
Phuket
Kuala Lumpur
Singapur
INDONESIEN
Südsee
Bali
Kakadu
Great Barrier Reef
Cairns
Fidschi
Uluru (Ayers Rock)
AUSTRALIEN
Gold Coast
Shark Bay
Sydney

40°
120° 140° 160° 180°

© Westermann

Maßstab am Äquator 1:120 000 000

21.00 23.00
20.00 22.00
Jakutsk 21.00
Irkutsk Kamtschatka
Sachalin
19.00 Peking Tokio
16.45 Shanghai 20.00
NEPAL
INDIEN
MYANMAR 17.30
16.30
Rangun Philippinen Marianen
Bangkok Manila
Sri Lanka Marshall-inseln
Singapur Mikronesien
Jayapura
Sumatra Neuguinea Salomon-Inseln
Java Jakarta 22.00
AUSTRALIEN Neu-kaledonien
19.00 20.30 21.00
Perth Sydney
Adelaide
Wellington
Neuseeland

Sonntag Montag
Linie des Datumswechsels

18 19 20 21 22 23
105° 120° 135° 150° 165° 180°

© Westermann

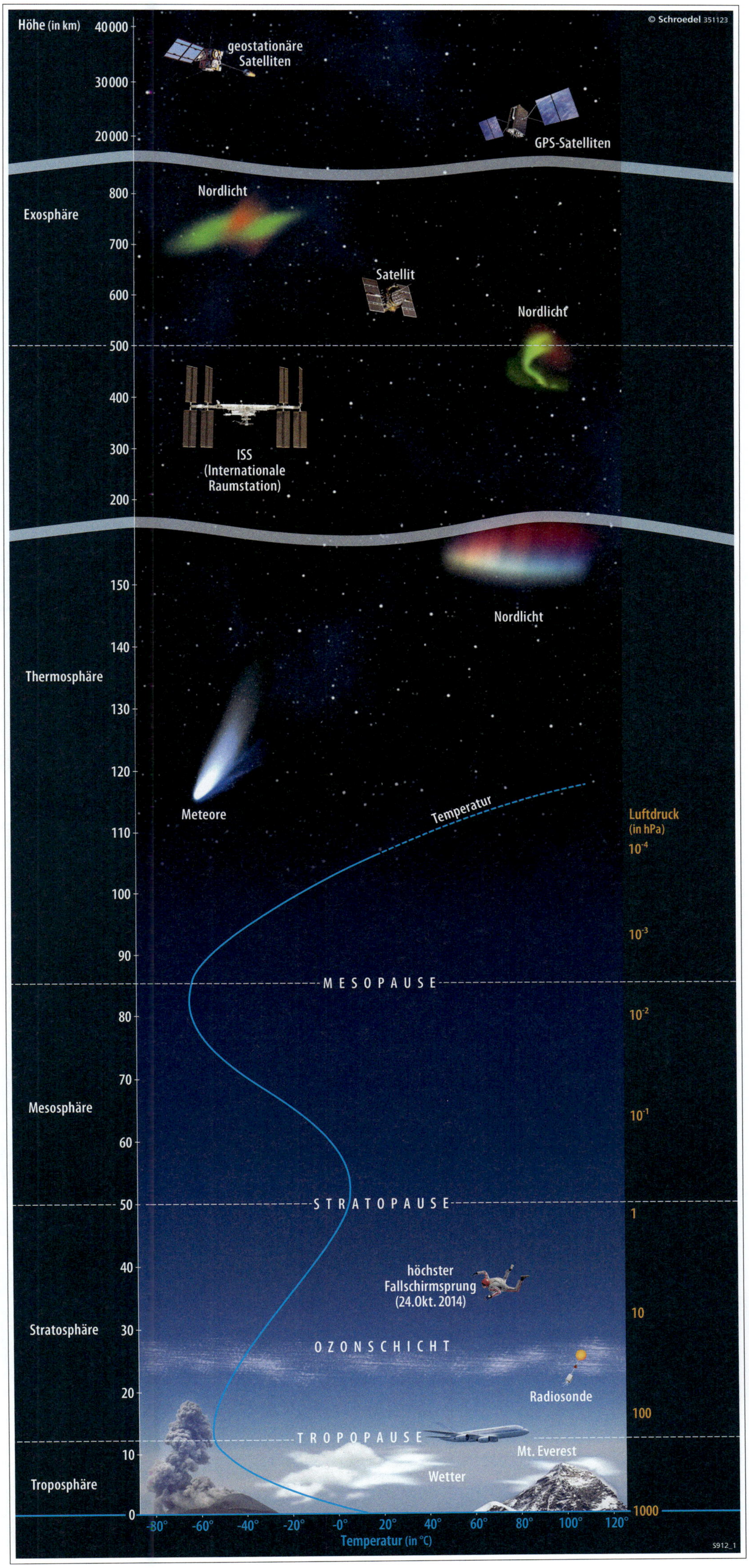

© Schroedel 351123

Höhe (in km)

40 000
geostationäre Satelliten
30 000
20 000 GPS-Satelliten

800
Nordlicht
Exosphäre 700
Satellit
600
Nordlicht
500
400
ISS (Internationale Raumstation)
300
200

Thermosphäre 150
Nordlicht
140
130
120
Meteore Temperatur Luftdruck (in hPa)
110 10^{-4}
100
90 10^{-3}
MESOPAUSE
80 10^{-2}
Mesosphäre 70
60 10^{-1}
STRATOPAUSE
50 1
40 höchster Fallschirmsprung (24.Okt. 2014) 10
Stratosphäre 30 OZONSCHICHT
20 Radiosonde 100
TROPOPAUSE
10 Mt. Everest
Troposphäre Wetter
0 1000
−80° −60° −40° −20° −0° 20° 40° 60° 80° 100° 120°
Temperatur (in °C)

S912_1

1 Europa — Maßstab 1:18 000 000 — 0 200 400 600 km

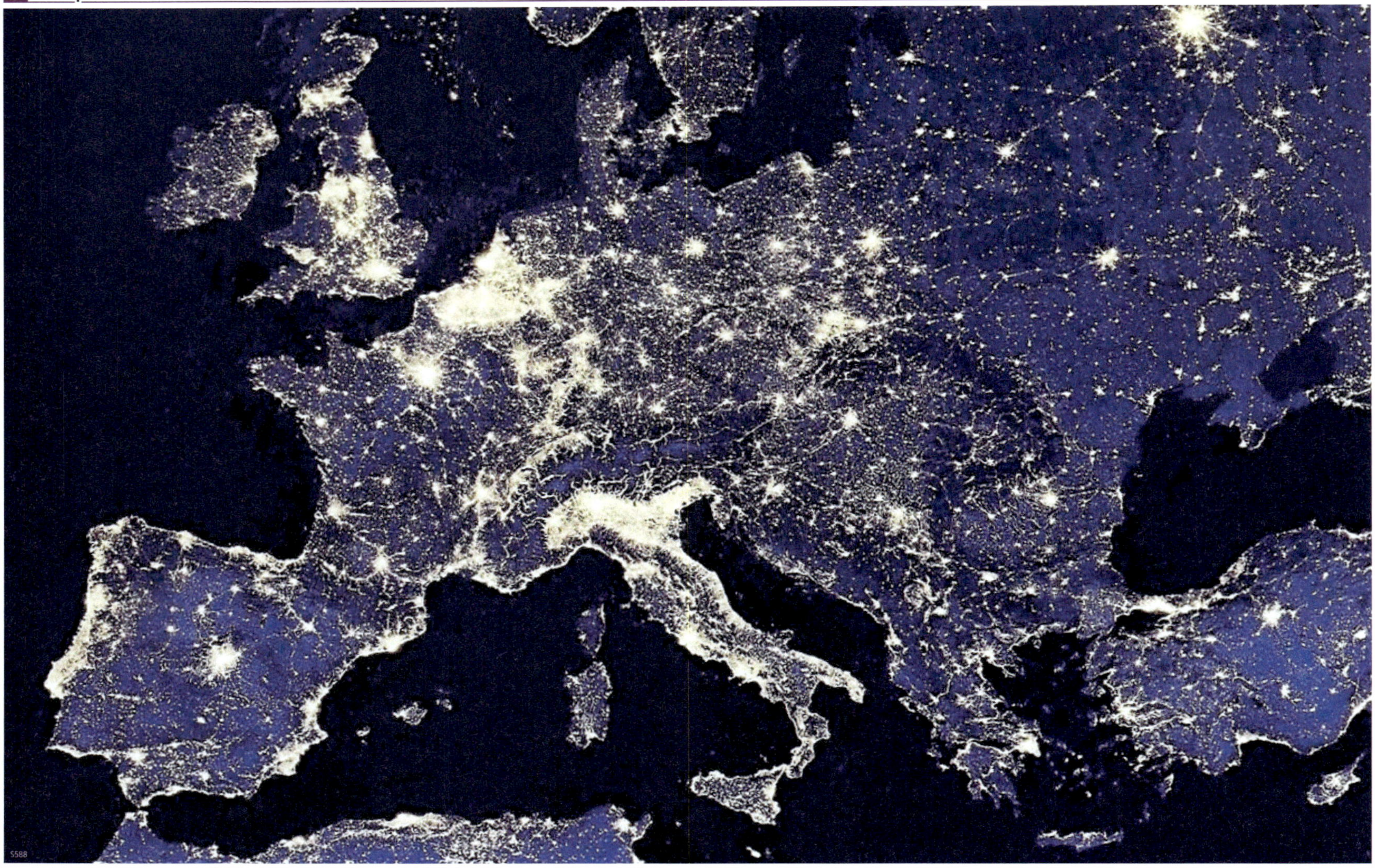

2 Mittlere und östliche USA — Maßstab 1:18 000 000 — 0 200 400 600 km

3 West- und Südasien

Maßstab 1 : 18 000 000 — 0 200 400 600 km

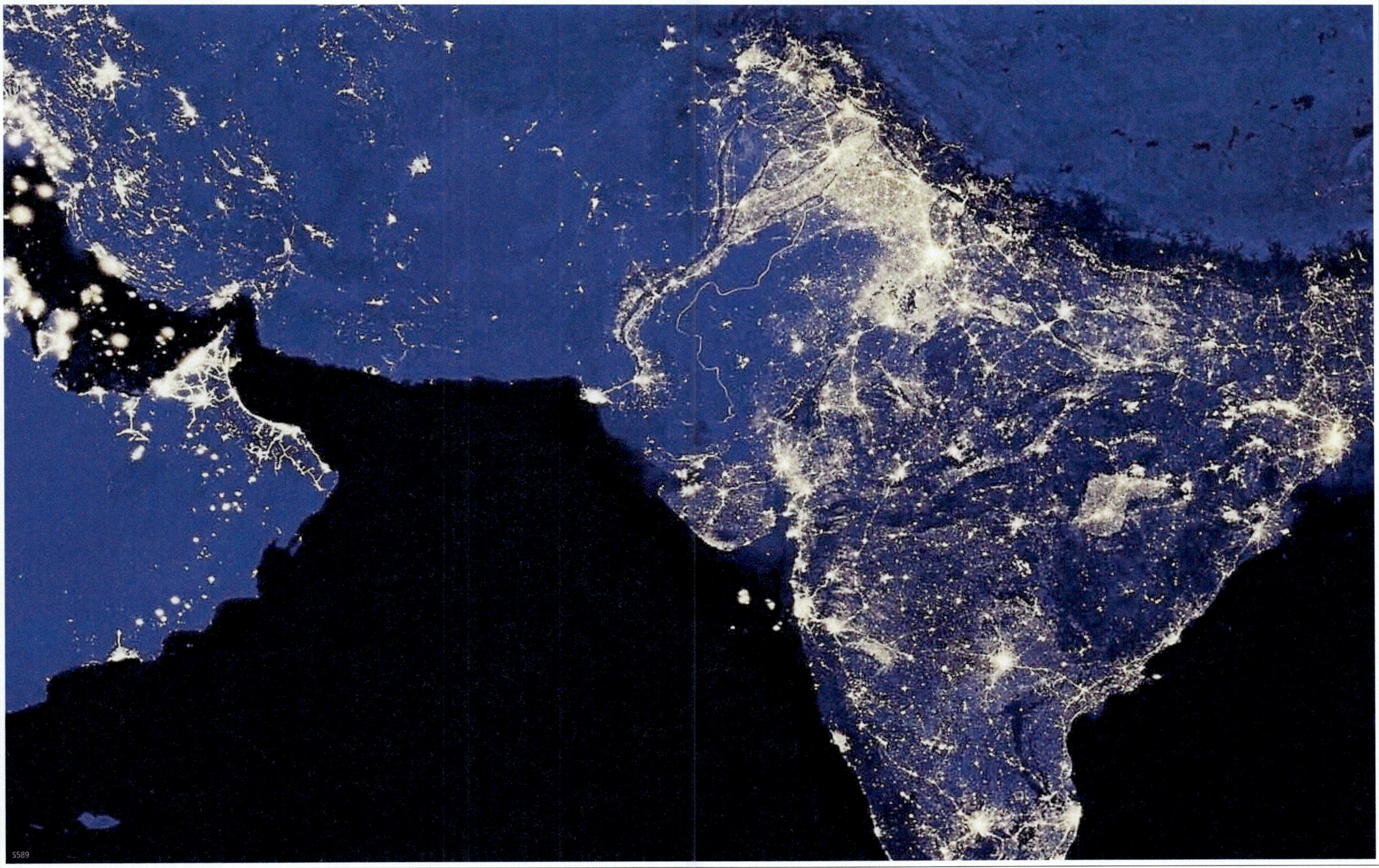

4 Südliches Afrika

Maßstab 1 : 18 000 000 — 0 200 400 600 km

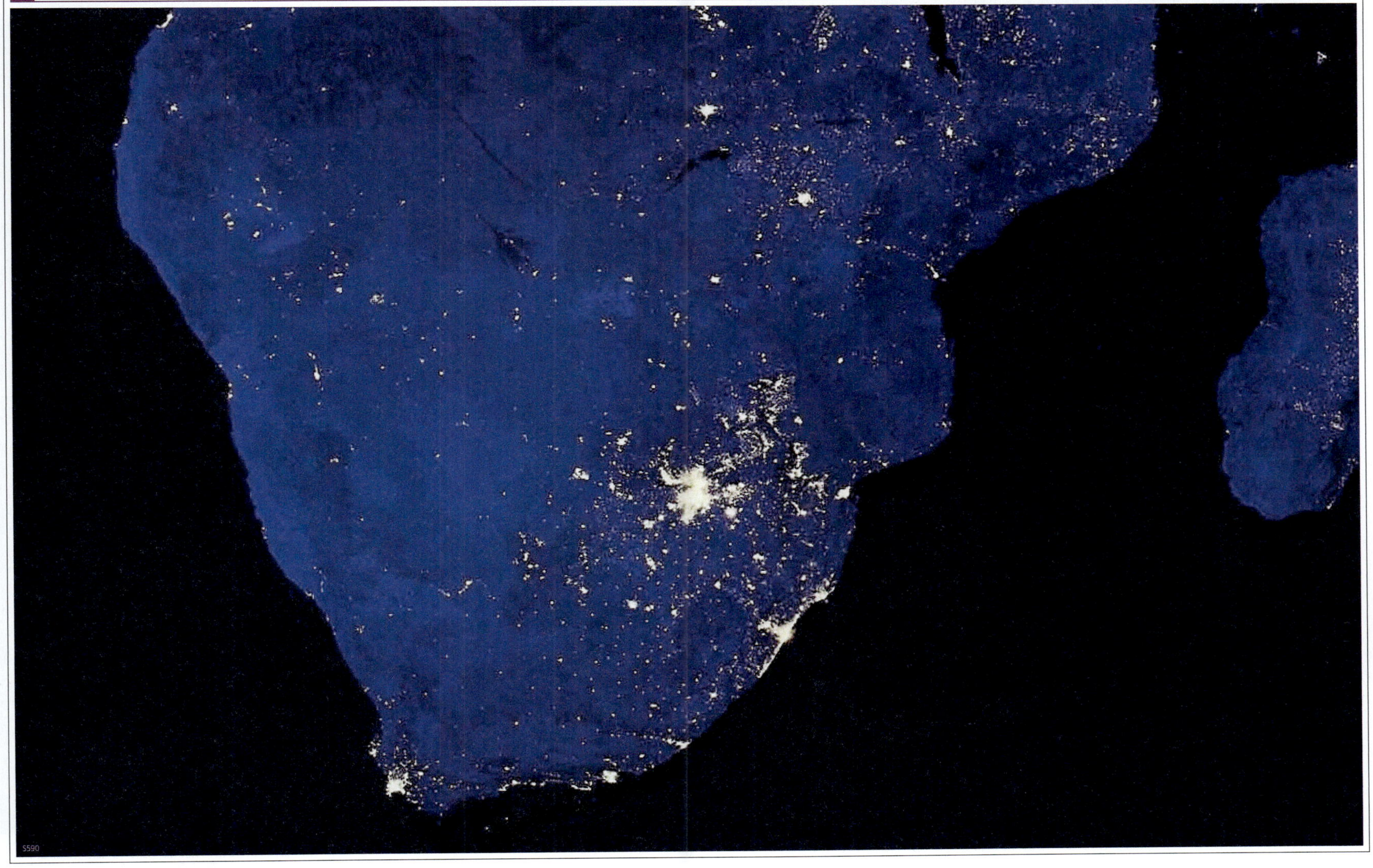

S247_1a

Blick von außerhalb auf unsere Milchstraße, eine spiralförmigen Galaxie (Illustration). Unsere Milchstraße hat einen Durchmesser von 100 000 Lichtjahren (1 Lichtjahr ≙ ca. 9 460 Mrd. km) und enthält über 100 Milliarden Sterne. Unser Sonnensystem befindet sich in einem der äußeren Spiralarme.

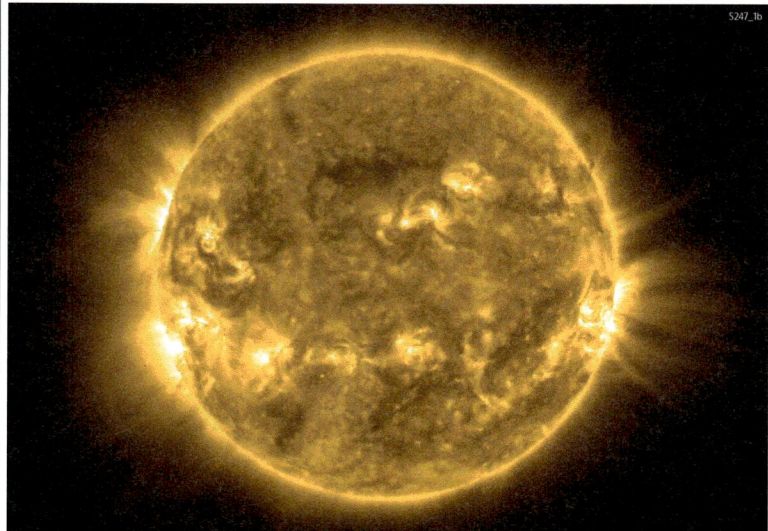

S247_1b

Sonne (Quelle: ESA/SWAP PROBA2 science centre)

Die Planeten im Überblick

S247_1d

Planet	Durchmesser am Äquator	Entfernung von der Sonne	Umlaufzeit um die Sonne
Merkur	4 879 km	57,91 Mio. km	0,24 Jahre
Venus	12 104 km	108,21 Mio. km	0,62 Jahre
Erde	12 756 km	149,60 Mio. km	1,00 Jahre
Mars	6 794 km	227,94 Mio. km	1,88 Jahre
Jupiter	142 984 km	778,30 Mio. km	11,86 Jahre
Saturn	120 536 km	1 429,39 Mio. km	29,42 Jahre
Uranus	51 118 km	2 870,00 Mio. km	83,75 Jahre
Neptun	49 528 km	4 504,45 Mio. km	163,72 Jahre
Pluto (Zwergplanet)	2 390 km	5 915,80 Mio. km	248,02 Jahre

S247_1c

Erdaufgang über dem Mond (zusammengesetztes Foto einer unbemannten Raumsonde der NASA, 12.10.2015)

S247_1e

Saturn

Asteroidengürtel

Jupiter

Das Sonnensystem (Illustration, nicht maßstabsgetreu)

▼ Staat, Verwaltungseinheit   ▲ Berg, Gebirge   ◩ Gewässer   ◆ Wirtschaft
○ Siedlung   ⚓ Landschaft, Insel   ◪ Verkehr, Transport   ⬕ Tourismus

Hinweise zum Register

Das Register ist das Verzeichnis der Namen in den Karten des vorliegenden Atlasses. Es enthält Informationen über die Lage des bezeichneten Objekts in der Karte.

Im Register sind mit Ausnahme einiger lokaler Bezeichnungen alle Namen aus den physischen und politischen Karten des Atlasses verzeichnet. Jeder Name erscheint im Register einmal.

Sämtliche Namen sind alphabetisch geordnet. Die Umlaute ä, ö, ü sind wie die Selbstlaute a, o, u behandelt. Buchstaben mit besonderen Zeichen aus fremden Schriften werden wie einfache lateinische Buchstaben sortiert.

Schreibweisen der Namen

Die Namen im Seydlitz Weltatlas werden durchgehend in Deutsch geschrieben, sofern eine deutsche Namensform gebräuchlich ist. In den Karten größerer Maßstäbe ist der landesübliche Name in Klammern dazugesetzt, z. B.: Tripolis (Tarabulus). Im Register ist an entsprechender Stelle der landesübliche Name mit Verweis auf den deutschen Namen aufgenommen, z. B.: Tarabulus = Tripolis. In wenigen Fällen erscheint ein früherer Name als historischer Name in Klammern, z. B. Demokratische Republik Kongo (hist. Zaire).

Verwendung des Registers

Zum einfachen Auffinden eines Namens im Atlas dient ein Orientierungssystem, das aus

- Seitenzahlen für die Atlasseiten
- arabischen Ziffern für die Kartennummern
- Suchangaben (Buchstaben im oberen und unteren Kartenrand und Zahlen im rechten und linken Kartenrand)

besteht.

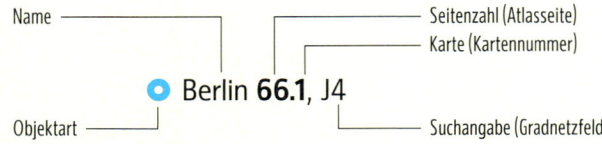

Name — Seitenzahl (Atlasseite)
Karte (Kartennummer)

○ Berlin **66.1**, J4

Objektart — Suchangabe (Gradnetzfeld)

In dieser Reihenfolge ist die Lage der Namen nach Atlasseite, Karte und Gradnetzfeld im Register ausgewiesen. Zur schnellen Erfassung der Art des Registereintrags ist dem Namen ein Symbol vorangestellt. Unterschieden werden

▼ Staat, Verwaltungseinheit   ▲ Berg, Gebirge   ◩ Gewässer   ◆ Wirtschaft
○ Siedlung   ⚓ Landschaft, Insel   ◪ Verkehr, Transport   ⬕ Tourismus

Staatennamen und andere Verwaltungsbegriffe (z. B. der Name eines Bundeslandes) verweisen auf politische Karten. Bei allen anderen Objektarten wird in der Regel auf physische Karten verwiesen.

Auffinden des Namens in der Karte

Jeder Registereintrag verweist auf die Atlasseite, auf der der Name innerhalb seiner weiteren Umgebung am einfachsten aufgefunden werden kann.

Bei punkthaften Objekten (z. B. Orte, Berge oder Pässe) wird auf das Zentrum der Punktsignatur verwiesen, z. B. ○ Berlin **66.1**, J4.

Bei Flüssen ist in der Regel die Lage des quellnächsten Namens angegeben, z. B. ◩ Sambesi **140**, G7.

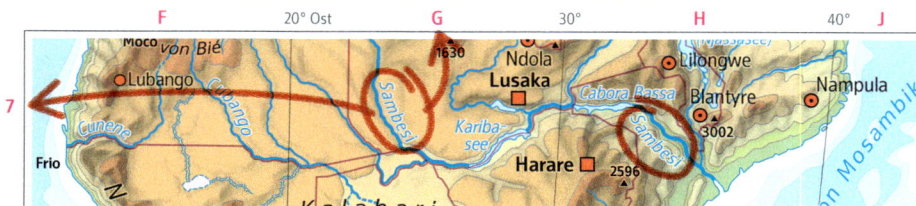

Für weit gespannte Namenszüge (z. B. Namen von Landschaften, Gebirgen oder Meeren) werden mehrere Gradnetzfelder genannt, z. B. ⚓ Große Victoriawüste **182**, G6–H6.

Namensteile wie etwa Aïn, Bad, Djebel, Golf, Groß, Kap, Klein, Mount, Oase, Pass, Puerto, Punta, Rio, Saint oder Wadi bleiben in ihrer Stellung erhalten und sind bei der Alphabetisierung berücksichtigt.

D

Staat, Verwaltungseinheit ● Siedlung ▲ Berg, Gebirge ≗ Landschaft, Insel ▨ Gewässer ◪ Verkehr, Transport ◆ Wirtschaft ⌂ Tourismus

▼ Staat, Verwaltungseinheit ● Siedlung ▲ Berg, Gebirge ▲ Landschaft, Insel ◼ Gewässer ◼ Verkehr, Transport ◆ Wirtschaft ▲ Tourismus

232 Register Nay–Öre

▼ Staat, Verwaltungseinheit ▲ Berg, Gebirge ☑ Gewässer ◆ Wirtschaft
○ Siedlung ⚓ Landschaft, Insel ⤢ Verkehr, Transport ⬛ Tourismus

▼ Staat, Verwaltungseinheit ⬛ Berg, Gebirge ⬛ Gewässer ◆ Wirtschaft
◯ Siedlung ⬛ Landschaft, Insel ⬛ Verkehr, Transport ⬛ Tourismus

Institute und Organisationen

Ägyptisches Ministerium für Wohnbau und Stadtentwicklung, Kairo
Airports Council International (ACI), Genf
Alfred-Wegener-Institut, Bremerhaven
American Association of Port Authorities (AAPA), Alexandria (Virginia)
Arbeitsgemeinschaft Deutscher Verkehrsflughäfen (ADV), Berlin
Arbeitskreis VGR der Länder, Stuttgart
Australian Antarctic Division (AAD), Kingston (Tasmanien)
Australian Bureau of Statistics, Canberra
Bayerisches Landesamt für Umwelt, Augsburg
Brasilianisches Institut für Geographie und Statistik (IBGE), Rio de Janeiro
British Petroleum (BP), London
Büro der Vereinten Nationen zur Koordination Humanitärer Angelegenheiten (UNOCHA), New York
Bundesagentur für Arbeit - Statistik-Service Ost, Berlin; Statistik-Service Südost, Nürnberg
Bundesamt für Seeschifffahrt und Hydrographie, Hamburg
Bundesamt für Statistik, Neuchâtel (Schweiz)
Bundesanstalt für Geowissenschaften und Rohstoffe (BGR), Hannover
Bundesinstitut für Bau-, Stadt- und Raumforschung (BBSR), Bonn
Bundesministerium für Ernährung, Landwirtschaft und Verbraucherschutz (BMELV), Berlin
Bundesverband der Energie- und Wasserwirtschaft e.V. (BDEW), Berlin
DB Netz AG, Frankfurt am Main
Department of Earth and Environmental Sciences Wesleyan University, Middletown (Connecticut)
Deutsche Stiftung Weltbevölkerung (DSW), Hannover
Deutscher Braunkohlen-Industrie-Verein e.V. (DEBRIV), Köln
Deutscher Wetterdienst (DWD), Offenbach
duisport Duisburger Hafen AG, Duisburg
Entwicklungsprogramm der Vereinten Nationen (UNDP), New York
Europäische Kommission, Brüssel
Europäische Umweltagentur (EUA/EEA), Kopenhagen
Fraport AG, Frankfurt/Main
Govern de les Illes Balears, Palma (Mallorca)
HafenCity Hamburg GmbH, Hamburg
Hamburg Port Authority (HPA), Hamburg
infas geodaten GmbH, Bonn
Institut Européen d'Administration des Affaires, Fontainebleau
Institut für Länderkunde (IfL), Leipzig
Institut für Seeverkehrswirtschaft und Logistik (ISL), Bremen
Instituto Municipal de Turisme, Ajuntament de Palma
Instituto Geográfico Nacional, Madrid
Instituto Nacional de Estadísticas, Santiago
Internationale Flug-Transport-Vereinigung (IATA), Montreal
Israelisches Zentralbüro für Statistik, Jerusalem
Landesamt für den Nationalpark Schleswig-Holsteinisches Wattenmeer, Tönning
Landesstatistik Tirol, Innsbruck
Landesverband Erneuerbare Energien NRW e.V., Düsseldorf
Landwirtschaftskammer Rheinland-Pfalz, Bad Kreuznach
Lausitzer und Mitteldeutsche Bergbau-Verwaltungsgesellschaft mbH, Senftenberg
Leibniz-Institut für Angewandte Geophysik, Hannover
Ministerium für Landwirtschaft, Ernährung und Umwelt (MAGRAMA), Madrid
Münchner Rückversicherungs-Gesellschaft (Munich Re), München
National Aeronautics and Space Administration (NASA), Washington, D.C.
National Energy Authority, Reykjavik
National Oceanic and Atmospheric Administration (NOAA), Washington, D. C.
National Snow & Ice Data Center (NSIDC), Boulder
Nationalparkverwaltung Niedersächsisches Wattenmeer, Wilhelmshaven
Norwegisches Polarinstitut, Tromsø
Observatoire du Sahara et du Sahel (OSS), Tunis
Organisation für Ernährung und Landwirtschaft (FAO) der Vereinten Nationen, Rom
Organisation für Erziehung, Wissenschaft und Kultur (UNESCO) der Vereinten Nationen, Paris
Organisation für Wirtschaftliche Zusammenarbeit und Entwicklung (OECD), Paris
Palästinensisches UN-Büro für Humanitäre Angelegenheiten (OCHA-oPT), Jerusalem
Panamal Canal Authority, Panama
Regionalverband Ruhr (RVR), Essen
Rheinisches Institut für Landeskunde und Regionalgeschichte, Bonn
RLP AgroScience GmbH, Neustadt
Senatsverwaltung für Stadtentwicklung, Berlin
Stadt Norderney, Norderney
Statistische Landesämter der Bundesländer
Statistisches Amt der Europäischen Union (Eurostat), Luxemburg
Statistisches Amt der Vereinten Nationen, New York
Statistisches Bundesamt, Wiesbaden
Umweltbundesamt, Dessau-Roßlau
United Nations Conference on Trade and Development (UNCTAD), Genf
U.S. Census Bureau, Washington, D.C.
U.S. Department of Agriculture (USDA), Washington, D. C.
U.S. Energy Information Administration (EIA), Washington, D. C.
U.S. Geological Survey, Reston (Virginia)
Verband Region Stuttgart
Weltbank, Washington D.C.
Welthandelsorganisation (WTO), Genf
Weltorganisation für Meteorologie (WMO) der Vereinten Nationen, Genf
Welttourismusorganisation (UNWTO), Madrid

Bildquellenverzeichnis

Gesamtausgabe:

action press, Hamburg Braun, Matthias 0.16.2.
akg-images GmbH, Berlin: Bildarchiv Monheim 0.19 e.
Alamy Stock Photo, Abingdon/Oxfordshire: Gilbert, Jeff 0.21.3 c; Kirsch, Gunter 0.19 b; Reboredo, Sergi 0.11 a.
Alamy Stock Photo (RMB), Abingdon/Oxfordshire: Prisma by Dukas Presseagentur GmbH 0.21.4 c; Stark, Friedrich 0.21.3 d.
alpha-f, Kiel: 0.14.1.
Busching, Ulrike, Maxdorf: 0.20.1 b, 0.20.1 f.
fotolia.com, New York: Almgren 0.20.1 a; contrastwerkstatt 0.21.3 a; drsg98 0.29.4; Kletr 0.20.1 c; Rohde, Gabriele 0.26.2; Stockwerk-Fotodesign 0.21.4 f; ted007 0.20.2 b; tilialucida 0.19 c.
Freie und Hansestadt Hamburg, Landesbetrieb Geoinformation und Vermessung, Hamburg: 0.14.2, 0.17.4, 17.7 b.
Getty Images, München: Brivio, Marco 0.Umschlag vorne b; Echo 0.Umschlag vorne c; Stromme, Jan 0.Umschlag hinten c.
Getty Images (RF), München: Feng Wei Photography 0.Umschlag hinten a; hadynyah 0.Umschlag vorne a.
Google Earth: 0.Vorsatz 1.
Imago, Berlin: Wagner, Martin 18.18 e.
Interfoto, München: 0.29.3, 0.27.3, 0.21.4 e, 0.20.2 c, 0.20.1 e; Bäck, Christian 0.26.1.
iStockphoto.com, Calgary: ClaraNila 0.19 a; Peters, Ina 0.28.2.
Jung, Dieter, Hannover: 0.16.3.
Langbein, Andreas, Freiburg: 0.30.1.
mauritius images GmbH, Mittenwald: ib/Walter Allgöwer 0.21.3 f; imageBROKER/Alfred Schauhuber 0.20.1 d; imageBROKER/Andreas Pollok 0.31.3; imageBROKER/Julie Woodhouse 0.19 d.
MTU Aero Engines GmbH, München: 0.21.3 e.
NASA, Washington: 0.Umschlag vorne oben, 0.32, 0.2/3.
Nationalparkverwaltung Berchtesgaden, Berchtesgaden: 0.21.4 d.
Picture-Alliance GmbH, Frankfurt a. M.: 0.28.1, 0.21.4 b, 0.20.2 f, 0.19 f, 0.11 c; Bildagentur Huber/R. Schmid 0.27.5, 0.31.5, 0.31.4; dpa/Julian Stratenschulte 0.18 c; dpa/Sauer, Stefan 0.18 b; dpa/Zucchi, Uwe 0.18 f ZB/euroluftbild.de 0.27.4; ZB/euroluftbild.de/Frank Herzog 0.20.2 e; ZB/Pleul, Patrick 0.Umschlag hinten b.
RapidEye AG, Brandenburg a. d. Havel: 0.17.5, 17.6, 17.7 c.
Schlimm, Sophia, Braunschweig: 0.17.7 d, 0.17.7 c, 0.17.7 b, 0.17.7 a.
Shutterstock.com, New York: Lueder, Harald 0.29.5; Sopotnicki 0.20.2 a; steve estvanik 0.11 b; Ungvari Attila 0.21.4 a.
stock.adobe.com, Dublin: djama 0.18 a; oxie99 0.18 d; Schönfeld, Manuel 0.30.2.
TRIGIS Elektronik GmbH, Berlin: 0.33.
Visum Foto GmbH, München: Goettlicher, Bjoern 0.20.2 d.
ZDF Wetterredaktion/Walch, D., Mainz: 0.21.3 b.

Stammteil:

Alamy Stock Photo, Abingdon/Oxfordshire: Art Directors & TRIP 181 b; Brooks, Bill 85.3.5; Gerald, Eddie 201 c; Harding, Robert 81 b; MITO images GmbH/Dreet Production 41.1; parasola.net 102 b; Primo Dul Ravel 172 d; Reboredo, Sergi 9 a.
Alamy Stock Photo (RMB), Abingdon/Oxfordshire: dbimages 17 d; Eitan Simanor 149 b; ITAR-TASS Photo Agency 119.4; Prisma by Dukas Presseagentur GmbH 17 c.
ALCOA in Iceland, Reydarfjördur: 81 e.
Astrofoto, Sörth: 217, 216 a, 216 c, 216 b.
Brot für die Welt, Stuttgart: 177.3 a.
Busching, Ulrike, Maxdorf: 11.2 a.
Colourbox.com, Odense: 197 b.
Deutscher Wetterdienst (DWD), Offenbach: 84.1.
dreamstime.com, Brentwood: Art33art 88 b; Gevert, Larry 20
E.ON Wasserkraft GmbH, Landshut: 41 c.
eoVision, Salzburg: 118.2, 672, 169.1, 125.1, 67.3, 163.4, 82; U.S. Geological Survey, 20.0 53.2 b, 53.2 a.
ESA/ESOC, Darmstadt: 213 c, 213 c, 213 b, 213 a.
Focus Photo- u. Presseagentur GmbH, Hamburg: 191 a.

fotolia.com, New York: Bartussek, Ingo 57 a; Benshot 138.3 b; Bergfee 19 a; darknightsky 17 b; DeVice 61.10; Fälchle, Jürgen 87 f; guentermanaus 179 a; Hemeroskopion 87 m; Herbie 91 j; industrieblick 91 h; ISO-68 172 c; Jacques Ribieff 87 i; Jale Ibrak 204 b; kameraauge 61.11; leeyiutung 126.2 b; Lehnerer, Georg 91 a; leungchopan 126.2 a; Lottchen 41 b; Maygutyak 205 c; Michel Angelo 40 a; mojolo 91 k; MP2 87 d; readytogo 172 a; Reinartz, Petra 87 a; Ribeiro, Cristiano 87 k; Schwartz, Hendrik 102 a; SeanPavonePhoto 61.5; Sergii Figurnyi 61.9; Vlad 213 f; william87 172 e.
Fraport AG, Frankfurt/Main: 210 a.
Gehrke, Mahlberg: 85.3.3, 85.3.1.
Getty Images, München: Brivio, Marco Umschlag v. b; DigitalGlobe 181.2; Echo Umschlag v. c; Fleming 87 l; Hindustan Times 125.2; LOOK/Ingrid Firmhofer 19 b; Paul A. Souders 147.1; Stromme, Jan Umschlag h. c.
Getty Images (RF), München: Feng Wei Photography Umschlag h. a; hadynyah Umschlag v. a.
Greenpeace e.V., Hamburg: 177.3 b.
Heindl, Cornelia, Ebersberg: 133 c, 133 a, 133 b.
i.m.a - information.medien.agrar e.V., Berlin: 87 c, 87 b.
Imago, Berlin: Hardt, Herb 91 i; imago/Xinhua 211 c.
Interfoto, München: FLPA/Lloyd, Allen 160 c; imagebroker/Frohn, Simon 61.8; imagebroker/Kopp, Florian 179 b; imagebroker/Robbin, Thomas 61.4.
iStockphoto.com, Calgary: brytta 129.1 b; eldadcarin 139.4 a; milehightraveler 194.1; naes 197 a; Nancy Nehring 210 b; Nikada 57 b; oversnap 97 b; Tomasek, Tyler 197 c; van den Bergh, Frank 88 a.
Ivarsson, Gretar/Nesjavellir Power Plant: 81 a.
Jung, Dieter, Hannover: 61.12, 61.1.
laif, Köln: Keystone Schweiz 99 a.
Landesamt für Digitalisierung, Breitband und Vermessung, München: 12.1.
Lookphotos, München: travelstock44 61.7.
mauritius images GmbH, Mittenwald: Ekholm 88 d; imagebroker/Scholz, Frauke 87 h; John Warburton-Lee 145.1 a; M.Omidvar 87 g; Mehlig, Manfred 88 c.
MTU Aero Engines GmbH, München: 91 g.
NASA, Washington: 161, Umschlag v. o., 189.4 d, 189.4 d, 189.4 c, 189.4 b, 189.4 a, 153.3 a, 153.2 b, 119.1 b, 119.1 a, 119.1 c; NASAWorldWind 145.2.
NASA - Earth Observatory: 188.2 b, 188.2 a, 179.1 b, 179.1 a, 195.6 b, 195.6 a.
NASA/GSFC, Houston/Texas: 214.2, 214.1, 215.3, 215.4.
NOAA - National Oceanic & Atmospheric Administration, Washington: 161.3.
Nygaard, Stig: 81 c.
OKAPIA KG - Michael Grzimek & Co., Frankfurt/M.: Kloeppel, Dieter 103 b.
PantherMedia GmbH (panthermedia.net), München: 19 c.
Picture Press Bild- und Textagentur GmbH, Hamburg: 152.2 b.
Picture-Alliance GmbH, Frankfurt/M.: 9 c, 91 f; allOver/TPH 61.6; AP Photo 191 b; APA/Landov 139.4 a; ardea.com/Warren, Adrian 145.1 b; Bibliographisches Institut/H. Wilhelmy 181 a; Bildagentur Huber/R. Schmid 19 d, 17 a; dpa 204 a, 205 a; dpa ZB/Tom Schulze 149 a; dpa-Zentralbild/Schutt, Martin 11.2 b; dpa/Bäsemann, Hinrich 195 c; dpa/Bockwoldt, Daniel 84 a; dpa/Divyakant Solanki 125 b; dpa/E.on-Ruhrgas 210 c; dpa/epa 201 a; dpa/Horst-Heinz Grimm 179 c; d pa/ITAR-TASS/Matytsin, Valery 211 a; dpa/Iby/Müller, Marc 205 b; dpa/Oliver Berg 91 b; dpa/Rumpenhorst, Frank 194.2; dpa/Talash, Alex 84 b; dpa/Weigel, Armin 55; dpa/Wittek, Ronald 91 d; Fohringer, Helmut 149 c; Godong 129.2 b; Lehtikuva Jussi Nukari 138.3 a; Norbert Försterling 91.9; Nordbayerische Kurier/dpa/Altmann-Dangelat, Klaus 84 c; Photoshot 139.4 c, 129.2 a; ZB/Pleul, Patrick Umschlag h. b; Zentralbild/euroluftbild.de 61.3.
Robel, Bad Dürkheim: 152.2 c.
Schlimm, Reinhold, Braunschweig: 85.3.4.
Schmidt, Marianne, Teningen: 81 d.
Schmidt-Wulffen, W., Hannover: 146.2, 146.1.
Shutterstock.com, New York: Art Konovalov 99 b; ARTEKI 129.1 a; Asianet-Pakistan 201 b; B747 160 b; Efremova irine 152.2 a; IR Stove 97 c, 97 a; Jones, Glynnis 160 a; paul prescott 138.3 c; Spiro, Pete 172 b; steve estvanik 9 b; think4photop 191 c.
stock.adobe.com, Dublin: fotoart-wallraf 195.1; Lars 103 a; photowahn 61.2; Wilkinson, Shaun 40 c; Wolfilser 195.2.
Tönnies, Uwe, Laatzen: 85.3.2.
TRIGIS Elektronik GmbH, Berlin: 33.
Tutschek, Wilhelm, Leonding: 88 e.
ullstein bild, Berlin: Imagebroker 91 c.
vario images, Bonn: Effner, Juergen 194 c; McPHOTO 40 b.
Visum Foto GmbH, München: Aufwind-Luftbilder 211 b; Buellesbach, Alfred 99 c; Euler, Bernd 91 e; Goergens, Manfred 87 e; Sven Doering 57 c.
Wendorf, Monika, Hannover: 88 f.

Erde Flaggen ausgewählter Länder

Europa

Albanien	Belgien	Bulgarien	Dänemark	Deutschland	Estland
Finnland	Frankreich	Griechenland	Irland	Island	Italien
Kroatien	Lettland	Litauen	Luxemburg	Malta	Niederlande
Nordmazedonien	Norwegen	Österreich	Polen	Portugal	Rumänien
Russland	Schweden	Schweiz	Serbien	Slowakei	Slowenien
Spanien	Tschechien	Ukraine	Ungarn	Vereinigtes Königreich	Zypern

Asien

Afghanistan	Bangladesch	China	Indien	Indonesien	Irak
Iran	Israel	Japan	Kambodscha	Kasachstan	Laos
Malaysia	Mongolei	Nepal	Pakistan	Philippinen	Saudi-Arabien
Singapur	Südkorea	Taiwan	Thailand	Türkei	Vietnam

Afrika

Ägypten	Algerien	Angola	Äthiopien	Côte d'Ivoire (Elfenbeinküste)	Kamerun
Kenia	Kongo, Demokratische Republik	Marokko	Mosambik	Namibia	Nigeria
Südafrika	Sudan	Tansania	Tschad	Tunesien	Uganda

Amerika

Argentinien	Bolivien	Brasilien	Chile	Costa Rica	Ecuador
El Salvador	Guatemala	Kanada	Kolumbien	Kuba	Mexiko
Nicaragua	Panama	Peru	Uruguay	Venezuela	Vereinigte Staaten von Amerika (USA)

Ozeanien

| Australien | Neuseeland | Papua-Neuguinea |